이연길 목사의

사도행전

"이야기식 설교를 위한 주석"

사도행전을 세상에 내놓으면서

사도행전은 마가복음 주석에 이어 두 번째 출간하는 주석이다. 사도행전을 두 번째로 선택한 이유는 사도행전은 누가가 들려주는 우리 교회들의 고향 이야기요, 늘 그곳에서 배워야 하는 교회의 원리를 만날 수 있는 곳이기 때문이다.

일반적으로 사도행전을 성령 행전이라고 부른다. 이것은 사도행전을 너무 요식화해서 말하는 것이라는 생각이 든다. 좀더 정확하게 말하자면 사도행전은 성령 행전이면서 동시에 교회 행전이라고 해야 할 것이다. 복음서가 예수님과 성령께서(막 1:10; 《마가복음》 주석 참고) 함께 이루신 사역을 기록한 책이라면, 사도행전은 그리스도 사역의 계승자로서 교회가 성령님과 함께 어떻게 그리스도의 사역을 이루어 나갔는가를 보여주는 책이기 때문이다. 성령의 역사가 없이는 사도행전의 역사는 결코 이뤄질 수 없었겠지만, 또한 교회가 존재하지 않는 상태에서 그런 일들이 이뤄질 수도 없기 때문이다.

사도행전은 예수 그리스도를 생전에 경험하고 그의 십자가의 죽으심과 부활을 경험한 사람들이 그리스도의 증인으로 어떻게 살았으며, 어떻게 교회를 이루었으며, 어떻게 교회를 통하여 그리스도를 섬기며 살았고, 성령의 인도를 따라 어떻게 세상 끝까지 예수 그리스도의 십자가와 부활에 대한 복음을 전했는가를 기록한 책이다. 이런 면에서 사도행전은 복음서와 오고 오는 세대에 존재할 교회를 연결시키는 연결 고리와 같은 책으로써 중요성을 지닌다. 사도행전이 존재하지 않는다면 교회는 뿌리 없는 나무처럼 공중에 떠 있는 존재가 되고 말았을 것이다. 오늘을 사는 그리스도인들이 바르게 살고, 올바른 교회를 세워가려면, 먼저 복음서를 거쳐 사도행전으로, 그리고 우리가 발을 딛고 살아가는 교회 현실로 돌아오는 작업을 늘 반복해야 한다. 그래야 하나님 앞에서 바르게 살아가는 교회와 그리스도인들이 될 것이다.

디벨리우스(Martine Dibelius)는 초대교회 상황으로 보아서 당시 초대 교인들은 예수님의 재림이 임박했다고 믿고 있었기 때문에 후대에 자료를 남긴다는 것은 생각지 않았다고 했다. 그러나 사도행전 본문 내용을 면밀히 살펴본 사람은 누가가 얼마나 후대의 교회들에게 교회 전반에 대한 원리를 가르쳐주려고 노력했는가를 알게 될 것이다. 누가는 사도행전을 1장 8절의 골격으로 기록하였다.

그래서 언뜻 보면 선교의 역사처럼 보인다. 그러나 사도행전 안에 선교란 용어는 한 번도 쓰여진 곳이 없다. 예수 그리스도의 복음이 예루살렘으로부터 사마리아와 세상 끝까지 전파된 이야기를 기록하면서도 누가는 선교란 사건에 관심을 가지면서도 그리스도의 복음을 전파하는 사람들, 그리고 교회에 대한 관심이 지대했다. 베드로도 교회의 사람이고, 바울도 교회의 사람이란 사실을 크게 강조하고 있다.

저자 누가는 섬세하고 자세하게 예루살렘 교인들의 삶과 그들의 공동체를 소개한다. 흩어져 나간 사람들의 삶을 소개하고, 안디옥 교회를 섬기던 사람들을 소개한다. 그리고 에베소 교회 장로들에게 준 교훈은 소아시아와 유럽 교회들에게 준 교훈이면서 이후에 이 땅에 존재하게 될 모든 교회들에게 주는 교훈이다. 누가는 언어를 매우 신중하고도 절제 있게 사용하였다. 사도행전에서 전도나 선교라는 용어를 독립적인 단어로 거의 사용하지 않았다. 성령을 강조하면서도 성령 받기를 위하여 기도했다는 말도 없다. 더욱이 성령 충만을 위하여 기도했다는 기록도 한 번도 없다. 그런데도 초대 교인들은 늘 성령 충만하게 살았다. 여기에 대하여 저자는 아무런 설명을 붙이지 않는다. 단지 전개되는 이야기 속에 그 의미를 묻어 두었기 때문에 독자들이 조심스럽게 찾아서 읽어가야 한다.

초대 교회들도 현대 교회가 가지고 있는 모든 문제들을 안고 있었다. 사람과 사람 사이의 갈등도 있었고, 교회를 어지럽게 하는 사람들도 있었다. 지역과 문화적인 차이 때문에 갈등을 빚기도 하고 분열의 위기를 맞기도 하였다. 또 자기들이 지켜왔던 전통과 신앙 유산을 지나치게 강조한 나머지 기독교를 유대주의 벽 안에 가두게 될 위험도 있었다. 그러나 이런 위기와 갈등 속에서도 그들은 예수 그리스도의 삶을 이어가려고 노력했고, 또 성령께서 하신 일이라고 하면 모든 것을 접고 성령께 순종했던 사람들이 바로 초대 교회 사람들이었다. 그래서 그들은 위대한 사람들이었다.

사도행전을 읽으면서 현대 교회의 모순은 너무 쉽게 기독교 용어들을 단순화시킨 데서부터 시작되었다는 것을 알게 되었다. 예를 들면 현대 그리스도인들은 생각 없이 전도, 선교라는 말을 입에 달고 산다. 누구를 위한 전도며 선교인가? 무엇을 전하는 것인가? 왜 전도며 선교를 해야 하는가를 정리하지도 않은 채 전도와 선교를 말한다. 그러므로 발생하는 문제들이 너무 크다고 하겠다. 또 우리는 이웃들에게 "내가 기도할게"라고 말한다. 기도를 받으시는 하나님은 안중에 없다는 생각이 들 때가 많다.

한국 교회 독자들이 이 책을 읽으면서 많은 것들을 느끼고 정리하고, 다시 생각해 보는 시간이 되기를 바란다. 그리하여 우리 교회들이 다시 한 번 하나님께 대하여 진지하고, 예수님의 가르침이 무엇이고, 어떻게 실천하며 살아야 하는가? 그리고 성령님을 따라 산다는 것은 무엇인가? 그리하여 삼위 하나님 안에서 살아가는 건강한 그리스도 운동이 우리 땅에 새롭게 일어나기를 고대해 본다. 이런 관심 때문에 필자는 일찍부터 사도행전에 관심을 가지고 있었고, 그리고 사도행전의 모든 것을 샅샅이 탐구해 보고 싶었다. 그러다가 학교에서 가르치기 시작하면서 2년 전부터 본격적으로 사도행전 주석을 집필하기 시작하였고 이제야 출판을 하게 되었다.

책을 집필하면서 가장 많이 생각된 분은 신학교에서부터 대학원 과정까지 정성껏 가르쳐 주셨던 박창환 학장님이었다. 특별히 살아가면서 그분의 성경 언어를 사랑하는 마음을 많이 배웠다는 생각을 하게 된다. 이번 주석에서도 그분이 개인적으로 번역해서 출판한 성경을 많이 참고했다. 그리고 아들을 위하여 항상 기도해 주셨던, 지금은 하늘나라에 계신 어머니 최옥련 권사님, 늘 옆에서 용기를 주고 바른 목사로서 살도록 전심전력으로 도와 준 아내였다.

이번에도 귀한 책을 출판하도록 허락해준 쿰란출판사 이형규 장로님과 수고한 모든 분들에게 감사를 드리고, 귀한 표지 도안을 해주어 책을 빛나게 한 최민준 목사님에게 진심으로 감사를 드린다. 지금까지 저를 위해 기도해 주신 모든 분들께 엎드려 감사를 드린다.

2012년 부활주일에

이연길

CONTENTS

I 들어가면서

사도행전은 예수님의 사역, 그리고 십자가와 부활로부터 속사도(續使徒)시대를 이어 주는 연결고리로서 소중한 책이다. 이 중간 시대에 교회는 어떤 모습으로 발전해 왔고, 어떻게 복음을 전했으며, 교회 안에는 어떤 문제가 있었고, 이런 일들을 어떻게 처리하였는가? 또 어떻게 로마에까지 복음이 전파되었는가? 또 이런 교회 안에서 초대 그리스도인들은 어떻게 활동하였으며, 특별히 이들을 통하여 성령께서는 어떻게 역사하셨는지를 소상하게 알려주는 책으로 기독교 역사에 있어서 유일무이(唯一無二)한 책이다.

산을 오르다가 길을 잃었을 때는 정상으로 올라가라는 말이 있다. 이 땅에 존재하는 모든 교회들도 바른 길을 걷기 위해서는 항상 초대교회의 모습을 살펴야 하고, 바른 길을 찾기 위해서는 초대교회로 돌아가야 한다. 이런 의미에서 사도행전은 이 땅에 존재하는 모든 교회들의 고향이기도 하다. 하르낙(A. Harnack)은 사도행전의 중요성을 다음과 같이 말한다. 1) 베드로의 입을 통하여 모든 사도들의 연설과 증언을 보도해 준다. 2) 사도들의 선교 활동과 관계가 있다. 이런 활동은 모든 사도들의 사역과 관계된 것이다. 3) 베드로와 초대 교회의 결정으로 유대인에 대한 선교로부터 이방인의 선교로의 전환을 서술해 준다. 4) 바울의 사도로서의 정통성을 제공해 주면서 동시에 바울 서신 안에 이해하기 어려운 구절들에 대한 해석의 지침을 제공해 준다.[1)]

그런데 사도행전을 연구하는 일이 그처럼 단순하지 않다. 사도행전이 역사와 신학을 동시에 담고 있는 책이어서 학자들의 이론도 제각기 다르다. 하르낙은 "어느 책도 사도행전만큼 비판으로 인해 고통을 받은 책은 없었다……신약성경에 대한 비판학으로 일어난 모든 문제는 사도행전 비판에 모아져 있다"고 했다.[2)] 이 책의 기록 연대는 언제이며 누가 기록했는가? 또 어떤 자료를 사용하여 어떤 방법으로 기술했는가? 이 책을 기록한 이유는 무엇인가? 질문은 끝없이 이어져 왔고, 또 이어져 가고 있다. 많은 학자들이 여기에 대하여 정의를 내리려고 노력했지만, 어느 것 하나도 정론으로 받아들여진 적은 없다.

1. 사도행전의 저자

사도행전의 저자는 전통적으로 의사인 누가(Luke)라고 여겨져 왔다. 그런데 누가의 저술로 알려져 있는 누가복음에나 사도행전에는

---

1) Harnack, Adolf Von, The Origin of the New Testament, transelated by Wilkinson, Williams & Norgate, 1925. p.65.

2) Harnack, Luke the Physician, p.122, Interpreter's. Vol. 9, p.12에서 재인용.

누가의 이름이 전혀 나타나 있지 않다. 누가의 이름은 오직 바울 서신에만 네 번 언급되었을 뿐이다. 골로새서 4장 14절에서 바울이 그를 "사랑을 받는 의사 누가"라고 불렀고, 디모데후서 4장 11절에서는 바울은 감옥에 있는 자신을 돌보는 자로서 "오직 누가만 나와 함께 있다"고 언급한다.

그리고 빌레몬서 1장 24절, 편지 후미에 동역자들의 안부를 전하면서 "나의 동역자 마가, 아리스다고, 데마, 누가가 문안하느니라"고 한다. 바울이 "사랑받는 의사"라고 불렀던 사람, 사도 바울의 생애 마지막 정황을 보여주는 디모데후서에는 오직 홀로 남아 바울을 돌봐주는 사람으로 기록된 것을 보면 누가는 오랫동안 바울과 함께 선교사역을 펼쳐왔던 사람임을 알 수 있다. 그런데 이상한 것은 왜 그런 인물이 사도행전에는 한 번도 언급이 되지 않았느냐는 점이다.

이런 점을 들어 최근에 어떤 학자들은 누가의 저작설을 부인하려고도 한다. 확실히 누가에 대한 언급이 한 번도 없다는 것은 그의 저작설을 부인하기에 충분한 이유가 될 것이다. 그러나 다른 측면에서 생각해 보자. 만약 누가가 아닌 다른 사람이 사도행전을 기록했다면, 그는 어찌하여 사도 바울과 함께 그처럼 오랫동안 선교 동역자로 생활하며 끝까지 바울을 돌봐주었던 누가를 한 번도 언급하지 않을 수 있었겠는가? 이것은 분명히 누가가 바울과 아무런 관계가 없던 사람이었든지 아니면 두 사람 사이가 아주 가까워 그 이름을 끼워 넣지 않아도 모든 사람이 알 수 있는 관계일 수밖에 없다. 아니면 뭔가 우리가 이해할 수 없는 어떤 숨겨진 사정이 있었을 것이다.

어떤 학자들은 누가를 사도행전 13장 1절에 나오는 루기오(Lucius)와 동일 인물로 생각하기도 한다. 그 이유는 로마서 16장 21절에 Loukas의 헬라 이름이 Loukios와 비슷하기 때문이다. 그러나 이런 학설은 쉽게 받아들여지지 않는다. 그렇다면 왜 누가는 사도행전에 언급되지 않았을까?

히브리적 내러티브 입장에서 생각해 보자. 히브리적 내러티브는 글을 쓰는 저자 자신은 숨기고 자신이 나타내고자 하는 인물이나 내용만을 기술해 나가는 특성이 있다. 어떤 글에서는 자신을 끝까지 숨기기도 하지만 대부분의 경우는 글 속에 저자 자신을 감춰두고 독자들이 찾아서 읽어가도록 한다.

특별히 람세이(Ramsay)는 르낭의 주장을 따라 "우리 문서"(We-passage)를 통하여 사도행전의 저자를 밝혀 보려고 했다. 사도행전에 "We-passage"는 사도행전 16장 10절에서부터 나타난다. 'We'는 드로아에서 배를 타고 바울과 함께 네압볼리로 간다. 그렇다면 We에 포함되어 있는 사람은 드로아에서 바울과 함께 있었다는 말이 된다. 이 We는 바울과 실라가 감옥에 갇혔을 때는 감옥에 들어가지 않았다. 그리고 바울 일행이 빌립보에서 네압볼리를 통과하여 데살로니카로 떠날 때에 We에 포함된 사람들은 따라가지 않는다(행 17:1).

사도행전 20장 5절에서 We는 다시 나타난다. 바울로부터 드로아에서 만나자는 연락을 받고 무교절에 빌립보의 항구 네압볼리에서 배를 타고 떠나 닷새 만에 드로아에 있는 그들에게 가서 함께 이레를 머문다(행 20:5-6). 그리고 We는 그 이후 바울의 모든 선교 여정에 함께 동행한다. 이처럼 우리(We)문서의 주인은 아무 이유 없이 빌립보에 오래 머물렀다가 바울이 예루살렘으로 돌아가는 길에 동행한다. 그렇다면 We와 빌립보는 어떤 연관이 있는 것인가?

람세이는 드로아에서 환상 중에 나타나 '나를 도우라'고 한 사람이 누구였는가를 밝혀보려고 한다. 이 사람을 밝혀보기 위하여 바울은 드로아에서 꿈에 나타난 사람이 마케도니아 사람이란 것을 어떻게 알았는지에 대한 의문을 제기한다. 당시 소아시아나 마케도니아는 같은 문화권에 속해 있었기 때문에 소아시아 사람과 마케도니아 사람을 의복이나 겉모습으로 구별하기는 어려웠다고 한다. 그렇다면 틀림없이 바울이 아는 인물이었을 것이고, 그 사람이 마케도니아 사람이었을 것이라고 한다. 그래서 바울이 환상 중에 자기를 초청한 사람이 바로 빌립보로부터 드로아에 와서 바울을 만난 사람 즉 'We' 중에 있는 사람이 아닐까 추측한다. 람세이가 We를 빌립보 사람이고, 또 그 사람이 환상 중에 나타난 사람이라고 하는 이유를 사도행전 16장 13절에 사용된 river(ποταμός)란 단어에서 찾는다.[3)]

강(ποταμός)을 말할 때 정관사가 붙는 것이 정상적인 표현인데, 여기에는 관사가 없이 그저 ποταμόν(river)이라고만 되어 있다(행 16:13; NRSV, NIV 등은 'the'란 정관사를 붙여서 번역했다). 헬라인들은 자기들이 익숙한 것을 말할 때 관사를 생략하는 버릇이 있다. 이렇게 보면 '강'을 관사 없이 표현한 것은 그 강에 익숙한 사람만이 할 수 있다는 것이다. 이런 관점에서 보면 'We'라고 말하는 사람은 빌립보 지역에 익숙한 사람이라고 한다.

헨헨(Haenchen)은 We가 누가라고 하기보다는 차라리 디모데라고 하는 게 낫겠다는 냉소적인 말을 했다.[4)] 그러나 바울이 데살로니가로 떠날 때, We는 빌립보에 남았지만 디모데는 바울과 동행하였던 사람이다(행 17:15).[5)] 그렇다면 디모데는 We에 속한 사람은 아니다.

---

3) 윌리엄 람세이, 사도 바울, p. 191. "꿈에 나타난 사람은 개인적으로 그가 아는 사람이었던 것이다. 그리고 실제로 헬라어는 꿈에 나타난 사람이 어떤 특정 인물이었다는 것을 함축하고 있다(ἀνὴρτις, 그리고 라틴어 quidam은 종종 그 뒤에 사람 이름이 나오곤 한다"(행 5:1, 8:9, 9:10, 33, 36; 10:1 등).

4) 헨헨, 사도행전 주석, Ibid, II. pp. 146-147.

5) 'We'를 누가로 생각하는 학자들을 소개하면 다음과 같다. 오보백 도 퀴노엘(Kuinoel), 올스하우젠(Olshausen), 마이어(Meyer), 비스핑(Bisping), 네안더(Neander), 레케부쉬(Lekebusch), 바움가르텐(Baumgareten), 르낭(Renan), 바이쓰(B. WeiB), 홀츠만(H. J. Holtzmann), 람세이, 슐라터, 미카엘리. 헨헨, Ibid, pp. 145-146.

그렇다면 람세이가 주장하는 대로 빌립보 사람인 누가는 어떻게 드로아까지 와서 바울을 만났고, 그와 함께 선교여행에 동행하게 되었을까?

2. 누가란 인물

누가란 인물이 초기 예루살렘 교회나 사도행전에 언급된 적이 없고 바울의 노년에 주로 이방 지역에서 활동한 것으로 유추해 보건대, 누가는 본래 이방인이었다고 추측할 수 있다.[6] 위에서 언급한 대로 람세이는 누가는 빌립보 사람이라고 했다. 람세이는 'We'가 바울을 묘사하는 문장으로 보아 사도행전의 저자는 바울과 아주 친숙한 사이였다고 주장한다.

"사도행전에 나타난 사도 바울에 대한 인물 묘사는 아주 상세하고 구체적인 까닭에 저자가 사도 바울과 개인적으로 가까운 사이였음을 입증해 준다. 그의 행동 방식과 사상, 나무랄 데 없는 세련된 예의 범절에 나타나는 그의 교양, 그의 단호하고 격렬한 기질, 어떤 사회에 있더라도 제 집에 있는 듯 거리낌이 없고, 어떤 상황에서도 활발히 움직이고, 아덴의 광장에서 소크라테스식 변증을 펼치든, 학당에서 수사학자가 되든, 왕이나 총독들과 대화를 나누든, 갑판 위에서 호송관에게 충고를 하든, 낙담한 선원들에게 한번 더 노력해 보라고 용기를 주든 간에 어디에서나 관심의 초점이 되도록 만든 그의 비범한 다재다능함과 적응력에 있어서 사도행전의 사도 바울은 가는 곳마다 사람들의 이목을 한 몸에 집중시켰다."[7]

렌스키는 사도행전 11장 28절의 서방 문서(Western Text of Acts)에

---

6) The Interpretater's Bible, Acts(Vol. 9), Abingdon. 1982. p. 6.
7) 람세이, op.cit., pp. 31-32

소격 독립구문인 "수네트람메논 헤몬(συνετραμένων ἡμῶν, 우리가 함께 모여 있었을 때)"이 삽입되어 있는 점을 지적하여, 그때 누가는 그 자리에 있었기 때문에 누가는 수리아 안디옥 사람이라고 말한다. 동시에 드로아에서 바울을 만난 사람이 누가였고, 그렇기 때문에 누가는 또 드로아 사람이라고 한다.[8)] 그렇다면 안디옥 사람과 드로아 사람을 어떻게 연결시킬 수 있는가?

사도행전 11장 28절에, 안디옥에 내려온 아가보가 큰 기근을 예언했을 때, 위에서 언급한 '속격 독립구문'을 첨가해서 읽으면 누가가 그 모임에 참석해 있었다는 말이 된다.[9)] 그렇다면 그는 이때 이미 그리스도교인이었고 안디옥 교인중의 일원이었다. 그때는 시기적으로 바나바가 다소에서 바울을 불러와 안디옥에서 사역하던 때였기 때문에 바울과 누가는 자연히 서로가 친숙하게 알고 있던 사이였다고 할 수 있다.

이 이야기는 누가가 그때 안디옥에 살았다는 것을 말해주며, 이것은 그가 이 도시의 본토인이었다는 전승과 일치한다. 안디옥에서 누가는 쉽사리 의학과 문학 교육을 받을 수 있었는데, 그것은 거기에 유명한 의학교가 있었기 때문이었다고 렌스키는 말한다.[10)] 렌스키는 누가가 안디옥 사람이라는 증거로 사도행전 6장 5절을 제시한다. 사도행전 6장 5절에는 일곱 사람의 사역자 이름이 나온다. 그런데 유독 니골라에게만은 "유대교에 입교했던 안디옥 사람 니골라를 택하여"(행 6:5)라는 말을 첨가한다. 왜 니골라에만 이처럼 그의 전 이력을 자세히 기록했을까? 이것은 누가가 니골라에 대하여 잘 알고 있었다는 증거이고, 특별히 안디옥에서 그와의 관계를 암시하는 말이

8) 렌스키, 누가복음, p. 13
9) Ibid, p. 8. 렌스키는 서방 문서를 인용하여 그의 주장을 펴나가고 있다.
10) Ibid, p. 8.

라고 할 수 있다고 한다. 브루스(F. F. Bruce)도 이런 사실을 소개하면서, 만일 누가가 그 시대에 복음을 받아들였던 이방 크리스천 중의 한 사람이었다면, 우리는 그가 가졌던 안디옥에 대한 관심과 이방 선교에 대한 그의 열정을 쉽사리 이해할 수 있을 것이다.[11)]

또 한 가지 사도 바울은 디모데를 부를 때 '아들'이라고 했다.[12)] 그것은 바울에 의하여 디모데가 개종되었기 때문이다. 그런데 누가에 대해서는 아들이라고 부르지 않는다. 이것은 바울이 안디옥에 도착하기 전에 누가는 이미 그리스도인이 되어 있었기 때문일 것이다. 중요한 사실은 서방 문서의 주장을 어거스틴과 많은 학자들이 그대로 인용하여 사용하였다는 점이다. 유세비우스는 '누가는 안디옥 태생이고 전문 의사였다'고 기록하고 있다.[13)] 제롬(Jerome)의 문서에도 '의사 누가, 안디옥 사람'이란 내용이 다시 나타난다. 카펜터(S. C. Carpenter)는 이런 두 문서들을 종합해서 "누가는 안디옥 사람이었고, 후에는 빌립보에 가서 의사로 활동하였다"고 말한다.[14)]

하지만 문제는 아직 해결되지 않았다. 서방 문서에 근거하여 누가를 안디옥 사람이라고 하기도 하고, 람세이의 주장처럼 빌립보 사람이라고도 한다. 그렇다면 이 두 주장이 어떻게 조화를 이룰 수 있을까? 시간적으로 보아서 서방 문서에서 말하는 대로 누가가 안디옥에 있었고, 그리고 드로아에서 바울을 다시 만났다면, 안디옥에 살던 누가는 어떤 이유로 인해 빌립보 지역으로 삶의 터전을 옮겼다고 볼 수 있다. 그러다가 누가는 바울이 드로아에 왔다는 소식을 듣고 드로아로 건너갔고, 거기서 바울을 만나 그의 동역자가 되어 선교여

11) F. F. Bruce, Abid, p. 230.
12) 딤전 1:2; "믿음 안에서 참 아들 된 디모데에게 편지하노니."
13) Eusebius church history II. 4. 7:1
14) Christiantith According to S. Luke(London: society for Promoting Christian Knowledge, 1919), p. 20.

행에 동행하였을 것이다. 만약 이런 가설이 믿을 만하다면 빌립보 사람인 누가가 드로아까지 가게 되었고, 그렇게 쉽게 바울의 동역자가 될 수 있었던 것은 바울과 그가 그만큼 친숙하였기 때문이라고 말할 수 있다.

그 후 제3차 선교 여행 끝에 그는 바울과 그의 일행에 합세하였고(행 20:5-6), 마지막 가이사랴로 호송되던 바울과 함께 예루살렘으로 간다(행 21:17,18). 또 가이사랴 감옥에 갇혀 있던 바울을 시중하도록 허락받은 '친구들' 가운데(행 24:23), 'We'도 끼어 있는 것을 보면 누가가 함께 있었다는 이야기다. 마침내 27장 1절에서 '우리'는 바울과 함께 로마로 행선하기 위하여 배를 탄다. 그리고 이 '우리'는 로마에 도착하여, 바울이 죽을 때까지 함께 지낸다(행 27:1). 사도행전에 나오는 We를 누가란 이름으로 바꾸면 완벽한 한 사람의 이야기라고 부인할 사람은 아무도 없을 것이다. 그렇다면 왜 누가는 사도행전을 기록하면서 자신을 나타내지 않았을까?

누가는 사도행전에서 하나님은 모든 교회와 선교의 주체시라는 점을 지속적으로 강조한다. 또 바울을 위하여 노예로까지 자처하면서까지 로마로 동행한 누가(행 27:1 주석 참고)가 하나님 이야기와 바울의 이야기에 자기를 끼워 넣지 않은 것은 아주 당연하고 자연스럽다고 하겠다.[15] 초대교회 당시에 성경의 저자들은 자신을 드러내지 않았다. 자기 자신을 당당하게 드러내고 자기를 위하여 기념비를 세운다는 것은 상상도 할 수 없었다. 사도행전을 기록한 누가도 그런 신앙적 분위기에서 살았던 사람이다. 그래서 누가는 자기를 작품 속에 감추어 두고 성령을 통한 복음의 증언을 따라 교회가 어떻게 로마에까지 전파되어 갔는가 하는 이야기를 담담하게 전개하고 있

15) 이 부분에 대하여는 행 27:1 강해에서 다시 자세하게 다룰 것이다.

는 것이다.

누가는 굉장한 문필가이다. 누가복음과 사도행전을 읽어보면 우리는 그의 탁월한 어휘력과 문장력에 감탄하지 않을 수 없다. 렌스키는 "문필가로서의 누가는 당대 그 어느 문필가에 비교해도 조금도 뒤떨어지지 않는다"고 말한다. "그의 용어는 광범위하다. 왜냐하면 그는 신약성서의 다른 곳에서는 발견되지 않는 750개의 단어를 사용하기 때문이다(중복되는 독법을 계산하면 851개). 그 단어들 가운데 일부는 아직도 단 한 번만 쓰인 어구(hapaxlegomena)이다. 사용된 단어 가운데서 312개 단어는 복음서에서, 그리고 478개 단어는 사도행전에 나타난다."[16)]

헨헨(Haenchen)[17)]은 누가가 사용한 풍부한 어휘를 보면 그의 교육 정도가 높다는 것을 말해준다고 한다. 누가의 풍부한 어휘는 신약성경의 저자들 가운데 오로지 바울만이 구사할 수 있었던 풍부한 어휘력이라고 한다. 그러면서 누가의 어휘가 크세노폰(Xenophon)이나 에쉬네스(Aschines), 안티폰(Antiphon)과 같은 당대 웅변가의 어휘를 능가한다고 한다.[18)]

3. 사도행전의 기록 연대

사도행전의 기록 연대를 측정할 수 있는 많은 단서가 있지만, 그 중에서도 가장 중요한 것은 초대교회와 로마와의 관계에서 찾아나

---

16) 렌스키, op.cit., p. 20

17) Earst Haenchen에 대한 미국 발음은 헨첸이지만 본서에서는 독일어 발음 그대로 헨헨을 사용한다.

18) 헨헨, op.cit., pp. 134-135.

가는 방법이다. 우선 사도행전은 네로의 박해 이전에서 끝나고 있다는 점이다. 저자는 왜 이 시점에서 기술을 끝내고 있는 것인가? 사도 바울이 네로의 박해 기간에 순교를 당하였기 때문인가? 아니면 누가가 또 다른 책을 이어서 쓸 계획이 있었기 때문인가? 학자들은 누가 복음과 사도행전에 이어 세 번째의 책을 쓰려고 계획했을 것으로 추측하기도 한다.

람세이는 누가는 세 번째의 책을 구상하고 있었다는 증거를 그의 기록에서 발견할 수 있다고 한다. 사도행전 처음에 "데오빌로여, 내가 먼저 쓴 글에는(πρῶτος λόγος)"이라 했다. '먼저 쓴 글'이란 것은 한글 개역 개정판의 번역에 따른 것이다. 그러나 'πρῶτος λόγος'를 문자대로 번역하면 '먼저 쓴 글'이 아니라 '첫 번째 쓴 글'이란 뜻이다. 그렇기 때문에 만약 그가 세 번째 책을 구상하고 있지 않았다면, '첫 번째 쓴 글'이라고 하지 않고 아마 '먼저 쓴 글(πρότιρος)'이라고 썼을 것이라고 한다. 책의 첫 부분에 이런 두드러진 표현이 사용되었다는 점을 고려할 때, 우리는 '처음'이라는 단어를 엄격하게 해석해야 한다고 주장한다.[19] 이처럼 만약 사도행전이 미완성인 채로 전해진 책이라면, 그 이유는 아마도 도미티아누스 황제 통치하에서 저자가 순교한 데 있을 것이라고 한다.[20]

사도행전에서 누가는 로마에 아주 우호적인 기록들을 남겼다. 로마의 백부장 고넬료가 세례 받은 사건이라든가,[21] 더욱이 누가 자신이 직접 참여했을 것으로 여겨지는 사도 바울의 마지막 가이사랴에서 로마까지의 여정에 나타난 로마인들은 바울과 기독교에 아주 우

---

19) 람세이, op.cit., p. 33.

20) Ibid. p. 33.

21) 고넬료의 사건을 로마에 대한 우호적인 사건으로 보는 견해가 있는가 하면, 로마에 도전적인 견해로 보는 학자들도 있다. 고넬료의 사건은 앞으로 계속해서 좀더 깊이 다루게 된다.

호적인 태도를 보여준 것으로 그렸다. 그렇다면 로마의 네로 박해가 시작되기 전에 사도행전을 기록했단 말인가? 아니면 한 차례의 박해가 지나간 후에 로마에 그리스도교를 변증하기 위하여 화해적 의도로 그렇게 기술한 것인가?

만약 전자를 선택한다면 사도행전의 기록 연대는 훨씬 앞으로 당겨지게 된다. 그러나 사도 바울이 네로 박해 때에 순교했다면 사도행전은 그 이후가 되어야 하기 때문에, 온건한 비평가로 알려진 맥그리거(G. H. C. MacGregor)는 사도행전은 66년과 70년 사이에 작성되었고 세상에는 세월이 좀 지난 후에 나왔다고 주장한다.[22] 언어학자 블라스(Friedrich Blass)는 누가가 57-59년에 로마에서 사도행전을 작성했다고 주장한다.[23] 그러나 그렇다고 단정하기에는 또 다른 문제가 있다. 그러나 르낭(Ernest Renan)은 사도행전의 저자는 로마제국에 우호적이었기에 네로 박해 전에 중단되고 있다고 말한다.[24] 르낭은 사도행전은 매우 치밀하게 생각하여 써낸 누가의 작품이라고 주장한다.

사도행전은 누가복음과 같이 읽히기 위해 쓰인 '둘째 부분' 작품이다. 그렇다면 이 두 책의 저자인 누가는 예루살렘이 로마에 의하여 멸망당한 사건을 알고 있었는가? 그리고 누가복음은 예루살렘 멸망 후에 기록한 것인가? 만약에 누가복음이 예루살렘 멸망 후에 기록한 것이라면 사도행전의 기록 연대는 그 후로 미뤄져야 한다. 그런데

---

22) G. H. MacGregor는 내러티브식 주석으로 알려진 "Interpretation" 시리즈에서 사도행전을 저술한 학자이다.

23) 57-59년에 사도행전을 기록하여 유포한 것이 '사도행전 서방 사본'이고, 누가가 안디옥에 돌아가서 위대한 사람, 데오빌로에게 헌정하기 위해 그 책을 요약하고 개정한 것이 '동방 사본'이라고 한다. 그러나 여기에는 많은 반대가 있다.(Haenchen, op.cit., p. 30 or 국제주석 사도행전 p. 72. 참고)

24) Ernest Renan, Les Apôtres, 1866(The History of the Origins of Christianity, Vol. II. The Apostles, 1890). E. Haenchen, The Acts of the Apostles, Oxford Basil Blackwell, 1971. p. 22.

누가복음 19장 43-44절과 21장 20-24절에 나오는 예루살렘 멸망에 대한 예언 기사는 다른 복음서에 비해 상당히 구체적으로 쓰였다. "너희가 예루살렘이 군대들에게 에워싸이는 것을 보거든"(20절), "그 때에 유대에 있는 자들은 산으로 도망갈 것이며, 성내에 있는 자들은 나갈 것이며"(21절).[25] 특히 '포위되었다'는 단어(κυκλουμένην)는 현재분사 수동형으로 이 포위가 이미 진행 중에 있는 것을 말한다. 이런 표현으로 볼 때 누가는 예루살렘 멸망(AD 70)에 대한 예수님의 예언이 진행되고 있거나 이미 이뤄진 것을 알고 있었다는 말이 된다. 이렇게 보면 사도행전의 기록 시기는 누가복음 기록 연대 이후로 미루어질 수밖에 없다.

또 한 가지는 바울 서신에는 바울과 유대 크리스천과의 갈등이 심각하게 나타나 있다. 특히 갈라디아서에서 거의 이 갈등에서 빚어진 할례문제가 주제가 되어 있다.[26] 그런데 사도행전에서는 바울과 유대인과의 갈등이 계속되고 있었지만, 유대 크리스천과의 갈등의 흔적은 찾을 수 없다.[27] 이것은 바울과 유대 크리스천들과의 본격적인 갈등이 시작되기 전으로 이해할 수도 있고, 아니면 갈등이 끝난 시기로 이해할 수 있는 부분이다.[28]

25) 마태복음과 마가복음은 "멸망의 가증한 것이 거룩한 곳에 선 것을 보거든"이라고 기록했다(마 24:15; 막 13:14).

26) 정확하게 말하면 유대인 크리스천이라기보다는 개종한 유대인 크리스천을 말한다. 사도 바울이 사용하는 용어를 보면, 우리는 유대 크리스천, 너희는 이방 크리스천, 그리고 할례당이란 유대교로 개종했다가 기독교로 개종한 크리스천들을 말하는데, 유대인들은 자기들을 할례당이라고 말하지 않는다고 한다. 후에 할례를 받은 자들이 이것을 강조했다고 한다.

27) 이 말은 바울과 유대인과의 갈등이 없었다는 말은 아니다. 여기서 말하는 유대 크리스천들과 바울의 갈등은 예루살렘 멸망 후에 기독교가 유대교와 결별하는 과정에서 일어난다.

28) 기독교와 유대교가 분리되는 과정에서 교회 안에 유대주의적 신앙(할례)을 고집하던 사람들로부터 일어났던 갈등을 다룬 책은 갈라디아서다(갈 1:11-17, 2:1-4, 3:1-9). 당시 크리스천이면서 할례를 주장하던 사람들에게 "우리가 너희에게 전

유대교와 기독교의 결정적 결별이 이루어진 것은 로마군에 의해 제2예루살렘 성전이 파괴된 70년 직후이다. 이것은 욥바(Jaffa: 현재 이스라엘의 도시 텔아비브) 근방의 얌니아(Jamnia: 고대 팔레스티나의 도시)에 모였던 바리새인들로 구성된 유대교 '의회'에 의해 확정되었다. 얌니아 회의는 기독교인을 정식으로 파문하면서 모든 회당에서 예배를 드리기 전에 '기독교 이단에 대한 저주'를 반복할 것을 명했다. 그들의 기도문에 나온 내용은 이렇다. "나사렛 사람들과 이단자들은 사라지게 하소서. 생명책에서 그들을 지워버리시어 의인들과 함께 쓰여 있지 않게 하소서. 무엄한 자들을 굴복시키시는 하나님, 찬양을 받으소서." 그래서 85년경부터 유대계 그리스도인들이 회당 예배에 참여할 수 없었다.[29] 기독교와 유대교의 완전한 결별은 1세기 말에 이뤄졌다. 이렇게 보면 사도행전은 얌니아 회의 이전에 기록된 것으로 볼 수 있다. 그러나 누가가 사도행전을 통하여 아직도 그리스도교와 유대교의 유대관계를 강조한 것을 보면(행 22, 23, 26장 주석 참고), 사도행전은 유대교와 완전한 결별이 시작되기 전(AD 85)에 쓴 것으로 보인다.

한편으로는 누가가 사도행전을 쓰려던 때는 대대적인 유대인의 개종이 끝난 시기로 본다. 에베소에서 바울은 회당을 떠난다. 그리고 두란노 건물을 얻어서 교회가 모이기 시작한 것은 유대인 개종이 끝났다고 볼 수 있는 하나의 예가 된다. 이렇게 볼 때, 사도행전은 기독교가 유대교에서 분리되는 과정이 끝나가고, 로마제국과의 갈등이 고조되어 가고 있던 시기에 기록된 문서라고 생각된다. 기독교가 박해를 받았던 해는 네로(Nero) 황제가 통치하던 주후 54-68년, 그리고 도미티안(Domitian) 황제가 통치하던 81-96년이 된다. 아마도

한 복음 외에 다른 복음을 전하면 저주를 받을지어다"(갈 1:8)라고 했다.

29) 이경숙 외 5인, 기독교와 세계, 이화여대 출판부, p. 97.

사도행전은 네로 황제의 박해 이후, 그리고 도미티안 황제의 박해가 일어나기 전으로 보는 것이 옳을 것이다. 하르낙(A. Harnack)은 사도행전 연대를 주후 80년경으로 추정한다. 그러나 이보다는 좀 이른 시기에 기록되었을 것으로 보인다.

4. 사도행전 기록 장소

바울의 서신 중에서도 골로새서와 빌레몬서의 저자가 바울이라는 데는 의심의 여지가 없다. 그런데 이 책들에서 누가를 언급하고 있다. 이 두 권의 책은 어디에서 쓴 편지들인가? 이 두 서신에 나오는 디모데, 누가, 아리스다고, 두기고, 에바브라, 오네시모 등의 이름 때문에 이 서신들을 기록한 장소를 에베소로 생각하는 학자들이 있다. 그런데 오네시모가 당시 도망친 노예들이 밀집해 살던 로마를 선택하지 않고 에베소나 가이사랴로 도망갔다는 사실은 받아들이기가 힘들다. 튀빙겐 학파는 로마설을 부인한다. 가능성이 희박하다고 한다.

그 후로 가이사랴설이 등장하였다. 그러나 도망간 노예가 잡히면 사형에 처해진다는 것을 알고 있는 오네시모가 많은 노예들이 피해 달아나는 로마가 아닌 작은 나라 유대의 가이사랴로 도망을 왔을 가능성이 있을까? 에베소설을 주장하는 학자들도 있으나 바울이 에베소 감옥에서 그처럼 오랜 시간을 보낸 적이 없다. 또 에베소에 바울이 투옥되었다고 할 때 그곳에서 가이사랴(행 24: 23)나 로마(행 28:30-31)에서 허락되었던 것과 같은 일종의 자유감금을 통해서 문서 활동을 활발하게 했을 것이라고 주장할 어느 증거도 없다.

결국 골로새서가 로마에서 기록되었다는 전통적인 설을 극복할 만한 어떤 증거도 없다면 누가는 로마에서 사도행전을 기록했다는 주장이 설득력을 얻게 된다. 이처럼 추론한다면 골로새서 4장 10절에 마가가 언급된 것은 사도행전이 로마에서 기록되었다는 설을 뒷받침해 주는 강력한 증거가 된다.

5. 사도행전에 나타난 내러티브

누가는 역사가인가, 신학자인가? 여기에 대한 논쟁은 학자들 간에 있어온 오랜 논쟁의 주제이다.

역사가로 보기에는 역사 기술이 아주 엉성하고, 때로는 어떤 과정에선 대략적인 내용을 너무 빠르게 진행하고, 어느 부분에서는 너무 자세하고 느리게 진행하므로 과장된 것처럼 보이기도 한다. 또 누가의 팔레스틴 지리에 관한 지식이 매우 부적절한 점도 지적되고 있다. 그래서 누가를 역사가로서 보려고 하지 않는다. 그렇다고 누가가 역사의 사실들을 잘못 기술하거나 꾸며내지도 않았다는 점을 고려한다면 역사가가 아니라고 부정하기도 어렵다.

윌리엄 윌리먼은 누가는 '진정한 역사가'라고 말한다. "모든 역사는 역사가들의 어떤 주관적 관심 때문에 쓰이고 있다고 그들은 힘주어 말한다. 그런 주관적인 관심이 없다면 사료 편찬이란 의미가 없고, 서로 연관이 없이 뒤범벅을 해 놓은 그 무엇일 것이다. 역사 속에서 아무것도 찾지 않는 사람은 아무것도 찾아내지 못한다. 누가가 비교적 정확한 역사를 기록했다는 사건은 바울의 고린도 체류(행 18:12)이고 그곳에서 있었던 브리스길라와 아굴라와의 만남이다. 누가는 진정한 역사가이다. 고대의 역사가이긴 하지만 말이다."

누가는 바울이 고린도에 머물고 있을 때 그곳 총독이 갈리오였다고 보도한다. 그런데 역사에 의하면 갈리오가 총독의 임무를 시작한 때가 주후 51년 상반기였다고 한다.[30] 또 황제 글라우디오가 칙령을 내려 유대인들에게 로마를 떠나라고 했던 연대는 대략 주후 49년쯤

되는데, 이것도 누가의 기록과 일치한다(행 18:1-3). 이렇게 보면 누가는 정확한 정보를 가지고 있었으며 갈릴리로부터 예루살렘, 그리고 로마에 이르기까지 복음이 전파되는 역사를 기록하면서 이 정보를 이용했던 것이다.[31] 그렇다고 해서 현대적 역사 기록에 부합되는 방법에 의하여 기록했다는 말은 아니다. 하지만 누가는 동시대 역사가들보다 나을지언정 결코 뒤지지 않는다.[32] 누가복음 서문이 이 사실을 보여준다(눅 1:1-4). 디벨리우스는 이렇게 말한다.

"이 역사가는 삶을 사진처럼 정확하게 그려내려 하지 않았다. 오히려 그는 전형적인 것을 묘사하고 조명하려 했다. 이처럼 전형적이고 중요한 것에 초점을 맞추는 습관이 있었기 때문에 사도행전의 저자는 실제로 일어난 일을 부분적으로 생략하고 수정하고 일반화시킬 수 있었다. 현대인인 우리가 보기에는 그가 때로는 사물을 이상화하는 것 같고 또 전형적인 것만을 묘사하는 것처럼 보일지 모르지만 사실상 그는 역사가로서의 의무를 수행하려고 노력했던 것이다. 이렇게 그는 역사가 특유의 문화적 방법을 통해 그리스도에 대한 신앙의 설교자라는 또 다른 임무도 수행하고 있었다."[33]

그는 "예수의 행하시며 가르치기를 시작하심(1:1)이라는 글 속에서 숨어 있는 의미를 찾고 있다."[34] 하워드 마샬(I. Howard Marshall)은 누

30) 하워드 클락 카이, 신약성서 이해, 서중석 역, 한국신학연구소, 1990, p. 255. 고린도 만(灣) 너머 델피에서 발견된 한 비문에는 갈리오 총독의 임기를 시작할 때가 주후 51년이었다고 적혀 있다.

31) Ibid, p. 255.

32) 누가의 문학 및 역사의 기술 방법을 다른 헬라 역사가의 방법과 비교 연구한 글로는 "H. J. Cadbury, The Making of Luke-Acts"(London, S.P.C.K, 1961), pp. 113-212이 있다. Ibid, p. 256.

33) M. Dibelius, in The First Christian Historian, "From Studies in the Acts of the Apostle(London: SCM Press, 1956), pp. 136-137.

34) 윌리엄 윌리먼, 사도행전, p. 32.

가는 단순히 역사 자체를 기록하고 있는 것이 아니며 구원에 대한 역사의 의미를 신학적으로 해석하려고 했다고 주장한다. 마샬에 의하면 믿음은 단지 역사적인 사실을 받아들이는 것만이 아니라 역사에 뿌리를 두어야 한다고 주장한다.[35] 즉 부활 신앙이란 부활에 대한 역사적 사실을 받아들이는 것만이 아니라 부활 신앙이 오순절 성령임재 사건과 더불어 어떻게 초대교회에서 인식되었고 생활화되어 갔는가 하는 전 과정을 고려해서 이해해야 한다. 그래야 부활 신앙이 무엇인지를 파악할 수 있다는 것이다.

이런 의미에서 누가는 이 시대에서 말하는 역사가는 아니지만 역사가이다. 동시에 누가는 신학자이다. 역사를 통하여 기독교의 신학을 보여주려고 노력했기 때문이다. 이런 점에서 누가는 다른 사람의 자료를 단지 편집한 것이 아니라 자기의 신학적 입장에서 사도행전을 써내려 갔다고 말해도 좋을 것이다. 이 말은 전혀 다른 자료를 사용하지 않았다는 말은 아니다. 자료를 그대로 편집하지 않았다는 뜻이다.

누가의 자료 내용을 손질한 방식을 구체적으로 연구한 학자는 한스 콘첼만(Hans Conzelmann)이다. 그는 "구원사"(Salvation history)에 대한 도식으로 누가의 신학을 소개한다.[36] 창조로부터 세상의 끝까지를 세 시대로 구분하여 1)이스라엘의 시대, 2)예수의 지상 사역의 시대, 그리고 3)교회의 시대이다. 누가는 초대교회가 가지고 있던 예수님 재림에 대한 미래의 기대를 지나온 교회들의 삶에 관심을 갖도록 함으로써 그 당시 교회가 이 땅에서 어떤 삶을 살아야 할

---

35) I. H. Marshall, Luke, Historian and Theologian(Grand Rapids: Zondervan, 1970), Mark Powell의 '누가복음 신학'에서 재인용. p. 18.

36) Hans conzelmann, the Theology of St. Luke, 2nd ed,(London:Faber and Faber, 1960). p. 63.

것인가를 보여주었다.

지금까지 생각해본 대로, 누가복음은 순수한 역사를 기록하려고 저술한 책은 아니다. 역사적 사건에 기초하고는 있지만 역사를 순수하게 전하려고 의도한 책은 아니라는 말이다. 그 역사적 사건을 근거로 누가는 다른 이야기를 초대교회에 하고 싶었던 것이다. 역사적 사건이기는 한데, 의도가 있는 역사 이야기이다. 이런 문학기술 방법을 내러티브(Narrative)라고 한다. 이런 측면에서 사도행전을 이해해 보려고 한다.

내러티브란 편집비평과는 달리 저자가 역사적 사건을 통하여 전하려고 하는 의도를 이해하려는 해석학적 방법이다. 여기에 두 가지 주제가 전제된다. 첫째는 역사나 경험(사건)이라는 이야기의 줄거리, 그리고 둘째는 그 줄거리를 담는 의도된 언어이다. 누가는 담담하게 역사(fact)를 기술해 나간다. 내러티브 글이란 본래 사건(fact)에 대한 정직성에 근거를 둔 문학기술 방법이다. 무엇을 말하려고 할 때 그 내용에서 거짓이 발견되면 내러티브는 그 가치를 당장 잃어버리기 때문이다. 당시 사도행전을 읽어가던 사람들이 그 문서 안에 기록된 사건들이 막연한 상상이나 거짓된 사건에 근거해서 기록된 것을 알았다면 이 책이 지금까지 이 땅에 존재할 수 있었을까를 묻는 것은 내러티브 문학에서 나오는 첫 번째 질문이다.

앞에서 디벨리우스가 지적한 대로 누가라는 역사가는 삶을 사진처럼 정확하게 그려내려 하지 않았다. 오히려 자기가 보여주려는 관점에서 사건(역사)를 묘사하고 조명해서, 그것을 통하여 자신이 말하려고 하는 의도를 드러내려 했기 때문에 실제로 일어난 일을 부분적으로 생략하고 수정해서 기록했다. 사실에 근거하지만 사실을 자기의 의도대로 편집한다는 것이다. 그렇다고 사건을 변형시키지는 않았다. 사도행전을 읽어가면 누가가 얼마나 사건에 충실하게 접근하려 했는지는 쉽게 깨닫게 될 것이다.

내러티브는 사건의 진상이나 문제들을 다 노출시키지 않는다. 누가도 당시에 교회 안에서나 밖에 존재했던 많은 문제들을 노출시키지 않았다. 단지 사건을 자세하게 서술함으로써 사건 속 인물들의 입을 통하여 설명하거나 변호하게 한다. 내러티브는 해석하거나 가르치려 하지도 않는다. 또한 저자의 감정도 드러내지 않는다. 담담하게 사건을 진술해 나가는 형태로 기술한다. 그러면서도 그 안에는 해석이 있고, 가르치려는 의도가 있으며, 감정도 담겨 있다. 미국은 9 · 11사태를 조명하면서 감정을 드러내지 않는다. 사건의 사진과 함께 사건 현장에 있었던 사람들의 증언을 담담히 전한다. 느끼고 해석하고 결단하는 것은 독자들의 몫이 되는 셈이다.

사도행전 6장에 나오는 예루살렘 교회 안에 일어난 분쟁 사건을 예로 들면 정말 그 문제의 발단이 무엇인지, 어떤 복잡한 상황이 전개된 것인지, 구제가 잘못되었다면 어떻게 잘못된 것인지를 다 밝히지 않았다. 또 그 사건에 나타나야 하는 감정도 전혀 보이지 않는다. 거기에 대한 해석이나 저자의 의견도 덧붙이지 않는다. 단지 헬라파 과부들이 구제에 빠졌기 때문이라고만 한다. 또 그 문제를 해결하는 과정도 그리 간단하지는 않았을 것이다. 그러나 누가는 7인의 사역자를 뽑아서 그 일을 맡김으로 해결된 것처럼 그 관점에서만 이야기한다.

이런 방법은 구약시대나 신약시대에 성경 저자들이 대부분 사용하고 있던 기술방법인데, 헨헨(Haenchen)은 이것을 "헬레니즘의 설화기술"이라고 말한다. 그러나 히브리적 내러티브와 헬레니즘적 내러티브(설화기술)는 아주 다르다. 헬레니즘적 내러티브는 무엇을 논증하거나 증명하기 위하여 사용하는 방법이지만, 히브리적 내러티브는 사건을 정확하게 투사(透寫)하여 보여주고, 판단은 독자로 하여금 하도록 하는 방법이다.

그러므로 히브리적 내러티브는 사건의 전개보다도 사건에 나오는 인물들이 더 중요하다. 그래서 내러티브는 인물들의 행동에 주의를 기울여야 하고, 그보다 그들의 대화가 더 중요하다. 사도행전도 사건을 독자들에게 소개하려는 의도는 없다. 복음을 세계 끝까지 전하려고 하는 하나님(성령)의 행동과 언어가 중요하고, 하나님의 은혜의 복음을 전하기 위해 도구로 사용되는 인물들의 행동과 언어가 더 중요하게 서술되었다.

누가는 예수님께서 말씀하신 전형적인 내러티브 형태의 내용들을 많이 소개하고 있다. 착한 사마리아인, 부자와 나사로, 돌아온 둘째 아들, 삭개오 이야기 등이다. 이런 방법은 사도행전에서도 그대로 사용되고 있다. 사도행전 6장 1-6절, 16장 6-10절, 21장 1-15절 등은 전형적인 내러티브 형식을 띠고 있다.

내러티브는 어느 문장보다도 치밀한 구성(plot)을 가진다. 왜냐하면 밋밋한 사건을 재미있게 전함으로 그것을 독자들의 가슴에 새기도록 하기 때문이다. 그래서 내러티브의 생명은 플롯이라 하겠다. 플롯은 갈등 구조를 가진 문장 구성을 말한다. 문제의 발단이 있고, 갈등의 정점이 있고, 갈등의 해소로써 끝을 맺는다. 사도행전의 각 사건 안에 이런 구성이 있고, 사도행전 전체에도 구성이 따로 있다. 사도행전 5장 17-42절에 나오는 사도들의 구속(拘束)과 석방 이야기는 극적인 구성으로 되어 있다. 사도들의 가르침과 기적 사건들로 믿는 자의 수가 늘어난다. 유대 지도자들의 질투 때문에 사도들은 감옥에 수감되고, 기적적으로 풀려나와 아침 일찍 성전에서 사람들을 가르치고 있다. 그런 것도 모르고 산헤드린은 사도들을 처벌하기 위한 재판을 열고 죄수들을 불러오도록 한다. 얼마나 웃기는 이야기인가? 사도들은 죽을 수밖에 없는 처지다. 그런데 바로 유대 지도자들 중 한 사람인 가말리엘의 개입으로 풀려나 더욱 담대히 하나님의 말씀을 가르친다.

사도행전 전체의 구성으로 보면, 갈등의 연속으로 이어진다. 끊어질 듯하는 복음 전파 사역은 고비와 고비를 맞는다. 가이사랴 감옥에 갇힌 바울의 이야기는 해결의 기미가 없다. 몇 년의 세월이 감옥에서 흐른다. 마침내 바울이 로마로 떠나면서 실마리가 풀린다. 그러나 아직 갈등이 해소된 것은 아니다. 갈등과 해소가 반복된다. 로마에 가서 생활하는 바울의 모습도 갈등이다. 그런데 누가는 희망의 실마리를 남겨두고 책을 마무리한다.

사도행전의 구성을 분석해 보면 다음과 같다. 먼저 지리적인 구성으로 보면 1) 사건 전개의 예시(1:8), 2) 2:1-6:7; 예루살렘 교회 사역, 3) 6:7-9:31; 팔레스틴으로의 교회의 확장, 4) 9:31-16:5; 안디옥에서 이방으로의 교회의 확장, 5) 16:6-19:20; 소아시아와 갈라디아로의 교회의 확장, 6) 19:20; 유럽으로의 교회의 확장, 7) 28:31; 로마로까지의 교회의 확장으로 나뉜다. 이처럼 지리적으로 점진적 발전을 해 나가는 구조로 볼 때, 각 지역의 한계를 넘어갈 때마다 지리적 전개과정을 알리는 일곱 개의 요약문을 만날 수 있다(5:42, 6:7, 9:31, 12:24, 15:36, 19:20, 28:31).

그렇다면 누가는 어떤 의도로 사도행전을 기록한 것일까? 이 문제는 곧 사도행전을 기록한 목적이 될 것이다.

6. 사도행전을 기록한 누가의 관점

어떤 학자들은 사도행전을 기록한 누가의 의도를 로마와의 관계에서 호교론적으로 보려고 시도하였다. 로마는 기독교를 두려워하고 있었다. 제국을 분열시키는 어떤 작용을 할까 봐 두려웠기 때문이다. 사도행전 18장 12-17절은 아굴라와 브리스길라가 황제의 칙령으로 로마에서 고린도로 이주하여 온 사건을 말하고 있다. 이때가 글라우디오 재임 9년(AD 49) 때이다. 이때 유대인이라서 로마에서 추방된 것이 아니라 기독교인이라서 추방되었다고 한다. 이 문제는 앞으로 본문에서 다시 다루게 된다. 브리스길라가 쫓겨났을 때 기독교인이었기 때문에 추방당했다면 벌써 로마는 기독교가 제국의 평화에 위협적인 존재라고 느꼈다는 말이 된다.

믹스(Wayne A. Meeks)는 교회를 로마 세계 안에 있는 다른 자발적인 연합체들과 비교하면서 말한다. "그리스도인들의 모임은 배타적이고 전체주의적이다. 어떤 사교 모임이나 심지어 이교종파(異教宗派)연합이라도…… '그리스도 예수께로 세례'를 받아야 한다고 주장함에 있어서 그러했다 ……이 사실은 유난히 철저한 재집단화(resocialization)를 의미했다. 이 집단 속에서는 자기네 모임이 자체의 단원들을 위하여 실제로 우선적이며, 여타 모든 충성에 우선적이다."37)

교회는 로마인들에게 하나의 새로운 국가(polis)로 비춰졌다는 말이다. 사도행전에서 교회는 이스라엘이 가진 언약의 백성(the covenant people)이라는 개념을 이어가는 것으로 이해된다. 이 새로운 국가에 가담하게 되면 모든 옛 정치론은 붕괴된다. 고넬료 사건이 보여주는 것처럼 기독교는 세례를 받은 자들을 위한 하나의 새로운 나라(nation)가 되었기 때문이다. 이렇게 보면 고넬료 사건은 로마에 기독교를 변증하려는 것이 아니라 도리어 공격하는 것으로 들렸을 것이다. 그렇다면 사도행전을 기록한 목적은 변증이 아니었다고 봐야 한다.

윌리엄은 사도행전을 로마를 향한 교회의 초기 변증(apology)이나

37) Wayne A. Meeks, The first urban christians: Social world of the apostle Paul(New Heaven): Yale University Press, p. 78. 윌리엄 181 재인용.

변호(defense)로 보려는 헨헨과 케어드의 견해를 비판한다. "사회 안에서 교회의 위치에 관한 그들의 해석상의 편견을 반영한다. 사도행전을 로마를 향한 변증으로 보는 본서에 대한 성격 묘사는 다분히 자유주의 신학(liberal theology)에 근거한다."[38] 그러나 21장 이후의 기록으로 보면 로마가 기독교를 우호적으로 보고 있다는 것을 강조한 느낌을 주는 것도 사실이다. 그렇다고 사도행전 전체의 목적을 호교론으로 보는 것은 곤란하다고 생각한다.

두 번째의 견해는 유대교를 향한 기독교의 우호적 변증으로 보는 예이다. 사도행전의 시대적 배경은 기독교와 유대교가 분쟁의 갈등을 겪고 있던 때인가, 아니면 완전한 결별이 이뤄진 후인가를 밝혀야 여기에 대한 해답이 주어질 것이다. 앞에서 언급한 대로, 기독교와 유대인과의 관계는 얌네아 회의를 계기로 완전히 끝났다. 그런데 사도행전 21장부터 26장까지 전개된 내용에서 누가는 바울의 변론을 통하여 그는 성전이나 율법의 파괴자가 아니라 유대절기와 모세율법을 철저히 지킨 사람으로 그리려고 노력하고 있다. 그뿐 아니라 바울 자신의 변론에서도 기독교는 유대교와 다른 신앙이 아니라 그 뿌리를 이어가는 신앙인 것을 유대인들에게 설득하려고 노력했다. 또한 갈라디아서에서 보이는 믿음과 행위에 대한 대립도 사도행전에서는 나오지 않는다.

그렇다면 사도행전은 주후 70년 이후에 유대교와 기독교가 분리되는 과정에서 기록되었고, 자연히 그 시기는 기독교와 유대교와의

---

38) 윌리엄, 누가복음, p. 178. 디벨리우스도 고넬료의 이야기는 로마 관리들에게 도리어 반발을 가져올 수 있는 사건임을 기억해야 한다면 변증적 차원에서 쓰인 내용은 아니라고 했다. 고넬료의 사건이나 행 17:6-7에서, 바울이 온 세상을 소요케 하고 또 다른 황제가 있다고 선전하면서 시저의 명을 거역하고 있다고 고발된 사건을 참고하라.

연결성이 크게 문제되었던 때였다는 사실을 알 수 있다. 그뿐 아니라 그리스도인들조차도 유대교와의 관계를 어떻게 처리해야 하는지 묻는 사람들이 많았을 것이다. 그러므로 사도행전은 유대교와 논쟁을 위하여 기록했다고는 볼 수 없다. 단지 기독교와 유대교와의 갈등에서 기독교는 유대교와의 연대성을 강조하고 유대교에 대하여 기독교를 변호하려는 의도가 있다고 볼 수 있다.

누가의 구속사적 신학은, 기독교는 유대교에 뿌리를 두고 있다는 것을 강조한다. 그러면서도 율법의 한계를 넘어가야 한다. 이 점을 사도행전 전체에서 계속해서 강조하고 있다. 스데반의 입을 통하여, 베드로의 고넬료 사건을 통하여, 그리고 바울의 연설을 통하여 그 정당성을 계속 설득하고 있다.

그런데 사도행전을 보는 시각에서 가장 중요한 것은 누가란 사람에 대한 이해이다. 단순하게 말하면 누가는 복음 전도자요, 목회자이다. 누가복음에서 보이는 누가는 확실히 목회자이다. 예를 들면 누가복음 17장 1-10절은 다른 복음서에는 나타나지 않는 제자들에 대한 목회 강의가 나온다. 누가복음 18장 1-8절에는 기도에 대한 특별한 교훈이 나온다. 누가복음에서 누가는 예수님의 사역과 교훈을 목회적 관점에서 바라보고 있다. 사도행전도 목회적 관점에서 기록되었다고 봐야 한다. 어떤 학자들은 율법으로부터 자유로운 이방 선교를 이루는 데 있다고 하였다. 그러나 사도행전의 구조로 볼 때 사도행전의 관심은 예루살렘에서 시작된 기독교가 어떻게 로마에까지 선교할 수 있었는가를 보여주려고 시도한 것임에는 틀림이 없다.

누가는 바울과 같이 하나님 앞에서는 유대인도 이방인도 없고, 남녀의 차이, 그리고 자유인이나 종의 차별이 없이 온 세상에 복음이 전파되어야 한다고 주장한다. 그러나 사도행전을 읽어가면 누가는 복음을 전파하는 교회는 어떠해야 하는가에 관심이 많았음을 알게 된다. 누가는 예루살렘 교회의 생활을 두 번이나 전한다(행 2:42-47, 4:32-35). 교회 안의 문제 해결 방법(행 6:1-6)과 함께 교회의 직분자들이 갖춰야 할 자격을 일곱 사역자의 선택과 바나바를 통하여 말하고 있다. 누가가 강조하는 직분자의 자격은 "성령이 충만한 사람"과 "사람들에게 칭찬듣는 사람"이다(행 6:3, 11:24).

복음 전도자의 자세에 대해서도 강조하는 면이 많다(행 3:11-26, 5-22). 그 핵심은 "하나님 앞에서 너희의 말을 듣는 것이 하나님의 말씀을 듣는 것보다 옳은가 판단하라"(행 4:19, 5:29)이다. 사도행전 21장에 에베소 장로들을 향한 설교가 누가가 전하고 싶은 진리의 핵심이다. 이런 자세가 사도행전 끝까지 전도자들과 바울을 통하여 전개되고 있다.

초대교회가 시작되면서, 하나님의 복음을 전파하는 사역을 수행하려 함에 있어서 장애가 되는 많은 문제들을 생각하지 않을 수 없었을 것이다. 선교의 장애물은 그 무엇보다 세계를 지배하던 거대한 로마제국과의 갈등을 들 수 있다. 또 실제적으로 당시 초대교회는 네로의 박해를 견뎌야 했고, 앞으로 다가올 박해를 준비해야 하는 상황에 있었다.

그 외에도 교회 안에 일어나고 있던 유대파 교인과 헬라파 교인들 간의 갈등, 예루살렘 교회와 이방 교회와의 통일성을 유지하는 일, 앞으로 닥칠 박해를 기다리는 교회들에게 어떻게 믿음을 지켜가야 할 것인가를 권고하는 일들은 간과할 수 없는 중대한 사안이었다. 또 지연되는 예수 재림의 문제, 계속해서 일어나는 이단들의 문제도 누가에게는 큰 문제였을 것이다. 이런 내용을 겉으로 표현하지는 않았지만 누가는 목회자의 심장으로 어린 교회들을 가르치며 교육하려고 하였다.

또 사도행전에 나타난 누가의 큰 관심은 성령이다. 누가는 초대교회의 역사를 세 시대로 구분하였다. 첫째는 율법과 예언자의 시대, 둘째는 예수의 지상 생애에서부터 승천에 이르기까지의 중간시대, 그리고 셋째는 예수님의 지상 명령을 이루어 가는 교회시대 또는 교회 역사의 시기이다.

누가는 제3복음서에서 말한 하나님의 나라를 교회시대에서는 '주의 말씀'을 통하여 온 세계에 말씀을 전하는 것으로 변형시켜 설명하고 있다. 이를 이루어 가시는 분은 성령이시기에 오순절에 일어난 성령 강림도 우리가 일반적으로 생각하는 성령의 특성으로 그리고 있지 않고, 성령은 선교의 주체라는 입장에서 오순절 성령 강림을 그리고 있다(3장 주석 참고).

누가는 교회가 직면한 문제, 선교에서 직면한 모든 문제들을 해결하기 위한 강력한 능력(power)을 가진 주체로서 성령을 강조하고, 성령 안에서 이 문제들을 해결할 수 있다고 가르친다. 박해를 이길 수 있는 힘도 오직 성령이시고, 교회를 하나 되게 하시는 분도 성령이라고 증언한다.

디벨리우스(Martin Dibelius)는 초대교회 상황으로 보아서, 당시 교인들은 예수님의 재림이 임박했다고 믿고 있었기 때문에 후대에 자료를 남긴다는 사실은 생각하지 않았다고 한다. 특별히 사도행전에 나타나는 24개의 연설문은 책의 3분의 1을 차지하는데, 이 내용은 당시 교회들의 설교와 교육의 자료로 사용하도록 소개한 것이라고 했다. 심지어 마지막 뒷부분에 나오는 변증론적 연설조차도 초대교회가 기독교의 복음을 변호할 때 사용하도록 제시한 것이라고 한다. "사도행전의 저자는……그의 시대의 그리스도인들에게 기독교를 스스로 변호할 때 바울의 연설에 나타난 사상을 활용하기를 바랐을 것이다."

오툴(Robert F. Otoole)도 "누가는 그 당시 비크리스천들을 위하여 집필하지 않았다. 그는 초기 크리스천들이 알고 있던 사건들(눅 1:1-4)에 대한 확실성을 그들에게 심어 주기 위해 집필했다. 비크리스천들이 누가복음과 사도행전을 읽을 것이라는 가능성을 전적으로 배제한 상태에 있었다는 것이 아니고, 일차적으로 보아 비크리스천들을 위해 쓴 것이 아니라는 뜻이다"[39]라고 했다. 윌리엄은 "사도행전의 목적이, 로마 제국이 기독교를 받아들이게 하는 데 있지 않고, 그들의 고전문화의 내습(來襲)에 맞설 수 있도록 교회의 정체성을 제공하려는 데 있었다는 관념의 토대 위에서 본서를 주석했다"라고 했다(그의 책에 대한 추천서 일부).

누가의 의도를 정리해 보면 다음과 같다. 첫째, 사도 바울은 교회를 믿음의 원리 위에 든든히 세우고자 했다. 무엇이 기독교의 본질인가를 가르치려 했다. 사도들이 죽고, 특별히 사도 바울이 죽은 후에 눈물과 피를 뿌리며 세운 교회들에 대한 염려를 누가는 그 누구보다 절실하게 하고 있었을 것이다. 레힐러는 이것을 지적한다. "예루살렘의 사도들은 죽고 예루살렘 교회는 세력 상실, 교회 발전은 이방교회 중심으로 이뤄지고 있었다."[40] 누가는 이런 이방교회를 보호하고 진리 위에 세워 나가야 할 책임을 느꼈을 것이다. 그런 목적으로 사도행전을 읽어야 한다.

둘째, 교회가 어떻게 발전해 나갔는가 보여주는 것도 중요하였다. 그래서 그는 기독교의 역사가 어떻게 발전해 나갔으며, 어떤 과정을 밟으며 성장해 나갔는가를 설명한다. 셋째는 일차적으로는 어떻게 예루살렘으로부터 로마에까지 성령에 의하여 복음이 전파되었는가

39) Robert F. Otoole, p. 13. The Unity of Luke's Theology(루가신학의 통일성), 유철 역, 카톨릭출판사, P.13.

40) 헨헨, op.cit., p. 58.

를 보여주려고 한다(안디옥 교회에서도 '성령으로 인하여'를 강조한다). 역사적 사건을 따라가면서 초대교회가 당면한 문제들을 해결하려고 한다(박해, 유대인과의 갈등, 이방 전도 등). 또 어떻게 예수님의 사역이 교회를 통하여 이어져 갔는가도 밝히고 싶어 한다. 넷째는 예루살렘 교회가 쇠퇴하고 이방교회가 크게 성장함으로 일어나는 문제들에 대하여 설명할 필요를 느꼈다.

이보 스토르니올로는 그의 《사도행전 읽기》란 책에서 네 가지 초대교회의 문제점에 대하여 말한다.

• **밥상공동체** – 유대인이 이방인과 함께 밥상에 앉지 않는 습관에 대하여, 다른 사람들과 밥을 함께 먹고 실제 생활에서 친해지지 않고서도 그리스도인이 될 수 있는가?
• **공식적인 유대교에서 쫓겨난 유대인들** – AD 70년 이후, 유대인들은 자기네 정체성을 지나치게 강조한 나머지, 그리스도인이 된 유대인에게 계속 유대인으로 살 것인지 말 것인지를 결정하라고 강요했다. 계속 유대인으로 남아 있으면서도 그리스도인이 될 수 있는가?
• **그리스와 로마 특권층의 회개** – 복음은 그리스와 로마 사회에 속한 사람들을 끌어들이기 시작했다. 이들은 문화 수준이 높았으며, 그들 가운데는 제국 안에서 중요한 직책을 가진 이들도 있었다. 제국에 속해 충성을 바치면서도 그와 동시에 그리스도인이 될 수 있는가?
• **부자들과 가난한 사람들의 공존** – 부유한 이들이 공동체 안에 들어왔다. '가난한 사람들을 위한 기쁜 소식'을 어떻게 하면 새로 들어온 부자들의 생활 및 관습과 화해시킬 것인가? 복음은 부자들에게 무엇을 요구하는 것인가?

누가의 기록은 이 네 가지 문제점들에 대한 일종의 입장 정리도 포함되어야 한다고 했다. 동시에 동일한 신앙이 어떻게 하면 다른 여러 문화와 역사 속으로 파고들어갈 수 있는가? 어떻게 하면 다른 문화를 해치지 않으면서 신앙에 충실할 수 있는가? 복음을 어떻게 하면 '문화를 좋은 방향으로 변형시키는 힘'으로 선포하면서 다른 문화를 파괴하거나 없애지 않을 수 있는가?[41]

그러므로 사도행전은 어느 한 관점에서만 기록하려고 시도하지 않았다고 말해야 한다. 이것이 내러티브의 특성이기도 하다. 그러면서도 한 가지 분명한 초점은 사도행전은 신약성경의 다른 책들과 마찬가지로 교회를 향한 말씀이라는 점이다.[42] 앞으로 사도행전에 나오는 사건들을 면밀히 살피면서 그 사건 속에 숨겨져 있는 문제들을 들춰낼 것이며, 그 사건을 통하여 누가는 무엇을 말하려고 하는가를 살펴볼 것이다.

7. 바울

사도 바울에 대해서는 학자들 간에 천차만별의 대립되는 의견이 있다. 이상한 것은 그 다양한 학파들 간에 일반적인 합의를 얻어내는데 가장 근접한 두세 가지 점에서도 의견의 일치를 볼 수 없다는 점이다.

분명한 것은 그는 로마 시민이었다는 점이다. 바울은 자신이 작지 않은 도시 길리기아 다소 사람이란 점을 항상 강조했다(행 21:39, 22:3). 로마 시민이라는 특징은 그를 어느 지방에서든지 귀족의 신분에 처하게 했다. "시민권이 여전히 철저하게 제한되어 있던 1세기에 로마

41) 이보 스토르니올로, 사도행전 읽기(복음이 나아가는 길), 김수복 역, 성바오로, 1993, pp. 12-14. 누가는 다양성과 통일성을 파괴해서도 안 되며, 통일성이 다양성을 희생시켜서도 안 된다는 사실을 강조했다고 한다.

42) 윌리엄, Ibid, p. 35.

시민이라는 것은 그의 가족이 뛰어난 가문 중의 하나요, 최소한 상당한 부를 누렸다는 것을 증명한다……또 다소에서 특권과 지위 및 일반적 존경을 보장 받는 데 대한 자부심이 있었음을 내포한다."[43] 그러나 누가는 로마인의 이름에는 관심이 없다. 그래서 바울의 이름에 대해서도 로마인으로서의 이름을 사용하지 않는다. 바울의 본 이름은 무엇이었을까? 사울이란 이름과 바울이란 이름은 어디서 생긴 것일까?

사도 바울은 소읍(小邑)이 아닌 다소 성의 시민(행 21:39, 9:11)이었다. 다소는 지중해 북동쪽 지역에 위치한(행 9:11, 22:3) 길리기아 로마 속주(the Roman province of Cilicia)에서 가장 큰 도시였다. 헬라적 교육과 문화에서는 알렉산드리아나 아덴과 라이벌 관계에 있었다(Strabo, Geogrphy xiv.5. 13).[44] 이 도시의 철학자 아덴노도루스(Athenodorus)는 후에 아우구스투스 황제의 가정교사와 막역한 친구 중 한 사람이었다. 다소에 있는 스토파의 한 학교에서 성장한 안티파테르(Antipater)는 아덴의 한 스토익 학교의 교장이 되었다. 오늘날 이스탄불이 유럽과 아시아의 관문이듯이, 다소는 당시 로마 세계에서 동과 서를 잇는 무역 중심지였고, 관문이었다.[45] 사도 바울의 가족이 단지 그가 출생하기 몇 년 전에 유대로부터 다소로 이주한 데 불과했다면, 그나 그의 아버지는 '다소 성의 시민'이 아니라 단순한 '주민'(incolae)에 불과했을 것이다.

안디옥이란 이름은 안티오쿠스 4세(Antiochus IV, BC 175-164) 치하에서

---

43) Ramsay, op.cit., pp. 40-41. "로마법의 엄격한 해석에 의하면, 로마의 시민권(cititas)은 다른 모든 시민권보다 우월한 것이었다. 그리고 로마 시민(cives)은 지방 도시에서 으레 높은 지위를 차지했고, 심지어는 전원 이의 없이 감투를 쓰기까지 했다는 것은 분명하다."

44) Paul Wright, Atlas, p. 222.

45) Wright, Ibid, p. 222.

주어진 이름이다. 셀레우코스 왕조는 소아시아에서 식민지를 건설하는 데 있어서 유대인 이주민을 등용하는 것을 더 좋아했던 것 같은데, 그때 바울의 가족이 이사했을 가능성은 희박하다고 람세이(Ramsay)는 말한다.[46] 라이트(Wright)는 그보다는 주전 1세기 후반에 다소에 사는 많은 주민들이 약간의 유대인을 포함하여, 폼페이(Pompey)와 안토니(Ant ony)로부터 로마 시민권을 부여받았다. 아마도 바울의 아버지 또는 할아버지가 그때 시민권을 받았을 가능성이 있다고 한다.[47]

바울은 길리기아 다소에서 출생했다고 말하면서도 자기는 유대 사람이라고 말한다. 사도행전 22장 3절은 "나는 유대 사람입니다. 나는 길리기아의 다소에서 태어나서, 이 도시 예루살렘에서 자랐고, 가말리엘 선생의 문하에서 우리 조상의 율법의 엄격한 방식을 따라 교육을 받았습니다"(새번역)라고 말한다. 말의 순서에 주의해 보면, "나는 유대인"이라는 고백은 다소에서 출생했다고 말한 것보다 앞에 나온다. 바울은 자신이 예루살렘에서 자란 것을 강조한다. 바울은 가말리엘 문하에서 배우기 전에 일찍 예루살렘에 와서 어린 시절을 보냈다고 한다.[48]빌립보서 3장 5절에서도 자신은 "히브리인 중의 히브리인"이라고 강조한다.[49] 이 말은 자기는 그런 헬라적 문화 속

46) Ramasy, Ibid, p. 41.

47) Wright, Ibid, p. 223. "증명할 길은 없지만, 제롬은 바울의 조상들이 BC 63년에 폼페이가 유다를 점령했을 때 갈릴리 북쪽지역 하솔에 근접해 있던 기살라로부터 다소로 이민을 왔었다고 설명한다(De viris illustribus 5).Wright.

48) 행 22:3의 구두점을 어떻게 찍느냐에 따라 의미가 많이 달라진다. 그러나 대체적으로 "이 성에서 자라, 가말리엘의 문하에서" 배웠다고 읽기를 택한다. 그러면 바울은 일찍 예루살렘에 와서 자라고 그 후에 가말리엘의 문하에서 배웠을 것이다.

49) 람세이에 의하면 사도 바울이 말한 '히브리인 중의 히브리인'이란 표현은 유대인 청중에게가 아니라 헬라 교회에게 사용된 것이다(빌 3:5). 그리고 그것은 헬라 사람들에게 친숙한 표현이었다. '제사장 중의 제사장'이라는 표현은 소아시아의 도시 사회에서 아주 중요한 역할을 하고 있는 제사장 가문의 일원들에게 쓰이던 개념이었다. op.cit., p. 42.

에 태어났으면서도 헬라 문화에 물들지 않고 엄격한 유대 문화를 지켜왔다는 뜻이다.

당시에는 히브리인들에게는 그의 헬라 시민권과 아울러 그의 삶의 히브리적 측면을 보존하는 것이 특별히 용이했다고 한다. 왜냐하면 셀레우코스 왕조 속주도시의 유대 식민지 자체가 이중의 성격을 보존했기 때문이다. 다소에 사는 유대인들은 셀레우코스 제국에 의해서, 그리고 나중에는 로마 제국에 의해 '그 도시 내의 유대인 국가'로 인식되기도 했기 때문이다.[50] 이것은 후에 정치적으로 어리둥절할 정도로 복잡해졌으며, 그것은 그 도시의 유대인이 아닌 시민들의 불만과 질투심을 불러일으켰고, 그 후 주후 70년 베스파시아누스(Vespasian) 황제가 '유대인 국가'의 법적 존재를 종식시키고, 유대인들을 제국의 일반인으로 만들어 버림으로써 마침내 종결되었다고 한다.[51]

학자들은 바울이 유대와 헬라의 두 세계에 깊이 영향을 받은 사람이었다고 간단하게 단정하지만, 바울 자신은 아니라고 한다. 철저하게 유대적 문화와 종교에서 자랐다고 주장한다. 그렇다면 그의 헬라적 요소는 어디서 온 것일까? 아마도 아시아 지역과 마케도니아 지역에 복음을 전하러 다닐 때 받았던 영향이라고 해야 할 것이다. 물론 어려서 다소에서 자랄 때 받은 영향도 생각해야 한다. 그러나 바울의 입장에서 자기는 철저하게 히브리적이라고 주장한다는 점이 고려되어야 한다.

다음으로 생각할 내용은, 바울이 자기 정체성을 말할 때 언제나 빠지지 않고 언급하는 것이 가말리엘 문화에서 배웠다는 점이다. 그러니까 바울의 일생의 신앙과 학문의 영향은 오직 가말리엘로부

50) Ramsay, op.cit., p. 43.
51) Ibid, p. 43.

터 받았다는 말이다. 가말리엘은 바리새파의 두 학파 중 하나를 창설한 힐렐(Hillel)의 손자(혹 아들)이다. 힐렐은 헬라 문학의 학도였으며, 이방을 포용하려는 옹호자였다. 그는 많은 율법에 대한 해석서(Takka not)를 저술하였다.[52] 바울은 헬라어와 히브리어 그리고 아람어에 능통하였고, 논쟁을 할 만큼 라틴어에 익숙했다. 그리고 바울은 자신을 가말리엘의 우수한 학생이었다고 소개한다(갈 1:14).

갈라디아 1장 14절을 새번역 개정판은 "내 조상의 전통에 대하여 더욱 열심이 있었다"고 했으나 헬라어의 표현을 다 살려낸 번역이라 할 수는 없다. 헬라어 성경에는 "προέκοπτον ἐν τῷ Ἰουδαϊσμῷὑ πὲρ πολοὺς συνηλικιώτας ἐν τῷ γένει μου(I was advancing in Judaism beyond many contemporaries in the nation)"으로 유대주의에 있어서 "나라 안의 모든 경쟁자들을 넘어서 가고 있었다"는 뜻이다. 라이트(Wright)는 가말리엘의 문하에서 공부를 마쳤을 때 바울은 존경받는 예루살렘 바리새인으로서의 명성을 약속받고 있었고, 그는 아마도 산헤드린 회원이 될 수 있었을 것이라고 한다.[53]

보른감은 디아스포라 유대인인 바울이 바리새인이 되기로 선택되었을 때, 그는 역시 정통 유대인들이 취하는 관례를 따라 이방의 유대 선교사가 되기로 결심했다는 믿을 만한 증거들이 있다고 말한다.[54] 그 증거는 갈라디아 논쟁에서 유대 할례주의자들의 공격에 대하여 이렇게 답변한 것이다. "형제들아, 내가 지금까지(still) 할례를 전한다면 어찌하여 지금까지 박해를 받으리요. 그리하였으면 십자가의 걸림돌이 제거되었으리라"(갈 5:11). 이 말에는 이방인을 개종시

52) Wright, Ibid, p. 223.
53) Ibid, p. 224.
54) Gunther Bornkamm, Paul, Harper & Row, 1971, p. 12.

키는 선교활동을 계속하지 않는다는 뜻이 있다. 따라서 바울이 정통 유대인으로 이방인을 개종시키는 일을 하고 있었다면 교회를 박해하는 일, 더욱이 다메섹에 있는 헬라적 교회를 핍박하는 일에 열심이었다는 것은 그에게 필연적이었을 것이다.[55]

바울은 다재다능하고 또한 적응력이 뛰어난 사람이었다. 이 유대인은 고향에 있을 때는 철저히 보수적이었으나, 해외에 나가서는 항상 누구보다도 유순하고 솜씨 좋은 사람이었다. 우리는 선교 여행을 통하여 나타나는 다양한 문명의 자원들을 그때마다 즉각 이용하는 그의 능력에 감탄할 수밖에 없다.

••• Bruce 연대표

28–30년경	예수의 공생애
33년경	바울 회심
35년경	회심 후 바울의 첫 번째 예루살렘 방문
35–36년	바울의 길리기아, 수리아 사역
37–41년	가이오 황제 재위
41–54년	글라우디오 황제 재위
46년	바울의 두 번째 예루살렘 방문
47–48년	바울과 바나바의 구브로, 갈라디아 사역
48년(?)	갈라디아서 저작
49년	예루살렘 공의회 개최
49년	로마에서 유대인 추방
49–50년	바울과 실라가 수리아 안디옥을 출발하여 소아시아를 거쳐 마게도냐와 아가야를 다녀감.

55) Bid, p. 12

50년	데살로니가 전후서 저작(살전 50년 고린도에서, 살후 50년-1세기 말 고린도에서)
50-52년	바울의 고린도 사역
51-52년	갈리오 아가야 총독 재임
52년 여름	바울의 세 번째 예루살렘 방문
52-59년	벨릭스 유대 총독 재임
52-55년	바울의 에베소 사역
54-68년	네로 황제 재위
	빌립보서 저작(53-55년 에베소, 혹 56-58년 가이사랴에서)
55-56년	고린도 전후서 저작(고전 54-55년 3차 전도 여행시 에베소에서, 고후 55-56년 마게도냐에서)
55-57년	바울의 마게도냐, 일루리곤, 아가야 사역(골로새서 저작 56-58년 설, 60년 설, 80년 설-가이사랴나 로마)
57년 초	로마서 저작(56년경 3차 전도 여행시, 고린도에서)
57년 5월	바울의 세 번째(마지막) 예루살렘 방문
57-59년	바울이 가이사랴에서 갇힘
	59년 유대 총독 벨릭스가 이임하고 베스도 취임.
59년 9월	바울의 로마행 항해가 시작됨
60년 2월	바울이 로마에 도착함
	에베소서 저작(60년 경 소아시아에서, 80년 경 로마에서)
	디모데전서 저작(60년대-2세기 초 마게도냐, 또는 소아시아에서)
	디모데후서 저작(60년대-2세기 초 로마나 소아시아에서)
	디도서 저작(60년대-2세기 초 마게도냐 혹 소아시아에서)
60-62년	바울이 로마에서 가택 연금되어 지냄
62년	유대 총독 베스도의 죽음, 알비누스 부임
60-62년(?)	옥중서신
64년	로마 대화재

65년(?)	바울이 서바나를 방문함
?	목회서신
65년(?)	바울의 죽음

빌레몬서 저작(미상)

히브리서 저작(80-90년 미상)

• • • 사도행전의 연대기(Haenchen)

바울의 소명	35년 경
첫 번째 예루살렘 방문	37-38년 사이. 이 시기에 시리아, 시실리아, 안디옥에서 활동
첫 예루살렘 회의	48년 경
고린도 체류	49-50년 사이의 겨울에서부터 51년 여름까지. 가이사를 거쳐 안디옥까지 여행
소아시아를 거쳐 에베소로	52년 초
에베소에서 마게도냐로	54년 고린도에서 54-55년 사이의 3개월을 고린도에서 지냄 55년 오순절에 예루살렘에서 체포되어 가이사랴로 호송됨 55년 늦여름에 로마로 출발, 멜리데 섬에 상륙 56년 초에 로마에 도착, 사도행전의 끝은 58년[56]

56) 헨헨, op.cit., p. 133.

II 성령 강림과 교회의 생명력

사도행전은 누가복음과 동일한 저자에 의해 통일성 있게 기록된 책이라는 것은 학자들 간에도 의견이 거의 일치하고 있다. 물론 누가복음과 사도행전의 통일성에 반대하는 학자들도 있지만 두 책의 통일성을 뒤집을 만한 확실한 증거를 제시하는 이론은 아직까지 나타나지 않았다.[1] 누가복음과 사도행전의 통일성은 큰 틀에서 볼 수 있다. 누가는 두 책 서론에서 데오빌로에게 보낸다고 밝히고 있다. 또 책을 기록하는 목적을 분명하게 말하였다. 누가복음 서론에서 (1:1-3) 예수님의 생애와 사역에 대하여 기록하는 목적을 간략하게

1) 사도행전은 누가복음에 이어서 쓰인 책으로, 그 증거를 우선 단어의 유사성에서 찾아볼 수 있다. 사도행전과 마태복음에서는 17단어, 사도행전과 마가복음에서는 14단어, 사도행전과 요한복음에서는 13단어, 그런데 사도행전과 누가복음에서는 58단어가 유사하게 나타난다.

서술하고 있다.

"우리 중에 이루어진 사실에 대하여 처음부터 목격자와 말씀의 일꾼 된 자들이 전하여 준 그대로 내력을 저술하려고 붓을 든 사람이 많은지라. 그 모든 일을 근원부터 자세히 미루어 살핀 나도 데오빌로 각하에게 차례대로 써 보내는 것이 좋은 줄 알았노니, 이는 각하가 알고 있는 바를 더 확실하게 하려 함이로라."

이 내용을 정리해 보면, 첫째는 예수님의 사역을 통하여 "이미 이루어진(τῶν πεπληροφορημένων)[2] 사실에 대하여"[3] 목격자들과 말씀의 종들이 전하여 준 내용이 있다고 한다(눅 1:2). 이 말은 성경 이전에 자료들이 있었다는 것을 언급하고 있다. '전하여 준 대로'(καθὼς παρέδοσαν)에서 전한다는 말은 "전승시킨다"(παραδίδωμι)의 단순과거 복수 직설법으로 반드시 구전만을 의미한다고 볼 수는 없다(눅 24:20, 42; 행 1:26, 3:13, 15:30). 기억에서 기억으로 전해지다가 성문화 과정을 거쳤다고 보는 것이다.

둘째는 전수받은 내용을 기초로 하여 그대로 "내력을 저술하려고"(ἀνατάξασθαι διήγησιν) 붓을 든 사람이 많았다(눅 1:1-2하)고 한다.[4] 그렇다면 누가는 자기 이전에 복음서를 기록한 많은 문서들이

---

2) "τῶν πεπληροφορημένων"는 'πλήρης'(충만한)과 가져오다는 'φέρω'에서 나온 동사 'πληροφορέω'의 완료 수동태 분사이다. '충만하게', '가져오다' 또는 '충만하게 하다'는 뜻으로 파피루스 문서의 실례에서는 법적인 문제나 경제상의 문제를 완전히 종결하는 뜻으로 나온다. 다이스만은 '임무를 완료하는 것'으로 해석한다. 원어성서해설, 누가복음, 벧엘성서간행사, pp. 27-28.

3) '사실'이라고 번역한 'διήγησιν'은 'A Narrative'라고 번역하기도 한다. 그래서 이 문장은 "한 내러티브 순서대로 다시 기록하려고"로 번역할 수 있다. Alfred Plummer, The Gospel According to S. Luke, C&T Clark, 1969, p. 1. The Greek English interlinear N.T. Tyndale, p. 193.

4) "내력을 저술하려고"(ἀνατάξασθαι διήγησιν, 눅 1:1)에서 접두어 'ἀνα'는 '다시'란 의미로 목격자들이 전해준 내용을 자세하게 다시 기록했다는 뜻이다. 여기 διήγησιν는 narrative라고 번역할 수 있고, 이들은 사건에 대한 이야기(역사)를

있었고, 누가는 그런 문서들을 다 알고 있다는 것이다. 적어도 마가복음과 Q자료를 포함하여 그 외에도 알고 있는 자료들이 있었다는 말이다. 또 데오빌로도 그 책들을 어느 정도 알고 있다고 한다. 그러나 누가 자신이 새로운 책을 써보려고 하는 것은 먼저는 그 내용들을 통하여 근원부터 자세히 살피고(παρῆκολουθηκότι), 그 내용을 차례대로(καθεξῆς) 쓸 필요를 느꼈다고 한다.

그러니까 누가는 이전 내용에 그 무엇을 첨가할 필요를 느꼈다는 것이다. 아마도 누가는 기록된 문서들 외에도 많은 자료들을 새롭게 얻었던 것 같다. 예를 들면 세례 요한의 출생 내러티브와 예수님의 탄생에 관한 이야기들과 다른 복음서에는 없는 긴 비유들이다. 그리고 차례대로 쓰려고 한다고 했다. 사도행전에서도 기록 목적을 먼저 밝히고 있다(1:1-2).

누가는 두 책에서 자기가 쓰려는 내용의 핵심과 범위를 미리 알려준다. 누가복음에서는 자신이 써 내려갈 핵심내용을 마리아 찬가(1:46-55)에 요약해 놓았다. 그리고 누가가 의도하는 책의 범위는 예수 탄생 내러티브(눅 2:14)와 예수님의 족보를 통하여 나타낸다(눅 3:23-38). "지극히 높은 곳에서는 하나님께 영광이요, 땅에서는 하나님이 기뻐하신 사람들 중에 평화로다"(눅 2:14). 여기서 '땅'(γῆς)은 온 땅이다. 예수님에 대한 복음은 온 세상이 대상을 대상으로 한다는 것이다. 예수님의 족보도 누가는 마태복음과는 달리 아담과 그를 만드신 하나님께로까지 올라간다.

시므온의 찬송에서도 "내 눈이 주의 구원을 보았사오니, 이는 만민 앞에 예비하신 것이요, 이방을 비추는 빛이요 주의 백성 이스라엘의 영광이니이다"(눅 2:30-32)라고 한다. 이렇게 보면 누가는 다른 복음서

편집했다는 것이다.

보다 훨씬 넓은 시야로, 이스라엘과 예수님시대 그리고 교회시대로, 그리고 세상 끝까지의 하나님의 구원 계획을 바라본다. 또 그의 시야는 창조에서 시작하여 주님의 재림으로 이어지는 온 세상의 구원이다. 그리고 버림받고 쫓겨나고 비천한 자들에게까지 하나님의 사랑의 관심이 쏟아진다. 누가의 현재적 시간은 언제나 교회이다.

사도행전에서 핵심내용과 범위는 1장 8절에 나타난다. 사도행전의 내용은 성령께서 그의 종들을 통하여 이뤄나갈 예수 그리스도에 대한 기쁜 소식이다. 그리고 그 복음은 예루살렘으로부터 시작하여 세상 끝까지 전해져야 한다. 그리고 이 모든 주체는 오직 성령이시다. 누가의 관심은 누가복음에서도 교회였고, 사도행전에서도 교회이다. 누가가 차례대로 기록한다고 했는데 누가가 말하는 순서대로란 어떤 의미일까?

누가복음의 예수님은 항상 예루살렘으로 올라가시는 예수이시다. 9장 51절에서 "예수께서 승천하실 기약이 차가매 예루살렘을 향하여 올라가기로 굳게 결심하시고" 예루살렘으로 올라가신다. 9장 53절에 "예수께서 예루살렘을 향하여 가시기" 때문이라고 다시 강조한다. 그리고 19장에서 마지막 예루살렘으로 올라가시기까지 예수께서 계속해서 예루살렘으로 올라가기만 하신다. 예루살렘으로 가셨는가 하면 다시 예루살렘을 향하여 올라가기 시작하신다(13:22). 그리고 드디어 19장에 가서야 예루살렘으로 올라가시고, 20장에서는 드디어 예루살렘에서의 활동이 나타난다.

누가에게 예루살렘은 세계 교회의 중심이다. 그래서 인류 구원 사역을 이루기 위하여 예수님은 예루살렘으로 올라가셔야 하고, 그 후에는 예루살렘으로부터 복음이 온 세상으로 퍼져나갈 것이다. 이렇게 보면 예루살렘으로 올라가시는 예수님의 모습은 교회를 통하여 복음이 예루살렘으로부터 온 세상으로 퍼져 나갈 것을 예시하는 것이다.

또 신약성경에서 가장 유명한 비유들, 누가가 즐겨 사용한 전형적인 긴 내러티브들은 누가복음 9장 51절, 그리고 19장 1절에 예루살렘으로 올라가는 그 기간에 삽입해 놓았다. 그러므로 누가의 '차례대로'라는 말은 시간 상의 순서라기보다는 신앙적 또는 그의 편집 의도적 관점에서의 차례를 말한다고 볼 수 있다. 선한 사마리아인의 비유(눅 10:25-37)는 예수님의 관심이 유대를 넘어서 버림받고 살았던 사마리아인으로 넘어가고 있다는 사실을 분명하게 보여준다. 돌아온 아들의 비유도 하나님을 버리고 떠났던 작은아들은 이방인의 상징으로 받아들인다. 부자와 나사로는 나사로와 같은 그 사회로부터 쫓겨난 부정한 사람들을 다시 돌아보게 하는 비유임에 틀림이 없다. 바리새인과 세리의 기도의 비유(눅 18:9-14)는 세리가 의롭다 함을 받았다는 예수님의 판정으로 끝이 난다.

이렇게 보면 예수님의 예루살렘 길은 고난의 길이요, 약속 성취의 길이지만 사마리아인, 이방인, 버림받은 자들, 그리고 비천한 자들을 높여주시고, 예루살렘으로 모으는 이야기이다. 이 길 위에서 예수께서는 마리아의 찬가에서 들렸던 일들을 모두 이루신다.[5] 사도행전의 차례는 복음이 지리적으로 점진적으로 발전해 나가는 순서이다. 누가복음과 마찬가지로 사도행전에서도 꼭 지리적, 시간적 순서라고는 볼 수 없다. 그가 전하려고 하는 신앙적 관점에서의 차례이다. 누가복음이 예루살렘을 향하여 가는 그리스도를 그리고 있다면, 사도행전에서는 로마를 향해 가고 있는 바울을 그리고 있다.

누가복음에서 부활하신 예수님은 제자들의 마음을 열어 성경을

---

5) 눅 1:50-55. 교만한 자들을 흩으시고, 권세 있는 자를 그 위에서 내리치셨고, 비천한 자들을 높이셨다. 주리는 자를 좋은 것으로 배불리시며, 부자는 빈손으로 보내신다.

깨닫게 하시고(눅 24:45), 죄 사함을 받는 회개가 예루살렘에서 시작하여 모든 족속에게 전파될 것을 말씀하시고, 아버지께서 약속하신 위로부터 능력으로 입혀질 때까지 예루살렘에 머물라고 하신다(눅 24:49). 예수님의 부활과 승천을 경험한 사람들은 예루살렘에 머물며 늘 하나님을 찬송하며 지낸다(눅 24:53).

사도행전은 사도 바울이 로마에 도착하여 복음을 전하는 것으로 끝을 맺는다. 그러나 그것이 끝은 아니다. "주 예수 그리스도에 관한 모든 것을 담대하게 거침없이 가르치더라"(행 28:31)고 한다. 누가가 누가복음에서 보여줬던 형태의 문장 구성을 통하여 초대교회의 모습과 또 복음이 성령을 통하여 어떻게 예루살렘으로부터 로마까지 전파되었는지, 그리고 그런 과정에서 어떤 일들이 일어났는지를 소상하게 기록하려고 시도한 책이 사도행전이다.

1. 서론(행 1:1–5)

> 1) 데오빌로여 내가 먼저 쓴 글에는 무릇 예수께서 행하시며 가르치시기를 시작하심부터 2) 그가 택하신 사도들에게 성령으로 명하시고 승천하신 날까지의 일을 기록하였노라 3) 그가 고난 받으신 후에 또한 저희에게 확실한 많은 증거로 친히 살아 계심을 나타내사 사십 일 동안 그들에게 보이시며 하나님 나라의 일을 말씀하시니라 4) 사도와 함께 모이사 그들에게 분부하여 이르시되 예루살렘을 떠나지 말고 내게서 들은 바 아버지께서 약속하신 것을 기다리라 5) 요한은 물로 세례를 베풀었으나 너희는 몇 날이 못되어 성령으로 세례를 받으리라 하셨느니라

사도행전도 누가복음과 같이 데오빌로에게 헌정하는 것으로 시작된다. 그런데 사도행전에서 데오빌로를 지칭하는 용어와 누가복음에서 사용하는 용어는 다르다. 누가복음에서는 데오빌로 각하라고 부른다. 그러나 사도행전에서는 "데오빌로여"라고만 부른다. 왜 사

도행전에서는 '각하'란 말을 생략했을까? 그렇다면 과연 데오빌로는 누구인가? 왜 그에게 두 권의 책을 헌정한 것인가?

데오빌로에 대해서는 어떤 정보도 제공해 주는 곳이 없다. 어떤 사람은 데오빌로는 실제 인물로 그리스도인이었다고 말하기도 한다. 그러나 두 권의 책에는 이런 것을 증명할 만한 어떤 암시도 없다. 데오빌로는 가상적인 인물인가, 아니면 실제 존재했던 인물인가? 가상적 인물로 생각하는 학자들은 데오빌로(θεόφιλε)란 이름이 데오스(θεός)와 필레오(φιλέω)의 합성어로 '하나님을 사랑하는 사람' 또는 '신을 경외하는 자'란 뜻으로 해석하여 실제 인물이 아니었을 것이라고 한다.

맥그리거(MacGregor)는 그의 누가복음 주석에서 "'Most exellent"란 호칭은 사도행전에서 3번 나오는데(23:26, 24:3, 26:25) 항상 높은 신분에 있는 사람을 지칭했으며, 실제 인물이었다고 말한다. 또 스트리터(B. H. Streeter)의 말을 빌려[Streeter, The four Gospels(NY:Macmillan co. 1925], 데오빌로는 도미티안 황제의 조카이자 상속자였던 파비우스 클레멘트(Flavius Clements)의 기독교 비밀 이름이었다고 말한다. 또 클레멘트(Clementine)는 "데오빌로는 누가와 같은 고향인 안디옥의 부자였다"라고도 전한다.[6]

고대에는 누구에게 자기 책을 헌정한다고 하는 것은 그 책을 꼭 그 사람에게 바친다는 의미만은 아니었다. 자기가 쓴 책들을 어떤 인물에게 헌정하여 그 책들에 관심을 가진 다른 사람들로 하여금 이용할 수 있도록 출판해 줄 것을 그 사람에게 요구하는 것이 관행이었다. 고대에 있어서 헌정사는 곧 그 책의 발행과 더불어 널리 유포되도록 돕는 역할을 해달라는 의미였다.[7] 당시에는 책을 내는 데

6) B. H. Streeter, The Four Gospels(NY:Macmillan co. 1925)
7) 헨헨, 사도행전, p. 230

많은 비용이 들었기 때문이다. 이렇게 보면 데오빌로는 신분이 높은 사람으로 누가의 저작 활동과 그 저작물 보급을 도와준 일종의 후원자였음에 틀림이 없다. 그렇다면 데오빌로는 그리스도인이었을까?

여기에 대해서도 누가의 어느 책도 대답을 주지 않는다. 한 가지 증거가 있다면 데오빌로 앞에 붙은 호칭 크라티스테(κράτιστε)이다. 우리말로 각하(Your Excellency)라는 뜻인데, 누가복음에서는 이 호칭으로 불렀는데, 사도행전에는 이 호칭이 없다. 단순히 "데오빌로여"라고만 되어 있다. 렌스키(Richard C. H. Lenski)는 그의 누가복음 주석에서 이렇게 말한다.

"누가는 사도행전에서와는 달리 누가복음에서는 그를 '크라티스테'(κράτιστε)라고 호칭한다. 그러나 모든 기독교 문헌에서는 어떠한 형제 그리스도인도 그런 세상적인 구별의 칭호로 호칭되지 않았다. 그러므로 누가가 그의 복음서를 데오빌로에게 썼을 때에 이 저명한 인물은 아직 그리스도인이 아니었고, 기독교적인 것들에 대단히 관심을 가지고 있었다. 그러나 사도행전을 그에게 보냈을 때 데오빌로는 개종자가 되어 있었던 것은 확실하다."[8)]

누가복음을 기록할 당시에 데오빌로는 아직까지 그리스도교에 대하여 들었기는 하지만 확신을 하지 못하고 있었다는 암시는 1장 4절에 나타난다. "이는 각하가 알고 있는 바를 더 확실하게 하려 함이로라." 그러므로 사도행전에서는 그리스도인이 된 데오빌로에게 다시 이 책을 헌정하고 출판과 유포까지를 도와줄 것을 요청한 것이라고 해석할 수 있다.

---

8) 렌스키, 누가복음, pp. 12-13. 그러나 헨헨은 이런 의견에 반대한다. 왜냐하면 고대에 헌정사에서 이런 존칭을 한 번 썼으면 두 번째 헌정사에서는 생략하였기 때문이라고 한다. 헨헨, 사도행전, p. 230.

사도행전은 부활하신 예수께서 제자들을 만나 대화를 나누는 내용으로부터 시작된다. 1장 3절은 1-2절과 4-5절을 연결하는 것으로 예수께서 부활하신 후 승천 전까지 40일 동안 무슨 일을 하셨는가를 총괄적으로 언급한 내용이다. 예수께서 40일 동안 제자들에게 주님의 살아 계심을 여러 가지로 증거하셨고, 여러 차례 제자들을 만나셨는데, 그때 말씀의 주제는 '하나님의 나라'(βασιλία τεῦ Θεοῦ)였다고 한다.

• **하나님 나라** : 여기서 말하는 하나님의 나라는 이 땅에서 이뤄지는 나라인가, 아니면 종말에 이뤄지는 하나님의 왕국을 의미하는가? 헨헨(Heachen)은 사도행전에서 하나님의 나라를 언급한 구절은 6번(1:3-6, 8:12, 14:22, 19:8, 20:25, 28:23-31)인데, 그중 1장 6절과 14장 22절은 재림으로 시작될 하나님의 왕국을 의미한다고 한다.[9] 헨헨의 이런 주장은 아마도 그가 "주의 재림이 늦어지고 있음에 대한 실망이 누가복음과 사도행전의 배경이 되고 있다"고 하는 콘젤만(Conzelmann)의 연기된 종말론을 따르기 때문이라고 생각된다.
헨헨은 사도행전에서 하나님 나라라는 개념은 교회라는 개념과 엄격하게 구분된다고 강조하는 A. 위켄하우셀(Wikenhauser)의 견해가 옳다고 주장한다.[10] 그런데 하나님 나라를 언급한 것은 예수님의 부활과 승천 사이의 시기에 있었던 일이다. 그렇다면 이 주제는 누가복음과 연결해 이해되어야 한다.

예수 그리스도가 이 땅에 오셔서 시작한 사역으로 인하여 하나님의 나라는 시작되었다. 그러므로 예수님의 사역의 주제는 "하나님

9) 헨헨, 사도행전, p. 238. 현재 종말론을 주장하는 학자는 Helmut Flender이다. Helmut Flender, St. Luke : Theologian of Redemptive History. Philadelphia: Fortress Press, 1967.
10) Ibid, p. 238.

나라"였다. 그런데 이 사실은 당시 제자들에게 쉽게 받아들여지지 않았다. 그들은 유대인들이 대망하는 정치적 메시아 사상을 넘어서지 못하였기 때문이다. 부활 내러티브는 이 사실을 잘 보여주고 있다. 네 복음서 모두 부활이 제자들에게 쉽게 받아들여지지 않았음을 강조하고 있다.

누가복음에서는 부활한 예수를 만난 여인들이 제자들에게 부활 소식을 알리자, 사도들은 그들의 말이 허탄한 듯이 들려 믿지 않았다고 전한다(24:9-11). 그리고 베드로는 무덤으로 달려가 무덤 안에 있는 세마포만 보고 "그 된 일을 놀랍게 여기며 집으로 돌아가니라"(24:12)고 했다. 마가는 단호하다. 무덤에 간 여인들이 빈 무덤과 천사의 말을 듣고도 믿지 않은 것으로 마가복음은 실제적으로 끝을 맺는다. 그리고 그 후에 첨부된 내용에서도 "그들(제자들)은 예수께서 살아나셨다는 것과 마리아에게 보이셨다는 것을 듣고도 믿지 아니하니라"(막 16:11)고 했다.

누가복음 마지막 부분에서 누가는 부활하신 예수께서 "그들의 마음을 열어 성경을 깨닫게 하시고"(24:45), 그리스도의 고난과 부활, 그리고 성령과 더불어 죄 사함을 받게 하는 회개의 세례를 온 세상에 전하게 될 것을 말씀하셨다(24:46-48). 또 그 약속된 성령을 받기 위하여 예루살렘에 머무르라고 하셨다(24:49). 사도행전 1장 3절은 누가복음과 이런 내용과 연관지어 생각해야 한다. 예수께서는 40일 동안 계시면서 이런 제자들에게 증거를 보여주심으로 부활을 믿게 해주셨고(행 1:3), 부활을 믿게 된 것은 전적인 예수 그리스도의 사랑이요 은혜라고 누가는 지적한다. 그리고 이어서 40일 동안의 대화의 주제가 하나님 나라였다고 전한다.

이처럼 사도행전의 구조를 통해서 본문을 이해한다면 사도행전 1장 3절에서 '하나님의 나라'에 대하여 말하고, 다시 1장 6절에서

'이스라엘의 회복'이란 주제를 다루었고, 1장 8절에서는 하나님 나라의 실현 방법으로 성령의 임재를 말한다. 그렇다면 사도행전 1장 3-8절의 주제는 하나님의 나라로 통일성을 이루고 있다.

사도행전에서 말하는 하나님 나라는 교회란 개념과 일맥상통하는 것으로 현재적 종말론의 입장을 취하고 있다. 사도행전은 현재 이루어져 있는, 또 앞으로 성령과 더불어 확장되어 갈 하나님 나라를 그리고 있는데, 그 실체는 기쁘고 확신에 찬 때이며, 그 안에서 이미 종말에 대한 중요한 기대가 실현되었다고 본다.[11] 그렇다고 누가가 미래의 종말에 관심이 없다는 말은 아니다. 누가는 교회를 다시 미래의 파루시아를 기다리는 공동체로 그리고 있다.

4-5절과 6절 사이에는 시간적 단절이 있다. 동시에 이 두 구절의 배경이 되는 장소도 같은 곳이라고 생각되지 않는다. 각각 다른 장소에서 두 번 나타나심을 말하고 있는 듯하다. 1장 4절로부터 사도행전의 실제 내용이 시작된다. 개역개정판에는 "사도와 함께 모이사"로 번역되었다. 표준새번역과 NIV에는 "예수께서 사도들과 함께 잡수실 때에"(On one occasion, while he was eating with them)라고 되어 있다. 예수님 당시에 함께 식사한다는 것은 평생 동안 친구가 된다는 의미가 있었다.[12] 특별히 누가는 부활하신 주님과 제자들과의 식사를 함께 하시는 모습은, 지상적인 예수의 삶에서와 마찬가지로 부활하신 분의 현현에서도 중요한 역할로 지적하고 있다(한편으로는 눅 5:29, 7:36, 11:37, 다른 한편으로는 눅 24:30-31, 24:41,43; 행 10:41 참조). 요한복음

11) Mark Powell, op.cit., p. 103.

12) 당시에 서로 물잔을 주고받는 일은 문화적으로 종교적으로 시사하는 바가 컸다. 물을 주고받는 행위는 일 년 동안 그와 친구가 되겠다는 계약을 하는 것과 같았다. 함께 식사를 했다면 이 '식사의 언약'은 평생 그와 친구가 될 것임을 말해주었다. 레너드 스위트, 모던 시대는 가라, p. 43.

21장에서도 예수께서는 제자들을 위해 친히 조찬을 준비해 같이 나누셨다(21:8-14). 이는 영원한 교제를 암시하는 모습이다.

그리고 브루스(Bruce)는 또 다른 이유를 설명한다. 부활하신 예수께서 제자들과 함께 음식을 드신 이유는 부활한 자신에게는 물질적인 빵과 물이 필요 없지만 제자들에게 자신의 부활이 환각(phantom)이 아니라 몸의 부활임을 확신시켜 주기 위해서이다. 그리고 새 시대의 새벽이 밝아왔다는 의미로 성찬식을 행하신 것이라고 한다.[13)]

• **요한의 세례와 성령으로 받는 세례** : 식사를 나누면서 예수께서는 제자들에게 예루살렘을 떠나지 말고 아버지께서 약속하신 것을 기다리라고 하시고, 몇 날이 못 되어 성령으로 세례를 받으리라고 하셨다.[14)] 여기서 누가는 요한의 세례와 성령으로 받을 세례를 구별해서 강조하고 있다. 왜 그렇게 하는 것일까? 그런데 사도행전 1장 5절에서 요한의 세례를 회개의 세례라고 하지 않고, 단지 물 세례(ἐβάπτισεν ὕδατι: Baptized with water)라고만 한다. 왜 물 세례라고 했을까?[15)] 초대교회 당시에 요한의 세례와 예수 이름으로 받는 세례를 혼동하는 사람들이 있었다. 혹은 요한을 메시아로 생각하는 무리들이 있었다(참고 행 19:1-7; 요 1:19-27). 그래서 성령의 세례가 무엇인가를 분명하게 구별하려고 했을 것이다.

---

13) Bruce, The Book of the Acts, p. 34. 이 장면은 누가복음 24:30-31, 35에 엠마오에서 예수님께서 자신을 나타내심과 비교될 수 있다고 한다.

14) 누가복음의 결론과 사도행전의 시작은 예수께서 제자들에게 새로운 사명을 부여하는 중요한 선언들을 내포하고 있다. 1) 예루살렘에 머물라는 명령(눅 24:49; 행 1:4), 2) 아버지의 약속대로 성령이 오신다는 사실(눅 24:49; 행 1:4,8), 3) 능력으로서의 성령을 받으라(눅 24:49; 행 1:4,8), 4) 예수의 증인 역할(눅 24:47; 행 1:8).

15) 누가는 요한의 세례는 물로 받는 세례란 사실을 강조한다(눅 3:16; 행 1:5). 마태는 "회개하게 하기 위하여 물로 세례를 베풀거니와"(마 3:11)로 회개를 첨부한다.

복음서에서는 예수님 사역의 시작을 반드시 성령과 연결시켜서 말한다. 누가복음에서는 예수께서 세례 받으시고 난 후에 "예수께서 가르치심을 시작하실 때"(눅 3:23)라고 말함으로 세례와 사역을 연결시키고 있다.16) 누가는 예수께서 새로 태어난 교회의 출발도 성령으로 되어야 할 것을 말씀하신다. 누가복음 3장 16절에는 "요한이 모든 사람에게 대답하여 이르되 나는 물로 너희에게 세례를 베풀거니와 나보다 능력이 많으신 이가 오시나니……그는 성령과 불로 너희에게 세례를 베푸실 것이요"라고 했다. 사도행전에서는 성령으로 세례를 받으라고 말씀하신다.

세례 요한의 세례는 회개의 세례다. 성령의 부여(附與)는 성령의 세례를 말하는 것이지 또 다른 성령의 세례를 필요로 하는 것은 아니다. 즉 메시아 시대는 회개를 넘어 성령으로 하나님의 나라로 들어가는 시대다. 그러므로 하나님 나라의 시민으로 다시 태어나는 그리스도인들은 단지 회개를 의미하는 요한의 세례에만 머물 수 없고, 성령으로 받는 세례가 필요하다. 성령의 시대가 열린 것이다. 그래서 성령으로 받을 세례를 기다리라고 하셨다(행 1:4). 예수님도 요한복음 3장 5절에 '물과 성령'으로 다시 태어나야 한다고 하셨다.

물이란 물로 받는 요한의 세례요, 그것은 육으로 난 것에 머문다. 성령의 세례란 성령으로 받는 세례로서, 영으로 태어나는 것을 말한다(요 3:6-7). 분명한 것은 성령의 세례는 요한의 세례와는 구별되어야 하는 예수 이름으로 받는 세례와 동일하다는 점이다. 예수께서는 교회가 성령의 세례를 받을 때까지 기다리라고 하셨다. 이것은 그때부터 성령과 더불어 진정한 교회의 활동이 시작될 뿐 아니라 제자들이 기다리던 이스라엘 나라가 회복되기 시작하기 때문이다(행 1:5). 성령

16) 마가복음에서는 특별히 예수님의 세례 받는 사건의 초점을 성령이 그에게 내려오심에 두었다(막 1:10).

세례와 이스라엘 회복이 사도행전에서는 긴밀하게 연결되어 있다.

2. 예루살렘에서 땅 끝까지(행 1:6-11)

> 6) 그들이 모였을 때에 예수께 여쭈어 이르되 주께서 이스라엘 나라를 회복하심이 이 때니이까 하니 7) 이르시되 때와 시기는 아버지께서 자기의 권한에 두셨으니 너희가 알 바 아니요 8) 오직 성령이 너희에게 임하시면 너희가 권능을 받고 예루살렘과 온 유대와 사마리아와 땅 끝까지 이르러 내 증인이 되리라 하시니라 9) 이 말씀을 마치시고 그들이 보는데 올려져 가시니 구름이 그를 가리어 보이지 않게 하더라 10) 올라가실 때에 제자들이 자세히 하늘을 쳐다보고 있는데 흰 옷 입은 두 사람이 그들 곁에 서서 11) 이르되 갈릴리 사람들아 어찌하여 서서 하늘을 쳐다보느냐 너희 가운데서 하늘로 올려지신 이 예수는 하늘로 가심을 본 그대로 오시리라 하였느니라

다시 그들이 모였다. 아직은 이 때가 부활하신 예수님과 만나는 마지막 시간이란 사실이 제자들에게 알려지지 않고, 숨겨져 있다. 9절에 가서야 이 때가 마지막 시간이었던 것을 알게 된다. 아직 마지막 기회인 것을 알지 못하던 제자들은 드디어 그들의 궁금증을 털어놓았다. "주께서 이스라엘 나라를 회복하심이 이 때니이까?" 윌리엄 네일(William Neil)은 이미 예수님으로부터 하나님 나라에 대한 자세한 설명을 들은 제자들이 다시 '이스라엘 나라 회복'을 끄집어 낼 수 없었을 것이므로, 아마도 이것은 주님으로부터 이스라엘 회복에 대하여 듣지 못했던 다른 제자들의 입에서 나온 말일 것이라고 한다.[17]

그러나 예수님과의 대화는 제자들 중에 중심되는 서클에서 일어난 것으로 보아야 한다. 제자들이 예수님의 부활은 이해가 되었다고 해도 아직 하나님 나라에 대해서는 분명하게 이해가 되지 않은 상태

---

17) William Neil, The Acts of the Apostles(New Century Bible), The Attic Press, Greenwood, S.C. 1977, pp. 65-66.

에서 던진 질문이기 때문이다. 그래야 사도행전 1장 8절과 연결이 자연스럽다. 여하튼 제자들의 관심은 이스라엘 나라의 회복이었다. 여기서 강조점은 '주께서'와 '이 때니이까?'이다. 제자들이 의미한 '주께서' 이스라엘을 회복한다는 것은 무엇을 의미하는 것일까? 왜 이 때인 것을 강조해서 질문했을까?

예수님께서 지상에서 활동하실 때, 그들은 예수님을 하나님의 아들로서의 메시아라기보다는 유대인들이 대망하고 있는 정치적 메시아로, 즉 증오스런 로마의 속박을 끊고 새로운 왕국을 건설하게 될 메시아로 생각하고 있었다. 그러한 기대 자체가 제자들에게는 얼마나 황홀한 꿈이었을까! 또 그날에 자기들이 권력의 자리에 앉게 될 것까지를 기대했다면 그런 기대는 얼마나 가슴 뛰는 일이었을까? 그런 기대는 버리기 쉽지 않았을 것이다. 그런데 예수님께서 죽으셨다. 그때 그들의 실망이 얼마나 컸을 것인가? 마치 투자 가치를 몽땅 잃어버린 거나 다름이 없었을 것이다.

그런 그들 앞에 예수님은 부활하신 몸으로 다시 나타나셨다. 이때 이들에게 희망이 다시 살아났다. 이스라엘 회복의 때가 드디어 현실로 다가왔다고 생각했을 것이다. 그래서 부활하신 주님 앞에서 이스라엘의 회복을 다시 거론하기 시작한 것이다. 그들은 주님의 부활을 체험하고도 아직도 정치적 메시아에 대한 꿈을 버리지 않고 있다. 그래서 부활한 주께서 이스라엘을 회복하실 것이고, 바로 이제(지금) 하실 것인가를 물었던 것이다. 부활을 체험하고도 버리지 못하는 것이 이기심이고, 자기 욕망이다. 그들이 질문한 '회복하심'(εἰάποκαθιστάνεις)이란 동사의 시제는 미래적 현재로서, 그들은 예수께서 자기들의 소망을 성취시켜 줄 수 없을지도 모른다는 생각에 내심 불안해하고 있었다는 것을 나타낸다.[18]

예수님은 직접적인 대답을 피하시고, 그 때와 기한은 아버지의 권한이고, 너희의 알 바가 아니라고 잘라 말하신다. 대신 성령께서 그 나라를 이루어 가실 거라고 말씀하셨다. "오직 성령이 너희에게 임하시면 너희가 권능을 받고 예루살렘과 온 유대와 사마리아와 땅 끝까지 이르러 내 증인이 되리라"(행 1:7-8). 제자들은 이스라엘의 회복을 질문했는데, 예수님은 파루시아의 때를 말씀하셨다. 그리고 파루시아는 아버지의 권한에 있는 것이라고 하신다. 그리고 성령을 통하여 땅 끝까지 내 증인이 되어야 한다고 하신다. 주님은 현재의 때와 파루시아의 중간에 복음 증거의 때를 설정하셨다. 이 말씀을 보면 그 나라는 언젠가 반드시 올 것이나, 그때까지 교회는 성령 받은 사람들을 통하여 예수님 자신이 이 땅에 이루어 놓으신 하나님의 나라를 확장해 나가야 한다고 말씀하셨다.

그렇다면 제자들은 스승과 3년 동안이나 함께 지내면서 듣고 보고 경험하며 훈련을 받았고, 그뿐 아니라 그들은 부활을 친히 목격하고, 부활하신 주님을 만나 대화도 나누고 음식도 함께 먹은 자들인데, 왜 그들에게 성령이 필요한 것일까? 람세이(William Ramsay)는 이렇게 말한다. "예수님이 떠나시고, 그 운동의 연속성은 최초의 지도자의 뒤를 이은 사람들에게 의존된다. 더욱이 그 운동을 이어가기 위해서는 그분과 함께했던 자신의 영이 그들에게 필요하였다. 그렇지 않으면 창시자가 떠난 후 그 운동에 지도자도 없고, 영적인 구심점도 없는 처지가 되고 말 것이다."[19]

그런데 요한복음에 보면, 부활하신 주님께서 제자들에게 나타나셔서 이미 성령을 주신 것으로 되어 있다. "그들을 향하여 숨을 내쉬며, 이르시되 성령을 받으라"(요 20:22). 그렇다면 왜 다시 성령의 임재가 필요한 것일까?

---

18) 원어연구해석, 사도행전, p. 33

19) W. 람세이, 사도 바울, p. 332.

제자들이 생각하는 하나님의 나라와 주님이 생각하는 하나님의 나라는 전적으로 다른 나라이다. 하나님의 나라는 성령 안에서 복음이 온 세계에 전파되면서 세워지는 나라이다. 반면 제자들이 바라는 메시아 왕국은 예수님의 능력으로 이 땅에 세워지고, 자기들은 그 영광을 누리기만 하면 되는 나라이다. 반면 주님께서 이루시고자 하는 하나님의 나라는 인간의 지혜나 지식으로 이뤄질 수 없는 나라이다. 더욱이 아직도 자기 욕망에 잡혀 있던 제자들이 어떻게 자기들의 힘으로 하나님 나라를 이루어 갈 수 있을까! 그 나라는 오직 성령께서 이루시는 나라이기에 그들에게 성령이 필요한 것이다. 그러므로 오순절에 임하신 성령의 사역은 요한복음 20장 22절에 오신 성령의 사역과는 전적으로 다르다고 하겠다. 이 문제는 사도행전 2장에서 자세하게 다룰 것이다.

사도행전 1장 8절은 그리스도의 삶과 죽음과 부활에 대한 증언의 이야기가 어떻게 온 세상에 지속적으로 펼쳐져 나갈 것인가를 보여주는 청사진(靑寫眞)이다. 다시 말하면 1장 8절은 사도행전의 골격이다. 이 말씀의 순서대로 성령께서 유대와 사마리아, 그리고 이방과 온 세상으로 예루살렘 교회를 인도해 나갈 것이며, 누가는 그 순서대로 사도행전을 기록해 나갈 것이란 암시이다. 복음서에서 말하던 하나님의 나라가 이제부터는 성령을 통하여 예수 그리스도의 죽음과 부활의 복음이 전파되는 곳에 이루어지고 확장되어 나가게 될 것이다.

이스라엘 회복은 예루살렘에서부터 시작된다. 이것을 우리는 간단하게 선교라고 말한다. 그러나 누가는 사도행전에서 선교란 말을 쓰지 않는다. 성경의 어떤 개념을 한 단어로 요약하는 것은 아주 위험한 일이라고 느낀다. 전체 텍스트를 통해서 이해해야 현실에 적용하는 것도 바르게 할 수 있을 것이다.

1장 8절의 말씀은 이스라엘의 회복을 질문한 제자들에게 주신 대답이다. 그러므로 이것은 하나님 나라의 확장과 관계되어 있는 개념으로 해석해야 한다. 이런 사상은 예수님에게서도 분명하게 드러난다. 마가복음 11장 17절에서 성전을 청결케 하신 후 "내 집은 만민이 기도하는 집이라 칭함을 받으리라"고 하심으로 복음은 예루살렘을 중심으로 퍼져 나가리란 점을 암시하셨고, 마지막 승천하시기 전에도 예루살렘으로부터 복음이 온 천하에 전파될 것을 말씀하셨다(막 16:15; 눅 24:47).

우리는 앞에서 예수님이 예루살렘으로 올가시면서 유대인뿐 아니라 버림받은 사람들과 이방인들을 예루살렘으로 모으시는 모습을 보았다. 예수님이 강조하신 전도(선교) 방법은 먼저 예루살렘(혹 팔레스틴)으로 초청하고, 다음에 거기로부터 세계(온 이방)로 흩어지는 것이었다. 예루살렘(구심점) 없이는 이방 선교(원심점)도 없다. 이 모든 과정의 중심에 예루살렘이 있다. 예루살렘은 예수님이 걸어가신 길의 종착점이요, 교회가 걸어갈 출발점이다.

사도행전 1장 8절에서 예수님은 하나님의 나라를 건설하는 성령의 사역에 대한 가장 중요한 두 가지 기본 요소를 밝혀주셨다. 성령의 권능이 임하면 제자들이 권능(δύναμις)을 받게 된다는 사실과 그 성령의 능력은 복음을 땅 끝까지 전하게 되리라는 사실이다(direction). 성령이 임하시는 것과 권능을 받는 것은 동시적이다. 성령은 선교를 이루어 가는 능력(δύναμις)이시다. 이 능력은 로마를 정복할 수 있는 힘이다. 인간의 힘으로 할 수 없는 일을 하도록 해주는 능력이다.

다음에는 선교의 방향(direction)이다. 예수님은 예루살렘으로부터 세상 끝까지 어떻게 복음이 퍼져 나갈 것인가 하는 진로와 방향도 성령이 정하신다고 하셨다. 이렇게 보면, 선교의 주체는 사람이 아닌 성령이시고, 선교를 이루시는 분도, 이끌어 가시는 주체도 성령이시다. 그리고 복음은 예루살렘에서 유다로, 사마리아로 그리고 마침내는 땅 끝까지 이르게 될 것이다. 동시에 사도행전 1장 8절은 성령이 교회를 인도해 가시는 방향이고, 앞으로 교회를 인도해 가시는 청사진이기도 하다. 이 말씀은 명령인 동시에 약속이다. 이 사실이 이뤄진 현장이 오순절 성령 강림이다.

예수께서는 온 세상에 당신의 복음이 전파되리라고 마지막으로 말씀하시고, 그들이 보는 데서 하늘로 올리워가셨다. 'βλεπόντων αὐτων'(그들이 보는데)는 현재 분사로서 그들이 예수님을 계속 쳐다보고 있었다는 것을 강조한다. 그래서 그들은 예수 승천의 목격자들이 된다.[20] 주께서 그들의 시야에서 점점 사라져 가고 있을 때 흰 옷 입은 두 사람이 나타난다. 이들은 부활의 아침에 무덤에 있었던 두 천사들이다(눅 24:4 참고). 이 천사들은 무덤에서 부활의 주님에 대하여 선포하였듯이, 승천시에는 제자들이 보고 있는 데서 하늘로 올리워 가신 '그대로' 다시 오실 것을 선포하였다.

윌리엄 H. 윌리먼(William H. Willimon)은 누가복음과 사도행전의 승천 기록이 서로 다른 것은 저자의 의도가 무엇인지를 말해 주는 단서라고 말한다. 누가복음 24장의 승천 기록은 하나의 결론으로, 예수의 지상 사역을 극적으로 끝낸 것에 의미를 부여하고 있다고 한다. 빌라도와 가야바가 무덤 속에 가두어 버리려 했던 분이 영광중

---

20) 눅 24:50-53에는 "베다니 앞까지 나가사……축복하실 때에 그들을 떠나(하늘로 올라가시니)"로 되어 있다. 50절은 "어디로부터 나와서 어디를 향해" 가는 동작을 말한다. 즉 예루살렘으로부터 나와서 베다니를 향해 가는 방향으로 나가신 것을 말한다. "베다니 앞까지"(ἕως πρὸς Βηθανίαν)는 베다니까지 갔다는 말인데, 아마도 베다니는 감람산으로부터 약간 떨어져 있으나(약 2.5km) 같은 능선 위에 있기 때문에 이렇게 표현한 것 같다.

에 올리워 가신 것이다. 사도행전 1장의 승천은 교회가 그것을 기반으로 하는 시작의 전제이다. 이야기가 이어지기 때문에 누가복음의 끝은 사도행전이 시작되고 있다는 말이다. 학자들 간에는 예수님의 승천은 예수님의 사역의 끝인가, 또 다른 시작인가를 놓고 이론을 펼친다. 그러나 성경 본문은 그처럼 복잡하게 말하지 않는다. 신학화하면 더 어려워진다. 항상 성경의 상황에서 이해하면 모든 진리는 더 쉬워질 것이다.

누가는 동일한 승천을 각각 다른 견지에서 보고, 그 공동체를 위한 각각 다른 의미를 이끌어 내고 있는 것이다. 헬무트 플렌더(Helmut Flender)는 승천을 종말론적인 구원의 희망이 완성된 것으로 본다. 로버트 매독스(Robert Maddox)도 예수님의 승천을 현재 이뤄져 있는 하나님 나라의 완성으로 보고, 이미 종말에 대한 기대가 실현되었다고 생각한다.[21] 승천 내러티브는 승천을 공간과 시간 속에 고정시킴으로 우주적 사색이 될 수 있었던 사건을 구체화하였고, 그 후부터 예수님은 그가 이전에 계셨던 것과 동일한 방식으로는 존재하지 않을 것을 보여주었다. 그리고 예수께서 완성하신 구원사역은 성령이 교회를 통하여 계속해 나갈 것을 보여주었다.

사도행전에서 의미하는 하나님 나라

누가는 역사를 시기별로 구분한다. 누가복음 16장 16절은 누가의 이러한 생각을 잘 보여준다. 이 구절을 마태복음과 비교하면 누가는 이 구절의 의미를 축소시키고 있다. 마태에게 세례 요한은 하늘나라의 도래를 예언해 주고 있는 새로운 시대의 시작을 알려주는 인물이

21) Mark Powell, 사도행전 신학, p. 103.

다. 누가에게 세례 요한은 율법과 예언자 시대의 마지막을 특징짓는 인물이다. 율법과 예언자의 시대는 요한까지다. 그때부터 하나님 나라의 기쁜 소식이 전파되고 있으며 모두 그리로 들어가기를 힘쓰고 있다(눅 16:16).

예수님이 말씀하시는 하나님의 나라는 예수님 자신이다. 바리새인들이 언제 하나님의 나라가 임하는가를 물었을 때, 그들에게 들려준 말씀은 "하나님의 나라는 볼 수 있게 임하는 것이 아니요 또 '여기 있다' '저기 있다'고도 못하리니 하나님의 나라는 너희 안에 있느니라"(눅 17:20-21 이하)고 하셨다. F. F. 브루스는 본문 해석에 대해 다음과 같은 의견을 제시한다.

ἐντός가 '안에'(within)를 뜻하는 반면, 대명사가 복수인 사실은 '너희 각각 안에'(개별적으로)라기보다는 '너희들 가운데'라는 의미를 보여준다. 다른 가능성 있는 번역은 '너희 손이 미치는 곳에'이다.[22] 이때 예수님이 제자들에게 둘러싸여 있었다면, ἐντός는 예수님을 모시고 있는 제자들 그룹 안에 하나님의 나라가 이미 존재한다고 해석할 수 있다. 그렇다면 포사이드(P. T. Forsyth)의 말대로 예수의 제자가 된다는 것은 곧 '하나님의 나라 안에' 있는 것이고, 예수의 인격에 접붙여진 자들은 곧 하나님 나라 안에 존재하는 것이다.[23] 이 사실을 헌터(A. M. Hunter)는 직설적으로 예수님과 하나님 나라는 불가분의 밀접한 관계를 가진 것으로 "사실 그 나라는 그리스도 자신이다"라고 말한다.[24]

그러니까 복음서에서의 하나님 나라는 "하나님의 능력을 힘입어 귀신을 쫓아내고, 그 안에 예수 그리스도를 받아들이는 것"이다.

---

22) F.F.Bruce, 신약사, 나용화 역, 기독교문서선교회, p. 197.
23) P. T. Forsyth, The Person and Place of Jesus Christ, p. 108.
24) A. M. Hunter, The Massage of the New Testament, 채위 역, p. 14-15.

그래서 제자들을 전도에 파송할 때나 70인을 파송할 때 모두 "귀신을 내어쫓는 권세"를 주셨다(막 3:15; 눅 10:19). 이렇게 볼 때 예수님의 사명은 사람들을 초청하여 하나님에게로 인도하는 것이다. 이것이 즉 주님이 의미하시는 전도이다.

부활하신 주님에게 이스라엘의 회복을 물었던 제자들은 예수님을 중심으로 이루어 가고 싶은 자기들을 위한 왕국을 제안한 것이다. 그러나 예수님은 성령을 통하여 이루어 나가야 하는 하나님의 나라를 강조하셨다. 성령의 능력을 힘입어 예루살렘에서 땅 끝까지 복음이 전파되어야 하고 가는 곳마다 하나님의 나라가 이루어져야 한다. 사도행전은 하나님의 나라가 이뤄져 가는 모습을 자세하게 보여주고 있다.

베드로의 설교를 듣고 마음이 찔린 사람들이 베드로와 사도들에게 "형제들아 어찌할꼬" 하고 물었고, 베드로는 "너희가 회개하여 각각 예수 그리스도의 이름으로 세례를 받고 죄 사함을 얻으라 그리하면 성령을 선물로 받으리니"(행 2:37, 38)라고 했다. 사마리아에 간 빌립의 전도를 받고 "그 성에 큰 기쁨이 있더라"(행 8:8)고 했고, "하나님 나라와 및 예수 그리스도의 이름에 관하여 전도함을 그들이 믿고 남녀가 다 세례를 받으니"(행 8:12)라고 했다. 고넬료의 집을 방문하여 복음을 전할 때 "성령이 말씀 듣는 모든 사람에게 내려오시고" "이방인들에게도 성령 부어 주심을 인하여 놀라니 이는 방언을 말하며 하나님 높임을 들음이러라"(행 10:45,46)고 했다. 이런 표현들은 복음이 전파되는 곳마다 놀라운 변화가 일어나고, 그들은 하나님의 나라의 시민이 되어 갔다는 그림을 그리고 있는 것이다. 그리고 그들로 인하여 가정이 변화되고, 그들의 주변이 변화되어 갔다.

이렇게 보면, 사도행전의 기록들은 예수님께서 복음서에서 그처럼 이루시기를 원하셨던 하나님의 나라가 어떻게 구체적으로 이뤄져 갔는가를 보여준다. 겨자씨처럼 눈에 보일락말락한 하나님의 나라가 성령님이 오시므로 큰 나무가 되어 새들이 깃들이는 모습을 보여주고 있다. 궁극적으로 하나님 나라는 예수님께서 이 땅에 재림하심으로 이뤄지는 나라이다. 부활은 이 세상을 초월하는 영적인 사건이어서 말로써 증거되지는 않는다. 부활을 믿는 사람들의 삶이 부활의 가장 강력한 증거일 뿐이다. 쉘돈 바나우켄(Sheldon Vanauken)은 이렇게 말한다.

"기독교를 위한 최상의 변증 도구가 바로 그리스도인들이다. 그들이 기뻐하는 모습과 확신, 그리고 온전함을 보라. 하지만 기독교를 무너뜨리는 가장 강력한 논증의 도구 역시 그리스도인들이다. 그들이 우울하고 전혀 즐거워하지 않을 때, 또 편협하고 공격적일 때 기독교는 수천 번도 더 죽는다."

진정한 전도는 말로만 되는 게 아니다. 우리 안에 하나님의 나라가 이루어지고 그 안으로 사람들을 초대할 때 진정한 전도가 되는 것임을 명심해야 한다.

3. 맛디아 선택(행 1:12-26)

12) 제자들이 감람원이라 하는 산으로부터 예루살렘에 돌아오니 이 산
은 예루살렘에서 가까와 안식일에 가기 알맞은 길이라 13) 들어가 그들이
유하는 다락방으로 올라가니 베드로, 요한, 야고보, 안드레와 빌립, 도마와
바돌로매, 마태와 및 알패오의 아들 야고보, 셀롯인 시몬, 야고보의 아들
유다가 다 거기 있어 14) 여자들과 예수의 어머니 마리아와 예수의 아우들
과 더불어 마음을 같이하여 오로지 기도에 힘쓰더라 15) 모인 무리의 수가
약 일백이십 명이나 되더라 그 때에 베드로가 그 형제들 가운데 일어서서
이르되 16) 형제들아 성령이 다윗의 입을 통하여 예수 잡는 자들의 길잡이
가 된 유다를 가리켜 미리 말씀하신 성경이 응하였으니 마땅하도다 17)

이 사람은 본래 우리 수 가운데 참여하여 이 직무의 한 부분을 맡았던
자라 18) (이 사람이 불의의 삯으로 밭을 사고 후에 몸이 곤두박질하여
배가 터져 창자가 다 흘러 나온지라 19) 이 일이 예루살렘에 사는 모든
사람에게 알리어져 그들의 말로는 그 밭을 아겔다마라 하니 이는 피밭이라
는 뜻이라) 20) 시편에 기록하였으되 그의 거처를 황폐하게 하시며 거기
거하는 자가 없게 하소서 하였고 또 일렀으되 그의 직분을 타인이 취하게
하소서 하였도다 21) 이러하므로 요한의 세례로부터 우리 가운데서 올려져
가신 날까지 주 예수께서 우리 가운데 출입하실 때에 22) 항상 우리와
함께 다니던 사람 중에 하나를 세워 우리와 더불어 예수께서 부활하심을
증언할 사람이 되게 하여야 하리라 하거늘 23) 그들이 두 사람을 내세우니
하나는 바사바라고도 하고 별명은 유스도라고 하는 요셉이요 하나는 맛디
아라 24) 그들이 기도하여 이르되 뭇 사람의 마음을 아시는 주여 이 두
사람 중에 누가 주님께 택하신 바 되어 25) 봉사와 및 사도의 직무를 대신할
자인지를 보이시옵소서 유다는 이 직무를 버리고 제 곳으로 갔나이다 하고
26) 제비뽑아 맛디아를 얻으니 그가 열한 사도의 수에 들어가니라

엘리야가 승천하기 전에 엘리사는 "당신의 성령이 하시는 역사가 갑절이나 내게 있게 하소서"(왕하 2:9)라고 요청했다. 거기에 대한 엘리야의 대답은 "나를 네게서 데려가시는 것을 네가 보면 그 일이 이루어질 것이다"라고 했다. 엘리사는 엘리야가 승천하는 모습을 보았다. 엘리야의 몸에서 떨어진 그의 겉옷을 가지고 돌아왔다. 그것이 전부이다. 그런데 엘리사는 엘리야 사역의 힘을 가지게 되었다(왕하 2:14).

제자들은 엘리야가 회리바람을 타고 하늘로 올라가던 것과는 비교할 수 없는 영광의 모습을 보았다. 예수님은 영광을 상징하는 구름 사이로 흰 옷을 입은 두 사람이 호위하는 가운데 승천하셨다. 그런 경이롭고 황홀하고 놀라운 모습을 본 제자들의 마음이 어떠했을까? 그들은 한마음이 되어 예루살렘으로 돌아가 다락방에 모여 기도하기 시작하였다. 그들의 마음은 하늘로 올리워 가시던 모습에 집중되

어 있고, 그분이 약속하신 성령에 집중되어 있었을 것이다. "그들이 [그에게 경배하고] 큰 기쁨으로 예루살렘에 돌아가 늘 성전에서 있어 하나님을 찬송하니라"(눅 24:52-53). 승천하심을 본 후에야 제자들과 따르는 자들이 드디어 예수님을 하나님으로 경배하였다. 부활 사건이 있음으로 부활 신앙이 있는 것처럼, 승천 사건은 재림 신앙을 만들어 냈다.

누가복음에서는 베다니를 향하여 가다가 승천하셨다고 전하고, 사도행전은 승천 후에 제자들이 예루살렘으로 돌아왔다고 전한다. 누가복음에서 고난과 십자가의 도시 예루살렘을 떠나 승천하신 것으로 기록했다면, 사도행전에서는 온 세계에 복음을 전할 출발점으로 예루살렘을 정하고 제자들이 돌아오는 것으로 시작된다. 그들의 모임은 예루살렘 중에서도 "그들이 유하는 다락방"(행 1:13)에서 다시 시작되었다. 그들은 이 다락방에 '유하였다'고 한다. '그들이 유하다'(ἦσαν καταμένοντες)는 말은 미완료 과거 능동태로서, '함께'(κατά)와 '머물다'(μένοντες-어원은 μένω, 요 15:4)의 합성어로 '함께 머문다'는 완료적 용법이다. 이 말은 후에 제자들이 기도하기 위하여 그곳에 모였을 가능성을 타나낸다. 이 다락방은 누가복음 22장 12절(막 14:15)에 나오는 마지막 만찬을 나눈 '큰 다락방'일 가능성이 높다. 그리고 엠마오 제자들이 부활하신 예수님을 만나고 예루살렘으로 돌아갔던 그 곳(눅 24:33), 그리고 예수께서 제자들을 찾아가셨던 곳과 같은 장소일 가능성이 크다(눅 24:36).

누가는 "이 산은 예루살렘에서 가까워 안식일에 가기 알맞은 길이라"(행 1:12)는 알쏭달쏭한 말을 한다. 그 날이 안식일이었다는 말인지, 아니면 승천하신 곳이 예루살렘에서 얼마나 떨어진 곳인지를 말하려고 하는지 분명하지 않다. 당시 유대인들이 안식일에 갈 수 있는 거리는 2천 규빗(cubits), 즉 약 880m로 정하여 지키도록 했는데,

그들은 이 거리를 민수기 35장 5절에 근거하고 있다. 이 거리는 일반 도시로부터 도피성까지의 거리를 2천 규빗으로 하라는 명령에 근거하기도 한다. 또 여호수아 3장 4절에 백성과 법궤의 거리를 2천 규빗으로 하라고 했던, 하나님과 백성의 거리를 생각하게 한다.

그런데 이런 안식일에 갈 수 있는 거리는 유대 종교인들이 규정한 것이지, 성경적이라 할 수는 없다. 예수께서 승천하신 날이 안식일이었을까? 헨헨(Haenchen)은 이것을 부정한다. 이런 표현은 누가의 일반적인 서술적 표현일 뿐이라고 한다. 그렇다면 왜 이방인들에게 쓰는 책에서 의도적으로 거리를 인식시키려고 할 필요가 있었을까? 바렛(Barrett)은 "이런 유대인의 규례는 유대 그리스도인들에 의해 기독교 주일에 적용했다"는 윌슨(Wilson)의 주장을 소개한다.[25)]

누가는 다락방에 모였던 사람들을 소개한다. 베드로, 요한, 그리고 야고보, 세 사람이 먼저 보인다. 이 세 사람은 앞으로도 예루살렘 교회를 인도해 갈 지도급 인물들이다. 그리고 여인들과 예수의 어머니, 그리고 예수의 아우들과 더불어(14절) 마음을 같이하여 오로지 기도에 힘쓰더라고 한다. 갑자기 예수님의 아우들을 언급한다. 아마도 누가는 이들 중에 장차 예루살렘 교회의 지도자인 야고보가 있다는 사실을 넌지시 비치고 있다. 이런 리스트들은 사도행전이 복음서의 연속선상에 있다는 사실을 보여주기도 한다. 제자들은 예수의 삶과 부활의 증인으로 백성들 중에 서 있고, 여인들은 무덤에 장사지내는 것과 빈 무덤의 증인들이요, 마리아는 잉태로부터 젊은 시절의 증인이다. 예수님 사역의 주된 증인들, 예수님의 아우들까지 다 한 곳에 모인 셈이다.

그곳에 참석한 제자들의 명단은 누가복음 6장 13-16절에 나오는

---

25) Barrett, Acts, ICCC. Vol. I, p. 85. Barrett은 2천 규빗의 거리를 1,120m라고 한다.

이름 그대로인데, 순서만 바뀌었다(눅 23:55-24:10). 누가복음에는 베드로, 안드레, 야고보, 요한, 빌립, 바돌로매, 마태, 도마, 알패오의 아들 야고보, 셀롯이라는 시몬, 야고보의 아들 유다와 가룟 유다(6:13-16)로 기록되어 있다. 사도행전에는 "베드로, 요한, 야고보, 안드레와 빌립, 도마와 바돌로매, 마태와 및 알패오의 아들 야고보, 셀롯인 시몬, 야고보의 아들 유다"(1:13)로 되어 있다.

사도행전에서도 베드로의 위치가 여전히 견고하고, 그 외의 순서가 많이 바뀌었다. 요한이 베드로의 다음을 잇고, 그 다음엔 야고보와 안드레 그리고 빌립이다. 베드로와 요한은 교회 출발 때부터 제자들 중에도 선두 그룹이다. 베드로가 자기 스승을 세 번이나 모른다고 부인함에도 불구하고 여전히 선두 자리를 지키는 것은 예수님의 뜻이었음이 분명하다. 복음서에 의하면, 예수께서는 그럼에도 불구하고 베드로의 위치를 지켜주셨다. 누가복음은 여자들에게서 무덤에 예수의 시신이 없다는 소식을 듣고 달려간 제자는 베드로밖에 없는 것으로 기록하였고(눅 24:12),[26] 마가는 부활하신 주께서 맨 먼저 베드로에게 전하라고 하셨다고 기록하였다(막 16:7). 요한복음 21장은 부활하신 예수께서 갈릴리에 가셔서 베드로와 특별한 만남을 가진 내용으로 채워져 있다(21:1-23).

거기 모인 사람들의 명단에 제자들에 이어서 여인들이 나온다. 이 '여인들'에 대해 맥그리거(MacGregor)는 그의 사도행전 주석에서 그녀들은 제자들의 부인이라고 보는 것이 자연스럽다고 했다.[27] 그렇다면 누가가 큰 관심을 기울였던 예수님의 여제자 그룹은 왜 언급

---

26) 누가복음은 여인들의 소식을 듣고 달려간 사람이 오직 베드로 한 사람이라고 기록하였다(24:12). 그는 무덤 안을 들여다보고, 세마포만 보고 놀랍게 여기며 집으로 돌아갔다.

27) The Interpreter's Bible, Luke, p. 33.

하지 않았는가 하는 의문이 일어난다. 누가는 예수님의 사역을 도운 여인들에게 관심이 많았다. 그래서 누가복음 8장 2-3절에서는 이 여인들이 "자기들의 소유로 그들을 섬기더라"고 말하므로 이들을 여제자 그룹으로 다루고 있다. 또 그녀들은 빈 무덤을 목격한 증인이기도 하다(눅 24:10). 그러므로 1장 13절에 나오는 '여자들'은 주님을 따르며 섬겼던 사람들이라고 해야 옳을 것이다. 이런 의미에서 그녀들이 예수님의 어머니와 형제들 앞에 나온 것은 자연스러운 일이다.[28)]

그렇다면 누가는 왜 본문에서 그 여인들의 이름을 밝히지 않은 것일까? 아마도 그 이유는 누가복음에서 이미 밝혔기 때문일 것이고, 또 당시 소아시아 지방에서 유행하고 있던 영지주의를 의식한 것인지 모른다. 특히 영지주의자들은 남녀의 벽을 허물어 버리며 여인들의 역할을 강조하였고, 특히 막달라 마리아를 강조하고 있었기 때문이었을 것이다.

또 여자들 다음에 나오는 이름이 예수의 어머니 '마리아'이다. 마리아와 그의 자녀들이 함께 참여했다고 누가는 증언한다. 그렇다면 마리아와 그 자녀들은 언제 예수님을 믿게 되었을까? 이 문제를 해결하기 위하여 예수의 어머니 마리아가 십자가 사건과 부활 현장에 있었는가를 물어야 한다. 누가복음에는 거기에 대한 분명한 언급이 없다. 단지 "갈릴리에서 예수와 함께 온 여자들"(눅 23:55)이라고 언급하고, 후에 첨가된 내용인 누가복음 24장 10절에 "야고보의 모친 마리아"라고만 나온다. 그런데 사도행전 1장 14절에는 어머니의 이름만 나온다. 그렇다면 예수님의 십자가와 승천 사이에서 마리아가 주님과 만났다는 말이다. 그렇다면 언제였을까?

요한복음에는 십자가 현장에 마리아가 있었다고 증언하고 있다

28) F. F. Bruce, op., cit., p. 41. 브루스는 이 여인들은 눅 8:2-3, 23:55에 나오는 여인들과 갈릴리로부터 온 여인들을 지칭한다고 말한다.

(19:25). 마가복음 15장 40절에는 마리아를 "작은 야고보와 요세의 어머니 마리아"라고 소개하고, 15장 47절에는 '요세의 어머니', 16장 1절에는 '야고보의 어머니'란 이름이 나온다. 요세푸스는 요세란 그리스어식 표현으로 요셉의 축소형이라고 한다. 마가는 마가복음 6장 3절에서 마리아의 아들들의 이름을 기록해 놓았는데, 그 이름은 "야고보와 요셉과 유다와 시몬", 이렇게 보면 마가복음에서는 마리아의 두 아들의 이름이 일치한다. 그렇다면 이 마리아는 예수님의 어머니 마리아라고 할 수 있지 않을까? 예수의 어머니 마리아는 초대교회 공동체가 형성되는 맨 처음 과정에서부터 참여한 것이 분명하다.

이들은 다락방에 모여 "마음을 같이하여 오로지 기도에 힘썼다" (행 1:14). '힘썼다'(προσκαρτεροῦντες)는 προσκαρτερέω의 현재 분사형으로, 그들은 오순절까지 계속해서 기도에 힘썼다는 것을 암시한다. 그곳에 모인 무리가 약 120명이 되었다. 회중이 모여 기도하던 중에 베드로가 일어나서 말하기 시작하였다. 여기서는 오직 베드로가 교회의 중심 인물로 나온다. 베드로는 제자들 그룹에 참여하여 직무를 맡았던 가룟 유다가 죽었으므로 그 자리를 메워야 한다고 주장한다.

가룟 유다는 불의(不義)의 돈으로 밭을 샀다. 밭을 샀다는 것은 공동체를 떠났다는 것을 의미한다. 밭을 팔아 공동체를 섬긴다는 것은 성령 안에서 공동체와 하나 되는 것을 의미한다.[29] 그리고 그는 죽었다. 사도행전 1장 18-19절은 아마도 예루살렘 중심으로 전해오던 전승을 누가가 인용했을 것이다. 제자의 자격은, 요한의 세례로부터 예수님과 함께한 사람이요, 지금도 제자들과 함께하고 있는 사람 중에서 선택해야 하고, 예수께서 부활하심을 증언할 사람이어

29) 윌리엄, op.cit., p. 92.

야 한다(행 1:21-22).

누가는 교회에 직책을 세우는 일에 관심이 많았다. 누가에게 12제자의 수는 단순한 제자의 숫자가 아닌 의미심장한 숫자이다. 이것은 이스라엘 12지파에 해당하는 숫자이고, 사도들은 예수 그리스도를 통하여 이뤄진 새로운 공동체인 새 이스라엘의 지도자들의 숫자이다. 그러므로 이들이 유다의 자리를 채우려는 것은 단순하게 12숫자를 채우려는 데 그 이유가 있는 것이 아니라 예수 공동체를 이룬다는 강력한 뜻을 세우려는 것이다.

누가는 교회를 통하여 이루어 가는 하나님의 나라를 마음에 그리고 있다. 그래서 가룟 유다의 자리를 임명하는 일을 자세히 기록한다. 교회와 하나님의 나라에서 가장 중요한 것은 사람이고, 더욱 중요한 것은 누가 교회의 직책을 맡는가 하는 일에 누가가 관심을 집중한 것은 바른 판단이라고 하겠다. 베드로가 주도권을 잡았다. 다수의 동의 및 투표에 의해 두 사람이 선출되었다.

사도가 될 수 있는 핵심 조건은 "우리와 더불어 예수께서 부활하심을 증언할 사람"(행 1:22)이어야 한다는 것이다. 부활을 행동으로 증언할 사람은 머리로 아는 사람이 아니라 예수님의 사역과 부활 승천을 체험한 사람으로서, 그 체험에서 나오는 말을 할 수 있는 사람이어야 한다. 이런 점에서 현대교회가 영지주의에 흐르고 있다고 지적한 것은 옳다고 본다. 영지주의는 지식이나 비밀을 강조하기 때문이다.

베드로가 혼자서 지도자로 나온다. 누가는 베드로에 대한 좋은 인상을 갖게 하기 위하여 많은 배려를 했다. 가이사랴 빌립보에서 마가복음 8장 32-33절에 나타난 "사탄아 물러가라"는 구절을 생략한다. 마가복음 14장 37절에 기록된 "시몬아 자고 있느냐? 네가 한 시간도 깨어 있을 수 없더냐?"를 생략한다. 베드로가 예수님을 부인

하긴 했어도 그에 대한 예수님의 비난이나 책망은 어느 곳에서도 찾아볼 수 없다.[30]

맛디아가 뽑혔다. 사실은 열두 제자들이 예수에 의하여 뽑힌 사람들이다. 맛디아가 뽑힌 것은 이상할 것이 없다. 그들은 승천하신 예수님께서 그를 뽑아주셨다고 믿었다. 이것이 제비뽑기의 의미이다. 그러나 그 이후로 제비뽑기가 초대교회에 없었다는 것은 이런 방법이 꼭 성경적 방법은 아니라는 뜻으로도 해석할 수 있다.

4. 성령 강림과 교회의 생명력(행 2:1–13)

> 1) 오순절 날이 이미 이르매 그들이 다같이 한 곳에 모였더니 2) 홀연히 하늘로부터 급하고 강한 바람 같은 소리가 있어 그들이 앉은 온 집에 가득하며 3) 마치 불의 혀처럼 갈라지는 것들이 그들에게 보여 각 사람 위에 하나씩 임하여 있더니 4) 그들이 다 성령의 충만함을 받고 성령이 말하게 하심을 따라 다른 언어들로 말하기를 시작하니라 5) 그 때에 경건한 유대인들이 천하 각국으로부터 와서 예루살렘에 머물러 있더니 6) 이 소리가 나매 큰 무리가 모여 각각 자기의 방언으로 제자들이 말하는 것을 듣고 소동하여 7) 다 놀라 신기하게 여겨 이르되 보라 이 말하는 사람들이 다 갈릴리 사람이 아니냐 8) 우리가 우리 각 사람의 난 곳 방언으로 듣게 되는 것이 어찌 됨이냐 9) 우리는 바대인과 메대인과 엘람인과 또 메소보다미아, 유대와 갑바도기아, 본도와 아시아, 10) 브루기아와 밤빌리아, 애굽과 및 구레네에 가까운 리비야 여러 지방에 사는 사람들과 로마로부터 온 나그네 곧 유대인과 유대교에 들어온 사람들과 11) 그레데인과 아라비아인들이라 우리가 다 우리의 각 언어로 하나님의 큰 일을 말함을 듣는도다 하고 12) 다 놀라며 당황하여 서로 이르되 이 어찌 된 일이냐 하며 13) 또 어떤 이들은 조롱하여 이르되 그들이 새 술에 취하였다 하더라

그들이 모였던 곳은 어디였을까? 2절에 나오는 집(οιχος)은 일반적

30) 로버트 오툴, op.cit., p. 248.

으로 개인의 집보다는 성전에 사용된 단어이다(행 7:47; 막 11:17; 요 2:16; 사 6:4). 그래서 윌리엄 네일(William Neil)은 2장 6절의 내용으로 보아 그들이 모인 장소(place)는 누가복음 24장 53절에서 말하는 다락방이라기보다는 성전 안의 어떤 장소, 예컨대 솔로몬 행각(행 3:11; 5:12)으로 보아야 한다고 주장한다.[31] 누가복음 24장 53절에도 예수님께서 떠나신 후에 제자들은 성전에서 계속해서 모인 것으로 되어 있다.

그런데 브루스(F.F. Bruces)는 사도행전에서 '장소'는 성전보다는 개인 집을 암시한다고 한다. 1장 13절에서는 예수님이 승천하신 후에 제자들이 계속해서 모임을 가진 곳이 다락방이었다는 것과 일치한다. 만약 그렇다면 개인 집에 있을 때 성령이 임하시고, 그 후 이들은 성전으로 장소를 옮긴 것이 된다. 그들은 예수님이 승천하신 후 그곳에 모여 계속해서 기도하고 있었다. 그로부터 10일 되는 날이었다.

오순절[32]이 되었을 때 예루살렘에 그리스도인들이 모여 있는 그곳에 성령이 임하셨다. '이미 이르매'(ἐν τῷ συμπληροῦσθαι)란 말은 누가가 좋아하는 애용구이다. συμπληροῦσθαι는 누가복음 8장 23절에서 '물이 배 안을 가득 채운다'는 뜻으로 사용되었다. 그러므로 이 때는 오순절이 시작된 때를 말한다. 오순절은 봄에 추수가 끝나는 유월절 다음 일곱 주간째 맞는 절기로, 처음 익은 밀과 보리 열매를 거두고 감사하는 이스라엘의 축제이다(출 34:22; 민 28:26). "특히 기원후 70년부터, 예루살렘이 멸망한 다음, 유대인들은 이 축제를 하나님

---

31) William Neil, Acts. p. 72.

32) 유월절은 4월경이고, 오순절은 6월경이 된다. 2011년 오순절은 우리 달력으로 4월 19일이었고, 오순절은 6월 8일이었다. 이처럼 유월절 50일 후에 맞는다고 해서 오순절을 펜테코스트(Pentecost)라고 불렀다. 유대인들은 이집트에서 해방된 그 첫달 중간, 니산월 열나흗날 저녁부터 이십일일 저녁까지(출 12:18) 유월절과 무교절을 지켰고, 그로부터 50일 후에 오순절을 지켰다.

의 계약과 그 실천적 결론인 율법을 선물로 주신 사실을 기념하는 축제로 지낸다."[33]

유대인들은 율법의 백성이다. 율법이 있기에 하나님의 선택받은 백성이다. 그런 의미에서 유월절에 주님께서 우리의 죄를 위하여 십자가의 고난을 당하시고, 부활하셨고, 오순절에 그 백성들이 비로소 하나님의 사람들로 활동을 시작하였다는 사실은 의미가 깊다.

그날도 그들은 다락방에 모여 기도하고 있었다. 그때 갑자기 바람과 불로 성령은 그들에게 임하셨다. 왜 바람과 불의 모습으로 성령께서 임하셨을까? 누가는 거기에 아무런 설명이나 해석도 하지 않는다. 단지 바람으로, 불로 임하신 모습을 자세하게 묘사함으로 그 이유를 보여줄 뿐이다. 이 본문은 문자보다는 상징으로 읽어야 한다. 우리는 성령을 생각하면 불로 표현하는 데 익숙하다. 그런데 오순절에는 바람의 현상이 먼저 나타났다. 왜 바람이 먼저고 그 다음에 불로 나타난 것일까? 이 문제를 해결하기 위해서는 누가가 보여주려는 그림 언어를 주의깊게 보아야 한다.

• **"하늘로부터 급하고 강한 바람 같은 소리가 있어 그들이 앉은 온 집에 가득하며"** : 단순한 바람이 아니라 하늘로부터 급하고 강한 바람으로 임하셨다. 바람(wind)에 대한 붙은 수식어들은 다양하다. '하늘로부터' '급하고 강한 바람' '소리가 들렸고' 온 집에 가득했다. '강하다'(βιαίας)는 뜻은 '폭력적' 또는 '강력하다'는 뜻이다. '급하다'는 표현인 φερομένης는 φέρω의 현재분사 수동태로서 바람이 계속 불어오는 모습을 그린 '돌진하다'(rush)는 의미이다. 바람이 딱 한 번 불어온 게 아니라 어디서부터 어디론가 계속 불고 있다는 점을

33) 이보 스토르니올로, 사도행전 읽기, p. 37-38.

생각해야 한다. 그러므로 급하고 강하다는 표현은 그 불고 있는 바람이 힘이 있고 속도가 돌진하듯이 빠르다는 의미이다.

NET 성경에서는 '불다'(φέρω)란 단어를, 일반적으로 어떤 물체를 한 장소로부터 다른 장소로 움직여 간다는 의미로 사용되는 말이라고 정의한다.[34] 이것은 곧 태풍과 같은 바람을 묘사한 것이다. 태풍은 강력하면서도 일정한 방향으로 불어오기 때문이다. 그런데 그런 강한 바람이 실제로 불어온 게 아니라 오직 그처럼 강한 바람이 불어오는 소리(a sound)가 들렸을 뿐이다. 여기서는 '바람 소리'가 상징이다. 어떤 태풍 같은 급하고 강한 바람이 어디로부터 어디로 가고 있다는 이미지를 담고 있다. 그런 소리가 그 집, 즉 초대교회 공동체에 가득 찼다.

또 불로 임하신 모습은 "마치 불의 혀처럼 갈라지는 것들이 그들에게 보여 각 사람 위에 임하여 있다"고 한다. 불의 혀처럼 갈라진다는 것은 어떤 모습일까? 성경은 일반 문학에서처럼 의미 없는 수식어들을 장황하게 늘어놓는 경우는 없다. 성경 저자들이 수식어를 사용했다면 그건 틀림없이 심오한 의미가 그 안에 담겨져 있다. 성경처럼 감정과 말을 절제한 책은 이 땅에 없다. 그러면서 단어나 수식어를 통하여 전달하려고 하는 의미를 정확하게 나타낸다. 저자가 오순절에 나타난 현상을 단순하게 바람과 불이라고 하지 않고, 아주 자세하고도 섬세하게 묘사한 이유도 바로 거기에 있다. 불의 모양으로 성령의 역할을 표현하려고 한 것이다. 사도행전은 "불의 혀처럼 갈라지는 것들이 그들에게 보여 각 사람 위에 임하여 있더니"(행 2:2-3)라고 한다.

불(fire)로 나타난 현상도 '갈라지는 불의 혀'와 같다. 불의 혀가

---

34) NET Bible, p. 2018.

갈라진다는 것은 어떤 모습일까? διαμεριζόμεναι는 διαμερίζω의 현재 중간태(또는 수동태) 분사이다.[35] 중간태로 해석할 경우 '그것들 스스로 나누어지다'란 뜻이다. 그러니까 처음에는 불과 같은 형체가 나타났지만, 곧 그 불꽃이 스스로 갈라지면서 나누어져 그곳에 참석한 각 사람들 위에 임하였다는 말이다. 거기 모인 각 사람 위에 임하였다고 했으니까, 약 120명 한 사람 한 사람 위에 임한 것(120명이 참여했을 경우)이고 동시에 교회 공동체 전체에 임한 것을 말한다.

사도행전 2장 3-4절의 내용에서 눈여겨보아야 할 점은 바람은 방에 가득했고(바람에 넘어진 사람도 없었고), 불은 각 사람 위에 임했다(뜨거운 불에 타버린 사람도 없었다)는 점이다. ὡσεὶ란 말은 '마치 ~처럼'이란 뜻으로 실제 불은 아니었고, 불과 같이 보이는 것이었다는 뜻이다. 바람은 각 사람 위에 임하지 않았고, 오직 불만 각 사람 위에 임했다. 그렇다면 강하고 급한 바람 소리로, 그리고 120개의 불꽃 같은 모습으로 오신 성령은 도대체 무엇을 상징하는 것일까?

존 스토트(John Stout)도 오순절에 성령의 임재로 일어난 현상은 세 가지라고 설명했다. "바람 같은 소리는 권능(예수님이 그들에게 증거를 위해 보내주겠다고 약속하신 것과 같은 권능, 눅 24:49; 행 1:8)을 상징했을 것이며, 불과 같은 광경은 정결(이사야를 깨끗하게 했던 핀 숯과 같은 정결, 사 6:6-7)을, 그리고 다른 나라 말로 하는 말은 교회의 보편성을 상징했을 것이다."[36] 존 스토트의 해석은 오순절의 현상을 단순한 '문자'에서 의미를 유추해 냈다는 느낌을 받는다. 누가가 보여준 상징을 보지 않았기 때문이다. 권능은 바람보다는 불이 더 의미상으로 가까

35) διαμερίζω는 μερίζω(나눈다, 분배한다)는 동사에 διά(흩어지는 모습과 방향을 나타냄)란 접두어가 붙어 있다. 한 곳으로 불이 내려오다가 각 사람에게로 흩어졌다.

36) John Stout, BST 시리즈 사도행전 강해 : 땅 끝까지 이르러, 정옥배 옮김, IVP, pp. 66-67.

울 것이다. '급하고 강하다'고 하니 권능을 상징했다고 생각했는지 모른다. 많은 사람들은 정결도 흔히 불의 속성으로 생각한다. 명확하게 바람은 무엇을 상징하고, 불은 무엇을 상징하는 것일까?

불과 바람은 하나님의 임재를 나타내는 전형적인 요소이다(출 3:2, 19:1; 신 5:4; 왕상 19:11; 사 66:15; 시 49:3). 하나님이신 성령께서 불과 바람처럼 임하셨다는 것은 당연하다 하겠다. 그러나 본문의 원어 순서를 보면 '소리가 먼저 들려왔고', 뒤에 '불이 보였다.' 그리고 이어서 바람과 불의 형상을 자세하게 묘사한다. 바람으로 모인 곳이 압도 당하듯이 초대 공동체가 성령에게 압도되고, 불로 압도 당한 것이다. 그렇다면 바람은 성령께서 그 공동체를 어디로부터 어디로 옮겨가시는 사역을 나타낸다. 그것도 급하게 그리고 강력하게 말이다.

예수님께서도 성령으로 거듭나야 한다고 가르치시면서 바람을 비유로 드셨다. "바람은 불고 싶은 대로 분다. 너는 그 소리는 듣지만 어디에서 와서 어디로 가는지는 모른다. 성령으로 태어난 사람은 다 이와 같다"(요 3:8). 이 말씀의 강조점은 '바람은 자기 마음대로 분다'는 것과 '어디로부터 와서 어디로 간다'는 점이다. 바람의 진로를 사람이 조작할 수도 없고 막아설 수도 없다. 성령도 이와 같다는 것이다. 그리고 성령으로 태어난 사람도 이와 같다는 말이다.

각 사람 위에 불어온 바람을 공동체에 적용시켰다면 불은 개인에게 적용하였다. 물론 불이 개인에게 충만케 임하고, 동시에 그 모인 자리에 충만한 것은 의심할 여지가 없다. 그러므로 바람과 불로 설명되는 성령의 사역은 둘이 아니라 한 사역을 두 요소로 설명하고 있는 것이다. 즉 바람이 '돌진하고', 불이 '가득하다'는 표현을 접목하면 두 요소가 충만한 채로 어디를 향해 돌진해 가는 모습이다. 이렇게 보면, 이 본문은 사도행전 1장 8절에서 말씀하신 내용의 구체적인 현상으로 이해해야 한다.

성령이 임하시면 '권능'(δύναμις)을 받게 된다고 했다. 이 δύναμις의 상징이 오순절에 나타난 불의 모습이다. 그리고 성령이 임하시면 "예루살렘으로부터……땅 끝까지"를 나타내는 진로(進路)는 성령이 교회를 이끌어가시는 선교의 방향(direction)이다. 선교에는 선교할 수 있는 힘이 요구된다. 그런 힘은 그리스도인 각자가 지녀야 하고 동시에 교회 전체가 가지고 있어야 한다. 그래야 선교를 이룰 수 있다.

또한 거기엔 반드시 선교의 방향이 분명해야 한다. 이 선교의 방향도 인간이 결정하는 게 아니라 성령께서 결정하는 일이다. 이런 두 가지 원리로 성령께서는 초대교회를 이끄셨다. 사마리아로, 에디오피아로, 그리고 고넬료를 통하여 이방으로, 그리고 마게도냐로 인도하셨다. 마침내는 바울 일행을 로마로 인도해 가셨다. 마게도냐(행 16:6-10)로, 그리고 로마로 바울을 인도하던 성령의 역사는 아주 절묘하고 신비롭다(행 27-28장). 앞으로 어떻게 성령께서 교회를 선교의 땅으로 인도하셨는가를 자세하게 보게 될 것이다.

성령은 하늘로부터(ἐκ τοῦ οὐρανοῦ) 내려오셨고(2:2), 각 사람 위에 임하셨고(ἐφ' ἕνα ἕκαστον:2:3), 바람 소리로 충만하게 채웠고(ἐπλήρωσεν: 2:2), 그리고 불의 혀 같은 뜨거움으로 온 교회를 성령으로 충만케 채웠다(ἐπλήρσθησαν: 2:4). 성령은 하늘로부터 온 선물이다. 성령은 준비된 자에게 전적인 선물로 와주시는 분이다. 2절과 3절에는 성령이란 단어가 나오지 않는다. 그러니까 그들은 처음엔 그 현상이 무엇인지 몰랐을 것이고, 후에야 성령이 자기들에게 충만하게 임하셨다는 사실을 알게 되었다는 것이다. 사도행전 1장 8절에서 주님의 약속은 오순절에 완벽하게 성취되었다.

그렇다면 성령이 그들에게 임하신 결과는 무엇인가? 2장 4절에는 "그들이 다 성령의 충만함을 받고 성령이 말하게 하심을 따라 다른 언어들로 말하기를 시작하니라"고 기록했다. 혀는 그 사람의 의사를 전달하고 말하는 수단이다. 혀가 인간의 의사를 전달하는 수단인 말을 만들어 낸다."[37] 불의 혀는 커뮤니케이션의 영을 말한다. 성령께서는 인간의 개인적인 성공이나 성취를 위해 오시는 분이 아니라 모든 인간이 서로 교류하고 친해지도록 해주는 분이라는 뜻이다.[38] 혀들은 다른 방언으로 모인 사람들이 각각 자기의 말로 알아듣게 된 방언과 관계가 있다. 그래서 그들이 다 성령의 충만함을 받고 성령이 말하게 하심을 따라 다른 방언으로 말하기를 시작했다(4절)고 성경은 말한다. "ἐδίδου ἀποφθέγεσται[was giving (ability) to speak]", 성령께서 방언을 할 수 있는 능력(the ability)을 주시므로 이전에는 엄두도 낼 수 없었던 일을 하게 되었다는 말이다.

성령은 교회 활동을 가능하게 한 실제적인 힘이다. 그 후 유대 종교 지도자들에 의해 하나님의 메시지를 말하는 것을 금지당했던 제자들은 성령을 통해 그럼에도 불구하고 담대히 말할 수 있었고(행 5:9), 스데반은 성령의 능력에 의해 순교할 힘을 얻었다(행 7:55). 사마리아(행 8:19)와 이방(10:44)에 복음을 전하게 되었다. 이곳에서 말하는 방언은 무엇을 말하는가? "우리가 우리 각 사람의 난 곳 방언으로 듣게 되는 것이 어찌 됨이냐?"(8절)

여기에 문제가 대두된다. 베드로 혼자서 설교를 했는데, 거기에 모여온 모든 무리들은 자기들의 언어로 들었다는 말인가, 아니면

37) 유대 전설에 따르면 산 위에는 지상의 70민족의 70언어를 상징하는 70개의 불길이 있었다고 한다. 그런데 율법은 대체로 이스라엘의 전유물로만 존재해 왔으며 좀처럼 그 빛이 이방인들에게 전달되지 않았다. 이제 종말의 때에 이르러 목적이 성취되었다. 또한 바벨탑에 내려진 하나님의 심판은 역전되어 모든 세계가 한 언어로 듣게 되었다. 헨헨, op.cit., pp. 166-175.

38) 이보 스토르니올로, 사도행전 읽기, Ibid, p. 39.

성령으로 충만케 된 그리스도인들이 각각 그들의 언어로 말했다는 말인가? 8절에 말한 사람들은 일인칭 복수(ἅπαντες οὖτοί εἰσιν οἱ λαλοῦντες, all these who are speaking)이다. 그곳에 모인 사람들은 이들이 다 갈릴리 사람들인데, 어떻게 자기들의 언어를 하는지 물었다. 그들의 관심은 그들이 말하는 언어였다.[39] 다음 의문은 거기 모여온 사람들은 어디에서 왔는가 하는 것이다.

사도행전 2장 9-11절에 나타난 지역들은 유대인의 흩어짐(diaspora)이 광범위했다는 사실을 말한다. 동쪽으로는 '바대인과 메대인과 엘람인'의 지경으로부터 서쪽으로는 로마에 이르기까지, 그리고 이들 사이에 있는 메소포타미아, 소아시아, 그레데, 아라비아, 애굽, 구레네 등이 언급되어 있는 바 이렇게 많은 나라들로부터 흩어진 유대인들이 몰려들었던 것이다.[40] 이들은 온 세상에서 절기를 지키러 모여온 유대인들과 개종자들(proselytes)이다.[41] 누가는 이들을 가리켜 "하늘 아래 온 세상으로부터 온 경건한 남자들"(ἄνδρεςε εὐλαβεῖς ἀπὸ παντὸς ἔθνους τῶν ὑπὸ τὸν ορανόν)이라고 했다. 9-11절에 나오는 모든 나라들은 하늘 아래 온 세상으로부터 온 사람들이다.

고대에는 온 세상을 12궁으로 나누었는데, S. 와인스톡(Weinstock)은 12궁을 따라서 정리된 나라들의 표를 만들어 놓았다.[42] 누가가 아마도 '전 세계' 12궁 아래 살고 있는 모든 나라들을 말하려 했던 것 같다고 한다.[43] 헬라어 성경의 구분대로 하면 "바대인, 메대인,

---

39) Barrett, Ibid, p. 120.

40) Bruce, The Book of the Acts, p. 15

41) Ibid, p. 55. Bruce는 거기에 온 사람들은 유대인이거나 개종자들이라고 한다. 그러므로 이방인들이 복음을 들었다는 것은 혁명적인 발전이라고 한다.

42) S. Weinstock, "The Geographical Catalogue in Acts 2:9-11", 1948, p. 43ff. 12: 이것은 와인스톡이 12궁 가운데 있는 나라들의 구획을 다룬 논문이다. Bruce, Ibid, p. 55에서 재인용.

43) Ibid, p. 55 각주 참조.

엘람인, 메소보다미아, 유대와 갑바도기아, 본도와 아시아, 브루기아와 밤빌리아, 이집트, 구레네에 가까운 리비아, 그리고 로마"로 나뉘어서 12개의 나라가 된다.

여기서 특별히 누가는 로마에 대해서만은 각별한 관심을 보였다. '로마로부터 온 나그네 곧 유대인과 유대교에 들어온 사람들'이라는 수식어를 첨가했다. 그것은 누가의 관심이 로마에 있기 때문이다.[44] 오순절에 성령의 역사하심을 경험한 로마 사람들은 십자가와 부활에 대한 복음을 들은 후 로마로 돌아갔다. 그들에 의하여 로마에 교회가 시작되었을 것으로 본다.

여기서 간과해서는 안 될 것은 성령충만이 겉으로 표현된 것은 방언이고 전도이지만, 그 공동체 내적으로는 예루살렘 교회는 성령 안에서 하나가 되었다는 점이다. 이전에 제자들 사이에 있었던 갈등은 전혀 보이지 않는다. 또 그들은 성령에 압도되어 전적으로 인도를 받을 준비가 되었으며, 동시에 교회가 담대해졌고 전도할 준비가 되어 있었다.

사도행전에서 '담대'는 항상 성령의 충만의 상태를 표현한다(행 4:31, 14:3). 그리고 성령께서는 각 나라 말로 말하게 하심으로 복음은 예루살렘 공동체를 통하여 예루살렘으로부터 사마리아로, 사마리아에서 에디오피아로 그리고 이방으로, 그리고 마침내 로마로 교회가 확장되어 나갈 준비가 된 것이다. 그리고 오늘도 세상 끝으로 힘있게 불어가고 있다.

일반적으로 오순절은 성령이 처음으로 임재하신 날이라고 한다. 그러나 요한복음에서는 부활하신 예수님께서 제자들에게 나타나셔

44) Ibid, p. 56.

서 이미 성령을 주셨다(요 20:21-23). 그렇다면 오순절 성령 강림은 또 다른 의미가 있다고 보아야 한다. 즉 오순절 성령의 임재는 성령께서 모든 믿는 자들에게 보편적으로 활동하기 시작하신 날이고, 교회가 성령으로 인하여 교회다운 활동을 시작하신 날이다. 그리고 성령께서 교회에 임하여 선교를 시작하신 날이다.

성령은 그리스도인은 물론 교회를 인도하시는 분이다. 그리고 교회로 하여금 교회답게 일하며 선교하게 하시는 분도 성령이시다. 그런데 세월이 흐르면서 인간이 교회를 지배하고, 인간들이 교회의 모든 일을 결정하는 경향으로 가고 있지 않은가? 교회는 다시 성령 공동체로 돌아가야 한다. 그렇게 하기 위해서는 교회 안에 성령의 자리는 어디인가를 심각하게 물어야 할 것이다.

그런데 그런 공동체도 가끔 길을 잃어버릴 때가 있었다. 사도행전 6장 1-4절에 '구제 문제'로 잠시 길을 잃을 뻔하기도 하였다. 그러나 사도들은 기도와 말씀으로 돌아가면서 길을 찾고, "성령과 지혜가 충만하여 칭찬 받는 사람들"(행 6:3)을 선택하여 그 길을 다시 찾아간다. 또 예루살렘에만 머물려고 하는 교회를 스데반의 순교로 일어난 박해를 이용하여 사마리아로, 안디옥으로 퍼지게 하였다.

5. 베드로의 설교(행 2:14-41)

14) 베드로가 열한 사도와 같이 서서 소리를 높여 이르되 유대인들과 예루살렘에 사는 모든 사람들아 이 일을 너희로 알게 할 것이니 내 말에 귀를 기울이라 15) 때가 제 삼 시니 너희 생각과 같이 이 사람들이 취한 것이 아니라 16) 이는 곧 선지자 요엘을 통하여 말씀하신 것이니 일렀으되 17) 하나님이 말씀하시기를 말세에 내가 내 영을 모든 육체에 부어 주리니 너희의 자녀들은 예언할 것이요 너희의 젊은이들은 환상을 보고 너희의 늙은이들은 꿈을 꾸리라 18) 그 때에 내가 내 영으로 내 남종과 여종들에게

부어 주리니 그들에게 예언할 것이요 19) 또 내가 위로 하늘에서는 기사와 아래로 땅에서는 징조를 베풀리니 곧 피와 불과 연기로다 20) 주의 크고 영화로운 날이 이르기 전에 해가 변하여 어두워지고 달이 변하여 피가 되리라 21) 누구든지 주의 이름을 부르는 자는 구원을 받으리라 하였느니라 22) 이스라엘 사람들아 이 말을 들으라 너희도 아는 바와 같이 하나님께서 나사렛 예수로 큰 권능과 기사와 표적을 너희 가운데서 베푸사 너희 앞에서 그를 증언하셨느니라 23) 그가 하나님의 정하신 뜻과 미리 아신 대로 내준 바 되었거늘 너희가 법 없는 자들의 손을 빌려 못 박아 죽였으나 24) 하나님께서 그를 사망의 고통에서 풀어 살리셨으니 이는 그가 사망에게 매여 있을 수 없었음이라 25) 다윗이 그를 가리켜 이르되 내가 항상 내 앞에 계신 주를 뵈었음이여 나로 요동하지 않게 하기 위하여 그가 내 우편에 계시도다 26) 그러므로 내 마음이 기뻐하였고 내 혀도 즐거워하였으며 육체도 희망에 거하리니 27) 이는 내 영혼을 음부에 버리지 아니하시며 주의 거룩한 자로 썩음을 당하지 않게 하실 것임이로다 28) 주께서 생명의 길을 내게 보이셨으니 주 앞에서 내게 기쁨이 충만하게 하시리로다 하였으므로 29) 형제들아 내가 조상 다윗에 대하여 담대히 말할 수 있노니 다윗이 죽어 장사되어 그 묘가 오늘까지 우리 중에 있도다 30) 그는 선지자라 하나님이 이미 맹세하사 그 자손 중에서 한 사람을 그 위에 앉게 하리라 하심을 알고 31) 미리 본고로 그리스도의 부활을 말하되 그가 음부에 버림이 되지 않고 육신이 썩음을 당하지 아니하시리라 하더니 32) 이 예수를 하나님이 살리신지라 우리가 다 이 일에 증인이로다 33) 하나님이 오른손으로 예수를 높이시매 그가 약속하신 성령을 아버지께 받아서 너희가 보고 듣는 이것을 부어 주셨느니라 34) 다윗은 하늘에 올라가지 못하였으나 친히 말하여 이르되 주께서 내 주에게 말씀하시기를 35) 내가 네 원수로 네 발등상이 되게 하기까지 너는 내 우편에 앉아 있으라 하셨도다 하였으니 36) 그런즉 이스라엘 온 집은 확실히 알지니 너희가 십자가에 못 박은 이 예수를 하나님이 주와 그리스도가 되게 하셨느니라 하니라 37) 그들이 이 말을 듣고 마음에 찔려 베드로와 다른 사도들에게 물어 이르되 형제들아 우리가 어찌할꼬 하거늘 38) 베드로가 이르되 너희가 회개하여 각각 예수 그리스도의 이름으로 세례를 받고 죄 사함을 받으라 그리하면 성령을 선물로 받으리니 39) 이 약속은 너희와 너희 자녀와 모든 먼 데 사람 곧 주 우리 하나님이 얼마든지 부르시는 자들에게 하신 것이라 하고 40) 또 여러 말로 확증하며 권하여 이르되 너희가 이 패역한 세대에서 구원을 받으라 하니 41) 그 말을 받는 사람들은 세례를 받으매 이 날에 신도의 수가 삼천이

나 더하더라

베드로의 설교는 거기 모여 있던 사람들이 성령에 취해 있던 사람들을 새 술에 취하였다고 하는 말에 대한 해명으로 시작한다. 베드로가 설교하던 대상은 유대인과 예루살렘에 사는 사람들이다. 그들은 지금까지 오순절의 설교를 듣던 이방에서 온 디아스포라가 아니고 유대인과 예루살렘 거주민이다. 이들에게 오순절에 일어났던 일을 설명하기 시작했다. 그 때가 아침 9시였다. 성령이 임하신 때는 오순절이 되어 기도하던 사람들이 한 곳에 모였을 때니까, 그때는 저녁 시간이다. 그리고 베드로의 설교 시간은 아침 9시이다. 그러니까 오순절의 흥분이 밤새도록 사라지지 않았고 이상한 현상을 본 사람들은 그들의 기이한 현상 때문에 아침 일찍부터 성전에 모여왔던 것으로 보인다. 그때 모여온 사람들은 유대인과 예루살렘 거주민들이었다.

14절을 보면 베드로는 열한 사도와 같이 일어섰다고 한다. 베드로가 설교는 했지만 다른 사도들이 증인으로 함께 참여하는 것을 뜻한다. 설교는 요엘의 예언(욜 2:28-32)을 인용하는 것으로 시작한다. 요엘은 메시아 시대의 표적을 말하면서 그때에는 자연적인 여러 가지 징조와 더불어 하나님의 영이 부어지리라고 예언하였는데, 오늘의 현상은 바로 요엘의 예언이 이뤄진 사건이라고 한다. 이때 내려지는 영은 모든 육체에게 부어 주실 것이요, 영을 받는 사람들은 예언하고 환상을 보리라고 했다.

"내 영을 만민에게 부어 주리라"(욜 2:28). 그런데 누가는 "내가 내 영을 모든 육체에 부어 주리라"고 말한다. 사실 성령은 모든 육체에게(아무에게나) 주시지는 않는다. 그렇다면 요엘이 말한 '만민'은 누구이며, 누가가 말하는 '모든 육체'는 누구인가? 요엘이 말하는 만민은 이스라엘을 가리킨다. 구약 시대에는 특별히 부름받은 사람들에게

만 성령을 내려주셨지만, 메시아의 때에는 모든 이스라엘에게 내려주신다고 한다.

이렇게 해석할 수 있는 근거는 만민에게 부어 준다고 한 후에, 너희라는 말을 세 번이나 반복하는 것으로 보아 이스라엘을 가리키는 것이 분명하다.[45] 그러므로 성령은 선택한 사람들에게만 내려주신다. 그러나 누가는 "모든 육체"라는 용어를 사용함으로 '모든 사람'이라기보다는 유대인과 대조되는 다른 이방인들에게도 내려주신다는 것을 암시하는 듯하다.

누가가 인용한 요엘의 예언은 "누구든지 여호와의 이름을 부르는 자는 구원을 얻으리라"고 끝을 맺는다. 이어서 설교의 본론으로 들어간다. 곧 예수 그리스도를 소개한다. 요엘 시대의 여러 가지 기적과 기사를 베풀리라 하였는데(욜 2:30-31), 그 예언의 성취로서 나사렛 예수는 큰 권능과 기사와 표적을 베푸사 자신 스스로를 증언하였다고 한다.

여기서 베드로는 '나사렛 예수'를 강조한다. 유대인들이 죽인 바로 나사렛 사람 예수, 그분을 증언하는 것이다. '너희 가운데서'를 두 번이나 언급함으로써 나사렛 예수께서 그들 앞에서 행한 모든 이적과 기사의 증인은 바로 너희들이란 것을 강조한다. 그분을 너희가 죽였다고 한다(행 2:23). 그러나 하나님께서 그를 살리셨다고 말한다. 그리고 부활의 증거로 다윗의 말을 예언으로 인용한다.

마침내 베드로의 설교의 결론이며 정점이다. 그것은 부활이다. 예수께서 부활하셨기 때문에 그분이 약속하신 성령을 아버지께 받아서 부어 주셨다고 한다. 이것이 바로 여러분이 보고 듣고 있는

---

45) 독일성서공회 해설, 요엘 2:28 해설. 28절에 보면, "만민에게 부어지리니"라고 한 후에, '너희 자녀들이', '너희 늙은이는', 그리고 '너희 젊은이는'이라고 한 것을 보면 '만민'은 이스라엘을 지칭한다고 한다.

이 현실이라고 한다. 여기서 특별히 성령은 아버지께서 보내주시되 성령을 주시는 분은 예수 그리스도라고 한다(행 2:36). 성령은 예수 그리스도를 통해서만 받을 수 있다. 그리고 다시 하나님이 주(χύριον)와 그리스도(Χριστόν)가[46] 되게 하신 이런 예수를 너희가 십자가에 못 박았다고 지적한다. 하나님이신 예수를 유대인들이 죽였다고 한다. 유대인들이 가장 두려워하는 점을 지적하며 설교는 정점에 이른다. 그 말을 들은 사람들이 그 말씀으로 인해 마음이 계속 찔려(κατανύγησαν)[47] 어찌할지 모르는 모습이 눈에 훤히 보이는 듯하다.

베드로의 설교를 놓고 학자들 간에 이론이 분분하다. 베드로의 즉석 설교를 누가가 어떻게 그대로 옮겼겠는가 하는 의문으로부터 이 설교는 베드로의 것이라기보다는 누가의 작품이라고 주장하기도 한다. 그러나 베드로의 설교를 읽으면 어떤 일정한 형식이 보인다. 나사렛 예수로 오신 하나님, 십자가에 죽으심, 그리고 부활이다. 이스턴(B. S. Easton) 교수는 다음과 같이 주장한다. "예수님의 교훈들과 비유들은 그가 아직 살아 계실 때에 그의 직접적인 감독 아래 그 양식들이 고정되었다고 믿을 만한 증거들이 충분히 있다. 최초의 내용들은 그가 제자들에게 암기시켰다고 할 수 있겠다."[48]

베드로의 설교에 나타난 이 형식은 로마서 1장 2-4절에서 좀더 발전되고 완성된 내용을 보게 된다. 이것을 바울은 '복음'이라고 불렀다. 유대 전통에 의하면 모든 기록을 서기관들을 통하여 기록,

46) 주(χύριον)는 'An Anointed Lord'를, 그리스도(Χριστόν)는 'The Lord Messiah'를 말한다.

47) κατανύγησαν은 'κατανύσσω'(마구 찌르다)의 단순과거, 수동형이다. '마음에 통렬한 아픔을 당하는' 상태를 말한다. 그들은 통렬한 슬픔과 후회로 마음이 찔렸다.

48) B.S.Easton, Christ in the Gospels(1930), p. 41, F.F. Bruce, 초대교회역사, p. 98에서 재인용.

보관하는 습관이 있었다. 예수님도 서기관을 두고 있었던 흔적을 찾아볼 수 있다. 마태복음 13장 52절에 “천국의 제자 된 서기관”을 언급하고, 23장 34절에 다시 “선지자들과 지혜 있는 자들과 서기관을 보내매 너희가 그 중에서 더러는 죽이거나 십자가에 못 박고…… 박해하리라”고 서기관의 존재를 언급하고 있다. 누가가 쓴 복음서의 서문을 보면 예수님의 교훈과 행적의 기록들이 당시에 이미 기록으로 남겨져 있었다는 사실을 알 수 있다(눅 1:2).

사도들의 설교를 주의 깊게 살펴보면 이미 상당히 일정한 형태가 존재하고 있음을 알 수 있는데, 바로 이 형식이 현재 우리가 사용하는 복음서들, 특히 마가복음과 누가복음의 기초를 제공했음을 볼 수 있을 것이다. 특히 고난 사건의 진술은 그 시초부터 이미 일정한 개요가 성립되어 있었다. 이에 대해 도드(C H. Dodd)는 다음과 같이 말한다.

“모든 증거와 상황들을 종합해 볼 때 고난 사건의 기록은 원래의 상황과 근사하다고 할 수 있겠다. 이 이야기는 초대교회의 가르침을 통해서나 어떤 신학적 반추를 통해 만들어진 산물이 아니다. 이는 곧 케리그마(Kerygma)의 아래를 흐르는 이야기이며, 또한 서신들의 신학의 기초를 제공한 근본이기도 하다. 현재 우리가 가진 복음서들은 기독교인들 제1세대가 거의 종말을 고할 때, 원래 예수님의 행적을 직접 본 증인들이 얼마 더 살아 있지 못할 것이 확실시될 때에 비로소 쓰이기 시작하였다. 그러나 이 복음서들 가운데 포함된 자료들은 이미 처음부터 기독교인들 간에 구전의 형식으로 혹은 일부 성문화된 형식으로 존재하고 있었다.”[49]

이 형식은 후에 도드에 의하여 ‘케리그마’로 불리게 되었다. 하나

---

49) F. F. Bruce, 초대교회역사, p. 98.

님께서 예수에게 행하신 것, 즉 그의 능력 있는 행적, 십자가의 죽음과 부활, 그리고 그를 주와 그리스도라고 부르는 데서 절정을 이룬다. 초대교회가 주장하는 가장 기초적인 복음의 중심은 부활하신 예수가 메시아요 하나님의 아들이라는 기독론적 정체성에 있다.

베드로의 설교에서 첫 번째로 요구되는 것은 '회개'(repent)였다. 회개란 단순하게 잘못을 뉘우치는 것만을 의미하지 않는다. 하나님의 말씀을 받고 예수 그리스도를 통하여 하나님께로 돌아서는 것이다. 그리고 세례를 받고 성령으로 충만하게 되는 전 과정이 회개이다. 예수께서 세상에 계실 때는 예수 그리스도를 하나님의 아들로 받아들이는 것이 하나님 나라로 들어가는 것이다. 그러나 예수님이 승천하신 후에는, 예수님을 받아들인다는 것은 곧 그의 말씀을 받아들이는 것이다. 증언이란 말에는 그의 사역과 말씀을 다 포함한다. 그 증언을 받아들이고, 하나님께 돌아가고(turn back) 그리고 하나님 나라의 시민으로 들어가는 표로 세례를 받으면 성령을 선물로 받는다.

성령을 받는다는 뜻은 하나님 나라 시민으로 성령께서 이제부터 그 사람 안에 계시고, 그를 인도하실 것이란 의미이며, 동시에 그 말은 성령 안에 있는 사람은 곧 하나님 나라 영역 안에 있다는 것을 말한다. 그렇기 때문에 믿는다는 것은 말씀과 연결되고, 말씀은 또 성령과 연결된다. 사도행전은 예수님의 사역의 시작과 교회의 시작 사이와 하늘나라에 대한 선포의 요구와 제자들의 선교의 첫 요구 사이에 연속성을 가지고 있음을 보여준다.

두 번째 요구는 그들의 죄를 용서받기 위하여 세례를 받으라고 한다. 세례 요한이 회개의 세례를 받으라고 했다. 예수님은 다르다. 세 복음서에서 예수께서는 누구에게도 세례를 베푸신 적이 없다는 사실을 보여준다. 베드로의 설교에서는 신앙고백의 대중적 행위로 나타난다. 베드로는 백성들에게 예수님을 영접한다는 사실이 보이도록 입증할 수 있는 고백을 만들라고 요구한다. 베드로의 설교에서 회개와 세례는 개인적인 것이지만, 동시에 공동체와 연합하는 행위임에 틀림없다. 회개와 세례는 구원 공동체에 연합하는 행위다. 이것은 하나님께서 한 백성을 구원하려고 선택하셨다는 이스라엘의 기본신앙과도 일치한다. 성령 강림도 이 사실을 변경하지 않았다.

세 번째 요구는, 세례는 반드시 '예수 이름으로' 받아야 한다고 주장한다. 누구의 이름으로 세례 받는 것이 중요한 이유는 세례 받는 사람들이 고백하는 분과 "그 이름 안에서" 인격적으로 연결되는 것이기 때문이다. 즉 예수를 '주', '메시아', '하나님의 아들'로 고백하므로 그리스도와 인격적으로 연결된다. 마태복음 28장 19절에 나타나는 삼위 하나님의 이름으로 세례를 주라는 명령은 부활하신 그리스도가 내린 명령이다. 반면 누가는 세례보다는 성령을 강조한다(눅 24:49). 마가는 모든 것을 생략하였다. 베드로가 설교할 때는 이미 삼위일체 하나님의 이름으로 받는 세례 형식이 도입되어 있었던 것을 보면 세례의 형식이 아주 일찍 실행되고 있었다는 것을 알 수 있다. 헨헨도 현재와 같은 세례 형식은 후대에 와서 형성되었을 것이지만, 세례가 매우 일찍이 그리스도교 공동체에 도입된 것은 사실이라고 말한다.[50]

네 번째 요구는 신앙을 고백한 이들에게 하나의 보증(pledge)을 만든다(행 2:38-39). "성령을 받으리니……." 베드로와 동료들은 이미 성령을 받았다. 그러므로 모든 믿는 자들에게도 성령이 임하실 것을 약속한다. 다시 말하면 그리스도 안에는 'no second-class citizens'이 없다는 말이다. 성령을 받으므로 비록 이방인이라 할지라도 성령을

---

50) 헨헨, op.cit., p. 303

받은 이들이 그리스도 안에서 평등(동등)하다는 것을 증명해 주었다. 특별한 은사를 주장함으로 갈등이 일어났을 때에도 이 원리는 그대로 적용되었다.

2장 38절에서 특별한 것은 '회개하고, 세례 받고, 죄 용서 받으면 성령을 선물로 받는다'고 말한 것이다. 여기서 '구원'이란 단어 대신에 성령을 선물로 받는다고 말하는 이유는 무엇인가? 2장 40절에 가서야 "이 패역한 세대에서 구원을 받으라"고 한다. 그렇다면 성령을 선물로 받는 것과 구원받는 것은 동일한 의미라고 볼 수 있다. 이 사상은 사도 바울이 로마서 8장 9절에서 말하는 의미와 상통한다. "만일 너희 속에 하나님의 영이 거하시면 너희가 육신에 있지 아니하고 영에 있나니 누구든지 그리스도의 영이 없으면 그리스도의 사람이 아니라"(롬 8:9).

• **회개**(μετάνοια) : 회개라는 말은 회심의 전 과정을 포괄하는 말이다. 부정적인 면에서는 지금까지의 비뚤어진 삶으로부터 돌아섬을 의미하며, 긍정적인 면에서는 하나님과 그리스도에 대한 신앙으로 향한다는 삶의 전환을 의미한다. 이처럼 잘못된 삶으로부터 돌아서서 하나님께로 향하겠다고 결심할 때 세례 받을 준비가 된 것이고, 세례가 베풀어짐으로써 성령이 부여되는 것이다. 성령이 오심은 예수 이름으로 받는 세례가 세례 요한의 세례와는 본질적으로 다르다는 사실을 증명해 준다. 베드로의 설교를 듣고 그 말을 받아들인 사람들은 세례를 받았다.

누가가 자주 사용하는 '회개'와 '세례'란 말은 단순한 개종을 의미하는 단어인가? 누가는 '회심'을 의미하는 말로 πιστεῦσαι를 즐겨 사용한다.[51] 이 말은 '그리스도인이 된다'는 뜻으로 번역할 수 있다. 그러나 이 말은 단순히 '그리스도인이 된다'는 것보다는 하나님의 세계로 들어간다는 표현으로 이해해야 한다. 믿는다는 것은 그들이 '들은' 말씀을 '받아들이고' 그 안으로 들어간다는 뜻으로 사용한다. 또 세례도 과거의 잘못된 길에서 돌이키고 새롭게 되었다는 표시일 뿐 아니라 새로운 그리스도 공동체의 일원이 되었다는 표시이다.

로버트 오툴은 누가가 하나님의 구원행위에 대한 인간의 응답을 다양하게 표현하고 있다고 지적했다. 이런 의미로 사용된 단어들은 다음과 같다. '받아들이다', '듣는다', '본다', '믿는다', '따른다', '세례받다', 그리고 '회개한다' 등이다.[52] 사도행전 26장 20절은 바울이 아그립바 왕에게 한 설교로서, "먼저 다메섹과 예루살렘에 있는 사람과 유대 온 땅과 이방인에게까지 회개하고 하나님께로 돌아와서 회개에 합당한 일을 하라"고 전했다. 여기서 '하나님께로 돌아오라'는 말은 그 안에 깊은 의미가 감추어져 있다. 로버트 오툴은 이 말은 예수 그리스도 안에서 믿음을 바탕으로 하나님께로 돌아가야만 하는 사실임에 틀림이 없다고 말한다.[53]

복음을 듣고 예수 그리스도의 이름으로 세례를 받음으로(행 2:41) 요한의 세례는 끝났다. 예수 이름으로 받는 세례는 물로 세례를 받기는 해도 요한 세례 그 이상의 의미를 담고 있다. 예수 안에서 죄 용서를 받는 것과 관련되었을 뿐 아니라 성령으로 말미암아 같은 성령 공동체로 들어가게 되는 성례전적 표적이 되었다. 또 세례를 받았다는 말은 그들이 과거에 어떻게 살았는가를 전제하고 이후에 어떻게 살아야 한다는 것을 전제한다. 사도행전 2장 42-47절에는 초기 크리스천이라면 반드시 참여하고 실행해야 하는 원리를 보여

---

51) 이 단어는 누가복음에 7번, 사도행전에 11번, 신약에서 36번 언급되었다. 이렇게 보면 신약성경에서 누가에 의하여 가장 많이 사용되었다.

52) 로버트 오툴, op.cit., p. 262.

53) Ibid, p. 264.

준다. 세례는 이전 삶을 청산하고 이런 삶의 원리를 적용하며 살아야 한다는 사실을 말해준다. 이런 사실에 기초하여 살아가던 예루살렘 교인들은 한마음이었다(1:14, 2:46, 4:24, 5:12). 적어도 사도행전 6장에 그려진 대로 예루살렘 교회에 히브리파와 헬라파의 분쟁이 있기 전까지는 말이다.

6. 초대교회의 생활 모습(행 2:42-47)

> 42) 그들이 사도의 가르침을 받아 서로 교제하고 떡을 떼며 오로지 기도하기를 힘쓰니라 43) 사람마다 두려워하는데 사도들로 말미암아 기사와 표적이 많이 나타나니 44) 믿는 사람이 다 함께 있어 모든 물건을 서로 통용하고 45) 또 재산과 소유를 팔아 각 사람의 필요를 따라 나눠 주며 46) 날마다 마음을 같이하여 성전에 모이기를 힘쓰고 집에서 떡을 떼며 기쁨과 순전한 마음으로 음식을 먹고 47) 하나님을 찬미하며 또 온 백성에게 칭송을 받으니 주께서 구원받는 사람을 날마다 더하게 하시니라

초대교회의 모습은 커다란 한 가정이었다. 어떤 한 방향을 향하여 소리 없이 움직이고 있는 가정이다. 디벨리우스의 논문을 인용하여(논문집 109) 헨헨은 "그리스도인들의 무리가 예루살렘에서 조용한 생활, 즉 유대인들의 의미로 말하자면 '경건한' 생활을 했을 가능성이 더 크다"고 한다. "그들은 보잘것없는 존재였다. 신도들의 승리에 찬 신념을 제외한다면 이 작은 무리에게서 세상을 변화시킬 운동이 시작되리라는 것을 말해줄 만한 것은 아무것도 없었다"[54]고 한다. 그런데 그런 무리들로부터 어떻게 온 세상을 제자 삼는 결과가 나타날 수 있었을까?

누가는 초대 공동체의 모습에 깊은 관심을 가졌던 게 분명하다.

---

54) 헨헨, op.cit., p. 303.

그래서 그들의 생활 모습을 사도행전 2장 42-47절과 4장 32-35절에 두 번이나 반복해서 기록하였다. 본문에서 예루살렘 교회에는 전체 교인들이 함께 모이는 성전 예배가 있었고, 또 각 가정에서 모이는 그룹 모임이 있었다고 한다. 현대교회에서 강조하는 소위 두 날개로 나는 교회의 진정한 모델이다. 예루살렘 교회의 활동을 크게 네 가지로 나눌 수 있는데, 1) 사도들로 인하여 일어난 기사와 이적(43절), 2) 믿는 사람들의 유무상통과 구제(44-45절), 3) 성전 모임과 가정 모임(46-47상반절), 4) 구원받는 사람들이 많아진 일들이다(47하반절).

특별히 42절에는 초대교회가 힘써 지켰던 신앙생활의 모습이 나온다. 개역개정판에는 '힘쓰다'(προσκαρτεροῦντες)는 말이 맨 끝에 나오기 때문에 기도에만 힘쓴 것으로 착각하기 쉽지만 사실 '오로지……힘쓰니라'는 말은 '가르침을 받고, 서로 교제하며, 떡을 떼며, 기도하는 일', 네 가지 모두를 힘써 지켰다는 뜻이다. '힘썼다'는 동사 προσκαρτεροῦντες는 헌신하다, 충실히 이행하다는 의미의 동사 προσκαρτερέω의 현재 능동 분사이다. 그러니까 초대교회는 네 가지 일에 계속해서 주력했다는 뜻이 된다.[55]

그런데 문제가 되는 점은 42절의 내용을 앞 구절의 종결 구절로 보아야 할 것인가, 아니면 다음 구절인 43절을 시작하는 구절로 볼 것인가 하는 점이다. 이것에 따라 해석이 달라진다.

학자들 간에는 베드로의 설교에 이어 "신도의 수가 삼천이나 더하더라"는 41절에 이어 구절을 결론 짓는 말씀으로 42절을 해석하기도 한다. 어떤 이들은 42절은 43절을 시작하는 구절로 읽어야 한다고

---

55) 행 2:42의 NIV 번역은 다음과 같다: "They devoted themselves to the apostles teaching, and to the fellowship, to the breaking bread and to prayer." '힘썼다'는 동사는 네 가지 신앙 원리에 다 해당한다.

주장한다. 42절 내용을 살펴보면, 이런 네 가지 활동을 어디서 했는가 하는 것에는 침묵한 채 네 가지 원리를 중요하게 여기고 힘썼다고만 되어 있다. 그렇기 때문에 이 구절은 초대교회 생활을 포괄적으로 보여주는 내용으로 해석하는 게 타당하다. 그리고 43절에서부터는 다시 초대교회의 생활을 구체적으로 보여주는 내용으로 읽어야 한다.

46절은 42절의 반복과 같다. 단지 그들이 어디에서 모여 그런 생활을 했는가를 자세하게 밝히는 내용이 첨부되었을 뿐이다. 초대교회의 예배와 삶은 성전에서도 이뤄지고, 집에서도 이뤄졌다. 46절에 "집에서" 떡을 떼며……"음식을 먹고"는 식사가 집에서-집에서 하는 식으로, 또는 여러 집에서 차려진다는 것을 전제한다. 6장 1절에 매일 구제하는 일도 이것을 뒷받침한다.[56]

누가는 초대 공동체의 생활을 네 가지로 간략하게 요약한다. 사도의 가르침을 받아 서로 교제하고 떡을 떼며 오로지 기도하는 것이었다. "힘쓰니라"는 동사는 네 가지 요소를 아우른다.

1) **사도들의 가르침**(τῇ διδαχῇ τῶν ἀποστόλων)

누가에게 있어서 언제나 신앙의 기초는 사도들의 가르침을 받는 것이었다.[57] 제자들이 예수님의 부활을 체험하고 성령을 체험한 후에 느낀 것은 가르침을 잘 받는 것이었다. 하나님의 사람들에게 가장 중요한 일은 하나님으로부터 듣는 것이다. 하나님으로부터 듣는다는 것은 그 말씀을 잘 듣고 그대로 따라 사는 것을 말한다(신 6:4, 28:1). 사도들은 교인들을 가르치는 일에 헌신했다. 이 말은 사도들이

---

56) 헨헨. op.cit., p. 308.

57) 사도행전은 예수님께서 가르치셨다는 말로 시작(1:4)할 만큼 가르치는 것을 강조한다. 교회의 성장도 말씀의 흥왕으로 표현한다.

구두로 제각기 가르쳤다는 의미보다는 사도들이 만든 교재를 사용하여 예수님의 교훈과 생애에 대하여 배웠다는 말이다.

'사도들의 가르침'(τῆ διδαχῆ τῶν ἀποστόλων)에서 '가르침'이란 '디다케'(τῆ διδαχῆ)란 단수형으로 나온다. 그런데 '사도들'은 복수로 나온다. 그러므로 '디다케'란 대중에게 말하는 다른 문서 양식과는 구별되는 문서로 당시에 신약성경이 없었기 때문에 사도들이 예수님의 교훈과 생애를 통일성 있게 가르치기 위하여 만들었던 교재를 의미할 것이다. 그리고 사도들은 그런 자료를 가지고 교육했을 것이라는 것을 암시한다. 사도들의 가르침의 내용은 두 가지 원천을 포함하고 있었다고 생각한다.

첫째는 예수님의 행적과 가르쳐 주신 말씀으로 가르친 것이고, 둘째는 예수님의 관점으로 구약성경 전체를 재해석하여 가르치는 일이다. 초기 기독교인들에게는 구약성경이 가장 권위 있는 책이었다. 그러나 점차 율법을 재해석하거나 율법에 대하여 적용해 주신 예수님의 가르침을 그들은 배우게 되었을 것이다. 또한 이런 내용을 초기 기독교인들이 당하는 상황에 재해석하고 적응하려고 했을 것이다. 이것이 사도들의 가르침이 곧바로 예수님과 연결되는 지점이 되었다. 이런 자료들은 점차 현재 복음서들의 기초가 되는 전승들로 형성되어 갔을 것이다. 12사도의 교훈집 혹은 디다케로 알려진 문서는 마태복음의 교훈 부분과 특별한 관계가 있다고 하는 점은 언제나 인정되고 있다.[58]

이런 자료들은 로마서 6장 17절에 나오는 '교훈의 본'(standard of teaching)이나 디모데후서 1장 13절에 나오는 '바른 말들'(the pattern of the sound words)이 의미하는 좀더 짜임새 있고 정리된 문서가 나오

58) Dodd, 설교 원형, p. 54

기까지 사용되었던 문서였을 것이다. 그리고 이런 문서들은 앞으로 마태복음과 누가복음의 자료가 되는 Q(?) 자료의 기초가 되었으리라고 추측한다.[59] 이렇게 보면, 성전에서나 가정에서 성도들이 모였을 때는 사도들이 만든 교육을 위한 디다케에 의하여 철저하게 가르침을 받았다는 뜻이 된다. 예루살렘 공동체의 생활에 으뜸가는 요인은 '말씀을 듣는 일'이었다.

2) 서로 교제하며(κοινωνὶα)

koinonia는 κοινός, 즉 '공통적인' 또는 소유권이나 재산, 생각 등을 공유한다는 의미를 가지는 단어에서 나온 단어다. 코이노니아는 랍비들 사이에서 자신들끼리 '동료'라는 뜻으로 사용되었다. 이 낱말은 '교제'라는 일반적 의미가 있으나, 유월절에서와 같은 식탁 교제를 나타낼 경우에는 종교적인 부차적 의미가 있었다. 필로는 이 단어가 에세네파에서 이상적인 공동 생활에서 '분배' 또는 '나누어 주는'이라는 의미로 사용되었다고 말한다.[60] Interpreter's 주석에서 맥그리거(MacGregor)는 코이노니아의 의미를 아람어 '합휴라'(ηαβηûρā)에서 찾는데, 이 말은 공동체 생활에 참여한 동료들을 가리키며, 특히 함께 유월절 만찬을 나누는 사람들을 의미한다고 한다.[61]

바울 사도에게 코이노니아는 '구제'나 '구호사업'을 의미했다(롬 15:26). 사도행전에서는 가난한 교우들을 도우려고 소유를 공유하는 것을 말한다. 우리는 위에서 세례를 받는 것은 하나님에게 선택된 백성에 연합하는 것이란 사실을 보았다. 신앙을 고백한 사람들은 빠

---

59) G. H. C. MacGregor, The Acts of the Apostles(Interpretation, Vol. IX), p. 50.

60) Kettle, op.cit., pp. 395-396 참조.

61) H. C. MacGregor, The Interpreter's Bible, Acts. p. 50. 브루스도 초대교회의 코이노니아를 "하비류"와 동일시해서 '공동식사'(the common meal)로 이해한다. F. F. Bruce, op.cit., p. 74.

르게 하나의 그룹을 형성해 갔다. 그러므로 코이노니아로 하나 되는 공동체는 '성령으로 이뤄지는 공동체'를 말한다. 그렇기 때문에 2장 44-45절, 4장 34절-5장 11절의 물건을 서로 통용하는 생활이 가능했던 것이다.

3) **떡을 떼며**(Breaking bread)

베드로와 요한이 규칙적으로 매일 기도 시간에 성전에 올라갔다고 누가가 전하는 것처럼 초대교회는 유대적 예배 형태에서 벗어나지 않았다. 그렇다면 떡을 떼는 것도 처음에는 당시 이스라엘의 제사와 예배를 대신하지 않았고, 거기에 첨부했을 것이다. 사도행전 2장 46절도 그런 신앙생활의 단면을 보여준다. 그렇다면 초대 기독교에서는 성만찬을 어떻게 해석했을까? 성만찬에 대한 형태를 바울은 고린도전서 11장 23-26절에서 보여주고 있다. "너희가 이 떡을 먹으며 이 잔을 마실 때마다 주의 죽으심을 그가 오실 때까지 전하는 것이니라"(고전 11:26).

여기서 주의 죽으심을 상기하게 하는 것은 유월절을 재현하는 유대인들의 형식의 영향이라고 할 수 있다. 과거에 위대한 하나님의 구원행위를 다시 현재적으로 만드는 작업으로 유대인들이 유월절 예식을 가졌다면, 초기 기독교인들은 예수님의 십자가와 부활의 구원의 행위를 성찬식을 통하여 지금 그들의 삶의 자리에서 다시 경험하려고 했다. 초대교회는 부활하신 예수님께서 음식을 먹는 자리에 나타나셨던 것(눅 24:30, 41-43; 요 21:9-13; 막 16:14)을 상기하면서, 그 이후에 계속해서 제자들은 빵을 뗄 때마다 주님이 자기들과 함께 계심을 느끼면서 주님의 임재를 경험했을 것이다(눅 24:35).

'떡을 떼다'는 단어가 42절과 46절에 나온다. 42절에서 사용된 떡을 뗀다는 단어로 κλάσει τοῦ ἄρτου가 사용되고, 46절에는 κλῶντές,

즉 κλάω의 현재 분사를 사용하였다. 그리고 46절에 '음식을 먹다'(μετελάμβανον τροφῆς)는 말에는 이와 전혀 다른 단어를 사용하였다. 떡을 떼는 일과 음식을 나누어 먹는 일은 동시에 이루어진 예식이다. 이렇게 보면 떡을 떼는 일은 성찬식에서 떡을 떼는 것을 의미하며,[62] 음식을 나누는 것은 공동식사를 의미할 것이다.

누가는 사도행전 2장 46절에 성만찬과 공동식사는 "기쁨과 순전한 마음으로"으로 이뤄졌다고 소개하고 있는데, 이 말은 곧 축제적인 분위기에서 이런 의식들이 거행되었다는 것을 말하는 것이다. 성만찬(Eucharist)과 공동식사가 구별지어진 것은 후대에 와서 된 일이다.[63] 이렇게 보면, 가정 교회에서 성도들은 성찬식을 거행하면서 동시에 공동식사를 했다는 뜻이 된다. 초대교회에서 성찬식은 언제나 공동식사와 함께 이뤄졌다.

공동식사는 구제의 한 방법이었다. 가난한 사람이나 그렇지 않은 사람들이 함께 식사를 함으로 어려운 사람들을 자연스럽게 돕는 방법이었을 것이다. 그러므로 아마도 여유 있는 사람들의 집에서 모였을 것이다. 가난한 사람들의 집은 너무 작았기 때문이다. 또 예루살렘 교인들은 성전에서 모임을 매일 가졌다. 브루스(Bruce)는 솔로몬 행각에서 모였을 것으로 본다. 그리고 46절의 내용으로 볼 때 떡을 떼는 일과 음식을 먹는 일은 '가정에서 가정으로' 옮겨다니며 했다.

---

62) 성찬식으로 해석하려는 시도는 브루스(F. F. bruce), 헨헨(E. Haenchen), 맥그리거(H. C. MacGregor)도 의견이 일치한다. 떡을 떼는 일이 교제와 기도와 함께 이뤄질 때는 성찬예식의 의미가 더욱 확실해진다.

63) '떡을 떼다'라는 단어가 누가복음과 사도행전에서는 눅 24:30; 행 2:46, 20:7-11, 27:35; 그리고 5천 명을 먹이신 사건과 성만찬 제정시에도 사용되었다. 그리고 떡을 떼고 음식을 먹던 초대교회의 예는 고전 11:23-26에 잘 나타나 있다. "곧 주 예수께서 잡히시던 밤에 떡을 가지사 축사하시고, 떼어 이르시되 이것은 너희를 위하는 내 몸이니 이것을 행하여 나를 기념하라 하시고, 식후에 또한 그와 같이 잔을 가지시고 이르시되 이 잔은 내 피로 세운 새 언약이니 이것을 행하여 마실 때마다 나를 기념하라 하셨으니"(고전 11:23-25).

데살로니가후서 3장 10절에 나오는 "누구든지 일하기 싫어하거든 먹지도 말게 하라"는 말은 일하기 싫어하는 사람들은 공동식사에 참여하지 못하게 했던 초대교회의 규범을 보여주는 구절이다.

4) **기도**

서로를 위하여 기도한다는 것은 코이노니아의 또 다른 관점이다. 바울은 그의 서신에서 지역 교회들을 위하여 계속해서 기도해 달라고 부탁한다. 처음 기독교로 개종한 유대인들은 어떤 기도를 했을까? 그들이 예배에서 유대인으로 살기를 그치지 않았다면 그들은 이전에 알고 있던 기도, 유대인들이 전통적으로 지켜왔던 기도 모델을 따라 기도를 계속했다고 보아야 한다. 이런 유대인들의 전통을 따르는 기도의 이야기는 3장에서 계속된다. 예루살렘 교회는 거기에 머물지 않고 초기 기독교 작품인 찬송과 송영성구(頌詠聖句)등을 전통적 기도 형태에 포함시켰을 것이다. 그 중에 한 예가 누가복음 1장 45-55절에 나오는 마리아 찬가이다. 그리고 좀더 나아가서 초기 기독교는 예수님께서 가르쳐 주신 기도 형태(눅 11:2-4; 마 6:1-18)를 따라서 하게 되었을 것이고, 마침내는 기독교의 차별성에 대한 인식이 높아지면서 예수님의 사역을 찬양하는 내용 등이 기도의 중심을 이루게 되었을 것이다.

예레미아스는 누가가 언급한 네 가지 신앙원리는 원시 기독교 예배 형태의 기술이라고 말한다. 1) 사도들의 가르침, 2) 헌금(참조 행 6:1), 3) 의식적 공동식사, 4) 기도가 그것이다. 그러나 헨헨은 이런 주장에 반대한다. 기도가 기독교 예배에서 예배를 마무리짓는 역할만 하지 않았다는 것이다. 그러므로 누가가 기록한 네 가지 요소는 초대교회 생활의 기본적 형태를 보여주는 것이라고 한다.[64] 누가가 초대교회의 생활 형태를 2장 42-47절과 4장 32-35절, 두 번에 걸쳐서 자세하게 기록한 이유가 있을 것이다. 누가에게 그런 삶의 모습은 가장 인상적이었을 뿐 아니라 이런 신앙생활의 원리를 후대의 모든 교회들에게 그리스도인들의 삶의 근본원리로 소개하고 싶어 했을 것이다.[65]

3천 명, 5천 명으로 성장해 가는 교회를 전체 예배 모임으로만 지속할 수 없었을 것이다. 참된 예수의 제자로 삼기 위해서 배우는 일과 교제와 떡을 떼는 것, 그리고 기도에 헌신하도록 하려면 가정에서 흩어져 모여야 했을 것이다. 여하튼 그들은 날마다 마음을 같이 하여 성전에 모이기를 힘쓰고, 또 집에서 모이기를 힘썼으며, 집에서는 떡을 떼며, 기쁨과 순전한 마음으로 음식을 먹고, 하나님을 찬미하였다.

교인들의 신앙적 성숙과 바른 신앙의 삶을 살도록 하기 위한 소그룹의 문제는 대단히 중요하다. 그런데 소그룹으로 모여서 무엇을 할 것인가는 소그룹 운동 자체보다 더 중요하다. 그룹의 힘은 그만큼 폭발적이기 때문이다. 예루살렘 교회가 보여주는 소그룹은 교회 성장의 도구로 이용되기 위해서 이뤄진 게 아니라는 사실이다. 소그룹에서 더 깊고 구체적으로 진리를 알고, 예수 그리스도의 임재를 경험하고, 구체적으로 그리스도의 사랑을 실천함으로 모든 사람이 그리스도 안에 하나라는 사실을 확인하는 게 중요하다. 이런 삶은 모든 백성들에게 칭찬을 들으며 구원받는 사람들이 교회로 모여오게 했고, 사마리아로, 이방으로 마침내는 로마에까지 복음을 전할 수 있었다.

---

64) 헨헨, op.cit., p. 305-306에서 인용.

65) "집에서 모였다"(κατ' οἶκον)는 '집에서 집으로'로 번역할 수 있지만, '집집마다'라고 번역할 수도 있다. 그렇다면 여러 가정으로 옮겨다니며 모였을 수도 있고, 여러 가정에서 모였다는 의미도 된다. 예루살렘 교회가 갑자기 성장하므로 지역적으로 가정에서 나눠서 모였을 것이고, 집에서 집으로 이동하며 모였을 가능성을 모두 생각할 수 있다.

누가가 소개하는 초대교회 공동생활의 뿌리는 과연 어디일까? 많은 분들은 유대인들의 습관에서 찾으려고 한다. 그것도 부정할 수 없을 것이다. 그러나 우리는 누가의 첫 번째 책인 누가복음을 통하여 예수님의 지상의 삶에서 찾아야 한다. 누가복음에서 강조된 예수님의 삶의 모습은 교제(fellowship), 예배(wordship) 및 기도(prayer), 가르침(teaching) 그리고 선교(mission)이다. 누가는 예수님의 식사, 잔치, 그리고 식탁교제에 상당한 관심을 기울이고 있다. 그래서 대적자들은 예수님을 "먹기를 탐하고 포도주를 즐기는" 사람이라고 부르고 있다(눅 7:34).

로버트 캐리스(Robert Karris)는 예수님은 항상 식사하고 오는 것 같은 인상을 받는다고 하였다.[66] 그리고 이어서 말하기를 만일 현대 독자들이 신약의 사고 세계에서의 식사 즉 "음식은 곧 생명이며 음식을 나누는 것은 생명을 나누는 것이다"는 사실을 깨닫지 못한다면 이러한 주제를 이해하는 데 어려움이 있다고 하였다. 누가가 이처럼 그리스도인의 교제에 대한 은유로서 이런 잔치를 선택하는 것은 잔치의 기쁨을 나타내려고 하는 것이지만 나아가서는 다가올 종말론적 왕국에 대한 미리 맛봄을 나타내는 것이다.

둘째는 예수께서 강조한 것은 예배와 기도이다. 제자들이 예수님께 기도를 가르쳐 달라고 요청한 것은 오직 누가복음에만 있다(11:1). 기도에 대한 교훈도 다른 복음서와 비교할 때 월등하게 많다.[67] 앨리스 트리테스(Allison Trites)는, 누가는 예수님께서 제자들에게 기도의 요소를 가르치려고 노력했다고 말한다.[68] 기도의 요소는 1) 하나님과의 교제(눅 5:16, 6:12, 22:39), 2) 청원과 중보기도(성령: 11:13; 낙심치

66) Karris, Luke, Artist and Theologian, pp. 47-48.

67) 마가복음에 5회, 마태복음에 3회, 요한복음에 2번, 누가복음에는 9회나 나온다.

68) Allison Trites, The Prayer-Motif in Luke-Acts, pp. 168-186.

않도록 18:1; 시험에 들지 않게 22:40, 46; 주의 재림 준비 21:36; 믿음이 떨어지지 않도록 22:31-34), 3) 기도의 핵심 요소로 예배, 찬송, 그리고 감사를 든다. 이처럼 누가복음에서 기도를 강조하신 것은 "그가 목회자이기 때문에 기독교 공동체의 핵심적인 측면이라고 할 수 있는 예배에 관심을 가지고 있는 것으로 추정할 수 있다.[69]

셋째 강조점은 가르침이다. 누가복음만이 예수는 키가 자라며 '지혜가 자라는 분'으로 그리고 있고(2:40, 52), 소년 예수가 성전에서 랍비들의 말을 듣고 있는 모습을 보여준다(2:46). 또 예수의 어머니 마리아에 대해서도 잘 듣고, 자기가 들은 것을 "마음에 두고 있으며", 하나의 신자로서 성장해 가는 모습을 그리고 있다. 또 예수님은 마지막까지 엠마오로 내려가는 두 제자를 가르치시고 성경의 중요성을 가르쳐 주셨다(눅 24:27, 45). 마크 파월(Mark Powell)은 이것은 누가가 그리스도인의 성장과 공동체에 없어서는 안될 것으로 생각하고 있는 가르침이 근본적으로 예수님에 대한 전승을 성경에 기초하여 설명하는 것이라고 결론을 내릴 수 있다고 한다.[70]

넷째 강조는 선교이다. 누가에 의하면 교회는 선교하는 공동체다. 예수님은 그의 제자들에게 '증인'이 되라는 사명을 주셨다(눅 24:48). 이를 위해 성령이 그들에게 능력을 주셨다(눅 24:49; 행 1:8). 교회의 임무는 모든 족속에게 예수의 이름으로 회개와 죄 사함을 선포하는 일이다(눅 24:47). 단언하면 기독교 공동체는 궁극적으로 그 자체를 위하여 존재하지 않는다는 것이다. 사도행전 2장 42-47절의 내용은 초대교회가 예수의 공동체로서 그분의 가르침을 충실히 따르고 있음을 보여주는 동시에, 교회의 생명력은 어디로부터 오는가를 강조하는 내용이라 할 수 있다.

---

69) Mark Powell, 누가복음 신학, p. 157.
70) Ibid, p. 159.

예루살렘 교회가 실천하며 살았던 신앙의 원리는 그리스도인들을 유대인들의 삶과 비교해서 점차 차별성을 나타내기 시작했을 것이다. 즉 그리스도인의 코이노니아의 정체성을 주었고, 그리스도인들의 자신감(self-sufficiency)에 대한 잠재력을 주었을 것이다. 앞에서도 언급했듯이 당시 기독교는 유대 공동체에 비하면 보잘것없는 존재였다. 그럼에도 불구하고 여러 곳에서 큰 무리가 모였을 때마다 초대교인들이 보여주었던 담대성은 이런 삶을 통하여 얻어진 그리스도인들의 정체성 바로 그것 때문이었다.

III 소유를 공유하는 공동체

1. 성전 미문의 기적(행 3:1-10)

1) 제 구 시 기도 시간에 베드로와 요한이 성전에 올라갈새 2) 나면서
앉은뱅이 된 이를 사람들이 메고 오니 이는 성전에 들어가는 사람들에게
구걸하기 위하여 날마다 미문이라는 성전 문에 두는 자라 3) 그가 베드로와
요한이 성전에 들어가려 함을 보고 구걸하거늘 4) 베드로가 요한으로 더불
어 주목하여 이르되 우리를 보라 하니 5) 그가 그들에게 무엇을 얻을까
하여 바라보거늘 6) 베드로가 이르되 은과 금은 내게 없거니와 내게 있는
이것을 네게 주노니 곧 나사렛 예수 그리스도의 이름으로 일어나 걸으라
하고 7) 오른손을 잡아 일으키니 발과 발목이 곧 힘을 얻고 8) 뛰어 서서
걸으며 그들과 함께 성전으로 들어가면서 걷기도 하고 뛰기도 하며 하나님
을 찬송하니 9) 모든 백성이 그 걷는 것과 하나님을 찬송함을 보고 10)
그가 본래 성전 미문에 앉아 구걸하던 사람인 줄 알고 그에게 일어난 일로
인하여 심히 놀랍게 여기며 놀라니라

베드로와 요한은[1)] 어느 때와 같이 제9시에 성전으로 올라간다.

"제 구 시(오후 3시) 기도 시간"은 유대인들이 하루에 세 번씩 성전에 올라가 기도하는 습관 중에서 저녁 제사 드리는 시간에 속한다. 초대 그리스도인들은 아직도 유대적 관습을 이어받아 하루에 세 번씩 기도하고 있었다. 또한 이것은 그 당시 기독교와 유대교의 경계가 분명하지 않은 상태였다는 것을 말해준다. 이처럼 초대교회는 유대 전통을 지켜 가면서도, 그리스도인들은 하루에 세 번씩 주기도문을 외웠다고 디다케(Didache)에는 기록되어 있다(Did. 8, 3).[2]

두 사람은 성전으로 들어가다가 구걸하던 사람을 만난다. 그 사람은 나면서부터 걷지 못했고, 그가 구걸하던 장소를 누가는 '미문'이라고 했다. 미문(Beautiful gate)은 어디에 있는 문인가? 여기에 대해 학자들 간에 의견의 일치를 보지 못한다. 대부분의 학자들은 니카노르 문(Nicanor's gate)이라고 한다. 요세푸스와 미쉬나에서도 미문은 니카노르의 문을 가리킨다고 한다. 브루스(Bruce)는 미쉬나의 주장에 동의하면서, 미문은 미쉬나에서 말하는 니가노르 문이라고 하고, 이 문은 여자들의 뜰로 들어가는 문이라고 했다.[3]

피터 코널리가 쓰고 이스라엘에서 출판된 《Living in the time of Jesus of Nazareth》이란 책에서도 미문은 여인의 뜰에서 남자들의 뜰로 향하는 문이라고 했다. 네일(Neil)은 미문은 이방인의 뜰에서 여인의 뜰로 들어가는 문이라고 했다. 맥그리거(MacGregor)는 미문은 솔로몬 행각보다 더 먼 곳에 위치했을 수 있다는 의견을 제시한다.

---

1) 헨헨은 이 부분이 베드로에 의해 된 것인데, 후대에 요한의 이름이 삽입된 것을 보여준다고 한다. 여기서 사용된 베드로의 말이나 치유행위의 주체가 복수형으로 되어 있지 않기 때문이다.

2) 유대교에서는 하루에 세 번씩 기도를 드리기는 하였지만 일정한 때를 정해서 드리지는 않았다. 그들은 대부분 일출시, 오후, 그리고 일몰시에 기도하였다. 헨헨, 사도행전, p. 287.

3) Bruce, The book of the Acts, p. 77.

이런 의견은 서방 본문(The Western text)에서 3장 11절에 "베드로와 요한이 밖으로 나갔을 때, 그가 그들을 붙들고 함께 갔으며, 백성들은 솔로몬 행각에서 놀라서 서 있었다"는 내용과 잘 어울린다고 말한다.[4]

지금까지 미문에 대한 논쟁은 미문과 니카노르 문이 같은 문인가, 아니면 이 둘은 다른 문인가 하는 혼돈에서 왔다는 것을 알 수 있다. 확실한 것은 니카노르 문은 여인의 뜰에서 유대 남자 구역으로 들어가는 곳에 세워진 문이고, 미문은 이방인의 뜰에서 여인들의 뜰로 들어가는 데 있는 문이라는 점이다. 이렇게 보면, 미문은 니카노르 문은 아닐 것이다. 그렇다면 앉은뱅이가 유대 여인의 뜰까지 들어갈 수는 없었을 것이기 때문에 미문(여인의 뜰로 들어가는 입구)에 앉아서 구걸한 것이 된다. 예레미아스는, 예수님 당시에 성전에서 예수를 맞이하여 그에게 치유해 달라고 간청했던 소경들과 앉은뱅이들은 이방인의 뜰에 있었을 것이라고 했다.[5]

사도행전 4장 22절에는, 그 사람의 나이가 사십여 세라고 한다. 그렇다면 이 사람이 미문에서 구걸한 지는 아주 오랜 세월이었다고 말할 수 있다. 그는 성전을 향해 걸어가던 두 사람을 보고 구걸하였다. 그날따라 베드로와 요한도 그를 주목하여 보면서 "우리를 보라"고 한다. 베드로와 요한이 그를 주목하였고(ἀτενίζειν, 행 3:4), 그들의 행동은 곧 걸인으로 하여금 그들을 주목하게 했다(ἐπεῖχεν, 행 3:5). 베드로와 요한이 '주목했다'(ἀτενίσας)는 ἀτενίζω의 제1부정 과거 능동태 분사이다. 이 단어는 누가복음 4장 20절에서 회당에 모인 사람들이 말씀을 전하려고 하는 예수님께 눈을 모았다는 데 사용되었고, 사도행전 14장 9절에서는 루스드라에서 사도 바울이 나면서 걷지

4) Interpreters, Ibid,. p. 54.
5) 예레미아스, Ibid, p. 161.

못하는 사람이 믿음이 있는가를 관찰했다는 의미로 사용하였다.

헨헨(Haechen)은 '주목했다'(ἐπεῖχεν)는 말은 '마음이나 눈'이란 말을 보충해서 읽어야 한다고 한다. 그리고 미완료 시제를 사용하여 계속 바라보고 있는 모습을 생동감있게 묘사하고 있다.[6] 베드로와 요한이 그를 주목하자 걸인은 그들을 주목했다. 걸인이 주목한(ἐπεῖχεν) 것은 무엇을 얻을까 해서 찰싹 달라 붙었다는 의미이다. 아마도 무엇을 얻게 되리라고 확신하고 두 사람을 주목했을 것이다.

왜 이날따라 베드로와 요한은 걸인에게 관심을 가지게 되었을까? 이날따라 이 사람에게 연민의 정을 느낀 것일까? 이상한 것은 그 이전에도 이 걸인을 보았을 텐데, 왜 하필 이날만 이 사람에게 이처럼 관심을 가지게 되었을까 하는 점이다. 그러나 베드로와 요한은 무엇을 얻으리라고 기대하며 바라보고 있는 앉은뱅이에게 실망스런 말을 하였다. "은과 금이 내게 없다"(행 3:6). 이는 그들이 돈을 한 푼도 가지고 있지 않았다는 현실을 그대로 표현한 말이다. 그들은 돈을 주기 위해 호주머니를 뒤졌을 것이다. 그러나 돈이 없다는 것을 알고, 돈이 한 푼도 없다고 말할 수밖에 없었다(Silver and gold is not possessed by me). 베드로와 요한도 낙심되고 걸인도 절망하는 순간이었다.

'우리를 보라'고 하는 베드로의 말에는 그를 돕고 싶은 열정이 가득하다.[7] 그날따라 왜 그랬을까? 베드로와 요한이 성전에서 행한 기적 내러티브는 2장 42-47절과 연결된 사건으로 보아야 한다. 앞장과 연결해서 읽으면 초대교인들의 나눔의 정신이 그들에게도 그

---

6) 헨헨, op.cit., p. 317. 단순하게 본 것이 아니라 보는 눈에다 마음까지 얹어 보았다는 뜻이다.

7) 말한 사람은 베드로다(참고, εἶπεν). 요한은 베드로 옆에 서 있었던 것 같다. 그런 이유로 헨헨은 요한의 이름은 후에 첨가된 것이라고 주장한다.

대로 전파되어 그 사람에게도 뭔가를 나누어 주고 싶어 했다고 여겨진다. 그래서 그들에게 특별한 애정을 나타냈다.[8] 그런데도 나누어 줄 물질이 하나도 없었다.

그때 베드로와 요한은 자기들이 가지고 있던 한 가지를 생각해 냈다. '나사렛 예수 그리스도의 이름'이다. 그리하여 "나사렛 예수 그리스도의 이름으로 일어나 걸으라"고 했다. 단지 명령만 한 것이 아니라 그의 오른손을 잡고 일으켰다. 베드로의 치유 사건에는 두 가지를 사용하였다. 하나는 예수 그리스도의 이름이다. 히브리적인 사상에는 "이름이란 것은 그 이름을 지닌 인물에게 우연적으로 주어진 무엇이 아니라 그의 본질을 표현하는 것이다."[9]

그러므로 "예수의 이름으로" 병을 고치는 일은 그 이름을 통하여 주시는 하나님의 능력을 믿고 그 능력을 행사하는 행위다. 사도 바울은 예수님은 교회의 머리요, 교회는 그의 몸이라고 정의하여 예수님은 오늘도 교회 안에 현존해 계신 분이란 사실을 보여주었다. 그렇기 때문에 초대교회는 '예수 그리스도의 이름'을 기쁨으로 사용하였다.

'예수 그리스도의 이름'은 어떤 의미를 가지는가? 사도행전 1장 10-11절에서 예수님의 승천을 다루었는데, 승천은 예수님이 사역을 마치고 떠나신 것인가, 아니면 주님의 사역의 승화를 말하는가? 모울(C. F. D. Moule) 같은 학자는 천상에 높아지신 그리스도는 일시적으로 부재하신 분으로 설명한다.[10] 그러나 사도행전은 승천하신 그분

---

8) 복음서에 의하면 기적은 관심과 애정으로부터 시작된다. 오천 명을 먹이실 때도 새벽부터 몰려오는 군중을 보면서 주님이 느끼셨던 깊은 관심, 연민의 정으로부터 기적은 시작되었다. 선한 사마리아 사람이 강도 만난 사람을 돕게 된 것은 스프랑크니조마이(깊은 연민)로부터 시작되었다.

9) op.cit., p. 318.

10) C. F. D. Moule, "Christology of Acts", in Studies, Keck, Martyn 공동편집, pp. 185-187.

은 공동체 안에 살아 계시므로, '예수 그리스도의 이름'을 의지하여 일할 때 그분의 능력이 나타난다고 확신하였다. 그뿐 아니라 예수 그리스도 안에서 성령을 통하여 하나님 나라가 이 땅에 이뤄지는데, 예수 그리스도의 이름을 믿고 성령을 받은 공동체가 곧 하나님 나라라고 이해하고 있다. 그들은 예수 그리스도를 통하여 하나님 나라에, 그리고 하나님 안에 살고 있었다. 그들에게는 믿음이란 단순히 어떤 지적 행위가 아니라 성령 안에서 그들과 함께 살아 계시는 예수 그리스도와 함께 현실적으로 살아가는 데 초점이 있었다.

맥레이(George W. MacRae)는 네 가지 형태를 통하여 그리스도인들은 계속해서 예수 그리스도와 관련된다고 한다.[11] 첫째, 예수께서는 성령의 사역을 통해서 자신을 따르는 사람들은 계속해서 인도하시는데, 이 성령을 어느 곳에서는 예수의 영이라고도 부른다(행 16:7). 둘째, 예수의 이름이 예수의 능력과 임재를 전해준다는 의미에서 지속적으로 예수의 이름에 호소한다. 구원(행 2:21, 4:12), 치유(행 3:6, 6:18), 그리고 죄 사함(행 10:43)이다. 이 예수의 이름이 중보의 역할을 함으로써 이루어진 것이다.

셋째, 예수께서는 복음의 설교, 구원의 도(행 13:26)를 통해 현존하신다. 예수께서는 그를 따르는 자들, 설교하며 기적을 행하며 당신과 유사한 방법으로 고난을 당하기까지 하는 사람들의 삶 속에 임재하신다. 넷째는 부활하신 그리스도는 자신의 공동체인 교회를 통하여 역사하신다.

베드로는 "예수 그리스도의 이름으로 걸으라"고 하고 걸인의 손을 붙잡았다(πιάσας). 이런 행위는 애정의 표현이며, 하나님께서 그를 고쳐주실 것을 확신하는 행동이다. 이런 행위를 통하여 기적적인

11) George W. MacRae, "whom Heaven Must Receive Until the Time': Reflections on the Christology of Acts," 1973, pp. 151-165. Powell, Ibid, p. 80에서 재인용.

힘이 치유하는 자에게서 치유를 받는 병자에게로 옮겨가게 된다.[12)] 그러자 그 사람의 발과 발목이 곧 힘을 얻고 뛰어 서서 걸었다. 이것은 베드로가 예수 그리스도의 이름으로 일으킨 첫번째 기적이다.[13)]

• **"발과 발목이 곧 힘을 얻고"** : 많은 주석가들은 이 구절을 통하여 누가가 의사였다는 사실을 증명하려 했다. 하르낙(A. Harnack)은 "의사(Luke)가 앉은뱅이를 치료하던 그 주간 내내 환자의 상태를 관찰했을 것이고, 그것을 그 순간에 표현했다"고 했다.[14)] 헨헨은 여기에 단호히 반대한다. '발과 발목'이란 의학적인 용어가 아니라고 한다.[15)] 그런데 발과 발목이 의학적인 용어가 아니라고 해도 환자가 일어나게 될 때 힘이 발에서부터 발목으로 주어져서 일어났다는 사실은 일반적인 사람의 생각에서 나온 표현이 아니다. 이는 그 분야에 관심이 있거나 이해가 있는 사람만이 묘사할 수 있는 표현이다. 발과 발목이 힘을 얻었다(행 3:7), 곧(παραχρῆμα) 힘을 얻었다는 뜻이다.[16)]

환자는 뛰어 일어나(ἐξαλλόμενος, 뛰다의 분사),[17)] 서서(ἔστη, ἔστημι의 단순과거), 걸었다(περιεπάτει-περιπατέω의 미완료).[18)] 그리고 성전으로 들

12) 헨헨, op.cit., p. 318.

13) 예수께서 제자들에게 "내 이름으로 무엇이든지 내게 구하면 내가 행하리라"(요 14:14) 하셨고, 성령이 오시면 "그가 너희에게 이 모든 것을 가르치고, 내가 너희에게 말한 모든 것을 생각나게 하리라"(요 14:26)고 하셨는데, 베드로와 요한은 오순절에 성령 받은 후에 이 사실을 깨달았을 뿐 아니라 그 말씀대로 되리라는 확신이 일어났을 것이다.

14) A. Harnack, Luke, the Physician, Lodon, 1907, p. 191.

15) 헨헨, op.cit., p. 319.

16) '곧'이란 표현은 마가가 잘 사용했던 수식어이다.

17) '뛰다'라는 말은 앉은뱅이었던 사람이 이제 벌떡 일어섰다는 의미가 아니라 '마치 사슴처럼 뛰어 다녔다'는 뜻이다. 사 35:6의 '저는 자는 사슴같이 뛸 것이며'라는 예언이 성취된 것이다. 헨헨, Ibid, p. 319.

18) Walter Bauer는 '그는 뛰어 일어나 굳건히 섰다'고 번역한다. περιεπάτει는 '계속해서 걸어 돌아다녔다'는 뜻이다.

어갔고(단순과거), 걷기도(περιπατέω) 하고 뛰기도(αλλόμενος-ἅλλομαι의 분사) 했다(행 3:8). 환자는 그 전에는 한 번도 발에 힘을 느낀 적이 없었다. 뛰어 서서 걸으리라는 기대를 한 적도 없다. 그런 사람이 계속 걷기도 하고 계속 뛰기도 했고, 그리고 성전으로 들어가 하나님을 계속해서 찬미했다(αἰνῶν, αἰνῶέω의 분사)는 표현은 그 사람의 감격이 얼마나 컸던가를 보여주는 것이다.

이런 모습은 예수 그리스도의 이름의 기적을 체험한 사람의 춤(dancing)이다. 그는 하나님 앞에서 계속해서 걷기도 하고, 뛰기도 하면서 하나님을 찬미하며 춤을 추었다. 이처럼 누가는 이 환자가 기적으로 고침을 받은 장면과 그의 고침 받은 감격을 동일한 시제(時制)를 통하여 생생하게 그리고 있다. 그리고 이 모습을 본 사람들이 "심히 놀랍게 여기며 놀라니라"(행 3:9, 10)고 전하면서 기적 사건을 마무리 한다. 놀라움(놀라워하고, θάμβους)이란 사람이 신적인 행위를 보고 느끼게 되는 거룩한 두려움이고, '두려워하다'(두려워했다 또는 어리둥절하다, ἐκστάσεως)는 사람이 뜻하지 않게 신적인 힘과 만났을 때 그의 일상적인 생활과 사고를 잃게 되는 것을 의미한다.[19] 그런데 특별히 그동안 한 번도 가 본 적이 없는 성전에 들어가 계속해서 하나님을 찬미했다는 말은 또 다른 의미를 던져준다.

베드로의 치유 사건은, 사도행전 맥락에서 보면 초대교회의 공동체 생활이 베드로와 요한을 통하여 예루살렘 공동체의 울타리를 넘어 다른 세계로 넘어가기 시작하는 신호탄이다. 사도행전 2장 43-47절은 초대교회 활동을 그린 구절이다. 47절은 누가가 어떤 단락을 마칠 때 사용하는 후렴과 같은 구절이다. 이렇게 볼 때 3장의 사건은

19) 헨헨, op.cit., p. 219(참조. Bauer Wörterb, 485).

확실히 초대교회가 다른 영역으로 옮겨가는 시작임을 알 수 있다. 또 앉은뱅이가 구걸하던 곳이 미문이란 점도 재미있다. 미문이란 이방인의 뜰에서 여인의 뜰, 즉 성전으로 들어가는 관문이다. 복음이 이 관문을 넘어 성전 안으로 들어가고 있다는 사실을 암시해 준다. 이것은 예수께서 첫 사역으로 안식일에 나사렛 회당에 가서 설교하셨던 것과 비교된다(눅 4:16).

이 기적 사건은 '나사렛 예수 그리스도의 이름'으로 이뤄졌다. 초대교회 사역은 나사렛 예수 그리스도의 이름으로 시작된다. 베드로가 자기는 돈이 없다고 말하고, '예수 이름으로' 병자를 치유한 것은 초대교회는 돈으로 활동하는 교회가 아니라 예수 그리스도의 능력으로 살아가는 공동체임을 강조한 표현이라고 할 수 있다. 돈을 자랑하는 교회는 예수님의 능력을 자랑할 수가 없다. 기적은 사도들의 자신감이나 능력으로 된 것이 아니라 하늘에 계신 예수 그리스도의 능력으로 이루어졌다는 사실을 사도들은 계속해서 강조한다. 산헤드린 앞에서도 "그 이름을 믿으므로 그 이름이 너희가 보고 아는 이 사람을 성하게 하였나니"(행 3:16)라고 그들은 분명하게 말한다.

누가는 기적(성령의 역사)과 말씀을 늘 결합시킨다.[20] 베드로의 오순절 설교가 온 세상에 복음을 전하는 모형이라면, 성전에서의 설교는 유대인들을 향한 설교이다. 혹자는 앉은뱅이는 유대 종교를 상징한다고 말한다. 또 그 시대를 앉은뱅이로 상징했다고도 한다. 누가는 두 사도가 성전에서 앉은뱅이를 고친 사건을 자세하게 기록함으로, 능력의 말씀이 아니라 말에 머물고 마는 율법에 매여 살아가는 구 시대의 종교를 꾸짖고 있다는 느낌을 준다. 믿음은 있지만 스스로 서지 못하는 유대인들, 그들에게 자유를 주시는 것은 예수 그리스도

20) 요한복음은 기적 사건을 앞에 두고 후에 설교하는 형식으로 되어 있다. 이런 형태는 요 1:14의 '은혜와 진리'의 형식을 따른 것이다.

의 이름이다.

2. 초대교회의 유대 권위자들과의 충돌(행 3:11-26)

11) 나은 사람이 베드로와 요한을 붙잡으니 모든 백성이 크게 놀라며 달려 나아가 솔로몬의 행각이라 불리우는 행각에 모이거늘 12) 베드로가 이것을 보고 백성에게 말하되 이스라엘 사람들아 이 일을 왜 기이히 여기느냐 우리 개인의 권능과 경건으로 이 사람을 걷게 한 것처럼 왜 우리를 주목하느냐 13) 아브라함과 이삭과 야곱의 하나님 곧 우리 조상의 하나님이 그 종 예수를 영화롭게 하셨느니라 너희가 저를 넘겨 주고 빌라도가 놓아 주기로 결의한 것을 너희가 그 앞에서 거부하였으니 14) 너희가 거룩하고 의로운 자를 거부하고 도리어 살인한 사람을 놓아 주기를 구하여 15) 생명의 주를 죽였도다 그러나 하나님이 죽은 자 가운데서 그를 살리셨으니 우리가 이 일에 증인이라 16) 그 이름을 믿으므로 그 이름이 너희가 보고 아는 이 사람을 성하게 하였나니 예수로 말미암아 난 믿음이 너희 모든 사람 앞에서 이같이 완전히 낫게 하였느니라 17) 형제들아 너희가 알지 못하여서 그리하였으며 너희 관원들도 그리한 줄 아노라 18) 그러나 하나님이 모든 선지자의 입을 통하여 자기의 그리스도의 고난 받으실 일을 미리 알게 하신 것을 이와 같이 이루셨느니라 19) 그러므로 너희가 회개하고 돌이켜 너희 죄 없이 함을 받으라 이같이 하면 새롭게 되는 날이 주 앞으로부터 이를 것이요 20) 또 주께서 너희를 위하여 예정하신 그리스도 곧 예수를 보내시리니 21) 하나님이 영원 전부터 거룩한 선지자들의 입을 통하여 말씀하신 바 만물을 회복하실 때까지는 하늘이 마땅히 그를 받아 두리라 22) 모세가 말하되 주 하나님이 너희를 위하여 너희 형제 가운데서 나 같은 선지자 하나를 세울 것이니 너희가 무엇이든지 그의 모든 말씀을 들을 것이라 23) 누구든지 그 선지자의 말을 듣지 아니하는 자는 백성 중에서 멸망받으리라 하였고 24) 또한 사무엘 때부터 이어 말한 모든 선지자도 이 때를 가리켜 말하였느니라 25) 너희는 선지자들의 자손이요 또 하나님이 너희 조상으로 더불어 세우신 언약의 자손이라 아브라함에게 이르시기를 땅 위의 모든 족속이 너의 씨로 말미암아 복을 받으리라 하셨으니 26) 하나님이 그 종을 세워 복 주시려고 너희에게 먼저 보내사 너희로 하여금 돌이켜 각각 그 악함을 버리게 하셨느니라

마가복음에 의하면 예수님께서는 가버나움에 있는 회당에 들어가 안식일에 귀신 들린 자를 고쳐주셨다(1:21-28). 안식일 때문에 일어난 첫 번째 충돌이다. 베드로도 첫 활동에서 안식일 때문에 유대 지도자들과 충돌이 일어났다. 안식일은 유대인들이 지켜야 하는 절기보다 중요하다. 왜냐하면 유대인들에게 안식일은 단순하게 지켜야 하는 날이 아니라 그것은 곧 유대인의 정체성을 의미하기 때문이다. 안식일을 지키지 않는 사람은 유대인이 아니라고 그들은 생각한다. 그렇기 때문에 예수님도 안식일을 지키지 아니하므로 그들이 죽이기로 결정했다(막 3:6; 눅 6:11).[21]

고침을 받은 사람은 베드로와 요한을 따라 이방인의 뜰에서 여인들의 뜰로 들어가고 있었다. 그들의 모습을 본 사람들은 다 놀라고 두려워했다. 그리고 11절에는 갑자기 장소가 솔로몬 행각으로 바뀐다. 베드로와 요한이 솔로몬 행각에 있었고, 그곳에는 고침 받은 사람도 베드로의 손을 잡고 있었다(κρατοῦντος).[22] 솔로몬 행각은 성전 동편 바깥 마당의 외곽에 있는 긴 건물이다. 예수님 당시에는 솔로몬 행각에서 랍비들이 절기를 지키러 온 사람들에게 강의를 했던 곳이고, 열두 살 되었던 예수님께서도 바로 그곳에서 랍비들과 묻기도 하고 대답도 했던 장소이다.[23]

---

21) 누가는 안식일 논쟁에서 유대 지도자들과의 갈등보다는 안식일의 의미를 설명하는 면에 강조점을 두었다. 사실 예수께서 안식일을 지키는 것을 반대하신 것이 아니라 유대 전통에 의하여 안식일을 지키려고 하므로 안식일의 정신을 파괴하는 것을 책망하셨다. 유대인들의 안식일 개념은 '무엇을 하지 않는 날'이다(눅 6:2, 7, 13:14, 14:4). 예수님의 안식일 정신은 물론 하나님과 교제하는 날이지만 안식일은 선을 행하는 일, 생명을 살리는 일, 그리고 사람들을 묶임에서 해방시키는 일들을 해야 하는 날로 가르치셨다(눅 6:3-4, 9, 13:15-16, 14:5). 안식일 정신을 세워나가는 것이 예수님의 뜻이었다. 예수님의 사역은 후에 생명을 살리는 날로 주일을 지키게 되었다.

22) κρατοῦντος(붙잡다)는 현재형으로, 계속해서 붙잡고 있던 모습을 타나낸다.

23) 솔로몬 행각은, 예수께서 수전절 때 걸어다니신 곳이고(요 10:23), 대중집회를

왜 장소가 미문에서 솔로몬 행각으로 갑자기 바뀌게 되었는지 그에 대한 언급이 없다. 혹 성전으로 들어가려던 그들이 누구에겐가 제재를 받고 그곳으로 끌려 나오고, 모든 사람들이 그곳으로 몰려왔는지, 아니면 서방 본문에서 말하는 것처럼 그들이 성전에서 나와서 그곳에 와 있었는지는 확실치 않다. 서방 문서에는 "베드로와 요한이 밖으로 나갈 때, 그도 그들과 함께 나와서 그들을 붙잡고 있었다"는 내용을 첨가함으로써 이 문제를 자연스럽게 해소하려고 했다.

여하튼 베드로에게 위기가 닥쳐왔다. 그러나 그것은 또한 그에게 복음을 전할 수 있는 기회였다. 모여온 사람들을 향하여 베드로는 설교하기 시작한다(행 3:12). 설교의 대상은 이스라엘 사람들이다. "이스라엘 사람들아"(You Israelites)란 말은 그들에게 친근감을 일으키기 위하여 사용한 용어로, '이스라엘 족속'을 의미하기도 한다(빌 3:5). '성전을 출입하는 사람들'이라는 의미로도 사용된다.

베드로의 설교는 그들의 상황, 즉 고침을 받은 사람을 보고 놀라는 그들의 모습으로부터 출발한다. 이 기적은 사람으로부터 나온 것이 아니라 하나님으로 온 것임을 알려야 했다. 왜냐하면 사람들은 베드로가 어떤 신비스런 능력으로 이 일을 했다고 생각하고 있기 때문이었다(행 3:12). 베드로와 요한은 이런 일은 자기들의 능력과 경건 때문에 일어난 일이 아니라고 밝히면서 초점을 예수님에게로 돌렸다. 예수 그리스도는 아브라함의 하나님, 이삭의 하나님, 야곱의 하나님 그리고 우리 조상의 하나님이 영화롭게 해준 분이라고 소개한다.

그런데 그런 분을 죽인 것은 바로 당신들의 짓이라고 말한다. 빌라도가 놓아주려고 결심했는데도 그분을 죽이도록 강요해서 죽이는 악을 범했다고 고발한다. 거룩하고 의로운 자는 죽이고 살인자를

하기에 알맞은 곳이기 때문에, 초대교회가 이곳에 모여 집회를 가지기도 한다. 행 2:46의 '성전'도 이곳이었을 것이다.

살려준 것도 당신들이라고 한다(14절). 예수님에 대한 소개는 계속된다. 그분은 생명의 주인(ἀρχηγός)이시라고 한다(15절). 우리 생명을 이 땅에 존재하게 하고, 생명을 지켜주시는 그분이 예수 그리스도이신데, 그분을 당신들의 손으로 죽였다는 것이다. '생명의 주'란 말은 '창시자', '인도자', '개척자'란 뜻이다.[24)]

베드로는 예수를 죽인 자는 유대 지도자들이라고 직설적으로 말한다(행 3:13-15). 그러나 하나님께서는 그를 죽은 자 가운데서 살리셨고, 이 일의 증인은 바로 자기들이라고 한다.[25)] 예수 그리스도는 죽어 무덤에서 썩고 없어진 분이 아니라 그 예수의 이름은 지금도 자기들 중에서 역사하고 계시는데, 그 증거가 바로 평생 앉은뱅이로 살다가 나은 이 사람이라고 한다. 특별한 점은 여기서 베드로는 병 나은 자의 믿음에 대하여 언급한다. "그(예수) 이름을 믿으므로 그 이름이 너희가 보고 아는 이 사람을 성하게 하였나니"(행 3:16)라고 한다. 이 사실은 앞에서는 언급이 없었던 사실이다. 그런데 여기서는 그 사람이 예수의 이름을 믿었으므로, 예수의 이름이 그 사람을 온전하게 만들었다고 힘주어 말한다.

'예수의 이름'으로 건강하게 되었다는 사실은 이 사건과 관련해서 세 번이나 언급되었다(행 3:6, 16, 4:10). 예수 그리스도는 지금도 사람들 속에서 일하고 계시는데, 믿는 모든 사람들은 그 능력과 기적을 경험한다는 것이다(행 3:13-16). 여기서 강조된 것은 '그 이름을 믿는 믿음'이다. 베드로의 강조 속에는 유대 종교 지도자들을 향하여 예수 그리스도를 믿도록 하려는 '믿음으로의 초청'이 있다. "그러므로

---

24) 생명의 주(ἀρχηγός): ἀρχηγός는 ἀρχή(시작)과 ἀ'γω(인도하다)는 단어의 복합명사로 최초의 원인 또는 계기가 되게 하는 것을 의미하는 형용사로 사용된다.

25) 새번역 성경은, "여러분은 생명의 근원이 되시는 주님을 죽였습니다. 그러나 하나님께서는 그를 죽은 사람들 가운데서 살리셨습니다. 우리는 이 일의 증인입니다"로 되어 있다.

너희가 회개하고 돌이켜 너희 죄 없이 함을 받으라 이같이 하면 새롭게 되는 날이 주 앞으로부터 이를 것이요"(행 3:19).

이제 어떻게 할 것인가(3:19-21)? 회개하고 하나님께 돌아오라고 초청한다. 회개하지 않은 경우에 무슨 일이 벌어질 것인가? 마지막 때에 예수님을 보내 심판을 내리실 것이다. 베드로는 백성의 전승과 문화 속으로 더 깊이 파고 들어간다. 이스라엘 건국의 아버지인 모세의 말을 인용하여, 모세는 "주 하나님이 너희를 위하여 너희 형제 가운데서 나 같은 선지자 하나를 세울 것이니 너희가 무엇이든지 그의 모든 말을 들을 것이라 누구든지 그 선지자의 말을 듣지 아니하는 자는 백성 중에서 멸망 받으리라"(행 3:22-24)고 했다는 말을 들려준다.

또 사무엘과 그 뒤를 이은 예언자들도 이 예언자에 대하여 일러주지 않았느냐고 그들을 몰아붙인다. 그러면서 "여러분은 예언자들의 자손이며, 하나님께서 여러분의 조상들과 맺은 언약의 자손입니다"(행 3:25, 새번역)라고 말한다. 베드로의 설교는 좀더 근원적으로 들어간다. 하나님은 이미 아브라함과 계약을 맺으실 때에 그 계약을 모든 백성과 나라에 열어 두었다고 하셨는데(3:25; 창 12:3), "모든 족속이 너의 씨로 말미암아 복을 받으리라"고 하신 약속을 이루려고 보내주신 그분이 바로 예수 그리스도라고 한다. 예수님과 아브라함을 결부시킴으로 예수를 거부하는 것은 아브라함을 거부하는 것이고, 그의 씨로 받을 복을 거부하는 것이라고 지적한다.

사도행전에 나오는 베드로의 설교들과 현대교회의 설교와 비교해 보면, 현대설교들은 복음보다는 권면이나 교훈에 지나치게 집착하고 있다는 느낌을 받는다. 또 현대교인들에게 말씀을 깊이 가르치고 그대로 살도록 하기보다는 현실적인, 쉽고 가벼운 테마로 흐르고 있다. 교훈이나 생활의 지혜는 종교를 즐기는 사람들을 만든다. 하나님의 사람을 만드는 것은 진리이지 교훈이 아니다.

도드(Dodd)는 이렇게 말한다. "초대교회에 있어서 복음을 전한다는 일은 결코 도덕적 교훈이나 권면을 말하는 따위와 동일할 수가 없었다. 교회가 주의 교훈을 전해 주기는 했으나 믿는 자를 얻게 한 것은 결코 교훈에 의한 것이 아니었다. 바울의 말처럼 하나님께서 사람을 구원하시기를 기뻐하시는 것은 교훈이 아니고 '증언'(케리그마)에 의한 것이었다."[26]

학자들은 이 설교가 실제 베드로의 설교인가, 아니면 누가의 창작인가를 묻는다. 도드(C. H. Dodd)는 그의 고전적인 책 《사도적 설교와 그 발전》에서 이 연설문은 예루살렘 교회에서 나온 자료를 인용한 것으로[27] 아람어를 하는 예루살렘 교회의 전승 자료에 의존했다고 한다.[28]

왜냐하면 이 연설문은 사도들의 설교의 핵심적인 내용(케리그마)을 담고 있기 때문이다. 즉 설교 형태는 1) 특별한 상황에 대한 소개, 2) 예수의 사역, 죽음, 그리고 부활에 대한 설명, 3) 증거나 확증을 위한 구약성경 인용, 4) 회개를 촉구함 등으로 구성되어 있다.[29]

디벨리우스(Debellius)는 여기에 반대한다. 베드로의 설교는 거의

---

26) C. H. Dodd, The Apostle Preaching and its development, p. 6.

27) 롬 1:1-4에, 바울은 공식화된 인사말을 하는 내용에서 아주 기본적인 케리그마의 내용을 말하고 있다. 1) 이 복음은 하나님이 선지자들을 통하여 그의 아들에 관하여 성경에 미리 약속하신 것이라(롬 1:2), 2) 그의 아들에 관하여 말하면 육신으로는 다윗의 혈통에서 나셨고(3절), 3) 성결의 영으로는 죽은 자들 가운데서 부활하사 능력으로 하나님의 아들로 선포되셨으니 곧 우리 주 예수 그리스도시니라(4절). 로마서의 내용이 사도행전보다 훨씬 이전에 기록된 것이라면 누가가 베드로의 설교 내용을 임의로 구성했다고 주장하기는 어렵다. Dodd, Ibid, pp. 13-15 참고.

28) C. H. Dodd, Ibid. p. 20.

29) 마크 A. 파월, ibid, pp. 55-56.

동일한 형식을 갖추고 있는 것으로 보아, 누가의 자유로운 창작물이라고 한다. 브루스(F. F. Bruce)나 워드 가스끄(W. Ward Gasque) 같은 학자들은 연설문의 구조나 언어학적 유사성이 있는 것은 사실이나 그 내용이나 신학적인 관점에는 차이가 있기 때문에 누가의 창작물이 아니라고 부정할 수 없다고 주장한다.

2장과 3장에 나타난 베드로의 설교를 분석해 보면, 그의 사상이 발전하고 있는 것을 알 수 있다. 2장 설교에서는 예수 그리스도의 십자가와 부활을 강조한다. 3장 설교에서는 '예수 이름의 권세'를 강조한다. 그리고 예수님은 하나님께서 모든 백성을 복 주시겠다고 약속한 아브라함의 씨라고 말한다.

사도행전 2장과 3장에 나오는 설교에는 케리그마의 형태가 나타난다. 1) 예수님은 선지들을 통하여 예언된 대로 오셨다(행 3:18), 2) 하나님의 예정 가운데 이 땅에 육신의 몸을 입고 오셨다(행 3:20), 3) 십자가에서 죽으시고 부활하셨다(행 3:15), 4) 죽음에서 살아나셨고(행 3:15), 5) 회개하고 용서를 받아 구원을 얻으라(행 3:23-25).[30] 이 설교에서는 재림에 대한 내용은 나오지 않는다. 그러나 여기서도 베드로의 설교의 중심은 "케리그마"다. 이렇게 보면 초대교회가 주장하는 다섯 가지 기본 교리가 있었다는 사실을 알 수 있다. 이런 자료는 사도행전이 기록되기 이전에 일찌기 기록되었던 것들이다.

많은 학자들은 예수님 당시 그분의 사역과 교훈을 기록하는 서기관을 두고 있었다는 이론을 제기한다. 크리스천 랍비인 마태[31]는 예수께서 서기관을 두었을 가능성을 보여주고 있다(마 13:52, 23:34). 실례로 누가가 쓴 복음서의 서문을 보면 예수님의 교훈과 행적의 기록들이 당시에 이미 유포되고 있었다는 것을 명백히 알 수 있다.

---

30) C. H. Dodd, The Apostle Preaching and its development.
31) A. M. Hunter, op.cit., p. 46.

브루스(Bruce)는 이스턴(B.S.Easton)의 주장에 동의한다. "예수님의 교훈들과 비유들은 그가 아직 살아 계실 때에 그의 직접적인 감독 아래 그 양식들이 고정되었다고 믿을 만한 증거들이 충분히 있다. 최초의 내용들은 그가 직접 제자들에게 암시시켰다고 할 수 있겠다."[32)]

브루스의 주장은 "사도들의 설교들을 주의 깊게 살펴보면 이미 상당히 일정한 형태가 존재하고 있음을 알 수 있는데, 바로 이 형식이 현재 우리가 사용하는 복음서들, 특히 마가복음과 누가의 복음서의 기초를 제공했다고 볼 수 있겠다. 특히 고난 사건의 진술은 그 시초부터 이미 일정한 개요가 성립되어 있었다"고 한다.[33)]

이렇게 미루어보면 초대교회도 그런 전통을 따라 서기관을 두었을 가능성이 있고, 이들에 의하여 초대교회의 모든 상황을 기록으로 남겼을 가능성이 있다. 이런 기록들이 복음서나 사도행전의 기초 자료가 되었을 것이다. 테니힐(Robert C. Tannehill)은 베드로의 오순절 설교와 성전 설교를 다음과 같이 비교한다.[34)]

오순절 설교	성전 설교
1. 예수의 부활과 승천을 강조	예수님이 받으신 재판 내용을 소개
2. 예수의 지상생활을 간단히 언급	재림을 예고
3. 다윗에 대한 하나님의 약속	아브라함에게 주신 언약, 모세를 언급
4. '메시아'와 '주(Lord)' 강조	'종(παῖς)' '거룩하고 의로운 분' '생명의 주'
5. 예언서와 시편을 인용	모세 오경을 인용
6. 예수의 죽음 뒤에 하나님의 목적	같은 내용을 다른 표현으로

32) B. S. Easton, Christ in the Gospels(1930), p. 41. F.F. Bruce, 초대교회역사, p. 98에서 인용.

33) Ibid, p. 98.

34) Robert C. Tannehill, The Narrative Unity of Luke-Acts, (A Literary Interpretation), Vol.II. The Acts of the Apostles, Fortress Press, 1994, p. 58.

7. 주의 이름, 성령의 선물로 구원	'회복의 때'와 '약속된 복'
8. 회개와 죄에서 해방을 강조	같은 강조에 다른 표현 미래에 모든 사람들이 구원에 참여할 것을 말함 (2:29, 3:26)

3. 산헤드린 앞에서 그리스도를 변호하는 베드로(행 4:1-22)

1) 사도들이 백성에게 말할 때에 제사장들과 성전 맡은 자[35]와 사두개
인들이 이르러 2) 예수 안에 죽은 자의 부활이 있다고 백성을 가르치고
전함을 싫어하여 3) 그들을 잡으매 날이 이미 저물었으므로 이튿날까지
가두었으나 4) 말씀을 들은 사람 중에 믿는 자가 많으니 남자의 수가 약
오천이나 되었더라 5) 이튿날 관리들과 장로들과 서기관들이 예루살렘에
모였는데 6) 대제사장 안나스와 가야바와 요한과 알렉산더와 및 대제사장
의 문중이 다 참여하여 7) 사도들을 가운데 세우고 묻되 너희가 무슨 권세
와 누구의 이름으로 이 일을 행하였느냐 8) 이에 베드로가 성령이 충만하여
이르되 백성의 관리들과 장로들아 9) 만일 병자에게 행한 착한 일에 대하여
이 사람이 어떻게 구원을 받았느냐고 오늘 우리에게 질문한다면 10) 너희
와 모든 이스라엘 백성들은 알라 너희가 십자가에 못 박고 하나님이 죽은
자 가운데서 살리신 나사렛 예수 그리스도의 이름으로 이 사람이 건강하게
되어 너희 앞에 섰느니라 11) 이 예수는 너희 건축자들의 버린 돌로서 집
모퉁이의 머릿돌이 되었느니라 12) 다른 이로써는 구원을 얻을 수 없나니
천하 사람 중에 구원을 얻을 만한 다른 이름을 우리에게 주신 일이 없음이
라 하였더라 13) 그들이 베드로와 요한이 담대하게 말함을 보고 그 본래
학문 없는 범인으로 알았다가 이상히 여기며 또 그 전에 예수와 함께 있던
줄도 알고 14) 또 병 나은 사람이 그들과 함께 서 있는 것을 보고 비난할
말이 없는지라 15) 명하여 공회에서 나가라 하고 서로 의논하여 이르되
16) 이 사람들을 어떻게 할까 그들로 말미암아 유명한 표적 나타난 것이
예루살렘에 사는 모든 사람에게 알려졌으니 우리도 부인할 수 없는지라
17) 이것이 민간에 더 퍼지지 못하게 그들을 위협하여 이후에는 이 이름으
로 아무에게도 말하지 말게 하자 하고 18) 그들을 불러 경고하여 도무지

35) 레위족의 24반열은 차례대로 성전을 지키고 봉사했는데, 이 때 그 중의 한 반열이 성전의 문을 지키고 있었다. 각 반열의 우두머리를 수호장(스트라테고스, στρατηγός)이라고 불렀다.

예수의 이름으로 말하지도 말고 가르치지도 말라 하니 19) 베드로와 요한이 대답하여 이르되 하나님 앞에서 너희의 말을 듣는 것이 하나님의 말씀 듣는 것보다 옳은가 판단하라 20) 우리는 보고 들은 것을 말하지 아니할 수 없다 하니 21) 관원들이 백성들 때문에 그들을 어떻게 처벌할 방법을 찾지 못하고 다시 위협하여 놓아 주었으니 이는 모든 사람이 그 된 일을 보고 하나님께 영광을 돌림이라 22) 이 표적으로 병 나은 사람은 사십여 세나 되었더라

성전의 권위자들이 예루살렘 교회의 새로운 사역에 대한 첫 적대자들로 등장한다. 성전 뜰에 백성들이 모여 있는 것을 보고 제사장들, 성전 맡은 자(στρατηγός), 그리고 사두개인들이 개입한 것을 보면 그들의 당황한 모습이 역력하다. 베드로는 위험한 존재가 되었고, 제거해야 할 대상이 되었다. 자기들이 죽인 예수 그리스도의 부활을 증거하는 생생한 증인이기 때문이다. 그들은 과거에 예수님에게 했던 그대로 사도들을 체포할 이유를 찾았다(눅 5:21, 6:7; 행 4:2).

그들은 사도들이 잘못한 두 가지 이유를 찾아냈다. 하나는 백성들을 가르친 것이고, 둘째는 예수님의 부활을 내세워 죽은 자의 부활을 설교했다는 것이었다. 그들은 사도들이 성전에서 가르치는 것은 자기들의 권한을 침해하는 일이라고 생각하였고, 또 부활을 설교한 것은 당시 성전을 지배하고 있던 사두개인들이 부정(否定)하는 죽은 자의 부활을 가르친 것이 되기 때문이다.

사도행전 4-5장에서 사도들이 가르치는 문제가 계속해서 논쟁거리가 된다(행 4:42, 7, 17, 20, 29, 5:21-22, 25, 28, 33, 40-42). 그리고 그리스도의 부활은 후에 사도 바울이 산헤드린 앞에서 논쟁할 때, 다시 주제로 떠오른다(행 23:6-10). 그들은 예수의 부활을 전한다는 이유로 분개하여 그들을 잡아 가둔다.[36] 사도행전 5장 17절에는 백성들에게 잘

---

36) '싫어하여'(διαπονούμενοι)는 διαπονέω의 현재 수동태 분사로서, '분개한, 성난'을 뜻한다. 신약에서는 이곳과 16장 8절에만 사용되었다.

못된 영향을 끼친다는 이유로 사도들에게 지독한 질투를 느꼈다고 전한다. 날이 저물었기 때문에 재판은 산헤드린의 규정에 따라 다음 날로 미루어진다. 이렇게 보면 이들이 예수님의 재판을 밤에 진행시킨 것은 규정을 어긴 것임을 스스로 인정한 셈이다.

다음날 아침 산헤드린 공의회가 다 모였다. 누가는 4장 5절에 "관리들과 장로들과 서기관들이"이 다 모였다고 하고, 6절에 다시 대제사장 안나스와 가야바와 요한과 알렉산더와 및 대제사장의 문중이 다 참여하였다고 한다. 대제사장 가문에 속한 사람들도 참석했다. 예수님을 재판하던 때보다도 더 살벌하다.[37] 드디어 두 사도는 산헤드린과 얼굴을 마주하게 되었다. 이전에는 예수님이 대제사장의 집에서 심문을 받는 모습만 보고도 "나는 그를 알지 못한다"(눅 22:57)라고 부인하던 베드로가 이제는 자기 스승을 십자가에 내준 산헤드린 회원들과 당당하게 맞서 대하고 있다.

산헤드린 회관은 성전에서 서쪽으로 중앙골짜기를 넘어가면 바로 만나는 곳에 있다.[38] 현재는 로빈슨 아치(Robinson Arch)가 있는 서쪽 편이다. 미쉬나에 의하면 산헤드린 의원들은 반원으로 둘러앉는 것이 상례였다. 그러므로 피고인 베드로는 그 가운데 자리를 잡고 앉아 있어야 한다.[39] 본문에는 베드로와 요한은 그 가운데 서 있었다(행 4:7). 고침을 받은 사람도 그곳에 두 사도와 함께 서 있었다(행 4:10).

누가는 베드로를 체포한 사람들에 대하여 4장 1절에 상세하게 기록하고, 5절에 재판 자리에 앉아 있는 산헤드린 구성원에 관하여 다시 정확하게 보도한다. 산헤드린의 71명 가운데 '관리들', '장로

37) 누가가 전하는 예수님 재판에 배석한 사람들은 "백성의 장로들 곧 대제사장들과 서기관들"이다(눅 22:66).
38) 요세푸스, BJ2.344; 5:144; 6:354.
39) 헨헨, op.cit., p. 340.

들', '서기관들'[40]을 먼저 언급하고 대제사장들의 문중이 다 참석하였다고 한다. 현직 대제사장은 가야바였는데, 누가는 대제사장 안나스와 가야바라고 말한다(행 4:6). 아마도 누가는 안나스와 가야바가 함께 그 직을 맡고 있다고 생각하거나 안나스가 실질적 권위를 쥐고 있다고 생각했는지 모른다. 그 시대의 대제사장은 요셉 가야바였는데, 그는 빌라도 전임자에 의해서 그 직에 취임되었다. 안나스는 수년 전에 최고 직책에서 물러나도록 권유된 바 있었거나 아니면 강제 퇴역(退役) 당했었다. 그는 퇴역 당시 다섯 아들이 있었지만 그들을 제쳐놓고 제 마음대로 조종할 수 있는 사위인 가야바에게 그 직(職)을 계승시켰다.[41] 그래서 안나스는 당시에도 실권을 가지고 있었다. 안나스의 이름이 탈무드에는 아나누스(Ananus)라고 되어 있다. 그는 기원 6-14년까지 대제사장직을 가졌고, 아들 다섯과 사위 가야바가 그의 직위를 이었다.

누가의 기록에 의하면 예루살렘에서 그리스도인들에게 가장 강력한 적대자들이라고 할 만한 무리는 다 모인 셈이다. 이들은 예수님을 재판하고 죽음에 넘겨준 바로 그 사람들이다. 예수님의 때와 같이 의회의 정기 모임이 아님에도 불구하고 산헤드린 회원이 다 모인 것은 사안이 그만큼 심각하다는 것을 말해준다.

앉은뱅이가 일어나고, 예수님의 부활의 증거가 눈앞에서 현실이 된 즈음 그들의 죄가 만천하에 드러났고, 그들의 자존심은 철저하게 무너져 버렸다. 베드로와 요한이 붙잡힌 때가 예수님이 잡히시고

---

40) 헨헨에 의하면, 당시 장로들은 주로 사두개파들이었는 데 반하여, 서기관들은 주로 바리새파인들이었다. 그리고 실제적인 권위는 바리새파인들이 쥐고 있었다. 4장 5절에는 특별히 '장로들'을 언급하는데, 이는 산헤드린 회원을 가리키는 일반적인 칭호다.

41) C. H. Dodd, The Founder of Christi Anity,(그리스도교 기원의 탐구, 한준석 역), p.16.

십자가에 달리신 지 얼마 되지 않은 시기였다는 것을 기억하며 이 글을 읽어야 한다. 성전 기적 사건과 베드로의 설교는 5천 명이나 되는 사람들을 믿게 만들었다. 누가는 당시에 5천 명이 믿기로 했다는 사실을 보도함으로, 이런 현실을 숫자로 보여주려고 한다. 당시 5천 명의 회심은 온 예루살렘에 굉장한 관심으로 퍼져나갔을 것이다. 그들은 자기들의 제도와 자신들의 자존심을 회복하기 위해서 심각한 자리를 만들었다.

"너희가 무슨 권세와 누구의 이름으로 이 일을 행하였느냐?"라고 물음으로부터 심문은 시작되었다(행 4:7). 이 질문의 강조점은 '너희'(ὑμεῖς)라는 말에 있다. 앞에서 베드로는 이 기적은 자기들이 한 일(no by our own power)이 아니라고 강조했다. 그러나 산헤드린은 '너희가' 했다는 것을 강조한다. 그 다음 강조점은 '무슨 권세'(έν ποία δυνάμει), '무슨 이름'(ἢ έν ποιῳ ὀνόματι)이다. "마치 무당이 어떤 주문을 외어 귀신을 쫓는 것처럼 어떤 이름으로"를 뜻한다.[42]

그런데 그들의 질문에는 또 다른 의도가 있다. 베드로와 요한이 자기들이 죽인 예수와 결부되어 있다면 이들도 사형자의 동조자란 명목으로 처형할 수 있기 때문에 그들의 입에서 '예수의 권위'란 말과 '예수의 이름으로'란 고백이 나오기를 기대했을 것이다. 그때 성령 충만이 베드로에게 왔다(πλησθεὶς πνεύματος ἁγίου:4:8). πλησθεὶς는 단순과거 분사 수동태로서 성령이 어느 한순간 그에게 충만하게 되었고, 그 충만이 계속되는 상태를 말한다. 그 위기의 순간을 위하여 성령께서 베드로를 충만하게 지배하며 역사하신다.

베드로는 성령이 충만하여 말한다. 여기서 성령은 베드로가 그리스도인이기 때문에 주어진 게 아니라 그가 특별한 상황에 처해 있기

---

42) 원어 연구해설, 사도행전, p. 86. 헨헨도 '이름'은 일종의 '마술'로 추측해야 한다고 말한다.

때문에 주어진 것이다. 성령 충만은 어떤 특별한 상황이나 사명과 관계되어 있는 것을 앞으로 계속해서 찾아볼 수 있을 것이다. 산헤드린이 무슨 이상한 일이나 마술로 병자를 고친 것처럼 몰아붙이는 질문에 베드로는 "만일 병자에게 행한 착한 일에 대하여"(행 4:9)라고 말을 바꾼다. 무슨 악한 일을 행한 게 아니라 선한 일을 한 것이라고 꼬집는다.

그뿐 아니라 "병자가 어떻게 구원을 받았느냐"(행 4:9)고 질문하는 것이냐고 말을 바꾸어 반문한다. 산헤드린이 마술을 행하듯 조소하는 질문에 베드로는 "그 사람이 구원받았다"는 사실로 바꾸어 말한다. 예수님의 지혜가 그 안에서 번득인다. 예수님을 책잡기 위해 "가이사에게 세금을 바치는 것이 옳으니이까, 옳지 아니하니이까?"라고 질문했을 때 예수님께서 "누구의 것이냐?"로 질문의 핵심을 바꾸어 대답하신 것을 생각나게 한다(막 12:13-17).[43] 산헤드린은 무엇인가를 감추려 하고, 베드로는 그들이 마음에 품고 있던 사실을 폭로하려고 한다.

"이 사람이 어떻게 구원을 받았느냐고 질문한다면", 여기서 사용된 구원이란 단어, σέσωται는 σῴζω의 완료수동태 직설법으로 '그가 구원을 이미 받은 상태'인 것을 강조한다. 이 말은 그의 병이 이미 치유되어 건강하게 서 있는 상태를 말한다. 그러나 4장 12절에 가서는 '구원'(ἡ σωτηρία)이란 명사형은 메시아적 구원이며, 예수 그리스도의 이름을 믿음으로 얻게 되는 우주적 구원을 말한다. 요한복음 4장 22절에서 예수님이 말씀하신 "유대인에게서 나는" 구원이다.

"너희가 십자가에 못 박고 하나님이 죽은 자 가운데서 살리신 나

43) 누가는 마가의 본문을 그대로 따르고 있다. 그리고 서기관들과 대제사장의 반응을 덧붙여 전한다. "그들이 백성 앞에서 그의 말을 능히 책잡지 못하고 그의 대답을 놀랍게 여겨 침묵하니라"(눅 20:20-26). 행 4:13-14과 비교해 보라.

사렛 예수 그리스도의 이름으로 이 사람이 건강하게 되어 너희 앞에 섰느니라"(행 4:10).[44] 베드로의 답변은 명쾌하다. 1) 당신들이 십자가에 매달아 죽였던 예수 그리스도가 살아나셨다, 2) 그 이름은 지금도 능력으로 병자를 치유하고 구원하신다, 3) 그 증거가 당신들 앞에 있다고 했다. 그들이 듣지 않으려고, 아니 부정하려고 그처럼 애를 썼던 사실들이 산헤드린 자기들의 법정에서 울려퍼진 것이다.

그리고 예수님께서 포도원 비유의 결론으로 사용하셨던 "건축자들이 버린 돌이 집 모퉁이의 머릿돌이 되었다"는 말을 다시 듣게 된다. 건축자들은 바로 베드로를 심문하는 그 사람들이다.[45] 당신들이 머릿돌을 버렸지만 그 버려진 돌은 도리어 집 모퉁이의 머릿돌이 되었다고 그들의 죄를 고발한다. 예수 그리스도는 새로운 믿음 공동체를 세우시고, 그 머릿돌이 되셨다.

마침내 베드로는 그들에게도 복음을 전한다. "다른 이로써는 구원을 받을 수 없나니, 천하 사람 중에 구원을 받을 만한 다른 이름을 우리에게 주신 일이 없음이라." 누가는 예수께서 우리의 구원을 이루기 위하여 어떤 일을 하셨는지 설명하지 않는다. 단순하게 예수님의 십자가와 부활에 대해서만 말한다(10절). 예수님은 구원의 대행자(agent)이다(행 5:31, 13:23).[46] 구원은 예수 안(in Jesus)에만 있다. 율법의 의를 이룸으로써 구원에 도달하려고 그처럼 노력하는 유대 지도자들에게 구원은 오직 예수님을 통해서만 얻을 수 있고, 다른 이로써는 구원을 얻을 수 없다고 선언한다. 이것은 앞으로 복음을 받게 될

---

44) 행 3:16에서 이 사람이 그 이름을 믿음으로 그 이름이 낫게 했다고 했다. 행 4:9에서는 이것을 "구원받았다"고 말한다.

45) '건축자들'(builders)은 랍비문학에서는 율법 선생들의 상징으로 나타난다. 쿰란 문서에서 '성벽의 건축자들'(the builders of wall)은 종교적 공동체의 지도자들을 말한다. F. F. Bruce. op.cit., p. 93.

46) Barrett, Ibid, p. 231.

모든 사람들에게 들려주는 선언이고, 온 세상을 향한 선언이다. 누가는 바울이 적들 앞에서 불을 토하듯 쏟아내는 이 웅변도 성령이 말하게 하심으로 한 것이라고 한다(행 4:8).

베드로는 예수를 죽인 산헤드린의 대제사장들과 장로들, 서기관들, 그리고 성전 봉사자들 앞에서 일생에 한 번도 걸어보지 못했던 사람을 나사렛 예수 그리스도께서 고쳐주셨다는 사실을 공포함으로써, 그분이 죽음에 머물지 않고 지금도 살아 계신다는 사실을 선포하고 있다. 윌리엄 람세이는 말한다. "언제나 그렇듯이 여기서도 우리의 역사가는 그 스스로 결론을 이끌어 내지 않고 있다. 그는 단지 주요 사실들을 기술하는 데 그치고 그 사실들 스스로 이야기하도록 하고 있다. 그러나 그 어떤 단락도 여기에서보다 더 극적인 형태로 사실들을 기술하지는 못했다."[47] 이 장면은 누가복음 12장 11-12절에 "사람이 너희를 회당이나 위정자나 권세 있는 자 앞에 끌고 가거든 어떻게 무엇으로 대답하며 무엇으로 말할까를 염려하지 말라"고 하신 주님의 약속이 이뤄진 것이다.

산헤드린은 두 제자들에 대하여 모든 것을 훤히 알고 있었다. 이전에는 학문 없는 범인(행 4:13)이었던 것, 예수님과 함께 지냈던 것도 알고 있었다. 그들이 자기 스승조차 부인했던 제자들이었던 것도 알고 있었을 것이다. 그런 그들의 달라진 모습에 산헤드린은 놀라고 당황해하고 있다. 베드로는 당당하다(행 4:7-12). "빌라도가 그를 놓아주려고 해도 여러분이 빌라도 앞에서 그것을 거부하고, 살인자를 놓아 달라고 청하였습니다. 여러분은 생명의 근원 되시는 주님을 죽인 것입니다. 그러나 하나님께서는 그를 죽은 사람들 가운데서 살리셨습니다. 우리는 이 일의 증인들입니다"(행 3:13하-15). 얼마

---

47) 윌리엄 람세이, 사도 바울, p. 338.

나 당당하고 분명한 증언인가! 성령충만(πλήρωμα)은 언제나 담대함(παρρησία)을 동반한다. 4장에서도 13, 29, 31절에 세 번이나 나타나고, 4장 31절에는 '성령이 충만'한 것과 '담대히'란 단어가 함께 나온다. 31절의 경우와 같이 누가는 '담대함'을 성령 충만함으로 나타나는 현상으로 묘사한다.[48)]

그들은 전에는 학문 없는 범인(凡人)이었다. 지금은 그들의 지혜에 재판하는 자들이 다 놀란다. 그들은 담대하고 기탄없이 웅변을 토하는 예수 그리스도의 증인이다. 베드로와 요한은 이미 피고인이 아니라 재판관의 자세로 도리어 그들을 몰아붙인다. 반면 산헤드린은 어정쩡한 모습들이다. 베드로를 잡아오긴 했으나 명확한 증인이 없기 때문이다. '학문 없는'이란 말은 본래 '글을 읽지 못한다'는 의미로 사용되었는데, 여기서는 '랍비 학교에서 교육을 받지 않았다'는 의미로 사용되었다.[49)]

윌리엄 람세이는 "유대교 지도자들은 베드로와 요한이 담대하게 기탄없이 이야기하는 것을 보았고, 그들의 의복과 말하는 투로부터 그들이 훈련 받은 학자가 아니라는 것에 주목했다. 그리하여 그들은 몹시 경악하였다"라고 말한다.[50)] 이제는 이 상황을 어떻게 벗어나느

---

48) παρρησία(담대함)는 요한복음에서는 예수님의 사역에 붙여졌다. 예수님의 사역이 사실은 'παρρησία'이다. 예수께서는 비유로 말씀하시지만 부활하신 후 성령을 보내시면 그때는 '밝히' 말씀하실 것이고, 사랑과 믿음 안에서 제자들은 이해하게 될 것이다. 사도행전에서는 하나님께서 사도들에게 이러한 παρρησία를 주시고, 사도들의 말을 기사와 표적으로 뒷받침하신 것이다(4:29-30, 14:3). 아볼로의 경우 παρρησία는 일종의 은사이다(행 18:25-26). Kittel, op.cit., pp. 602-603.

49) G. H. MacGregor, Acts, p. 68.

50) Ibid. p. 338. "이상히 여기며, 또 전에 예수와 함께 있던 줄도 알고". "이상히 여기며"(ἐθαύμαζον), "알고"(ἐεγίνωσκον)는 직설법 미완료 능동태이다. 즉 "놀라기 시작해서 그런 상태를 계속 유지한 것"을 말하고, 또 "베드로와 요한이 예수와 함께 있는 것을 보고 그들을 알기 시작해서 지금까지 온 것"을 의미한다. 그러므로 산헤드린은 그들을 이전부터 알았다는 뜻이고, 또 그들이 예수 이름으

냐가 그들의 문제였다. 그들은 피고들을 나가라고 하고, 자기들끼리 해결점을 모색하기 시작하였다(15절).

그들은 고민한다. “어찌 할꼬”(Τί ποιήσωμεν), 이 말은 부정과거 능동태 가정법으로 긴급한 상황을 나타내는 부정과거이다. 진실을 부정하거나 감출 수 없다고 한다. 이 사실을 예루살렘에 살고 있는 모든 사람들은 다 알고 있기 때문이다. 한 가지 방법은 이 사실이 민간에 퍼지지 못하도록 하는 길뿐이다. 그들의 결론은 제자들로 하여금 “그 이름으로 아무에게도 말하지 못하게” 하는 일이다(행 4:17).

그리하여 그들은 베드로와 요한을 다시 불러 경고한다. “도무지 예수의 이름으로 말하지도 말고, 가르치지도 말라”(행 4:18). 자기들끼리 말할 때는 ‘예수’라는 이름을 입에 담지 않고 ‘그 이름으로’라고만 한다. 예수 이름을 부르는 것조차 싫은 것이다. 그리고 제자들에게 말할 때는 ‘가르치지도 말라’고 덧붙였다. 누가는 똑같은 내용을 두 번 강조한다(17, 18절). 종이를 허비하려는 게 아니라 그들이 이 사실을 얼마나 강조했는가를 나타내 주고 있다. 17-18절 안에 부정을 나타내는 수식어가 다섯 번이나 사용되었다.

‘민간(많은 사람들)에 더 퍼지지 못하게’(μὴ ἐπὶ πλεοῖν διανεμηθῆ, 4:17), (더 이상)‘아무에게도 못하도록’(μηκέτι λαλεῖν 4:17), ‘아무에게도(μηδενὶ ἀνθρώπων)’, ‘말하지도 못하게(μὴ φθέγεσθαι)’, ‘가르치지도 말라(μηδὲ διδάσκειν)’. 그리고 17-21절 사이에 ‘위협하다’는 의미의 단어가 세 번이나 나온다(ἀπειλησώμεθα:4:17; παρήγειλαι:4:18; προσάπειλησάμενοι:4:21). 그리하여 위협하고 공갈한다. 철저하게 입단속을 한다. προσάπειλησάμενοι는 앞의 전치사 προσ를 통하여 다시 위협했다는 뜻이다.[51]

로 행한 기적을 부인할 수 없었다는 뜻이다.

51) 그런 와중에도 그들은 끝까지 “그들로 말미암아”(4:16) 된 일이라고 한다. 그러나

그러나 베드로와 요한은 담대히 말한다. "하나님 앞에서 너희의 말을 듣는 것이 하나님의 말씀을 듣는 것보다 옳은가 판단하라. 우리는 보고 들은 것을 말하지 아니할 수 없다"(행 4:19-20). 재판을 하고 있는 사람들은 백성 앞에서 율법을 대표하는 자들이다. 그들은 하나님의 뜻을 따르라고 백성들을 가르친다. 그런데 베드로는 그들에게 누구의 말을 듣는 게 옳은가 질문을 던짐으로 그들이 하나님 앞에서 거짓을 행하고 있다는 사실을 지적한다. 모든 사람들이 관심을 가지고 지켜보고 있던 일이다. 그리고 이루어진 일을 보고 하나님께 영광을 돌렸던 일이다. 그런 사실들 앞에서 그들은 베드로의 말에 아무 말도 못하고 다시 위협만 하고 놓아준다. '위협하여 놓아주었다'는 말은 앞에서 경고하고(17절), 위협한 내용(18절)을 다시 강조했다는 말이다. 이렇게 보면 베드로와 요한은 당당했다. 그러나 재판하던 그들은 비굴했다. 그러나 사도들은 풀려나기는 했어도 아직 위험 속에 있다. 다시 구속당할 수 있는 가능성이 그들 위에 드리워져 있다.

8절에 "베드로가 성령이 충만하여"라고 기록하고, 19절에 사도들의 담대한 발언을 당당하게 써내려 가는 누가는 당시 고난 앞에 있는 그리스도인들에게 무엇인가를 말하고 있다. "주저하지 말고, 당당하게 말하라. 우리가 알고 있는 모든 것은 세상이 다 알고 있는 일이며, 감출 수도 없는 일이다!" 이 구절은 사도행전의 목적이 박해와 고난을 당하는 신자들을 격려하려는 의도로 기술되었다는 것을 보여주는 구절이다.

하나님의 사람들과 종교적인 인물들과의 차이는 무엇인가? 하나님의 사람들은 담대하다, 정직하고 솔직하다, 자신 있게 말한다, 뒤에 숨겨진 게 없다, 그리고 하나님 앞에서 떳떳하다. 반대로 종교인

속으로는 '그 이름'이 기적을 일으켰다는 사실을 인정하고 있다.

들은 고집스럽고, 변할 줄 모르고, 자기 중심적이며, 인간의 권위나 규례를 하나님보다 더 소중하게 여기며, 자기들의 전통을 지켜나가기 위해 진리도 버린다.

4. 예루살렘 교회의 기도(행 4:23–31)

23) 사도들이 놓이매 그 동료에게 가서 제사장들과 장로들의 말을 다
알리니 24) 그들이 듣고 한마음으로 하나님께 소리를 높여 이르되 대주재
여 천지와 바다와 그 가운데 만물를 지은 이시요 25) 또 주의 종 우리
조상 다윗의 입을 통하여 성령으로 말씀하시기를, 어찌하여 열방이 분노하
며 족속들이 허사를 경영하였는고 26) 세상의 군왕들이 나서며 관리들이
함께 모여 주와 그의 그리스도를 대적하도다 하신 이로소이다 27) 과연
헤롯과 본디오 빌라도는 이방인과 이스라엘 백성과 합세하여 하나님께서
기름 부으신 거룩한 종 예수를 거슬러 28) 하나님의 권능과 뜻대로 이루려
고 예정하신 그것을 행하려고 이 성에 모였나이다 29) 주여 이제도 그들의
위협함을 굽어보시옵고 또 종들로 하여금 담대히 하나님의 말씀을 전하게
하여 주옵시며 30) 손을 내밀어 병을 낫게 하옵시고 표적과 기사가 거룩한
종 예수의 이름으로 이루어지게 하옵소서 하더라 31) 빌기를 다하매 모인
곳이 진동하더니 무리가 다 성령이 충만하여 담대히 하나님의 말씀을 전하
니라

두 사도가 심문에서 풀려나왔다. 그러나 완전히 자유로운 것은 아니다. 집행유예와 같은 것이다. 산헤드린 의회는 두 사도에게 도무지 예수 이름으로 말하지도 말고 가르치지도 말라고 경고하고(행 4:18) 석방했다. 베드로와 요한은 곧바로 자기들을 위하여 기도하며 기다리고 있던 동료 제자들과 형제 그리스도인들을 만나러 가고, 그곳에서 재판 과정에서 있었던 모든 일들을 낱낱이 보고한다. 이 보고를 들은 교회는 박해가 다가오고 있음을 직감하고, 앞으로 다가올 위협 앞에서 '한마음으로' 기도하기 시작한다.

빅터 솔로몬의 말에 의하면 “유대인 두 사람이 모이면 세 가지 의견이 나온다”고 한다. 그런데 사도행전에서 누가는 예수님의 승천과 성령 임재를 경험한 예루살렘 교회가 ‘한마음’으로부터 출발하였다고 전한다(행 1:14, 2:46, 4:32). 특별히 4장 32절에는 “한마음과 한뜻(καρδία καὶ ψυχὴ μία)이 되어”라고 말한다. 이것은 창세기 11장 1절과 대조되는 말이다. 바벨탑 사건을 소개하는 첫 머리에는 “온 땅에 언어가 하나요 말이 하나였더라”고 했다. 말과 마음이 악한 일을 위하여 하나였다. 그러나 예루살렘 교회는 예수님을 중심으로 마음이 하나였고, 뜻이 하나였다. 이들은 한마음으로 뜻을 같이하여 기도하기에 전념한다.

다 함께 큰 소리로 기도한다. 누가는 초대교회가 큰 소리로 기도하는 습관을 알고 있었다. 아마도 그런 기도 습관이 계속해서 내려왔을 것이고, 누가도 그런 기도 경험을 가지고 있었을 것이다. 이들의 기도는 자기들의 안전이나 평안이 아니고, 그런 위험한 순간에도 계속해서 복음을 전하게 되고, 예수 그리스도의 능력을 통하여 치유의 사역이 계속되도록 용기와 힘을 주시기를 구하는 기도였다. 그 당시 상황이 얼마나 급박하였는지는 그들의 기도 가운데 나타난다.

• **“위협함을 굽어보시옵고”**(행 4:29): 그들은 예수님을 대적했던 것처럼 헤롯과 빌라도가 이방인과 이스라엘 백성들과 합세하여 거룩한 종 예수를 대적하려고 모였다는 것이다. 헤롯은 세상 임금들을 대표하는 자(행 4:26)요, 빌라도는 통치자를 대표하고(행 4:26), 이방인은 유대에 주둔하고 있는 로마 군인들을 가리키며, 백성들은 일반 유대인을 가리킨다(행 4:25).[52] 이들이 합세하여 누구를 대적하고 있는가

---

52) 헨헨, op.cit., p. 356.

를 누가는 밝힌다. 누가는 이들이 하나님께서 기름 부으신 거룩한 종 예수를 거스르려고 모였다고 한다(행 4:27). 또한 그리스도와 그를 따르는 그리스도인들을 동일시하는 것이 특별하다.

예수 그리스도가 어떤 분인가는 4장 24-26절에서 밝혔다. 다윗의 입을 통하여 성령으로 예언된 예수 그리스도이시고(행 4:24-26), '하나님께서 기름 부으신 거룩한 종'이시다. 기름 부으신 종이란 왕으로서 메시아를 암시한다. 그런 분을 해하려고 한다고 고발한다. 누가에게는 그리스도인과 예수님은 하나다. 믿음 공동체가 그리스도요, 그리스도가 교회이다. 사도행전 9장, 바울의 다메섹 사건에서 이 문제는 더 분명하게 밝혀진다.

4장 28절에, "하나님의 권능과 뜻대로 이루려고 예정하신 그것을 행하려고 이 성에 모였나이다"라고 한다. 여기에 나오는 '권능'은 '손'(ἡ χείρ σου)이란 말이다. 박해와 고난이 오기는 하지만, 이것들은 모두 하나님의 손 안에서 하나님의 뜻을 이루려고 예정된 것이라고 한다. 모든 것이 하나님의 손 안에서 이뤄진다고 예루살렘 교회는 믿고 살았다는 것이다. 하나님의 손으로 모든 것을 주장하시는 하나님께 그들은 기도한다(행 4:29-30).

초대교회의 기도의 초점은 "담대히 하나님의 말씀을 전하게 하여 주시오며, 손을 내밀어 병을 낫게 하시옵고, 표적과 기사가 거룩한 종 예수의 이름으로 이루어지게 하옵소서"(행 4:29-30)이다. 그들에게 닥쳐오는 위험을 피하게 해달라는 기도가 아니다. 도리어 그런 박해 속에서도 담대히 말씀을 전하게 해달라고 한다. 말씀이 힘있게 전파되기 위하여 기적과 표적이 일어나게 해달라고 기도한다. '손을 내밀어'(30절)에 나오는 손은 누구의 손인가? 개역개정판에서는 주어를 생략한 채 "손을 내밀어 병을 낫게 하옵시고"라고 번역했다. 원문에 의하면 그 손은 하나님의 손이다.[53] 영어 NIV도 하나님의 손으로 번역했다.[54] 빌기를 다했을 때, 모인 곳이 진동했다.

• **"진동하더니"**(an earthquake, 행 4:31): 하나님의 활동의 외적인 사인으로, 엘리야에게도 나타났던 사인이다(왕상 19:11-12). 오순절에도 일어나지 않았던 일이다. 응답은 모인 곳이 진동하는 것과 함께 성령 충만으로 왔다. 모든 사람들이 성령으로 충만하게 되었다. 그들은 성령 충만을 위하여 기도하지 않았다. 그런데도 성령 충만으로 응답이 왔다. 충만이란 단어 πλήρωμα의 첫 번째 의미는 예를 들면 화물, 승무원, 사람 등을 비롯한 '채우는 것', '내용물'이다. 그래서 채우는 것이라는 개념은 '완전성', '다수', '전체', '완전한 분량', '절정'을 의미한다. 마가복음 6장 43절, 8장 20절, 고린도전서 10장 26절에서 '채우는 것'을 의미했고, 로마서 15장 29절에서는 축복의 충만함을 의미하고, 에베소서 3장 19절에서는 모든 하나님의 은사의 충만함을 의미했다.[55]

사도행전에서 누가는, 성령의 임재는 단 한 번의 사건으로 그리고 반면 성령 충만은 계속 지속되고 반복되어야 하는 것으로 그리고 있다. 그리고 성령의 임재는 하나님께서 예수님의 이름으로 주시는 선물이고, 성령 충만은 어떤 하나님의 특별한 사역을 감당하기 위하여 주시는 능력으로 표현하고 있다. 즉 성령 충만은 내 안에 계신 성령께

---

53) 4:30: "ἐν τῷ τὴν χεῖρα (σου) ἐκτείνειν σε εἰς ἴασιν καὶ σημεῖα καὶ τέρατα γίνεσθαι διὰ τοῦ ὀνόματος τοῦ ἁγίου παιδός σου Ἰησου." Robertson's Word Pictures in the N.T에서는 이 문구를 "당신에 관한 손을 뻗침에 있어서"라고 번역했다. ἐκτείνειν은 관사가 있는 현재 능동태 부정사이다.

54) "While you stretch out your hand to heal, and signs and wonders are performed⋯." NIV.

55) "Theological Dictionary of the New Testament", edited by Gerhard Kittel and Gerhard Friedrich, Abridged in one volume by Geoffrey W. Bromiley, p. 639-640 참조.

서 충만하게 나를 채우고 역사하시는 현상이라고 말할 수 있다.

사도행전 4장에서 산헤드린 앞에서 누구의 이름으로 이런 일을 했느냐는 질문을 받고 답변하려고 하는 베드로에게 성령의 충만이 왔고(행 4:8), 초대교회가 다가오는 위협 앞에서 담대히 복음을 전하려고 기도하였을 때 성령으로 충만하게 되었다(31절).[56] 또한 스데반이 순교를 당하던 순간에 성령 충만이 왔다(행 7:55). 특별히 누가는 성령 충만은 어떤 특수한 순간에 있어서 그리스도인들로 하여금 어떤 특정한 과업을 수행할 수 있도록 무장시켜 주는 것으로 묘사하고 있다(행 4:8, 31, 7:55, 13:2, 4, 9, 15:28, 11:28).

그러므로 성령 충만은 어떤 경우에든지 하나님의 특별한 사역을 감당하려고 결단하고 시작할 때 자연히 이뤄지는 것이지, 교회 의자에 앉아서 충만을 기도함으로 이뤄지는 것은 아니다. 성령 충만은 자기들의 욕심을 내려놓고 마음을 비우며 온전히 하나님과 말씀만을 섬기려고 할 경우, 또 나아가서 자기들의 힘으로는 감당할 수 없는 어떤 하나님의 사역을 이루려고 할 때 성령님에 의해 지배당하는 상태를 말한다. 지배당하는 것은 자신을 비우는 자기 의지적 행위이다. 그러므로 성령 충만은 하나님께 온전히 항복하고 철저하게 그분의 뜻을 따르려는 결단을 요구한다. 이처럼 성령에 의하여 자신이 온전히 지배당하는 것, 그것이 성령 충만이다. "이제는 내가 사는 것이 아니요, 오직 내 안에 그리스도께서 사시는 것이라"(갈 2:20)는 바울의 고백은 성령 충만이 무엇인가를 보여준다.[57]

31절의 ἐπλήσθησαν은 πίπλημι(채우다)의 삼인칭 복수 단순과

---

56) "담대히 말하다"는 내용을 성령 충만의 결과로 본다면 행 9:29, 13:46, 14:3, 18:26, 19:8, 26:26, 28:31 등을 참고할 것.

57) 성령 충만과 반대되는 성령 상실의 모습을 사도 바울은 딤후 3:1-5에서 잘 보여주고 있다.

거 수동태이다. 단번에 성령으로 충만하게 되었고, 그 성령 충만은 계속해서 지속되는 것을 말한다. 그들은 성령이 충만하여 담대히 하나님의 말씀을 전했다(행 4:31). 하나님의 말씀을 '전했다'(ἐλάλουν)는 동사는 λαλέυν(말하다)의 삼인칭 복수 미완료다. 그들은 계속해서 하나님의 말씀을 전하고 있었다는 뜻이다.

초대교회의 기도는 우리의 기도들과는 다르다. 긴급한 상황을 면하게 해달라는 것이 아니다. 보호해 달라는 것도 아니다. 도리어 복음을 더 담대히 전파하게 해달라는 것이다. 표적과 기사, 병을 낫는 일이 거룩한 종 예수의 이름으로 이루어지게 해달라는 것도 단순히 병을 낫도록 능력을 달라는 데 목적이 있는 게 아니라 복음을 사람들이 받아들이도록 하기 위하여 기적이 필요하다는 것이다. 이들은 세속 세력에 대항하여 전투적인 기도를 하고 있다. 그것을 위하여 기적과 표적이 필요한 것이지, 자신들의 명예와 자랑을 위하여 필요하다는 것이 결코 아니다. 또 그들은 성령 충만을 위하여 기도하지 않았다. 왜 초대교회는 다가오는 박해와 고난을 앞두고 자기들과 교회를 지켜주시기를 기도하지 않았을까? 왜 성령 충만을 기도하지 않았는가? 그런데 왜 응답은 성령 충만으로 하셨는가?

사도행전에 나타난 성령 충만(행 2:4, 4:8, 6:5, 7:54, 9:17, 13:9, 52)을 받은 어떤 경우에도 성령 충만 받기를 기도했다는 말은 없다. 성령 충만은 고난과 박해가 와도 예수님을 위하여 무엇인가를 하기로 결단할 때 이뤄지는 일이고, 인간의 의지적인 노력으로 이뤄지는 것이 아니다. 그러므로 성령 충만을 달라고 기도하여 받는 게 아니라 주를 위하여 무엇인가를 결단할 때 결과적으로 얻어지는 것이다.

예루살렘 교인들은 왜 자신의 안일과 평안을 위하여 기도하지 않았을까? 물론 자신들을 위하여 전혀 기도하지 않았을 리는 없다. 그러나 누가가 전하는 내용은 그들의 기도는 하나님의 말씀을 계속해서 전하는 데 초점이 있었다는 것을 강조하는 것이다. 어떻게 그들은 하나님의 말씀 전하는 일을 자기들의 안일 위에 놓을 수 있었을까?

위에서 하나님의 '손'을 언급한 곳이 두 번이나 나온다고 했다(4:28, 30). 예루살렘 교회는 예정이란 말에서 인간들이 어떻게 하도록 단호하게 결정해 주는 하나님의 손을 보았다. 그리고 병을 치료하시는 하나님의 손을 보았다. 30절의 '손'도 하나님의 손이다. 하나님께서 손을 내밀어 병을 낫게 해주시고, 표적과 기사를 예수의 이름으로 이루어 주시기를 구하는 기도이다. 이것은 유대적 표현이라고 하겠다. 하나님께서 사람을 통하여 모든 일을 하시지만 성경은 하나님이 하셨다고 한다. 이처럼 초대교회도 물론 사람들의 손을 통하여 하신다. 이 모든 것은 예수 그리스도의 이름을 통하여 하나님이 이루시는 기적이라는 점을 명확하게 알고 있었다.

예루살렘 교회는 하나님의 손이 자기들과 늘 함께하시는 것을 확신하고 있었다. 그러므로 하나님의 손이 자신들을 지키시고 보호해 주실 것을 의심하지 않았기 때문에 자신들을 위해서는 기도할 필요를 느끼지 않았을 것이다. 그들이 그처럼 하나님의 말씀을 전하는 일에 전심전력할 수 있었던 것은 성령을 통한 부활에 대한 확신 때문일 것이다. 이는 바울이 가졌던 소망의 확신이었을 것이다(고후 5:8-9). 또 그들은 예수님의 정신을 사도들을 통하여 배워서 알고 있었을 것이다(마 4:4).

신앙의 타락은 기도로부터 온다. 이기적인 기도, 자기 중심적이며 교회 중심적인 기도는 응답되면 그 후엔 기도하지 않는다. 이기적인 신앙은 부족한 것이 없으면 기도를 중단하게 된다. 오순절 이후에 예루살렘 교회와 같이 예수 그리스도 중심의 기도는 자기를 죽이는 기도이다. 기독교의 생명력은 죽는 데 있다. 한 알의 밀이 땅에 떨어져 죽으면 많은 열매를 맺고, 그대로 있으면 한 알 그대로 있는 법이다. 이것이 십자가의 신비이다. 초대교인들은 성령을 경험하고 난 후에야 예수께서 가르쳐 주신 그 진리를 깨닫게 되고 실천하고 있다.

메이어(Meyer) 박사는 말했다. "나는 단지 평범한 사람입니다. 특별한 은사도 없습니다. 나는 웅변가도 아닙니다. 학자도, 심오한 사색가도 아닙니다. 내가 그리스도와 우리 시대를 위해 무언가를 했다면, 그것은 내가 나 자신을 전적으로 그리스도께 드렸고, 그가 원하시는 것은 무엇이든지 하려고 했기 때문입니다."

5. 소유를 공유하는 공동체(행 4:32-5:16)

32) 믿는 무리가 한마음과 한뜻이 되어 모든 물건을 서로 통용하고 자기
재물을 조금이라도 자기 것이라 하는 이가 하나도 없더라 33) 사도들이
큰 권능으로 주 예수의 부활을 증언하니 무리가 큰 은혜를 받아 34) 그
중에 핍절한 사람이 없으니 이는 밭과 집 있는 자는 팔아 그 판 것의 값을
가져다가 35) 사도들의 발 앞에 두매 그들이 각 사람의 필요를 따라 나누어
줌이라 36) 구브로에서 난 레위족 사람이 있으니 이름은 요셉이라 사도들
이 일컬어 바나바라(번역하면 위로의 아들이라) 하니 37) 그가 밭이 있으매
팔아 그 값을 가지고 사도들의 발 앞에 두니라 5:1) 아나니아라 하는 사람이
그 아내 삽비라로 더불어 소유를 팔아 2) 그 값에서 얼마를 감추매 그
아내도 알더라 얼마를 가져다가 사도들의 발 앞에 두니 3) 베드로가 이르되
아나니아야 어찌하여 사단이 네 마음에 가득하여 네가 성령을 속이고 땅
값 얼마를 감추었느냐 4) 땅이 그대로 있을 때에는 네 땅이 아니며 판
후에도 네 마음대로 할 수가 없더냐 어찌하여 이 일을 네 마음에 두었느냐
사람에게 거짓말 한 것이 아니요 하나님께로다 5) 아나니아가 이 말을
듣고 엎드러져 혼이 떠나니 이 일을 듣는 사람이 다 크게 두려워하더라
6) 젊은 사람들이 일어나 시신을 싸서 메고 나가 장사하니라 7) 세 시간쯤
지나 그 아내가 그 일어난 일을 알지 못하고 들어오니 8) 베드로가 이르되
그 땅 판 값이 이것뿐이냐 내게 말하라 하니 이르되 예 이것뿐이라 하더라
9) 베드로가 이르되 너희가 어찌 함께 꾀하여 주의 영을 시험하려 하느냐
보라 네 남편을 장사하고 오는 사람들의 발이 문 앞에 이르렀으니 또 너를
메어 내가리라 하니 10) 곧 그가 베드로의 발 앞에 엎드러져 혼이 떠나는지

라. 젊은 사람들이 들어와 죽은 것을 보고 메어다가 그 남편 곁에 장사하니 11) 온 교회와 이 일을 듣는 사람들이 다 크게 두려워하니라 12) 사도들의 손을 통하여 민간에 표적과 기사가 많이 일어나매 믿는 사람이 다 마음을 같이하여 솔로몬 행각에 모이고 13) 그 나머지는 감히 그들과 상종하는 사람이 없으나 백성이 칭송하더라 14) 믿고 주께로 나아오는 자가 더 많으니 남녀의 큰 무리더라 15) 심지어 병든 사람을 메고 거리에 나가 침대와 요 위에 누이고 베드로가 지날 때에 혹 그의 그림자라도 누구에게 덮일까 바라고 16) 예루살렘 부근의 허다한 사람들도 모여 병든 사람과 더러운 귀신에게 괴로움 받는 사람을 데리고 와서 다 나음을 얻으니라

사도행전 4장 32-35절의 내용은 2장 42-47절을 반복한 느낌을 준다. 세부적인 내용만 좀 다를 뿐이다. 2장 42-47절과 4장 32-35절의 내용을 비교해 보면 "믿는 사람이 다 함께 있어"(2:44) – "믿는 무리가 한마음과 한뜻이 되어"(4:32), "모든 물건을 서로 통용하고"(2:44) – "모든 물건을 서로 통용하고"(4:32)가 서로 통한다. "또 재산과 소유를 팔아 각 사람의 필요를 따라 나눠주며"(2:45) – "자기 재물을 조금이라도 자기 것이라 하는 이가 하나도 없더라"(4:32)가 서로 통한다. 그리고 "그 중에 가난한 사람이 없으니 이는 밭과 집 있는 자는 팔아 그 판 것의 값을 가져다가 사도들의 발 앞에 두었다"(4:34-35상)는 4장에만 나온다.

35절은 어떻게 초대교회가 공동체 생활에 필요한 음식과 물품을 공급했으며, 누가 그것들을 관장했는가를 설명하는 내용이다. "사도들의 발 앞에 두매 그들이 각 사람의 필요를 따라 나누어 줌이라." 4장 32-34절 사이에 사도들이 예수의 부활을 큰 능력으로 증거한 일과 그 일을 통하여 무리들이 큰 은혜를 받았다는 사실은 2장 42-47절에 기록된 "그들이 사도의 가르침을 받아……기쁨과 순전한 마음으로 음식을 먹으며", 하나님을 찬미하며 또 온 백성에게 칭송을 받았다는 내용의 메아리와 같다.

두 사건은 모두 성령 충만을 경험하고 난 후에 있었던 그들의 삶을 그린 내용이다. 사도행전 2장 42-47절은 오순절의 성령 충만 이후에 이어서 일어난 일이고, 사도행전 4장 32-33절은 예루살렘 교회가 위험에 처해 있을 때 기도한 결과로 성령 충만을 경험한 후에 일어난 일이다. 누가는 성령은 베드로가 성전에서 앉은뱅이를 걷게 한 것으로부터 지금까지 어떻게 예루살렘 교회를 통하여 일해 오셨는가를 기록해 왔다. 성령께서는 예수님의 이름으로 앉은뱅이를 걷게 했고, 바나바를 움직여 그의 밭을 팔아 그 값을 사도들에게 주게 했고, 그리스도인들로 하여금 세상에서는 볼 수 없는 새로운 삶을 살도록 만드셨다.

그렇다면 왜 비슷한 내용을 반복해서 기록했을까? 종이를 소비하기 위해서 그런 것도 아니고, 어리석어서 같은 내용을 반복한 것도 아니다. 내러티브 문학에서 중복은 대단히 중요한 내용을 의미한다. 태니힐(Robert C. Tannehill)은 그 이유를 몇 가지로 설명해 준다.

> (1) 반복(repetition)은 강조하는 의미가 있다. 선택된 강조는 해설자가 독자들에게 그 사건에 대한 자기의 해석이 얼마나 중요한가를 독자들로 하여금 인식하도록 전달하려고 하는 내용이다. 즉 반복은 그 사건을 이해해야 하는 중심에 있는 독자들을 '교육'하려고 하는 것이다. (2) 반복은 설득의 효과가 있다. 사건들, 인물들 그리고 주장들이 옳다고 받아들이는데 왜냐하면 알고 있는 사실을 반복해 주기 때문이다. (3) 반복의 방법은 내러티브의 내용이 의미있게 발전해 나가고 있음에도 불구하고 그 내용의 중요성을 유지해 준다. 모든 중요한 변화들이 선교적 목표를 향해 일어나고 있다. 나사렛에서 예루살렘으로 그리고 이방 세계로, 그러나 해설자(narrator)는 이 모든 움직이는 현재적 사건들 속에서도 하나님의 하나의 목적을 분명하게 그것을 지속시키려고 하는 의지를 나타내려는 것이다. (4) 내러티브

안에서 반복은 독자들의 경험 안에 있는 인물들이나 사건에서 상호 용기를 북돋아 주려고 하는 방법이다.[58)]

초대교인들은 소유를 자기 것이라고 하는 사람이 하나도 없었다고 누가는 전한다(행 4:32). 이것은 소유권 이전(移轉)을 의미한다. 이런 삶은 성령 충만 안에서 자기 소유권을 그리스도에게 양도할 때만 가능한 일이다. 이런 삶은 예수께서 "한 사람이 두 주인을 섬기지 못할 것이니……너희가 하나님과 재물을 겸하여 섬기지 못하느니라"(마 6:24)고 하신 말씀의 실천이다. 그 결과 자기의 물건을 서로 자유롭게 기쁘게 통용한다. 그런데 아무 때나 자기 물건이나 소유를 팔아 사도들 발 앞에 두었다는 뜻은 아니고, 도움이 필요한 사람이 있을 때, 도와주어야 할 필요를 느꼈을 때, 자기 소유를 팔아 나누었다는 뜻이다. 그래서 무엇을 필요로 하는 사람이 없었다고 한다(행 4:34).[59)] 이 말은 가난한 사람이 없었다는 말과는 다르다.

'가난'(ἐνδεής) 또는 '핍절하다'는 말은 '곤궁하다'는 뜻이다. 그러므로 곤궁한 사람이 없었다는 말이다. 이것은 소위 말하는 사유재산의 공유(共有)를 의미하지 않는다. 가진 자들이 없는 자들의 필요를 대신 채워준 삶의 나눔(sharing) 방법이지, 억지로 공평하게 나눈 것이 아니다. 예루살렘 교회는 가난한 교회였다. 그래서 서로 도우며 필요를 채워주며 살았다. 후에 보면, 예루살렘에 흉년이 들었을 때, 예루살렘 교회는 자체적으로 가난한 형제들을 구제할 수 없게 되었

---

58) Robert C. Tannehill, op.cit., pp. 75-77.

59) '가난'이라고 번역된 ἐνδεής는 ἐνδέω 즉 '결핍하다'는 근원에서 온 낱말로 가난하다고 번역할 수도 있으나 여기서는 문맥으로 보아 부족을 느끼는 사람이 없었다고 해야 옳은 것이다. 초대교인들 중에 가난한 이들은 많았다. 그러나 '일용할 양식'(하루에 필요한 것들)에 부족을 느끼는 사람들은 없었다는 말이다. 이들은 주기도를 실천에 옮기고 산 사람들이다.

다. 그리하여 이방 교회들의 도움을 받아야 했던 적이 있다(행 11:30; 갈 2:10; 롬 15:25).

이런 일은 재림이 곧 이뤄진다는 종말론적 기대 때문에 가능한 일이었다고 말하는 사람들이 있다. 그러나 재림이 곧 온다고 자기 소유를 그렇게 쉽게 포기하고 나눌 수 있을까? 자기 소유권을 그리스도에게 양도하지 않은 사람에게는 죽음 앞에서 남에게 베푸는 일도 어렵다. 본문의 내용은 사도행전 4장 31절의 '성령이 충만'에 이어 나온 말인 점을 기억해야 한다. 이런 삶은 성령이 충만한 공동체만이 이룰 수 있는 생활이다. 자기 모든 소유의 권한을 그리스도에게 양도했을 때만 가능한 일이다. 사도행전 4장 33에 큰 능력으로 주 예수의 부활을 증언하였다는 내용도 4장 31절에 "담대히 하나님의 말씀을 전하니라"는 내용과 연결시켜 읽어야 한다.

33절에 "증언하다"(ἀπεδίδουν τὸ μαρτύριον)라는 말이 나온다. ἀπεδίδουν은 ἀποδίδωμι의 미완료 능동형으로, '담대하게 되돌려 준다'(duly render)는 뜻을 가졌다.[60] 이 구절은 해석하기가 참 어렵다. NKJV은 "The apostlesgave witness to the resurrection of the Lord Jesus"라고 했고, NIV는 "The apostlesgave continued to testify to the resurrection of the Lord Jesus"으로 동사의 시제(時制)를 살려서 번역한 점이 좋다. 우리 개역성경과 새번역은 똑같이 "주 예수의 부활을 증언하니(였고)"로 번역했다.

그런데 궁금한 것은 누가는 왜 이처럼 일반적으로 사용하지 않는 되돌려 준다는 의미를 가진 동사를 사용했는가 하는 점이다. 주 예수의 부활에 대하여 증언으로 되돌려 준다니, 그렇게 함으로써 예수님에게 빚진 것을 갚으려고 했다는 말인지도 궁금하다. 여하튼 33절에

---

60) Barrrett, op.cit., p. 254.

서 주 예수의 부활을 증언한다고 기록함으로, 사도들의 사역이 설교로 발전하고 있는 모습을 보여준다. 사도들은 설교 사역을 계속함으로 그 사역에 심혈을 기울여야 했을 것이다. 또 교인들이 가져온 구제금들을 나누는 일에도 점점 바빠지게 되었다. 두 가지 사역 사이에서 땀을 흘리고 분주하게 움직이고 있는 사도들의 모습이 보이는 듯하다.

사도들의 설교에 큰 능력(δύναμις, power)이 함께했고, 무리가 큰 은혜를 받았다. 그 결과로 교인들의 나눔의 생활이 더욱 활발해졌고, 자기들의 토지까지를 파는 일들이 일어났다. 설교에 큰 능력이 함께 한 것은 주님의 약속이다. 더욱이 성도들이 말씀대로 살려고 노력하는 경우에 설교가 얼마나 담대해졌을까? 현대 크리스천들이 성공과 명예에 목숨을 걸고, 교회들이 성장이나 소유에 온 힘을 쏟는 한 이런 삶은 실천하기란 거의 불가능하다.

누가는 이런 공동생활의 모범이 되는 사람을 소개한다(행 4:36). 이것은 앞으로 이 사람을 통하여 이뤄질 사역을 소개하기 위한 서론이라 할 수도 있다. 이 사람이 바로 구브로에서 태어난 레위 사람, 바나바라 하는 요셉이다. 바나바란 이름은 사도들이 붙여준 별명이다. 그런데 별명이 본명보다 더 유명해진 사람이다. 그는 예루살렘 교회에 필요가 생겼을 때 밭을 팔아 사도들의 발 앞에 두었다.[61]

바나바란 이름의 뜻은 무엇일까? 왜 사도들이 그를 바나바라고 불렀을까? 개역개정판과 새번역에서는 '위로의 아들'이라고 번역하고, 영어 성경에서는 '권고(훈계)의 아들', '위로의 아들' 그리고 '격려

61) 사도들의 발 앞에 두었다는 말은 사도들의 권위를 인정하고, 재물을 사도들에게 위임한다는 뜻이다. 또 한편으로는 당시 구제금을 다루는 제도가 잘 조직되지 않았다는 의미이기도 하다(W. Neil, op.cit., p. 93) 그렇기 때문에 6장에서 이것으로 인해 예루살렘 교회에 문제가 일어난 것이다.

의 아들'(RSV)이라고 했다. 학자들 중에는 바나바가 구브로 사람인 점을 감안하여 그곳의 신(神)의 이름을 딴 '네보(Nebo)의 아들'이라 주장하기도 한다. 그러나 그가 레위인이란 점을 감안하면 사도들이 그에게 이방신의 이름을 붙여줄 이유는 없었을 것이다.

누가가 바나바란 이름을 'υἱὸς παρακλήσεως'(위로의 아들)이라고 번역한 것과 사도들이 그를 안디옥에 파송해서 교인들을 위로하고 설교하도록 보낸 점과 연결시킨다면 여기서 '위로'란 설교에 가깝다고 볼 수 있다.[62] 그렇다면 υἱὸς παρακλήσεως란 '예언자의 아들'(האובנ־דב)[63] 즉 하나님의 말씀을 전함으로 사람들을 위로하고 격려하는 사람이란 의미의 번역으로 보는 게 좋을 것 같다. 참된 위로는 하나님의 말씀으로만 될 수 있기 때문이다. 바나바가 팔아서 공동체의 유익을 위하여 내놓은 '땅'(ἀγρός, the piece of land)은 그리 크지는 않았던 것으로 보인다.[64]

본래 레위 자손은 토지(property)를 소유하지 못하게 되어 있었다(민 18:24). 그러나 이런 법은 그 이후에 휴지처럼 되었다. 그래서 제사장의 가문인 예레미아(렘 32:6-15)나 요세푸스(Life 422)도 땅을 소유하고 있었다. 더욱이 해외에 살고 있는 사람들에게 이 법은 적용되지 않았다. 그래서 바나바가 판 토지는 유대에 있는 땅일 수도 있고, 또 그의 고향 구브로(Cyprus)에 있었던 것일 수도 있다. 만약 그가 고향에 비옥한 땅을 가지고 있었다면, 그것은 유대의 토지에 비해서

62) 행 11:22-26의 교인들을 '권하다'(παρεκάλει, παρακαλέω의 직설법 미완료)는 설교와 똑같은 의미는 아니지만, 키텔 사전은 "바울 서신과 사도행전에서 권고는 하나님의 이름으로 말하는 것과 성령의 능력으로 말하는 것을 의미한다"고 했다. 키텔 단권 원어 주석, p. 592.

63) 바나바는 히브리 이름인 '바르 네부아'(예언의 아들=예언의 은사를 받은 사람)를 '위로의 아들'로 번역한 것이다. 독일성서공회해설, 용어해설 p. 22.

64) Bruce, op.cit., p. 101.

훨씬 더 큰 가치를 지니고 있었다는 사실은 의심할 여지가 없다.[65)]

존슨(Luke T. Johnson)은 "The Literary Function of Possession in Luke-Acts"(누가복음 - 사도행전에서 재산의 문자적인 기능)에서 '재산'을 인간의 존재 또는 인간의 정체성에 대한 은유로 설명한다. 유다가 밭을 산 일(행 1:18)은 그가 공동체를 떠났음을 상징한다. 다른 신자들은 그 재산을 팔아 그 판 것을 모든 사람과 공유했다(행 4:34-35). 재산의 공유는 보다 깊은 차원에 있는 성령과 하나 됨의 상징이다. 게다가 소유를 지배하는 권위는 영적인 권위이다. 예루살렘 교인들이 그들의 재산을 팔아 사도들의 발 앞에 둔 것은 사도들의 권위에 대한 그리스도인들의 복종을 상징한다.

한 사람이 재산을 처분한다는 것은 자기 자신을 처분한다는 직접적인 상징이다. "누가에게서 부(富)는 하나님이 그 사람을 인정한다는 표가 아니다. 부는 위험한 것이다. 그 부자 청년은 그의 재물과 헤어질 수 없었다(눅 18:18-23). 또 다른 부자는 어리석게도 가득 채운 창고에 자신을 맡겼기 때문에(눅 12:15-21) '어리석은 자여'라는 말을 들었다."[66)] 어니스트 베커(Ernest Becker)는 다음과 같이 지적한다. "하나님 신앙에 대한 다른 전통적인 요인들이 서구문화를 침식해 들어온 것같이, 돈은 우리의 생활 속에 신(神) 같은 자질을 가진 것처럼, 죽음 앞에서도 영구적으로 통용되는 표(票)인 것처럼 취급되고 있다."[67)]

이런 초대교회의 삶의 결과는 사도행전 5장 12-16절과 연결된다(행 2:42-46, 47절과 비교). 그런 교회 생활의 결과는 "백성이 그들을

---

65) William Neil, The Acts of the Apostles, New Century Bible, the Attic Press, 1977. p. 94. Bruce, op.cit., p. 101 참고.

66) 윌리엄, Ibid, p. 92.

67) 윌리엄, Ibid, p. 93에서 재인용

칭찬하였다. 믿는 사람들이 더욱 늘어나면서 주님께로 나아오니, 남녀 신도들이 큰 무리를 이루게 되었다"(행 5:13-14, 새번역). 아직까지도 초대교회는 전도에 대하여 적극적인 자세는 아니다. 그런 그들의 단순하면서 자신감이 넘치는 복음적 삶은 많은 사람들에게 감동을 주었다. 이들은 예수님의 부활을 믿었을 뿐 아니라 자신들이 부활된 모습으로 살았다. 그 결과 많은 사람들이 주께로 돌아왔다.

윌리엄 H. 윌리멈은 그의 주석에서 "왜 당신들은 좀더 부활된 모습으로 보이지 않는가?"라고 물으면서 이렇게 말한다.[68] "부활의 진실에 대한 가장 웅변적인 증거는 빈 무덤이나 부활주일에 진행하는 훌륭한 관현악단과 꽃수레 행렬이 아니다. 대신에 일단의 사람들의 전반적 생활이 매우 급진적으로 달라지고, 세상이 자신들의 공동체를 이루는 과정과는 전혀 다르게 변화되어 어떤 획기적인 일이 역사속에 발생했다는 말 외에는 설명이 불가능하게 된 그런 모습이다."

바나바의 헌신된 이야기는 아나니아와 삽비라의 싸늘한 이야기로 옮겨간다(행 5:1). 그 부부의 죄는 무엇이기에 그처럼 가혹하게 다뤄진 것일까? 이들의 내러티브를 읽으면 먼저 눈에 띄는 단어들이 있다. '네 마음'(행 5:3) '네가 성령을 속이고'(행 5:3), '네 땅'(행 5:4), '네 마음대로 할 수 없더냐?'(행 5:4), '네 마음에 두었느냐?'(행 5:4). 다섯 번이나 반복하는 '너'(you)란 단어이다. 이것은 아나니아와 삽비라가 토지를 예루살렘 교인들의 생각과는 달리(행 4:32), 자기 것이라는 강한 의식을 가지고 있었다는 것을 말한다. 또 이 부부의 행위는 바나바의 헌금에 이어 나온 이야기이다.

이들의 이야기가 바나바 이야기에 이어 나온 것을 보면, 이 사건이

68) Ibid, p. 89.

바나바와 관계가 있다는 것을 암시한다. 바나바가 바른 헌신과 헌금의 바른 모범을 보여준 예라면 아나니아는 잘못된 헌금으로 비극에 직면하게 된 사람의 실례(實例)이다. 아나니아의 비극적 내러티브를 해석해 줄 만한 자료는 전혀 없다. 단지 바나바 다음에 나오는 내용으로 보아 아나니아가 헌금하게 된 것에는 바나바의 영향, 즉 바나바가 헌금하는 것을 보고 자극을 받아 자기도 땅의 일부를 팔아서 하나님께 드리기로 결심한 후 땅을 팔았는데, 그날 밤 문제가 생겼다는 것을 상상하게 해준다.

두 사람은 처음부터 함께 의논했다(행 5:1). 누가는 아나니아가 삽비라와 함께 재산을 팔았다는 말로 시작한다.[69] 누가는 '자기 부인인 삽비라와 함께'라는 말을 첨가해 넣음으로 부부가 뭔가를 함께 의논한 듯한 느낌을 주고 있다. "삽비라와 함께 더불어 소유를 팔아"(행 5:1)에서 "더불어"(σὺν)란 말이 강조되고 있다. 이 말은 삽비라의 동의하에 팔았다는 의미이다. 또 이것은 2절에 "그 값에서 얼마를 감추매 그 아내도 알더라"[70]는 말과 연결되어 이들이 처음부터 뭔가를 함께 의논하면서 이뤄진 일이란 듯한 암시를 강하게 주고 있다.

바나바의 경우, 그가 밭이 있으매 팔아 값을 가지고 사도들의 발 앞에 두었다(행 4:37)는 표현은 어떤 일이 거침이 없이 일사천리로 진행되었음을 느끼게 한다. 그러나 아나니아의 경우(행 5:1-2)는 바나바와 비교하면 뭔가 어두운 그늘이 덮여 있는 느낌을 준다.

그렇다면 이들 부부는 처음부터 무엇을 의논한 것일까? 이들은 일부를 감추고 나머지 일부를 사도들 앞에 놓으면서 전부를 가져왔

---

69) 아나니아란 이름의 뜻은 구약성경의 Hananiah와 같은 이름으로 '하나님은 은혜로우시다', 삽비라란 이름의 뜻은 아람어로 '아름답다'이다.

70) 그 아내도 '알았다'(συνειδυίης καὶ τῆς γυαικός)는 동사는 분사 완료 직설법으로 그녀도 '알고 있는'(having known) 상태를 강조하고 있다. 그녀와 함께 의논했고, 모든 사실을 그녀도 알고 있었다.

다고 했다. 여기서 강조된 것은 땅 값 얼마를 감추었다는 말이다(행 5:2). '얼마를 내었느냐?'가 아니다. 그렇다면 이들이 '감춘' 이유는 무엇일까? 이것도 바나바와 관계가 있을 것이다. 일부를 내놓고 전부를 바친 것처럼 인정받기를 원했다는 점이다. 이것은 위선이다. 아니면서 그런 것처럼 인정을 받으려는 마음은 교회 공동체를 속인 것이고 성령을 속인 것이다. 루크 존슨(Luke T. Johnson)은 아나니아와 삽비라의 죄(행 5:1-11)가 심각한 이유는 재산을 다시 움켜쥐면서 그들은 성령과의 연합을 조롱하고 사도들의 권위에 도전한 것이다.

'감추었다'(ἐνοσφίσατο)는 단어는 여호수아 7장 1절 이하에 나오는 아간의 이야기에 그가 몰래 감추었다는 70인역과 똑같은 단어이다. 누가는 아간의 경우와 똑같은 단어를 사용함으로 아나니아와 삽비라의 행위가 아간의 행동과 비슷하다는 인상을 주고, 동시에 아간의 경우가 가나안 땅에 들어가려는 입구에서 있었던 일이라면 이 부부의 사건은 예루살렘 교회가 막 출발한 시기와 유사점이 있음을 시사하고 있다. 이렇게 보면 이들은 자기 중심의 신앙에서 벗어나지 못하고 있는 사람들이다. 성령을 통한 그리스도 중심의 신앙이 아니다. 사탄이 아나니아의 마음에 가득했다(행 5:3). 또 위선(hypocrisy)을 통하여 자기들의 믿음을 인정받고, 바나바와 동일한 칭찬을 받으려고 했던 부부이다. 이들은 성령을 속였고, 사도들을 속였고, 교회를 속였다.

쿰란 공동체(Qumran Community)에서는 의도적으로 '재산'에 대하여 거짓말하는 것은 '거룩한 식사'를 1년간 참여할 수 없도록 금지하는 것과 식량 분배시 4분의 1로 줄이도록 조치했지만 사형은 포함시키지 않았다.(IQS 6.24-25). 그러나 아나니아와 삽비라의 경우는 순수한 믿음의 공동체에 위선적 믿음을 심게 될 행위에 대한 단호한 처벌이라고 생각된다.

아나니아의 경우엔 뉘우칠 기회도 주지 않았다(행 5:4, 5). 그러나 세 시간 후에 온 그의 아내에겐 기회를 주었다(행 5:8). 베드로의 "그대들이 판 땅 값이 이것뿐이오(τοσούτου)?"라는 질문에 그녀는 "예, 이것뿐이라(τοσούτου)"고 분명하게 대답했다. τοσούτου라는 단어는 값에 대해서는 "그렇게 많은 값"(for so much)이란 뜻을 지닌다.[71] 이렇게 해석한다면 베드로는 그녀가 일부를 감추고도 많은 액수를 바친다고 마음으로 생각하고 있는 바를 확인시켜 주는 역설적 질문을 했다고 볼 수 있다. 결국 아나니아와 삽비라의 혼이 떠났다.[72]

헨헨은 "만약 이 사건을 현대의 심리학적 개념으로 설명하려 한다면 이 구절의 본래 의미를 놓치게 될 것이다. 즉 아나니아는 쇼크로 인한 허탈 상태가 원인이 되어 죽은 것이 아니라 사도 베드로의 입을 통하여 말씀하시는 하나님이 심판을 내리신 것이다. 그리고 이런 맥락에서 보아야 '이 말을 들은 사람들이 크게 두려워했다'는 것도 이해가 된다"고 했다.[73] 두 사람이 죽은 사실을 자세하게 적은 이유는 교회 내부로부터 일어나는 성령을 대적하는 위선적 신앙이 얼마나 무서운가를 강조하는 의미가 크다.

아나니아와 삽비라의 끔찍한 이야기를 끝내면서, 사도행전에서는 처음으로 '교회'라는 말을 사용한다(행 5:11). 교회(εκκλησίαν)란 용어는 헬라인들에게는 주로 헬라 도시의 시민들의 모임에 사용하였고(행 19:32, 39, 41), 구약에서는 하나님의 백성으로서 이스라엘의 모임이나 회중을 의미하였다(신 9:10; 호 8:35). 누가는 교회 공동체가 새

71) 박창환, 성서헬라어사전, 기독교서회, p. 415.

72) 아나니아와 삽비라의 혼이 떠나다(행 5:5,10)는 'ἐξέψυξεν'을 스데반의 ἐκοιμήθη(He fell asleep, 행 7:60)과 비교해 보라. 왜 누가는 두 사람은 혼이 떠나고(ἐξέψυξεν은 ἐκψύχω의 직설법 단순과거), 스데반은 그의 영(πνεῦμα)이 잠들었다고 표현했을까? 헨헨은 "아나니아와 삽비라는 마지막 날에 그들의 영(πνεῦμα)이 구원될 것을 약속받고 죽은 것이 아니다"고 한다. 헨헨, op.cit., p. 373.

73) 헨헨, Ibid, p. 370.

이스라엘로서 참된 하나님의 백성의 연속성을 이어간다는 의미로 교회란 용어를 사용하기 시작한다.

12절에서는 베드로와 요한을 지칭하지 않고 사도들(Apostles)이라고 말한다. 사도들의 활동이 본격적으로 시작되고 예루살렘 교회의 복음 전파 사업도 활발해지기 시작하였다. 사도들을 통하여 백성들 사이에서 표적과 기사가 많이 일어나고 있었다(행 5:12, 16). 이런 표현은 사도행전 4장 29-31절과 연결해서 읽어야 한다. 담대히 하나님의 말씀을 전하게 해주시고, 표적과 기적이 일어나게 해달라고 간구했던 초대교회의 기도의 결과로 얻어진 현상이다. 또 바나바와 아나니아, 삽비라의 일로 그리스도인들이 하나님의 임재를 경험한 결과이다.

표적(σημεῖα, sign)과 기사(τέρατα, wonders)가 많이 일어난 만큼 말씀이 널리 전파되고 그만큼 믿는 사람의 수가 점점 많아졌다. 특별히 누가는 사도들의 손을 거쳐 많은 표적과 놀라운 일들이 일어나고, 그리스도인들은 솔로몬 행각에 모였다. 초대교회는 아직도 성전 안의 솔로몬 행각에서 모임을 계속하고 있다(행 3:11, 5:12). 행각이란 여러 기둥으로 받쳐진 회랑을 말하는데, 누가 당시의 독자들은 누가나 사도들이 고대 그리스의 철학자들처럼 그 안에서 가르치던 모습을 생생하게 그려볼 수 있었다.[74] 초대교회는 솔로몬 행각에서, 그리고 가정 집에서 계속해서 열심히 모이고 있었고, 사도들의 활동도 적극적으로 확대되기 시작하였다.

솔로몬 행각에 점점 많은 그리스도인들이 모이면서 구경꾼들도 많아지기 시작한 것 같다. 거기 모인 백성들(ὁ λαός)이 처음에는 그리스도인들을 두려워하여 "참여하지 못했고",[75] 그러나 곧이어 백성

74) 헨헨, Ibid, p. 381.

75) "참여하다"는 말은 "8:29에서처럼, 그리스도교 공동체에 입교한다는 뜻이 아니라 단지 공간적으로 접근한다는 뜻이다." "종교적 두려움이 이 그리스도인들의 무

들은 그리스도인들을 계속하여 칭송했다(ἐμεγάλυνεν, 미완료 직설법). 누가는 교회 공동체와 백성들과의 관계에 대하여 사도행전 2장 47절에서부터 6장 12절까지 꾸준히 관심을 보여왔고, 그들의 반응을 전해주고 있다. "온 백성에게 칭송을 받으니"(행 2:47), "이는 모든 사람(백성)이 그 된 일을 보고 하나님께 돌림이라"(행 4:21, 5:13, 26). 이런 백성들의 지지는 스데반 사건이 불거지기까지 계속되었다.[76]

백성들의 이런 관심과 지지는 자연히 교회 성장과 연결되어 있다. 백성들의 관심과 지지가 없이는 교회 성장은 기대할 수 없기 때문이다. 스데반 순교 전까지 교회는 계속해서 성장했다. 전도는 백성들이 크리스천들의 삶을 보고 자연스럽게 가지는 감정이지, 크리스천들이 그들에게 자신들을 좋아하도록 강요할 수는 없다. 누가는 이 사실을 은연중에 강조하고 있다. 백성의 관심을 잃어버리는 것은 곧 교회가 시들어가고 있다는 사실임을 누가는 우리에게 일깨워주고 있다.

사도행전 5장 12-16절의 내용은 누가복음 6장 17-19절에 나오는 예수님의 모습과 비슷하다. 예수님을 따르는 무리들이 큰 무리를 이루었다(눅 6:17), "믿고 주께로 나아오는 자가 더 많으니 남녀의 큰 무리더라"(행 5:14). 이들은 예수의 말씀도 듣고 자기들의 병도 고치고자 하여 몰려온 사람들이다(눅 6:17상). 심지어 병든 사람을 메고 거리에 나가 침대와 요 위에 누이고(행 5:15상) 악한 귀신에게 고통당하던 사람들은 고침을 받았다(눅 6:18하). "더러운 귀신에게 괴로움 받는 사람을 데리고 와서 다 나음을 얻으니라"(행 5:16하), 온 무리가

리를 마치 보호하듯이 둘러싸고 있다." 헨헨, Ibid, p. 381.

76) 누가는 백성들이 예수님에게 지지를 보이고 유대 지도자들로부터 예수님을 지켜주었다(눅 19:47-48, 20:19,26, 21:38)는 사실을 강조했다.

예수에게 손이라도 대보려고 애를 썼다(눅 6:19상). "베드로가 지날 때에 혹 그의 그림자라도 누구에게 덮일까 바라고"(행 5:15하). 예수 때문에 능력이 나와서 그들을 모두 낫게 하였다(눅 6:19하).

6. 사도들이 다시 감옥으로(행 5:17-42)

17) 대제사장과 그와 함께 있는 사람 즉 사두개인의 당파가 다 마음에
시기가 가득하여 일어나서 18) 사도들을 잡아다가 옥에 가두었더니 19)
주의 사자가 밤에 옥문을 열고 끌어내어 이르되 20) 가서 성전에 서서
이 생명의 말씀을 다 백성에게 말하라 하매 21) 그들이 듣고 새벽에 성전에
들어가서 가르치더니 대제사장과 그와 함께 있는 사람들이 와서 공회와
이스라엘 족속의 원로들을 다 모으고 사람을 옥에 보내어 사도들을 잡아오
라 하니 22) 부하들이 가서 옥에서 사도들을 보지 못하고 돌아와 말하여
23) 이르되 우리가 보니 옥은 든든하게 잠기고 지킨 사람들이 문에 서
있으되 문을 열고 본즉 그 안에는 한 사람도 없더이다 하니 24) 성전 맡은
자와 제사장들이 이 말을 듣고 의혹하여 이 일이 어찌 될까 하더니 25)
사람이 와서 고하되 보소서 옥에 가두었던 사람들이 성전에 서서 백성을
가르치더이다 하니 26) 성전 맡은 자가 부하들과 같이 가서 그들을 잡아왔
으나 강제로 못함은 백성들이 돌로 칠까 두려워함이러라 27) 저희를 끌어
다가 공회 앞에 세우니 대제사장이 물어 28) 이르되 우리가 이 이름으로
사람을 가르치지 말라고 엄금하였으되 너희가 너희 가르침을 예루살렘에
가득하게 하니 이 사람의 피를 우리에게로 돌리고자 함이로다 29) 베드로
와 사도들이 대답하여 이르되 사람보다 하나님께 순종하는 것이 마땅하니
라. 30) 너희가 나무에 달아 죽인 예수를 우리 조상의 하나님이 살리시고
31) 이스라엘에게 회개함과 죄 사함을 주시려고 그를 오른손으로 높이사
임금과 구주를 삼으셨느니라 32) 우리는 이 일에 증인이요 하나님이 자기
를 순종하는 사람들에게 주신 성령도 그러하니라 하더라 33) 그들이 듣고
크게 노하여 사도들을 없이하고자 할새 34) 바리새인 가말리엘은 교법교
사로 모든 백성에게 존경을 받는 자라 공회 중에 일어나 명하사 사도들을
잠깐 밖에 나가게 하고 35) 말하되 이스라엘 사람들아 너희가 이 사람들에
게 대하여 어떻게 하려는지 조심하라 36) 이 전에 드다가 일어나 스스로
선전하매 사람이 약 사백 명이나 따르더니 그가 죽임을 당하매 따르던

사람이 흩어져 없어졌고 37) 그 후 호적할 때에 갈릴리 유다가 일어나
백성을 꾀어 따르게 하다가 그도 망한즉 따르던 사람이 다 흩어졌느니라
38) 이제 내가 너희에게 말하노니 이 사람들을 상관하지 말고 버려 두라
이 사상과 이 소행이 사람으로부터 났으면 무너질 것이요 39) 만일 하나님
께로부터 났으면 너희가 그들을 무너뜨릴 수 없겠고 도리어 하나님을 대적
하는 자가 될까 하노라 하니 40) 그들이 옳게 여겨 사도들을 불러들여
채찍질하며 예수의 이름으로 말하는 것을 금하고 놓으니 41) 사도들은 그
이름을 위하여 능욕받는 일에 합당한 자로 여기심을 기뻐하면서 공회 앞을
떠나니라 42) 그들이 날마다 성전에 있든지 집에 있든지 예수는 그리스도
라고 가르치기와 전도하기를 쉬지 아니하니라

초대교회의 기도(행 4:23-31)의 결과로 예루살렘 교회에는 새 신자들로 넘쳐나게 되었고, 또 가난한 신자들을 돕기 위하여 자기 땅이나 소유의 일부를 팔아 사도들 앞에 바치는 사람들이 일어났다. 사도들의 손을 거쳐 많은 기적과 이적들이 백성들 가운데서 일어났다. 놀라운 기적을 동반한 담대하고 능력있는 말씀 전파는 사도들로부터 스데반(행 6:8-10), 빌립(행 8:4-7), 그리고 바울(행 9:27-29, 14:3)에게까지 이어져갔다.

그런데 교회가 성령으로 충만할수록 대제사장들과 사두개인들의 마음에 시기가 가득하게 되었다. 성령으로 충만한 삶과 대조적으로 그들은 시기로 충만해졌다. 산헤드린은 대제사장들과 바리새인들이 결탁한 것으로 나오는데, 여기서는 대제사장들과 사두개인들이 결탁했다. 왜 그랬을까? 사두개파 사람들은 유대 귀족이었다. 백성들은 그들을 좋아하지 않았지만, 이스라엘에서 이들은 매우 중요한 사람들이었다. 이들은 자기들의 이익을 위해서는 로마와도 결탁하기를 서슴지 않았던 사람들이었다. 이들은 정치적 혼란을 원하지 않았다. 그렇게 되면 권력과 명성과 재산을 잃어버리게 되기 때문이다. 대제사장과 사두개파가 결탁했다는 것은 그리스도인들이 이미

그들에게 위협적인 존재로 부각되기 시작했다는 것을 말한다.

사도들은 결국 다시 구속당하고 말았다. 초대교회의 활동을 보면서 더 이상 견디기가 어려웠던 것 같다. 학자들 중에는 본문의 사건을 사도행전 4장 1-22절에 나오는 사건의 반복이라고 보기도 한다. 누가는 앞에 나온 사건의 후속편으로 이 사건을 소개한다. 여기서는 모든 사도들이 다 감옥에 갇혔다. 사도행전 5장 12절부터는 특별한 사도들의 이야기가 아니라, 모든 사도들의 이야기로 넓어졌다. 그리고 이번에는 앞서의 재판에서 경고한 내용을 지키지 않았다는 죄목으로 갇혔다. 구속 당시에는 "사두개인의 당파가 다 마음에 시기가 가득하여" 구속했다고 했다(행 5:17). 그러나 실제 죄목은 28절의 재판 과정에서 드러난다.

"우리가 그대들에게 그 이름으로 가르치지 말라고 엄중히 명령하였거늘, 그대들은 그대들의 가르침을 온 예루살렘에 퍼뜨렸으니, 그대들은 그 사람의 피에 대한 책임을 우리에게 씌우려 하고 있소"(28절)

이 기소 내용을 보면 세 가지 죄목이 나온다. 사도행전 4장 18절에서 "예수의 이름으로 아무에게도 말하지 말라"고 엄히 경고했는데, '그 이름으로' 가르치므로 법을 여긴 것이고, "말하지도 말고 가르치지 말라고" 엄히 경고했는데, '가르쳤다'고 한다.[77] 더욱이 '그 사람'의 피에 대한 책임을 우리에게 씌우려 하고 있다고 했다(28절).

28절에서 예수님에 대한 지칭도 '그 이름'(ἐπὶ τῷ ὀνόματι), '이 사람'(ἀνθρώπου τούτου)이라고 언급할 뿐 예수의 이름을 입 밖에 내지 않는다. 그 이름을 입에 담는 것마저도 싫어했다. 사도들이 갇힌 곳은 일반 감옥(public jail)이다. 왜 누가는 일반 감옥이라고 밝히는 것일까? 감옥에서 일어난 일은 감옥에 갇혀 있던 모든 사람들이 공

77) 헬라어에는 "그의 이름으로 가르치지 말라"고 했는데, 제자들의 가르침이 예루살렘에 가득 찼다는 뜻이다.

공연히 알고 있는 사실이라는 것을 암시하는 것인지도 모른다.

다음날 산헤드린이 소집되었다. 의회는 상당히 규모가 큰 모임이었다(행 5:17). 4장에서 베드로와 요한을 재판할 때의 규모보다는 작으나, 사두개인들이 적극적으로 참여한 것이 다르다. 이들은 위엄을 갖추고 감옥에 있는 사도들을 끌어오라고 명령을 내렸다. 그런데 감옥에 갔다 온 사람들의 보고에 의하면 죄수가 없다는 것이었다. 지키고 있었던 간수들도 그대로, 감옥 문도 그대로 단단히 잠겨 있는데, 문을 열어보니 그 안에는 아무도 없다고 했다. 아마 사도들을 한 방에 가두었던 것 같다. 누가는 감옥 안에서 지난 밤에 어떤 일이 있었는가를 5장 19-21절에서 밝히고 있다.

주의 천사가 감옥 문을 열고, 그들을 밖으로 데리고 나와서 "가라, 성전에 서서 이 생명의 말씀을 온 백성들에게 말하라"고 하였다. 감옥 문을 열어준 '주의 천사'(ἄγγελος δὲ κυρίου: the angel of the Lord or an angel of the Lord)는 단순한 '메신저'라는 뜻이라고 한다(히브리어의 malák). ἄγγελος는 구약이나 신약에서 하나님의 영적 메신저로 일반적으로 사용하는 용어이다.[78] 사도들은 새벽에 성전에 들어가 있었다. 25절에 보면, 성전에서 백성들을 가르치고 있었다.

감옥은 비었고, 사도들은 성전에서 백성들을 가르치고 있다는 소식을 들은 성전 경비대장[79]과 대제사장들은 이 말을 듣고서, "대체 이 일이 앞으로 어떻게 될까 하고, 사도들의 일로 당황하였다"(24절:

---

78) Bruce, op.cit., p. 110.

79) 예레미아스에 의하면, 성전 경비대장은 대사제 다음으로 높은 사제였다. 성전 경비대장은 축제 제의 때 대사제를 도왔고, 대사제의 오른쪽 귀빈석에 앉았다는 점에서 드러난다. 동시에 그는 대사제의 오른쪽에 앉아서 대사제가 제의를 올바르게 거행하는지를 감독했던 것 같다(p. 213) 성전 경비대장을 지내지 않았던 사람은 대사제로 임명되지 않았다(p. 214). 서열상으로, 성전 경비대장 아래에는 주간 당직 사제들의 통솔자 24명과 일직 사제들의 통솔자들이 있었다(p. 216). "예수 시대 예루살렘"에서.

새번역). 헨헨은 "우스울 정도로 난처한 상황에 처하여 실망하는 모습을 묘사하고 있다"고 했다.[80] 성전 경비대원들은 더욱 당황했을 것이다. 죄수를 지키지 못한 책임을 져야 했기 때문이다.

사도들은 성전으로부터 끌려 왔다(행 5:26). 그러나 성전 맡은 자들은 사도들에게 폭력을 쓰지 못했다. 백성들에게 돌을 맞을까 봐 두려웠기 때문이다. 대제사장들의 심문이 시작되었다. 베드로의 대답은 변함이 없다. "사람에게 복종하는 것보다, 하나님께 복종하는 것이 마땅합니다"(29절: 새번역). 사도들을 대표해서 베드로가 대답했을 것으로 본다. 이 말은 베드로가 사도행전 4장 19절에서 "너희의 말을 듣는 것이 하나님의 말씀을 듣는 것보다 옳은가 판단하라"고 했던 것과 동일한 말이다. 베드로의 설교는 예수 그리스도의 십자가와 부활에 집중한다.

• **"너희가 나무에 달아 죽인 예수"**(행 5:30): 이것은 유대 지도자들이 예수 믿는 자들을 박해하는 이유였다. 율법에 "나무에 달린 사람은 하나님께 저주를 받은 사람이기 때문이다"(신 21:23)라고 기록되었기 때문이다. 그러나 베드로는 유대 종교 지도자들이 저주 받았다고 주장하는 예수님을 우리 조상의 하나님이 살리셨다고 말한다(행 5:30). 그뿐 아니라 그를 오른손으로 높이사 임금과 구주로 삼으셨다(행 5:31)고 말한다.[81] 우리 조상(our fathers)의 하나님이 의롭다고 한 사람을 저주 받았다고 하지 말라고 베드로는 그들에게 간접적으로

---

80) 헨헨, op.cit., p. 387.

81) 31절:"임금과 구주"(ἀρχηγὸν καὶ σωτῆρα),"하나님께서 다윗을 그들의 임금으로 일으키신 것처럼 예수님을 그들의 메시아가 되도록 최근에 일으키셨다"(3:26절 참조)는 뜻으로 해석한다. Bruce, op.cit., p. 112.

경고하고 있는 것이다.

하나님께서 예수님을 이처럼 살리시고, 높이신 이유는 이스라엘이 회개를 하고 죄 사함을 받게 하기 위해서(행 5:31)라고 했다. 베드로는 유대 지도자들을 향하여 예수 그리스도를 죽인 잘못을 시인하고 회개하고 죄 사함을 받으라고 권하고 있는 것이다. 베드로와 사도들은 예수님이 살아나시고, 지금도 메시아로 왕으로 일하고 계시는 것에 증인이고, 성령도 역시 증인이시라고 한다. 오순절의 성령 임재와 성전에서 앉은뱅이를 일으키고, 표적과 기사를 행하였던 모든 것(행 4:12-17)은 성령이 하신 일이란 사실을 말한다. 요한복음 15장 26절에는 성령과 제자들이 예수님의 증인이 될 것이라고 예언하셨다. 여기서 성령은 하나님이 자기에게 순종하는 사람들에게 주신다고 하였다(행 5:32).

이 말을 들은 그들은 사도들을 죽이려고 했다. 베드로는 율법을 부정하기 때문이었다. 그때 유대 나라에서 존경받는 랍비 가말리엘이 일어났다(행 5:33). 그는 당대에 가장 위대한 랍비요, 특별히 탁월한 바리새인의 지도자였다. 가말리엘은 바울이 그의 제자였다는 것을 언제나 당당하고 자랑스럽게 말했던 바로 그 사람이다.[82] 당시에 산헤드린의 다수는 사두개인이 차지하고 있고, 바리새인들은 소수(minority)였지만 바리새인들의 동의 없이는 그 어떤 것도 결정할 수 없었다. 바리새인들은 사두개인들보다 백성들에게 존경을 받고 있었기 때문이다. 그래서 바리새인의 반대를 거절하는 일이 얼마나 불리한 일인가를 사두개인들은 알고 있었다.[83]

---

82) 가말리엘이 회의에서 이런 발언을 했을 때, 바울(사울)은 그의 제자로 연구를 하고 있었을까, 아니면 졸업을 하고 사회에서 일하고 있을 때인가를 상상해보자. 이때는 바울이 다메섹에서 예수님을 만나던 시기 바로 전이다.

83) Bruce, op.cit., p. 114. 가말리엘은 힐렐(Hillel)의 제자요, 스승의 자리를 계승했다고 한다. 힐렐은 "하나님의 법의 정수를 세속적 목적을 위해 사용하는 자는 멸망하

가말리엘은 휴정(休廷)을 요구하였다(행 5:34). 그리고 사도들을 잠깐 밖으로 내보낸 후 의원들에게 이 사람들에게서 손을 떼라고 말한다. 이들의 사상과 소행이 사람에게서 났으면 무너질 것이요, 만일 하나님께로부터 났다면 너희가 그들을 무너뜨릴 수 없겠고, 도리어 하나님을 대적하는 사람이 될까 두렵다고 했다. 그는 이전에 있었던 갈릴리 사람 유다의 예를 들었다.

가말리엘은 "사람보다 하나님께 순종하는 것이 마땅하니라"(행 5:29)고 했던 베드로의 말에 동의한 셈이다. 가말리엘은 죽으면서 "토라의 영광은 끝났다. 그리고 정결(purity)과 분리(separateness: 바리새인의 구별됨을 뜻하는 듯)도 끝났다"라고 말했다고 한다.[84] "가말리엘의 권고는 그리스도인들을 내버려두어 그들이 어떻게 되는지를 세상이 보게 하라는 것이었다. 이 권고는 교회들의 적들을 향한 누가 자신의 호소이기도 하다. 그리고 그 호소는 사도행전의 맨 끝에 나오는 '금하는 사람이 없었더라'로 요약된다.[85]

온 산헤드린은 가말리엘의 제안에 동의하고, 사도들을 불러다가 심히 때리고 "예수의 이름으로 말하지 말라"고 명령하고 놓아준다(행 5:40). 사도들은 예수님의 이름으로 능욕받는 일에 합당한 자로 여기심을 기뻐하면서 공회 앞을 떠났다. '능욕받는 일'이라는 뜻의 ἀτιμασθῆναι는 '모욕을 당하다'(ἀτιμαζάω)의 제1부정과거 수동태 부정사이다. 그런 모욕을 당하는 일을 가치있게 생각하고 기뻐했다는 말이다. 윌리엄은 "사도들은 그 이름을 위하여 능욕받는 일에 합당한 자로 여기심을 기뻐하면서(행 5:41), 자기네 지도자 되신 분과

고야 말리라"고 했다. 서기관들은 샴마이 학파(house of Shammai)와 힐렐 학파(house of Hillel), 두 개의 파벌로 나누어져 있었다. "초대기독교역사", p. 42.

84) Bruce, Ibid, p. 115.

85) 윌리엄, op.cit., p. 99

경쟁이라도 하듯이 그러했다"고 해석한다.[86] 시험 중에 예수와 줄곧 함께한 그들(눅 22:28)은 지금 자신들이 받는 시련을, 이제는 높은 곳에 계신 그들의 지도자에 이끌리어 통과하고 있다.

그리고 "이들은 날마다 성전에서, 그리고 이 집 저 집에서 쉬지 않고 가르치고, 예수가 그리스도임을 전하였다." "예수는 그리스도"(τὸν Χριστὸν Ἰησοῦν), 이 말은 유대 지도자들이 가장 싫어하는 말이었다. 그런데도 예수는 그리스도란 사실을 쉬지 않고 전파하였다. 이것은 초대교회 설교의 핵심이었다. 가말리엘이 감옥문을 열어주자, 그들은 이 기회를 최대한으로 활용하고 있다. 사도들은 '사람보다 하나님께 순종하는 것이 마땅하다'고 주장한 것을 끝까지 지켜갔음을 말해준다.

7. 예루살렘 교회에 불거진 갈등(행 6:1–7)

> 1) 그 때에 제자가 더 많아졌는데 헬라파 유대인들이 자기의 과부들이 매일의 구제에 빠지므로 히브리파 사람을 원망한대 2) 열두 사도가 모든 제자를 불러 이르되 우리가 하나님의 말씀을 제쳐 놓고 접대를 일삼는 것이 마땅치 아니하니 3) 형제들아 너희 가운데서 성령과 지혜가 충만하여 칭찬 받는 사람 일곱을 택하라 우리가 이 일을 그들에게 맡기고 4) 우리는 오로지 기도하는 일과 말씀 사역에 힘쓰리라 하니 5) 온 무리가 이 말을 기뻐하여 믿음과 성령이 충만한 사람 스데반과 또 빌립과 브로고로와 니가노르와 디몬과 바메나와 유대교에 입교했던 안디옥 사람 니골라를 택하여 6) 사도들 앞에 세우니 사도들이 기도하고 그들에게 안수하니라 7) 하나님의 말씀이 점점 왕성하여 예루살렘에 있는 제자의 수가 더 심히 많아지고 허다한 제사장의 무리도 이 도에 복종하니라

사도행전 6장 1-6절은 사도행전 4-5장에 걸쳐 나오는 사도들의

---

86) Ibid, p. 100.

투옥사건과 7장에 기록된 스데반의 죽음 사이에 끼어 있다. 이처럼 교회를 위협하는 세력이 점점 교회를 향해 좁혀오는데 일어난 사건으로 기록해 놓은 것은 예루살렘 교회 안에서 일어난 이 사건을 새로운 교회의 조직을 여는 출발점으로 소개하고 있기도 하지만, 이 사건을 두 박해 중간에 끼워둠으로써 이 사건이 얼마나 심각한 문제였는가를 보여주기도 한다. 지금까지 교회는 한마음과 한뜻이 되어 움직이고 있음을 누가는 강조해 왔다(행 2:46, 4:32, 5:12). 그런데 그런 교회 안에서 충돌이 일어난 것이다.

문제의 발단을 누가는 "그때에 제자가 더 많아졌기"(행 6:1) 때문인 것으로 시작한다. '많아졌다'(πληθυνόντων)는 단어는 πληθύνω의 현재능동태 분사이다. 이 단어는 출애굽기 1장 7절의 70인역에서 하나님의 은혜로 이스라엘 백성이 번성했다(πληθύνω)고 할 때 사용한 단어이다. 그러니까 예루살렘 교인의 수가 갑자기 폭발적으로 증가한 것을 말한다.[87] 그 결과로 헬라파 과부들이 매일 구제에 빠졌다는 것이었다.[88]

'매일 구제'(ἐν τῇ διακονίᾳ τῇ καθημερινῇ)란 두 가지 의미를 갖는다. 하나는 매일 여러 집에서 나누던 공동식사(agape meal)를 의미하기도 하고, 또 하나는 가난한 사람들이나 과부들에게 매일 나눠주는 구제금이나 물품을 의미한다.[89] 본문의 6장 2절에 '식탁을 섬긴다'는 말도 본래 식탁은 음식을 나누는 자리이지만, 때로는 돈이나 물품을 바꿀 때도 사용되었기 때문에 반드시 음식을 나누는 것이라

---

87) Robert C. Tannehill, Ibid, p. 82.

88) '빠졌다'(παρεθεωροῦντο)는 동사는 미완료 직설법 수동형으로 이전부터 계속해서 빠져온 것을 말한다.

89) William Neil. op.cit., p. 102. H. C. MacGregor는 여기에 성만찬을 덧붙인다. 그리고 초대교회는 공동식사나 성만찬을 통하여 어려운 이들을 도왔다고 한다. H. C. MacGregor, op.cit., pp. 88-89.

고 생각할 수는 없다.[90] 본문의 맥락을 따라가 보면 매일 먹는 식탁에 헬라파 과부들이 빠지게 된 것은 상상할 수 없기 때문이다.

초대교회는 과부들의 명단을 만들어 특별히 그들을 존경하고 돌봐 주었는데(딤전 5:9), 이번 경우엔 헬라파(Hellenists) 과부들 몇이 명단에 빠졌든지, 아니면 히브리파(The Hebrews) 과부의 경우에 비하여 차별 대우를 받았든지(그들이 생각할 때) 했을 것이다. 헨헨은 렌그스토프(K. H. Rengstorf)의 말을 인용하여 "많은 경건한 유대인들이 노년기가 되면 거룩한 도시에 묻히기 위해 예루살렘으로 이주했기 때문에 과부들의 수가 많아졌다"고 한다.[91] 그렇다면 그런 과부들이 갑자기 많아지면서 이런 일들이 일어났다고 추측할 수도 있다.

일부 학자들은 이런 구제방법은 유대전통을 따른 것이라고 한다. 그러나 헨헨은 그리스도인들은 유대교의 구제와는 다른 빈민구호조직을 이미 가지고 있었다고 주장한다. "이것은 그들이 유대교 공동체로부터 더 이상 구호를 받을 수 없게 되었을 때에야 비로소 필요했을 것이고, 따라서 이것은 예루살렘 교회 초기부터 상당히 오랜 기간 발전해 왔고, 초기 그리스도인들이 유대교 공동체로부터 소외를 당하고 있었다는 것을 전제하기도 한다."[92] 여하튼 교회 안에 갈등이 불거졌다.

본문에서 이상한 점은 과부들이 매일 구제에서 빠졌는데 헬라파 사람들이 일어나 불평하기 시작하였고, 이들이 사도들에게 불평한

---

90) H. C. MacGregor, Ibid, p. 89.

91) 헨헨, op.cit., p. 403.

92) Ibid. p. 403. "유대교에는 두 종류의 빈민구제가 있었다. 1)지역의 가난한 사람들은 매주 금요일마다 세 명의 구호자로부터 14끼에 해당하는 돈을 받았다. 그 돈은 그 지역 거주민들 중 두 명의 구호자에 의해 미리 '상자' 속에 모금된 것이었다. 2)일시적으로만 나타나는 빈자들인 낯선 사람들은 매일 '사발'에다 음식물을 받았다. 이것은 미리 세 명의 구호자들이 집집마다 돌며 모아온 것이었다. 그런데 본문의 '매일 구제하는 일'은 이 둘 중의 어느 것에도 해당되지 않는다."

것이 아니라 히브리파 사람들에게 불평을 터뜨렸다는 점이다. '불평'(γογγυσμὸς)이라는 이 단어는 마태복음 20장 11절에 포도원 농부들이 임금 때문에 불평했다는 것과 동일한 단어이다. 불평은 헬라파 과부의 구제 문제에서 발단됐는데, 그것이 헬라파와 히브리파의 갈등처럼 보인다는 점이다. 본문에 나타난 바로는 문제가 그리 간단한 게 아니었던 것으로 보인다. 그렇다면 왜 이런 문제가 일어났을까?

누가는 아무런 설명도 없이 헬라파와 히브리파에 대한 소식을 갑자기 소개하면서(행 6:1) 불거진 문제를 소개했다. 초창기 예루살렘에 있는 교회 공동체는 헬라파와 히브리파를 모두 포함하고 있었다. 헬라 가운데 많은 사람들은 팔레스틴에 살고자 이주해 온, 헬라어를 사용하는 디아스포라들이고, 히브리파는 팔레스틴에 사는 본토박이거나 아니면 적어도 어떤 특별한 방법으로 팔레스틴과 밀접한 관련을 맺고 있는 아람어를 사용하는 사람들이었다.93)

브루스(F. F. Bruce)는 헬라파와 히브리파간의 이 구분이 본래 언어와 문화적인 것이었지만 그 구분은 신학적인 의미도 지니고 있었던 것이라고 말한다. "히브리파는 분명히 통상적으로 아람어를 사용했고, 그들의 모국은 팔레스타인이었다. 한편 헬라파는 헬라어를 사용하는 유대인들이었고, 그들의 생활 양식은 보다 엄격한 팔레스타인 사람들의 소견에는 지나치게 많은 헬라의 습관들에 젖어 있었다. 그들의 대부분은 헬라어를 사용하는 디아스포라에 속해 있었고, 비록 그들이 장기간 또는 단기간을 팔레스타인에서 살았다 할지라도

93) MacGregor, Ibid, p.88. MacGregor는 헬라파에 대해 헬라어를 하는 디아스포라라고 주장하는 것은 성경의 맥락에서 이해한 해석이라고 말한다. "Hellenist"라는 말은 본래 종족을 말하는 말로 사용되었기 때문에 유대 디아스포라로만 해석할 수 없다고 한다. 그러므로 여기서 말하는 헬라파는 순수한 이방인으로 기독교로 개종한 사람일 수 있다고 한다. 그러나 당시 이방인으로서 기독교로 개종한 사람이 얼마나 있었을까는 의문이다.

그렇다."[94]

이처럼 예루살렘 교회는 다양한 문화적 배경과 해결해야 할 문제들을 안고 있었다. 그래도 초기에는 하나의 교회 공동체로 살아갈 수 있었지만 헬라파의 숫자가 급격히 늘어나면서 두 그룹 간에 갈등이 심화되었고, 마침내 구제문제를 통해서 분출되기 시작하였을 것이다.[95] 이처럼 이번 사건은 그리 간단히 해결될 문제가 아니었다. 두 그룹 간에 복합적인 문제가 얽혀 있다가 폭발된 것이기 때문이다.

누가는 문제의 시각을 간단하게 두 가지로 말할 뿐이다. 하나는 헬라파인들의 시각이고, 다른 하나는 사도들의 관점이다. 헬라파들은 구제 문제에서 자기네 과부들이 빠졌다고 했다. 사도들은 전혀 다른 관점에서 이 사건을 보았다. 본래 사도들에게는 두 종류의 섬기는 사역이 있었다. 이는 '식탁을 섬기는 사역'(διακονεῖν τραπέζαις, 6:2)과 '말씀을 섬기는 사역'(διακονία τοῦ λόγου, 6:4)이다.

2절에는 12사도들이 등장한다. 이 사건이 얼마나 심각한 것인지를 상징적으로 나타내 보이고 있으며, 또 한편으로 이 일을 해결하기 위하여 12사도들이 한마음으로 행동하고 있다는 것을 의미한다. 사도들은 일단 회중을 다 모았다. 사도들은 이제부터 자기들이 기도하고 말씀 전하는 일에 전념하겠다고 했다. 즉 자기들은 '말씀을 섬기는 사역'에만 전념하겠다고 한 것이다. 그리고 '식탁을 섬기는 사역'은 직분자 일곱을 선택하여 담당하게 하자고 제안했다. 문제는 구제 때문에 일어났는데, 좀더 복잡하게 말하면 히브리파와 헬라파의 갈등으로 일어난 일인데, 왜 기도하고 말씀 전하는 일에 더욱 힘쓰겠다고 하였을까? 사도들이 제시한 해결 방법은 문제의 근원과는 전혀

94) F. F. Bruce, 신약사, p. 245-246.
95) Gunther Bornkamm, Paul, Harper & Row, 1971, p. 13-14. 헨헨, Ibid, p. 408.

관계가 없는 것처럼 보인다. 이런 방법으로 문제가 해결될 수 있을까? 또 왜 사도들은 이런 해결책을 내놓았을까?

"우리가 하나님의 말씀을 제쳐 놓고 접대를 일삼는 것이 마땅하지 아니하니"(행 6:2)란 말은 말씀 선포의 업무가 사도의 기본적인 의무임을 명시한다. 그들은 현실적인 구제하는 일 때문에 기본 사역을 소홀히 하였던 것을 인정하였다. 그리고 사도들이 제시한 해결 방법을 보면 구제의 불공평 때문에 사건이 일어났지만, 사도들이 생각하기에 이 문제는 구제하는 일 때문에 자기들이 지켜야 할 기본적인 임무를 등한히 하였기 때문이라고 판단한 것으로 보인다. 즉 사도들의 판단은 교회에 말씀이 약해져서 영적으로 침체되면 이런 일이 일어난다고 판단한 것으로 보인다. 그러므로 문제의 해결은 교회의 영적 갱신 내지 영적 부흥에 있다고 본 것이다.

교회 공동체는 사도들의 말을 기쁘게 받아들였다. 그리고 사도들의 제안대로 성령과 지혜가 충만하여 칭찬 듣는 사람 일곱을 선택했다(행 6:5). 먼저 성령의 사람이 강조된다. 누가는 앞 장(章)에서 성령의 사람과 인간적인 사람의 모델을 독자들에게 보여주었다(행 4:36-5:11). 하나님께 속했다는 증거는 성령 안에 있는 것이다. 성령 안에 있지 않다면 그는 결코 그리스도 중심으로 모든 일을 해나갈 수 없다. 결국 성령 안에 있지 않다면 언제나 자기 중심적 위선(hypocisy)을 심을 뿐이다. 두 번째는 봉사의 일을 하기 위해서는 하나님의 지혜가 필요하다. 하나님의 일은 하나님의 방법이어야 하기 때문이다. 그리고 모든 사람에게 인정받는 사람이어야 한다. 성령과 지혜가 충만한 것은 하나님께 속한 조건이고, 칭찬 듣는 사람은 사람들에게 속한 조건이다. 신앙은 관계(relationship)이다. 하나님과의 관계요, 사람들과의 관계이다. 이 중에 하나님과의 관계가 근본적인 요소이지만, 예수님은 사람과의 관계를 무시한 자들의 믿음을 인정하지 않으셨다(마 25:31-41, 6:43-48).

5절에서 뽑힌 일곱 일꾼들을 소개하는데 스데반과 빌립부터 소개한다. 특별히 스데반 앞에는 '믿음(πίστις)과 성령이 충만한 사람'이란 수식어가 붙어 있다. 여기서 믿음은 일반적인 믿음이 충만하다는 말이 아니라 믿음의 은사를 가리킨다고 보아야 할 것이다(고전 12:9).[96] 브르고로와 니가노르와 디몬과 바메나가 소개되고 그리고 맨 마지막으로 니골라를 소개하는데, 그에게는 특별한 수식어가 붙었다. "유대교에 입교했던 안디옥 사람 니골라(Nicolas of Andioch)"(6:5하)이다. 니골라는 순수한 이방인이다. 그는 유대교로 개종했다가 다시 기독교로 개종하고 돌아온 사람이다. 브루스는 누가가 안디옥이란 지역에 특별한 관심을 보이고 있는데, 그것은 전승에 의하면 누가가 안디옥에 속했던 사람이었기 때문이라고 한다.[97] 요한계시록 2장 6절, 15절에 나오는 니골라당(Νικολα ϊτῶν)이란 이름이 나골라(Νικόλαος)에서 나왔을 가능성을 조심스럽게 제시한다.[98]

일곱 명의 사역자들은 세 부류로 나눌 수 있다. 첫 번째로 스데반과 빌립은 식탁을 섬기는 역할보다는 설교자로, 전도자로 교회 역사에 하나의 획을 그은 사람들이다. 그리고 두 번째 사람들은 그 이후에는 단 한 번도 언급되지 않은 사람들이다. 세 번째로 니골라는,

96) 헨헨은 여기서 말하는 '믿음'은 기적을 행할 수 있는 신앙의 능력을 의미할 것이라고 한다(행 6:8). 헨헨, Ibid, p. 406.

97) F. F. Bruce, op.cit., p. 121. Bruce는 J. Smith가 나폴레옹 군대가 러시아 원정에서 포로로 잡아온 8명(프랑스 3인, 영국 3인, 스코틀랜드에서 2인)을 언급하는 중에, 두 스코틀랜드인 중 한 명인 러시아 장군 barclay de Tolly는 스코틀랜드 태생이라고 한 것을 예로 들고 있다.

98) Bruce, Ibid, p. 121. Bruce는 이레니우스 교부의 계시록 주석(Against Heresies)에서 "집사 니골라의 이름으로(in the name of the deacon Nicolas) 자기들을 위해 만든 이단"이란 내용을 제시한다.

요한계시록의 기록이 이 니골라와 관계가 있다면, 잘못된 일꾼으로 기록된 사람이다.

놀라운 것은 뽑힌 일곱 사람의 이름이 모두 헬라 이름이란 사실이다. 그 중 한 사람은 유대인이 아닌 유대교에 입교한 순수한 이방인이다. 이처럼 소외되고 불평하는 쪽 사람들을 뽑아 그 일을 맡겼다는 것은 약한 편의 사람들을 배려한 초대교회의 대단히 지혜로운 선택이었다. 그리고 다른 한편으로는 기독교가 이방 세계를 향해 뻗어갈 것이란 암시를 주고 있다. 람세이(W. M. Ramsay)는 예루살렘 교회의 결정은 "보편적 교회(Universalised Church)를 향한 중대한 진전이 이루어졌다는 데 의문의 여지가 없다"고 했다.[99] 기독교 공동체의 조직은 헬라 유대인으로부터 시작되었다. 그리고 앞으로는 이들의 조직을 통하여 새로운 싹이 돋아나고, '하나님의 말씀'은 세계로 확장되기 시작한다.

이 문제가 일단은 일곱의 사역자를 뽑는 것으로 끝이 난 것으로 보아도 사도들의 판단은 옳았다고 생각된다. 세상적인 방법은 위원회를 구성하고, 일단 조사를 해서 정말 누가 잘못한 것인가를 밝혀야 한다. 그러나 책임 소재가 밝혀졌다고 해서 얽힌 문제가 시원스럽게 해결된 적은 없다. 겉으로는 문제가 해결된 것처럼 보이지만 결국 문제의 갈등은 오히려 심화된다. 누가는 초대교회가 성령의 공동체로서 모든 문제를 지혜롭게 처리함으로써 어려운 큰 문제가 잘 봉합된 것을 독자들에게 전한다.

누가는 집사라는 말을 사용하지 않는다. 아직 장로란 직분은 보이지 않는다. διακονία, διακονεῖν는 후에 집사(διάκονος)란 용어로 사용되었다. 장로란 직제는 사도행전 11장 30절에 가서야 나오게

---

99) Ramsay, Paul, p. 341.

된다. 윌리엄은 "교회 안에 지도자의 직분은 이 공동체의 현실적인, 그러나 순전히 기능상의 필요에 따라 생겨났다"는 점을 상기시키고 있다. 이처럼 지도자의 직분은 '위'로부터가 아닌 '아래'로부터 생겨났기 때문에 직분자들은 하나님의 백성을 섬겨야 한다. 동시에 교회 직분은 위로부터 나오는 것이기도 하고, 주께서 주신 은사이기도 하다(엡 4:8-11; 딤전 4:14). 그러므로 교회는 직분을 세우며 안수할 때 기도한다(행 6:6).[100] 예루살렘 교회는 일곱 명의 사역자들을 사도들의 권위 아래 두었다. 그런데 이들은 사도들의 권위 아래에만 머물지 않았다. 하나님께서는 이들을 통하여 하나님의 말씀이 유대 지경을 넘어 세계로 뻗어나가게 하셨다.

6장 7절은 예루살렘 선교를 마치고 유대와 사마리아 선교로 옮겨가고 있음을 암시하는 결론과 같은 구절이다. 어려운 문제를 수습하고 교회에는 제자의 수가 더 심히 많아지게 되었다. 특별한 것은 제사장들 가운데서도 이 믿음에 순종하는 사람들이 많았다. 그처럼 예수님과 또 초대교회와 긴장관계에 있던 제사장들이 예수 그리스도의 복음을 따르게 된 것은 놀라운 일이다. 그 이유를 헨헨은 "제사장들과 대제사장들 사이에는 커다란 사회적 간격이 있었다"고 전한다.[101] 요세푸스는 "대제사장들은 제사장들의 타작마당에 종들을 보내서 그중의 10분의 1을 떼어오게 했고, 그래서 재산이 없는 사제들은 굶어죽는 일도 일어났다"고 한다(Ant. 20, 181). 대제사장에 눌린 제사장들 그룹 중에 초대교회의 공동체의 모습에 매력을 느낀 사람들이 복음에 대하여 마음을 열고 교회로 들어왔을 것이다.

그리고 6장 7절에서 특별히 누가가 교회를 평가하는 면이 특이하

---

100) 윌리엄, op.cit., p. 101.
101) 헨헨, op.cit., p. 407.

다. 교회의 부흥을 '하나님의 말씀(ὁ λόγος τοῦ θεοῦ)의 왕성(ηὔξανεν)'으로 표현한다. '왕성하다'(ηὔξανεν)는 αὐξάνω의 미완료 직설법으로, 계속해서 성장해 가는 것을 말한다. 그 결과 제자의 수가 더 심히 많아졌고, 허다한 제사장의 무리도 이 도에 복종하게 되었다. 누가는 말씀을 굉장히 강조한다. 부활 사건에서도 다른 복음서와 다르게 말씀을 강조했다.

천사들을 믿지 못하는 여인들에게 "너희에게 어떻게 말씀하셨는지를 기억하라"(눅 24:6), 그리고 누가복음 24장 8절에 "그들(여인들)이 예수의 말씀을 기억하고" 무덤에서 돌아가 제자들에게 알렸다고 한다. 엠마오로 내려가던 제자들에게도 마음을 열어 성경을 깨닫게 하신 후에 부활로 보여주셨고(눅 24:45), 사도행전 1장 3-4절에서도 말씀을 가르치셨다고 누가는 강조한다. 이것은 예수님으로부터 철저하게 배운 교육의 결과일 것이다(마 4:4). 예수님은 먼저 말씀을 전하고 그 다음에 사람들의 필요를 채워주셨다. 좋은 예가 5천 명을 먹이신 일이다. 예수님은 먼저 말씀을 먹이고 후에 빵을 먹이셨다. 따라서 교회의 성장도 말씀의 성장 내지 말씀이 왕성해 가는 것으로 표현하였다(행 6:7, 12:24, 19:20, 참고: 2:41, 4:4, 5:14, 9:31, 14:1, 16:5, 28:30-31). 누가는 말씀의 성장 안에 교회의 성장이 있는 것으로 보고 있다.

제롬 코델(Jerome Kodell)은 누가의 이런 견해를 누가복음(8:4-15)에 있는 씨뿌리는 자 비유의 인용으로 이해하였다.[102] 거기에서 씨는 살아 있는 하나님의 말씀이다. 씨 뿌리는 비유에서 핵심은 스스로 자라고 열매 맺을 수 있는 생명력을 지니고 있는 씨(seed)이다. 그러므로 씨가 옥토에 뿌려지고 왕성해진다면 그런 교회는 자연히 성장하게 될 것이 분명하다. 누가는 교회 성장이란 단순한 수적 증가가

102) Jerome Kodell, The Word of God Grow: Biblica 55(1974), pp. 505-519.

아니라 생명력을 지닌 씨(말씀)가 옥토에 떨어지고, 자라서 많은 열매를 맺고 있는 것으로 표현했다. 즉 교회의 성장이란 하나님의 말씀이 기독교 공동체 안에 심어진 것으로 보았고, 교회의 회원이 새로 늘어날 때는 '하나님의 말씀이 자랐다'고 말할 수 있다고 생각했다.[103)]

하나님의 나라는 세상 나라와는 다르게 왕(King)이 중심이 된다. 그리고 왕의 주권하에 통치되는 나라이다. 그렇다면 하나님께서 무엇으로 그 나라를 통치하시는가? 그것은 하나님의 말씀, 즉 성경이다. 하나님의 나라가 하나님의 말씀으로 통치된다. 하나님의 말씀이 아니고 인간들의 말이 교회 안에 가득하다면 그것은 인간의 왕국이 된다. 그리고 점차 사탄에게 먹혀가게 된다.

---

103) Powell, op.cit., p. 110.

Ⅳ 공회 앞으로 끌려가는 스데반

1. 공회 앞으로 끌려가는 스데반(행 6:8-15)

8) 스데반이 은혜와 권능이 충만하여 큰 기사와 표적을 민간에 행하니
9) 이른 바 자유민들 즉 구레네인, 알렉산드리아인, 길리기아와 아시아에
서 온 사람들의 회당에서 어떤 자들이 일어나 스데반으로 더불어 논쟁할새
10) 스데반이 지혜와 성령으로 말함을 그들이 능히 당치 못하여 11) 사람들
을 매수하여 말하게 하되 이 사람이 모세와 및 하나님을 모독하는 말을
하는 것을 우리가 들었노라 하게 하고 12) 백성과 장로와 서기관들을 충동
시켜 와서 잡아가지고 공회에 이르러 13) 거짓 증인들을 세우니 이르되
이 사람이 이 거룩한 곳과 율법을 거슬러 말하기를 마지 아니하는도다
14) 그의 말에 이 나사렛 예수가 이곳을 헐고 또 모세가 우리에게 전하여
준 규례를 고치겠다 함을 우리가 들었노라 하거늘 15) 공회 중에 앉은 사람
들이 다 스데반을 주목하여 보니 그 얼굴이 천사의 얼굴과 같더라

예루살렘 공동체는 폭발적으로 불어났다(행 6:1). 갈등을 통하여

조직과 지도력도 정비했다. 새로운 움직임을 위한 준비가 완료된 셈이다. 새로운 움직임은 스데반으로부터 시작되었다. 그는 헬라파 유대인으로서 그리스도인이 된 사람이다. 예루살렘 교회는 교회 안의 갈등을 해소하기 위하여 일곱 사람의 사역자를 뽑았다.[1] 그들 중에 스데반과 빌립이 설교자요 전도자의 모습으로 교회의 새로운 역사를 쓰기 시작하였다. 다섯 사람은 더 이상 성경에 나오지 않는다. 그런데 초대교회가 예루살렘 중심으로부터 유대와 사마리아로 넘어가기 시작한 것은 헬라파 크리스천들로부터 시작되었다(행 6:8). 여기에 주역이 된 사람이 스데반이다.

스데반의 모습을 누가는 "스데반이 은혜와 권능이 충만하여 큰 기사와 표적을 민간에 행하니"(행 6:8)라고 소개한다. 이미 앞에서 '충만'(πλήλης)이란 단어가 두 번이나 스데반에게 사용되었다. "성령과 지혜가 충만"한 사람(6:3), "믿음과 성령이 충만"한 사람인 스데반(6:5), 그 외에도 6장 8절과 10절에 "스데반이 지혜와 성령으로 말하다"를 합하면 '성령 충만'을 스데반에게 사용한 곳은 네 곳이나 된다. 그뿐 아니라 사도행전이 모두 28장인데, 그 중에서 두 장(75절)을 그에게 할애한 것을 보면, 누가는 스데반을 순교자 이상으로 소개하고 있다.

오래전 영국 웨스트민스터 교회의 담임목사였던 캠블 모건(Morgan)은, "스미스필드(Smithfield)의 불이 순교자를 만들지는 못한다. 순교자를 가려낼 뿐이지, 순교의 폭풍이 순교자를 만들어내지는 못한다. 순교자를 가려낼 뿐이다"라고 했다.[2] 스미스필드는 전에는 소와 말

---

1) 7인을 집사라고 부르지 않은 이유는 사도행전에서는 이들을 집사란 명칭으로 부른 적이 없다. 이들을 집사라고 부르게 된 데는 개역성경에서 빌립을 '집사'라고 작은 글씨로 썼기 때문일 것이다(행 21:8). 그러나 여기 '집사'란 말도 전도자란 말이다.

2) Cambel Morgan, Acts, p. 177.

을 취급하는 시장이었다. 그런데 16세기 후에는 이단을 처형하는 화형장으로 사용되었던 곳이다. 거기서 많은 그리스도인들이 순교를 당했는데 그 불이 순교자를 만들어 낸 것은 아니라고 했다. 즉 스데반은 순교했기 때문에 순교자가 아니라 순교자였기 때문에 순교했다는 것이다. 다시 말하면 그는 순교자의 삶을 살았던 사람이다.

그는 인격과 삶이 그리스도를 그대로 닮았고, 교회를 세우기 위하여 자신의 몸을 던질 각오를 가지고 살았던 사람이다. 그는 이름 없는 봉사와 구제하는 일, 그 외에 복음을 전하는 섬김에도 전념하였던 그리스도의 충성된 종이었다(행 6:13). 그의 마지막 순교의 모습이 그것을 말해준다. 누가가 이런 점을 강조하는 이유는 하나님의 사역자들이 어떤 모습이어야 하는가를 스데반을 통하여 보여주고 싶어 했기 때문이다.

스데반에 대한 반대가 일어나기 시작하였다(행 6:9). 이런 저항은 단지 스데반에게만 일어난 것이 아니라 헬라파 크리스천들을 향해 일어났다고 해야 옳을 것이다. 스데반을 반대하여 일어난 사람들은 바로 헬라파 유대인들이다. 이들은 이전에 스데반이 속해 있었던 같은 회당에 속한 사람들이다. 바로 그들이 스데반을 반대하여 들고 일어난 것이다. 이들이 속한 회당 이름이 소개되었다. 리버디노, 구레네인, 알렉산드리아인, 길리기아와 아시아에서 온 사람들의 회당들이다. 네 지역 사람들이 리버디노 회당에 모인 것인지, 아니면 5개의 회당에서 온 사람인지 분명하지 않다.[3] 이것은 헬라어 본문 읽기에 따라 달라지지만 네 지역으로부터 온 사람들이 '자유인의

3) Bruce는 "여기서는 오직 한 회당(Only one synagogues)으로 보는 견해가 가장 유력하다"고 한다. 학자들에 따라 2, 3, 4, 심지어는 다섯 곳의 회당으로 읽기도 한다. Ibid, p. 124. 개역개정판이나 새번역 성경은 한 회당에 속한 여러 곳에서 온 유대인으로 번역했다.

회당'에 함께 모인 것으로 보인다. 리버디노 회당이란 '자유인의 회당' 즉 헬라어로는 '자유인의 전당이라고 일컫는 회당'(the so-called the Synagogue of the Freeman)이란 뜻이다.4)

본래 회당은 바벨론 포로 때부터 세워졌고, 그 지역에 유대 공동체를 섬기는 센터로 섬기던 곳이며, 좀 큰 도시에는 회당이 몇 곳이나 있기도 하였다. 브루스(Bruce)는 예루살렘이 멸망당하기 전에는 그 안에 480개의 회당이 있었다고 말한다.5) 당시 예루살렘으로 돌아온 디아스포라 유대인들은 유대인들의 회당에 참여하지 않고 헬라파 유대인들이 모이는 회당에 참여하고 있었다.

구레네와 알렉산드리아는 북부 지중해 연안의 도시이고, 길리기아는 다소를 중심한 도시로서 안디옥 서쪽에 있으며, 아시아는 에베소를 중심한 도시이다. 자유인의 회당은 이처럼 각 지역에서 온 헬라파 유대인이 모인 곳이다. 네일(Neil)은 스데반은 알렉산드리아에서 온 유대인이라고 전한다.6) 그렇다면 스데반과 논쟁하였던 이들은 바로 스데반과 같은 지역에서 온 사람들이고, 또 같은 회당에 참석하던 사람들이다. 그렇다면 이들과 스데반은 서로 잘 알고 있던 사람들일 가능성이 많다.7)

또 네일은, 사울이란 청년이 랍비요 서기관이었다면 그도 이런 헬라파 유대인들과 가까운 사람이었을 것이고, 이 사건에 깊이 개입

---

4) 이 번역은 박창환 교수의 사역에 의한 것이다(박창환 역, 신약성경, 코리아엠마오, 행 6:9). NET, p. 2030.

5) Ibid, p. 124.

6) W.M. Neil, op.cit., p. 106.

7) 바울은 스데반과 같은 헬라파였을 것이다(행 6:7). 만약 그가 길리기아와 아시아에서 온 사람들의 회당의 회원으로 가깝게 지냈을 것이라고 본다면(6:9), 사울도 역시 같은 부류에 속했었다는 사실을 본문은 말하고 있는 것 같다. 그러나 사울은 개혁적 헬라파(Liberal Helenist)보다는 유대 정통(Orthodox)을 지켜가는 헬라파였을 것이다.

했을 가능성이 있다고 한다(행 7:58).[8] 예레미아스는 그의 책, 《예수 시대 예루살렘》에서 바울은 서품을 받은 율법학자였다고 말한다. 그 증거로는 그가 재판관으로 활동했다고 말한 사도행전 26장 10절에서 확인할 수 있다.[9] 또 뽑힌 일곱 사역자들도 모두 같은 회당에 참여했던 사람들일 수 있다. 초대교회는 교회 내부의 문제를 해결하기 위해 헬라파 사람들을 뽑기도 했지만, 정확하게 말하면 헬라파 유대인들로 형성된 그리스도인 공동체를 돌보도록 그들을 선택했다는 것은 분명하다. 그런데 이들은 이전에 같은 회당에 속했던 사람들로부터 공격을 당하고 있는 것이다.

사도행전 6장 1-6절에서 스데반은 믿음의 사람이라고 소개했고, 그 의미는 이적을 행할 수 있는 능력을 암시한다고 했다. 또 누가는 직접 언급하지는 않았지만, 그는 열심히 복음을 전했던 사람이란 사실을 6장 13절이 제시하고 있다. 스데반의 반대자들이 고소한 내용에서 "이 거룩한 곳과 율법을 거슬러 말하기를 마지 아니하는도다"(행 6:13)라고 했다. 말하는 것을 "그치지 아니하는도다"(οὐ παύεται λαλῶν ῥήματα, not stopping speaking words)라는 말은 그가 쉬지 않고 계속해서 복음을 전했다는 의미다.[10] 결국 스데반이 거룩한 곳과 율법을 반대하는 말을 계속하고 다닌 것(행 6:13)이 헬라파 유대인들의 분노를 샀다. 그리고 스데반과 계속 논쟁을 했지만 자기들이 이길 수 없게 되자, 산헤드린을 충동하여 스데반을 끌고 가도록 했다. 스데반이 고소된 내용도 그가 예수님처럼 성전을 헐고, 모세의 규례

---

8) Ibid, p. 106.

9) 예레미아스, 예수 시대 예루살렘, p. 326.

10) Παύεται는 마치다(παύω)의 현재, 중간, 직설법이고, λαλῶν은 말하다(λαλέω)의 현재 능동 분사이다. 그러니까 스데반이 성전과 율법을 거스르는 말을 계속하고 다녔다는 의미이다.

를 고치겠다(행 6:14: 참고 6:11,13)고 말했다는 것이었다.

거룩한 곳은 '성전'을 말하며(14절), 율법이란 여기서는 '장로들이 만든 규정'을 일컫는다. 일반적으로 율법(토라)는 모세 오경을 말하지만, 유대인들의 경우에는 장로들의 유전이나 그들이 만든 토라의 규정과 세칙들을 말한다. 예수님도 성전과 율법을 파괴한다는 이유 때문에 산헤드린에 끌려 가셨고 십자가 형을 받으셨다. 예수님의 삶과 설교가 유대 종교 지도자들의 분노를 일으켰던 것처럼 스데반의 설교도 그들의 분노를 일으키게 되었다. 여러 회당에서 온 사람들이 스데반으로 더불어 변론하기 시작하였다(행 6:9).

사실 예수님과 유대 지도자들과의 충돌도 예수께서 율법을 반대하셨기 때문이 아니라 단지 모세 오경의 율법 정신을 바르게 지켜가려고 하셨고, 유대 지도자들은 자기들의 전통적 규례를 지키려고 했기 때문에 일어났다. 예수님의 경우와 똑같은 사건이 스데반에게서 반복되었다. 후에는 바울에게도 똑같은 죄목이 적용된다. 왜 이들은 이런 고소 내용을 선택했을까?

마침내 백성과 장로와 서기관들에 잡혀서 스데반은 산헤드린으로 끌려가게 되었다(행 6:12). 그 다음엔 제사장들이 빠지고 백성들이 참여한다(행 6:13, 14). 지금까지 사도들에게 호의를 가지고 있었고, 제사장들로부터 사도들을 지켜준 백성들(λαός)이 이제는 스데반을 박해하는 사람들로 바뀌었다. 예수님의 수난 내러티브에서 종교 지도자들이 백성들을 선동하여 예수를 십자가에 못 박으라고 소리치던 백성들을 그대로 닮았다(눅 23:13-25). 백성들은 모세와 하나님을 모독하는 말을 들었다는 이유(행 6:11)로 스데반을 고소하였다. 그런데 산헤드린 앞에서 그들의 고소 내용이 바뀐다. "이 사람이 이 거룩한 곳과 율법을 거슬러 말하기를 마지 아니했다"(행 6:13). 이들의 고소 내용은 성전과 율법을 파괴하는 자라는 데로 집중되었다.

바울은 고린도 교회에 보내는 편지에서 하나님의 영으로 말하는 자는 누구든지 예수를 저주할 자라 하지 아니한다고 쓰고 있다(고전 12:3). 이 말은 바울 자신도 이전에 "하나님께서 저주한 사람을 메시아로 만들 수는 없다"고 한 신명기의 정신(신 21:23)을 따라 그리스도인들을 핍박했다는 것을 암시한다. 이 주장은 곧 당시 유대 종교 지도자들의 주장과 동일한 것임을 알 수 있다. 브루스(Bruce)는 이 말은 바울(사울)이 그가 핍박한 사람들에게 강제로 시킨 말과 동일하다고 했다. 또 바울은 이렇게 하기를 거부하는 사람은 누구든지 심판에 회부하였다. 이것은 유대인들의 손에 의하여 바울 자신이 경험하였던 바로 그 심판이었다(고후 11:24f.).[11]

스데반의 죄명은 성전과 율법을 모독한 죄였다. 결국 스데반의 죄목은 예수님을 십자가에 못 박았던 죄목과 동일하게 되었다(마 26:61; 막 14:58).[12] 스데반은 이런 신성모독죄의 혐의를 받고 산헤드린 공회에서 재판을 받게 된 것이다. 성전과 제사장 제도, 그리고 이에 연관된 모든 전통들은 모두 폐기될 수밖에 없다는 주장은 유대교 자체를 뿌리째 흔드는 무서운 죄목이다. 당시 산헤드린은 사형 집행권이 없었다. 그러나 성전을 모독한 죄에 대해서만은 총독의 허락 없이 사형을 집행할 수 있는 권한을 로마로부터 부여받았다.[13] 그러므로 이들이 스데반을 고소한 내용은 그의 생명을 위협하는 것이었다.

"그 얼굴이 천사의 얼굴과 같더라"(행 6:15). 공회 중에 앉은 사람들이 다 스데반을 주목하여 보았을 때 그의 얼굴이 천사의 얼굴 같았

---

11) 참고: 행 26:9-11- Bruce, The book of the Acts, p. 464.

12) 마태나 마가의 고발 내용을 누가는 생략하고, "우리 백성을 미혹하고 가이사에게 세금 바치는 것을 금하며 자칭 왕 그리스도라 하더이다"로 전한다(눅 23:2).

13) Ibid, p. 464.

다. '유심히 바라보다'(ἀτενίσαντες)는 ἀτενίζω(주목하다)의 단순과거 분사로 모든 사람들이 그의 얼굴을 바라보기 시작하여 계속 보고 있었다는 말이다. 어순(語順)으로 보면 '유심히 바라보았다'는 단어가 문장의 맨 앞에 나온다. 바라보았다는 것을 강조한 것이다. 그들은 무엇인가 놀라운 일을 발견했기 때문에 그처럼 바라보았을 것이다. 스데반의 얼굴을 바라보던 그들은 무슨 생각을 했을까? 그들은 시내 산에서 내려오던 모세 얼굴의 광채를 생각했을 것이다(출 34:29, 30, 35). 이처럼 생생한 표현은 직접 경험한 사람이 아니면 불가능했을 것이라고 한다면, 이것은 아마도 바울이 그 자리에 있었고, 그때 자신이 느꼈던 감정을 회심 후에 전한 말이었을 것이다.

2. 산헤드린 앞에 선 스데반의 설교(행 7:1–53)

1) 대제사장이 이르되 이것이 사실이냐 2) 스데반이 이르되 여러분 부형들이여 들으소서 우리 조상 아브라함이 하란에 있기 전 메소보다미아에 있을 때에 영광의 하나님이 그에게 보여 3) 이르시되 네 고향과 친척을 떠나 내가 네게 보일 땅으로 가라 하시니 4) 아브라함이 갈대아 사람의 땅을 떠나 하란에 거하다가 그 아버지가 죽으매 하나님이 그를 거기서 너희 지금 거하는 이 땅으로 옮기셨느니라 5) 그러나 여기서 발 붙일 만한 땅도 유업으로 주지 아니하시고 다만 이 땅을 아직 자식도 없는 그와 그의 후손에게 소유로 주신다고 약속하셨으며 6) 하나님이 또 이같이 말씀하시되 그 후손이 다른 땅에 나그네가 되리니 그 땅 사람들이 종으로 삼아 사백 년 동안을 괴롭게 하리라 하시고 7) 또 이르시되 종 삼는 나라를 내가 심판하리니 그 후에 그들이 나와서 이곳에서 나를 섬기리라 하시고 8) 할례의 언약을 아브라함에게 주셨더니 그가 이삭을 낳아 여드레 만에 할례를 행하고 이삭이 야곱을, 야곱이 우리 열두 조상을 낳으니라 9) 여러 조상이 요셉을 시기하여 애굽에 팔았더니 하나님이 그와 함께 계셔 10) 그 모든 환난에서 건져내사 애굽 왕 바로 앞에서 은총과 지혜를 주시매 바로가 그를 애굽과 자기 온 집의 통치자로 세웠느니라 11) 그 때에 애굽과 가나안 온 땅에 흉년이 들어 큰 환난이 있을새 우리 조상들이 양식이 없는

지라 12) 야곱이 애굽에 곡식 있다는 말을 듣고 먼저 우리 조상들을 보내고 13) 또 재차 보내매 요셉이 자기 형제들에게 알려지게 되고 또 요셉의 친족이 바로에게 드러나게 되니라 14) 요셉이 사람을 보내어 그의 아버지 야곱과 온 친족 일흔다섯 사람을 청하였더니 15) 야곱이 애굽으로 내려가 자기와 우리 조상들이 거기서 죽고 16) 세겜으로 옮겨져 아브라함이 세겜 하몰의 자손에게서 은으로 값 주고 산 무덤에 장사되니라 17) 하나님이 아브라함에게 약속하신 때가 가까우매 이스라엘 백성이 애굽에서 번성하여 많아졌더니 18) 요셉을 알지 못하는 새 임금이 애굽 왕위에 오르매 19) 그가 우리 족속에게 교활한 방법을 써서 조상들을 괴롭게 하여 그 어린아이들을 내버려 살지 못하게 하려 할새 20) 그 때에 모세가 났는데 하나님 보시기에 아름다운지라 그 아버지의 집에서 석 달 동안 길리더니 21) 버려진 후에 바로의 딸이 그를 데려다가 자기 아들로 기르매 22) 모세가 애굽 사람의 모든 지혜를 배워 그 말과 하는 일들이 능하더라 23) 나이 사십이 되매 그 형제 이스라엘 자손을 돌아볼 생각이 나더니 24) 한 사람이 원통한 일 당함을 보고 보호하여 압제받는 자를 위하여 원수를 갚아 애굽 사람을 쳐 죽이니라 25) 그는 그의 형제들이 하나님께서 자기의 손을 통하여 구원하여 주시는 것을 깨달으리라고 생각하였으나 그들이 깨닫지 못하였더라. 26) 이튿날 이스라엘 사람끼리 싸울 때에 모세가 와서 화목시키려 하여 이르되 너희는 형제인데 어찌 서로 해하느냐 하니 27) 그 동무를 해치는 사람이 모세를 밀어뜨려 이르되 누가 너를 관리와 재판장으로 우리 위에 세웠느냐 28) 네가 어제는 애굽 사람을 죽임과 같이 또 나를 죽이려느냐 하니 29) 모세가 이 말 때문에 도주하여 미디안 땅에서 나그네 되어 거기서 아들 둘을 낳으니라 30) 사십 년이 차매 천사가 시내 산 광야 가시나무 떨기 불꽃 가운데서 그에게 보이거늘 31) 모세가 이 광경을 보고 놀랍게 여겨 알아보려고 가까이 가니 주의 소리가 있어 32) 나는 네 조상의 하나님 즉 아브라함과 이삭과 야곱의 하나님이라 하신대 모세가 무서워 감히 바라보지 못하더라 33) 주께서 이르시되 네 발의 신을 벗으라 네가 서 있는 곳은 거룩한 땅이니라 34) 내 백성이 애굽에서 괴로움 받음을 내가 확실히 보고 그 탄식하는 소리를 듣고 그들을 구원하려고 내려왔노니 이제 내가 너를 애굽으로 보내리라 하시니라 35) 그들의 말이 누가 너를 관리와 재판장으로 세웠느냐 하며 거절하던 그 모세를 하나님은 가시나무 떨기 가운데서 보이던 천사의 손으로 관리와 속량하는 자로서 보내셨으니 36) 이 사람이 백성을 인도하여 나오게 하고 애굽과 홍해와 광야에서 사십 년간 기사와 표적을 행하였느니라 37) 이스라엘 자손에 대하여 하나님이 너희 형제

가운데서 나와 같은 선지자를 세우리라 하던 자가 곧 이 모세라 38) 시내
산에서 말하던 그 천사와 및 우리 조상들과 함께 광야 교회에 있었고 또
살아 있는 말씀을 받아 우리에게 주던 자가 이 사람이라 39) 우리 조상들이
모세에게 복종하지 아니하고자 하여 거절하며 그 마음이 도리어 애굽으로
향하여 40) 아론더러 이르되 우리를 인도할 신들을 우리를 위하여 만들라
애굽 땅에서 우리를 인도하던 이 모세는 어떻게 되었는지 알지 못하노라
하고 41) 그 때에 그들이 송아지를 만들어 그 우상 앞에 제사하며 자기
손으로 만든 것을 기뻐하더니 42) 하나님이 외면하사 그들을 그 하늘의
군대 섬기는 일에 버려 두셨으니 이는 선지자의 책에 기록된 바, 이스라엘
의 집이여 너희가 광야에서 사십 년간 희생과 제물을 내게 드린 일이 있었
느냐 43) 몰록의 장막과 신 레판의 별을 받들었음이여 이것은 너희가 절하
고자 하여 만든 형상이로다 내가 너희를 바벨론 밖으로 옮기리라 함과
같으니라 44) 광야에서 우리 조상들에게 증거의 장막이 있었으니 이것은
모세에게 말씀하신 이가 명하사 그가 본 그 양식대로 만들게 하신 것이라
45) 우리 조상들이 그것을 받아 하나님이 그들 앞에서 쫓아내신 이방인의
땅을 점령할 때에 여호수아와 함께 가지고 들어가서 다윗 때까지 이르니라
46) 다윗이 하나님 앞에서 은혜를 받아 야곱의 집을 위하여 하나님의 처소
를 준비하게 하여 달라고 하더니 47) 솔로몬이 그를 위하여 집을 지었느니
라 48) 그러나 지극히 높으신 이는 손으로 지은 곳에 계시지 아니하시나니
선지자가 말한 바 49) 주께서 이르시되 하늘은 나의 보좌요 땅은 나의
발등상이니 너희가 나를 위하여 무슨 집을 짓겠으며 나의 안식할 처소가
어디냐 50) 이 모든 것이 다 내 손으로 지은 것이 아니냐 함과 같으니라
51) 목이 곧고 마음과 귀에 할례를 받지 못한 사람들아 너희도 너희 조상들
과 같이 항상 성령을 거스르는도다 52) 너희 조상들이 선지자들 중의 누구
를 박해하지 아니하였느냐 의인이 오시리라 예고한 자들을 그들이 죽였고
이제 너희는 그 의인을 잡아 준 자요 살인한 자가 되나니 53) 너희가 천사가
전한 율법을 받고도 지키지 아니하였도다 하니라

사도행전 7장 1-53절에서 스데반은 산헤드린 앞에서 자기를 변호하지 않는다. 그는 단지 이스라엘의 역사를 이야기한다. 이 설교는 설명이 없이 간단하게 이스라엘의 역사를 서술해 나가는 것처럼 보인다. 그의 설교는 단순하고 수식어가 없다. 단지 성경 이야기를 청중이 눈으로 보듯이 그려줄 뿐이다. 자기의 변명도 늘어놓지 않는

다. 자기를 방어한다는 느낌도 없다. 그러면서도 그 이면에는 설교자가 말하고자 하는 신학과 주장이 분명하다. 결론도 아주 간단하다(행 7:51-53). 이런 설교에 대한 해석은 청중의 몫이다. 설교자는 던졌고, 청중이 해석하고 결단하게 될 뿐이다. 그렇기 때문에 스데반의 설교는 읽는 사람마다 다 각기 조금씩은 다르게 읽을 수 있다. 그러나 그를 미워하던 사람들은 스데반이 전달하고자 하는 의미를 정확하게 읽고 있었다. 그의 설교는 내러티브 설교의 좋은 본보기이다.

스데반은 아브라함과 요셉, 그리고 모세의 이야기를 담담하게 전한다(행 7:2-45). 그러나 스데반의 설교는 단순히 과거 사건의 나열이 아니다. 그 이야기 속에 의미가 담겨 있고, 새겨야 할 이미지가 담겨 있다. 그러므로 본문의 설교를 읽을 때는 스데반이 사용하고 있는 이미지를 읽어야 한다. 아브라함의 이야기에서 강조점은 첫째는 '떠남'의 이미지다(7:2, 3, 4, 7).[14] 이 설교에서 '떠나다'는 단어가 세 번이나 반복해서 나온다(7:3,4). 3절의 ἔξελθε(나가다)는 동사는 ἐξέρχομαι의 단순과거 명령형이고, 4절의 ἐξελθὼν(떠나)은 ἐξέρχομαι의 단순과거 능동 직설법이다. 7절의 ἐξελέυσονται(나와서)는 ἐξέρχομαι의 미래형이다. 또 약속의 땅에 온 아브라함에게 "여기서 발붙일 만한 땅도 유업으로 주지 아니하셨다"(5절)라고 하므로, 아브라함은 계속 약속을 향하여 떠나는 사람으로 묘사하였다.

둘째 이미지는 '나그네'(행 7:4, 6, 9, 15)다. 아브라함도 나그네요, 그의 후손들도 애굽에 가서 400년 동안 괴롭힘을 당해야 하는 나그네이다(행 7:6-7). 셋째 이미지는 땅이 아니고 할례이다(행 7:8). 땅은 정

14) 스데반은 아브라함이 그의 아버지가 죽은 후에 떠났다고 말한다. 이것은 창 11:26, 31-32에 대한 해석학적 문제를 남긴다. 데라가 70세에 아브람과 나홀과 하란을 낳았다(창 11:26). 그리고 아브라함이 75세에 하나님의 부름을 받고 하란을 떠났다. 그렇다면 데라는 145세로 살아 있다는 말이 된다. 스데반이 평범한 그리스도인이었다는 점을 고려해야 한다.

착을 의미한다. 그러나 할례는 사람의 몸에 지니는 언약이다. 할례는 정착과 안정과는 관계가 없다. 하나님의 언약은 정착, 곧 성전이 아니라고 한다. 이런 언약은 아브라함으로부터 앞선 세대에서 다음 세대로 옮겨지는데, 성전을 통하여 옮겨지는 게 아니라 몸에 새겨진 약속으로 이어진다.

요셉의 이미지는 환난과 고통 속으로 '팔리다'이다(9절). 그 이유는 형제들의 시기 때문이다. 그러나 하나님께서 그와 함께 계셨고, 또 환난에서 그를 건져내셨다(10절). 그런 그에게 하나님께서는 바로 앞에서 은총과 지혜를 주셨다. 그래서 요셉의 아버지 야곱과 온 식구들은 후에는 자기들이 버린 요셉의 품에 안기게 되었다(7:13-15). 결국 버림받음을 받은 요셉은 그들의 구원자가 되었다. 모세의 이미지는 자기 백성의 '구원자'이다(7:25). 애굽 궁궐에서 공주의 아들로 애굽 사람의 모든 지혜를 배웠다. 그리고 40년 후에 자기 형제 이스라엘 자손을 돌볼 생각을 했다(7:23). 그리고 자기 형제가 원통한 일을 당함을 보고 애굽 사람을 쳐죽였다.[15] 스데반은 그를 "보호하여 압제받는 자를 위하여 원수를 갚았다"라고 말한다(7:24).

모세는 하나님께서 자기 손을 통하여 구원해 주시는 것을 깨달으리라고 믿었지만, 그 결과는 자기 동족 형제들에게 쫓겨나 나그네가 된다(7:25). 그런데 하나님께서 그를 호렙 산에서 부르시고, 다시 관원과 속량하는 자로 이집트로 보내어 자기 백성을 구원하였다. 그리고 "하나님이 너희 형제 가운데서 나와 같은 선지자를 세우리라 하던 자가 곧 이 모세"라고 한다(7:37). 본문에서 이스라엘 백성은 항상

---

15) 출 2:11; "모세가 장성한 후에 한번은 자기 형제들에게 나가서 그들이 고되게 노동하는 것을 보더니 어떤 애굽 사람이 어떤 히브리 사람 곧 자기 형제를 치는 것을 본지라." 형제란 단어를 두 번이나 반복해서 사용하였다. 여기서 사용된 형제란 말, '아흐'(אח)는 친형제에 대하여 사용되었다.

배반자이다(7:25-29, 39, 42-43, 51).

스데반은 모세와 광야 교회의 증거인 장막을 연결시킨다. 그리고 스데반의 설교는 성전으로 옮겨진다. 처음에 다윗이 하나님의 '처소'(σκήνωμα)를 준비하게 해달라고 기도했다(행 7:46). 그러나 솔로몬은 '집'(house)을 지었다고 말한다(행 7:47). 다윗이 기도한 것은 "하나님의 처소"라고 한다. 처소란 텐트나 머무는 곳을 말한다. 다윗이 구한 것은 단지 증거궤를 머물게 하는 장소였는데, 솔로몬은 집을 지었다고 한다. 솔로몬은 하나님께서는 사람의 손으로 지은 곳에 계시지 않는다는 선지자의 말을 거스렸다고 한다(사 66:1-2). 하나님의 구원의 현실이 어느 특정한 장소에서만 국한되어 있는 것이 아니기 때문에 솔로몬이 집을 지은 것은 배교(背敎)라고 한다. 그 증거로 솔로몬의 성전 봉헌사(왕상 8:20-27)의 일부를 인용하여 보여준다.[16] "지극히 높으신 이는 손으로 지은 곳에 계시지 아니하시나니"(행 7:48). 그리하여 성전에 대한 애착은 불순종으로 묘사된다.[17]

스데반은 이사야 66장 1-2절을 인용한 다음에 아모스나 예레미야와 약간 닮은 말을 하기 시작한다. 그리고 갑자기 설교는 목이 곧고 하나님의 말씀을 바로 듣고 살지 못하던 조상들과 같이 너희도 항상 성령을 거스른다고 날카롭게 비판하기 시작한다. 하나님을 성전에 매어두는 것은 하나님의 말씀을 배신한 것이라고 한다. 곧 솔로몬이 성령을 거스렸다고 한다. 솔로몬이 성령을 거스른 것처럼 유대 지도자들이 성령을 거스르고 있다고 비판하는 것이다. 유대 지도자들은

---

16) 헨헨. op.cit., p. 69. 행 7:49-50은 사 66:1-2의 인용이다. 이것은 솔로몬의 성전 봉헌 기도의 내용이다.

17) 윌리엄, op.cit., p. 105. 히 8-9장에서 성막이 참된 예배 처소로 인정되고 있음과 비교하라.

계속해서 어딘가를 향해 움직여 가는 교회(장막)를 한 곳에 정하고 움직이지 않는 성전으로 묶어 두었기 때문이다. 이 말은 이사야 66장 1-2절을 인용한 것이라고 하더라도, 예루살렘 성전을 이와 같이 비판한 것은 이스라엘 내에서는 전대미문의 일이다.[18]

결국 성전을 지켜 가려고 하다가 예수 그리스도를 너희가 죽였다고 결론을 내린다. 항상 약속을 향하여 앞으로 나아가야 할 유대인들이 성전이란 곳에 집착하면서 그들은 율법을 가지고는 있으나 바로 이해하지 못했고, 율법을 지키지 않게 되었고 그런 아집이 예수 그리스도를 죽였다는 것이다. 앞에서 스데반은 지금 유대인들이 살고 있는 이 땅도 너희의 소유가 아니란 점을 강조했다(행 7:3-5). 설교의 결론은 이것이다. "항상 성령을 거스른다", "천사가 전한 율법을 받고도 지키지 아니하였다"(54절). 하나님의 은혜 안에서 자유로이 살고자 원하는 자기 백성의 정당한 열망을 거스려 자기들의 이익을 옹호하기 위해 율법을 조작했으며[19] 그 결과 성전을 타락시켰다고 한다. 성전과 율법에 대한 잘못된 이해를 공격하였던 것이다. 이것은 스데반이 고소당한 내용이다. 스데반은 변명을 한 것이 아니라 그들의 잘못된 고정관념을 신랄하게 비판한 것이다. 도리어 이스라엘은 하나님의 언약을 따라 새로워져야 하고, 언약을 따라 움직여야 한다고 강조한다.

광야의 장막(교회)과 금송아지는 비상한 대조이다(행 7:38, 44, 41). 광야 교회는 한 자리에 머물지 않고 계속 이동하는 교회의 이미지다. 그러나 금송아지는 신을 형상화하여 거기에 두려고 한 것이다(행 7:41, 42). 스데반은 금송아지의 이미지와 솔로몬 성전의 이미지를 동

18) 독일성서공회해설, 신약편, p. 297.
19) 윌리엄, op.cit., p. 114.

일시한다(행 7:41, 47). 스데반의 설교는 많은 암시를 하고 있다. 그리스도의 교회도 예루살렘이라는 지역이 중요하지 않다는 것이다. 교회는 예루살렘으로부터 이방 지역으로 옮겨가야 한다는 것을 제시한다. 이것은 사도행전의 정신이기도 하다. 예루살렘 교회는 교회의 뿌리이지, 전체 교회의 대표는 아니다. 예루살렘 교회는 안디옥까지 복음을 전하는 역할을 하고, 안디옥 교회는 이방 선교를 위하여 선교사를 파송하는 일까지의 책임을 맡는다. 그 다음에는 바울을 통하여 로마까지, 그리고 로마로부터 다른 지역으로 복음을 전하는 것은 또 다른 사역자들의 몫이다.

스데반의 설교는 아브라함의 이미지와 솔로몬 성전의 이미지가 대칭을 이루고, 요셉과 모세가 대칭을 이루고 있다. 아브라함과 솔로몬 성전은 '떠남'과 '고착'(固着)이라는 이미지로 대칭을 이룬다. 그리고 요셉과 모세는 '버림과 영광'이란 이미지로 대칭을 이룬다. 이 두 가지 이미지는 예수 그리스도에게로 포커스가 모아진다. 예수님은 버림을 받으셨다. 그리고 하늘과 땅의 권세를 얻고, 만인의 구원자가 되셨다. 또 예수 그리스도는 성전과 같이 한 곳에 매여 사신 분이 아니라 하나님의 약속을 따라서 계속해서 전진하신 분이다. 예수님의 모습은 곧 교회가 지녀야 할 이미지이다. 누가는 스데반을 통하여 이방으로 복음이 뻗어나가야 한다고 강조하고 있다.

"스데반은 분명하고 담대한 태도로 신앙을 증거하고, 유대교의 편협성에 반대하였다. 비록 그들이 고발한 내용이 스데반이 의도한 바를 왜곡한 것이라 하더라도, 그것은 스데반이 유대교와의 관계에 있어 사도들이 이전에 취하던 입장을 훨씬 넘어서 있는 것이다."[20] 스데반의 입장이 전체 헬라적 유대인들의 견해인지는 확실하지 않

20) 람세이, 사도 바울, p. 342.

으나, 스데반의 폭넓은 공감과 관점은 아직 젊은 교회 공동체에 새로운 생명력을 불어넣은 것만은 확실하다.

그들은 스데반의 설교를 듣고 마음에 찔렸다. 그러나 회개한 것이 아니라 도리어 스데반을 향하여 이를 갈았다(행 7:54). 이때 스데반은 다시 성령이 충만하였다(행 7:55). 스데반이 예수 그리스도를 위하여 무엇인가를 해야 할 사명이 있다는 것을 보여준다.

3. 첫 순교자 스데반(행 7:54-8:1)

> 54) 그들이 이 말을 듣고 마음에 찔려 그를 향하여 이를 갈거늘 55) 스데반이 성령 충만하여 하늘을 우러러 주목하여 하나님의 영광과 및 예수께서 하나님 우편에 서신 것을 보고 56) 말하되 보라 하늘이 열리고 인자가 하나님 우편에 서신 것을 보노라 한대 57) 그들이 큰 소리를 지르며 귀를 막고 일제히 그에게 달려들어 58) 성 밖으로 내치고 돌로 칠새 증인들이 옷을 벗어 사울이라 하는 청년의 발 앞에 두니라 59) 그들이 돌로 스데반을 치니 스데반이 부르짖어 이르되 주 예수여 내 영혼을 받으시옵소서 하고 60) 무릎을 꿇고 크게 불러 이르되 주여 이 죄를 그들에게 돌리지 마옵소서 이 말을 하고 자니라 8:1) 사울은 그가 죽임 당함을 마땅히 여기더라 그 날에 예루살렘에 있는 교회에 큰 박해가 있어 사도 외에는 다 유대와 사마리아 모든 땅으로 흩어지니라

스데반의 설교를 듣고 있던 산헤드린은 아브라함의 이야기를 들을 때만 해도 그저 자기 조상의 옛 이야기를 듣고 있다고 생각했을 것이다. 요셉의 이야기가 마음에 걸리기는 했어도 아직 그처럼 자극적이지는 않았다. 그러나 모세 이야기는 좀 느낌이 이상하다고 여겼을 것이다. 자기 형제를 구원해 주려고 온 모세를 배반하고 모세를 광야로 내몰게 된 이야기, 또 시내 산에서 송아지를 만들어 놓고 우상에게 희생제물을 바치고 즐거워하였다는 말부터 그들은 가슴이

찔리기 시작하다가 광야의 교회와 성전을 대조해서 말할 때, 그리고 마지막에 과거 조상들의 이야기를 현재 그들에게 적용하여, 조상들처럼 당신들은 성령을 거스르고 하나님을 배반한 자들로서 하나님이 보내신 의인을 죽였다고 했을 때 드디어 분노하기 시작하였고, 그들은 스데반을 향하여 이를 갈았다(행 7:54). 그러나 아직 분노가 폭발하지는 않았다.[21)]

그들이 스데반을 향하여 이를 갈고 있을 때, 스데반은 성령이 충만하게 된다(행 7:55). 스데반은 그들의 모습에 시선을 집중하지 않고, 오직 하늘을 향하여 눈을 들어 주목하여 보았다(행 7:55). '응시했다'(ἀτνίσας)는 단순과거 직설법 분사구분이다. 그러니까 스데반이 하늘을 바라본 상태는 그대로 지속되었다. 그리고 열린 하늘을 통하여 하나님의 오른편에 예수님께서 서서 계신 것을 보았다. 놀라운 모습을 본 스데반은 소리치지 않을 수 없었다. 그래서 "보라 하늘이 열리고 인자가 하나님 우편에 서신 것을 보노라"(행 7:56)고 하였다. 위험한 순간에 스데반이 하늘을 바라보다가 하나님의 영광과 하나님 우편에 서 계신 예수님을 본 것인지, 아니면 하늘이 열려 있어서 하늘을 바라보았는지는 분명하지 않다.

스데반이 처음 응시한 곳은 단수로 된 하늘(εἰς τὸν ὑορανὸν)이다(행 7:55상). 그런데 스데반이 다음에 본 '열려 있는'(διηνοιγμένους)[22)] 하늘은 복수로 쓰인 '하늘들'(τὸν ὑορανοὺς)이다(행 7:56). 하늘이 복수로 쓰일 때는 '하나님의 거처(보좌)'를 의미한다(마 23:22; 히 8:1; 벧전 1:12). 벵겔(John A. Bengel)은 이것은 하늘 이상을 말한다고 했다.[23)]

---

21) 헨헨, op.cit., p. 441.

22) διηνοιχμέν ους는 διανοίγω의 현재완료, 분사, 수동으로, 하늘이 완전히 열려 있는 것을 말한다.

23) John A. Bengel, Bengel's New Testament commentary, 1981, p. 800.

스데반은 처음엔 하늘을 보았다. 그러던 중 그는 하나님의 보좌인 하늘을 보았다(단 7:13-14 참고). 여하튼 스데반은 자기가 본 가장 영광스럽고 황홀한 모습을 말하지 않을 수 없었다.

그래서 그는 소리쳤다. "보라 하늘이 열리고 인자가 하나님 우편에 서신 것을 보노라." 지금까지 베드로와 요한을 통하여 예수 그리스도께서 부활하셨다는 소식을 예루살렘에 살고 있던 유대인들은 다 들었다(행 2:32-33, 3:15-16, 4:10, 5:31). 그러나 믿지 않았다. 그런데 스데반은 승천하신 예수 그리스도가 지금 하나님 우편에 서 계신 모습을 본다고 했다. 스데반은 십자가에 달려 죽으신 예수께서 하나님의 우편에 계신 것을 보면서 증거하였다. 그는 예수님의 참된 증인(μάρτυς, μάρτυρία)이다.

베드로와 요한도 승천하신 예수께서 하나님 우편에 앉아 계신다고 설교했다(행 2:33). 이것은 예수님께서 그들에게 말씀해 주신 내용의 반영이다(눅 22:69; 막 14:62). 그런데 스데반은 서 계신 그리스도를 말한다. 예수님께서 서 계시는 것은 스데반을 받으실 준비를 하고 있는 모습인지, 스데반을 옳다고 인정하고 격려하시는 모습인지 분명치가 않다. 아마도 두 가지를 다 포함하고 있는 모습일 것이다. 스데반의 설교가 옳다고 인정해 주시는 모습이고, 스데반이 설교한 내용이 진실하다고 마치 손뼉을 치시는 모습이다.

이스라엘이 성전과 율법에 매여 산 것은 광야에서 우상을 만들고 자기들을 인도하던 신이라고 주장하던 것과 다를 바가 없다. 하나님이 원하시는 교회는 광야의 교회이다(행 7:38). 하나님의 약속의 성취를 위하여 계속 행동하시는 예수 그리스도, 그리고 하나님 나라의 모형인 교회의 주인이신 모습이다.

앞에서 산헤드린이 스데반의 설교를 듣고 분노하기 시작하였으나, 아직 분노가 폭발하지는 않았다고 했다. 그들의 분노를 폭발하게 한 것은 스데반이 하늘에 서 계신 그리스도를 보고 있다고 외친 말이다(행 7:56,57). 그렇다면 그들의 분노를 폭발하게 한 사람은 스데반이 아니라 예수 그리스도라고 할 수 있다. 왜 그때 하늘이 열리고 그런 모습을 보여주셨을까? 스데반을 받으시려고 하신 것일까? 아니면 스데반을 순교자로 만들려고 하신 것일까? 스데반이 순교한 것은 그의 설교 때문이 아니라 예수 그리스도가 하늘에서 자신의 모습을 그에게 보여주셨기 때문이다. 어찌 보면 예수님이 그를 순교자로 만드신 것이다. 스데반은 성 밖으로 끌려가 돌에 맞아죽었다. 스데반은 하나님과 성전, 율법을 모독했다는 것 때문이 아니라 하나님 우편에 서 계신 예수 그리스도를 보았다고 했기 때문에 신성모독으로 죽임을 당했다.

이때 눈에 띄는 한 청년(νεανίας)이 있었다. 증인들의 옷을 책임지고 자기 발 앞에 두고 있는 청년이다(행 7:58). 누가가 전하는 스데반의 죽음은, 단순히 성난 폭도들의 폭력에 의하여 죽임을 당한 것인지(행 7:57-58상), 아니면 산헤드린의 정죄로 인하여(judicial action) 죽임을 당한 것인지 확실하지 않다(행 7:58상-59). 스데반이 처형을 당하는 기록은 두 가지 자료의 혼합으로 보인다. 군중이 밀려드는 모습은 이 처형이 사사로운 형벌이었다는 것을 암시하나 '증인들'이 나선 것은 공식 심문을 의미하기 때문이다. 그들이 돌을 들어 치게 하기 위하여(신 17:7) 증인들은 옷을 벗었다. 어떤 학자들은 이런 행동은 재빠른 행동을 위하여 예복에 해당하는 겉옷을 벗는 것이지, 특별한 의식적 의미가 있는 것이 아니라고 한다. '사울이라는 젊은이'(νεανίας)도 증인의 구실을 한 것이 아니라고 한다. 그러나 누가는 사울의 책임을 분명하게 지적하고 있는 인상을 준다. 그리고 사도행전 22장 20절에 이르러 바울로 하여금 그 책임을 토로하게 한다.

이 문제를 해결할 수 있는 길은 증인들의 옷을 맡아 준 청년의 정체는 무엇이고, 또 증인이 옷을 벗어 사울의 발 앞에 두었다는 행동의 의미는 무엇인가를 밝히는 것이다. 누가가 전해주는 바에 의하면 성난 군중이 스데반을 성 밖으로 끌고 나가서 돌로 쳤다. 그리고 증인들이 스데반을 돌로 치기 전에 먼저 자기들의 벗은 옷을 사울이라는 청년의 발 앞에 두고, 돌로 쳤다(행 7:58, 59). 왜 증인들이 돌로 치기 전에 옷을 벗어 사울 앞에 두었을까?

네일(Neil)은 증인은 죄인에 대하여 증거를 제시할 수 있는 사람으로, 증인들은 법적인 증거와 함께 돌을 던질 수 있다고 한다(신 17:5-7).[24] 브루스(Bruce)는 증인들의 옷을 맡는 사람은, "(유대 전통에 의하면) 사형 집행인으로서의 역할을 담당하며, 이 사건의 증인들의 옷을 간수해 줌으로써 찬성의 뜻을 표시하였다"고 한다.[25]

당시 산헤드린은 사형권이 없었다. 다만 성전과 자기들의 종교에 관해서는 산헤드린의 사형권을 묵시적으로 인정을 받았다. 그 이유는 대제사장의 종교적 권위에 의하여 로마 제국 내의 유대인들은 그 평화가 유지되고 있었으므로, 로마 정부도 대제사장은 존중할 수밖에 없었기 때문이다. 특히 이 새로운 운동은 제국법에 의해 보호를 받던 회당의 특권에 대항하고 있다는 방향으로 로마인들에게 설명할 수도 있었기 때문이다.[26]

독일성서공회 해설집은 "스데반에 대한 소송 절차는 정식 재판의 과정과 같이 먼저 고발당하고, 공회 앞에서 심문하는 것으로 시작되

24) Neil, op.cit., p. 118. 증인들이 죄수의 옷을 벗기고, 언덕 아래로 밀쳐 떨어뜨린 후에 그 위에 돌을 던진다고 한다.

25) Bruce, 초대기독교역사, p. 106.

26) Ibid, p. 107.

었다"(행 6:12,7:1)고 한다. 그러나 스데반의 연설과, 영광스럽게 된 그리스도를 바라보노라고 한 그 말은 현장에 입석해 있던 사람들로 하여금 자제력을 잃게 만들었다. 그래서 그들은 곧바로 사형(私刑) 행위와 같은 투석 처형을 실행했다고 한다.[27)]

이 문제에 대하여 유대 정통 랍비 대학 출신인 요셉 슐람(Joseph Shulam) 목사는 사도행전 22장 3절과 갈라디아 1장 14절에 나오는 바울의 증언을 기초하여,[28)] 당시 사울은 산헤드린 공회원이었고, 산헤드린 안에서 재판부의 검사 역할을 하고 있었다고 말한다. 그리고 가말리엘의 문하생이란 천 명 중 한 사람 정도가 되는데, 이 사람은 가말리엘의 추천에 의해 공회에 들어갈 수 있었기 때문에 바울은 산헤드린 회원이었다고 한다.

NET 성경은 바울의 문하생(παρὰ τοὺς πόδας Γαμαλιὴλ)이란 말 중에 '……의 발 아래서 엄하게'(strictly at the feet of)란 표현은 헬라의 관용구로서, 따르는 제자를 일컫기도 하지만 '……보다 앞서가다'는 의미로 이해할 수 있다고 했다.[29)] 그렇다면 사도행전 22장 3절의 내용은 갈라디아 1장 14절의 조상의 전통에 대하여 더욱 열심이 있었다는 내용과 부합된다.[30)] 사도행전 22장에는 그 당시를 회고하는 바울의 증언이 나온다. 그 당시 스데반이 피를 흘릴 때 내가 곁에 서서 찬성하고,[31)] 그 죽이는 사람들의 옷을 지킨 줄 그들도 안다고

27) 독일성서공회해설, 대한성서공회, 신약, p. 298.

28) 박창환 사역, 신약성경에서는 "그리고 유대교에 있어서, 내 동족 중의 많은 동년배들보다 훨씬 앞서 있었으며, 나의 조상들의 전통에 대하여 누구보다도 열정을 가진 사람들이었습니다."(갈 1:14)

29) NET Bible, op.cit., p. 2091.

30) 여기서 말하는 조상은 옛 시대의 성서학자들을 뜻한다. 이렇게 보면 바울은 율법을 이해하는 면에서나 실천하는 면에서 선배들보다도 훨씬 뛰어난 사람이었다. 독일성서공회 해설, op.cit., p. 443.

31) 당시에 사형에 처형할 수 있는 권한은 산헤드린만 가지고 있었다. 그렇다면 바울의 경우는 산헤드린과 관계가 있다고 보아야 한다.

말하므로(행 22:20) 그 일에 대제사장과 장로들이 자기 증인이라고 끌어들였다. 또 사도행전 22장 5절에, 다메섹에 가던 모든 일에 증인으로 대제사장과 장로들을 채택한다. 예레미아스는 사도행전 23장 6절은 바울이 서품 받은 율법학자였다는 것을 말해준다고 한다. 또 26장 10절은 그가 재판관으로 활동했다는 것에 대한 보도라고 한다.[32]

그렇다면 바울은 산헤드린과 깊은 관계에 있었다는 사실을 부정할 수 없다. 그 중에서도 사법부에 속하여 예루살렘 재판부의 검사 역할을 하고 있었을 것이고, 그렇다면 스데반을 죽일 당시 집행 책임자는 사울이었고, 증인들은 그의 지휘를 받는 부하들이었다고 가정할 수 있다. 사도 바울이 사도행전 22장 4절에 "내가 이 도를 박해하여 사람을 죽이기까지 하였다"라고 했는데, 그가 사람을 죽이는 것과 관련되어 나타난 사건은 스데반의 죽음밖에는 없다. 스데반 외에 다른 사람을 죽였다면 그처럼 중요한 일을 누가가 기록하지 않을 리가 없을 것이다. 그렇다면 바울이 사람을 죽이기까지 했다는 말은 스데반을 죽일 때 자기 책임하에 죽였다는 의미로 해석해야 한다.

스데반은 이 청년이 보는 앞에서 죽었다. "주 예수여, 내 영혼을 받으소서" 하고, 무릎을 꿇고 "주여, 이 죄를 그들에게 돌리지 마옵소서" 하고 크게 부르며, 그는 잠들었다. 이 모습은 자기 스승이 숨지던 그때의 모습과 매우 닮았다. 예수께서는 "아버지, 저들을 사하여 주옵소서. 자기들이 하는 것을 알지 못함이니이다"(눅 23:34)라고 한 후, "아버지, 내 영혼을 아버지 손에 부탁하나이다"(눅 23:46)라고 말씀하시고 숨지셨다. 예수님은 "아버지"를 불렀고, 스데반은 "주 예수여"라고 했다. 예수님은 그의 영혼을 아버지 손에 부탁하

32) 예레미아스, 예수시대 예루살렘, p. 326. Bruce는 행 26:10에서 바울은 산헤드린 회원으로 권한을 행사한 것으로 보이지만, 청년(νεανίας, 행 7:58)은 장로들(γερουσία)의 회의에 거의 소속되지 않았다고 한다. 신약사, Ibid, p. 968.

고 잠드셨고, 스데반은 그의 영혼을 그의 주인인 예수님께 부탁하고 잠들었다. 아나니아와 삽비라의 죽음에 대해 '그의 혼이 떠났다'(ἐξέψυξεν)는 표현을 한 것에 비하여, 스데반의 경우에는 '그의 영혼'(πνεῦμα)을 아버지께 부탁했다.

예수님의 경우 복음서 어디에도 영(πνεῦμα)이 떠난 것을 의미하지, 혼(ψυχή)을 언급한 곳은 없다. 요한복음의 경우엔, παρέδωκεν τό πνεῦμα 즉 '그가 그의 영혼(πνεῦμα)을 내주었다'라고 표현하였다.[33) 누가는 아버지 손에 영혼을 부탁한 예수님과 예수님께 자기의 영혼을 부탁한 스데반은 지금 같은 곳에 있다는 사실을 간접적으로 암시하고 있다. 아나니아와 삽비라에게는 영혼(πνεῦμα)을 사용하지 않고, 혼(ψυχή)을 사용함으로 구원에 이르지 못했다는 것을 암시하고 있다. 스데반은 죽는 모습까지도 예수님을 그대로 닮았다.

누가는 사울이란 청년을 스데반의 죽음의 현장에서 의미있게 소개했다. 피를 흘리며 죽어 가면서도 침착함을 잃지 않고, 평화롭게 천사의 얼굴로 죽어 가던 스데반의 이미지는 그를 죽이는 데 가담했던 청년에게는 평생 잊을 수 없는 모습으로 각인(刻印)되었을 것이다. 또 자기 죄를 용서해 달라고 하던 스데반의 기도도 잊을 수 없었을 것이다. 순교자의 피처럼 전염성이 강하고 인상적인 것은 이 땅에 없을 것이다. 교회 역사는 담대함과 연민에 찬 순교자들의 이야기로 시작되었다. 순교자의 피는 반드시 열매를 맺는다. 그 열매는 가장 가깝게 지켜본 사람에게서부터 맺게 된다. 그러나 순교자도, 그 불을 이어 받은 사람도 앞으로 어떤 일이 일어날지 아직은 아무것도 모른다. 더욱이 그 일을 처리한 박해자는 일시적이지만 자기가 한 일이 하나님 앞에 잘한 일이며, 당연한 일이었다고 생각할 뿐이다(행 8:1).

---

33) 렌스키, 누가복음, 백합출판사, 1978, p. 463. NIV, "he gave up his spirit."

윌리엄은 “스데반 사건은 사도행전 가운데서 하나의 회전축, 즉 분수령이다”라고 했다.[34] 씨앗이 바람을 타고 흩어지듯이 초대교회는 박해란 바람을 타고 사방으로 흩어지기 시작하였다. 자신들이 의식하지 못하는 사이에 바람에 의해서 말이다. 모건(Morgan) 목사는 “그리스도의 증인은 죽었다. 그러나 진리는 살았다”라고 말했고, 어거스틴은 “교회는 스데반의 기도의 덕으로 바울을 얻었다”라고 말했다. 스데반을 위하여 울지 말아야 할 이유는 “스데반은 주께로부터 받은 불꽃을 바울의 마음에 꽂았고, 바울은 그 불꽃으로 땅 끝까지 복음을 전했기 때문이다.”

사도행전 8장은 1절의 “사울은 그가 죽임 당함을 마땅히 여기더라”로 문을 연다. 앞으로 사도행전은 사울을 향하여 갈 것이라는 암시를 준다. 또 이처럼 사울의 심리 상태를 묘사한 것이라면, 이 내용은 사도 바울에게서 나온 고백을 통해 알게 되었을 것이다. 이것은 바울 자신의 육성이라고 보아도 좋을 것이다(참고: 행 22:20).

8장 1절은 묘한 여운을 남기는 말이다. “사도 외에는 다 유대와 사마리아 모든 땅으로 흩어지니라.” 핍박이 그만큼 심각했다는 것을 말하기도 하고, 그만큼 스데반의 순교로 온 교회가 흩어져서 복음을 전하는 계기가 되었다고 말하는 듯하다. 그리고 이 말은 앞으로 전개될 복음 전파에 대하여 저자 자신이 기록해 나갈 것이란 전제로도 보인다. 그러나 사도들을 제하고 모든 예루살렘 교회가 흩어진 것 같지는 않다. 이어 나오는 글들에는 예루살렘 교회는 건재한 것으로 나오기 때문이다.

그래서 보른캄은 “모교회의 비헬라파들은 흩어지지 않고 남아 있

---

34) 윌리엄, op.cit., p. 103.

었다"는 것이 분명하다고 말한다.[35] 흩어져 복음을 전파한 사람들이 모두 헬라파 사람들인 것은 인상적이다. 이들은 헬라 지역에서 성장했고 팔레스틴 유대인들보다는 폭넓은 세계관을 지닌 구브로와 구레네, 그리고 알렉산드리아로부터 온 유대인들이다. 이들이 다메섹으로, 안디옥으로 흩어져 복음을 전하기 시작하였다.

4. 빌립의 사마리아 전도(행 8:2-25)

> 2) 경건한 사람들이 스데반을 장사하고 위하여 크게 울더라 3) 사울이
> 교회를 잔멸할새 각 집에 들어가 남녀를 끌어다가 옥에 넘기니라 4) 그
> 흩어진 사람들이 두루 다니며 복음의 말씀을 전할새 5) 빌립이 사마리아
> 성에 내려가 그리스도를 백성에게 전파하니 6) 무리가 빌립의 말도 듣고
> 행하는 표적도 보고 한마음으로 그가 하는 말을 따르더라 7) 많은 사람에게
> 붙었던 더러운 귀신들이 크게 소리를 지르며 나가고 또 많은 중풍병자와
> 못 걷는 사람이 나으니 8) 그 성에 큰 기쁨이 있더라 9) 그 성에 시몬이라
> 하는 사람이 전부터 있어 마술을 행하여 사마리아 백성을 놀라게 하며
> 자칭 큰 자라 하니 10) 낮은 사람부터 높은 사람까지 다 따르며 이르되
> 이 사람은 크다 일컫는 하나님의 능력이라 하더라 11) 오랫동안 그 마술에
> 놀랐으므로 그들이 따르더니 12) 빌립이 하나님 나라와 및 예수 그리스도
> 의 이름에 관하여 전도함을 그들이 믿고 남녀가 다 세례를 받으니 13) 시몬
> 도 믿고 세례를 받은 후에 전심으로 빌립을 따라다니며 그 나타나는 표적과
> 큰 능력을 보고 놀라니라 14) 예루살렘에 있는 사도들이 사마리아도 하나
> 님의 말씀을 받았다 함을 듣고 베드로와 요한을 보내매 15) 그들이 내려가
> 서 그들을 위하여 성령 받기를 기도하니 16) 이는 아직 한 사람에게도
> 성령 내리신 일이 없고 오직 주 예수의 이름으로 세례만 받을 뿐이더라.
> 17) 이에 두 사도가 그들에게 안수하매 성령을 받는지라 18) 시몬이 사도들
> 의 안수로 성령 받는 것을 보고 돈을 드려 19) 이르되 이 권능을 내게도
> 주어 누구든지 내가 안수하는 사람은 성령을 받게 하여 주소서 하니 20)
> 베드로가 이르되 네가 하나님의 선물을 돈 주고 살 줄로 생각하였으니
> 네 은과 네가 함께 망할지어다 21) 하나님 앞에서 네 마음이 바르지 못하니

35) Gunther Bornkamm, Paul, p. 14.

이 도에는 네가 관계도 없고 분깃 될 것도 없느니라 22) 그러므로 너의 이 악함을 회개하고 주께 기도하라 혹 마음에 품은 것을 사하여 주시리라 23) 내가 보니 너는 악독이 가득하며 불의에 매인 바 되었도다 24) 시몬이 대답하여 이르되 나를 위하여 주께 기도하여 말한 것이 하나도 내게 임하지 않게 하소서 하니라 25) 두 사도가 주의 말씀을 증언하여 말한 후 예루살렘으로 돌아갈새 사마리아인의 여러 마을에서 복음을 전하니라

초대교회 핍박이 경고(행 4:21)에서 채찍으로(행 5:40), 또 죽음(행 7:58)으로 옮겨가면서 화형주(火刑柱)가 세워지고, 교회는 생존의 위협을 당하게 되었다. 그러나 스데반의 순교는 몇 가지 희망을 남겨놓았다(행 8:1). 하나는 그의 시신을 장사(葬事)하고 돌아온 사람들이다. 누가는 '경건한 사람들'이라고 말한다(행 8:2). 스데반의 장례를 치르고 돌아온 사람들은 크게 소리내어 울었다. 장래를 치러준 사람들은 어떤 사람들이었을까? 그리스도인들이었을까, 아니면 유대인들이었을까? 그런데 누가는 "교회에 큰 박해가 있어 사도 외에는 다 유대와 사마리아 모든 땅으로 흩어졌다"(행 8:1)라고 전하므로, 그리스도인들이 스데반의 장례를 치른 것은 아니라는 암시를 주고 있다.

내러티브 문장에서는 내레이터가 쓰고 있는 표현에 의미를 두고 읽어야 한다. 여기서 강조된 것은 '다 흩어졌다'는 말이다. 그렇다면 본문에서 말하는 '경건한 사람들'은 누구를 말하는가? 경건한 유대인들인가? 그들이 왜 크게 울었을까? 산헤드린 문서에는 돌로 처형당한 사람을 위해서는 아무도 곡할 수 없다고 되어 있다(Sanh. 6, 6 Bill. II 686).[36] 그렇다면 유대인이 왜 산헤드린의 법을 어겼을까? 누가에 의하면 사도들을 제외하고 모든 그리스도인들이 박해를 피해 달아났으므로, 스데반의 장례를 치른 사람들은 유대인들이다. 그들이 스데반을 위하여 크게 울었다면, 그들이 스데반을 통하여 어떤 영향

36) 헨헨, Ibid, p. 444.

을 받았을 가능성을 배제할 수 없거나 아니면 그들은 복음에 대하여 열려 있는 마음을 가지고 있던 사람들이라고 추측할 수 있다.

두 번째 희망은 예루살렘으로부터 흩어진 헬라파 그리스도인들이다. 유대 당국자들은 박해에 박차를 가했다. 그리하여 예루살렘 교회에 큰 박해가 일어났다. 더욱이 사울은 교회를 없애버리려고 각 집을 수색하여 남녀를 끌어갔다. 그 결과로 그리스도인들이 유대와 사마리아 전 지역으로 흩어져 갔는데(행 8:1), '흩어졌다'(διεσπάησαν)는 διασπείρω의 단순과거 수동으로, 누가는 "흩어졌다"는 말을 두 번이나 반복해서 강조한다(행 8:1, 4). 그리고 "흩어진" 사람들을 사도행전 8장 4-5절에서 선교의 새로운 움직임과 연결시키고 있다.

산헤드린은 예수의 이름으로 말하지 못하도록 위협했고, 마침내 스데반을 죽이기까지 했다. 이를 두려워하던 그리스도인들은 흩어졌다. 그러나 이 흩어짐은 다시 새로운 지역으로 하나님의 말씀을 넓혀 나가는 기회가 되었다. 유대와 사마리아 전 지역으로 흩어진 것은 복음이 퍼져 나간 것이다.

세 번째 희망은 사울이란 청년이다. "스데반이 죽임 당한 것을 마땅하게 여겼다." 강한 긍정은 강한 부정을 의미한다. 3절에는 집집마다 수색하면서 남녀를 끌어다가 감옥에 던진다. 1절에 나오는 큰 박해도 사울의 주도하에 이뤄진 것이다. 이런 모습은 정신적인 충격을 받은 사람이 그 충격을 극복하려고 충동적으로 행동하는 자세다. 후에 그가 부끄러운 과거를 고백할 때마다 이때 했던 일들을 빠짐없이 언급한 것을 보면, 그에게 심리적인 강한 어떤 자극이 있었고, 이것을 극복하려는 시도였다고 볼 수 있다.

고대부터 유대인들은 흩어져서 살았던 민족이다. 바벨론으로, 소아시아나 알렉산드리아 그리고 로마로 그들은 다른 세력에 의하여 흩어지거나 자의적으로 흩어져 살았다. 그들은 세상에 흩어져 살면서 회당을 중심으로 자기들의 것을 지켜가기에 급급하거나 아니면 다른 문화에 동화되었다. 그런데 새로운 시대에 흩어진 사람들이 가장 먼저 한 일은 '복음을 전하는 것'(εὐαγγελιζόμενοι τὸν λόγον)이었다(행 8:4). εὐαγγελιζόμενοι는 εὐαγγελίζω의 분사로서 계속해서 복음을 전하는 것을 말한다.

앞으로 계속해서 만나겠지만, 누가는 단어 하나하나를 절제하며 사용한다. 그중 하나가 복음이란 단어인데, 누가는 단순하게 복음을 축어적 표현으로 사용하는 것을 극도로 자제했다. 복음이란 말 앞에는 반드시 수식어를 붙여 사용하였다. 이것은 바울의 정신을 이어받은 것으로 보인다. 바울은 고린도 서신에서 복음을 전하는 것을 이렇게 표현하였다. "우리는 우리를 전파하는 것이 아니라 오직 그리스도 예수의 주 되신 것과 또 예수를 위하여 우리가 너희의 종 된 것을 전파함이라"(고후 4:5). 흩어진 그리스도인들이 보여준 복음을 전하는 열정은 스데반의 순교로부터 받은 것이라고 생각된다.

흩어진 사람 중에 빌립이 있다. 아마 스데반의 죽음에 가장 큰 자극을 받았던 사람이 바로 빌립이었을 것이다. 그는 곧바로 사마리아로 갔다(행 8:5).[37] 그는 거기서 기독교 복음의 주제인 그리스도를 백성에게 전파했다(ἐκήρυσσεν αὐτοῖς τὸν Χριστόν, 행 8:5). 그리스도가 곧 유대인들이 기다리던 메시아인 것을 전한 것이다.

주후 1세기에는 유대인과 사마리아 사람들이 첨예한 대립관계에 있었던 시대였다. 예수님은 사마리아 사람들이 증오하는 예루살렘

37) 사마리아란 그 성을 가리키는 게 아니라 사마리아에 있는 한 성읍(A city of Samaria)에 갔다는 것이다. 사마리아 출생인 순교자 저스틴은 아마도 마술사 시몬의 고향(현재 Gitta)일 수 있다는 주장을 했다. "Interpreters" p. 108, Bruce, op.cit., 서방 사본은 사마리아 앞에 정관사를 붙여놓았다(the city of Samaria).

성전에 간다는 이유 때문에 사마리아를 지나면서 숙소를 제공받지 도 못했으며(눅 9:52-53), 심지어 물조차 얻어마시지 못했다(요 4:9). 그런데 그가 사마리아로 가서 그곳 주민들에게 복음을 전했다는 사실은 정말 놀라운 일이다. 예레미아스는 그의 책 《예수 시대의 예루살렘》에서 "사생아, 성전 노예, 아버지 없는 사람, 주워온 아이, 고자, 이방인 노예, 이방인 노예보다 한 단계 낮은 계층인 사마리아 사람들"이라는 표현을 사용하였다.[38] 이렇게 보면 예수님을 비난하던 자들이 예수를 '사마리아 사람'이라고 불렀던(요 8:48) 것은 얼마나 지독한 욕설이었는지를 상상할 수 있다.

요세푸스(Josephus)는 "사마리아인들은 그들의 환경에 따라 태도를 바꾼다. 유대인들이 번영하는 것을 볼 때는 그들을 친족이라고 부른다……그러나 그들이 어려움 중에 있는 것을 볼 때는 그들이 자신들과 아무런 공통점이 없다고 말한다……자신들은 다른 혈통의 외인(外人)이라고 선언한다"(Antiquities, IX. 291)고 전한다. 처음엔 사마리아 사람들도 성전 안뜰에 들어갈 수 있었다. 유대인들과 그처럼 나쁜 사이는 아니었던 것 같다. 그렇지만 헤롯이 죽은 후 12년째에·사마리아 사람들은 이런 권리를 박탈당했는데, 그 이유는 사마리아 사람들이 총독 코포니우스(AD 6-9)의 시대에 있었던 어느 유월절의 한밤중에 성전 회당과 성소 전체에 사람의 뼈를 뿌렸기 때문이라고 한다. 이로 인해 유월절 축제가 중단되는 사태가 발생했었다고 한다. 이때부터 이들의 관계는 점점 더 적대적이 되어갔다.[39]

빌립은 그곳에서 복음을 전파했을 뿐 아니라 표적도 행하고, 더러운 귀신들을 내쫓고, 많은 중풍병자와 걷지 못하는 사람들을 고치는 이적을 행하였다. 그 결과 사마리아인들은 한마음으로 그의 말을

38) 예레미아스, op.cit., p. 441.
39) Ibid, p. 442.

따랐으며(행 8:6), 그 성에 큰 기쁨이 있었다(행 8:8). 이런 빌립의 사역은 예수님 사역의 계승자임을 암시한다. 누가가 누가복음 9장 1-2절에서 소개하는 예수님의 사역은, 자유를 주는 말씀의 선포와 함께 귀신 들린 자를 치유하고, 반신불수를 고치신 것이다. 이처럼 초대 그리스도인들의 말씀 선포 사역에는 두 가지 기본적인 기적이 따라왔다. 마귀를 제어하는 행위는 복음이 백성들에게 해방과 자유를 주며, 생명에 원기(元氣)를 불어주어 힘있게 살도록 하는 것이란 사실을 선언하는 행위이다.

누가는 사도행전에서 예수 그리스도에 대한 복음을 전파하는 곳마다 이런 기적과 표적이 일어나는 것을 거듭 기록하였다. 그것은 그리스도의 복음이 말로만이 아니라 능력이란 사실을 생생하게 보여주려는 의지의 표현이라고 생각된다. 빌립의 복음전파를 통하여 똑같은 과정이 일어났고, 선교의 결과로 온 백성이 기뻐하였다. 또 빌립의 이런 사역은 초기 사도들이 사역의 계승자라는 사실을 암시한다(행 2:43).

빌립의 내러티브는 두 권위자(authorities)의 대립 구조로 되어 있다(행 8:6,9). 한 사람은 하나님의 권위를 대표하는 사람, 또 한 사람은 악의 세력을 대표하는 사람이다. 우선 배열 자체가 그렇다. 사도행전 8장 5-8절은 전도자 빌립의 위력적인 전도활동을 그리고 있고, 8장 9-12절에서는 그때까지 그 도시를 정신적으로 제압하고 있는 마술사 시몬의 위력을 다루는 이야기로 나뉜다. 그리고 13절에 가서 빌립을 따르는 시몬의 이야기에서 통합을 이룬다.

빌립이 그 도시에 나타나서 기적을 행하고 병자를 고치는 이적을 행할 때, 팽팽한 두 세력의 긴장감을 느끼게 한다. 빌립이 한 일에 대해서는 자세하게 기록한다. 그런데 마술사 시몬이 무엇을 해서 사람들의 마음을 장악했는지는 전혀 언급하지 않는다. 이것이 내러티브 방법의 특징이다. 저자 자신이 들려주고자 하는 내용은 자세하게 기록한다. 그러나 그럴 필요를 느끼지 않는 내용은 생략하고 결과만 말한다. 여기서도 마술사 시몬의 악한 행동은 생략된다. 그러나 빌립을 통해 일어난 하나님의 일은 자세하게 묘사된다.

빌립의 사역을 소개하면서 누가는 '많은', '크다'(πολλοὶ)는 단어를 세 번이나 사용한다. "많은(πολλοὶ) 사람에게 붙었던 더러운 귀신들이 나가고"(행 8:7), 또 "많은(πολλοὶ) 중풍병자와 못 걷는 사람이 나으니"(행 8:8), "그 성 안에 큰(πολλὴ) 기쁨이 있더라"(행 8:8). 이로써 하나님의 위대하심과 능력 많으심을 나타낸다.

반면 시몬은 자칭 큰사람인 체하는 '크다'(μέγαν: 행 8:9, Μεγάλη: 8:10)는 말이 두 번이나 강조되고, 그것을 보고 사람들이 '놀랐다'(ἐξιστάνων: 행 8:9, ἐξεστακέναι: 행 8:11)[40)]는 말도 두 번이나 강조된다. 이런 표현을 통하여 누가는 하나님의 사람은 하나님의 위대하심을 높이고, 악한 권세는 자기를 스스로 높이고, 그래서 사람들을 놀라게 하므로 따르게 한다는 사실을 강조한다"(행 8:11). 그리하여 사람들로 하여금 그를 '하나님의 능력'(The power of God)인 것처럼 착각하게 만든다. 누가는 사람들이 "오랫동안 그 마술에 놀랐으므로 그를 따르더니"(행 8:11)라고 하므로 그 당시 사마리아 사람들의 정신적인 기류가 어떠했는가를 보여주고 있으며, 빌립이 들어갔을 때 영적인 싸움이 얼마나 강렬했는가를 암시하고 있다.

그런데 빌립은 그것에 아무런 신경을 쓰지 않고 오직 하나님만 바라보며 예수 그리스도(행 8:5)와 하나님의 말씀(행 8:14)만을 전했다. 12절에는 하나님의 나라와 및 예수 그리스도의 이름에 관하여 전도

---

40) 'ἐξιστάνων'은 'ἐξιστάνω'의 분사로, 계속 놀라고 있는 상태이고, ἐξιστάκέναι는 'ἐξίστημι'의 현재완료, 부정사이다.

했다고 했다.[41] 그때 기적과 표적이 따르기 시작했다. 또한 그때 백성들이 한마음으로 그가 하는 말을 따랐다. 그들이 빌립의 말을 한마음으로 따른 이유가 그 다음 절에 따라온다. 8장 6절의 어순(語順)에 주의를 기울여야 한다. 말씀을 '듣고'(hear) 이적을 '보고'(see) 빌립이 전한 말씀을 따랐다.

시몬이라는 마술사의 힘에 눌려 있던 그 도시 백성들이 빌립이 전하는 하나님 나라와 및 예수 그리스도의 이름에 대하여 듣게 되면서, 많은 남녀가 믿게 되고 세례를 받는다(행 8:13, 14). 이들을 따라서 시몬도 믿고 세례를 받는다. 그리고 빌립을 전심으로 따라다녔다. 결국 예수 그리스도의 이름이 승리한 것이다. 그런데 시몬이란 마술사가 왜 전심으로 빌립을 따랐는지는 미지수이다. 믿음 때문이었을까, 아니면 그를 통하여 나타나는 표적과 큰 능력 때문이었을까? 마술사 시몬은 이런 빌립의 사역을 보면서 무엇을 느꼈을까? 8장 13절에는 "그 나타나는 표적과 큰 능력(δυνάμεις μεγάλας)을 보고 놀라니라(ἐξίστατο)"고 했다. 시몬은 자기가 거짓 마술로 백성들을 놀라게 한 것과 똑같이 이제는 자기가 빌립이 행하는 큰 권능을 보고 놀란다. 놀라니라(ἐξίστατο)는 ἐξίστημι의 미완료과거, 수동형으로 놀란 상태로 입을 다물지 못하는 모습을 말한다.

사도행전 1장 8절에, 성령의 능력은 복음을 예루살렘으로부터 유다로, 사마리아로 그리고 세상 끝까지 퍼지도록 인도할 것을 예수님께서 말씀하셨다. 그러나 사도들은 예루살렘에 갇혀 있고 새로운 복음 사역은 전혀 엉뚱한 사람들에 의하여 시작되었다. 바로 스데반

---

41) "하나님의 나라"는 초대교회가 소중하게 간직하고 있던 행 2:38-39에 나오는 "회개하고, 믿고, 세례 받으면 성령을 선물로 받는다"는 구원의 원리요, 하나님의 나라에 들어가는 원리와 초대교회의 케리그마를 전했을 것이다. "예수 그리스도의 이름"은 사도행전에서 8장 이전까지 보여줬던 예수 그리스도의 이름의 능력이 얼마나 귀한가를 설명해 주었을 것이다.

과 빌립 같은 사역자들이다.

왜 사도들은 예루살렘에 집착했을까? 사도행전 5장 42절에서 누가는 4, 5장의 결론을 지으면서 "그들은 날마다 성전에서, 그리고 이 집 저 집에서 쉬지 않고 가르치고 예수가 그리스도임을 전하였다"고 전한다. 그곳에 교인들이 있기 때문에 그곳에 집착할 수밖에 없겠지만, 그들은 복음을 들고 다른 곳으로 나갈 생각을 전혀 하지 못하고 있었다. 그 후에도 베드로와 요한이 사마리아에 왔다가 그 지역 여러 곳에 주의 말씀을 전한 후 예루살렘으로 돌아가고(행 8:25), 베드로는 서해안 평야 지역을 돌며 복음을 전한 후 예루살렘으로 돌아간다(행 9:32-10:48). 그 결과로 이후 그들은 예루살렘과 유대전통을 위한 방어자로 남게 된다.

사도들이 예루살렘에 집착하므로 그들은 선교의 주도권을 잃어버린다. 그리고 세상 끝까지 "내 증인이 되리라"고 하신 주의 말씀은 다른 사람들 즉 빌립, 바울과 같은 프리랜스 전도자(freelance evangelists)들에 의하여 이뤄지기 시작하였다. 사도행전 6장에서 뽑힌 일곱 명의 사역자들은 식탁 봉사와 구제의 책임을 맡도록 선택된 사람들이다. 그런데 빌립을 포함한 흩어진 사람들이 말씀의 설교자(preachers of "the word")들로 등장한다.[42] 개척자(initiator)가 될 것인가, 검증자(verifier)가 될 것인가? 검증자가 되면 지도력을 잃어버리게 된다.[43] 초대교회도 개척자들이 선교의 주도권과 리더십을 갖게 되었다.

베드로와 요한, 그리고 빌립과 시몬이 사마리아에서 함께 만난다(행 8:14). 사마리아 사람들이 하나님의 말씀을 받았다는 소식을 듣고 예루살렘 교회가 베드로와 요한을 사마리아에 보냈기 때문이다. 그

42) Robert C. Tannehill, op.cit., p. 103.
43) Ibid, p. 102.

들이 믿는 사마리아 사람들에게 안수하므로 사마리아 사람들은 성령을 받았다. 사마리아의 경우는 세례는 받았지만 성령은 받지 못한 상태에 있었다. 왜 빌립이 세례를 줄 때 성령이 임하지 않았을까? 사도행전 2장 38절에는 믿고 세례를 받으면 성령을 선물로 준다고 했는데 말이다. 사도들에 의하여 사마리아인들이 성령을 받은 사건은 우리에게 중요한 교훈을 준다.

1) **빌립의 선교** : 믿음과 세례는 성령의 선물 없이는 완성된 것이 아니다. 빌립이 선교의 주도권을 가지고 사역을 했다고 할지라도 사도들은 빌립의 사역을 완성시켜 주는 중요한 역할을 하고 있다.

2) **빌립의 사역** : 빌립의 사역은 독립될 수 없는 것이고, 예루살렘 교회와 연결된 것이다. 사도들이 소식을 듣고 즉시 와서 성령을 받도록 하므로, 그 결과 선교의 협력이 이뤄졌고, 그를 통하여 교회는 견고하게 세워졌으며, 사도들은 새 교회가 굳건하게 복음 위에 세워지는 것을 도왔다.

3) **선교의 협력** : 베드로와 요한이 방문한 결과는 성령께서 오시므로 예수께서 성취해 놓으신 구원 안에 이방인들도 포함되기를 하나님께서도 원하신다는 것을 보여주었다(10:44-48 참고).[44] 또한 사마리아의 경우처럼 세례와 성령을 받는 일이 구별된다고 생각해서도 안된다. 사도행전을 통하여 다양한 실례를 보겠지만, 초대교회의 원칙은 세례와 성령은 항상 함께 연결되어 있다는 것을 잊지 말아야 한다(행 2:34).

사도들의 안수로 성령 받는 것을 본 마술사 시몬이 놀란다. 그래서 돈을 주고 사겠다고 한다. 시몬이 사겠다는 것은 성령이 아니라

44) Ibid, pp. 104-105 참고.

안수하므로 성령을 받는 그 '권위'(τὴν ἐξουσίαν)를 사겠다는 것이다.[45] 여기서 권위(authority)란 안수하면 성령을 받게 하는 그 권리를 말하는 것이지, 능력을 사겠다는 말은 아니다. 베드로는 시몬의 말에 분노하여, "네 은(돈)과 네가 함께 망할지어다"(행 8:20)라고 했다. 이 말은 "돈과 함께 네가 지옥으로 갈 것이다"란 뜻이다. 하나님 앞에서 시몬의 마음이 바르지 못하다는 것이다.

과연 시몬의 잘못은 무엇인가? 성령을 매매할 수 있는 것으로 생각했고, 자기도 그 권리를 사서 안수하여 사람들을 놀라게 하고 그것으로 자기 유익을 누리려고 한 것이다. 그는 성령이 하나님의 선물이란 사실을 인식하지 못하고, 사람의 손에 의해 주어지는 것으로 착각한 것이고, 성령을 자기 유익을 위한 도구로 삼으려고 했다. 시몬은 마술사다운 생각을 했다.

누가는 이것을 통하여 독자들에게 경고하려고 한다. 누가는 로마와 헬라 세계에 사는 그리스도인들에게 성령과 마술의 차이가 무엇인가를 분명하게 가르치고자 했다. 또 종교 지도자들은 무엇인가를 보여줌으로 자기의 권위를 세우려는 유혹에 빠지지 않도록 경계한다. 그것은 곧 타락의 나락으로 떨어지는 길이다. 또한 성령의 선물을 자기의 수입의 일환으로 생각하거나, 쇼업을 하는 데 사용하기를 원한다면 마술(magic)이나 다름이 없다는 것이다.

하나님의 선물은 상품화할 수 없고 독점할 수도 없다. 모든 사람과 모든 백성을 위한 선물이기 때문에 아무 대가 없이 모든 사람들과 나누어야 한다. 성령을 모독한 자들은 용서받지 못하고 영원한 죄가

---

45) 예수님께서 제자들에게 귀신을 쫓아내는 ἐξουσίαν를 주겠다고 하셨다(막3:13, 6:7). 누가는 제자들을 파송하면서, '권능과 권위'(δύναμιν καὶ ἐξουσίαν)를 주셨다고 했다. 개역개정은 막 6:7에 ἐξουσίαν를 '권능'으로 번역했다. ἐξουσίαν을 사용한 결과는 능력이지만, 권능으로 번역한 것은 문제가 있다. ἐξουσίαν는 확실히 능력과는 구별되는 사용할 '권리'를 의미한다.

된다고 예수님은 말씀하셨다(막 3:29; 눅 12:10). 윌리엄은 "성령은 교회 안의 모든 이들을 위한 것이 아니라 일부 사람들을 위한 어떤 색다른 '제2차적인 복'(second blessing)인 것처럼 추론해서는 안 된다"라고 했다.[46] 시몬은 아나니아와 삽비라(행 5:1)처럼 돈도 벌고 명성도 얻고 싶어 했다. 이런 유혹은 초대교회로부터 지금까지 계속해서 교회를 위협하는 악의 속임수로 작용하고 있다.

5. 에디오피아에 복음을 전하다(행 8:26-40)

26) 주의 사자가 빌립에게 말하여 이르되 일어나서 남쪽으로 향하여 예루살렘에서 가사로 내려가는 길까지 가라 하니 그 길은 광야라 27) 일어나 가서 보니 에디오피아 사람 곧 에디오피아 여왕 간다게의 모든 국고를 맡은 관리인 내시가 예배하러 예루살렘에 왔다가 28) 돌아가는데 수레를 타고 선지자 아사야의 글을 읽더라 29) 성령이 빌립더러 이르시되 이 수레로 가까이 나아가라 하시거늘 30) 빌립이 달려가서 선지자 이사야의 글 읽는 것을 듣고 말하되 읽는 것을 깨닫느냐 31) 대답하되 지도해 주는 사람이 없으니 어찌 깨달을 수 있느냐 하고 빌립을 청하여 수레에 올라 같이 앉으라 하니라 32) 읽는 성경 구절은 이것이니 일렀으되, 그가 도살자에게로 가는 양과 같이 끌려갔고 털 깎는 자 앞에 있는 어린 양이 조용함과 같이 그의 입을 열지 아니하였도다 33) 그가 굴욕을 당했을 때 공정한 재판도 받지 못하였으니 누가 그의 세대를 말하리요 그의 생명이 땅에서 빼앗김이로다 하였거늘 34) 그 내시가 빌립에게 말하되 청컨대 내가 묻노니 선지자가 이 말한 것이 누구를 가리킴이냐 자기를 가리킴이냐 타인을 가리킴이냐 35) 빌립이 입을 열어 이 글에서 시작하여 예수를 가르쳐 복음을 전하니 36) 길 가다가 물 있는 곳에 이르러 내시가 말하되 보라 물이 있으니 내가 세례를 받음에 무슨 거리낌이 있느냐 37) (없음) 38) 이에 명하여 수레를 멈추고 빌립과 내시가 둘 다 물에 내려가 빌립이 세례를 베풀고 39) 둘이 물에서 올라올새 주의 영이 빌립을 이끌어간지라 내시는 기쁘게 길을 가므로 그를 다시 보지 못하니라 40) 빌립은 아소도에 나타나

46) 윌리엄, op.cit., p. 118.

여러 성을 지나 다니며 복음을 전하고 가이사랴에 이르니라

베드로와 요한은 예루살렘으로 돌아오지만, 성령은 쉬지 않고 빌립을 통하여 다른 일들을 다시 시작하신다. 사마리아에서 효과적인 전도를 하고 있던 빌립을 다른 지역으로 부르신 분은 성령이시다. 누가는 '주의 천사'라고 했다(행 8:26). 29절과 39절에는 '성령'이라고 부른다. 누가는 '주의 천사'와 '성령'을 혼동한 것일까? 빌립 내러티브는 아주 구체적이고 자세하게 구성되어 있다. 그러므로 이처럼 말을 바꾼 데는 누가 나름의 의도가 있었을 것이다. 그 의도가 무엇일까?

바울이 마지막 예루살렘으로 올라가는 길에 가이사랴에 들렀을 때 빌립의 집에서 며칠 동안 머물렀던 적이 있다(행 21:8-10). 만약 누가가 이때 바울과 동행했다면 누가는 빌립을 만나서 많은 이야기를 들었을 것이다. 사도행전 8장의 내용은 빌립으로부터 직접 들은 이야기일 수 있다.[47] 그때 빌립은 자기가 사마리아에서 전도하고 있을 즈음, 남쪽으로 내려가라고 하시던 분을 주의 천사로 알았는데, 후에 알고 보니 그분은 성령이었다고 말했을 수도 있다. 그 말을 누가가 그대로 옮겼을 가능성이 있다.

사도행전 1장 8절에 의하면 예수님은 이미 완성된 선교 계획을 가지고 계신다. 지금 사마리아까지 복음이 전파되었다. 사도행전 8장 1절에 "유대와 사마리아 모든 땅으로 흩어지니라", 그리고 4절에 보면 흩어진 사람들이 두루 다니며 복음의 말씀을 전했다고 한다. 흩어진 그리스도인들이 모두 바람에 씨앗이 날리듯이 자기들이 간 지역에서 모두 복음을 전했다. 그러니까 사마리아 다른 도시에도

---

47) 하르낙은 이 이야기를 빌립 자신에게로 소급시켰다(*Beiträge* III 149-151). 그리고 많은 학자들이 하르낙의 이론을 따른다. 헨헨, op.cit., p. 469.

크리스천들이 갔고, 그곳에서도 복음을 전했으니 이제는 다음 단계로 들어가게 된다. 빌립도 처음에 자기가 성령에 의하여 사마리아 성에 복음을 전하고 있다는 사실을 의식하지 못했는지 모른다. 그런데 두 번째 인도를 받으면서 비로소 자기의 선교는 자기가 하는 게 아니라 성령께서 하신다는 사실을 알게 되었을 것이다.

성령의 계획은 이방인에게 하나님의 말씀을 전하는 것으로 정해져 있다. 그리고 이 일을 맡을 사람으로 전도자 빌립을 선정하셨다. 왜 빌립을 선정하셨을까? 예루살렘에 있는 사도들은 아직도 이방에 선교한다는 사실을 인정하지 못하고 있었다. 고넬료 사건이 예루살렘 교회에 그처럼 큰 사건으로 대두되었던 것을 보면 알 수 있다(행 11:1-18). 그러므로 이방 선교를 이루어 갈 사람은 이방과 사마리아 사이에 있는 사람이어야 한다. 그 사람이 빌립이다.

성령께서 가라고 한 곳은 예루살렘에서 가사로 내려가서 만나는 광야이다(행 8:26). 가사(Gaza)는 블레셋 다섯 성읍 가운데 하나요, 유대 해변에서 애굽으로 내려가는 출발점이다.[48] 학자들은 누가가 말하는 가사는 옛 가사일 것이라고 한다. 맥그리거(MacGregor)는 '광야길'(a desert road)이란 말은 아마도 '이 장소는 황폐되었다'(This place is deserted)고 번역할 수 있다고 한다.[49] 왜냐하면 해변에서 2마일 떨어져 있던 옛 가사는 헤스모니안 왕 알렉산더에 의해 주전 96년에 이미 무너져 있었고, 현대 가자는 해변 가까이 주후 57년에 세워졌는데, 주후 66년까지 존재해 있었다고 말한다.[50] 그래서 옛 가사를 '남아 있는 사막'(remaining desert)이라고 불렀다.

---

48) Neil. p. 123. 옛 가자(Gaza)를 "사막 가자(Desert Gaza)"라 부르는데, 성령께서는 바로 이 "'사막 가자"로 내려가라고 하셨다고 본다.

49) MacGregor, op.cit., p. 114.

50) Bruce, op.cit., p. 174.

중요한 것은 막연한 광야 길이었다면 빌립이 내시를 못 만날 수도 있었을 텐데, 그들이 만난 것을 보면 그는 그곳으로 가는 길을 잘 알고 있었다는 점이다. 빌립은 즉시 일어나 내려갔고, 그 길을 내려가 보니 에디오피아 여왕 간다게의 관리인 내시(Eunuch)가 수레를 타고 가는 것을 보게 되었다. 원어에는 '보라'는 말이 나온다("And behold, he met an Ethiopian eunuch").

성령이 선택한 사람은 에디오피아인 내시였다. 그는 여왕의 국고를 맡고 있던 사람이다.[51] 재무장관의 지위라고 한다. 헬라어 표현은 "ἐπὶ πάσης τῆς γάζης"(Over all the treasury)이다. 내시지만 한 나라의 장관이 에디오피아에서 예루살렘까지 예배하러 온다는 것은 쉬운 일이 아니다. 그리고 그가 만약 내시라면 그는 떳떳하게 유대인의 뜰에 들어가 예배하도록 허락되지 않았을 것이다. 그런데도 예루살렘까지 예배하러 왔다는 것은 놀라운 일이 아닐 수 없다. 어떤 학자들은 내시(Eunuch)라는 말이 그대로 사람의 이름으로도 쓰인다고 말한다. 그러나 '여왕의 관리'라는 말을 강조한 것은 내시일 가능성이 크다고 하겠다.

마차를 발견한 빌립에게 성령의 두 번째 지시가 내린다. "가서 마차에 바짝 다가서거라"(행 8:29). 빌립은 이때 성령이 말씀하신다는 사실을 분명히 알게 된다. 빌립은 "읽는 것을 깨닫느냐?"라고 묻고 내시가 "지도해 주는 사람이 없으니 어찌 깨달을 수 있느냐?" 하고 자기를 청하자 수레에 올라 성경을 해석해 주기 시작한다. 여기 '수레'는 아마도 덮개가 있는 마차였을 것이다. 내시가 읽던 성경은

51) 에디오피아는 "앗쑤안과 카르툼 사이에 위치한 나라로서 간다게라는 호칭을 지닌 황태후에 의해 전적으로 다스려졌다."(헨헨, p.464) "에디오피아의 왕은 태양의 아들로 존경받았고, 왕권의 세속적 기능을 수행하는 신성한 사람으로 여겨졌다."(Bruce, Ibid., p. 175)

이사야 53장 고난의 종의 노래였다. 그가 사용한 성경은 70인역이다.

사도행전 8장 32-33절과 이사야 53장 7-8절을 비교해 보면, 우선 사도행전에서는 이사야 본문의 7절 상반절을 생략한다. 그리고 "도수장으로 끌려가는 어린 양과 같이"로 시작한다. 그리고 이사야 53장 8절에, "그는 곤욕과 심문을 당하고 끌려 갔으나"를 "그가 굴욕을 당했을 때 공정한 재판도 받지 못하였다"고 했다. 이런 사도행전의 번역은 내시가 이사야의 글을 예수님의 고난과 심문, 그리고 공정한 재판도 받지 못한 그리스도를 바로 생각하도록 하는 내용이다. 이로써 빌립은 그에게 예수 그리스도를 설명할 수 있었다. 예수님의 이야기를 들은 그는 즉시 세례를 받겠다고 한다. 오스카 쿨만(Osca Cullman)은 "거리낌이 없다"는 말은 초기 세례식에서 빠짐없이 쓰여졌던 말이었다고 밝힌다.[52)]

서방 본문은 이 말 뒤에 빌립의 대답을 첨부했다. "만일 당신이 온 마음으로 믿는다면 할 수 있습니다." 빌립의 말에 내시는 대답했다. "나는 예수 그리스도가 하나님의 아들임을 믿습니다." 이것은 삼위일체 이름으로 세례를 주던 것보다 훨씬 이전에 실시했던 초기 세례 형식을 보여주는 대표적 양식이다.[53)] 빌립은 예루살렘 교회의 허락도 없이 이방에서 온 그에게 세례를 베푼다. 이때 흐르는 물에 세례를 받았는가, 아니면 온전히 물에 잠긴 침례를 받았는가는 문제가 되지 않는다.[54)] 누가는 여기에 관심이 없고, 그가 세례를 받은 사실과 그 후에 성령께서 빌립을 그에게서 옮겨간 것에 강조점을 두고 있다.

이 사건은 사마리아 전도와 고넬료 개종 사건의 중간에 있다. 이

---

52) 윌리엄 op.cit., p. 118. (Cullman, op.cit., pp. 71-78.)
53) MacGregor, op.cit., p. 116.
54) 원어에는 'εἰς τὸ ὕδωρ'로 되어 있다.

럴 경우 에디오피아 내시가 세례를 받은 사건을 최초의 이방인 세례로 볼 것인지가 문제가 된다. 요세푸스는 이 사람이 이방인으로는 최초로 세례 받은 자라고 말한다. 그런데 누가는 이 사건이 대단히 중요한 사건이지만 최초 이방인 세례로 강조한 것 같지는 않다. 고넬료의 사건과 비교해 볼 때 누가는 담담하게 이 사건을 소개한다. 문제는 에디오피아 내시를 순수한 이방인으로 볼 것인가, 아니면 개종한 유대인으로 볼 것인가 하는 점이다. 신명기 23장 1절에는 내시는 유대인이 될 수 없다고 했다. 이사야 56장 3-7절의 내용은 신명기의 법이 더 이상 효력을 상실했다고 해석할 수도 있다.

윌리엄은 "내시는 일반적인 해석과는 반대로 그가 성전에 접근할 수 없는 거세(去勢)된 남자일 필요는 없다(신 23:1)"[55]고 말함으로 내시를 개종한 유대인으로 보고자 했다. 그렇다면 내시는 이방인으로서 최초로 기독교로 개종한 사람이 된다. 헨헨도 에디오피아 내시를 최초의 이방인 개종자였다고 말한다.[56] 그런데 사도행전의 맥락에서 고넬료를 최초의 개종자로 서술하고자 하는 누가의 의도 때문에 내시의 세례 사건은 개인적인 사건에 머물게 된 것 같다. 헨헨은 12사도의 중요성 때문에 빌립 개인에 의하여 이뤄진 내시의 세례를 받아들일 수가 없었을 것이라고 한다. 그리고 최초의 개종자는 내시였다고 말한다.[57] 그러나 그가 여왕 간다게의 국고를 맡은 사람이라면 내시일 가능성은 대단히 높다.

예레미아스는 말한다. "귀머거리들이나 백치들이나 미성년자들이나 고자들이나 혼혈인들이나 여자들이나 해방되지 않은 노예들이나 절름발이들이나 소경들이나 병자들이나 노인들이나 자기 발로

---

55) 윌리엄, op.cit., p. 117.
56) 헨헨, op.cit., p. 472.
57) Ibid, p. 472.

(성전이 세워진 산에)올라갈 수 없는 사람들을 제외한 모든 사람들은 세 번의 주요 축제 때 성전에 헌신해야 한다." 샴마이 학자는 '미성년자'라는 개념을 '아버지의 어깨를 타지 않고는 성전이 세워진 산으로 올 수 없는 모든 사람들'이라고 정의했고, 힐렐 학파는 '아버지의 손을 잡지 않고서는 성전이 세워진 산에 올라올 수 없는 모든 사람'이라고 정의한다. 그러므로 이스라엘 사람이라는 말은 '예루살렘으로 가는 사람'이라는 말로 우회적으로 표현되었다". 그러면서 사도행전 8장 28절 이하에 나오는 내시는 내시이기 때문에 완전한 개종자가 될 수 없었다고 말한다.[58]

여하튼 그가 유대교로 개종한 이방인이었든, 아니면 최초의 이방인 개종자였든 간에 그는 사마리아와 고넬료 중간에 위치한 인물임에는 틀림이 없다. 고넬료의 경우와 비교해 볼 때 그는 예루살렘으로 예배하러 왔다는 점이 고넬료와는 특별히 다른 점이다. 이 내시는 개종자였든 아니면 아직 유대교로 개종은 하지 않았지만 '하나님을 두려워하는 사람'이었든 간에 누가가 말하려고 하는 것은 사마리아에서 고넬료로 넘어가기 전에 건널목 역할을 한 사람이라는 점이다.

내시의 세례는 사마리아인 세례와 팔레스틴에 와 있는 이방인 고넬료 세례의 중간에 있다.

태니힐(Tannehill)은 에디오피아를 땅 끝으로 보려는 학자 중 하나이다. 고대인들은 에디오피아를 세상 끝을 대표하는 곳으로 생각했다고 한다. 고대인들에게 땅 끝이라는 한계는 독일(the Germans), 씬디안(Synthians),[59] 인도(Indians), 그리고 에디오피아의 끝인 대서양

58) 예레미아스, op.cit., p. 109, 110.

59) '씬디안'(Synthians)들은 유목종족으로, 기원전 5세기경에는 돈강 서쪽으로, 유럽 중부 가르파니아 산맥에 이르는 지역에까지 세력을 떨쳤다고 전해진다.

(the Atlantic)에 놓여 있다고 생각했다.[60] 그러므로 태니힐은 "내시는 이방인이건 아니건 간에 세상 끝에 사는 사람으로 대표된다"고 한다.[61] 그렇다면 세상 끝까지 하나님의 말씀을 전한 사람은 빌립이 된다. 그리고 내시는 이방인으로서 세례 받은 최초의 사람이 된다.

누가는 빌립 자신이 세상 끝에 사는 에디오피아 내시에게 복음을 전했다고 생각했는지에 대해서는 언급이 없다. 그러나 아프리카 먼 곳에서 온 사람에게 복음을 전한 기쁨을 누린 것만은 확실할 것이다. 여하튼 우리 입장에서 빌립은 지정학적으로 하나의 세상 끝에 복음을 전한 사람이다. 누가는 로마를 세상의 끝이라고 생각했는지 모른다. 그러나 바울은 세상의 끝이 로마라고 생각한 것 같지는 않다. 로마서 15장 23절에 서바나에까지 가기를 희망하고 있기 때문이다. 누가도 에디오피아가 세상의 끝이라고 생각하지는 않았던 것 같다. 왜냐하면 빌립이 에디오피아 내시에게 복음을 전한 것이 예루살렘 교회에서 아무런 문제가 되지 않았던 것으로 전하고 있기 때문이다. 이 일은 빌립이 개인적으로 한 것이며, 또 내시를 온전한 이방인의 대표로 생각할 수 없었기 때문이 아닐까?

누가에게 있어 에디오피아 내시의 세례가 의미있는 것은 최초의 이방인 세례자라든가 아니면 세상 끝까지 복음을 전했다는 것이 아니라 복음이 성령의 인도로 널리 유대 지역을 넘어 퍼져 갔다는 데 있다. 즉 복음이 어떻게 아프리카로 넘어가게 되었는가를 보여주는 데 관심이 있다고 본다.

두 사람이 물에서 올라올 때 주님의 영이 빌립을 다른 곳으로 이끌어 가시고, 내시는 그를 다시 볼 수 없었지만 기뻐하면서 길을 갔다(행 8:39). 사마리아 성이 빌립이 전하는 예수 그리스도의 소식을

60) Tannehill, op.cit., pp. 108-109.
61) Ibid, p. 109.

듣고 "그 성에 큰 기쁨" 있었던 것처럼(행 8:8), 내시는 복음을 받고 기뻐하며 자기 길을 갔다(39절). '기뻐하다'(χαίρων)는 세례 받은 후에 믿는 자들에게 자주 나타나는 현상이고(행 16:34), 또한 성령 안에서 얻어지는 기쁨을 말한다(롬 14:17).[62] 그가 기뻐하며 길을 가는 모습을 누가가 독자들에게 보여주는 것은 그 이후 그를 통하여 어떤 일이 일어날 것인가를 상상하도록 해준다.

빌립은 옛 이스라엘에 의하여 멸시받던 사마리아인들을 새 이스라엘인 새로운 공동체로 초청하고, 이제는 유대법으로는 옛 교회(ekklesia)에 속할 수 없었던 내시(신 23:1)를 교회 안으로 초청하는 역할을 성령의 인도로 감당하였다.

사도행전 8장 26절에서 시작되는 에디오피아 내시 내러티브의 주체는 빌립이 아니라 주의 영이다. 우리는 이 사건을 통하여 성령께서 우리를 어떻게 인도하시는가를 간접적으로 이해하게 된다. 오직 이 내러티브에서 빌립은 주도권을 갖지 않는다. 성령께서 주도권을 가지고 말씀하신다. 빌립은 아무 말도 하지 않고 순종하기만 한다. "일어나 가서"(행 8:27), "마차로 다가가라"(29절). 단지 고분고분 순종하기만 한다. 성령께서는 처음부터 앞으로 진행될 전 과정을 다 말씀하지 않으신다. 빌립이 내시를 전도하기 위하여 어떤 과정을 밟아야 하는지 다 보여주시지는 않았다. 한 단계씩만 보여주셨다. 그리고 그분만 따라가면 모든 일을 완벽하게 이룰 수 있다.

마침내 성령께서 이루시려고 한 목적을 다 이루신 후에는 엘리야처럼 빌립을 다른 곳으로 옮기셨다. 전도자는 피전도자를 자기의

62) Ibid, p. 112. 서방 본문에는 "성령이 내시에게 임하셨고, 주의 천사가 빌립을 붙잡으셨다"는 문구를 삽입해 놓았다.

사람으로 만들어서는 안 된다. 성령께 맡기고 과감하게 독립시켜 주어야 한다. 그리스도인에게 가장 무서운 말은 “당신에겐 성령이 역사할 곳이 없다”란 말이다. 빌립은 아소도(Azotus)에서 발견되었다. 아소도는 아스돗(Ashdod)을 말한다(행 8:40). 그는 해안 도시들을 다니며 기쁜 소식을 전하고 마침내 가이사랴에 이른다(행 8:40). 가이사랴는 유대를 지배하던 로마 총독의 관저가 있는 곳이다. 바울이 마지막으로 예루살렘에 돌아올 때까지 그곳에 빌립의 집이 있었다(행 21:8)는 것은 빌립이 가이사랴를 거점으로 복음 전파를 계속하고 있었음을 짐작하게 한다. 가이사랴는 로마의 행정도시로 이방인들이 많이 살던 곳이다.

6. 이방 사도를 위한 준비(행 9:1–22)

1) 사울이 주의 제자들에 대하여 여전히 위협과 살기가 등등하여 대제사장에게 가서 2) 다메섹 여러 회당에 가져갈 공문을 청하니 이는 만일 그 도를 따르는 사람을 만나면 남녀를 막론하고 결박하여 예루살렘으로 잡아오려 함이라 3) 사울이 길을 가다가 다메섹에 가까이 이르더니 홀연히 하늘로부터 빛이 그를 둘러 비추는지라 4) 땅에 엎드러져 들으매 소리가 있어 이르시되 사울아 사울아 네가 어찌하여 나를 핍박하느냐 하시거늘 5) 대답하되 주여 누구시니이까 이르시되 나는 네가 박해하는 예수라 6) 너는 일어나 시내로 들어가라 네가 행할 것을 네게 이를 자가 있느니라 하시니 7) 같이 가던 사람들은 소리만 듣고 아무도 보지 못하여 말을 못하고 서 있더라 8) 사울이 땅에서 일어나 눈은 떴으나 아무것도 보지 못하고 사람의 손에 끌려 다메섹으로 들어가서 9) 사흘 동안을 보지 못하고 먹지도 마시지도 아니하니라 10) 그 때에 다메섹에 아나니아라 하는 제자가 있더니 주께서 환상 중에 불러 이르시되 아나니아야 하시거늘 대답하되 주여 내가 여기 있나이다 하니 11) 주께서 이르시되 일어나 직가라 하는 거리로 가서 유다의 집에서 다소 사람 사울이라 하는 자를 찾으라 그가 기도하는 중이니라 12) 그가 아나니아라 하는 사람이 들어와서 자기에게 안수하여 다시 보게 하는 것을 보았느니라 하시거늘 13) 아나니아가 대답하되 주여

> 이 사람에 대하여 내가 여러 사람에게 듣사온즉 그가 예루살렘에서 주의 성도에게 적지 않은 해를 끼쳤다 하더니 14) 여기서도 주의 이름을 부르는 모든 사람을 결박할 권세를 대제사장들에게서 받았나이다 하거늘 15) 주께서 이르시되 가라 이 사람은 내 이름을 이방인과 임금들과 이스라엘 자손들에게 전하기 위하여 택한 나의 그릇이라 16) 그가 내 이름을 위하여 얼마나 고난을 받아야 할 것을 내가 그에게 보이리라 하시니 17) 아나니아가 떠나 그 집에 들어가서 그에게 안수하여 이르되 형제 사울아 주 곧 네가 오는 길에서 나타나셨던 예수께서 나를 보내어 너로 다시 보게 하시고 성령으로 충만하게 하신다 하니 18) 즉시 사울의 눈에서 비늘 같은 것이 벗어져 다시 보게 된지라 일어나 세례를 받고 19) 음식을 먹으매 강건하여지니라 사울이 다메섹에 있는 제자들과 함께 며칠 있을새 20) 즉시로 각 회당에서 예수가 하나님의 아들이심을 전파하니 21) 듣는 사람이 다 놀라 말하되 이 사람이 예루살렘에서 이 이름을 부르는 사람을 멸하려던 자가 아니냐 여기 온 것도 그들을 결박하여 대제사장들에게 끌어 가고자 함이 아니냐 하더라 22) 사울은 힘을 더 얻어 예수를 그리스도라 증언하여 다메섹에 사는 유대인들을 당혹하게 하니라.

사마리아와 에디오피아에 복음이 전파되었다. 이방인에게 복음이 넘어갈 준비가 된 것이다. 그리고 사도행전의 순서는 10장에는 고넬료의 이야기가 나오고 고넬료의 사건 바로 전에 사울의 이야기가 나온다(행 9:1-22). 이방인에게 복음이 넘어가는 길목에 그리고 본격적으로 이방인에게 복음을 전할 책임을 이행할 배역이 필요하였다. 바로 이방에 그리스도의 복음을 전할 에이전트를 선택해야 할 차례가 되었다.

누가는 사도행전 7장 58절에서 사울이란 젊은이를 소개한 적이 있다. 그는 스데반을 돌로 친 자들의 옷을 지킨 '청년'이다. 그는 순박한 청년도 아니고, 구경꾼도 아니었다. 스데반의 죽음을 마땅하게 여겼고(행 8:1), 이 공동체를 향하여 난폭한 핍박을 주도한 젊은이였다(행 8:3). 사울은 교회 핍박의 주도권을 쥐고 있는 사람이다. 대제사장들보다 더한 열정적인 핍박자이다(행 8:1). 그는 예루살렘 교회를 이미 핍박하고 남자나 여자를 끌어다가 감옥에 넣었다. 그리고 이제는 대제사장의 추천장을 받아 다메섹으로 흩어져간 그리스도인들을 체포하러 간다.

누가는 '이 도를 따르는 사람들'이라는 특별한 명칭을 사용한다. '도'(the Way)란 아직 그리스도인이란 말이 나오기 전에 예수님을 믿는 사람들을 가리키는 말이었다. 헬라어 할라카(ὁδός, 히 halakhah)는 문자적으로 '길'이지만 비유적으로는 '삶의 길' 또는 '삶의 양식'이란 문구가 보여주는 것처럼 길은 삶(인생)으로 비유된다. 예수님은 자신을 길에 비유하셨다. 여기서 길이란 진리를 향한 길로서의 종교적 삶을 가리킨다. 궁극적으로 길은 사람이다. 그러므로 처음 그리스도의 복음을 믿는 자들은 믿는 자들이라고 불러도 된다. 믿음으로 살고 있는 자들은 예수님의 길을 따르는 사람이라고 불러야 한다.

바클레이(Wiiliam Barclay)는 다메섹은 예루살렘으로부터 220km[63] 떨어져 있는 고대의 큰 도시로, 걸어서 일주일 걸리는 거리였다고 한다. 가말리엘에 의하면 유대인들이 하루 동안 갈 수 있는 거리는 45km였다. 어떤 사람들은 30km쯤으로 생각하기도 한다. 그렇다면 쉬지 않고 걸었다고 해도 닷새 이상이 걸리는 먼 길이었다. 그와 동행한 사람들은 산헤드린에서 보내는 군사들이어서 바리새인이었던 사울과는 말 상대가 되지 않았을 것이라고 한다. 혼자 침묵하는 가운데 길을 걸어 다메섹에 도착하였다.[64]

라이트(Wright)는 아마도 사울은 예수님이 걸으셨던 갈릴리 길을 통하여 가이사랴 빌립보 경계를 거쳐 골란 고원지대를 통과해 갔을 것을 것이라는 의미있는 말을 한다.[65] 사울이 가지고 가는 대제사장

63) Wiiliam Barclay, The Acts of the Apostles, The Saint Andrew Press, 1972, p. 72.
64) Ibid, p. 72.

의 서한은 그곳에 있는 그리스도인들을 체포해서 끌고 올 자격을 부여한 것이 아니고 다메섹 여러 회당으로 가는 공문이었다. 그리고 다메섹에 있는 그리스도인들을 체포하여 끌고 올 작정이었다. 과연 유대 대제사장의 서한이 그런 권한을 가지고 있었을까?

당시 로마는 대제사장에게 해외에 도망한 범법자들을 예루살렘으로 송환할 수 있는 권한을 부여해 주었다. 브루스(Bruce)는 그 당시 로마의 대사가 이집트의 포톨레미(Potoelmy) 3세에게 보낸 편지를 소개한다. "만약 어느 해를 끼치는 사람이 그들의 나라(유대)로부터 도망하였다면, 그를 대제사장 시몬에게 넘겨주어 그들의 법대로 그자를 처벌하도록 하라"(1 Macc. 15:21). 그리고 이 법은 주전 47년에 줄리우스 시저(Julius Caesar)가 다시 확증했다.[66]

당시 다메섹은 로마의 행정구역이 아니라 나바티안(Nabateans) 왕국의 아레다스(Aretas) 4세에 속한 지역이었다. 나바티안 왕국은 아레다스 4세 시대에 가장 절정을 이루었다. 아레다스 왕은 고린도후서 11장 32절에 나오는 아레다 왕이다. 그는 주전 9년부터 주후 40년까지 왕으로 있으면서 다메섹까지 통치하고 있었다.[67] 나바티안 왕국이 로마에 병합된 것은 주후 106년으로 시리아 통치자 코넬리우스 팔마(Conelius Palma)에 의해 이뤄졌다.[68]

더욱이 아레다스 왕이 헤롯 안티파스와 자기 딸과의 이혼으로 보복을 준비하고 있다가 37년에 마침내 헤롯을 공격하여 전쟁을 일으켰던 것을 생각하면 사울이 다메섹에 갔던 시기는 헤롯과 아레다스

---

65) Wright. Ibid, p. 224.

66) Bruce, op.cit., p. 180.

67) 아레다스 왕은 다메섹에서 사울을 죽이려고 했던 왕이다(고전 11:32-33; 갈 1:17). 아레다스 왕의 딸 Sha'udat는 헤롯 안티파스와 결혼했던 관계이다. 그 후 안티파스가 그의 동생 헤롯 빌립의 아내 헤로디아와 결혼하기 위하여 이혼하였다.

68) 이주섭, "History of the Nabateans"에서 발췌.

왕 사이에 냉전의 시기였을 것이다. 그렇다면 유대 대제사장의 공문이 아레다스 왕에게 인정될 수 있었는지는 의문이다. 이런 점에서 보면, 사울이 대제사장의 공문을 가지고 다메섹으로 갔던 것은 결코 가볍지 않은 일이었음을 알 수 있다.

바울은 왜 그처럼 그리스도인들을 핍박하는 데 혈안이 되어 있었을까? 보른캄은 디아스포라 유대인인 바울이 바리새인이 되기로 선택되었을 때, 그는 역시 정통 유대인들이 취하는 관례를 따라 이방에 유대 선교사가 되기로 결심했다는 믿을 만한 증거들이 있다고 말한다.[69] 그가 그처럼 정통 유대인으로 이방인을 개종시키는 일을 하고 있었다면, 하나님에 대하여 얼마나 열정적이었고, 유대 종교에 얼마나 헌신되었는가를 짐작할 수 있다. 그런 정통 유대인의 눈에는 십자가에 못 박힌 예수를 메시아로 선포하는 것은 하나님에 대한 모독 행위로 보였을 것임에 틀림이 없다. 사울이 생각하기엔 하나님께서 저주한 사람을 메시아로 만들 수는 없기 때문이다(고전 12:3).

그런데 이유는 그것만은 아닐 것이다. 바울의 서신에 나타난 그의 고백으로 보면 그의 가장 큰 고민은 '의'(righteousness)에 대한 문제였다. 만약 믿음으로 의롭게 되는 것이면 지금까지 믿어 왔던 유대인들의 구원관이 무너지기 때문이다. 이것이 무너지면 율법이 무너지고, 할례가 무의미하게 되고, 성전이 무너진다. 그렇기 때문에 그리스도인들을 율법의 배교자로 보았고, 배교자를 처단하는 것은 이스라엘의 신앙과 성전을 회복시키는 것으로 여겨질 수밖에 없었다.[70] 자연

69) Gunther Bornkamm, Paul. Harper & Row, 1971, p.12.
70) 김세윤, op.cit., p. 75. "배교자들을 죽이는 것은 배교로 인해 이스라엘 위에 내리신 하나님의 진노를 없이하는, (이른바) 속죄제의 효과가 있는 것으로 생각되었음이 분명하다."

히 유대교의 근간을 뒤흔드는 새로운 집단을 파멸시켜야 한다고 생각했을 것이고, 이런 위험한 이단들을 잡아 오기 위해서 그는 다메섹을 향해 갔다.

바울은 거의 일주일이나 걸려서 다메섹에 도착했을 것이다. 말을 타고 갔을 것이라고 말하는 이들도 있으나, 그 당시에는 걸어다니는 것이 일반적이었다. 거의 지친 상태로 정오쯤(22:6, 26:13) 되어 다메섹에 이르렀을 때, 갑자기 하늘에서 강한 빛이 그를 둘러 비추었다(행 9:3). 이 빛은 갑자기(suddenly) 내려비친 빛이고 하늘로부터 비춰온 빛이란 점을 강조함으로 우연히 만난 정오의 빛일 수 있다는 주장을 일축하고 있다. 이 빛은 정오의 태양빛(φῶς)보다 더 강렬한 빛이다.[71] φῶς는 일반적으로는 '태양빛', '밝음' 그리고 '빛남' 등을 나타낸다. 성경에서 빛은 하나님의 현현(顯現)을 동반한다. 빛은 행동하시는 하나님을 나타낸다(시 44:3). 빛은 하나님의 영역이기 때문이다(시 104:2).[72] 출애굽 시에 나타났던 불 기둥도 하나님의 현현의 표현이었다(출 14:19). 사도행전 26장 16절에 의하면 사울은 빛 속에서 그리스도의 얼굴을 보았고, 그 음성을 들었다. 빛은 부활하신 예수님의 나타나심이다.

그는 곧 땅에 떨어지고(πεσὼν ἐπὶ τὴν γῆν),그 땅에 엎드러졌다.[73] 그리고 그는 소리를 들었다(행 9:4). 사울도 틀림없이 하나님의 현현으로 받아들였을 것이다. "사울아, 사울아, 네가 왜 나를 핍박하느냐?" 상당히 충격적인 말이다. 그는 사람을 핍박했지, 하나님을 거역

---

71) 행 22:6에는 하늘로부터 "큰 빛(φῶς ἱκνόν)이 나를 둘러 비치매"라고 하였고, 26:13에는 "해보다 더 밝은 빛"이라고 했다.

72) 게하르트 킷텔, 신약성서 신학사전(단권), pp. 839-1443 참고.

73) πεσὼν은 πίπτω의 단순과거 분사형이다. 땅에 갑자기 엎드러져서 그대로 있는 상태를 말한다.

한 적은 없기 때문에 자연히 "주여(κύριε)! 누구이십니까?" 하고 물을 수밖에 없었다. 사울은 "주여"라고 불렀다. 이분이 하나님이시라는 감각이 그에게 확실하게 온 것이다. 대답은 그가 기대했던 대로였다. "나는 네가 핍박하는 예수라"(Εγώ είμι Ιησούς).[74] 주님을 따르는 자들을 핍박하는 것은 주님을 핍박하는 것이다. 예수님께서 이미 말씀하셨다. "너희를 저버리는 자는 곧 나를 저버리는 것이요"(요 10:16).[75] "왜 나를 핍박하느냐?" "나는 네가 핍박하는 예수라", 이 말은 부활하신 예수께서 당신의 공동체들의 생명과 생활 속에 현존해 계신다는 것을 보여준다.

그리스도께서 사울에게 나타나셨고(ὤφθη, 고전 15:8; cf. 행 9:17, 26:16), 사울은 그리스도를 보았다(ἑώρακα, 고전 9:1). 사울은 부활하신 예수님의 실체를 본 것이다(고전 9:1). 이런 경험을 통하여 바울 자신은 예수께서 승천하시기 전에 열한 제자들에게 나타나신 것처럼 자신에게도 나타나신 사건 사이에 아무런 차이가 없다고 생각했다. 김세윤은 다메섹 도상에서 바울에게 비추신 하나님의 빛과 하나님의 빛의 창조를 비교한다. "원시의 혼돈 가운데서 빛을 창조하신 하나님께서 바울의 어두운 마음에 빛을 비추셨다. 이런 의미에서 바울의 회심은 하나님의 새 창조 행위였다(고후 5:17)."[76]

그리고 이 빛을 통하여 그의 영혼에 일어난 변화를 말한다. "이 객관적이고 외적인 사건은 바울 존재의 중심부에 영혼을 뒤흔드는

---

74) "Eγώ είμι"의 용법은 예수님께서 자신을 메시아로 나타내실 때 사용되었다(막 6:5). 요한복음에서는 이 용법이 자주 사용되었는데, 특별히 겟세마네에서 잡히실 때 무리들을 향하여 "Eγώ είμι"라고 하시므로 그들이 다 뒤로 물러가서 땅에 엎드러졌다.

75) 사도행전에서 사용된 '핍박'이란 동사 대부분은 바울과 연관되어 나타난다(7:52, 22:4, 7-8, 26:11, 14-15).

76) 김세윤, op.cit., p. 22.

영향을 주었다(고후 4:6; 갈 1:16). 그것은 바울에게 있어 내적인 빛(고후 4:6)이었고 그가 율법으로 획득한 의(義) 위에 하나님의 심판이 내린 것을 경험한 사건이었다. 그러므로 그것은 부활하고 높임받은 그리스도를 아는 지식을 얻고 그를 믿음으로 말미암아 얻는 하나님의 의를 얻기 위해서 바울 자신의 의를 포기해야 하는 결단의 순간이었던 것이다(빌 3:7-9)."[77]

부활하신 그리스도를 본 이상 지금까지 그가 옳다고 주장했던 것들은 다 사라졌다(빌 3:7-8). 율법을 행함으로 하나님의 의를 이루려는 그의 노력과 예수 그리스도를 통하여 주시는 하나님의 의와의 싸움은 쉽게 끝나고 말았다. 사울은 예수 그리스도로부터 의롭다고 받아들여졌다. 여기서 회개나 의롭다는 선언은 없다. 오직 부활하신 그리스도께서 그를 만나주신 것, 그리고 그에게 사명을 주신 것으로 의에 대한 선언은 끝난 것이다.

누가복음에서는 예수 그리스도 자체가 하늘나라라고 말한다(눅 17:20-21; 막 12:34 참조). 하늘나라에 받아들여졌고, 그는 하늘나라 시민이 된 것이다. 부활하신 예수께서 얼굴을 대면하여 그를 만나주셨을 때, 그의 내적 존재는 변화되었다(빌 3:7, 9-11 참조). 여기서 그가 깨달은 교회관은 예수 그리스도는 교회의 주인이시요, 교회의 머리라는 사실이었다. 다메섹은 사울이 졸업한 신학교였다. 그곳에서 그리스도론, 종말론, 교회론, 칭의론, 미래의 종말론까지 신학교의 모든 과정을 마쳤다. 이런 그의 깨달음은 후에 아라비아 사막의 3년의 세월과 다소에서의 삶을 통하여 다듬어지고 구체적이고 섬세하게 되었을 것이다.

그는 교회를 핍박한 자요, 곧 부활하신 예수 그리스도를 핍박한

77) Ibid, pp. 95-96.

자였던 것을 느끼는 순간 눈이 멀게 되었다. 지금까지 걸어온 길은 어둠으로 그에게서 사라졌다. 다시 새로운 눈이 떠져야 한다. 3일간이나 계속된 어두움의 시간은 예수님의 무덤의 3일을 생각나게 한다. 그 시간은 그리스도와 함께 죽은 시간이다. 그의 과거를 다 씻어내기에 3일의 어두운 시간이 필요했다. 그 시간 주님은 다메섹에 아나니아라는 사람을 준비시켜 놓으셨다(행 9:10-12).

사울의 경우와는 달리 "아나니아야!" 하고 부르실 때 아나니아는 즉시 "주여, 내가 여기 있나이다"(10절)라고 대답한다. 그리고 주님은 바로 직가(Εὐθεῖαν, straight)라 하는 거리로 가면, 유다의 집에 다소 사람 사울이라는 사람이 기도하고 있을 것이라고 하신다. 부활하신 주님과 교통하며 지내는 사람들의 모습이다. 주께서는 아나니아에게 앞으로 사울이 해야 할 일을 말씀하신다. 드디어 아나니아는 사울에게로 간다. 성령의 입체적 작전이다.

아나니아의 안수[78]로 사울은 성령으로 충만케 되고, 눈에서 비늘 같은 것이 벗겨져서 다시 보게 되었다(행 9:17). 그리고 세례를 받았다. 여기서도 세례와 성령은 분리되지 않았다. 김세윤은 눈에 비늘 같은 것이 벗겨진 사실을 고린도후서 3장 16절에 수건이 벗겨진 사건으로 이해한다.

"유대인들은 오늘(바울 당시)까지 회당에서 토라를 읽을 때 수건이 이스라엘 사람들의 마음을 덮고 있었다. 그들은 모세의 질서(Mosaic order)는 잠시 있다가 사라지는 것이라는 사실을 알 수 없으며, 복음 세대의 쇠하지 아니하는 영광을 인정할 수 없었다. 그런데 주께 돌아왔을 때만이 그 수건이 얼마나 잘못된 것인가를 알게 된다. 그래서

78) 사도행전에는 연극의 엑스트라 같은 수많은 배역들이 등장한다. 자기 역할이 있으면 나타났다 그 장면이 끝나면 사라지는 사람들처럼 말이다. 아나니아도 단 한 번뿐이지만 역사의 소중한 시간에 성령에 의하여 사용된 사역자이다.

바울은 누구든지 주께로 돌아오면 그 수건은 벗겨진다(고후 3:16)고 했다. 그리하여 그는 '수건을 벗은 얼굴로 주의 영광을 보게 되고, 주와 같은 형상으로 변화하여 그 영광을 반사하게 된다.' 이렇듯 바울은 회당에 있는 유대인의 상태와 그리스도께로 회심한 자들의 상태를 서로 비교한다. 이것은 바울 자신의 경험을 말하고 있는 것임에 틀림이 없다. 그가 다메섹 도상에서 주의 영광을 보았을 때(고후 3:18, 4:6), 그는 토라에 대한 자신의 이해가 잘못되었음을 깨달았다. 바울이 그리스도를 만난 것은 곧 바울의 마음을 덮고 있던 수건-토라에 대한 진정한 이해와 복음을 받아들이는 것을 방해하던 수건을 벗겨버리는 사건이었다." [79]

사울은 과거에 눈이 멀고 새 눈이 떠졌다. 에덴에서 아담과 하와의 경우와 반대이다. 그들은 선의 눈이 멀고 악의 눈이 새롭게 떠진 것이다. 바울이 받은 세례는 세례의 의미를 분명하게 보여준다. 하나님께 영접되었다는 표이고, 교회 공동체와 교제를 나누는 한 형제가 되었다는 표이다. 그리고 그의 세례는 그의 과거는 그리스도 안에서 죽고 이제부터 하나님 앞에서 의롭게 살아가겠다는 표이며 결단인 것을 보여준다(롬 5:4-6).

"아나니아는 이 이야기 가운데서 제자 됨의 한 모범자로 그 직분을 다하고 있다. 공식 신분을 갖지는 않았으나 그는 하나님의 사자로 쓰임을 받았고 사울을 위한 하나님의 대변자가 되었다. 그는 사울에게 친근하였고, 무서워하고 있었던 사울을 '형제'라 불렀다. 사도들이 멸시하던 사마리아인들에게 안수한 것과 같은 것이다(8:14-17)." [80]

아나니아는 사울을 '형제'라고 부른다. 그를 기독교 공동체에서

79) 김세윤, op.cit., pp. 27-29.
80) 윌리엄, op.cit., p. 126.

받아들인다. 사울의 눈을 치료해 준 것도 바로 그 공동체였다. '교제의 악수'는 교회 공동체가 나누는 식탁에 함께 참여하여 교제를 나누는 것을 의미한다. 예루살렘의 세 기둥들이 바울과 교제의 악수를 하였다(갈 2:9). 초대교회는 새로운 개종자들을 식탁에 초대하는 것은 완전한 그리스도인이 되었고, 공동체의 일원이 되었다는 증표로 여겼다. 베드로가 고넬료의 집에 들어가 함께 먹었다는 문제가 예루살렘 교회에 그처럼 큰 문제가 되었던 사실은 이것을 잘 말해 준다(행 11:3). 개종한 사울은 환영을 받고 세례를 받고 교회가 나누는 식탁의 교제에 함께하였다.

공동체의 입장에서 한 사람의 개종 사건은 개인주의적인 달성이나 개인에 한정된 경험이 아니다. 그들의 경험은 공동체의 경험이며 소유물이다. 그러므로 개종자의 삶은 계속 교회 공동체의 보살핌을 받아야 하고 양육을 받아야 한다. 전도를 해서 교회까지만 인도하고 그리스도에게까지 인도하지 않는 것은 아이를 낳고 돌보지 않는 어미와 같을 것이다. 공동체와 분리된 자기만의 경험이 잘못된 이단들을 만들어 낸 실례는 우리 주변에 무한히 많다.

버거와 루크만(Burger & T. Luckmann)은 그의 논문에서 이렇게 말한다. "개종의 경험을 갖는 것은 그것의 완성이 아니다. 중요한 것은 그것을 계속 진지하게 받아들이는 일이다. 그것의 본질에 대한 느낌을 계속 가져야 한다. 이렇게 하도록 하는 데 교회 공동체의 개입이 필요하다. 교회 공동체는 그 새로운 경험을 지속시킬 수 있도록 필수적인 구조를 만들어 준다. 다시 말하면, 사울은 독자적인 종교적 황홀 속에서 바울이 될 수 있을 것이다. 그러나 그는 기독교 공동체의 상황 속에서만 바울로 남아 있을 수 있었다."[81]

---

81) P. Burger & T. Luckmann, The Social Construction of Reality: A Treatise on the Sociology of Knowledge(Garden City, NY.: Doubleday & Co., 1966.

하나님 앞에서 의롭게 되기 위하여 엄격한 바리새인으로 살았고, 예수 믿는 자들을 핍박한 사울이 그분을 핍박하러 가다가 역설적으로 자신이 핍박하던 예수님의 얼굴을 대면하여 보았다. 그리고 하나님에게 받아들여졌다. 마침내 그는 핍박하던 분의 종이 된다. 핍박자가 '택한 그릇'이 된다. 그리하여 그는 '예수는 하나님의 아들'이라고 전한다(행 9:20). 이 말 때문에 산헤드린이 예수님은 죽어 마땅하다고 고발하였다(눅 22:71-72).

이제는 그가 박해하던 예수님을 대신하여 고난을 받아야 한다. 참된 크리스천은 고난의 길을 피할 수 없다. 바울 자신의 고백대로 '불의(不義)의 무기(도구)'가 이제는 '의(義)의 무기(도구)'가 되었다(롬 6:13). 이제부터 그는 의롭게 되려는 노력이 아니라 하나님과 화평을 누리기를 힘쓴다(롬 5:1; 고후 3:17-18 참조). 믿고 구원얻은 사람들이 힘써야 할 일은 믿는 일에 머무는 것이 아니라 하나님과 더불어 사는 일에 힘써야 한다는 사실을 가르쳐 준다.

스데반의 순교의 불이 이제 사울이란 청년의 가슴에 붙기 시작하였다. 사울은 다메섹에 있는 제자들과 함께 며칠을 지내면서 즉시로 여러 회당으로 다니며 '예수는 하나님의 아들'이라고 증거하였다(행 9:20). 마가복음에서는 예수님에 대한 신앙고백은 예수께서 메시아 되심과 하나님의 아들이심을 받아들이는 것으로 그리고 있다. 마가는 말하기를 베드로가 예수를 "그리스도(메시아)"라고만 고백하였다(막 8:29)고 한다. 그러나 예수님을 십자가에 달아 죽이는 현장 책임자였던 백부장은 "이 사람은 진실로 하나님의 아들이었도다"(막 15:39) 하고 고백하였다. 그러므로 마가복음의 클라이맥스는 바로 백부장

---

p. 158).

의 고백이다.[82]

사울은 "예수는 하나님의 아들이시다"라는 완벽한 신앙고백으로 다메섹의 여러 회당에 다니며 전하였다. 박해자가 박해받는 사람으로 변했다. 유대인들은 바울 때문에 혼란에 빠졌다. 그러므로 그를 죽이려고 음모를 꾸민다. 그런 상황에서 안디옥의 형제들은 그를 박해와 죽을 고비에서 살려낸다. 바울을 예수 공동체가 살려냈다(행 9:25).

바울은 다메섹 길 위에서 예수를 만났을 때 세 가지 말씀을 들었다. 그리스도의 이름을 전하는 그릇이 될 것, 이방인들과 왕들 앞에 서게 될 것, 그리스도의 연고로 많은 고난 받음을 보게 될 것이다(행 9:16). 사도행전 9장 16절에서 사울에게 닥칠 것이라고 말한 박해는 사도행전 9장 23절부터 시작되고, 사도행전 13장 1절-14장 28절에서는 본격적으로 박해를 받고 있는 모습을 극적으로 보여주고 있다. 사울의 회심을 이 땅의 모든 그리스도인들의 회심의 심벌이나 표준으로 보려는 의도는 잘못된 것이다. 모든 사람의 회심은 그 사람의 성격과 상황에 따라 다르기 때문이다. 누가에게서도 바울의 개종이 모든 그리스도인을 위한 표준이라고 주장하려는 시도는 전혀 보이지 않는다. 9장 1절-19절a의 내용은 12사도와 달리 예수님의 승천 이후에 부름을 받아 사도가 되는 하나의 모본을 보여줄 뿐이다.[83]

7. 바울이 다메섹과 예루살렘에서 복음을 전하다(행 9:23–31)

23) 여러 날이 지나매 유대인들이 사울 죽이기를 공모하더니 24) 그 계교가 사울에게 알려지니라 그들이 그를 죽이려고 밤낮으로 성문까지

82) 이연길, 마가복음, p. 460.

83) 윌리엄, op.cit., p. 129. 열두 제자는 이 공동체의 전통을 대표하고, 공동체 기원의 이야기들을 전해주는 대표자들이다. 바울은 특별한 사역을 위하여 특별하게 선택을 받고 세워진 일꾼이다.

지키거늘 25) 그의 제자들이 밤에 광주리에 사울을 담아 성벽에서 달아
내리니라 26) 사울이 예루살렘에 가서 제자들을 사귀고자 하나 다 두려워
하여 그의 제자 됨을 믿지 아니하니 27) 바나바가 데리고 사도들에게 가서
그가 길에서 어떻게 주를 보았는지와 주께서 그에게 말씀하신 일과 다메섹
에서 그가 어떻게 예수의 이름으로 담대히 말하였는지를 전하니라. 28)
사울이 제자들과 함께 있어 예루살렘에 출입하며 29) 또 주 예수의 이름으
로 담대히 말하고 헬라파 유대인들과 함께 말하며 변론하니 그 사람들이
죽이려고 힘쓰거늘 30) 형제들이 알고 가이사랴로 데리고 내려가서 다소
로 보내니라 31) 그리하여 온 유대와 갈릴리와 사마리아 교회가 평안하여
든든히 서 가고 주를 경외함과 성령의 위로로 진행하여 수가 더 많아지니라

다메섹의 유대인들이 사울을 죽이려고 한 이유는 주님의 얼굴을 친히 뵌 사울이 다메섹 여러 회당을 돌며 "예수의 이름으로 담대히 말했기" 때문이다(행 9:27). 이것은 유대인들의 분노를 샀고 그를 죽이려 하자 밤에 다메섹의 제자들이 그를 광주리에 담아 성에서 달아 내려 주었다. 고린도후서 11장 32절에서는 "다메섹에서 아레다 왕의 고관이 나를 잡으려고 다메섹 성을 지켰으나 나는 광주리를 타고 들창문으로 성벽을 내려가 그 손에서 벗어났노라"고 했다.[84] 이 사건을 본문의 사건과 동일하게 보는 견해와 아라비아 사막에서 돌아온 후에 일어난 사건으로 보는 견해가 있다.

갈라디아서에는 바울이 회심한 후 곧바로 예루살렘으로 올라가지 않고, 아라비아 사막으로 갔다고 했다(갈 1:17). 사도행전 9장 23절에는 '여러 날'이란 표현으로 갈라디아서 1장 17-18절의 내용을 압축하고 단순화시켰다. 그래서 비판적인 학자들은 누가 기록의 역사성을 부정하려고 한다. 그러나 바울과 함께 그의 말년을 함께 보낸 사역자

84) 아레다스(Aretas) 왕이 사울을 잡으려고 한 것을 보면, 이때까지만 해도 그 성까지도 아레다스 왕의 손에 있었던 것으로 보인다. 이러한 사실은 주후 34-62년 사이에 로마 황제의 형상을 담고 있는 다메섹 동전이 부재하였던 점으로 미루어 추론할 수 있다. Bruce, 신약사, p. 272.

로서 누가가 이 사실을 모르고 잘못 썼을 리는 없다. 그렇다면 누가는 왜 이 사실을 생략했을까? 사도행전 9장 20-22절의 내용을 보면, 누가는 사울이 회심한 후 다메섹 각 회당에서 예수님이 하나님의 아들이심을 전파했다는 사실과 회당에 있던 사람들은 그리스도를 핍박하던 자요, 그리스도인들을 잡아끌고 가려던 자가 아니냐며 놀랐던 사실을 강조해서 전하고 싶어 했던 것 같다.

사도행전 9장 23절에서는 유대인들이 사울을 죽이려고 했다고 전한다. 고린도후서에서는 아레다(아레다스 4세) 왕의 장관이 사울을 잡으려 했다고만 전한다. 아마도 책의 주제에 따라 필요한 자료들만 저자에 의해 취사 선택되었다고 보아야 할 것이다. 다메섹에서 아레다 왕의 장관이 사울을 잡으려고 한 이유는 무엇일까? 아레다 왕이 사울을 잡으려고 한 것은 사울이 아라비아 사막에서 지내는 동안 적의를 가질 만한 위험스런 사건을 일으켰기 때문일 것이다. 그렇다면 사울은 그 시간 동안 기도만 하고 지낸 것이 아니라 아레다 왕국 내에서 그들에게 거슬리는 일을 했다는 것을 알 수 있다.[85] 그것은 나바티안 왕국에서 예수 그리스도가 메시아이시고 주(主)라는 복음을 전했다는 사실임을 의심할 여지가 없을 것이다.

다메섹에서 살아난 사울은 그 길로 예루살렘으로 올라간다. 그 이유는 자신이 사도로 부름받은 것을 그들에게서 인정받으려고 간 것이 아니라 사도들과 사귐을 가지기 위하여 갔다(행 9:27-28; 갈 1:18-19). 그곳에서 베드로와 야고보 외에 다른 제자들은 만나지 않았다. 처음엔 아무도 사울을 믿어주지 않았다. 여기에 바나바가 등장한다. 아마도 바나바는 이전부터 사울을 알고 있었던 것으로 보인다.

85) Bruce, 신약사, p. 272.

헬라파 유대인으로 활동하면서부터 사울을 알고 있었을 것이다. 바나바의 소개로 사도들을 만나게 되고, 사울은 자신이 길에서 주님을 본 것과 다메섹에서 예수의 이름으로 담대히 말한 일을 전했다(행 9:27). 그러자 제자들이 그를 받아주었고, 함께 친교를 나누며 지냈다(28절). 이것은 그리스도 공동체가 사울을 한 형제로 받아주었다는 증거이다.

바울은 더욱 담대히 주 예수의 이름으로 설교했다(행 9:29). 또 그 시간 내내 헬라파 유대인들과 말(ἐλάλει)도 하고 논쟁(συνεζήτει)도 했다. 이들은 스데반과 논쟁했던 사람들이었고, 스데반을 죽이는 편에 섰던 사람들이었다. 사울도 이들과 같은 헬라파 유대인이다. 사울은 그들에게 아마도 '예수는 하나님의 아들이시다'고 전했을 것이다. 이것 때문에 그들은 사울을 죽이려고 했다(ἐπεχείρουν ἀνελεῖν αὐτόν). 이 문체는 스데반이 당한 상황보다 더 거칠고 험했다는 것을 보여준다.[86] 거기서 사울은 또 예루살렘 공동체의 보호를 받으며 가이사랴로 인도되었고, 다소로 보내졌다(행 9:30).

사도행전에서는 사울이 회심 후 다메섹에서, 그리고 예루살렘에서 복음을 전한 후 다소로 보내졌다고만 말한다(행 9:30). 그러나 갈라디아서 1장 15-17절에는 그가 "예루살렘으로 가지 아니하고 아라비아로 갔다가 다시 다메섹으로 돌아갔다"고 기록하고, 갈라디아서 1장 18절에는 "그 후 삼 년 만에 내가 게바를 방문하려고 예루살렘에 올라가서 그와 함께 십오 일을 머무는 동안"이라고 말했다. 결국 사도행전에서는 사울의 아라비아 3년의 시간을 생략한 것이다. 그러므로 사도행전을 통해서는 사울의 3년의 행적을 찾을 수가 없다.

---

86) ἐπεχείρουν은 ἐπιχειρέω의 미완료 과거이다. 사울을 없애버리려고 계속 시도한 것을 말한다.

그는 세번째 다메섹 사건에 대한 증언에서(행 26:22) 사울은 "먼저 다메섹과 예루살렘 있는 사람에게" 복음을 전했다고 말했는데, 아마도 이 구절이 회심 후 3년 만에 예루살렘에 올라갔다는 갈라디아 1장 18절과 연결되는 문구라고 생각한다. 여기서도 갈라디아서에 기록된 '아라비아로 갔다'(갈 1:17)는 문구가 빠져 있다.

아라비아 사막이란 어디를 말하는가? 주후 2세기에 아라비아는 나바티안, 요단 동편 그리고 시내 산 남쪽과 중앙지대를 포함해 있었다. 헤로도투스(Herodotus) 이래 전해오는 헬라 문서에는 아라비아는 남서쪽에 홍해, 남동쪽에 페르시아 만 그리고 북쪽으로 유프라테스 강 사이에 있는 광대한 반도라고 했다.[87] 그렇기 때문에 아라비아란 대단히 넓은 지역이므로 그곳이 다메섹에서 가까운 지역인지, 아니면 유대 남쪽 아라비아 지역인지 분명하지 않다. 어떤 학자들은 아마도 바울은 예수님의 얼굴을 대면하여 본 새로운 신앙의 출발에 앞서 엘리야와 모세가 걸었던 그 거룩한 산을 보고 싶어 했을 것(갈 4:25)이라고 말하기도 한다. 그러나 웨스트(Wuest)는 바울의 회심 기간인 주후 37년까지 나바티안 왕 아레타스와 로마가 전쟁을 하고 있었기 때문에 무장 군인의 에스코트 없이는 다메섹에서 시내 산 지역을 여행하기는 불가능했다고 말한다.[88] 그러므로 아라비아란 다메섹에서 가까운 지역이 아니었을까 추측할 뿐이다.

여하튼 사울은 아라비아 생활을 마치고 다시 다메섹으로 간다(갈 1:17). 아라비아 생활은 2, 3년 정도였을 것이다. 그런 후에 예루살렘 제자들의 인도로 가이사랴를 거쳐 다소로 보내진다(행 9:30). 그리고

87) Kenneth S. Wuest, Word Studies from the Greek New Testament, Galadians, Eerdmans Publishing, 1973, p. 52.

88) Ibid, p. 52. 나바티안 왕이었던 아레타스 4세는 헤롯 안티파스가 자기 딸과 이혼하자, 복수를 꿈꾸다가 마침내 AD 37년에 유대를 공격하였다.

바나바가 그를 찾아 안디옥으로 데려올 때까지 다소 지역에서 지냈다(행 11:25).

다소에서 몇 년을 지낸 것일까? 이 기간을 8년 혹은 10년으로 계산하는 학자와 14년으로 잡는 학자들로 나뉜다. 14년으로 보는 견해는 바울의 연대와 잘 부합되지 않는다. 람세이는 제1차 예루살렘 방문과 제2차 방문 사이의 시간적 간격을 11년으로 보고 있다. 11년과 14년에 대한 차이(갈 2:1)는, 헬라어를 액면대로 그 의미를 받아들일 때 사라진다고 한다. "3년 만에 내가 예루살렘으로 올라갔고……14년째 되던 해에." 예루살렘 구제금을 가지고 올라간 것으로 계산한다.[89]

여기서 말하는 '3년 만에'와 '14년째 되던 해'는 동일한 시점으로부터 출발해서 계산된 시간이다. 그렇기 때문에 바울이 다소에서 지난 시간은 9년 정도가 되고, 약 2년 후에 구제금을 가지고 예루살렘으로 올라갔던 것으로 생각한다. 바울은 다소에서 거의 10년 가까운 세월을 어떻게 보냈을까? 회심 후 즉시 다메섹이나 예루살렘에서 복음을 전한 것을 보면, 그대로 있을 성격이 아니다. 그는 아주 활발하게 그의 완벽한 교육과 설교 방법을 통하여 이방인과 유대인들에게 복음을 전했을 것이다.

진보적인 학자들은 바울이 유대교의 선교사였다고 주장한다.[90] 증거로 마태복음 25장 15절이 그러한 선교사가 유대교에 존재했음을 증거하는 유일한 구절이라고 한다. 김세윤은 갈라디아서 5장 11절을 근거로 바울이 회심하기 전에 얼마 동안 '할례를 전파하였음'을 암시하는 것이라면, 유대 선교사로서의 사역이라기보다는 개인적으

89) 람세이, op.cit., p. 347.

90) 보른캄, Paul, p. 33. 보른캄, 불트만, M. Hengel 등등은 바울이 회심 전에는 유대 선교사였을 것이라는 견해를 제시했다. 보른캄은 "청년 바울은 다소 태생이고 그 도시의 디아스포라 회당에서 교육을 받았는데, 그는 유대인으로서 이미 이방인 선교사가 될 것으로 예정된 것이었다." Bornkamm, Paul, p.33

로, 그리고 간헐적으로 사람들을 개종시키려는 활동을 한 것을 말하는 것이라 할 수 있다고 한다.[91] 여하튼 바울이 일찍 예루살렘에 와서 교육을 받고 성장하였다고 하지만, 그가 회심 후에 다소로 돌아간 것(행 9:32, 11:25; 갈 1:21)은 그가 시민으로 있었던 도시(행 21:39)와 그의 관계가 명목상의 관계만은 아니었음을 보여준다.

예수님과 바울 시대에는 유대교의 선교 활동이 절정에 달했던 것으로 보이며, 디아스포라 유대인들은 그 선교 활동에 중요한 일꾼들이었다고 한다.[92] 사울도 그 중 한 사람이었다가 갑자기 예수 그리스도를 전하기 때문에 회당으로부터 많은 고통과 핍박을 받았다고 여겨진다. 그래서 고린도후서 11장 24-25절과 같은 고난을 그 당시에 회당으로부터 받았던 것으로 추측한다. 또 김세윤은 이 시기에 로마서 7장 14-25절을 경험했을 것(갈 5:17-18)이라고 한다.[93](행 17:16-34, 아덴에서의 설교 참조)

또 한 가지는 바울은 다소에서 태어났지만 히브리인으로 살았다는 말은 철저하게 유대적으로 살았다는 것을 뜻한다. 이 말은 바울은 어렸을 때는 다소의 문화와 학문을 배우지 않았다는 말도 된다. 그런데 다소에서 지내는 동안 헬라적인 학문과 문화를 받아들이고 몸에 익힐 수 있었을 것이다. 다소는 상업 중심도시로도 유명하고, 또 하나는 당시 유수한 대학이 있던 곳이기 때문에 그곳에서 헬라 철학을 접할 수 있었을 것이다.[94] 바울의 사상 가운데 헬라 철학 요소가 나타나는 것은 이것을 반증한다.

---

91) 김세윤, op.cit., pp. 67-70 참고.

92) Ibid, p. 69. 바울이 그 기간 동안 선교 사역에 활발하게 종사하였다는 것은 유대에 있는 교회들이 '우리를 핍박하던 자가 전에 잔해하던 그 믿음을 지금 전한다(갈 1:23)는 것을 계속 들었다는 소식에 의하여 암시되고 있다.

93) Ibid, pp. 90-91 참조.

94) Bruce, op.cit., p. 276.

사도행전 9장 31절은 복음이 유대와 사마리아에까지 전파되는 일이 완성된 것을 나타내는 구절이다. 이제부터 본격적으로 이방 전도가 시작된다는 것을 암시하기도 한다.

8. 애니아와 도르가(행 9:32-43)

32) 그 때에 베드로가 사방으로 두루 다니다가 룻다에 사는 성도들에게도 내려갔더니 33) 거기서 애니아라 하는 사람을 만나매 그는 중풍병으로 침상 위에 누운 지 여덟 해라 34) 베드로가 이르되 애니아야 예수 그리스도께서 너를 낫게 하시니 일어나 네 자리를 정돈하라 한대 곧 일어나니 35) 룻다와 사론에 사는 사람들이 다 그를 보고 주께로 돌아오니라 36) 욥바에 다비다라 하는 여제자가 있으니 그 이름을 번역하면 도르가라 선행과 구제하는 일이 심히 많더니 37) 그 때에 병들어 죽으매 시체를 씻어 다락에 누이니라 38) 룻다가 욥바에서 가까운지라 제자들이 베드로가 거기 있음을 듣고 두 사람을 보내어 지체 말고 와 달라고 간청하여 39)베드로가 일어나 그들과 함께 가서 이르매 그들이 데리고 다락방에 올라가니 모든 과부가 베드로의 곁에 서서 울며 도르가가 그들과 함께 있을 때에 지은 속옷과 겉옷을 다 내보이거늘 40) 베드로가 사람을 다 내보내고 무릎을 꿇고 기도하고 돌이켜 시체를 향하여 이르되 다비다야 일어나라 하니 그가 눈을 떠 베드로를 보고 일어나 앉는지라 41) 베드로가 손을 내밀어 일으키고 성도들과 과부들을 불러 들여 그가 살아난 것을 보이니 42) 온 욥바 사람이 알고 많은 사람이 주를 믿더라 43) 베드로가 욥바에 여러 날 있어 시몬이라 하는 무두장이의 집에서 머무니라

누가의 내러티브는 사마리아 여러 성에 복음을 전했던 베드로의 이야기(행 8:14-25), 에디오피아 관리에게 전도한 빌립의 이야기(행 8:26-40), 다메섹에서 예수님을 만난 사울 이야기(행 9:1-31), 그리고 룻다와 욥바에 다시 나타난 베드로의 이야기(행 9:32-43)로 이어진다. 위에 언급한 내러티브 중간에 끼인 바울의 회심 이야기를 빼내고 읽으면 사도행전 8장 40절에 빌립이 성령에 이끌려 가이사랴로 갔던

이야기와 베드로가 지중해 해안 지역을 순회하는 이야기가 바로 연결된다.

가이사랴는 사론 평야 중간에 위치한 도시이고, 룻다와 욥바는 사론 평야와 블레셋 평야가 만나는 지점에 위치한 도시들이다. 애니아와 다비다의 내러티브 후에 사도행전 10장에는 바로 고넬료의 이야기가 나오고, 그 다음에는 베드로가 감옥에 갇혔다가 기적적으로 풀려 나고, 베드로는 예루살렘과 유대 지역을 떠나간다(행 12:17).[95] 이렇게 보면 이번 지중해 연안을 방문하는 베드로의 여행은 특별한 의미가 있어 보인다. 이 여행은 유대 지역에 다니면서(행 9:32) 복음도 전하고, 거기 흩어져 있는 '성도들'(τοὺς ἁγίους)을 방문하여 격려하려는 그의 마지막 여행이기 때문이다.[96]

'성도들'이 있다는 것으로 보아(행 9:32, 38: 제자들) 그 지역에 이미 크리스천 커뮤니티가 존재하고 있었다는 것을 알 수 있다. 그 지역에 그리스도인들이 있었다는 기록은 사도행전에 자세하게 나와 있다(행 8:1, 5, 25, 40, 9:32, 35-36, 42). 어떻게 그 여러 지역에 많은 그리스도인들이 존재하게 되었을까? 여러 가지 측면에서 생각할 수 있다. 첫째는 오순절에 절기를 지키러 왔다가 성령의 기적을 보고 예수를 믿게 된 사람들도 있을 것이다. 둘째는 사도행전 8장 32절에서 전도자 빌립이 옛 가사 지구로부터 아소도를 거쳐 가이사랴에 왔다고 한

---

95) 행 12:17, "또 야고보와 형제들에게 이 말을 전하라 하고 떠나 다른 곳으로 가니라." 어떤 학자들은 행 12:17 다음에 9:32이 연결되어야 한다고 주장한다. 그러나 누가가 사도행전을 쓰면서 연대를 착각하여 사건의 순서를 바꿨다고는 생각되지 않는다. 도리어 "떠나 다른 곳으로" 갔다고 하는 것은 예루살렘을 완전히 떠나는 것을 의미한다. 비록 15장 예루살렘 회의에 참석하기는 하지만 그때 교회 지도력도 야고보, 베드로 순으로 되어 있다. 다른 곳으로 떠나간 것은 선교사로서 안디옥(갈 2:11)으로, 그리고 다른 지역으로 떠난 것으로 생각한다.

96) 32절에 베드로는 여러 지방을 통과하여(διερχόμενο διὰ πάντων, all areas) 마침내 성도들에게 왔다는 뜻이다. 여러 지방에 다니며 복음을 전한 것이 분명하다.

것으로 보아 그 길을 다니면서 복음을 전했을 것으로 추측할 수 있다. 지도를 펴놓고 가사로부터 가이사랴에 이르는 길을 찾아보자.

그 길은 이집트에서 팔레스타인 지역으로 들어와 블레셋 평야를 거쳐 사론 평야로, 그리고 갈릴리로 가는 통로이다. 그 길 선상에 아스글론, 아소도, 암니아, 룻다(현재 텔아비브 공항이 있는 곳), 욥바(현 텔아비브) 그리고 안티파트리(아벡)를 거쳐 가이사랴가 있다. 누가는 성령께서 그를 그곳으로 데려갔다고 말한다. 그렇다면 그 길을 따라 가면서 만나는 모든 도시들에서 복음을 전했다는 것은 분명하다. 룻다에 성도들이 있다는 것은 그때 빌립의 전도를 통하여 맺은 열매들일 것이다. 셋째로 베드로의 전도를 들 수 있다(행 8:25, 9:32). 그리고 스데반 박해 후에 그리스도인들이 흩어지면서 이곳으로 온 사람들도 있을 것이다. 그러나 이 숫자는 그리 많지 않았을 것으로 생각된다.

룻다에 살고 있는 애니아도 틀림없이 그리스도인이었다. 왜냐하면 베드로가 룻다에 사는 성도들을 만나러 내려갔다가 애니아를 만났기 때문이다. 그는 중풍으로 자리에 누워 지낸 지 8년이나 된 애니아에게 명령한다. “애니아야! 예수 그리스도께서 너를 낫게 하시니 일어나 네 자리를 정돈하라”(행 9:34). 그러자 곧 나아 일어났다. 이 일로 룻다와 사론 사람들이 주께로 돌아왔다. 베드로는 철저하게 기적을 행하는 것은 자기가 아니라 예수님의 이름이 고친다고 강변해 왔다(행 3:16, 4:8, 10). 여기서는 “예수 그리스도께서 너를 낫게 하신다”라고 했다. 베드로는 자신이 고친 것이 아니라 오직 예수 그리스도가 고치신다는 것을 강력하게 보여주었다.

욥바에 사는 다비다는 신자일 뿐 아니라 여제자이다. 윌리엄은 “이 여자는 신약성경 중에 유일하게 헬라어 여성형으로 된 ‘제자’

(μαθήτια, disciple)라는 칭호를 얻었던 사람이었다. (남녀 관계에 대한 전통적인 도식을 고려한다면) 이 말 자체가 상당히 돌변적으로 삽입되었다"고 했다.[97] 누가는 그의 복음서에서 여제자들이 존재했었다는 암시를 해놓았다. "예수께서 각 성과 마을에 두루 다니시며 하나님의 나라를 선포하시며 그 복음을 전하실새 열두 제자가 함께 하였고, 또한 악귀를 쫓아내심과 병 고침을 받은 어떤 여자들 곧 일곱 귀신이 나간 자 막달라인이라 하는 마리아와 헤롯의 청지기 구사의 아내 요안나와 수산나와 다른 여러 여자가 함께하여 자기들의 소유로 그들을 섬기더라"(눅 8:1-3).

누가에게서 여제자란 의미는 예수님과 제자들과 함께하며, "자기들의 소유로 그들을 섬기는 사람들"을 말했다(눅 8:1-4). 다비다는 선행과 구제하는 일을 많이 한 사람이다. 예루살렘 교인들이 서로 돕고 나누던 삶을 자기 지역에서 실천하며 살던 여인이다. 그녀를 여제자라 부른 것을 보면, 다비다의 이런 삶은 빌립으로부터 배워 실천했다기보다는 아마도 스데반 순교 후에 일어난 박해 때에 이곳으로 온 크리스천이 아닌가 생각된다. 다비다(Ταβιθά)는 히브리어이고, 도르가(Δορκάς)는 영양(羚羊)이란 뜻이다.

그녀가 죽자 시체를 씻어 다락에 누이고, 룻다에 있는 베드로가 오도록 간청하기 위하여 제자 두 사람을 보냈다. 욥바는 룻다에서 북동쪽으로 15km, 걸어서 세 시간이 걸리는 거리이다. 욥바에 온 베드로는 과부들이 우는 것과 다비다가 평소에 지은 속옷과 겉옷들을 보았다. 과부란 가난한 자들이요, 사회의 가장 낮은 수준에서 생활했고, 그들을 대변해 줄 사람이나 보호해 줄 사람이 없는 이들이다. 피오렌자(Elisabeth Schuessler Fiorenza)가 말했다. "1세기에는-오늘

97) 윌리엄, op.cit., p. 135.

날과 같이-가난하고 굶주리는 자들의 대부분이 여자들이었다. 특히 가부장제도에 의해 재산을 나누어 받게 해 줄 남성 대리인을 갖지 못한 여자들이 그러했다."[98]

예수님은 특별히 가난한 자들과 과부들을 돌보는 것이 곧 자기를 위하여 하는 것이라고 하셨다(눅 7:13, 20:47; 마 25:36). 이 정신은 바울 사도에게 그대로 이어졌다(딤전 5:3, 5, 16). 모든 과부들은 베드로에게 다비다가 평소에 지어 준 모든(ὅσα, as much as) 속옷과 겉옷들을 울면서(κλαίουσαι) 보여주었다(ἐπιδεικνύμεναι). 울면서(κλαίουσαι)는 현재 분사 여성 복수로서 계속 울었다는 의미이고, 보여주었다(ἐπιδεικνύμεναι)도 역시 "울면서"와 같은 현재분사 여성 복수 중간태로서 계속해서 보여주었다는 말이다. 그 모습을 본 베드로의 마음이 어떠했을까?

돌볼 사람이 없는 과부들의 친구요 보호자로 살아왔던 다비다의 죽음으로 그들을 돌보는 사업도 함께 사라진 것을 베드로는 보았다. 슬픔을 가눌 수 없었던 베드로는 사람들을 다 내보내고, 무릎을 꿇고 기도한 후에 시체를 향하여 소리쳤다. "다비다야, 일어나라." 베드로는 아마도 아람어로 "다비다 굼(Talitha qum(i)" 했을 것이다. 베드로는 예수님께서 야이로의 딸을 고치실 때, "달리다굼"(막 5:40; 눅 8:54) 하셨던 것을 기억하고 자기도 예수님처럼 "다비다 굼"이라고 했을 것이다.[99] 애니아를 고칠 때는 기도했다는 말이 없다. 기도했다는 말은 베드로 자신이 고치는 것이 아니라 예수 그리스도가 고치신다는 것을

98) Elisabeth Schuessler Fiorenza, In Memory of Her: A Feminist Theological Reconstruction of Christian Origins(NY:Crossroad, 1983, p. 140). 윌리엄, Ibid., p. 136에서 재인용.

99) Bruce는 예수님께서 "달리다굼(Talitha qum(i)" 하신 것처럼 베드로는 "다비다 굼(Tabitha qum(i)" 했다고 한다. op.cit., p. 199. '굼'(qum)은 아람어로 '일어나라'는 뜻이다.

행동으로 보여주는 자세이다. 그리고 "다비다야, 일어나라"고 명령한다. 서방 사본에는 여기에 "예수의 이름으로"라는 문구를 넣었다.

다비다는 그녀의 눈을 떴다(행 9:40). 그리고 베드로를 바라보았고(40절), 곧바로 앉았다(40절). 베드로가 손을 내밀어 그녀를 일으켰다(행 9:40). 성도들과 과부들을 불러들여 그가 살아난 것을 보였고, 이것을 본 많은 욥바 사람들이 주를 믿었다. 다비다가 죽었다는 것을 모든 욥바 사람들이 다 알았듯이 그가 살아난 것도 모든 욥바 사람들이 다 알게 되었다. 누가는 성도들과 과부들을 분리하여 부른다. 과부들이란 아직 믿음은 없지만 다비다의 봉사를 통하여 도움을 받았던 여인들이라고 해도 좋을 것 같다.[100] 다비다는 복음을 받을 준비를 해두었고, 베드로는 씨를 뿌리고 거두었다. '믿었다'(ἐπίστευσαν)는 단순과거 복수이다.

애니아는 남자 신자이고, 다비다는 여제자이다. 두 사람 모두 예수님의 이름의 능력으로 고쳤다. 애니아 치유 사건은 누가복음 5장 17-26절과 비슷하다. 다비다 치유 사건은 야이로의 딸을 살려준 사건과 비슷하다. 또 어떤 면에서는 바울의 마지막 여정인 드로아에서 유두고를 살려준 사건과도 비슷하다(행 20:7-12). 유두고를 살린 이야기는 바울의 마지막 선교 여정에서 일어난 일이고, 다비다의 사건은 베드로의 유대 지역 선교의 마지막으로 가는 여정에서 일어난 사건이기 때문이다. 비판적인 학자들은 다비다의 사건은 구약 엘리야나 엘리사의 사건(왕상 17:17ff; 왕하 4:32ff)의 모방(echoes)이라고 한다.

100) Barrett은 과부들을 믿지 않는 사람이라고 보는 것은 잘못이라고 한다. 그러나 내러티브 문장에서는 성도들과 구별해서 읽는 것이 더 자연스럽다. 왜냐하면 같은 의미라면 성도라는 말을 먼저 쓰고 구태여 과부들이라는 단어를 쓸 필요가 없기 때문이다. op.cit., p. 486.

그런데 누가의 내러티브는 베드로의 기적 사건을 엘리야나 엘리사 사건과 비교되게 기록함으로써, 초대 기독교의 지도자들을 통하여 일어난 일들이 구약시대와 동떨어져 일어난 게 아니라 구약의 연속선상에 있다는 것을 보여주려는 의도적인 시도로 보인다.[101] 또 이 사건을 통하여 베드로가 공동체의 대표이며, 이 공동체는 예수께서 하신 해방 사역 활동을 계속하고 있다는 사실을 보여주려고 하였다. 애니아와 도르가 이야기는 그리스도의 교회가 팔레스타인 전역에 퍼진 것이 누가에게 역사상 중요한 단계로 여겨졌다는 것을 보여준다. 이러한 일화들은 예루살렘 교회가 팔레스타인 전역의 교회로 확장되어 가는 과정에서 하나님의 능력이 역사하셨음을 증명해 주기 때문에 소개되고 있는 것이다.

베드로는 그대로 욥바에 여러 날 머물면서 시몬이라는 무두장이 집으로 들어간다(행 9:43). 무두장이(皮色匠)란 동물 표피로 가죽을 만드는 직업이다. 그러므로 유대인들에게는 이런 직업을 가진 사람은 불결하고, 가장 천민에 속하는 것으로 여겨졌다. 왜냐하면 죽은 동물의 가죽으로 작업해야 하기 때문이다. 미쉬나에는 무두장이로 들어가는 것은 필연적으로 불결하게 되는 것이 관례라고 했다(Mishnah, 1. 2). 그러므로 무두장이는 유대 마을 밖에서 해야 한다고 했다(B. Bat. Ii. 9).[102] 그렇기 때문에 그의 집이 바닷가에 있었다는 것은 이 규정에 의해 마을 밖 바닷가에 있게 되었을 것이다. 브루스(Bruce)는 "그가 바닷가에 살았다는 것은 제품을 만들기 위해 바닷물을 사용했다는 것에 의심의 여지가 없다"라고 한다.[103] 라이트(Wright)는 그의 집은 욥바의 끝자락에 위치해 바다에 접해 있던 집이었던 것

101) MacGregor, op.cit., p. 129.
102) The Eerdmans Bible Dictionary, Grand Rapids, 1975. p. 984.
103) Bruce, op.cit., p. 200.

같다고 했다.[104)]

베드로가 무두장이 집에 머물렀다는 것은 그가 이미 그리스도인이 되어 있었다는 것을 암시한다. 무두장이 시몬이 언제 그리스도인이 되었는지는 알 수 없다. 그러나 사도행전 9장 42절에서 도르가를 살리는 기적 후에 "온 욥바 사람이 알고 많은 사람이 주를 믿더라"는 구절 뒤에 이어진 이야기란 사실을 참고하면 그때 그리스도인이 되었을 가능성도 배제할 수 없다. 베드로가 그의 집에 머물렀다는 것은 베드로가 율법에 대하여 더욱 자유롭게 되었다는 것을 암시한다. 이것은 바로 고넬료의 사건으로 이어지면서 그의 마음이 정결과 불결 사이에서 좀더 자유로워진다는 것을 암시한다.

9. 첫 이방인 크리스천 고넬료(행 10:1-23)

1) 가이사랴에 고넬료라 하는 사람이 있으니 이달리야 부대라 하는 군대의 백부장이라 2) 그가 경건하여 온 집안과 더불어 하나님을 경외하며 백성을 많이 구제하고 하나님께 항상 기도하더니 3) 하루는 제 구 시쯤 되어 환상 중에 밝히 보매 하나님의 사자가 들어와 이르되 고넬료야 하니 4) 고넬료가 주목하여 보고 두려워 이르되 주여 무슨 일이니이까 천사가 이르되 네 기도와 구제가 하나님 앞에 상달되어 기억하신 바가 되었으니 15) 네가 지금 사람들을 욥바에 보내어 베드로라 하는 시몬을 청하라 6) 그는 무두장이 시몬의 집에 유숙하니 그 집은 해변에 있다 하더라 7) 마침 말하던 천사가 떠나매 고넬료가 집안 하인 둘과 부하 가운데 경건한 사람 하나를 불러 8) 이 일을 다 이르고 욥바로 보내니라 9) 이튿날 그들이 길을 가다가 그 성에 가까이 갔을 그 때에 베드로가 기도하려고 지붕에 올라가니 그 시각은 제 육 시더라 10) 그가 시장하여 먹고자 하매 사람들이 준비할 때에 황홀한 중에 11) 하늘이 열리며 한 그릇이 내려오는 것을 보니 큰 보자기 같고 네 귀를 매어 땅에 드리웠더라 12) 그 안에는 땅에 있는 각종 네 발 가진 짐승과 기는 것과 공중에 나는 것들이 있더라. 13) 또 소리가 있으되

104) Wright. op.cit., p. 220.

베드로야 일어나 잡아 먹어라 하거늘 14) 베드로가 이르되 주여 그럴 수
없나이다 속되고 깨끗하지 아니한 것을 내가 결코 먹지 아니하였나이다
한대 15) 또 두 번째 소리가 있으되 하나님께서 깨끗하게 하신 것을 네가
속되다 하지 말라 하더라 16) 이런 일이 세 번 있은 후 그 그릇이 곧 하늘로
올려져 가니라 17) 베드로가 본 바 환상이 무슨 뜻인지 속으로 의아해 하더
니 마침 고넬료가 보낸 사람들이 시몬의 집을 찾아 문 밖에 서서 18) 불러
묻되 베드로라 하는 시몬이 여기 유숙하느냐 하거늘 19) 베드로가 그 환상에
대하여 생각할 때에 성령께서 그에게 말씀하시되 두 사람이 너를 찾으니
20) 일어나 내려가 의심하지 말고 함께 가라 내가 그들을 보내었느니라
하시니 21) 베드로가 내려가 그 사람들을 보고 이르되 내가 곧 너희의 찾는
사람인데 너희가 무슨 일로 왔느냐 22) 그들이 대답하되 백부장 고넬료는
의인이요 하나님을 경외하는 사람이라 유대 온 족속이 칭찬하더니 그가
거룩한 천사의 지시를 받아 당신을 그 집으로 청하여 말을 들으려 하느니라
한대 23) 베드로가 불러 들여 유숙하게 하니라

고넬료의 사건은 안디옥에서 이방인 전도가 이뤄지고 있었던 때와 동시에 일어나고 있는 사건임을 기억하면서 읽어야 한다(행 10:1-48, 11:19-30). 성령께서는 동시에 이방 선교를 준비하고 계신다. 유대인들에게 있어 가장 중요한 법은 안식일과 정결법이다. 정결법은 구약의 정결법으로 시작되었다. 그러나 장로들의 유전을 거쳐 당시에는 사람의 신분을 구분하는 법으로 변질되었다. 그래서 유대인들은 모든 것을 정결과 부정한 것으로 구분하였다. 예수님과 서기관들과의 논쟁은 모두가 안식일에 관한 것과 정결법에 관한 것이었다(안식일 논쟁: 막 2:23-28, 막 3:1-6; 눅 6:1-5, 6-11), 정결과 부정논쟁: 막 7:14-23; 마 15:10-20). 유대 관점에서 이방인에게 복음을 전해서는 안 되는 이유는 이방인은 불결한 백성들이기 때문이다. 사마리아인들도 불결하다. 그런데 그 벽을 빌립을 통하여 이미 넘었다. 그러나 이방인으로 통하는 길은 아직도 멀기만 하다.

결정적인 순간에 베드로는 욥바의 무두장이의 집에 머물고 있다.

피장이 시몬은 아마도 그리스도인이었을 것이다. 그렇기 때문에 베드로는 유대인의 관점에서 부정하다는 그 집에 가서 머물 수 있었다. 그리고 이야기는 유대인들이 불결하다고 여기는 백부장으로부터 시작된다. 성령께서는 이방인 중에서 유대교에 가장 접근해 있는 사람, 고넬료를 선택하셨다.

고넬료를 말하면서 누가가 가장 신경쓰고 있는 것은 그는 비록 이방인이었지만 정결한 삶을 살기를 힘쓰고 있었다는 점이다.[105] 그래서 "그는(고넬료) 온 가족과 더불어 하나님을 두려워하며, 유대 백성에게 자선을 많이 베풀며, 늘 하나님께 기도하는 사람이었다"(행 10:2)고 전한다. 누가는 그가 '하나님을 두려워하는'(φοβούμενος τὸν θεὸν, God-fearer)[106] 사람이었다는 것을 강조한다. 고넬료가 보낸 부하도 경건한(하나님을 두려워하는) 사람이었다.[107]

일반적으로 그 당시에 '하나님을 두려워하는 사람들'이 많았는데, 이들은 할례를 받지 않고 유대교로 개종하지는 않았지만 유대인들처럼 율법을 준수하고 또 어떤 이들은 회당예배에도 참석하였다. 이들이 이처럼 유대교에 접근한 것은 유일신을 섬기고, 윤리적으로 경건한 유대인의 삶에 매력을 느꼈기 때문이라고 한다.[108] 에디오피아 내시도 이런 부류에 속하는 사람이다. 오후 세 시쯤이라고 밝힌 것도 고넬료가 유대인들의 기도 시간을 지키고 있었다(행 3:1 참조)는

---

105) 고넬료는 눅 7:5에 나오는 가버나움의 백부장을 상기시킨다.

106) φοβούμενος는 φοβεω(무서워한다, 두려워한다)에서 파생된 단어로서 "하나님을 경외하는 사람-이들은 유대 공동체의 유대 개종자들과는 달리 전체적인 율법의 멍에를 지지도 않고 또한 할례도 받지 않았으면서도 어느 정도 유대교를 신봉하는 이방인들이었다." Bruce, NT History, p. 261.

107) 고넬료에게는 φοβεω의 현재분사인 φοβούμενος와 경건하다(εὐσεβής)는 단어를 같이 사용하여 고넬료가 얼마나 경건한 사람이었는가를 강조하고, 부하에게는 εὐσεβής(경건한)만 사용하였다.

108) Bruce, op.cit., p. 203. 앞으로 사도행전의 내용에서 이런 '하나님을 두려워하는(God-fearer) 사람들'이 기독교로 많이 들어왔다는 사실을 발견하게 될 것이다.

점을 강조하려는 듯하다. 고넬료는 초대교회의 삶의 모습과 흡사한 면이 있다. 그는 외부인이지만 확실히 이 공동체의 언저리에 있던 사람이다. 고넬료나 베드로는 자기들의 선택이나 결정에 의하여 움직이고 있지 않다. 성령께서 이끌어 가시는 드라마 속에서 거의 피동적인 연기자에 불과하다.

이 일은 밝은 대낮에 일어난 일이다. 그를 찾아온 천사도 고넬료의 기도 생활과 자선 행위가 하나님 앞에 상달되어 하나님께서 기억하고 계신다고 말한다(행 10:2, 4). 기도와 자선 행위에 대한 언급은 30절에 다시 언급된다. 이로써 그의 '기도와 자선 행위'는 한 사건 안에서 세 번이나 반복해서 나오고 있다. 이런 강조법은 이방인으로서 하나님께 가장 접근해 있는 신실한 이방인을 최초의 전도대상으로 삼았다는 점을 강조한다. 또 앞으로 베드로가 예루살렘 교회에 이 문제를 보고할 때를 준비하는 듯한 인상도 지울 수 없다. 고넬료는 천사의 말대로 하인 두 사람과 경건한 부하 한 사람을 욥바로 보낸다. 물론 자기에게 있었던 일을 그들에게 그대로 말해주었다.

가이사랴에서 욥바까지는 50km이다. 그러니까 그들이 오후 3시 이후에 출발했다면 그 다음날 정오쯤 도착할 수 있었을 것이고, 그들이 욥바에 도착할 즈음에 베드로는 기도하러 지붕으로 올라갔고, 시장기를 느끼면서 황홀경에 빠져들었다. 환상 속에서 하늘이 열리고 큰 보자기 같은 그릇이 땅으로 내려오는 것을 본다. 여기서의 주제는 정결과 부정(不淨)이다. 그릇 안에는 네 발 짐승, 땅에 기어다니는 것들과 공중의 새들로 모두가 유대인들이 부정하다고 여기는 것들이었다.

하나님께서 "잡아 먹으라"고 하시는 명령에 베드로는 "속되고 부정하다"고 하면서 절대로 먹을 수 없다고 대답한다. 베드로 속에 있는 유대적 사고를 그대로 반영한 것이었다. "깨끗하게 하신 것을 네가 속되다 하지 말라"(행 10:15)고 하나님은 강조하신다. 베드로가 정결과 부정이라는 유대 규범에 매여 있는 것을 철저히 파괴당하는 순간이다. 이미 예수님께서는 바리새인들과의 정결논쟁에서 음식이 더러운 게 아니라 사람의 마음에서 나오는 것이 악하다고 하시면서 "모든 음식물을 깨끗하다"고 선언하신 적이 있다(막 7:19). 다시 베드로에게 정결과 부정은 음식에 관한 것이 아니라고 선언하신다.

이런 대화가 세 번이나 오고 간 후에 그것들은 하늘로 올리워져 갔다(행 10:16). '세 번'은 베드로가 부정한 것을 먹지 않으려고 얼마나 철저했는가를 보여준다. 이것은 이방인을 받아들이기에 아직도 철벽이 그 안에 놓여 있는 상태를 보여준다. 윌리엄은 "약간의 돼지고기나 한 줌의 분향(焚香), 또는 하찮은 잡혼(雜婚)이 당시의 공동체에게는 생(生)과 사(死)의 문제였다. 식사의 법도는 예의나 어떤 특이한 요식요리상의 관습의 문제가 아니었다. 이 법도는 유대인들의 생존과 신분상의 문제였다"고 밝힌다.[109)]

이상을 본 후에 베드로의 고민은 찾아온 사람들과 만남으로써 그 의미를 깨닫고 해결되었다. 찾아온 사람들을 만나기 망설이는 베드로에게 성령께서는 "일어나 내려가거라. 그들은 내가 보낸 사람들이니, 의심하지 말고 함께 가거라"(행 10:20) 하고 말씀하셨다. 세 사람이 도착했다(행 10:7, 11:11). 성령께서는 그들의 요청대로 가이사랴로 함께 가라고 미리 알려주셨다. 누가는 고넬료는 천사가 말했다고 하고, 베드로에게는 성령이 말했다고 한다. 양자 사이를 구분하려고 하는

---

109) 윌리엄, op.cit., p. 151. 안식일 문제도 단순한 안식일 문제가 아니라 유대인들의 정체성을 결정짓는 심각한 법적인 문제였다. 안식일을 지키는 자만이 유대인이라고 했다. 예수님도 바리새인들과 안식일 논쟁 끝에 그들이 예수님을 죽이려고 했다. 이것은 단순한 안식일 문제가 아니라 유대인들을 유대인 되게 하는 문제였기 때문이다.

가? 19절에는 성령께서 베드로에게 말했다고 한다. 20절에는 "내가 그들을 보냈다"고 한다. 그런데 13-15절에서는 '주님(Lord)'이 말한 것으로 되어 있다. 여기서 베드로는 성령과 주님을 하나로 받아들이고 있다. 28절에서는 "하나님께서 하셨다"고 한다. 베드로는 그들을 불러들여 묵게 한다.

10. 첫 이방인 세례자(행 10:23-48)

23) 이튿날 일어나 그들과 함께 갈새 욥바에서 온 어떤 형제들도 함께
가니라 24) 이튿날 가이사랴에 들어가니 고넬료가 그의 친척과 가까운
친구들을 모아 기다리더니 25) 마침 베드로가 들어올 때에 고넬료가 맞아
발 앞에 엎드리어 절하니 26) 베드로가 일으켜 이르되 일어서라 나도 사람
이라 하고 27) 더불어 말하며 들어가 여러 사람이 모인 것을 보고 28)
이르되 유대인으로서 이방인과 교제하며 가까이 하는 것이 위법인 줄은
너희도 알거니와 하나님께서 내게 지시하사 아무도 속되다 하거나 깨끗하
지 않다 하지 말라 하시기로 29) 부름을 사양하지 아니하고 왔노라 묻노니
무슨 일로 나를 불렀느냐 30) 고넬료가 이르되 내가 나흘 전 이맘때까지
내 집에서 제 구 시 기도를 하는데 갑자기 한 사람이 빛난 옷을 입고 내
앞에 서서 31) 말하되 고넬료야 하나님이 네 기도를 들으시고 네 구제를
기억하셨으니 32) 사람을 욥바에 보내어 베드로라 하는 시몬을 청하라
그가 바닷가 무두장이 시몬의 집에 유숙하느니라 하시기로 33) 내가 곧
당신에게 사람을 보내었는데 오셨으니 잘하였나이다 이제 우리는 주께서
당신에게 명하신 모든 것을 듣고자 하여 다 하나님 앞에 있나이다 34)
베드로가 입을 열어 말하되 내가 참으로 하나님은 사람의 외모를 보지
아니하시고 35) 각 나라 중 하나님을 경외하며 의를 행하는 사람은 다
받으시는 줄 깨달았도다 36) 만유의 주 되신 예수 그리스도로 말미암아
화평의 복음을 전하사 이스라엘 자손들에게 보내신 말씀 37) 곧 요한이
그 세례를 반포한 후에 갈릴리에서 시작하여 온 유대에 두루 전파된 그것을
너희도 알거니와 38) 하나님이 나사렛 예수에게 성령과 능력을 기름 붓듯
하셨으매 저가 두루 다니시며 선한 일을 행하시고 마귀에게 눌린 모든
사람을 고치셨으니 이는 하나님이 함께 하셨음이라. 39) 우리는 유대인의
땅과 예루살렘에서 그가 행하신 모든 일에 증인이라 그를 그들이 나무에

달아 죽였으나 40) 하나님이 사흘 만에 다시 살리사 나타내시되 41) 모든 백성에게 하신 것이 아니요 오직 미리 택하신 증인 곧 죽은 자 가운데서 부활하신 후 그를 모시고 음식을 먹은 우리에게 하신 것이라 42) 우리에게 명하사 백성에게 전도하되 하나님이 살아 있는 자와 죽은 자의 재판장으로 정하신 자가 곧 이 사람인 것을 증언하게 하셨고 43) 그에 대하여 모든 선지자도 증언하되 그를 믿는 사람들이 다 그 이름을 힘입어 죄 사함을 받는다 하였느니라 44) 베드로가 이 말을 할 때에 성령이 말씀 듣는 모든 사람에게 내려오시니 45) 베드로와 함께 온 할례 받은 신자들이 이방인들에게도 성령 부어 주심으로 말미암아 놀라니 46) 이는 방언을 말하며 하나님 높임을 들음이러라 47) 이에 베드로가 이르되 이 사람들이 우리와 같이 성령을 받았으니 누가 능히 물로 세례 베풂을 금하리요 하고 48) 명하여 예수 그리스도의 이름으로 세례를 베풀라 하니라 그들이 베드로에게 며칠 더 머물기를 청하니라

베드로의 마음에 두려움이 컸을 것이다. 한 번도 가보지 않은 이방 세계로 들어가는 것도, 이방인의 집에 들어가는 것도 두려운 일이었다. 더욱이 이 사실을 안 예루살렘 교인들이 자기를 공격해 올 것을 알고 있는 그로서는 두려운 일이 아닐 수 없었다. 그래도 베드로는 고넬료의 집으로 갔다. 그때 신도 여섯 사람도 그와 함께 갔다(행 11:12). 50km나 되는 길은 하루 종일 걸려서 아마도 늦은 밤에나 도착했을 것이다.

고넬료는 가까운 친척들과 친구들까지 모아놓고 베드로가 도착하자 마중 나와 그의 발 앞에 엎드려서 절하며 맞아주었다. 로마의 백부장이 엎드려 절을 하며 맞아주었다는 것은 상상하기 힘든 일이다. 하나님의 지시로 이뤄진 일이었기 때문이었을까? 베드로는 겸손하게 대응한다. 앉은뱅이를 고쳐주었을 때, 이것은 사람인 자신의 경건으로 한 것이 아니라 하나님이 하셨다고 강조한 베드로의 자세가 나온다. "나도 사람이다"(행 10:26).

그런데 베드로가 이 일로 얼마나 마음 쓰고 있었는가는 고넬료의

집에서 한 말에 나타난다. "이방인과 교제하며 가까이 하는 것이 위법인 줄은 너희도 알거니와"(28절). '위법'(lawless idolatry)이라는 말은 '하나님이 세우신 질서'란 의미의 θέμις와는 반대 개념이다. 하나의 터부(a taboo)를 깨는 것을 말한다.110) 이 모든 일은 베드로가 도저히 받아들일 수 없는 일이다. 그런데 그가 받아들인 것은 하나님께서 하신 일이란 사실이다. 하나님(성령)께서 유대인들이 터부시하던 잘못된 울타리를 먼저 깨주셨기에 베드로는 넘어올 수 있었다고 강조한다. "하나님께서 내게 지시하사 아무도 속되다 하거나 깨끗지 않다 하지 말라 하시기로 부름을 사양하지 아니하고 왔노라"(행 10:28-29).

하나님께서 사람을 속되거나 깨끗하지 않다고 하지 말라고 하신 적은 없다. 그러나 베드로는 하나님이 보여주신 환상을 통하여 하나님의 뜻을 잘 이해했다. 사람을 정결과 불결로 구분해서는 안 된다는 사실을 그는 알았다. "사양치 않고 왔다"는 번역은 이의를 제기하지 않고 왔다는 말이다. 사실 베드로를 고넬료의 집에 보내기 위해서 성령께서는 그를 많은 것으로 준비시켜 놓으셨다. 성령은 베드로를 룻다로 불러서 중풍으로 8년이나 고생하던 애니아를 고쳐주게 하셨고, 죽은 도르가를 살려주셨다. 그런 후에 고넬료의 집으로 가라는 성령의 지시를 받는다(행 9:32-35). 베드로가 거절할 수 있었겠는가?

베드로는 자신이 먼저 말하지 않고, 고넬료가 왜 자기를 불렀는지를 묻는다(행 10:29). 고넬료의 마음 상태를 점검하기 위해서였을 것이다. 고넬료는 자기의 말로 대답하기보다는 이전에 있었던 일들을 그대로 들려준다. 그리고 "이제 우리는 주께서 당신에게 명하신 모든 것을 듣고자 하여 다 하나님 앞에 모여 있나이다"(33절)라고 말한다. "하나님께서 베드로에게 들려주신 모든 것을" 듣기 위하여 "하나

110) MacGregor, op.cit., p. 138.

님 앞에 모였다"고 한다. 성령께서는 이방인인 고넬료와 모인 사람들에게 들을 마음을 주시고, 베드로를 보내서 말하게 하셨다.

고넬료의 말을 들으면서 베드로는 기도 중에 본 환상의 의미를 명확하게 깨닫는다. 하나님께서 사람을 구별하시는 것은 유대인들이 하는 것처럼 정결법에 의해 구분하는 것, 즉 외모가 아니라 하나님을 경외하며 의를 행하는 모든 나라 사람들을 다 받으시는 줄 깨달았다고 한다. 이 말을 통해 누가는 모든 민족의 의로운 사람들에 대한 하나님의 보편적 관계성을 강조한다. 이제는 하나님 안에서 나라의 경계가 무너졌고, 모든 사람들의 외적인 차별이 무너졌다. 예수는 더 이상 유대인의 '주와 그리스도'가 아니고, '모든 사람의 주(Lord)'라고 선언한다(36절).

사도행전 10장 36-43절의 베드로의 설교는 예수 그리스도를 전하는 일에 집중한다. 그런데 36-38절의 문장은 어순의 혼란 때문에 이해하기가 어렵다. 36절의 첫 구절은 "이스라엘 자손들에게 보내신 말씀(λόγος)"이다. 말씀은 요한복음 1장 1절에 나오는 '로고스'로서 예수 그리스도를 의미한다. 베드로는 이스라엘 자손에게 보내신 그분을 소개하려고 한다. 예수 그리스도를 통하여 전해진 말씀은 화평의 복음이다. 하나님께서 그분에게 거룩한 성령과 능력을 부어주신 뒤, 그분은 두루 다니며 선한 일을 행하시며, 마귀에게 눌린 모든 사람을 고치셨다. 이것은 하나님께서 함께하신다는 증거이다.

'선한 일을 행하다'(εὐεργετῶν, 행 10:38)는 εὐεργετέω의 현재분사이고, '고치다'(ἰώμενος)는 ἰάομαι의 현재분사이다. 두 동사는 모두 현재분사로서 예수님은 그때부터 지금까지 두 가지 일을 행하고 계신다는 뜻이다. 예수님이 베푸시는 선한 일은 43절에 나오는 "그를 믿는 사람들이 다 그의 이름을 힙입어 죄 사함을 받는 것"을 말한다.

마귀에게 억눌린 모든 사람을 고치신다는 말은 단순히 병든 자를 고치신다는 뜻보다는 죄와 마귀에게 억눌린 모든 백성을 해방시켜 하나님의 백성으로 자유롭게 살게 하신다는 뜻이다. 마귀에게서 해방되어야 그 안에 하나님의 나라가 이뤄질 수 있기 때문이다.

그분을 나무에 달아(on a tree) 죽였으나(행 10:39) 하나님께서 그를 다시 살리사 나타내셨다고 한다. 경건한 유대인들은 율법을 존중하기 때문에 나무에 달려 죽은 자는 저주받은 자(신 21:23)라고 하는 것을 그들도 추종하고 있었기 때문에 이 사실을 강조했을 것이다. 유대인들은 불법으로 예수 그리스도를 십자가에 달아 죽여놓고, 신명기 법을 거기에 적용하여 "예수는 저주 받은 자"라고 선전했다.

그러나 바울은 그분은 부활하셨다고 선포한다(행 10:39, 40). 베드로는 부활하신 그분과 함께 음식을 먹었다고 한다. 예수님은 '그리스도'만이 아니라, '산 자와 죽은 자의 재판장'(as a judge of the living and the dead)이 되신다고 소개한다(42절). 하나님은 유대인과 이방인, 남자와 여자, 그리고 부자나 가난한 자들을 편애하시는 하나님이 아니시다. 예수님은 모든 자의 그리스도이실 뿐 아니라 오직 모든 산 자와 죽은 자의 재판장이시다. 베드로전서 1장 17절에서는 하나님은 외모로 사람을 취하는 분이 아니라고 했다.

사도행전에서 예수께 붙여진 칭호는 다양하다. 그리스도, 지도자, 주인(Lord), 주(Master), 선지자, 구세주, 종, 다윗의 아들, 하나님의 아들, 인자 등이다. 마크 파월(Mark Powell)은 "사도행전의 기독론은 누가복음의 기독론보다 더 승화되었으며, 사도행전이 보여주려고 의도한 부활 후의 관점에서 볼 때 논리적인 발전을 나타내고 있다"고 한다.[111] 본문에서는 그분은 만유의 주(행 10:36)요, 산 자와 죽은 자

111) Mark Powell, 사도행전 신학, p. 77. Powell은 복음서는 예수를 일관되게 메시아의 모습으로 그리며 시작하지만, 점차 메시아 이상이심을 보여주는 긴장을

의 심판장으로 선포되고 있다(행 10:43).

마지막으로 베드로는 모든 사람들이 다 "그 이름을 힘입어 죄 사함을 받았다"고 증언한다(43절). 여기서는 구원이란 말은 사용하지 않았다. 베드로는 아직도 이방인의 구원을 선포하는 일에는 망설이는 것 같다. 이 말은 그 이름을 힘입어 죄 사함을 받으라는 권고와 같다. 누가는 특별히 '죄의 용서'(forgiveness of sins)를 대단히 강조한다. 사도행전 2장 38절에 나오는 베드로의 설교에서 메시아의 약속은 성령의 선물과 죄 용서로 성취되었다고 선언했고, 바울의 설교의 절정도 언제나 죄의 용서였다(행 13:38, 26:18).

설교하는 중에 성령이 거기 모여 있는 이방인들 위에 오셨다. 베드로의 말을 듣는 모든 사람 위에 성령이 임했다(행 10:44). 베드로는 성령께서 다음 단계로 인도하고 계신 것을 알았다. 단순히 이방인에게 복음을 전하라는 게 아니라 그들에게도 세례를 주고 유대 기독교인들과 구별이 없게 하라는 성령의 지시로 깨닫는다. 할례받은 신자들은 이 사실에 놀란다.[112] 성령께서 유대인과 이방인의 장벽을 무너뜨리시기 때문이다. 에베소서 2장 11-14절에서 바울은 이 사실을 예수 그리스도를 통하여 이스라엘 밖에 있던 사람들이 그리스도 예수의 피로 하나 되었다고 선언했다. 그러나 베드로 자신이 세례를 주지는 않았다(48절). 누가 세례를 주었는지는 언급이 없다. 아마 같이 갔던 그리스도인들이 세례를 주었을 것이다.

끌어들이고, 이런 긴장은 사도행전에서 해결되는데, 예수께서는 메시아일뿐 아니라 그분은 만유의 주(행 10:36)요, 산 자와 죽은 자의 심판주로 선포(행 10:43)된다고 한다.

112) 45절에 '할례 받은 신자들'이란 이방인으로 유대교로 개종했다가 기독교로 돌아온 사람을 말하는 것으로 보인다. 순수한 유대인은 그냥 유대인이라고 부르기 때문이다.

회개의 첫걸음은 항상 예수님에 관하여 말씀이 선포되어야 하고, 다음은 그 말씀을 듣는 사람들이 회개와 믿음으로 그 말씀을 받아들여야 한다. 믿음은 예수님에 대한 말씀을 믿는 것 그리고 예수님 자신을 믿음으로 받아들이는 것이다. 사도행전에서 회개는 하나님께로 돌아서는 것과 내적인 마음의 변화를 의미한다. 물론 이 내적 변화는 외적인 행동의 변화로 보여져야 한다(행 26:20).[113] 그렇다고 행위로 구원을 받는다는 말은 아니다. 믿음과 회개를 주시는 분이 성령이시기 때문이다. 고넬료의 구원 사건은 이 과정을 잘 보여준다.

이들은 세례를 받고,[114] 베드로에게 며칠을 더 머물기를 청했다(행 10:48). 이제 그리스도 안에 한 형제가 된 것을 인정한다면 반드시 이방인인 그들의 집에 들어가 함께 머물며 함께 먹어야 한다. 베드로에게 그것을 요구한 것이다. 회심한 바울을 다메섹의 형제들이 며칠 묵도록 초대한 것(행 9:19)과 같다. 이방인과 함께 머문다는 것은 그 당시 상황에서는 대단히 위험한 사건이다. 부정한 이방인들과 함께 식탁에 앉는 것을 유대인들은 절대로 인정하지 않기 때문이다. 반면 그리스도 공동체에서 이방인과 함께 지내고 먹는 일은 그 사람들을 완전히 하나님의 식구로 받아들이는 행위이다. 유대교와 그리스도의 공동체 사이에서 베드로는 갈등을 했을 것이다. 그러나 하나님께서는 환상을 통하여 미리 베드로를 준비시켜 놓으셨다. 베드로는 이들의 청을 받아들여 며칠을 그곳에 머물렀다. 그들은 그리스도 안에서 형제의 교제를 나눔으로써 완전한 그리스도 공동체의 식구(family)가 되었다고 삶으로 선언한 것이다.

---

113) Powell, op.cit., pp. 85-86.

114) 48절: 예수 이름으로 받는 세례가 강조되었다. 그러나 "예수 그리스도의 이름으로"(in the name of Jesus Christ(the most primitive formula) 주어진 세례가 후에는 삼위일체 형식으로 대체된다(마 28:19).

맥그리거(MacGregor)는 누가가 사도행전을 기록할 당시에는 세례는 보편적으로 실시되던 교회 입회 예식이었다고 한다. 그래서 본문을 "베드로는 그들에게 예수 그리스도 이름으로 세례를 받으라고 명령했다(Peter commanded them to be baptized in the name of Jesus Christ)"로 읽어야 한다.[115] 고넬료 가정이 받은 세례는 이방인으로서 최초의 세례식이다. 이방인에게 복음 전하는 일을 시작한 사람은 바울이 아니라 베드로이다. 그리고 고넬료 사건 이후로 점점 예루살렘 무대에서 베드로는 사라져 간다.

고넬료의 세례 사건은 에디오피아 내시와 병행을 이룬다. 내시는 유대 나라와 아프리카의 접경에 서 있는 사람이고, 고넬료는 유대와 이방의 접경에 서 있는 사람이다. 또 두 사람 모두 '하나님을 두려워하는 사람들'이다. 전혀 하나님을 모르던 사람들과는 다르다. 두 내러티브는 복음이 유대 땅을 넘어 이방 세계로 들어가는 첫걸음을 보여주는 사건이지, 아직 이방에서 살고 있는 이방인이 하나님께로 돌아오는 경우와는 다르다. 고넬료의 세례 사건은 순수한 이방인이 받은 최초의 세례로 의미가 있을 뿐 아니라 로마 총독부가 자리한 가이사랴에 복음이 전파되었다는 점에서 특별한 의미를 지닌다.

고넬료의 이야기는 한 이방인의 개종에 관한 이야기가 아니다. 하나님의 선교(God's mission)가 진전되려면 고넬료와 베드로 둘 다 변화되어야 할 필요가 있다. 베드로가 고넬료의 집에 들어가서 화기애애한 대화를 주고받는 장면을 보여준다. "이 장면은 하나님께서 유대인과 이방인을 함께 이끌어 가고 계시는 그 즐겁고 새로운 공동체의 가능성을 다정하게 감동적으로 암시해 주고 있다." 윌리엄은 말한다.[116] "회개는 흔히 잘못 알고 있는 것과는 반대이다. 내가

---

115) MacGregor, op.cit., p. 140. 박창환 사역, 신약성경에서도 "세례 받도록 그들에게 지시했습니다"라고 번역했다.

그리스도를 향하여 내딛는 영웅적인 첫걸음이 아니며 내 죄에 대해 미안하게 느끼는 감정도 아니다. 회개는 진리를 향하여 돌아설 수 있게 하시는 하나님의 선물이다."

고넬료는 개종 후에 어떻게 되었을까? 로마의 백부장이란 자기들의 최고의 충성을 시저에게 맹세한 자들이다. 시저가 그렇게 주장하듯이, 그들은 신으로서 그를 위하여 죽고 그를 위하여 누군가를 죽이기로 맹세한 자들이다. 그런 그가 예수를 주인으로 맞아들였다는 것은 시저에 대한 명백한 반역이다. 고넬료의 사건은 분명한 변화요, 방향전환이다. 누군가가 예수 그리스도를 주님이라고 고백할 수 있다면, 그리하여 그의 생(生)이 성령의 방향으로 전환되면 시저와 그의 세계가 세워진 기초는 위험스럽게 되고 만다. 고넬료도 세례 받은 후 평상시와 같은 업무로 돌아간 것 같지는 않다.[117)]

누가는 고넬료의 사건을 대단히 중요한 사건으로 여기고 있다. 같은 사건을 두 번이나 반복하고 있다는 점으로 보아서 그렇다. 이 사건은 이 책의 중심 대목이다. 고넬료 사건이 기독교에서 갖는 역사적 가치는 다음과 같다. 1) 기독교가 지리적 경계선을 넘어간다. 2) 최초로 이방인을 그리스도 공동체 안으로 받아들인다. 유대 그리스도인들과 이방 그리스도인들이 한 몸으로 교제를 시작하였다. 3) 정결법으로 표현된 선입견을 적어도 베드로만은 뛰어넘는다. 그러나 예루살렘 교회 전체의 입장은 아니다.

---

116) 윌리엄, op.cit., p. 156.

117) 윌리엄 H. 윌리먼, op.cit., pp. 182-183 참고. 윌리먼은 2세기 로마 교회에 남아 있는 히폴리투스(Hippolytus)의 생활화(生活畵)를 소개한다. 그 그림에는 이교 국가의 옷차림(accoutrements)을 지지하도록 돕는 군인이나 다른 누구(철학자, 매춘부, 화가)라도 그들의 의문스러운 직업을 버리기 전에는 세례를 받도록 받아들여지지 않았다.

11. 예루살렘 교회 앞에 선 베드로(행 11:1–18)

1) 유대에 있는 사도들과 형제들이 이방인들도 하나님의 말씀을 받았다
함을 들었더니 2) 베드로가 예루살렘에 올라갔을 때에 할례자들이 비난하
여 3) 이르되 네가 무할례자의 집에 들어가 함께 먹었다 하니 4) 베드로가
그들에게 이 일을 차례로 설명하여 5) 이르되 내가 욥바 시에서 기도할
때에 황홀한 중에 환상을 보니 큰 보자기 같은 그릇이 네 귀에 매어 하늘로
부터 내리어 내 앞에까지 드리워지거늘 6) 이것을 주목하여 보니 땅에
네 발 가진 것과 들짐승과 기는 것과 공중에 나는 것들이 보이더라 7)
또 들으니 소리 있어 내게 이르되 베드로야 일어나 잡아먹으라 하거늘
8) 내가 이르되 주여 그럴 수 없나이다 속되거나 깨끗하지 아니한 것은
결코 내 입에 들어간 일이 없나이다 하니 9) 또 하늘로부터 두 번째 소리
있어 내게 이르되 하나님이 깨끗하게 하신 것을 네가 속되다고 하지 말라
하더라 10) 이런 일이 세 번 있은 후에 모든 것이 다시 하늘로 끌려 올라가
더라 11) 마침 세 사람이 내가 유숙한 집 앞에 서 있으니 가이사랴에서
내게로 보낸 사람이라. 12)성령이 내게 명하사 아무 의심 말고 함께 가라
하시매 이 여섯 형제도 나와 함께 가서 그 사람의 집에 들어가니 13) 그가
우리에게 말하기를 천사가 내 집에 서서 말하되 네가 사람을 욥바에 보내어
베드로라 하는 시몬을 청하라 14) 그가 너와 네 온 집의 구원 받을 말씀을
네게 이르리라 함을 보았다 하거늘 15) 내가 말을 시작할 때에 성령이 그들
에게 임하시기를 처음 우리에게 하신 것과 같이 하는지라 16) 내가 주의
말씀에 요한은 물로 세례 베풀었으나 너희는 성령으로 세례를 받으리라
하신 것이 생각났노라 17) 그런즉 하나님이 우리가 주 예수 그리스도를
믿을 때에 주신 것과 같은 선물을 그들에게도 주셨으니 내가 누구기에
하나님을 능히 막겠느냐 하더라 18) 저희가 이 말을 듣고 잠잠하여 하나님
께 영광을 돌려 이르되 그러면 하나님께서 이방인에게도 생명 얻는 회개를
주셨도다 하니라

이방 선교는 그리 쉬운 일이 아니다. 첫째는 교회 지도자인 베드로가 변해야 한다. 둘째는 이방인들도 변해야 한다. 셋째는 유대인 그리스도인들도 변해야 한다. 그래서 베드로도 변화시키고 고넬료도 변화시켰다. 이제 유대 그리스도인들을 어떻게 변화시킬 것인가

하는 문제만 남았다. 사도행전 11장은 교회를 어떻게 변화시켰는가를 보여주는 장(章)이다.

다시 말하면, 예루살렘 교회가 베드로를 비난한 것은 베드로가 이방인에게 복음을 전했다는 것이나 세례를 준 것 때문이 아니라 무할례자의 집에 들어갔고, 함께 먹었다는 것을 문제 삼았다(행 11:3). 베드로가 할례 없는 이방인의 집에 들어가 머물고 함께 먹었다는 사실은 예루살렘 지도부에 큰 충격이었던 것 같다. 이 뉴스는 당시에는 가히 혁명적인 일이었다. 초대교회 안에 이방인에게 주의 복음을 전해야 한다는 데 반대하는 사람은 없었다. 그러나 이방인과 함께 머물며 음식을 먹는다는 사실을 받아들이기는 꺼려하는 분위기였다.

베드로는 할례 받은 그리스도인들(the circumcised believers)의 공격을 받았다(행 11:2). διακρίνοντο(διακρίνω의 미완료 과거)는 논쟁했다는 뜻이다. 어떤 사본들은 '비판했다'고 번역했다(BAGD). 그러나 서방 사본(The Western Text)은 이 내용을 좀더 부드럽게 베드로가 그 후 예루살렘에 올라갔을 때 하나님의 은혜가 그들에게 임한 내용을 보고한 것으로 만들었다. "베드로는 그들을 만나러 올라가서, 그들에게 하나님의 은혜를 보고했다(he also went to meet them, and he reported to them the grace of God)."

베드로의 고넬료 전도 사건으로 예루살렘 교회가 회의를 소집했다. 이는 예루살렘 교회는 이방인이 그리스도 안으로 들어오고 세례 받는 것은 인정하지만 이방인들과의 식탁 교제를 나누는 일로 사실상 둘로 나뉘어져 있음을 상기시킨다. 즉 이방인들에게 그리스도의 복음을 전하되 유대교를 통하여 받아들여야 한다는 주장이 아직도 교회 안에 강하게 존재했다는 말이다. 갈라디아서에서 다루고 있는 구원을 받는 것은 오직 믿음이냐, 아니면 믿음과 행위로 받는 것인가

하는 문제는 예루살렘 교회에서 해결된 문제가 아니었다.

할례파들이 이방인들과 식사를 나누는 일에 대하여 문제를 제기한 것은 예루살렘 교회의 실상을 보여주는 예(例)가 된다. 이들이 이처럼 이방인과 함께 식탁에 앉는 것을 받아들이지 못하고 있는 것은 이방인의 음식은 부정하고 불결하다고 생각했기 때문이다. 베드로만 하나님께서 보여주신 환상을 통하여 그런 고정관념을 깨뜨릴 수 있었다. 그러나 예루살렘 지도자들 역시 그 벽을 넘지 못하고 있다.

예수님도 세리와 죄인들을 받아주고 함께 음식을 먹는다는 것 때문에 바리새인과 서기관들에게 비아냥거림을 받았다(눅 5:1-2, 19:7). 예루살렘 교회도 그 문제로 베드로를 비난했다. 교회 지도자들도 정결과 부정의 한계를 아직도 넘어서지 못하고 있다. 그만큼 유대 정결법은 쉽게 바꿀 수 없는 뿌리 깊은 사상이다. 베드로는 논쟁을 하거나 정답을 말하지 않고, 자기가 경험한 내용을 그대로 이야기로 들려준다. 그리고 강조점만 조금씩 바꿀 뿐이다. 사도행전 11장 4-17절의 내용은 사도행전 10장 1-8절의 내용이다. 그리고 사도행전 10장 23-43절을 생략하고, 10장 44-48절 결론 부분을 말한다.

예루살렘 교회에 보고할 때는 몇 가지 부분을 강조하거나 첨가한다. 베드로 자신이 고넬료의 집으로 갈 때도 "욥바에서 온 어떤 형제들"(행 10:23)이라고 한다. 여기서는 '여섯 형제'가 같이 갔다고 밝힌다(행 11:12). 베드로는 고넬료 사건의 진실을 보여주기 위하여 숫자까지 정확하게 밝혔을 것이다. 또 자신이 얼마나 유대 규례에 철저했던 사람인가를 설명하기 위하여 "속되거나 깨끗하지 아니한 것은 결코 내 입에 들어간 일이 없다"고 덧붙인다.

고넬료의 부하 세 사람이 베드로에게 한 말에도 약간의 내용을 첨가한다. 사도행전 10장 22절을 보면 베드로에게 온 사람들은 고넬료가 어떤 사람인가를 자세하게 설명하고, 천사가 고넬료에게 "당신

(베드로)을 그 집으로 청하여 말을 들으려 하느니라"고 했는데, 11장 14절에서는 "그(베드로)가 너와 네 온 집의 구원 받을 말씀을 네게 이르리라 함을 보았다"고 한다.

성령에 관한 내용도, 성령께서 "그들에게 임하시기를 처음 우리에게 하신 것과 같이 하였다"(행 11:15)고 함으로써, 성령 안에서는 유대들과 이방인 사이에 구분이 없었다는 점을 강조한다. 베드로는 성령께서 고넬료와 거기 모인 사람들 위에 임하시는 것을 보고, "누가 능히 세례 베풂을 금하리요" 했던 말을 바꿔서 "내가 누구이기에 하나님을 능히 막겠느냐?"(행 11:17)고 자기의 입장을 예루살렘 교회 지도자들에게 물었다. 누가는 이방인들이 욥바에 와서 베드로와 함께 유숙한 일과 고넬료가 세례를 받은 후 베드로를 청하여 며칠 머문 사실 같은 예민한 부분은 생략하고, 누구나 동감할 수 있는 이방인도 구원을 받아야 한다는 사실과 성령 안에서 유대와 이방인의 차이가 없다는 사실을 집중적으로 강조한다.

베드로는 고발된 내용을 변명하지 않고 도리어 과감하게 이방인에게 복음을 전하는 것은 성령의 뜻이었다는 사실을 강조했다. 베드로는 성령을 거역할 수 없어 세례를 주었다고 했다. 이 사실을 듣고 예루살렘 교회 지도자들과 베드로를 고발하던 과격파 할례자 그리스도인들도 침묵할 수밖에 없었다. 여기서도 생명 얻는 회개를 주셨다는 것에 대하여 하나님께 영광을 돌렸다는 점을 암시적으로 강조한다. 회개도 사람의 노력으로 이뤄질 수 없는 것이고, 단지 하나님께서 주시는 선물이다. 그러므로 생명을 얻는 것도 하나님이 주시는 선물이다. 회개를 통하여 생명을 주시는 하나님을 찬양할 수밖에 없다. 이번 예루살렘 회의에서 얻은 확실한 한 가지 결론은 "오직 하나님께서 이방인에게도 생명 얻는 회개를 주셨도다"(행 11:18)라는 진리였다.

베드로의 유대주의 고정관념이 무너진 것도 성령 때문이었다. 고넬료가 그리스도인이 되는 데에는 처음부터 끝까지 성령께서 모든 과정을 인도해 주셨다. 베드로가 고넬료의 집으로 가기를 주저했을 때, 결정적으로 성령께서는 "아무 의심 말고 함께 가라"(행 11:12)고 하셨다. '의심하다'(διακρίνανατα, Without hesitation)란 διακρίνω의 단순과거 분사형으로 구별하거나 판단하는 것을 말한다. 즉 유대인과 이방인을 구별하지 말고 차별하지 말라(making no distinction)는 뜻이다. 그리고 마지막 순간에 성령께서 유대 그리스도인들에게와 같이 이방인들에게도 임하셨다. 베드로가 예루살렘 교회를 설득하는 것도 성령으로 된 일임을 이야기하는 길밖에 없었다. 유대인과 이방인의 장벽은 인간의 힘으로는 허물 수 없는 태산과 같은 장벽이었다. 이런 벽을 무너뜨리신 분은 오직 성령이시다. 사도행전에서 교회 선교의 주도권은 항상 성령이 가지고 있다.

그렇다고 예루살렘 교회가 베드로의 보고를 받아들였다고 해서, 이방인들이 교회 안에 들어오기 위하여 근본적으로 제거해야 할 주된 문제가 타결된 것은 아니다. 단지 하나의 예외적인 사례가 인정되었을 뿐이다.[118] 예루살렘 교회가 넘어야 할 커다란 문제는 그대로 남아 있음을 전제하고 있다.

12. 안디옥 교회(행 11:19-30)

> 19) 그 때에 스데반의 일로 일어난 환난으로 말미암아 흩어진 자들이 베니게와 구브로와 안디옥까지 이르러 유대인에게만 말씀을 전하는데 20) 그 중에 구브로와 구레네 몇 사람이 안디옥에 이르러 헬라인에게도 말하여 주 예수를 전파하니 21) 주의 손이 그들과 함께 하시매 수많은 사람들이

118) Ramsay, 사도 바울, op.cit., p. 52.

믿고 주께 돌아오더라 22) 예루살렘 교회가 이 사람들의 소문을 듣고 바나
바를 안디옥까지 보내니 23) 그가 이르러 하나님의 은혜를 보고 기뻐하여
모든 사람에게 굳건한 마음으로 주와 함께 머물러 있으라 권하니 24)바나
바는 착한 사람이요 성령과 믿음이 충만한 사람이라 이에 큰 무리가 주께
더하여지더라 25) 바나바가 사울을 찾으러 다소에 가서 26) 만나매 안디옥
에 데리고 와서 둘이 교회에 일 년간 모여 있어 큰 무리를 가르쳤고 제자들
이 안디옥에서 비로소 그리스도인이라 일컬음을 받게 되었더라 27) 그
때에 선지자들이 예루살렘에서 안디옥에 이르니 28) 그 중에 아가보라
하는 한 사람이 일어나 성령으로 말하되 천하에 큰 흉년이 들리라 하더니
글라우디오 때에 그렇게 되니라 29) 제자들이 각각 그 힘대로 유대에 사는
형제들에게 부조를 보내기로 작정하고 30) 이를 실행하여 바나바와 사울
의 손으로 장로들에게 보내니라

11장 19절은 8장 4절과 똑같이 '흩어진 자들'이란 말로 시작한다. 그러므로 안디옥 교회 내러티브는 사도행전 8장 4절의 "그 흩어진 사람들이 두루 다니며"와 연결시켜 읽어야 한다. 스데반의 순교로 교인들이 흩어질 때 어떤 이들은 사마리아로, 다메섹으로 갔고, 헬라파 크리스천들이 베니게와 구브로로 그리고 안디옥까지 갔다(행 11:19). 이들이 예루살렘 교회와는 아무런 상관없이 자기들 개인 의지로 안디옥까지 왔다는 사실은 놀라운 일이 아닐 수 없다. 아마도 스데반이 그랬듯이 이들은 헬라에서 성장한 사람들로서 팔레스틴 유대인들보다는 훨씬 폭넓은 세계관을 지닌 사람들이었고 개혁적인 성향을 가진 사람들이었기 때문에 가능했을 것이다. 스데반이 이들과 같은 헬라파 회당에 소속되어 있었고, 스데반의 사상은 아마도 그곳 헬라파 사람들의 사상을 대표한 것으로 보인다.

스데반의 용감한 행동의 결과로 일어난 박해를 피하여 초대교회가 흩어질 때, 이들이 로마 제국의 세 번째 도시요 세 대륙의 교역의 중심지였던 안디옥을 선택한 것은 확실히 도전적이라 하겠다. 유세비우스에 의하면 로마 제국의 중심도시는 로마, 알렉산드리아, 그리고

안디옥이다. 안디옥은 오론테스 강변에 위치한 도시인데, 로마의 동쪽 지역의 수도였으며, 수리아와 길리기아 지역을 관할하는 총독(The imperial legate)의 주둔지였다. 이곳 인구의 대부분은 수리아인이었고, 거기에 커다란 유대 집성촌이 있었다. 최초로 뽑힌 일곱 명의 사역자 중에 니골라는 이곳 유대 공동체에 속한 사람이었다. 안디옥의 문화는 대부분 헬라 문화였다. 그곳은 상업의 중심이었고, 안디옥의 도시 실루시아는 번창한 항구였다. 그리고 몇 마일 되지 않는 곳에 아폴로(Apollo)와 아테미스(Artemis) 숭배의 본거지인 달프네(Daphne)가 있다. 그 후 안디옥 교회의 초대 감독으로는 베드로, 그리고 이그나티우스(Ignatius)와 요한 크리소스톰(John Chrysostom)이 있었다.

안디옥에 온 사람들은 베니게와 구브로 사람들처럼 처음엔 그곳에 살고 있는 유대인들에게 말씀(λόγον)을 전했다(행 11:19). 그런데 그중 구브로와 구레네 몇 사람이 헬라인들에게 예수님의 기쁜 소식을 전하기 시작하였다. 정확하게는 "그 주 예수를 설교했다"(εὐαγγελιζόμενοι τὸν κύριον Ἰησοῦν). '설교하다'는 뜻의 εὐαγγελιζόμενοι는 분사형으로 계속해서 주 예수를 설교했다는 뜻이다. 그들이 전했던 내용은 단순히 교회에로의 초청이 아니었다. 오직 예수 그리스도의 도, 또는 예수 그리스도를 전하였다(행 11:20). 주 예수를 설교했다는 말은 '예수님이 주'(the Lord)라는 사실을 설교한 것이다. 그들이 설교한 내용은 곧 예수님이 메시아란 사실이었다. 그래서 많은 사람들이 '믿고'(ὁ πιστεύσας) '주께로 돌아왔다'(ἐπέστρεψεν ἐπὶ τὸν κύριον). '믿고, 회개하고, 예수께로 돌아오다'는 짧은 표현이지만 이 내용에는 초대교회의 정확한 신앙교리가 들어 있다.

그들이 헬라인에게 복음을 전할 때, '주의 손'(χεὶρ κυρίου)이 함께 하므로 많은 사람들이 '주께로'(τὸν κυρόν) 돌아왔다(행 11:21). 구약에서 일반적으로 사용되는 '주의 손'(the hand of the Lord)은 하나님의 도우심과 관계가 있는데, 여기서 이것은 예수님에게 사용되었다. '주의 손이 함께 하셨다'는 것은 주께서 이방인에게 복음 전하는 것을 기쁘게 여겨 도우셨다는 사실을 강조한 것이다. 고넬료는 교회가 받아들일 수 있는 완벽한 조건을 갖추고 있던 사람이었다. 그러나 안디옥에서 비로소 유대 장벽을 넘어 이방 문화권에 살고 있는 순수한 이방인에게 복음이 전해졌다.[119] 안디옥에 가서 복음을 전한 사람들은 디아스포라 유대인들이고, 이들이 자기들의 공동체에 초대한 사람들은 순수한 헬라 사람들이다(행 11:20).

그리하여 유대인과 헬라인의 혼성팀이 안디옥의 초대 회중을 이루었다. 초대교회 안에 유대인과 이방인이 뒤섞인 공동체가 나타나게 된 것이다. 사도행전 11장 1-18절에서 베드로가 이방인의 집에 들어가서 함께 먹었던 사건을 예루살렘 교회가 문제 삼았던 것을 생각하면 안디옥 교회 안에 유대인과 헬라 그리스도인들이 함께 모여 산다는 것은 놀라운 일이 아닐 수 없다. 또한 안디옥 교회는 예루살렘 교회보다도 훨씬 창조적인 공동체로서 예수님의 뜻을 따르고 있다. 예수님께서 "너희는 온 천하에 다니며 만민에게 복음을 전파하라"(막 16:15)고 하신 말씀은 안디옥에서 이루어졌고, 안디옥 교회는 세계 선교의 새로운 중심지가 되기 시작한 것이다.

안디옥 교회의 특징은 사도들에 의해 형성된 교회가 아니었다는 점이다. 사도행전 8장 14절에서도 사마리아에 복음이 전해졌다는 소식을 듣고 두 사도들이 방문했는데, 사도행전 11장 22절에서도

119) F. F. 브루스는 안디옥 사람들이 쉽게 기독교의 진리를 받아들이게 된 이유를 이렇게 전한다. "안디옥에는 구원의 약속을 내세운 많은 경쟁하는 종파들과 신비종교들이 있었다. 그래서 구브로와 구레네의 사람들이 가지고 왔던 메시지는 전혀 낯설지 않은 말로 전달되었다."

안디옥에 교회가 세워졌다는 소식을 듣고 바나바를 파송했다. 왜 안디옥에 바나바를 보냈는지도 의심스럽다. 바나바는 사도들이 인정하는 지도자였고, 또 구브로 태생이기 때문에 안디옥 교회를 이룬 사람들과 친숙한 점이 고려된 것 같다. 그리고 완전한 이방이어서 안디옥 교회를 세밀하게 조사해야 할 필요를 느끼고 바나바를 보냈을 것이다.

누가는 특별히 베드로를 중심한 12사도를 강조하고, 예루살렘 교회와 지역교회의 유대관계를 대단히 중요하게 생각하고, 또 이 관계를 매우 강조한다. 이들이 예수님 위에 놓인 교회의 기반이기 때문이다(마 16:18). 또한 사도들은 그리스도인들을 예수님께 연결시켜 주는 가지(branch) 역할을 해주기 때문이다. 그러므로 윌리엄은 말한다. "교회의 극적인 복음 전도에의 돌진은 열두 사도의 전통에 의한 판단을 받아야 하고, '그리스도인이 된다는 것이 분명히 부활하신 그리스도의 임재를 성령의 능력으로 체험하는 사건'이라면 그것은 사도적 신앙과 연합해야 하며, 그 신앙 위에 세워져 가야 한다. 그리고 공동체로부터 양육을 받아야 한다."120)

안디옥에 온 바나바는 교회를 돌아보고 "하나님의 은혜"(τὴν Χάριν τὴν θεοῦ)가 교회 안에 있음을 보고 몹시 기뻐했다(행 11:23). 하나님의 섭리와 은혜로 교회가 이뤄진 것을 확인했기 때문이다. 바나바가 다른 무슨 말을 할 필요를 느끼지 않았다. 단지 "모든 사람에게 굳건한 마음으로 주와 함께 머물러 있으라"(행 11:24)고 권할 뿐이었다. '주께 머물다'(προσμένειν τῷ κυρίῳ)의 προσμένειν(거하

120) 윌리엄, op.cit., p. 166. 윌리엄 H. 윌리먼은 신앙은 "세상 사람들에겐 어울릴 수 없는 옷"이라고 하면서, "신앙이란 매우 이상하고 우리 본래의 경향에 잘 맞지 않아서 주의 깊은 지도와 장기간의 양육에 의해서만 믿음을 원하는 사람들의 생활 속에서 터득될 수가 있다"라고 했다. p. 167.

다, 머물다)[121]는 요한복음 15장 4절의 내 안에 거하라고 주께서 말씀하신 μένη(거하라)는 단어에 전치사 προσ를 합성한 낱말이다. 주님의 말씀대로 주 안에 거하라고 바나바는 안디옥 교회를 격려했다.

사도행전 11장 19-23절 안에 κύρίος(주님)란 단어가 다섯 번이나 언급되었다. 그리고 "주 예수를 설교하고", "주의 손이 함께 하고", "많은 사람이 믿고 주께 돌아오고", "주께 붙어 있으라"고 한다. 대단한 강조이다. 이런 강조는 이방인 크리스천들에게 "여러분은 어떤 종교에 들어온 것이 아니라", "주께 돌아온 것이고", 그렇기 때문에 "주님께만 영원히 머물러 있어야 한다"고 강하게 권고한 것이다. 이 진리는 누가에게는 기독교인들이 항상 잊지 말고 지켜야 할 진리라는 사실을 새로 회심하고 돌아오는 이방 그리스도인들에게, 그리고 앞으로 퍼져나갈 세계 온 교인들에게 강조하고 싶었다는 말이다. 오늘도 이 진리는 세계 어디에 있는 크리스천들이든지 다 잊지 말고 지켜야 한다.

그곳에 와서 교인들을 돌보고 있던 바나바는 무슨 생각을 했는지 다소로 가서 그곳에 칩거하고 있던 사울을 찾아나선다(행 11:25). 아마도 안디옥 교회가 그만큼 성장했다는 증거일 수 있고, 또 안디옥 교회가 더 높은 차원의 신앙으로 성장하기 위해서는 바나바 자신보다 더 뛰어난 지도자가 필요하다고 느꼈기 때문일 것이다. 사도행전 9장 27절은 바나바가 사울 회심 전에 그를 알고 있었다는 것을 강하게 암시하고 있다.[122] 사울은 다소에서 태어났고, 어려서 그곳에서 자랐다(행 22:3).[123] 그러나 그의 미래를 형성한 것은 헬라보다는 그

---

121) 'προσμένειν'(거하다, 머물다)에 여격을 취하여 '언제나 머문다'는 뜻이 된다. '주께 머물러 있으라'(거하라)는 말은 '주께 언제나 진실되게 붙어 있으라'는 뜻이다.

122) Bruce, op.cit., p. 227.

123) 행 22:3에서 바울은 "나는 유대인으로 길리기아 다소에서 났고 이 성에서 자라

곳의 유대 회당의 영향이 더 컸다고 보아야 한다.[124] 아마도 바나바가 사울을 찾아 다소에 갔을 때에도 그는 유대 회당과도 관계를 맺고 있었을 것으로 보인다.[125] 그리고 갈라디아 1장 21-24절의 내용으로 보아 그는 수리아-길리기아 주를 순회하며 전도사역을 하고 있었을 것으로 보인다. 이런 이유 때문에 바나바가 사울을 찾기에 쉽지 않았을 것이다.[126]

바울은 철저한 유대교적 분위기 속에서 양육되었다. 그런 그가 그리스도인이 되고, 이방인에게 나아가기까지 했을 때 부모, 형제, 자매들의 감정이 어떠했는가를 보여준다. 그들의 자존심은 여지없이 모독을 당했을 것이다. 그러므로 그 가족이 바울을 배교자로, 하나님과 택함을 받은 백성의 원수로, 그리고 가문의 수치로 취급했으리라는 것은 자연스럽게 예상할 수 있다.[127]

람세이는, 빌립보서 3장 8절은 이런 가능성을 염두에 두고 읽어야 한다고 말한다. 이런 단호한 발언은 가족으로부터 버림받고, 부와 민족에 대한 영향력을 지닌 지위로부터 차단되고 경멸받는 처지로 전락한 사람의 입에서 나옴직한 말들이기 때문이다. 또 이런 상황에서 바울이 왜 자녀의 정당한 감정을 부모들이 존중해야만 했는가를 강조했는지 이해해야 할 것이다(엡 6:4; 골 3:21).

가말리엘의 문하에서 우리 조상의 율법의 엄한 교훈을 받았다"라고 했다. "다소에서 났고, 이 성에서 자라, 가말리엘의 문화에서"라고 끊어 읽는다면 바울은 어려서 예루살렘에 왔고, 자란 후에 가말리엘 문하에서 공부한 것이 된다.

124) Neil, op.cit., p. 126.

125) Ibid, p. 126. "그 후에 내가 수리아와 길리기아 지방에 이르렀으나"(갈 1:21). Bruce는 고후 11:23-27과 12:2-9에 나오는 바울이 당한 고통은 그 시기에 당한 것을 추측한다. Bruce, op.cit., p. 227. "회당에서 실시하는 태장으로 인해 종종 죽는 일까지도 발생하였다". Zwishen Hengel, Jesus and Paulus, p. 189.

126) 'ἀναζητῆσαι'(찾다)는 'ἀναζητέω'(seek carefully)의 단순과거 부정으로, 일반적으로 '사람을 어렵게 찾는다'는 의미를 담고 있다. Bruce, Ibid, p. 227.

127) Ramsay, op.cit., p. 45.

안디옥으로 돌아온 바나바와 사울은 '온전한 일 년'(ἐνιαυτὸν ὅλον) 동안 교회에 머물면서, 모임을 갖고(συναχθῆναι), 수많은 사람들을 열심히 가르쳤다(διδάξαι)(행 11:26). "온전한 일 년"은 '전부' 또는 '완전한'이란 뜻으로, 일 년 동안 온전히 교회에 머물면서 지속적인 모임을 갖고, 계속해서 가르쳤음을 강조한다. 두 사람이 교회의 지도자로서 얼마나 열심히 목회와 가르치는 일에 전념했는가를 보여주는 장면이다.

그때부터 안디옥 교인들이 그 사회에서 그리스도인(Χριστιανούς)이라 불리게 된 것은 우연이 아니다. 어떻게 안디옥 교회가 그리스도인이라 불리게 되었을까? 그들이 작은 공동체였거나 안디옥 사회로부터 특별하게 보이지 않았다면 그리스도인이라고 불리지 않았을 것이다. 안디옥 교회가 눈에 띄게 성장했고, 또 안디옥 교회 그리스도인들이 그들에게 자기들과는 다른 많은 점을 느끼게 했기 때문이었을 것이다. 누가는 많은 사람들이 이 공동체에 합류하고 있었다고 전한다(행 11:24). 또 이들은 안디옥에 존재하던 유대인이나 이방인 다른 공동체와 확실히 구별되는 요소들을 가지고 있었다. 그러나 그리스도인이라 불리게 된 데는 특별한 이유가 있었다. 사도행전 11장 26절에는 바나바가 바울을 안디옥에 데려와서 둘이서 일 년 동안 온전히 교회를 돌보았다고 전한다. 또 일 년 동안 모임을 갖고 열심히 교인들을 가르쳤다. 그 결과 그리스도인이라 일컬음을 받게 되었다.

바나바와 바울을 통하여 안디옥 교인들은 예수 그리스도의 복음으로 훈련을 받았다. 오늘 짧은 본문 안에 '그리스도'라는 말이 다섯 번이나 언급되고 있다(11:20, 21×2, 23, 24). 11장 20절에서 개역개정은 "주 예수를 전파하다"라고 짧게 번역했으나 NIV에서는 "telling them the good news about the Lord Jesus"라고 번역했다. 26절은 흐름에 큰 변화를 느끼게 해주는 전환점이다. 온 일 년 동안 큰 무리들이 가르침을 받고, 그 제자들이 그리스도인이라고 불리었다는 점이다. 그때까지는 '형제 자매들', '신도들', '성도들'이라고 불리고 있었다. 그런데 누가는 그들을 갑자기 '제자'라고 부른다. 그리고 그 제자들이 그리스도인이라 불림을 받았다는 점을 언급한다.

그리스도인이란 말은 유대인이나 심지어는 헬라 말을 사용하는 유대인들에 의해서도 고안될 수 없는 말이다. 왜냐하면 예수 추종자들을 이렇게 부르는 것은 예수님을 진실로 그리스도(Christos), '기름 부음 받은 자'로 인정하는 것처럼 보이기 때문이다. 브루스(Bruce)는 크리스천이란 말은 안디옥 교인들이 항상 그리스도에 대하여 말했기 때문에(좀 야유하는 의미로), '아하! 그리스도의 사람들'(the Christ-people), 즉 크리스천(Χριστιανούς)이라고 불리게 되었다고 한다.[128] 팔레스틴에서 헤롯 왕국의 추종자들이 헤로디안(Herodians)이라고 불린 것처럼 안디옥에서 예수 그리스도를 따르는 사람들은 공공연하게 그리스도의 사람들(Christains)이라고 알려지게 되었다.[129]

그 무렵 예언자 몇이 예루살렘에서 안디옥으로 내려왔다(행 11:27-28). 그 중에서 아가보라는 사람이 성령의 감동으로 온 세계에 큰 기근이 들 것이라고 예언하였다. "천하에 큰 흉년이 들리라"(행 11:28)고 한 '천하'(all the world)라는 οἰκουμένην는 아람어로는 '이스라엘의 전 지역'이란 뜻인데, 번역이 잘못되었다고 브루스(Bruce)는 지적한다.[130] 아가보가 예언한 내용과 실제 기근이 예루살렘에 일어난 것과는 상당한 기간의 차이가 있다. 예루살렘의 기근은 글라우디오 때 일어났다고 한다. 람세이(Ramsay)는 45년경에 일어났다고 하고, 브루스(Bruce)는 유대 지방의 심각한 기근은 45-48년 사이에 있었다

128) Bruce, op.cit., p. 228.
129) Ibid, p. 228
130) Ibid, p. 229.

고 말한다.[131]

아가보는 사도행전에서 두 번 언급된다(행 11:28, 21:10). 두 번이나 언급된 것을 보면 아가보는 누가에게는 아주 인상적인 존재였다고 여겨진다. 사도행전 11장 28절의 서방 본문에는 "우리가 서로 말하고 있었을 때, 거기엔 큰 기쁨이 있었다"는 문구가 들어 있다. 그렇다면 "We" 문구는 안디옥에서 시작된 것이 되고 그 자리에 누가가 있었고, 이 자료는 다른 사람에게서 들은 내용이 아니고, 누가가 직접 들었다는 말이 된다.[132]

예언자들은 신약성경에서 사도들 다음으로 언급된다(고후 12:28; 엡 2:20, 3:5, 4:11; 계 22:9). 사도행전(13:1, 15:32, 21:9-10)에서 이들은 교회의 정식 직무보다는 개인적 카리스마적 은사를 활용한 사람들인 것으로 보인다. 어디에도 안수를 받았다는 말이 없기 때문이다. 고린도전서 14장 29-39절에 의하면 그들의 열심이 때로는 교회 질서와 예의를 넘어간 것처럼 보인다. 그래서 '하나님께로 온 것인지 분별하라'고 한 것(요 14:1; 살전 5:20-21)으로 보아 교회의 정식 직분은 아니었던 것 같다. 당시 예언자란 직책을 가진 사람들은 지역을 돌며 활동하였다.[133] 디다케 11장 3-12절에 나오는 떠돌이 사도들과 예언자들 접대에 관한 조항에는 이런 내용이 나온다. 그만큼 예언자들이 많았고, 또 그들로 인하여 발생한 문제도 많았던 것 같다.

"(11:3) 사도들과 예언자들에 관해서는 복음의 지침에 따라 이렇게

---

131) Ibid, p. 230.

132) We passage가 처음 나오는 데, 이것이 사실이라면 'diary source'가 처음 시작되고, 안디옥에서 시작된 것이 된다. 만약 사실이 아니라면 'western' 개정자가 사도행전과 안디옥을 연계시키려고 의도했다고 볼 수 있다. MacGregor, Ibid, p. 153.

133) 헨헨, Ibid, p. 546.

> 들 하시오. (4) 여러분에게 오는 모든 사도는 마치 주님처럼 영접받을 일입니다. (5) 그는 그러나 하루만 머물러야 합니다. 그렇지만 필요하다면, 이틀을 머물러도 됩니다. 만일 사흘을 머물면 그는 거짓 예언자입니다. (6) 그리고 사도가 떠날 때에는 (다른 곳에) 유숙할 때까지 (필요한)빵 외에 (다른 것은) 받지 말아야 합니다. 만일 그가 돈을 요구한다면 그는 거짓 예언자입니다.……(10)진리를 가르치는 모든 예언자가 만일 가르치는 것들을 행하지 않는다면 그는 거짓 예언자입니다. (11) 인정받고 진실한 모든 예언자가 지상에서 교회의 신비를 (드러내기) 위해서 행하면서도, 자신이 행하는 것들을 행하라고 가르치지 않더라도 여러분에게 심판받지 않을 것입니다. 그는 하나님에게 심판받습니다. 그것은 옛 예언자들도 그렇게 행했던 것입니다."

아가보의 예언이 있은 후 안디옥 교회는 예루살렘 교회를 돕기 위해 구제금을 모금하기 시작하였고(행 11:28-29), 약 2년 후 예루살렘에 기근히 심해지자 부조를 전하기 위하여 바나바와 바울을 대표로 예루살렘으로 파송한다. 안디옥 교회는 각각 힘을 다해 곤경에 빠진 예루살렘 교회를 도왔다(행 11:29). 이렇게 보면 안디옥 교회는 예루살렘 교회의 정신을 그대로 이어받은 교회이다. 예루살렘 교회도 "그 말을 받은 사람들은 세례를 받으매 이날에 제자의 수가 삼천이나 더하더라"(행 2:41)는 사실로 만족해하지 않았다. 그래서 누가는 사도행전 2장 42절에서 "그들이 사도의 가르침을 받아 서로 교제하며 떡을 떼며 오로지 기도하기를 힘쓰니라"고 강조했다. 안디옥 교회도 성도들의 수가 많아진 것으로 만족해하지 않았다. 그들은 복음을 듣고 그리스도 공동체 안으로 들어온 이들에게 그리스도와 그의 복음이 무엇인지를 정확하게 가르쳐 주었을 뿐 아니라, 어려운 형제들을 돕는 구제에도 최선을 다해 나서는 교회였다.

사도 바울이 선교사로 나가기 전에 예루살렘에 올라갔던 경험은 세 번이다. 예루살렘에 기근이 들어 구제금을 가져간 것이 몇 번째 올라간 것인가에 대해 학자들 간에 논쟁이 있어 왔다. 즉 갈라디아서 2장 2절, (내가) 계시를 따라 올라갔을 때와 사도행전 11장 28절에 아가보의 예언을 들은 후에 구제금을 가지고 예루살렘으로 올라간 사건과 동일한 사건인가? 아니면 갈라디아서에 나오는 시기는 사도행전 15장에 나오는 예루살렘 회의 때인지 문제가 된다. 동일한 사건으로 보기에는 문제가 있다.

우선 갈라디아서에는 구제금 전달에 대해서는 언급이 없다. 그리고 헬라인 디도를 동반하고 갔었는데,[134] 사도행전에는 디도에 대한 말이 없다. 또 갈라디아서 2장 9절에 나오는 예루살렘 기둥들과 교제의 악수를 나누었다는 것은 사도행전 15장에 나오는 화해를 의미한다고 볼 수도 있다. 그러나 동일한 사건으로 보는 것이 더 쉽다고 생각한다. 먼저는 계시에 의해 올라갔다는 것은 아가보의 예언에 의하여 올라갔다는 말로 해석할 수 있다. 동일한 사건이란 증거는 '계시'에 의하여 올라갔다는 말이다. 사도행전 15장의 예루살렘 회의에 올라간 때는 계시를 받아 올라갔다는 말이 없다.

다음은 갈라디아 2장 10절의 내용이다. "나도 본래부터 힘써 행하여 왔다" 말은 "가난한 자들을 기억하라"(갈 2:10)로 연결되는 연보에 대한 언급으로 볼 수 있다. 이런 내용은 예루살렘 교회가 구제에 열심이었던 것을 표현한 내용과 동일하다.

문제는 디도의 존재이다. 바나바와 바울이 구제금을 모아서 예루살렘에 올라갔을 때 디도는 동행한 것일까? 고린도후서 2장 12-13절에는 드로아에서 디도를 기다리다 오지 않아서 마케도니아로 건너갔다고 한다. 디도는 이미 바울 일행과 함께 사역을 하고 있었다.

134) 갈 2:1: "내가 바나바와 함께 디도를 데리고 다시 예루살렘으로 올라갔나니."

그런데 사도행전에는 디도에 대한 언급이 전혀 없다. 람세이(Ramsay)는 그 이유를 디도는 누가의 친척이었기 때문에 사도행전에서 디도의 이름을 생략했을 것이라고 한다. 초기 전승이 이를 뒷받침해 준다고 한다.[135)]

람세이의 주장으로는 바울 당시 구제금은 현대 감각으로 생각하는 돈을 가져다 주는 경우는 없었고, 대신 옥수수나 다른 식량을 사서 가지고 가서 나눠주는 일까지 했다. 그렇다면 안디옥 교회가 부조를 예루살렘으로 보냈다는 말은 단순히 바나바와 바울이 가져갔다고 하기보다는 구제품을 사서 가져갔기 때문에 많은 협력자들이 필요했고, 그 운반 책임자가 디도였을 것이다. 즉 디도는 바나바와 바울의 조수 역할을 한 것이다. 그러나 누가가 자신의 이름을 그의 책에서 나타내지 않았듯이 자기의 친척인 디도도 언급하지 않았을 것이라고 한다.[136)]

그렇다면 예루살렘에 흉년이 들었던 시기라면 그것은 글라우디오 때 일어났다는 45년 또는 46년일 것이다. 요세푸스는 기근이 46년에 일어났다고 한다(Antiquities XX, 5.2). 그렇다면 바울의 기근을 위한 방문(두 번째 방문)과 거의 일치한다. 그렇다면 14년이란 회심한 후부터 계산한 것이 된다. 그리고 두 번째와 세 번째 방문 시간에 첫 번째 선교여행이 이뤄지고(47-48년), 이때 갈라디아서가 기록되었을 것이다. 그렇다면 갈라디아서를 일찍 기록했다고 하는 '남갈라디아설'이 힘을 받는다.[137)]

사도행전 11장 30절(장로들, The Elders)에 기독교의 특별한 직책으로 처음 장로라는 직책이 언급되었다. 그리고 그 다음에는 15장 6절,

135) Ramsay, op.cit., p. 354.
136) Ibid, pp. 64-66 참고.
137) MacGregor, op.cit., p. 152.

23절, 예루살렘 회의에서 장로들이 사도들과 함께 나타난다. 21장 8절에는 분명히 장로들이 야고보와 함께 예루살렘 공동체의 지도자들로 나타나 있다. 사도행전에서는 장로들을 세웠다는 어떤 기록도 11장 이전에는 나오지 않았다. 그런데 갑자기 장로들이 등장한다. 안디옥에서 가지고 간 구제금은 예루살렘의 장로들에게 전달되었다(행 11:30). 이렇게 보면, 구제 수단의 감독은 특히 그들의 영역으로 인정되고 있었던 것 같다. 사실 구제는 사도행전 6장 6절에 나오는 일곱 직분자들의 역할이었다. 그런데 이제는 장로들에게 옮겨졌다. 아마 이 시기에는 집사와 장로 직분이 존재하게 되면서 역할도 분담되었을 것으로 본다.

장로들에 대해서는 두 가지 의견이 있다. 하나는 이들은 예루살렘 교회의 가정교회(house church) 책임자였을 것으로 보는 견해이다.[138] 또 하나는 예루살렘 교회 안에 산헤드린 공의회의 기독교적인 형태가 존재했을 것이라고 보는 주장이다. 지금까지 보아온 대로 초대교회는 유대교의 전통과 조직을 그대로 계승하려고 노력한 교회였다. 사도들이 예루살렘을 떠난 뒤, 야고보의 위치는 신 산헤드린 의장과 같은 자리였다고 생각한다. 브루스(Bruce)는 만일 예루살렘 교회에 장로들이 나사렛 산헤드린과 같은 조직으로 되어 있었다면, 야고보는 의장과 같은 존재(Primus inter pares)였다고 했다.[139]

예루살렘 교회의 장로들은 사도들이 여기저기 옮겨 다니게 되었을 때 특히 그들의 권한은 더욱 증대되었을 것으로 보인다. 갈라디아서에서 예루살렘 교회의 기둥들(pillars)을 소개하면서 야고보, 베드로

---

138) MacGregor, Ibid, p. 154.

139) Bruce, op.cit., p. 292. 람세이는 장로들의 활동에도 불구하고, 그들에 대한 기록이 없는 이유는, "아마도 기억을 통해 전승되는 과정에서 사도들만이 훨씬 더 두드러진 인물들로서 살아남고, 최초의 장로들은 거의 망각되었던 것이 분명하다"고 했다. 람세이, p. 341.

그리고 요한으로 그리고 있는 점으로 보면, 그때 벌써 교회의 주도권은 야고보에게 옮겨갔다는 사실을 알 수 있다.

유대교에서 산헤드린의 장로는 안수를 받은 사람들이고, 장로(elders)라 불렀다. 이 제도가 디아스포라 유대 공동체에서 어떻게 활용되었는가를 살펴보자. 산헤드린 조직이 어떻게 디아스포라 유대 공동체에서 활용되었는가를 살펴보는 것은 퍽 유용하다. 이런 조직 형태가 가장 나타난 곳은 로마 유대 공동체이다. presbyteroi(elders)와 그의 장로들의 의회를 gerousia라고 한다. 그런데 이 조직들은 로마 공동체에는 나타나지 않는다. 그러나 의회의 장로들(ruler of the council)이라는 gerousiarch란 말이 몇 번 나타난다. 그러나 로마 유대 공동체를 총괄하는 중앙 통치 기구로서의 증거는 없다. 로마 안에 있는 각 회당에 자기들의 장로들의 의회(council of elders)를 가지고 있었다. 대부분 디아스포라 유대 공동체의 지도자로 사용된 용어는 archons(rulers)이다.[140] gerousia의 개인 회원을 부를 때는 장로라고 부르지 않고 archon이라고 불렀다. archon은 언제나 기능적인 용어로 사용된 것이 아니라 때로는 명예직으로도 불리었고, 심지어는 아이들에게까지 적용하였다.[141]

---

140) Everett Ferguson, Backgrounds of Early Christianity, Willaim B. Eerdmans Pub. 1993. p. 536.

141) Ibid, p. 537.

V 복음, 이방에 비추는 빛

1. 야고보의 순교와 베드로의 석방(행 12:1-24)

1) 그 때에 헤롯 왕이 손을 들어 교회 중에서 몇 사람을 해하려 하여
2) 요한의 형제 야고보를 칼로 죽이니 3) 유대인들이 이 일을 기뻐하는
것을 보고 베드로도 잡으려 할새 때는 무교절 기간이라 4) 잡으매 옥에
가두어 군인 넷씩인 네 패에게 맡겨 지키고 유월절 후에 백성 앞에 끌어
내고자 하더라 5) 이에 베드로는 옥에 갇혔고 교회는 그를 위하여 간절히
하나님께 빌더라 6) 헤롯이 잡아 내려고 하는 그 전날 밤에 베드로가 두
군사 틈에서 두 쇠사슬에 매여 누워 자는데 파수꾼들이 문 밖에서 옥을
지키더니 7) 홀연히 주의 사자가 나타나매 옥중에 광채가 빛나며 또 베드로
의 옆구리를 쳐 깨워 이르되 급히 일어나라 하니 쇠사슬이 그 손에서 벗어
지더라 8) 천사가 이르되 띠를 띠고 신을 신으라 하거늘 베드로가 그대로
하니 천사가 또 이르되 겉옷을 입고 따라오라 한대 9) 베드로가 나와서
따라갈새 천사가 하는 것이 생시인 줄 알지 못하고 환상을 보는가 하니라
10) 이에 첫째와 둘째 파수를 지나 성으로 통한 쇠문에 이르니 문이 절로

열리는지라 나와서 한 거리를 지나매 천사가 곧 떠나더라 11) 이에 베드로가 정신이 들어 이르되 내가 이제야 참으로 주께서 그의 천사를 보내어 나를 헤롯의 손과 유대 백성의 모든 기대에서 벗어나게 하신 줄 알겠노라 하여 12) 깨닫고 마가라 하는 요한의 어머니 마리아의 집에 가니 여러 사람이 모여 기도하고 있더라 13) 베드로가 대문을 두드린대 로데라 하는 여자 아이가 영접하러 나왔다가 14) 베드로의 음성인 줄 알고 기뻐하여 문을 미처 열지 못하고 달려 들어가 말하되 베드로가 대문 밖에 섰더라 하니 15) 그들이 말하되 네가 미쳤다 하나 여자 아이는 힘써 말하되 참말이라 하니 그들이 말하되 그러면 그의 천사라 하더라 16) 베드로가 문 두드리기를 그치지 아니하니 저희가 문을 열어 베드로를 보고 놀라는지라 17) 베드로가 저희에게 손짓하여 조용하게 하고 주께서 자기를 이끌어 옥에서 나오게 하던 일을 말하고 또 야고보와 형제들에게 이 말을 전하라 하고 떠나 다른 곳으로 가니라 18) 날이 새매 군인들은 베드로가 어떻게 되었는지 알지 못하여 적지 않게 소동하니 19) 헤롯이 그를 찾아도 보지 못하매 파수꾼들을 심문하고 죽이라 명하니라 헤롯이 유대를 떠나 가이사랴로 내려가서 머무니라 20) 헤롯이 두로와 시돈 사람들을 대단히 노여워하니 그들의 지방이 왕국에서 나는 양식을 먹는 까닭에 한마음으로 그에게 나아와 왕의 침소 맡은 신하 블라스도를 설득하여 화목하기를 청한지라 21) 헤롯이 날을 택하여 왕복을 입고 단상에 앉아 백성에게 연설하니 22) 백성들이 크게 부르되 이것은 신의 소리요 사람의 소리가 아니라 하거늘 23) 헤롯이 영광을 하나님께로 돌리지 아니하므로 주의 사자가 곧 치니 벌레에게 먹혀 죽으니라 24) 하나님의 말씀은 흥왕하여 더하더라

사도행전 12장에 헤롯이 갑자기 끼어든다. 갑자기 끼어든 헤롯이 사도 야고보를 죽이고, 베드로까지 죽이려 한다. 이 헤롯은 대 헤롯의 손자인 헤롯 아그립바 1세(Herod Agrippa I)이다. 예수님 당시 갈릴리 지역을 통치하던 헤롯 안티바스의 조카로서 삼촌의 뒤를 이어 갈릴리를 통치하였던 왕이다. 헤롯 아그립바 1세는 주전 7년에 아버지 아리스토불러스(Aristobulus)가 살해당하고, 그의 어머니로부터 로마로 보내졌다. 로마에서 교육받고 자라면서 티베리우스(Tiberius)의 손자가 되는 가이우스(Gaius)의 친구로 자랐고, 후에 가이우스가 황제가 되자(AD

37), 그는 로마로부터 왕권을 받고 팔레스틴에 돌아왔다(AD 41).[142] 팔레스틴으로 돌아온 헤롯은 자신이 로마 황실과 가까운 친구로서 이두메 출신이란 사실을 백성들에게 잊게 만들고 싶었을 것이다. 그래서 그가 빼든 정책 중 하나가 크리스천들을 박해하는 일이었다. 유대인들이 기독교인들을 싫어하는 것을 알았기 때문이다.

헤롯은 요한의 형제인 야고보를 먼저 죽이고, 이어서 베드로를 잡아들였다. 그러나 그때가 무교절 기간이어서 이 절기가 지난 후 그를 죽이려고 옥에 가두어 두었다. 누가는 때가 무교절이라 이 절기가 지나고 죽이려 가두어 두었다고 말한다. 사도행전 12장 3절에는 "무교절 기간이라"고 하고, 12장 4절에는 "유월절 후에 백성 앞에 끌어내고자 하더라"고 했다. 누가복음 22장 1절에도 "유월절이라 하는 무교절이 다가오매"라고 하고, 누가복음 22장 7절에는 "유월절 양을 잡을 무교절 날이 이른지라"고 하므로, 유월절과 무교절이 같은 절기인 것처럼 기록했다. 그러나 유월절과 무교절은 동일한 날에 지키는 절기는 아니다. 유월절은 무교절이 시작되는 첫날에 지키는 절기이고, 무교절은 유월절에 이어 엿새 동안 지킨다. 참고로 2011년 유월절은 4월 19일, 무교절은 4월 20-26일이었다.

어떤 학자들은 야고보와 함께 그의 형제 요한(세베대의 아들들)도 순교를 당했을 것이라고 주장한다. "예루살렘 교회를 대표하는 두 사람 가운데 한 사람은 순교를 당하지 않았다는 것은 이해하기 어렵다"고 말한다.[143] 그래서 요한이 일찍 순교를 당했다고 생각하는

142) Bruce, 신약사, p. 232. 행 25:13 이하에 나오는 헤롯 아그립바 2세는 아그립바 1세의 아들이다.

143) R. H. Charles, the revelation of St. John (N.Y.: Charles Scribner's sons, 1920; "International Critical Comentary"), I. xlv ff.)

학자들은 본문을 다음과 같이 읽는다. "야고보와 그의 형제 요한을 죽였다"(Killed James and his brother John).[144]

맥그리거(MacGregor)도 이런 이론을 지지하면서 다음과 같이 근거를 제시한다. 1) 누가는 마가복음 10장 39절에 예수님의 예언을 생략하고 있으며, 2) 초대교회는 두 사람의 순교 기념일을 같은 날로 지켜왔다(12월 27일). 그리고 사도행전에서, 심지어는 에베소서에서도 사도 요한의 그 후 거취에 대하여 침묵하고 있다.[145] 만약 이 주장이 맞다면, 야고보와 요한이 예수님께서 영광을 받으실 때에 하나는 왼쪽, 하나는 오른쪽에 앉게 해달라고 부탁하는 말에 "내가 마시는 잔을 마시며, 내가 받는 세례를 받을 것이다"(막 10:39)라고 말씀하신 대로 두 사람이 순교의 잔을 마신 것이 된다. 그러나 적어도 예루살렘이 함락되기 전까지 요한은 나이가 많은 상태로 살아 있었다는 강력한 전승이 있다.[146]

헤롯은 베드로를 아주 살벌한 감옥에 가두었다. 큰 철문을 통과하여 들어가면 군인들이 지키는 두 곳을 지나야 한다. 그 안에 베드로가 쇠사슬에 매여 있고, 두 군인으로 하여금 옆에서 지키게 했다. 베드로가 여기서 풀려나려면, 쇠사슬을 풀고, 두 군인을 죽여야 하고, 두 곳의 파수꾼들을 피해야 하고, 마지막 철문을 열어야 한다. 베드로가 그곳에서 나올 수 있는 가능성은 전혀 없다는 점을 강조한다. 사도행전 12장 4절의 "군인 넷씩인 네 패에게 맡겨 지켰다"는

---

144) 12:2에서는 "요한의 형제 야고보"(James the brother of John)라고 소개한다. 그러나 막 5:37에는 반대로 "야고보의 형제 요한"(John the brother of James)이라고 했다. 이것은 사도행전이 기록될 당시에는 요한이 좀더 우월적 지위를 가지고 있었던 것으로 추측하게 해준다.

145) MacGregor, Iinterpreter's, p. 155.

146) Neil. op.cit., p. 148.

말은 로마 군인의 규칙에 따라 네 명이 세 시간씩 교대로 지켰다는 것을 가리키는 듯하다.

예루살렘 교인들도 베드로가 당면하고 있던 문제의 심각성을 알고 있었다. 그들은 베드로를 위하여 기도 외에는 아무것도 할 수 없었다. 그리하여 '그를 위하여 간절히 하나님께 빌고' 있었다(5절). '간절히 빌다'라는 말은, 겟세마네 동산에서 주님이 기도하셨던 모습을 생각나게 해주는 단어이다(눅 22:44). "예수께서 힘쓰고 애써 더욱 간절히 기도하시니 땀이 땅에 떨어지는 핏방울같이 되더라." 이들은 위기를 맞아 예수님처럼 간절히 기도하고 있었다.

교회가 기도하고 있는 시간과 베드로가 감옥으로부터 풀려나던 시간이 동시적(同時的)이라고 볼 수 있다. 6절 이하는 5절의 "기도가 교회 안에 이뤄지고 있었을 때"에 일어난 일이다. 바로 그때 감옥에 광채가 비치고 주의 사자가 나타나고, 누군가 베드로의 옆구리를 쳐서 깨니, '급히 일어나라'고 말하면서 쇠사슬이 손에서 벗겨졌다(행 12:7). '신을 신고 따라오라'는 소리에 베드로는 천사를 따라갔다. 첫째 파수를 지나고 둘째 파수를 지났다. 아무도 이 사실을 알지 못한다. 그리고 마지막 철문에 이르렀을 때, 철문이 열리고 자유의 몸이 되었다. 그때야 베드로는 정신이 나서 하나님께서 자기를 헤롯의 손에서 벗어나게 해주신 것을 알았다(행 12:11). 누가는 이런 기적을 교회의 기도와 연결시키고 있다.

사도행전 12장 15절에 '그의 천사'는 개인을 지켜주는 수호천사를 말하는 듯한데, 수호천사는 성경의 모든 흐름 안에서 찾아볼 수 있다. 창세기 31장 11절에는 라반에게서 야곱을 건져내기 위하여 하나님의 천사가 나타났다. 다니엘 10장 20-21절, 12장 1절에서 다니엘은 나라를 지키는 수호천사를 만난다. 마태복음 18장 10절에는 작은 자들도 '그들의 천사'를 가지고 있다고 했다. 히브리서 1장 14절에는

'사람들을 섬기도록 보낸 영들'이 나온다. 그러나 이런 수호 천사는 '주의 천사'(the Lord's angel, 12:11; cf 8:26)와는 확실히 다르다.[147] 여기서는 베드로의 천사이다.

풀려난 베드로는 마가의 어머니 마리아의 집으로 간다. 마가의 집에 대해서 "마가라 하는 요한의 어머니 마리아의 집" 그리고 "로데라고 하는 하녀"라고 아주 자세히 언급한다. 베드로가 그 집에 도착했을 때 마리아도, 마가라 하는 요한도 그 집 안에 있었을 것이다. 이처럼 마가의 이름에 대하여, 마가의 가정에 대하여 아주 소상하게 소개한 것은 이 자료가 마가로부터 직접 들은 사람에게서 왔거나 아니면 마가의 가정을 잘 아는 사람으로 왔다는 사실을 느끼게 해준다. 베드로의 감금 사건 동안 바울이 예루살렘에 있었다는 사실이나, 사도행전 11장 25절의 바나바와 바울이 마가라 하는 요한을 데리고 안디옥으로 돌아왔다는 기록으로 보아서, 그리고 후에 누가가 마가를 만나서 함께 사역을 한 사실을 참고한다면, 이 사건의 내용은 누가가 마가로부터 직접 들었을 가능성이 높다.[148]

베드로는 하나님께서 자기를 감옥에서 인도하여 내신 일에 대하여 말하고, "이 사실을 야고보와 형제들에게 알리시오"라고 말한 후, 그곳을 떠나 다른 곳으로 갔다(행 12:17). 날이 새고 베드로가 없어진 일로 인하여 헤롯 궁과 군인들 사이에서 얼마나 큰 소동이 일어났을까? 헤롯은 애매한 경비병들만 죽이라고 명령하고 가이사랴로 내려가 버렸다.

누가는 베드로의 투옥이 유월절(무교절)에 있었던 일이란 점을 강조한다(행 12:3). 이것은 베드로의 수난을 예수님이 유월절에 당한 수난과 연결하려는 의도가 있어 보인다(눅 22:1-7). 베드로를 "체포하

---

147) MacGregor, op.cit., pp. 160-161.
148) Ibid, p. 156.

다"는 단어인 συλλαμβάνω(행 12:3)는 누가복음 22장 54절에 예수님의 경우에 사용된 단어와 동일하다. 그러나 예수님은 유월절 어린양으로 죽으셨지만, 베드로는 죽지 않았고, 그분의 은혜로 살아났다.

베드로는 "이 사실을 야고보와 형제들에게 알리라"고 말하고 갑자기 다른 곳으로 떠나버린다(행 12:17). 베드로는 어디로 간 것일까? 박해를 피해 일시적으로 숨었다는 말인가, 아니면 예루살렘 사역을 마치고 다른 지역으로 옮겨갔다는 말인가? 여기에 갑자기 야고보(예수님의 형제)란 이름이 설명도 없이 나온다(행 12:17). 그것도 형제들(brothers)이란 사람들 앞에 나온다. 형제들이란 아마도 다른 사도들 아니면 장로들을 가리키는 것으로 보인다.

그런데 야고보의 이름이 형제들보다 먼저 언급된 것을 보면, 그때 야고보는 이미 예루살렘 교회의 지도자가 되어 있었다는 것을 암시한다. 갈라디아서 2장 9절에, 야고보의 이름이 베드로와 요한의 이름 앞에 나와 있다는 것과 동일한 맥락이다. 그러나 야고보에게 자기의 일을 전하라고 말하고 떠난 것을 보면, 교인들이 모여 기도하는 동안 야고보는 그곳에 없었던 것이 분명하고, 다른 사도들이 순교를 당하고 베드로에게 압박이 오자 야고보는 잠시 자리를 피해 있었던 것 같다. 여하튼 예루살렘 교회의 지도력은 이미 야고보에게 넘겨졌다는 것을 추측하게 한다.

이런 맥락에서 이해한다면 야고보처럼 베드로도 다른 곳으로 잠시 숨은 것이라고 할 수 있다. 그런데 누가는 '다른 곳'(ἕτερον τόπον)이란 말에 강조점을 두었다.[149] 그곳은 누가도 잘 알 수 없는 지역이

149) '다른'(ἕτερον)이란 말은 성경에서 다른 사람이나 다른 집단을 뜻할 때 사용되었다(눅 5:7,23:40). 또 내적으로 질적인 차이를 나타낼 때 사용되었다. 막 16:12의 예수님의 부활의 몸을 나타낼 때, 눅 9:29의 예수님의 변화된 모습을 표현할

었다. 그렇기 때문에 '다른 곳'이라고만 했다. 베드로는 그 후 사도행전 15장에 한 번 나타난 것 외에는 사도행전에 다시 오지 않는다. 베드로는 어디로 간 것일까? 웰하우센(Wellhausen, 1907) 이래로 대체로 학자들은 이것을 설명하기 위해 '안디옥'이라는 지명을 끌어들였다. 그렇다면 갈라디아서 2장 11절 이하에 안디옥으로 온 베드로의 이야기는 사도행전 12장 17절과 연결되는가?

갈라디아서 2장 7-16절에 보면, 베드로는 이미 안디옥에 와 있었다. 갈라디아에 와 있던 베드로와 바울은 불편하게 대면한다. "게바가 안디옥에 이르렀을 때에 책망 받을 일이 있기로 내가 그를 대면하여 책망하였노라"(갈 2:11). 베드로는 안디옥에 머물면서 이방인들과 함께 어울려 음식을 먹었다. 그런데 야고보의 사람들이 예루살렘으로부터 오자 그는 이방인들과 함께 음식을 먹다가 갑자기 그 자리를 피해버렸다. 여기에 나오는 베드로의 태도를 표현하는 낱말들이 특이하다. '두려워하다', 이방인들로부터 '떠나가다' 그리고 '물러갔다', 자신을 그들에게서 떼어 놓았다'(박창환 사역)는 표현들이다. 베드로가 얼마나 당황했었는가를 생생하게 보여준다.

이것 때문에 바울은 격분하여 베드로를 책망하였다. '책망하다'는 단어는 '정죄했다'(κατεγνωσμένος, καταγινώσκω의 현재완료, 분사 수동형)는 뜻이다. 이 사건이 예루살렘 회의 이전에 있었던 일인가, 아니면 후에 있었던 일인가도 문제가 된다. 안디옥에서 바울이 베드로를 책망한 사건은 예루살렘 회의 이전에 있었던 일이라 생각된다. 왜냐하면 욥바의 무두장이 집에서 환상을 보았고, 또 고넬료의 집에 가서 성령의 임하심을 보고 세례까지 주고 그곳에 함께 머문 적이 있는 베드로로서, 또 야고보가 주도한 예루살렘 회의에서 이방인들을 조건

때, 행 2:4의 다른 방언으로 말하는 경우에 사용되었다.

없이 같은 형제로 받아주기로 결정한 내용을 알면서도 이방인과 함께 음식 먹는 일을 두려워했다고 보기는 어렵기 때문이다. 또 예루살렘에서 온 사람들(이들은 사도들이 파송한 사람들임, 갈 2:2; 행 15:24)도[150] 교회가 이방인을 같은 형제로 받아들이기로 결정한 회의 내용을 무시하고 이방인과 식탁에 함께 앉는 것을 문제 삼았다고 보기는 어렵기 때문이다.

예루살렘으로부터 왔다는 야고보의 사람들도 아마도 고넬료 사건으로 베드로를 비난했던 할례파 그리스도인이었을 가능성이 높다. 그리고 사도행전 11장에 나오는 예루살렘 교회의 회의는 고넬료의 개인적인 사건을 받아들인 것이었지, 이방인 선교에 관한 전반적인 문제를 다 해결한 것은 아니었기 때문에, 야고보의 사람들은 아직도 이방인과 함께 음식 먹는 것을 인정하지 않고 있었던 것이다. 이렇게 보면 사도행전 12장 25절에 베드로가 다른 곳을 떠난 것과 갈라디아서 2장 11-14절의 사건은 시기적으로 잘 어울려 보인다.

베드로가 어디로 갔는가에 대해서 로마 가톨릭 주석들에서는 로마를 생각했다. 그러나 그렇게 빨리 로마로 갔을까 하는 의문이 남는다. 사도행전 15장에 보듯 베드로는 다시 예루살렘 교회에 나타났기 때문이다. 고린도전서 1장 12절, 9장 5절에는 베드로가 고린도에서 가르쳤고 세례를 베푼 것으로 나타난다. 이 시기는 알 수 없지만 베드로는 고린도를 통해 로마로 갔을 가능성이 높다. 유세비우스에 의하면, 베드로는 그가 예수님과 함께했던 경험들을 마가에게 전수하고, 두 번째 복음서를 기록하도록 위임했다고 한다(Eusebius, historia ecclesiastica iii 39). 그리고 네로의 통치 기간(AD 54-56)에 바울과 함께 로마에서 순교당했다고 한다(cf. the testimony of 1 Clement 5-6).

150) 야고보로부터 온 사람들은 야고보의 허락 없이 온 사람들이 아니라 야고보가 보낸 사람들인데, 그가 지시하지 않은 내용을 말했다는 뜻이다(행 15:24 주석 참고).

이 내러티브는 베드로를 죽이려던 헤롯이 도리어 죽는 이야기로 끝을 맺는다. 브루스(Bruce)는 헤롯의 죽음에 대하여 누가의 기록과 요세푸스의 기록은 상대방이 빠뜨린 부분들을 서로 보충해 준다고 말한다.[151] 헤롯 아그립바와 베니게와의 분쟁은 대단히 심각한 것이었다. 사건의 발단은 주후 42년 경, 아그립바의 북쪽 국경지역에서 멀지 않은 도라(Dora)라는 베니게(Phoenician) 항구 도시에 있는 회당 안에 어떤 젊은이들이 글라우시오의 형상을 세웠다. 아그립바는 그 지역 통치자인 페트로니우스에게 즉각 항의를 했고, 페트로니우스는 범법자들을 가혹하게 다스렸다(Josephus, ant, xix, 300ff). 이처럼 아그립바가 도라 사건에 간여한 것은 베니게 사람들을 화나게 하였고, 이것 때문에 헤롯과 베니게 간에 분쟁이 일어났다.[152]

그러나 베니게 사람들-누가는 두로와 시돈 사람들이라고 한다-은 그들의 식량을 갈릴리 비옥한 지역에 의존하고 있었기 때문에 아그립바에 대하여 오랫동안 반목을 지속할 수 없었다. 만일 헤롯이 그들의 항구로부터 들어오는 팔레스틴의 무역을 중단한다면 그들의 수입은 심각한 손상을 입게 될 것이고, 갈릴리로부터 보급되던 식량과 채소들이 공급되지 않으면 문제는 더욱 심각해질 수밖에 없었기 때문이다.[153] 이들은 히람과 솔로몬 시대로부터 천 년에 걸쳐서 이스라엘로부터 공급되는 식량에 의존하고 살아온 긴 역사를 가지고 있다(왕상 5:9-12). 그래서 그들은 뜻을 모아 헤롯 왕을 찾아간다. 그리고 헤롯 왕의 총리대신인 블라스도를 설득하여 헤롯에게 화평을 청하였고, 그의 알선으로 그들은 황제를 찬양하여 가이사랴에서 개최된 대연회-아마도 8월 1일 글라우디오의 생일 축하연인 듯함-에 참석해

151) Bruce, 신약사, p. 295.
152) Ibid, p. 296.
153) William Barclay, op.cit., pp. 102-103.

서 왕에게 그들이 순복하는 뜻을 공적으로 표시하게 되었다.[154)]

요세푸스는 대연회 둘째 날 새벽에 왕이 은실로 짠 예복을 입고서 극장에서 어떻게 자기의 자리에 착석하였는가를 전해주고 있다. 왕의 은실로 된 예복이 떠오르는 태양 광선을 반사함으로 백성들(물론 이방인들도)은 그를 신으로 환호하였다.[155)] 누가는 헤롯이 베니게 대표들에게 연설하였다고 하였다. 그때 그들은 "신의 소리다. 사람의 소리가 아니다"고 외쳐댔다고 한다(행 12:23). 브루스(Bruce)와 요세푸스는 바로 그 순간에 헤롯이 죽을 병에 걸렸다고 하는 데 의견을 같이 하고 있다. 이것은 왕이 무리들에 의해 그에게 주어진 영광을 거부하고 하나님께로 돌리지 않은 까닭이었음을 지적하고 있다(행 12:23; Josephus, Ant, ziz, 346).

헤롯 아그립바의 죽음에 대하여 요세푸스는 다음과 같이 진술을 한다. "미신을 믿는 헤롯은 올빼미는 그의 운명의 전조(前兆)가 된다고 믿도록 가르침을 받아왔다. 군중이 환호하는 소리를 듣던 중 그는 극장 차일(awning) 위에 앉아 있는 올빼미를 보았고 그때 그는 갑자기 배에 통증을 느끼고 자기 궁으로 돌아갔지만 지긋지긋한 질병으로부터 벗어나지 못하고 결국 15일 만에 죽었다"(Antiquities, XIX. 8.2). 헤롯 아그립바는 54세에 죽었다. 브루스는 그가 즉시 집으로 옮겨졌지만 5일 후에 죽었다고 한다. 그리고 그의 죽음의 원인은 구멍 뚫린 충양돌기(蟲樣突起)로 인하여 발생한 복막염으로 진단되었다고 전한다.[156)]

만일 일반적으로 학자들이 주장하는 대로, 헤롯 아그립바는 주후 44년에 죽었고, 바나바와 바울이 예루살렘에 올라갔던 해가 주후 46년이라고 한다면, 베드로의 순종과 기적 구출 사건은 바나바와 바울

---

154) Bruce, op.cit., p. 295

155) Ibid, p. 295.

156) Bruce, Ibid, p. 296.

이 예루살렘에 올라가기 전에 있었던 것이 된다. 그래서 학자들은 베드로의 기적 사건은 사도행전 9장 32절로 이어져야 한다고도 주장한다. 이런 주장에 맞춰서 베드로의 행적을 재구성해 보면 다음과 같다. 1) 예루살렘으로부터 베드로의 피난(행 12:17, AD 44), 2) 베드로의 가이사랴 및 팔레스틴 방문과 고넬료 회심(행 9:32-10:48, AD 44-45). 이 기간에 바나바와 바울은 안디옥에서 사역(행 11:22-26), 3) 팔레스틴 기근(행 11:28, AD 45-46), 4) 베드로가 예루살렘으로 귀환(AD 46초).

만약 학자들이 주장하는 것처럼 베드로가 옥에 갇혔던 사건이 바나바와 바울이 안디옥 교회의 구제금을 가지고 예루살렘에 올라갔던 것보다 먼저 일어난 일이라고 한다면, 당시 역사적 정황을 정확하게 알고 있던 누가가 왜 역사적 사건의 순서를 뒤바꿔 놓았을까 하는 의문이 일어난다. 이런 주장에 의하면 사도행전 12장에서 강조점은 하나님의 주권 아래 베드로가 기적적으로 풀려났다는 사실을 전하는 동시에 베드로가 이 사실을 알리고 "거기에서 떠나 다른 곳으로 갔다"(행 12:17)는 데 있다. 헬라어 성경에는 "ἐξελθὼν ἐπορεύθη εἰς ἕτερον τόπον"(having gone out he went to another place)로 '떠나다'(ἐξελθὼν, '떠나다'의 단순과거 분사)와 '갔다'(ἐπορεύθη, '가다'의 단순과거)는 동사를 두 번이나 반복하고 있다. 그리고 그 후로 베드로는 사도행전에서 사라졌다가 예루살렘 회의 이전에 예루살렘으로 잠깐 돌아온 것이 된다. 그러는 사이에 예루살렘 교회 지도자는 자연스럽게 야고보로 대치되었다. 사도행전 12장 17절과 15장 13-21절에 의하면 예루살렘 교회 지도자가 야고보였다는 것은 확실하다.

이렇게 보면, 박해를 계기로 베드로의 사역이 정점에 이르고, 동시에 그의 사역이 점점 약화되면서 바울이 선교 주역으로 등장할 준비를 하게 된다. 즉 베드로의 사역과 바울의 사역에 분명하게 선을 긋고 바울이 중심이 된 선교 사역을 소개하려는 의도가 엿보인다.

그리고 교회의 중심이 예루살렘으로부터 이방 안디옥으로부터 옮겨지게 된다. 이처럼 베드로의 사역에서 바울의 사역으로 전환되는 과정을 분명하게 하기 위해서 역사적 사건의 순서를 뒤바꿔 놓았다고 볼 수도 있다.

그러나 헤롯의 죽음과 예루살렘 기근으로 인해 바나바와 바울이 예루살렘에 올라간 해를 단정적으로 말하기는 쉬운 일이 아니다. 왜냐하면 헤롯의 죽음을 주후 44 또는 45년으로 계산할 수 있기 때문이다. 헤롯이 54세로 죽었다는 것은 확실하다. 그러나 그가 태어난 해를 정확하게 알 수 없다. 브루스(Bruce)는 헤롯의 출생 연도를 주전 10-11년으로 생각한다.[157] 예루살렘 기근도 위에서 언급한 대로 45-46년 사이가 될 것이라고 한다. 그렇다면 바나바와 바울이 예루살렘으로 올라간 해와 헤롯이 죽은 연대가 엇비슷할 수도 있게 될 뿐 아니라 누가가 연대를 뒤바꿔 놓았다고 단정적으로 말하기는 어렵게 된다.

내러티브는 사실(fact)에 근거하여 자기가 전하고 싶은 신학적 의도를 전달하는 문학적 방법이다. 이런 관점에서 보면 베드로가 감옥에서 풀려난 사건은, 바나바와 사울이 예루살렘으로 올라갔다고 전하는 사도행전 11장 30절(갈 2:1,2 참고)과 이들이 안디옥으로 돌아왔다는 12장 25절 사이에 놓여 있다. 즉 베드로의 구속사건과 기적적으로 풀려난 사건이 있었던 시기에 바나바와 바울이 예루살렘에 있었던 것이 된다. 그리고 베드로는 예루살렘을 떠나 안디옥에 가 있지 않았을까? 이어서 바나바와 바울은 마가를 데리고 안디옥으로 간다. 그곳에서 바울은 베드로를 만났을 것이다(갈 2:11-14).

---

157) Bruce, 신약사, p. 290.

사도행전 12장 24절은 누가가 어떤 지역에서 사역을 마치고 다음 장(章)으로 넘어갈 때 사용하는 후렴구와 같은 구절이다. 지금까지의 패널의 마지막 요약이다. 그리고 새로운 장을 시작하는 말은 사도행전 12장 25절이다. "바나바와 사울이 부조하는 일을 마치고 마가라 하는 요한을 데리고 예루살렘에서 돌아오니라." 예루살렘에 올라왔던 바나바와 바울이 안디옥으로 돌아온 것은 시간이 좀 흐른 후였다. 사도행전의 구조로서는 12장 25절에 돌아왔으니까, 베드로의 옥중 사건이 다 지난 후까지 그들이 예루살렘에 머물렀던 것으로 되어 있다. 그렇다면 그들은 왜 예루살렘에 그처럼 오랫동안 머물렀을까?

사도행전 11장 29-30절에 부조를 보내기로 작정하고, 바나바와 사울의 손으로 장로들에게 보냈다고 했고, 12장 25절에는 "부조하는 일을 마치고 마가라 하는 요한을 데리고 예루살렘에서 돌아왔다"고 했다. 여기에 사용된 '부조'란 말은 διακονία(부조, 섬김, 봉사)란 명사형이다. 사도행전 6장 1절의 "가난한 자들에게 식량을 나눠주는 '매일 구제'라는 구절과 비교해 보면, 바나바와 사울이 예루살렘에 가서 부조일을 하고 왔다는 말은 그들이 예루살렘에서 구제의 직무를 맡은 자(διάκονοι)로서 활동했다는 게 확실하다. 이렇게 보면, 두 사람은 예루살렘에서의 구제를 위해 상당한 시간을 바쳐 봉사하고 돌아왔을 것으로 보인다.158)

람세이(Ramsay)는 당시 구제활동에 대한 흥미로운 사실을 전해준다. 기근이 시작되고 구제가 절실히 요구될 때 굶주린 도시로 구제금을 보내는 것은 법적으로 불가능했고, 일반적으로 옥수수를 구입하여 배급하였다고 한다. 실례로 "헬레나 왕비[아디아베네(Adianene)의 이자테스(Izates) 왕의 모친]도 자발적으로 예루살렘에 부조했다는 것은 흥미로

158) Ramsay, op.cit., p. 59.

운 우연의 일치이다. 그녀는 애굽에서 옥수수를, 구브로에서 돼지를 사서 그것을 예루살렘으로 가져와 사람들에게 나누어주었다. 그녀는 주후 45년에 예루살렘으로 왔고, 그녀의 방문은 흉년이 든 기간에 계속되었다. 그녀가 굶주린 사람들에게 부조를 나눠준 방식은 바나바와 사울이 수행해야 했던 일을 예시해 보여준다."[159] 이런 예를 통하여 볼 때 당시 바나바와 사울 등 안디옥 교회의 사절들은 헌금을 전해주는 일만 한 것이 아니라 상당한 시간을 예루살렘에 머물면서 봉사를 위해 헌신했을 것이라고 추측한다. 이것은 바울이 예루살렘 교회를 위하여 봉사함으로 예루살렘 교회와 이방 교회를 한 공동체로 결속시키는 데 커다란 역할을 했다는 중요한 의미를 갖는다.

예루살렘 여행을 마친 바울과 바나바는 요한이라고 하는 마가를 데리고 안디옥으로 돌아온다(행 12:25). 마가가 안디옥 교회에 온 것은 예수님의 활동과 예루살렘 교회의 모든 활동이 살아 있는 역사로 안디옥으로 왔다는 말이 된다. 이것이 안디옥 교회는 물론 사도 바울에게 끼친 영향은 상상할 수 없이 컸을 것이다.

2. 이방 사도로의 파송과 구브로에서의 활동(행 12:25-13:12)

25) 바나바와 사울이 부조하는 일을 마치고 마가라 하는 요한을 데리고 예루살렘에서 돌아오니라 13:1) 안디옥 교회에 선지자들과 교사들이 있으니 곧 바나바와 니게르라 하는 시므온과 구레네 사람 루기오와 분봉왕 헤롯의 젖동생 마나엔과 및 사울이라 2) 주를 섬겨 금식할 때에 성령이 이르시되 내가 불러 시키는 일을 위하여 바나바와 사울을 따로 세우라 하시니 3) 이에 금식하며 기도하고 두 사람에게 안수하여 보내니라 4) 두 사람이 성령의 보내심을 받아 실루기아에 내려가 거기서 배 타고 구브로에 가서 5) 살라미에 이르러 하나님의 말씀을 유대인의 여러 회당에서 전할새

159) Bruce, op.cit., pp. 58-59.

요한을 수행원으로 두었더라 6) 온 섬 가운데로 지나서 바보에 이르러 바예수라 하는 유대인 거짓 선지자인 마술사를 만나니 7) 그가 총독 서기오 바울과 함께 있으니 서기오 바울은 지혜 있는 사람이라 바나바와 사울을 불러 하나님 말씀을 듣고자 하더라 8) 이 마술사 엘루마는 (이 이름을 번역하면 마술사라) 그들을 대적하여 총독으로 믿지 못하게 힘쓰니 9) 바울이라고 하는 사울이 성령이 충만하여 그를 주목하고 10) 이르되 모든 거짓과 악행이 가득한 자요 마귀의 자식이요 모든 의의 원수여 주의 바른 길을 굽게 하기를 그치지 아니하겠느냐 11) 보라 이제 주의 손이 네 위에 있으니 네가 맹인이 되어 얼마 동안 해를 보지 못하리라 하니 즉시 안개와 어두움이 그를 덮어 인도할 사람을 두루 구하는지라 12) 이에 총독이 그렇게 된 것을 보고 믿으며 주의 가르치심을 놀랍게 여기니라

바나바와 사울이 부조의 일을 마치고 마가라 하는 요한을 데리고 예루살렘에서 돌아왔다(행 12:25). 사도행전 12장 25절과 13장 1절 사이에는 내러티브의 공백이 있다. 사도행전 12장까지 그리고 13장부터는 완전히 다른 사역이 펼쳐진다. 즉 베드로를 주축으로 진행되어 온 예루살렘 교회 내러티브가 끝을 맺고 바울 중심의 내러티브가 시작된다. 하르낙(Harnack)에 의하면, 사도행전 13장으로부터 소위 '바울의 행전'이라고 부르는 새로운 내러티브가 시작되고, 그리고 바울이 중심 인물로 등장하면서 누가는 사건 경위를 자세하고 정확하게 보도하기 시작한다. 이로 보아 누가는 사도행전 12장에서 보여주었던 것보다 더 가치 있는 자료들을 충분히 가지고 있었을 것으로 추측된다.[160)]

이처럼 큰 두 개의 역사적 흐름 사이에 공백을 메워 주는 것은 마가가 안디옥으로 왔다는 소식이다. 초대교회에서 마가의 집은 대단히 중요한 역할을 한 곳이며, 예루살렘 교회의 믿음의 중심에 서 있던 곳이다. 그런 가정에 속한 마가, 즉 예루살렘 공동체의 한 구성

---

160) MacGregor, op.cit., p. 164.

원이며, 예수님의 수난의 생생한 증인이었던 한 사람이 안디옥 이방 그리스도인들과 긴밀한 관계 안으로 들어오게 되었다는 사실은 독자들에게 많은 것을 시사한다. 마가가 안디옥에 와서 안디옥 교회와 함께 지냈다면 예루살렘에서 일어났던 예수님의 수난사건으로부터 초대 예루살렘 교회의 모습, 그리고 스데반의 순교까지 생생한 증언들을 바울은 직접 들을 수 있었을 것이다.

안디옥 교회는 5인으로 구성된 지도 그룹이 이끌고 있던 교회이다. "바나바, 니게르라 하는 시므온, 구레네 사람 루기오, 분봉왕 헤롯의 젖동생 마나엔 및 사울"이다. 니게르라고 하는 시므온은 아프리카 출신이고, 구레네 루기오도 역시 아프리카 사람이다. 어떤 사람들은 시므온에게 '구레네'를 적용시켜서 '구레네 시므온'으로 읽으려 한다. 그리하여 예수님 대신 십자가를 진 사람은 '알렉산더와 루포의 아버지 시므온'과 동일 인물이라고 한다(막 15:21). 그러므로 구레네를 시므온에게 적용하는 것은 무리일 뿐 아니라[161] 이를 증명할 길이 없다. 루기오는 11장 20절에 언급된 안디옥에 와서 헬라인들에게 복음을 전한 "구레네에서 온 몇 사람" 중의 한 사람일 것이다.

마나엔은 헤롯의 '젖동생'(σύντροφος)이다. '순트로포스'는 젖동생이라고도 하고, 함께 자라났다는 뜻으로도 사용한다. 흔히 왕자와 동갑으로 왕실에서 자라난 사람을 일컫는 말이지만, 성년이 된 후에도 그대로 사용하는 이름이다. 마나엔은 로마에서 젊은 헤롯 안티바스와 놀이친구로 성장했을 것이다.[162] 그러므로 헨헨은 마나엔이 궁정 안에서 높은 지위를 가지고 있었다고 말한다.[163] 자연히 그는

161) 원문대로 번역하면, "니게르라고 불리는 한 사람, 시므온 그리고 루기오, 구레네 사람"이다. 그러므로 시므온에게 구레네 사람이란 수식어는 적용할 수 없다.
162) MacGregor, op.cit., p. 164.
163) 헨헨, Acts II, p. 21.

나이가 많았을 것이다. 두 사람이 로마에서 같이 성장한 친구인데, 한 사람은 안디옥 교회의 리더로 영광스런 직책을 가지고 있고, 한 사람은 악한 왕으로 세례 요한을 죽이고 예수님을 십자가에 넘겨준 사람으로 불명예스럽게 기억되고 있다.[164] 사울은 맨 끝에 거론되었다. 아직도 사울은 바나바 곁에 서게 되기엔 먼 존재이다. 성령만이 두 사람을 하나 되게 하셨다.

안디옥 교회에는 선지자와 교사들(Prophets and teachers)이 있었는데, 위에 언급한 다섯 사람을 선지자와 교사들이라고 한다. 초대교회에서 직분자의 서열은 사도, 선지자(예언자), 그리고 교사들이다(엡 4:11). 이처럼 선지자는 사도들과 교사들 사이에 끼어 있다. 선지자는 사도들 다음에 나오는 최고위 직책으로 그리스도의 복음을 전했던 것으로 보이며, 교사와 같이 가르치는 사역을 담당하고 있었다. 초기 그리스도교회에서 '예언'은 다른 영적인 은사들과 나란히 성령의 은사 가운데 하나였다. 예언자는 자기에게 하나님이 계시하신 바를 선포했다(고전 14:26-32). 신약성경의 예언자들이 맡은 임무는 무엇보다도 현재 상황을 하나님의 뜻에 비추어 밝히고 교회에 주님의 지시를 전달하며, 교회를 격려하고 위로하는 것이었다.[165]

안디옥 교회에서는 누가 선지자이고, 교사들인지 구분이 명확하지 않다. 사도행전 11장 26-30절에서 바나바와 사울이 지도적 위치에 있었던 것으로 보아서 바나바와 사울이 선지자로 분류되었으리라고 본다. 이처럼 안디옥 교회는 예루살렘 교회처럼 지배적인 직분이 있었던 것이 아니고 사도적 권위를 전달하는 '공식적' 기관으로 생각될 감독이란 직위도 없었다. 어떤 직분도 교회가 안수하여 세운 것으로 보이지 않는다. 바나바와 바울을 안수할 때 사용된 '안수하

164) Bruce, op.cit., p. 245.
165) 독일성서공회해설, 용어해설, p. 45.

다'(행 13:3)는 동사의 주어도 단순히 '(그들의) 손들'이라고 되어 있다.[166] 안디옥에서 사울이 받은 안수를 사도로 세우는 예식으로 생각하는 것은 잘못이다. 바울은 자기의 사도직이 사람에 의해 세워진 게 아니라는 사실을 강조하였다(갈 1:1-2). 이렇게 보면, 안디옥 교회는 철저하게 그룹 지도 체제를 유지하고 있었던 교회였다.

안디옥 교회가 "주님께 예배하며 금식하고 있을 때"(행 13:2, 새번역) 성령의 인도를 받는다. 개역성경에 '주를 섬겨'로 되어 있는 λειτουργούτων는 후대에 공식 예배를 일컫는 단어이다. 특별히 이 말은 성찬식 예배를 의미하였다. "회당 예배는 이때에는 예배에의 부름과 쉐마의 암송, 관련된 축복 기도들, 아울러 십계명과 함께 시작하였다. 그리고 특정한 기도들과 축복 기도들과 더불어 율법과 예언서들의 낭독, 권면의 말이나 해석으로 계속한 후 회당 예배는 축도로 끝났다"(cf.Mishnah, Megillah 4:3).[167] 여기서는 아마도 단순히 금식과 함께하는 기도회(cf.9:9, 11; 14:23; Lk 2:37; 5:3)를 의미하는 것 같다.

안디옥 교회는 예배와 금식을 실행하였는데, 이런 예배를 주관한 사람들은 예언자와 교사들(teachers)이었다. 누가복음 22장 14-19절에는 예수께서 "이것을 행하여 나를 기념하라"고 하셨다. 그렇다면 안디옥 교회에는 사도들이 없는데, 누가 이런 예배와 성찬식을 주관하였을까? 디다케(didache 10:7)에 의하면 선지자들이 성찬식을 주관했으며 이런 일은 초기에는 당연한 일이었다고 말하고 있다.[168]

성령께서 주님을 위한 사역을 위하여 바나바와 바울을 따로 세우라

---

166) '안수하다'(ἐπιθέντες τὰς χεῖρας)는 말은 단순하게 (그들의) 손을 얹었다는 말이다.

167) Bruce, 신약사, p. 167.

168) (An Introduction, p. 303).

하신다(행 13:2). 바나바와 바울은 이방이란 새로운 무대에서 복음을 전파하기 위하여 '따로 세워진다'. 항상 그랬듯이 그들은 자기들 스스로 움직이는 '자유 행위자들'(free agents)이 아니다. 바울과 바나바는 그 어떤 일도 성령께서 시작해 주지 아니하시면 하지 않는다. 안디옥 교회는 성령의 지시대로 두 사람을 따로 세워 복음 전도자로 보냈다. 그들은 기독교 역사상 최초로 보내는 선교사들이었다. 구브로로 가는 것도 성령의 보내심을 받아 갔다(행 13:4). 바울이 다메섹 길 위에서 들었던 예수님의 말씀이 실현되었다. 사울은 그리스도의 이름을 전하는 그릇이 되었다. 그리고 이방인들과 왕들 앞에 서게 될 것이고, 그리스도의 연고로 많은 고난을 받는 것을 보게 될 것이다.

바나바와 사울은 성령의 인도대로 실루기아로 내려가서 배를 타고 구브로(Cyprus)를 향한다(행 13:4).[169] 이때 마가라 하는 요한이 동행한다. '수행원'(ὑπηρέτης)이란 말은 헬레니즘 사회에서는 '다른 사람의 뜻을 보조적으로 수행하는 자'라는 의미로 사용되었다. 그러나 초대 교회에서 ὑπηρέτης는 봉사하는 직이었고, 이 단어의 동사형은 집사의 직분을 나타냈다(Ignatius, Philadelphians 11:1).[170] 브루스(Bruce)는 라이트(A. Wright)의 말을 인용하여, ὑπηρέτης는 누가복음 1장 2절에서 '말씀 사역자'(minister of word)로 사용하였고, 마가는 여기에 속한다고 한다.[171] 아마도 바울과 바나바가 선교지에서 설교할 경우, 그들이 친히 경험하지 못한 내용에 대해서 마가가 보충해 주기를 바라는 마음으로 마가를 데리고 떠났을 것이다. 이렇게 보면 유대인을 향해

---

169) 구브로 섬은 오론테스 강 어귀에서 약 96km 거리에 있다. 섬의 길이는 약 210km (북동쪽에서 남서쪽 끝까지), 고대에는 비옥했던 평야로 포도와 기름, 곡물을 생산했다. 바나바는 아마도 이곳의 토지를 팔아 사도들 앞에 바쳤을 것이다.

170) 키텔 단권주석, pp. 816-817.

171) Bruce, op.cit., p. 247.

서 설교할 때 마가만큼 확실한 복음의 전거(source)는 없을 것이다.

두 사람이 배를 타고 떠난 실루기아(Seleucia) 항구는 안디옥으로부터 16마일(약 25km) 떨어진 안디옥에 속한 항구이다. 로마는 도시를 산 위에 건설하고 몇 마일 떨어진 곳에 항구를 건설하였다. 안디옥에는 실루기아가 있고, 빌립보에는 네압볼리(행 16:11), 그리고 고린도에는 겐그레아가 있다(행 18:18). 아마도 도시를 외부의 침략으로부터 보호하기 위한 정책이었을 것이다. 그들은 살라미(Salamis)에 도착했다. 살라미는 구브로 섬의 동쪽 끝에 있는 항구다. 구브로는 바나바의 고향이다. 그리고 구리광산과 선박 제조업으로 유명한 도시였고, 쾌적한 기후 때문에 행복한 인생을 위하여 필요한 것은 그곳에서 다 발견할 수 있다고 한다.[172]

특별히 그곳에 간 그들은 유대 여러 회당에서 하나님의 말씀을 전했다(κατήγγελλον τὸν λόγον τοῦ θεοῦ, 행 13:5). κατήγγελλον는 καταγγέλλω(선포하다, 알리다)의 직설법 미완료이다. 온 섬 가운데로 지나면서 바보(Paphos)에 이르렀다. 람세이는 누가처럼 말수가 적은 저자가 '온 섬'(the whole Island, 행 13:6)이라는 단어를 덧붙였다는 것은 중요한 점이라고 한다. 이런 표현은 살라미에서 바보에 이르기까지 온 섬의 모든 도시를 두루 다니며 하나님의 말씀을 전했다는 것은 아니지만, 온 섬 가운데를 지나면서 중요한 도시에는 모두 복음을 전하며 여행을 했다는 말이다.[173] 사도행전 13장 19절에 의하면 스데반의 일로 흩어진 그리스도인들이 구브로에도 갔다. 그러나 그들이 어떻게 활동했는가에 대해서는 아무런 언급도 없고, 바울이 그들이 세운 교회를 방문했다는 말도 없는 게 이상하다.

누가는 단순하게 복음을 전했다고 말하지 않고, 항상 '하나님 말

172) Barclay, op.cit., p. 106.
173) Ramsay, op.cit., p. 79.

씀' 또는 '예수 그리스도'를 전하는 것을 강조한다. 그리스도인들이 무엇을 전해야 하는가를 대단히 강조하고 있다. 분명한 설명 없이 단순하게 줄인 개념적인 말로 신앙을 표현하는 것은 신앙을 왜곡시킬 위험이 있음을 명심해야 한다. 바울 일행은 섬을 가로질러 서쪽 끝에 있는 항구 도시 바보에 이른다. 바울이 구브로 섬에서 여행한 여정은 1만 마일 이상이었을 거라고 한다.

바보에서 그곳 총독 서기오 바울(Sergius Paulus)174)을 만난다(행 13:7-12). 바보에는 총독의 관저가 있었다. 서기오는 지성적인(총명한) 사람이어서 바나바와 바울을 청하여 하나님의 말씀을 듣고자(ἐπεζήτησεν) 했다. ἐπεζήτησεν은 ἐπεζητέω의 단순과거 직설법이다. 그 때 유대인 거짓 선지자인 마술사 바예수가 나서서 서기오로 하여금 예수님을 받아들이지 못하도록 심히 방해하였다. 로마인들은 중대한 결정들을 할 때 돕는 마술사들이나 점성가들을 데리고 있었다. 바예수(Bar-Jesus)라는 마술사는 총독 서기오 바울의 종자(從者)로 있었다. 바예수가 마술사 엘루마(Elymas)로 이름이 바뀐다(행 13:8). 마술사란 헬라어는 magos다. 엘루마는 아마도 magos와 비슷한 의미를 가진 셈족어(semitic word)라고 생각된다.175) 바클레이(Barclay)는 말하기를 엘루마는 아람어로 '교묘한 사람'(skilful one)이라고 했다.176)

사도행전 13장 9절에서 사울(Saul)의 이름이 바울(Paul)로 바뀐다. "바울이라고 하는 사울"(Σαῦλος δέ, ὁ καὶ Παῦλος), 두 이름 사이에 καὶ(또한, 그리고)가 붙음으로써 두 이름이 이전부터 있었던 것을 암시한다.177)

---

174) Brcue는 서기오 바울은 이 섬 북쪽 키트라이아(Kythraia)의 비문에 있는 Quintus Sergius Paullus와 동일한 인물일 가능성을 비친다. 그는 클라우디우스(Claudius) 통치 때 구브로의 관리로 있었다. op.cit., p. 248.

175) Ibid, p. 249. 마술사 엘루마와 사마리아에서 베드로가 만난 시몬은 비슷한 데가 많다.

176) Barclay, op.cit., p. 106.

일반적으로 로마 시민은 세 개의 이름을 가지고 있었다고 한다. Praenomen(첫 번째 이름), nomen(두 번째 이름), 그리고 cognomen은 세 번째 나오는 가명(家名)이다.[178] 바울도 로마 시민으로 세 개의 이름을 가지고 있었는데, 바울은 세 번째 가명(家名)이고,[179] 첫 번째와 두 번째 이름은 알려지지 않았다. 이처럼 바울은 유대 이름과 로마식 이름을 가지고 있었다. 지금까지 자기는 히브리인이라는 의식 때문에 사울이란 히브리 이름을 사용하였는데, 로마의 통치 지역에서는 로마식 이름이 선교에 도움이 된다고 생각해서 바울로 부르기 시작한 것으로 보인다. 람세이는 서기오 바울 앞에서 자기의 로마 이름을 밝히는 것이 좋은 기회라고 바울은 생각했을 것이라고 한다.

서기오 바울이 복음을 받아들이려 하자, 마술사 엘루마는 그 일을 방해하며 총독으로 하여금 믿지 못하게 하였다. 분노한 바울은 성령이 충만하여 엘루마를 노려보며 꾸짖었다(행 13:9). 바울과 마술사는 영적으로 아주 대조적이다. 바울은 성령이 충만하다. 마술사는 모든 속임수로 충만하고, 악행(사기 행위)으로 충만하다(행 13:10). 그래서 마귀의 자식이고 모든 의(義)의 원수이다. 그리하여 결국 주의 바른 길을 굽게 만드는(διαστρέφων) 일만 하게 된다. 사람이 무엇으로 충만하게 되는가로 그 사람의 삶은 결정된다. 세례 요한은 주의 길을 곧게 하려고(εὐθείας ποιεῖτε) 왔다(눅 3:4-6).[180] 요한이 말한 "주의 길을 곧게 하다"(straight ways of the Lord)는 말은 회개하고, 죄에서 해방

---

177) 성서연구해설, 사도행전, 벧엘성서간행사, p. 259.

178) 로마인들의 세 개의 이름의 예: Gaius Julius Ceasar에서 Ceasar는 가명(家名)이다.

179) C. J. Henmer, The Name of Paul, tynB36(1985), pp. 179-183. Bruce, Acts, p. 249에서 재인용.

180) 눅 3:4은 이사야를 인용한 구절로, 여기서는 일반적으로 사용하는 '길'(τρίβος)을 사용한다. 그러나 행 13:19에서는 사도행전에서 그리스도의 복음을 상징하는 ὁδός(道, the way)를 사용한다. 다메섹에서 예수를 만난 사울은 직가에가 있었다. '직가'란 '곧은 길'이란 뜻이다.

되어 그리스도에게로 돌아오는 것을 말한다.[181] 그런데 엘루마는 주의 곧은 길을 도리어 굽게 만드는(διαστρέφων… εὐθείας) 자이다. 그러므로 마술사는 바울을 반대하고 방해한 것이 아니라 예수 그리스도를 거역하고 성령을 훼방한 것이다.

예수님은 가버나움에서 더러운 귀신 들린 사람을 고쳐주심으로 사역을 시작하셨다(눅 4:31-37). 베드로도 성전 미문에 있던 앉은뱅이를 고쳐주는 것으로 사역을 시작한다(행 3:1-10). 바울도 구브로에서 마술사에게 기적을 행함으로 선교 사역을 시작하였다. 단지 예수님은 먼저 말씀을 전하고 기적을 베푸셨고, 바울은 기적을 베풀고 서기오 바울에게 말씀을 전하였다. 그 결과는 똑같은 표현이 사용되었다. "그 가르치심에 심히 놀라다"(were amazed at his teaching, 눅 4:31), 사도행전 13장 12절에는 "주의 가르치심을 놀랍게 여기더라"(amazed at the teaching of the Lord)고 기록되어 있다.

바울은 베드로가 사마리아 마술사 시몬에게 했던 것처럼 행동한다. 마술사에게 하나님의 심판을 선언한다(행 8:20, 13:9-11). "보라 이제 주의 손이 네 위에 있으니 네가 맹인이 되리라"(행 13:11). 다메섹에서 사울은 주의 손을 만났다. 그래서 소경이 되어 인도할 자의 손에 이끌려 갔다. 주의 손이 마술사 위에 있게 되자, 그도 소경이 되어 이끌어 줄 사람을 찾았다. '주의 손'(χεὶρ κυρίου)은 자기 백성과 함께하는 손으로 하나님의 힘과 능력의 상징이다. 그러나 그 손이 악한 사람 위에 있게 되면 그 사람은 하나님의 심판 아래 철저히 무너진다.

주의 손이 악한 마술사 위에 있게 되자, 그는 맹인이 되어 자기를 인도해 줄 사람을 찾게 되었다. 다메섹에서 주의 손을 만난 바울은

181) Tannehill, op.cit., p. 163.

다른 사람을 주의 곧은 길로 인도하는 사람이 되었다. 그러나 마술사의 어두워진 눈은 어떻게 되었는지 그 결과에 대해서는 아무 말이 없다. 단지 그가 어떻게 되었는지는 '얼마 동안'(행 13:11)이란 말이 암시해 주고 있을 뿐인데, 이처럼 그의 미래에 대한 말이 없는 것은 그의 눈이 떠지든 안 떠지든 그가 저주 아래 살았다는 것을 암시하고 있다.

'주의 가르치심'(ἐπὶ τῇ διδαχῇ το ῦ κυρίου, 행 13:12)이란 주님이 가르쳐 주신 말씀을 말한다. 총독이 세례를 받았다는 말은 없다. 과연 총독은 믿고 그리스도인이 된 것일까, 아니면 믿음의 전 단계에 머물고 만 것일까? 이것은 논쟁의 주제가 되어 있다. '믿었다'(ἐπίστε υσεν,πιστεύω의 단순과거 능동)는 말을 강조하면 그는 확실히 믿고 하나님의 자녀가 된 사람이다. 그러나 세례 받았다는 말이 없는 점을 강조한다면 그의 믿음은 완전한 것은 아니다.

람세이(Ramsay)는 믿음의 단계를 이렇게 말한다. 첫 번째 단계는 회심(conversion)이고, 다음 단계는 '주께로 돌아오는 것'(Turning to the Lord), 그리고 세 번째는 크리스천의 삶에 정착하는 것이다.[182] 사도행전에서 누가가 강조한 "회개하고 예수 그리스도를 믿고, 그의 이름으로 세례를 받는"(행 2:38) 신앙의 원리에 따르면, 총독이 믿었다고 하는 것은 의심이 간다. 아마도 누가는 총독이 세례를 받고 그리스도의 사람이 되리라는 희망을 열어 놓았다고 보겠다.

바나바와 사울은 살라미 항구에서는 이방인들에게 복음을 전하지 않았다. 또 교회를 세우지도 않았다. 단지 회당에서 설교만 했을 뿐이다(행 13:4-5). 어찌하여 바나바의 고향인 구브로 섬인 살라미에서 이들은 그처럼 소극적인 자세를 취한 것일까? 새로운 장소에서 선교

---

182) Ramsay, The Bearing of Recent Discovery on the Trustworthiness of the New Testament(London, 1915), p. 165.

를 시작하면서 그 지역의 하나님을 두려워하는 사람들과의 관계를 확립하는 시도를 한 것일까?[183] 그리하여 자극을 주지 않고 앞으로 복음을 전할 기초를 놓으려고 한 것일까? 앞으로 바울의 선교 여정에서 계속해서 '하나님을 두려워하는 사람'들을 만나게 될 것이다.

3. 비시디아 안디옥에서 복음을 전파하다(행 13:13-52)

13) 바울과 및 동행하는 사람들이 바보에서 배 타고 밤빌리아에 있는
버가에 이르니 요한은 그들에게서 떠나 예루살렘으로 돌아가고 14) 그들은
버가에서 더 나아가 비시디아 안디옥에 이르러 안식일에 회당에 들어가
앉으니라 15) 율법과 선지자의 글을 읽은 후에 회당장들이 사람을 보내어
물어 이르되 형제들아 만일 백성을 권할 말이 있거든 말하라 하니 16)
바울이 일어나 손짓하며 말하되 이스라엘 사람들과 및 하나님을 경외하는
사람들아 들으라 17) 이 이스라엘 백성의 하나님이 우리 조상들을 택하시
고 애굽 땅에서 나그네 된 그 백성을 높여 큰 권능으로 인도하여 내사
18) 광야에서 약 사십 년간 그들의 소행을 참으시고 19) 가나안 땅 일곱
족속을 멸하사 그 땅을 기업으로 주시기까지 약 사백오십 년간이라 20)
그 후에 선지자 사무엘 때까지 사사를 주셨더니 21) 그 후에 그들이 왕을
구하거늘 하나님이 베냐민 지파 사람 기스의 아들 사울을 사십 년간 주셨다
가 22) 폐하시고 다윗을 왕으로 세우시고 증언하여 이르시되 내가 이새의
아들 다윗을 만나니 내 마음에 맞는 사람이라 내 뜻을 다 이루리라 하시더
니 23) 하나님이 약속하신 대로 이 사람의 후손에서 이스라엘을 위하여
구주를 세우셨으니 곧 예수라 24) 그가 오시기에 앞서 요한이 먼저 회개의
세례를 이스라엘 모든 백성에게 전파하니라 25) 요한이 그 달려갈 길을
마칠 때에 말하되 너희가 나를 누구로 생각하느냐 나는 그리스도가 아니라
내 뒤에 오시는 이가 있으니 나는 그 발의 신발끈을 풀기도 감당하지 못하
리라 하였으니 26) 형제들아 아브라함의 후손과 너희 중 하나님을 경외하
는 사람들아 이 구원의 말씀을 우리에게 보내셨거늘 27) 예루살렘에 사는
자들과 그들 관리들이 예수와 및 안식일마다 외우는 바 선지자들의 말을
알지 못하므로 예수를 정죄하여 선지자들의 말을 응하게 하였도다 28)

183) Ramsay, Paul, p. 72.

죽일 죄를 하나도 찾지 못하였으나 빌라도에게 죽여 달라 하였으니 29) 성경에 그를 가리켜 기록한 말씀을 다 응하게 한 것이라 후에 나무에서 내려다가 무덤에 두었으나 30) 하나님이 죽은 자 가운데서 그를 살리신지라 31) 갈릴리로부터 예루살렘에 함께 올라간 사람들에게 여러 날 보이셨으니 그들이 이제 백성 앞에서 그의 증인이라 32) 우리도 조상들에게 주신 약속을 너희에게 전파하노니 33) 곧 하나님이 예수를 일으키사 우리 자녀들에게 이 약속을 이루게 하셨다 함이라 시편 둘째 편에 기록한 바와 같이 너는 내 아들이라 오늘 너를 낳았다 하셨고 34) 또 하나님께서 죽은 자 가운데서 그를 일으키사 다시 썩음을 당하지 않게 하실 것을 가르쳐 이르시되 내가 다윗의 거룩하고 미쁜 은사를 너희에게 주리라 하셨으며 35) 또 다른 시편에 일렀으되 주의 거룩한 자로 썩음을 당하지 않게 하시리라 하셨느니라 36) 다윗은 당시에 하나님의 뜻을 따라 섬기다가 잠들어 그 조상들과 함께 묻혀 썩음을 당하였으되 37) 하나님께서 살리신 이는 썩음을 당하지 아니하였나니 38) 그러므로 형제들아 너희가 알 것은 이 사람을 힘입어 죄 사함을 너희에게 전하는 이것이며 39) 또 모세의 율법으로 너희가 의롭다 하심을 얻지 못하던 모든 일에도 이 사람을 힘입어 믿는 자마다 의롭다 하심을 얻는 이것이라 40) 그런즉 너희는 선지자들을 통하여 말씀하신 것이 너희에게 미칠까 삼가라 41) 일렀으되 보라 멸시하는 사람들아 너희는 놀라고 멸망하라 내가 너희 때를 당하여 한 일을 행할 것이니 사람이 너희에게 일러줄지라도 도무지 믿지 못할 일이라 하였느니라 하니라 42) 그들이 나갈새 사람들이 청하되 다음 안식일에도 이 말씀을 하라 하더라 43) 회당의 모임이 끝난 후에 유대인과 유대교에 입교한 경건한 사람들이 많이 바울과 바나바를 따르니 두 사도가 더불어 말하고 항상 하나님의 은혜 가운데 있으라 권하니라

바울과 동행자들은 바보(Paphos)를 떠나 앗달리아(Atallia) 항구를 향해 항해한다(행 14:25). 앗달리아는 버가에 속한 항구이다. 두 사람은 항구에서 배를 내려 버가(Perga)로 향한다. 바울이 선교의 주도적 역할을 하고 바나바와 마가는 동행자가 된다. 버가는 현재 터키 중남부 지역인 밤빌리아(Pamphylia) 안에 있는 큰 도시다. 그런데 바울은 버가(Perga)에 들르지 않고 곧바로 로마의 길을 따라 에그리디르(Egridir)를 거쳐 비시디아 안디옥(Psidia Antioch)으로 갔다.[184]

안디옥은 남 갈라디아에 속한 도시로서, 버가로부터 170km(100마일)나 되어서 일 주일을 (하룻길을 15마일로 잡아서) 꼬박 걸어가야 하는 길이다(행 13:13-14). 이 길은 소아시아의 3분의 1 이상의 거리를 남에서 북으로 가로질러 가는 길인데, 해발 1,200m 높이의 험난한 타루스 산맥을 넘어야 하는 코스이다. 이 길은 당시 소아시아에서 가장 위험한 곳으로 도둑과 강도들이 늘 도사리고 있던 곳이다.[185] 라이트(Wright)는 고린도후서 11장 26절에 언급한 '강의 위험과 강도의 위험'은 아마도 이곳을 통과할 때의 상황을 말한 것이라고 한다.[186]

바울 일행은 왜 버가에서 복음을 전하지 않고 그 위험한 타루스 산맥을 넘어 비시디아 안디옥으로 곧바로 갔을까? 학자들은 그 이유를 밝혀보려고 노력했다. 어떤 학자들은 갈라디아서 4장 13절을 인용하여, "내가 처음에 육체의 약함(병듦)으로 말미암아 너희에게 복음을 전한 것을 너희가 아는 바라"고 한 것으로 보아 버가에서 얻은 질병(말라리아) 때문에 안디옥으로 급히 갔을 것이라고 생각한다. 그렇다면 그처럼 아픈 몸을 가지고 어떻게 그 험한 산맥을 넘어갔을까? 람세이는 바울은 버가(Perga)에서 열병을 앓았고(갈 4:13), 그 때문에 바로 로마 영토인 안디옥으로 갔다고 했다.[187]

바클레이(Barclay)는 바울이 낮은 지역인 밤빌리아에서 말라리아의 공격을 받았는데, 말라리아를 떨쳐버리기 위해 고원지대인 안디옥

---

184) 버가에 그리스도의 복음을 전하고 교회를 세운 것은 1차 여행을 마치고 돌아오는 길에 이뤄졌다(행 14:25).

185) Barclay, op.cit., pp. 108-109.

186) Wright, op.cit., p. 227.

187) Ramsay, Paul. p. 92. 람세이는 갈 4:13-14를 인용하여, 버가로부터 비시디아 안디옥으로 가는 길에 이들은 로마의 영토 밤빌리아로부터 갈라디아에 이르는 지역을 통과했고, 그들이 버가로 돌아갈 때까지의 그들의 잔여 기간은 갈라디아에서 보냈다고 한다. 그리고 병으로 인하여 갈라디아에서 하나님의 말씀을 전할 기회를 얻었으리라고 한다.

[해발 1,300m(3,280ft)에 위치한 고원지대]으로 가야만 했다고 말한다.[188]) 헨헨은 바울이 열병 때문에 안디옥으로 갔다는 주장은 이해가 되지 않는다고 한다. 그래서 아마도 버가와 같은 낮은 해안 지역에는 말라리아 병이 많았기 때문에 서둘러 좀더 안전한 로마 영토인 갈라디아에 속하는 비시디아 안디옥[189])으로 갔을 것이라고 한다.[190]) 갈라디아서 4장 13절에서 말하는 '육체의 약함'은 버가에서 말라리아에 걸려서 왔다는 말이 아니라 본래 바울은 안디옥 지역에서는 복음을 전하지 않고 그냥 지나가려고 했는데, 질병에 걸려 안디옥에 머물며 복음을 전할 수밖에 없었다고도 해석한다.[191]) 비시디아 안디옥은 아나톨리안(Anatolian)의 높은 고원지대에 위치하여 습기가 없고 아주 시원한 지역이다.

그런데 사도 바울이 그 도시를 선택한 이유를 전혀 다른 데서 찾을 수 있을 것이다. 바울의 선교 전략은 항상 거점 중심의 선교였다. 교통과 상업의 중심 지역을 선정하여 복음을 전하여 그 지역을 통하여 다른 곳으로 복음이 흘러가도록 하는 선교 방법이다. 바보에서 서기오 바울에게 복음을 전하면서 무엇인가를 느낀 것은 아닐까? 아시아의 중심 도시인 안디옥으로 올라가야 할 필요를 느꼈을 것이다. 람세이(Ramsay)는 남갈라디아에는 몇 개의 지방(Regeiones 또는 χῶραι)이 존재했다고 한다. 거기에 속한 지역들은 브루기아(Phrygia), 이사우리아(Isauria), 비시디아(Pisidia), 루가오니아(Lycaonia) 등

188) Barclay, op.cit., p. 110.

189) 비시디아 안디옥은 실제로는 비시디아에 속했다. 그러나 그 일부가 주전 25년 아구스트 황제에 의하여 갈라디아로 편입되어, 갈라디아 로마 속주에 속하게 되었다. 그래서 혹 갈라디아 안디옥이라고도 부른다.

190) 헨헨, op.cit., Acts II, p. 37.

191) Wuest, Word Studies in the Greek New Testament, Vol. I. Eerdmans, p. 124. 안디옥에서 질병은 바울의 고질적인 안질 또는 밤빌리아 지역에서 얻어온 병일 가능성들을 제시한다.

이다. 안디옥의 이 핵심적인 중요성은 로마 식민지로서의 위치에 기인했고, 이로 인해 안디옥은 이 지방의 군사(軍事) 및 행정의 중심이 되었다.192)

비시디아 안디옥은 실루쿠스 1세(BC 321-281)가 자신의 아버지 안디오쿠스의 이름을 따서 세운 도시이다. 주전 25년에는 비시디아 안디옥이 로마제국의 갈라디아 주에 편입되었으며 갈라디아인들이 이 지역에 많이 살았다. 이곳은 가이사 아우구스투스가 아시아 통치를 위한 제2의 수도로서 그곳에 군사기지를 설치하고 당시 로마 정예 부대 3,000명을 주둔시켰다. 그리고 새로운 도로를 닦고 많은 건축물을 세워 아시아의 모든 도시 가운데서 가장 로마화된 도시를 만들었다. 당시 주민들은 헬라어를 말했지만 이곳의 공식 언어는 라틴어였다.

안디옥은 아시아의 교통의 중심지로서 동서와 남북을 가로지르는 로마의 중요한 두 도로가 관통하는 중심도시였다. 하나는 버가로부터 에기르디르(Egirdir)를 거쳐 안디옥으로 가는 길이고, 또 하나는 에베소로부터 안디옥을 관통하여 시리아로 가는 대로이다. 바울은 이 길을 통하여 다소로부터 더베를 통해 안디옥에 왔고, 안디옥으로부터 드로아로, 그리고 마게도냐로 갔던 바로 그곳이다(행 16:6-10).

요세푸스에 의하면, 안디오커스 III(BC 223-218년, 셀레우코스 제국 6대왕)는 유대인 2천 가정을 바빌론으로부터 안디옥으로 이주시키라고 명령을 내렸다. 그는 그들이 셀레우코스(Seleucids)의 충성스런 지지자들이 될 것으로 기대했기 때문이다(Jewsish Antiquities 12. p.146-153). 이것은 바울이 그곳에 도착했을 때 거기에 유대인들이 얼마나 살고 있었는지를 추측하게 해주는 근거이다. 이런 이유로 바울은 아마도

---

192) Ramsay, op.cit., p. 106. 안디옥은 행 16:6의 "브루기아와 갈라디아 땅", 행 18:23의 "갈라디아와 브루기아 땅"의 중심지였다는 데는 의심의 여지가 없다.

안디옥을 아시아 선교를 향한 선교 거점으로 생각했을 것이다.

또 한 가지 이유는 지역에 따라 사소한 차이는 있지만, 대부분 헬라 지역은 문화수준이 낮았고, 반면 향토 종교와 불가분의 관계에 있었는데, 그들의 토착 종교야말로 저열(低劣)하여서 복음을 전하는 데 필연적으로 대립이 불가피하였다.[193] 그리하여 바울은 로마의 길을 따라서 로마 통치구역을 중심으로 복음을 전하려 하였다.

마가는 버가에서 그들을 떠나 예루살렘으로 돌아간다(행 13:13). 왜 마가는 아무런 이유도 없이 복음사역에서 떠나게 된 것일까? 이 일은 후에 바울과 바나바가 논쟁하게 되는 불씨가 되었다(행 15:36-39). 마가가 아직 어렸기 때문일까? 예루살렘에서 자란 마가가 험준한 산맥을 넘어야 하는 길이 두려워서였을까? 아니면 자기 삼촌인 바나바가 바울에게 주도권을 빼앗겼다고 생각했기 때문일까? 그러나 제2차 여행에서 마가를 놓고 바울과 바나바가 언쟁을 하고 서로 갈라진 것을 보면 이런 이유 때문인 것 같지 않다(행 15:37-39). 바울이 이런 지엽적인 문제로 마가를 용서 못할 사람은 아니기 때문이다.

그렇다면 바울이 용서하지 못할 이유란 아마도 신앙의 근본 문제밖에 없을 것인데, 그것은 이방인에게 할례 없이 복음을 받아들이게 한 것이 그를 불편하게 한 것은 아니었을까 생각된다. 어떤 학자들은 갈라디아서 2장 11-14절에서 베드로가 이방인들과 음식을 먹다가 야고보로부터 온 사람들이 보자 그들을 두려워하여 그 자리를 피해 물러갔던 사건을 바울은 마음에 두고 있었는데, 마가도 베드로와 같은 입장을 견지하고 있었기 때문에 예루살렘으로 돌아갔을 것으로 추측한다. 당시에 이방인과 음식을 같이했다는 것은 곧 유대인과의 단절을 의미하였다.[194]

---

193) Ibid, pp. 135-137 참고.
194) 독일성서공회해설, op.cit., p. 445.

안디옥에 간 바울과 그 일행은 안식일에 회당을 찾아간다(행 13:14). 위에서 언급한 대로 그 시기에 안디옥에는 많은 유대인이 살았다. 바울이 비록 이방인을 위한 선교사로 선택되었지만 일차적인 관심은 유대인들에게 복음을 전하는 일이다. 그런 이유로 그의 선교 기반은 언제나 회당이었다. 그러나 바울이 어디를 가든지 회당을 찾았던 또 하나의 이유는 그 회당 조직 속에는 복음을 받아들일 수 있도록 잘 준비된 '하나님을 두려워하는 사람들'이 있었기 때문이다.[195] 사도행전 13장 16절에는 "이스라엘 사람들과 및 하나님을 경외하는 사람들아" 하고 부름으로 이스라엘 사람들과 하나님을 경외하는 사람들을 구분하여 부른다. 안디옥에서 행한 설교 중에 '하나님을 두려워 하는 사람들'이란 말이 두 번이나 나타난다(13:16 οἱ φοβούμενοι τὸν θεόν 13·26 ὑμῖν φοβούμενοι τὸν θεόν). '하나님을 두려워하는 사람'(경외하는 사람)이란 유대 개종자들과는 달리 유대적인 율법의 멍에를 지지도 않고 또한 할례도 받지 않았으면서 어느 정도 유대교를 신봉하는 이방인들을 말한다.

바울 일행이 회당에 갔을 때, 율법과 예언자의 글을 읽은 후에 회당장들은 사람을 보내어 "형제들아, 만일 백성을 권할 말이 있거든 말하라"(행 13:15)고 하니 바울이 선뜻 일어난다. 여기서 사용된 '권고의 말'(λόγος παρακλήσεως)은 성경을 해석해 주는 강해를 말한다. 오늘로 말하면 설교라 할 수 있다. παρακλήσεως(권고, 위로)란 단어는 사도행전 4장 36절에 바나바를 '위로의 아들'(υἱος παρακλήσεως)이라고 할 때 사용했던 동일한 용어다. 그렇다면 바나바를 '위로의 아들'이라고 번역한 것은 설교를 잘했던 사람이란 뜻으로도 해석할 수 있을 것이다. 진정한 위로와 권고는 하나님 말씀으로 주는

195) 김세윤, op.cit., p. 104.

설교와 강해밖에 없다.

헨헨에 의하면 "1세기의 회당예배는 쉐마와 (18개의 간구)기도, 사제의 축복, 율법과 – 모든 예배에서 그렇지는 않았지만 – 예언서 일부의 낭독, 그리고 그 지역 언어로 번역으로 이루어졌다. 회당 지도자는 누구든지 그것을 할 수 있는 유대인에게 그 말을 하도록 요청할 수 있었다." 물론 사람들은 의식 도중에 낯선 사람에게 그러한 말을 하겠는지 묻지 않았다. 단지 예배가 시작되기 전에 미리 물었다.[196] 문제는 그곳 회당장들이 어떻게 바울 일행에게 설교를 부탁할 수 있었을까 하는 점이다. 바울은 그들의 제안을 선뜻 받아들이고, 일어나서 손을 흔들고 말하기를 시작한다. 그리고 사도행전 13장 16-43절에 바울의 긴 설교가 소개된다.

바울의 회당 설교에서 특징은 모인 청중을 자기와 동일화(同一化)하는 용어를 많이 사용한다는 점이다. "이스라엘 동포 여러분"(행 13:16, 새번역) "하나님을 경외하는 사람들아"(행 13:16), "우리의 조상들"(17절), "아브라함의 가족의 아들들, 형제들아"(26절), 그리고 "하나님을 두려워하는 이들이여"(26절, 새번역). 이처럼 바울이 유대인들과 자기를 동일시하는 다양한 수식어를 사용하여 청중을 자기의 말 가운데로 끌어들인 경우는 거의 없다. 안디옥에 살고 있는 유대인들과 하나님을 경외하는 사람들에게 특별한 관심을 표현한 것으로 보인다.

사도행전 13장 17-21절은 하나님께서 자기 민족에게 베푸신 은혜와 사랑을 이야기한다. 이스라엘 역사를 간단하게 5개의 문장으로 표현한다. 1) 애굽 땅에서 나그네 된 그 백성을 높여 큰 권능으로 인도하여 내시고, 2) 광야에서 40년간 저희 소행을 참으시고, 3) 가나안 땅 일곱 족속을 멸하사 그 땅을 기업으로 주시고, 4) 기스의 아들

---

196) 헨헨, op.cit., p. 38. 회당장은 한 사람 내지 그 이상일 수 있다. 안디옥 회당에 회당장은 한 사람이 아니었을 것이다.

사울에게 40년간 왕권을 주셨다가 폐한 후 다윗을 왕으로 세우시고, 5) 다윗을 왕으로 세우시며 "내 마음에 합한 사람이라. 내 뜻을 다 이루게 하리라" 하신 것이다. 바울의 설교는 출애굽부터 시작하여 사사시대로, 그리고 사무엘과 사울을 거쳐 다윗에 이른다. 다윗의 이야기는 예수 그리스도에게로 연결된다. 하나님의 마음에 합한 분은 이 땅에 오신 예수 그리스도이시고, 예수님을 통하여 하나님이 이루기를 원하셨던 구원을 완성하셨다고 한다(행 13:26, 33) 여기서 다윗과 예수님은 '하나님의 마음에 합한 사람'이라는 점에서 대칭을 이루고 있다. 어떤 면에서 다윗과 예수 그리스도의 유형학(typology)이 성립되는 것일까?

하나님이 사울을 버리던 사건으로 돌아가 보자. 사무엘상 15장에서 가장 많이 사용하는 문구는 '들으라'는 말과 '듣지 않았다'는 말이다. 사무엘이 사울을 향하여 '여호와의 말씀을 들으라'(삼상 15:1)고 하고, 사무엘상 15장 10절에는 '명령을 따르지 않았다'고 한다. 또 15장 22절에는 '잘 들으라'고 하고, 15장 23절에는 사울이 '말씀을 버렸다'(듣지 않았다)고 한다. 15장 24절에 '말씀을 버렸다'고 반복한다. 결국 사울의 죄는 하나님의 말씀을 듣지 않은 데 있다. 그러므로 사울이 하나님의 말씀을 버렸기 때문에(듣지 않았으므로) 하나님께서 그를 버려 왕이 되지 못하게 하셨다(삼상 15:26).

다윗도 헷 사람 우리아의 아내를 빼앗음으로, 하나님의 '말씀을 업신여겼다'(삼하 12:10). 그러나 다윗은 하나님의 말씀을 버리지 않았다. 그는 하나님께로 돌아왔고, 마지막까지 하나님의 말씀대로 살려고 노력했다(행 13:22). 물론 예수님은 죄가 없으시다. 그리고 십자가를 지시기까지 하나님께 순종하여 하나님의 뜻을 다 이루신 분이다. 바울은 다윗과 예수님을 대비시키면서, 청중에게 하나님의 말씀을 따르지 않은 사울은 하나님으로부터 버림을 받았고, 말씀을 따른 다윗은 하나님의 사랑을 받았다는 사실을 기억하게 하고 있다.

사도행전 13장 26절에서 바울은 예수님이 하나님께서 우리에게 보내주신 '구원의 말씀'이라고 말한다. 그가 다메섹에서 만난 그리스도가 바로 말씀이었기 때문이 아닐까? 예수 그리스도를 믿는 것은 곧 말씀을 듣는 것이요, 믿는 것이다. 또 그 말씀이신 예수님은 배워야 하는 분이요, 따라야 하는 분이다. 사도행전 13장 26-27절에서 하나님을 경외하는 사람들에게 호소한다. 예루살렘에 사는 자들과 관리들이 예수와 및 안식일마다 선지자들의 말을 외우면서도 그 말씀을 깨닫지 못하고, 결국 예수를 정죄하고 죽여 예언자들의 말을 응하게 하였다고 한다.

'나무에서 내려다가'라는 표현이 사도행전에서 세 번이나 반복되어 나온다(행 5:30, 10:39, 13:29). 당시에 율법에 의하여 나무에 달려 죽은 자를 저주 받은 자라고 하는 유대인들의 주장을 반영하는 말이다(신 21:23 참조). 바울 자신도 회심하기 전에는 그렇게 생각하고 있었다(고전 12:3). 하나님께서 저주 받아 죽었다고 하는 예수를 죽은 사람들 가운데서 살리셨다고 선포한다. 이 일에 자기들이 증인이라고 말한다. 이것은 또한 불순종한 사람들은 사울의 후예가 되고, 순종하는 사람들은 다윗의 후손이란 사실을 암시하고 있다.

사도행전 13장 32-41절에서 바울은 예수 그리스도를 적극적으로 전파한다. 특별히 여기서는 예수님과 다윗의 차별화를 강조한다. 다윗이 하나님의 뜻을 따라 섬기다가 잠들어 조상들의 무덤에 묻혔고 이제는 다 썩어버렸지만, 예수님은 하나님이 살리시어 썩음을 당하지 아니하고 살아 계신다고 선포한다. 그러므로 율법으로는 구원을 얻지 못하지만 이 사람, 예수 그리스도를 믿는 자마다 의롭다 하심을 얻게 된다는 사실을 강조하면서 그들을 그리스도 안으로 초청하였다. 그리고 믿지 않는 자들은 멸망에 이른다는 사실을 예언자의 말을 인용하여 전한다. 또한 믿는 자마다 의롭다 하심을 받을 것이라고 전하면서, 믿지 못하는 자들에게 임할 심판을 경고한다. 사도행전 13장 21-23절에서 사울과 다윗을 대비(對比)한 것처럼 여기서는 말씀을 받아 구원받는 사람과 말씀을 버려서 멸망에 이르는 사람을 대비하였다.

바울의 설교는 회중에게 큰 감화를 주었다. 회당 모임이 끝나고 사람들이 나가면서 다음 안식일에도 말씀을 전해달라고 부탁하였다(행 13:42). 안디옥에는 '경건한 사람들'이 보이지 않는다. 많은 유대인과 유대교로 개종한 경건한 많은 사람들은 바울과 바나바를 따라갔다(행 13:43).[197] '따랐다'는 말을 '믿었다'는 말로 해석할 수 있을까? 이 단어는 복음서에서는 제자들이나 사람들이 예수님을 "따랐다"고 할 때 사용되었던 단어인데, 누가복음 9장 61절과 14장 27절은 예수님을 메시아로 인정하기 전에는 따를 수 없다는 의미로 사용되었다(8:12 참고).

또 두 사도가 따르는 자들에게 항상 하나님의 은혜 가운데 있으라 권한 것(행 13:43)을 보면, 그들이 바울이 전한 말씀을 듣고 은혜를 경험했다고 볼 수 있다. 그렇기 때문에 은혜 안에 머물러 있으라고 할 수 있었을 것이다. '있으라'는 말은 '거하다'(προσμένειν)는 단어와 동일한 단어이다. 그런데 사도행전에서 일관되게 표현하고 있는 그리스도인이 되는 과정을 볼 때, 누가가 이들이 믿었고, 세례를 받았다고 표현하지 않은 것은 아직 그리스도인으로 온전히 들어온 것은 아니라는 의미일 것이다.

---

197) ἠκολούθησαν(따랐다)는 ἀκολουθέω의 단순과거로서, 즉시 따랐다는 뜻이다. 단순하게 생각하면 그저 바울과 바나바를 따라갔다는 의미이다. 그러나 ἀκολουθέω란 동사가 복음서에서는 제자들이나 사람들이 예수님을 '따랐다'고 할 때 사용되었던 단어이다(눅 9:61, 14:27; 요 8:12). 시제(時制)도 단순과거형으로 일반적으로 따라갔다는 뜻으로만 해석할 수는 없다.

또 사도행전 13장 48절에 이방인들만이 하나님의 말씀을 받고 믿었다고 기록한 것을 보면, 유대인이나 개종자들 가운데 주께로 돌아온 자들은 없는 듯하다. 이렇게 보면 '따랐다'는 표현은 그들이 예수 그리스도를 통하여 믿는 자마다 의롭다 하심을 얻으라고 권하는 바울의 설교에 아주 강한 관심(a keener interest)을 보인 것으로 보는 게 좋을 것이다.[198] 그러나 분명한 것은 바울의 설교를 통하여 이방인들 중에서 듣고 기뻐하며 그리스도 교회 안으로 들어온 사람들이 있었다는 사실이다(행 13:48).

4. 이방인들이 듣고 기뻐하다(행 13:44-52)

> 44) 그 다음 안식일에는 온 시민이 거의 다 하나님의 말씀을 듣고자 하여 모이니 45) 유대인들이 그 무리를 보고 시기가 가득하여 바울의 말한 것을 반박하고 비방하거늘 46) 바울과 바나바가 담대히 말하여 이르되 하나님의 말씀을 마땅히 먼저 너희에게 전할 것이로되 너희가 그것을 버리고 영생을 얻기에 합당하지 않은 자로 자처하기로 우리가 이방인에게로 향하노라 47) 주께서 이같이 우리에게 명하시되 내가 너를 이방의 빛으로 삼아 너로 땅 끝까지 구원하게 하리라 하셨느니라 하니 48) 이방인들이 듣고 기뻐하여 하나님의 말씀을 찬송하며 영생을 주시기로 작정된 자는 다 믿더라 49) 주의 말씀이 그 지방에 두루 퍼지니라 50) 이에 유대인들이 경건한 귀부인들과 그 시내 유력자들을 선동하여 바울과 바나바를 박해하게 하여 그 지역에서 쫓아내니 51) 두 사람이 그들을 향하여 발의 티끌을 떨어 버리고 이고니온으로 가거늘 52) 제자들은 기쁨과 성령이 충만하니라

그 다음 안식일이 왔다. 온 시민들이 거의 다 하나님의 말씀을 듣고자 하여 모였다(행 13:44). 유대인들뿐 아니라 도시 전체 주민이 거의 다 하나님의 말씀을 듣고자 회당에 모였다. '하나님의 말씀'을

---

198) John B. Polhill, The New American commentary, Vol.26(Acts).1992. p. 306. Bruce, op.cit., p. 264.

듣기 위해 모였다는 것을 누가는 강조한다. 지난번 회당에서 바울이 했던 설교에 온 도시가 큰 감동을 받았던 것으로 보인다. 그러나 이방인들이 바울의 설교를 듣기 위하여 회당에 들어온 것은 유대인들에겐 큰 위협으로 느껴졌을 것이다. 사도 바울이 설교하는 것에 의하여 비유대인들이 율법을 수용함이 없이 하나님의 백성에 접근하는 길을 얻는다면 유대교는 정체성을 상실하게 될 것이기 때문이다.

드디어 유대인들의 방해가 시작되었다. 그들은 시기가 가득(충만)했다. 13장 9절에 바울은 '성령 충만', 13장 10절에는 거짓과 악행이 가득한 '충만한' 자, 엘루마를 언급한다. 사람은 무엇인가로 채워져야 하는 존재이다. 성령으로 충만할 것인가, 거짓과 악행과 시기로 충만할 것인가? 바울이 갈라디아서에서 말한 성령의 열매와 육체의 열매를 생각나게 한다(갈 5:19-21, 22-23).

그들은 악의에 찬 감정으로 바울의 설교를 반박하였고(행 13:45), 바울을 비방하기 시작하였다. 'βλασφημέω'(비방하다)의 분사를 사용하여 계속하여 '비방하고 중상했다'는 것을 말한다. 그러나 바울과 바나바는 물러서지 않고 담대히 비장한 선언을 한다. "하나님의 말씀을 마땅히 먼저 너희에게 전할 것이로되 너희가 그것을 버리고 영생을 얻기에 합당하지 않은 자로 자처하기로 우리가 이방인에게로 향하노라"(행 13:46).

유대인들은 하나님의 말씀을 거부하고 반대하여 스스로 영생을 포기한 것이다. 그렇기에 이방인에게 갈 수밖에 없다고 한다. 베드로가 고넬료의 집에 성령이 임하심을 보고 "그러면 하나님께서 이방인에게도 생명 얻는 회개를 주셨도다 하니라"(행 11:18)고 했는데, 이제부터는 본격적으로 이방인에게 복음을 전하겠다고 선언한 것이다. 바울은 이사야 49장 6절을 인용한다. 이 말씀은 예수님께서 일찍이 자신에게 인용하셨던 말씀이다(눅 2:32). "내가 또 너를 이방의 빛으로 삼아 나의 구원을 베풀어서 땅 끝까지 이르게 하리라".

누가는 바울의 설교를 들은 이방인들의 반응이 유대인들과는 아주 다른 모습을 보이고 있음을 이야기한다(행 13:48). 유대인은 하나님의 말씀을 버리고 영생 얻음에 합당하지 않은 자로 자처하게 되었다. 그러나 이방 사람들은 이 말을 듣고 기뻐하며, 주님의 말씀을 찬양하였고, 영원한 생명을 얻도록 정하신 사람은 다 믿었다고 한다(43절과 48절의 비교). 그리고 그 말씀은 온 지방에 퍼져나갔다고 전한다(행 13:48). "영생을 주시기로 작정된 자는 다 믿더라"(행 13:48). 이방인의 큰 무리가 믿기로 작정한 것은 아닌 것 같다. 누가는 자기들 스스로 믿게 되었다고 말하지 않고, 하나님께서 작정한 사람들이 믿었는데, '작정된 자'라는 표현을 통하여 적은 수가 믿었다는 것을 암시하고 있다.

유대인들은 예수님으로부터 떠남으로 자신들을 정죄하고, 자기들이 영원한 생명을 얻을 만한 가치가 없다는 것을 명백하게 했다. 반면 사도들의 임무는 하나님의 말씀이 유대인들에게만 한정되지 않고 그리스도께서 구원을 주시는 모든 사람들에게 분배되는 것임을 분명히 했다.[199] 그리고 사도들은 선지자들이 말한 대로, 이방의 빛으로 땅 끝까지 예수 그리스도의 구원을 전하는 자라는 사실을 다시 한번 확인하게 되었다.

비시디아 안디옥 교회는 유대인들과 개종자들 중에서 주께로 돌아온 사람들과 이방인들을 중심으로 세워졌다(행 13:43, 48). 이런 모습을 본 유대인들이 경건한 귀부인들과 그 시내 유력자들을 선동하

---

199) Adolf Schlatter, Die Apostelgeschichte(사도행전 강해), 종로서적, 1994, p.171.

여 바울과 바나바를 박해하도록 했다. 그리고 그들을 그 지역에서 쫓아냈다. 두 사람은 발의 티끌을 떨어버리고 이고니온으로 갔다. 이곳에서는 사도가 당한 고난이 축소되어 보도되고 있다. 바울 자신이 이 사실을 피한 것과 마찬가지로 누가도 고난을 과대하게 서술하는 일을 경계한 것 같다.

안디옥은 로마의 법률로써 관리되고 있는 지역이었기 때문에 아마도 바울과 바나바를 도시로부터 추방한 박해는 도시 당국자에 의한 처벌로 보는 것이 타당하다.[200] 아마도 사태는 아주 위급하였을 것이고, 도시의 관리들이 유대인에게 폭동을 일으켜도 눈감고 있겠다고 하는 확약을 은밀히 주어, 사도들을 폭력으로 쫓아내더라도 처벌하지 않고 내버려 두었을 것으로 추측된다. 그러나 바울의 전도로 예수님을 메시아로 받아들인 제자들은 기쁨과 성령이 충만하였다(행 13:52; 참고 6:8, 39)

바울과 바나바는 발의 티끌을 떨어버리고 이고니온으로 떠난다(행 13:51). 그런데 거기에 '제자들'이 생겼다. 이들은 기쁨과 성령의 충만함으로 그곳을 섬기게 되었을 것이다(행 13:52). 사도 바울은 예수님께서 '받아들이지 않으면 발의 먼지까지도 털어버리라'고 하신 말씀을 바나바와 함께 실천하였다.

5. 이고니온에서 복음을 전하다(행 14:1–28)

1) 이에 이고니온에서 두 사도가 함께 유대인의 회당에 들어가 말하니 유대와 헬라의 허다한 무리가 믿더라 2) 그러나 순종하지 아니하는 유대인들이 이방인들의 마음을 선동하여 형제들에게 악감을 품게 하거늘 3) 두 사도가 오래 있어 주를 힘입어 담대히 말하니 주께서 그들의 손으로 표적과

200) Ibid, p. 172.

기사를 행하게 하여 주사 자기 은혜의 말씀을 증언하시니 4) 그 시내의 무리가 나뉘어 유대인을 따르는 자도 있고 두 사도를 따르는 자도 있는지라 5) 이방인과 유대인과 그 관원들이 두 사도를 모욕하며 돌로 치려고 달려드니 6) 그들이 알고 도망하여 루가오니아의 두 성 루스드라와 더베와 그 근방으로 가서 7) 거기서 복음을 전하니라 8) 루스드라에 발을 쓰지 못하는 한 사람이 있어 앉아 있는데 나면서 걷지 못하게 되어 걸어 본 적이 없는 자라 9) 바울의 말하는 것을 듣거늘 바울이 주목하여 구원 받을 만한 믿음이 그에게 있는 것을 보고 10) 큰 소리로 이르되 네 발로 바로 일어서라 하니 그 사람이 일어나 걷는지라 11) 무리가 바울이 한 일을 보고 루가오니아 방언으로 소리 질러 이르되 신들이 사람의 형상으로 우리 가운데 내려오셨다 하여 12) 바나바는 제우스라 하고 바울은 그 중에 말하는 자이므로 헤르메스라 하더라 13) 시외 제우스 신당의 제사장이 소와 화관들을 가지고 대문 앞에 와서 무리와 함께 제사하고자 하니 14) 두 사도 바나바와 바울이 듣고 옷을 찢고 무리 가운데 뛰어 들어가서 소리 질러 15) 이르되 여러분이여 어찌하여 이러한 일을 하느냐 우리도 여러분과 같은 성정을 가진 사람이라 여러분에게 복음을 전하는 것은 이런 헛된 일을 버리고 천지와 바다와 그 가운데 만물을 지으시고 살아 계신 하나님께로 돌아오게 함이라 16) 하나님이 지나간 세대에는 모든 민족으로 자기들의 길들을 가게 방임하셨으나 17) 그러나 자기를 증언하지 아니하신 것이 아니니 곧 여러분에게 하늘로부터 비를 내리시며 결실기를 주시는 선한 일을 하사 음식과 기쁨으로 여러분의 마음에 만족하게 하셨느니라 하고 18) 이렇게 말하여 겨우 무리를 말려 자기들에게 제사를 못하게 하니라

비시디아 안디옥에서 박해를 받고 떠나온 바울과 바나나는 이웃 도시인 이고니온으로 갔다. 이고니온은 안디옥으로부터 동쪽으로 140km 떨어져 있는 도시로서 루가오니아 지방의 수도이다. 토지가 비옥하여 농경 지역의 중심지이기도 하다. 두 사람은 다시 회당을 찾아간다(행 14:1). 발에 티끌을 떨어버리고(51절), 이방인에게로 간다던(46절) 바울과 바나바가 다시 유대인의 회당을 찾은 이유는 무엇일까? 이방인들을 상대로 복음을 전한다는 것은 유대인을 버렸다는 것을 의미하지 않는다. 누가는 수개월 또는 수년간의 사역을 사도행

전 14장 1-7절에 보기 좋게 압축해 놓았다. 회당에서 복음을 전할 때, 유대와 헬라의 아주 많은 무리(πολὺ πλῆθος)가 그 말씀을 듣고 믿었다(행 14:1). 말씀을 듣고 믿었다는 말과 14장 2절의 '순종하지 아니한 유대인'이란 말이 대조를 이룬다. '헬라의 무리'란 '하나님을 두려워하는 사람들'을 말한다.

누가는 두 사도가 '오래 있어'(ἱκανὸν μὲν οὐν χρόνον, 14:3) 주를 힘입어 담대히 말했다고 했는데, 그 기간이 얼마나 되는지 정확히 알 수는 없다. 결코 짧지 않은 세월이었을 것이다. 한 곳에 오래 거주하면서 사람들에게 복음을 가르쳤다는 것을 암시하는 말이다. 윌리엄은 "우리는 데오빌로의 시대와 우리 시대의 교회를 향하여 무언가를 말하고 행동하도록 의미하고 있는 한 권의 신학서를 읽고 있는 것이지, 바울의 여행 일지를 읽고 있는 것은 아니다"고 말한다.[201]

바울과 바나바는 하나님의 말씀을 대적하는 무리들의 방해에도 불구하고 이고니온에서 오래 머물며 복음을 전했다. 그 말씀을 거부하고 순종치 아니하는 유대인들이 이런 결과에 대하여 악한 감정을 품고 이방인들을 선동하여 두 사도를 그 지역에서 쫓아내려 하였다(행 14:5). 브루스(Bruce)는 '이방인'이란 이고니온의 행정 책임자와 시민 단체를 가리킨다고 본다.[202] 그러나 쉽게 물러날 바울이 아니다. 그곳에 오래 머물면서 도리어 담대히 복음을 전했다. '담대히'란 말은 항상 성령 충만과 관계되어 나온다(행 4:31, 9:29, 13:46, 14:3). 그래서 여기서도 주를 의지하여 담대히(παρησιαζόμενοι, παρησιάζομαι의 분사) 말했다고 한다. 그러므로 '담대히'라는 말 다음에 기적과 표적이 따르는 것은 당연하다.

---

201) 윌리엄, op.cit., p. 193.
202) Bruce, op.cit., p. 271.

주의 은혜의 말씀(τῷ λόγῳ)을 담대하게 전파하는 동안 그 시내 무리는 둘로 나뉘었다(행 14:4). 유대인을 따르는 자도 있고, 두 사도를 따르는 자도 있었다. 마침내 이방인과 유대인과 그 관리들이 두 사도를 모욕하며 돌로 치려고 달려들었다. '관리들'이란 누구를 말하는가? 어떤 학자들은 이고니온의 관리들이라고 한다. '그 관리'(ἄρχουσν)는 ἄρχων의 복수로 통치자 또는 군주를 말한다. 박창환은 이고니온의 군주와 유대 공동체의 지도자들이라고 번역했다.[203] 복음서에서 이 단어는 회당의 관리들을 지칭하기도 했다(마 9:18, 23; 눅 8:41, 12:58, 18:18). 이렇게 보면 유대 회당의 관리를 말하는 것으로 해석할 수도 있다.

이제는 이방인과 유대인 그리고 유대 관리들이 연합하여 두 사도를 능욕하며 돌로 치려 하였다. 누가는 주저하면서도 돌에 맞은 사건을 간략하게 기록했다. 왜냐하면 그의 이야기는 바울이 당한 고난에 관한 것을 위주로 하지 않고, 온갖 장벽들을 부수고 모든 장애물들을 이겨낸 복음의 능력을 위주로 하고 있기 때문이다. 핍박과 폭력은 다시 한번 많은 사람을 제자로 삼는 데 기여했을 뿐이다(21절).

그들은 위급한 상황을 알았다. 그리하여 도망하여 루가오니아의 두 성 루스드라와 더베와 그 근방으로 가서 거기서 또 복음을 전했다(행 14:7). 루스드라는 이고니온 남서쪽으로 32km 떨어진 곳이고, 더베는 루스드라로부터 남동쪽으로 30km 떨어져 있는 도시이다. 그러니까 루스드라를 중심으로 서쪽에 이고니온이 있고, 남동쪽으로 더베가 있다. 이고니온으로부터 바울과 바나바는 루스드라로 간다. 루스드라와 더베뿐 아니라 그 근방 지역을 두루 다니며 복음을 전했다.

사도행전 14장 8-20절을 보면 루스드라에서 나면서부터 앉은뱅이

---

203) 박창환 사역, op.cit., p. 375.

되어 걸어본 적이 없는 사람을 만난다. 이 사람은 거지가 아니다. 그날 바울이 설교하는 자리에 나온 사람이다. 바울은 설교하면서 그가 구원받을 만한 믿음이 있는 것을 보았다. 어떻게 그 사람이 구원받을 믿음이 있는 것을 알았을까? 9절에 '들었다'는 말과 '주목하다'는 단어가 나온다. '들었다'(ἤκουσεν)는 말은 '듣다'(ἀκούω)의 미완료과거로서, 단지 듣는 행위만을 의미하는 게 아니라 들려온 내용을 정신적으로 이해하고 수용하는 것까지 포함한다. 그는 그 말씀을 수용하는 정신으로 처음부터 끝까지 경청하였다.[204] 바울은 그를 '주목했다'(ἀτενίσας). 이는 ἀτενίζω의 단순과거 분사로 바울이 그 사람을 처음부터 조사하듯이 관찰했다는 뜻이다.

그리하여 큰 소리로 "네 발로 일어서라"(행 14:10)고 명령한다. 그 사람이 껑충 뛰어 일어났다. 일어났다는 동사는 '뛰어 일어나다'(ἅλλομαι)의 단순과거이다. 그리고 걸어다녔다는 περιπατέω의 미완료과거이다. 마치 성전 미문에서 베드로에 의하여 뛰어 일어났던 앉은뱅이처럼 일어나, 이미 걸어다녔던 것(περιπατέω, 행 3:8)처럼 계속해서 걸었다. 성령의 능력은 베드로에게와 바울에게 똑같이 역사하셨다. 누가는 이런 표현을 함으로써 바울의 사도성을 보여주려 한 것으로 여겨진다.

이 모습을 본 사람들은 신들이 내려왔다고 고함을 지르며, 바나바는 제우스(Zeus)라 하고, 바울은 헤르메(Hermes)라고 하며 두 사람 앞에서 제사를 드리려고 했다(행 14:13). 제우스(Zeus)를 로마인들은 주피터라고 하는데, 주피터(Jupiter)는 모든 신들 중 가장 으뜸인 주신(主神)을 말한다. 로마가 지배하던 모든 도시 중앙에는 주피터 신전이 있다. '헤르메스'란 해석과 능변과 행운의 신으로 이 말에서 hermeneutics

---

204) John B. Polhill, op.cit., p. 313.

(해석학)이란 말이 나왔다. 헤르메스는 로마인들의 머큐리(Mercury)에 해당하는 신이다. 바울이 말을 했기 때문에 헤르메스라고 했다.

동양에서는 지도자란 가만히 앉아서 아무 일도 하지 않는 사람이다. 마찬가지로 동양의 종교들에서 주신(主神)은 세상과 거리를 두고 보좌에 앉은 채로 사자(使者)와 부하들을 통해 세상과 의사 소통을 한다. 그러므로 보다 점잖고 위엄 있는 모습을 한 바나바가 동양인들에게 주신(主神)으로 간주되고, 적극적인 웅변가인 바울은 주신의 뜻을 인간에게 전하는 사자로 간주되었을 것이다.[205)]

성 밖 제우스 신당의 제사장은 소와 화환들을 가지고 대문 앞에 와서 무리와 함께 제사하려고 하였다. 바울과 바나바는 그 소리를 듣자마자(ἀκούω의 단순과거, 능동 분사) 자기들의 옷을 찢고(διαρρήγνυμι의 단순과거, 능동 분사) 군중 속으로 달려 들어가서(ἐκπηδάω의 단순과거, 뛰어 들어가다) 소리쳤다(κράζω의 분사, 행 14:13). "여러분이여, 어찌하여 이러한 일을 하느냐. 우리도 여러분과 같은 성정을 가진 사람이라." 단순과거 분사형이 계속된다. 그리고 마침내 계속해서 소리를 쳤다. 한순간의 여유도 주지 않는 단호한 거절이다. 그리고 그 기회를 이용하여 하나님을 소개한다.

루스드라에는 '하나님을 경외하는 자들'이 없었다. 그런 청중에게는 이스라엘 역사를 통하여 나타난 하나님의 큰 일들과 예언의 말씀들은 아무런 의미가 없다. 그래서 바울은 그들에게 창조주 하나님에 대한 복음을 강조하여 전하였다. 우리가 "여러분에게 복음을 전하는 것은 이런 헛된 일을 버리고 천지와 바다와 그 가운데 만물을 지으신 살아 계신 하나님을 전하는 것이요, 그분에게 돌아오게 하기 위하여 복음을 전하는 것"이라고 말한다(행 14:15).

---

205) Ramsay, op.cit., p. 89.

그 지역 사람들이 섬기는 신들은 인간이 만든 신들이다. 바나바와 바울을 신으로 만들듯이 말이다. 그러나 바울이 전하는 하나님은 그런 신들이 아니고, 천지와 바다를 만드신 하나님이시고, 그 가운데 만물을 지으신 지금도 살아 계시는 유일하신 하나님을 선포한 것이다. 이런 하나님은 알 수 없는 신으로 감춰져 있는 신이 아니라 "하늘로부터 비를 내려주시고, 열매맺는 계절들을 주시고, 먹거리를 주시고, 여러분의 마음을 기쁨으로 채워주고 계시기 때문에, 그분은 여러분을 좋게 해주시는 분이라는 증거를 남기지 않으신 것이 아니었습니다"(행 14:17, 박창환 역).

가나안의 신인 바알과 아세라나 소아시아의 신인 에베소의 아데미 여신은 풍요(豊饒)의 신들이다. 또 이들이 제사하려고 했던 제우스나 헤르메스는 사실상 인간들과 별 관계가 없는 신들이다. 이러한 신들을 섬기는 사람들에게 바울은 하늘로부터 비를 내려주시고 열매를 맺게 하시는 분은 거짓 신들이 아니라 바로 하나님이신 것을 분명하게 지적해 준다. 그리고 그 하나님은 인간과 관계가 없이 존재하는 분이 아니라 천지와 바다를 지으시고, 우리 인간을 이 땅에 내신 하나님이라고 선언한다. 바울의 로마서 1장 18-23절의 설교가 귀납법으로 하나님을 증거했다면 본문의 설교는 연역법으로 증거했다.

바울은 그들이 자신들을 신으로 경배하려는 것을 단호하게 거절하고 창조주 하나님을 선포했다. 바울은 자신은 그리스도의 종이란 사실을 언제나 그의 편지 앞에 쓴다(롬 1:1).[206] 오늘날 어떤 사람들은 은근히 이처럼 신(神)적 대접을 받고자 한다. 어느 주석가는 이렇게

206) "예수 그리스도의 종 바울은 사도로 부르심을 받아"(롬 1:1상). 이 글에서 그가 천명하듯이 그리스도의 종이 그의 본질이다. 그리고 사도는 종으로서 사도로 보냄을 받은 것이지, 사도란 직책이 결코 종이라는 자기 정체(正體) 앞에 결코 나설 수 없다는 것을 밝힌다.

말한다. "이 방법은 능력과 유명세를 얻는 데 가장 쉬운 길이다. 그리고 박해를 받고 돌팔매의 좁은 길을 피하는 가장 좋은 방법이다. 그러나 이것은 선지자들을 파멸케 하는 길이다." 그러면서 "사람들이 선지자를 도우려면 그들이 영광의 관을 받아들이지 않도록 그들을 위해 기도해야 한다."

6. 루스드라에서 돌에 맞은 바울(행 14:19-28)

> 19) 유대인들이 안디옥과 이고니온에서 와서 무리를 충동하니 그들이
> 돌로 바울을 쳐서 죽은 줄로 알고 시외로 끌어 내치니라 20) 제자들이
> 둘러섰을 때에 바울이 일어나 그 성에 들어갔다가 이튿날 바나바와 함께
> 더베로 가서 21) 복음을 그 성에서 전하여 많은 사람을 제자로 삼고 루스드
> 라와 이고니온과 안디옥으로 돌아가서 22) 제자들의 마음을 굳게 하여
> 이 믿음에 머물러 있으라 권하고 또 우리가 하나님 나라에 들어가려면
> 많은 환난을 겪어야 할 것이라 하고 23) 각 교회에서 장로들을 택하여
> 금식 기도 하며 그들이 믿는 주께 그들을 위탁하고 24) 비시디아 가운데로
> 지나가서 밤빌리아에 이르러 25) 말씀을 버가에서 전하고 앗달리아로 내
> 려가서 26) 거기서 배 타고 안디옥에 이르니 이 곳은 두 사도가 이룬 그
> 일을 위하여 전에 하나님의 은혜에 부탁하던 곳이라 27) 그들이 이르러
> 교회를 모아 하나님이 함께 행하신 모든 일과 이방인들에게 믿음의 문을
> 여신 것을 보고하고 28) 제자들과 함께 오래 있으니라

유대인들이 안디옥과 이고니온에서 왔다(행 13:45, 14:2, 5). 안디옥에서 루스드라까지는 170km이나 되고, 이고니온에서 루스드라까지는 42km가 된다. 이들이 그처럼 먼 곳으로부터 와서 루스드라 사람들을 선동하여 바울을 죽이려고 한 광기는 대단한 것이라 하겠다. 그들은 바울이 살아서 일하고 있는 한 바울이 세운 교회도 사라지지 않을 것이고, 교회가 사라지지 않는 한 유대교는 위협을 받으리라고 생각했을 것이다. 그렇기 때문에 바울을 추방할 수 없다면 죽이는

길밖에 없다고 생각했을 것이다.[207]

마침내 그 무리들은 바울을 돌로 쳐 죽였다. 어떤 학자들은 그들이 돌로 쳤다는 것은 그들의 유대인의 사형법에 의하여 바울을 처형했다는 말이라고 한다. 그러나 그렇게 주장할 근거는 없다.[208] 바울은 죽었다(행 14:19). '죽었다'(τεθνηκέναι)는 ἀποθνήσκω의 현재완료 부정사로서 죽어 있었고, 그들은 바울이 죽었다고 알고 있었다. 그리고 그 시체를 성 밖에 버렸다. 그러나 그는 죽지 않았다. 제자들이 바울의 시체를 빙 둘러싸고 슬피 울고 있는 가운데서 바울은 아무 일 없다는 듯이 일어났다. 그리고 더베로 떠난다(행 14:20). 바렛(Barrett)은 "이것은 그리스도의 영웅들이 여행하는 길들은 바로 십자가의 길이란 점을 분명히 밝혀 주었다"고 했다.[209]

그런 몸으로 더베에서 복음을 전한다는 것은 불가능하다. 얼마 동안 더베에 머물렀는지는 모른다. 그러나 그곳에서 많은 제자를 얻었다(21절). 주 이름을 위하여 많은 고난을 받아야 한다고 하셨던(행 9:16) 다메섹에서 만난 예수님을 기억했을 것이다. 이전에 예수 그리스도를 박해했던 자신이 이제는 그리스도를 위하여 고난을 받는다는 사실에 더욱 감사하면서 복음을 전했을 것이다. 그렇기 때문에 돌로 맞은 자기 몸을 돌보지 않고 가는 곳마다 기쁨으로 복음을 전했다.

바울의 선교 여정을 보면, 가는 곳마다 반대와 박해가 일어났다. "유대인들이 이방인들의 마음을 선동하여 형제들에게 악감정을 품

207) Adolf Schlatter, op.cit., p. 176.

208) 행 14:19, '돌로 치다'라는 λιθάζω의 단순과거 분사인 λιθάζωσαντες는 일반적인 형벌인 '돌을 던지다'는 뜻이다. 행 7:58, λιθοβολέω의 미완료 과거형인 ἐλιθοβόλουν은 돌로 쳐 죽이다는 뜻으로 사용되는 단어이다.

209) Barrett, "Theologia Crucis-in Acts," Tübingen, 1979, p. 79. Bruce, op.cit., p. 280에서 재인용.

게 하였다"(행 14:2), "이방인과 유대인과 그 관리들이 두 사도를 모욕하며 돌로 치려고 달려들었다"(5절), 드디어 사람들이 바울을 돌로 쳐 죽였다(19절). 바울 사도가 선교하면서 당한 어려움을 열거해 보면 반대, 불복종, 미워함, 폭동 일으킴, 돌에 맞음 등 실로 다양하고도 견디기 어려운 반대들이었다.

그런데 여기서 앞으로 자기 선교에 큰 역할을 감당할 디모데를 만날 것이란 사실을 바울은 기대하지 못했을 것이다. 그런 바울의 모습을 보며 장차 가장 사랑하는 제자가 될 한 사람이 자라고 있었다(행 16:1-2). 바울은 다시 루스드라와 이고니온을 거쳐 안디옥으로 간다. 이고니온과 안디옥은 자기를 죽이려고 돌을 던졌던 유대인들이 사는 곳이다. 그런데도 그곳으로 들어간다. 거기에서 복음을 받고 그리스도인이 된 제자들을 만나서 마음을 굳게 하여 믿음에 머물러 있으라고 권했다. '머물다'는 μένω라는 동사로 예수님께서 포도나무 비유에서 '내 안에 거하라'고 하신 말씀(요 15:4, 5, 7, 9)이고, 안디옥 교인들에게 바나바가 권고했던 말이다. 동시에 "하나님 나라에 들어가려면 많은 환난을 겪어야 할 것"(행 14:22)을 가르쳤다. 또 그곳에서 한 일은 각 교회에 장로들을 세우는 일이었다. 장로들을 택하여, 금식 기도 하며 그들이 믿는 주께 그들을 위탁한다.

바울과 바나바의 복음 전파로 그곳에 교회들이 세워졌다. 그리고 그런 어려움에서 교회가 존재하고 성장하기 위해서는 지도자가 필요하다는 것을 인식한 사도들은 그곳 교회들에 장로들을 세운다. 또 그곳에는 이미 교회의 지도자가 되기에 합당한 그리스도인들이 있었다는 것도 전제한다. 장로들은 그곳 교인들에게 말씀을 따라 살도록 권고하며 지도해 주고, 앞으로의 교훈을 주는 역할을 하므로 교회를 견고하게 세워나가는 역할을 했다.[210] 에베소 장로들에게 준 교훈에서 그 의미는 더욱 확실해진다(행 20:28-35 참고).

루스드라에 들어와서 바울의 선교사역에 뭔가 달라진 게 있다(행 14: 8-19). 여기에는 회당에서 설교했다는 말이 없다. 루스드라와 더베에서는 회당이 아닌 개방된 광장에서 순전한 이방인 청중 앞에서 설교한다. 이렇게 보면, 바울 사도에게서 세 가지 선교 원칙이 여기서부터 세워진 것을 알 수 있다. 1) 대도시를 중심으로 선교하되, 그곳을 통하여 마을과 소도시에 복음을 전파한다. 2) 마음이 열린 곳에 우선으로 선교한다. 이것은 예수님이 가르쳐 주신 전략과 동일하다. 3) 한 지역에 교회를 세우고, 영혼을 하나라도 잃지 않기 위하여 신자들을 철저히 훈련하고, 일꾼들을 세워 신중하게 교회를 돌보도록 한다. 그리고 사도들은 그들을 반대하는 세력들을 보면서, 자기들이 자리를 옮겨야 할지, 말아야 할지를 판단한다.

바울 일행은 비시디아 가운데로 지나서 밤빌리아에 이르러 버가에서 말씀을 전한다. 그리고 앗달리아 항구에서 배를 타고 수리아 안디옥으로 행선한다. 수리아 안디옥은 하나님의 은혜에 몸을 내맡기고 이방 선교를 출발했던 곳이다. 그들은 1차 선교 여행을 다 마치고 돌아왔다. 복음을 전하고 돌아온 바울과 바나바는 교인들에게 그동안 선교지에서 하나님께서 자기들과 함께 행하신 모든 일들과 하나님께서 이방 사람들에게 믿음의 문을 열어주신 것을 보고하였다. 바울과 바나바가 여행을 마치고 얻은 결론은 하나님께서 이방인들에게 '믿음의 문'을 열어주셨다는 것이고, 그것은 하나님께서 자기들이 하는 모든 일에 함께하셨다는 것이었다. 그리고 여기서도 제자들과 함께 오랫동안(οὐκ ὀλίγον, no little time) 지냈다. 네일(Neil)은 아마 1년 정도(AD 48-49) 함께 지냈을 것이라고 한다.[211]

---

210) Bruce, Ibid, p. 280.
211) Neil, op.cit., p. 167.

7. 첫 번째 예루살렘 회의(행 15:1-21)

1) 어떤 사람들이 유대로부터 내려와서 형제들을 가르치되 너희가 모세
의 법대로 할례를 받지 아니하면 능히 구원을 받지 못하리라 하니 2) 바울
과 및 바나바와 그들 사이에 적지 아니한 다툼과 변론이 일어난지라 형제들
이 이 문제에 대하여 바울과 바나바와 및 그 중의 몇 사람을 예루살렘에
있는 사도와 장로들에게 보내기로 작정하니라 3) 그들이 교회의 전송을
받고 베니게와 사마리아로 다니며 이방인들이 주께 돌아온 일을 말하여
형제들을 다 크게 기쁘게 하더라 4) 예루살렘에 이르러 교회와 사도와
장로들에게 영접을 받고 하나님이 자기들과 함께 계셔 행하신 모든 일을
말하매 5) 바리새파 중에 어떤 믿는 사람들이 일어나 말하되 이방인에게
할례를 행하고 모세의 율법을 지키라 명하는 것이 마땅하다 하니라 6)
사도와 장로들이 이 일을 의논하러 모여 7) 많은 변론이 있은 후에 베드로
가 일어나 말하되 형제들아 너희도 알거니와 하나님이 이방인들로 내 입에
서 복음의 말씀을 들어 믿게 하시려고 오래전부터 너희 가운데서 나를
택하시고 8) 또 마음을 아시는 하나님이 우리에게와 같이 그들에게도 성령
을 주어 증언하시고 9) 믿음으로 그들의 마음을 깨끗이 하사 그들이나
우리나 차별하지 아니하셨느니라 10) 그런데 지금 너희가 어찌하여 하나님
을 시험하여 우리 조상과 우리도 능히 메지 못하던 멍에를 제자들의 목에
두려느냐 11) 그러나 우리는 그들이 우리와 동일하게 주 예수의 은혜로
구원받는 줄을 믿노라 하니라 12) 온 무리가 가만히 있어 바나바와 바울이
하나님께서 자기들로 말미암아 이방인 중에서 행하신 표적과 기사에 관하
여 말하는 것을 듣더니 13) 말을 마치매 야고보가 대답하여 이르되 형제들
아 내 말을 들으라 14) 하나님이 처음으로 이방인 중에서 자기 이름을 위할
백성을 취하시려고 그들을 돌보신 것을 시므온이 말하였으니 15) 선지자들
의 말씀이 이와 일치하도다 기록된 바 16) 이 후에 내가 돌아와서 다윗의
무너진 장막을 다시 지으며 또 그 허물어진 것을 다시 지어 일으키리니
17) 이는 그 남은 사람들과 내 이름으로 일컬음을 받는 모든 이방인들로
주를 찾게 하려 함이라 하셨으니 18) 즉 예로부터 이것을 알게 하시는
주의 말씀이라 함과 같으니라 19) 그러므로 내 의견에는 이방인 중에서
하나님께로 돌아오는 자들을 괴롭게 하지 말고 20) 다만 우상의 더러운
것과 음행과 목매어 죽인 것과 피를 멀리하라고 편지하는 것이 옳으니
21) 이는 예로부터 각 성에서 모세를 전하는 자가 있어 안식일마다 회당에
서 그 글을 읽음이라 하더라

소아시아 중심 지역에 복음을 전하고 돌아온 바울과 바나바는 안디옥에 돌아와 교인들에게 그동안의 선교 보고를 하고 그곳 제자들과 함께 한동안을 지냈다. 그러던 중 유대로부터 내려온 몇 사람이 교인들을 가르친 내용에 대하여 문제를 일으켰다. 사도행전 15장 24절에 의하면, 이들은 예루살렘 교회의 지도자인 야고보가 보낸 자들이다. 그들은 바나바와 바울이 가르친 교훈과는 달리 이방 크리스천도 모세의 습관대로 할례를 받지 않으면 구원받을 수 없다고 가르친 것이었다. 다시 말하면 그리스도인이 되려면 유대교의 문을 통과해 들어와야 한다고 고집한 것이다.

크리스천이 되기 전에 먼저 할례를 받아서 유대인이 되어야 하는가에 대한 다툼과 변론을 사도행전 8장에서부터 14장까지 다루어 왔다. 그리고 누가의 결론은 성령께서 그 장벽을 허무셨다는 것이었다. 그런데 유대에서 내려온 사람들은 이 심각한 문제를 원점으로 되돌리려 하고 있는 것이다.[212] 이로써 이방인 선교의 최초 단계를 끝낼 때 얻었던 그 기쁨과 평화(13:1-14:28)는 깨지고 말았다. 할례를 받고 모세의 율법 전체를 지켜야 한다는 주장은 기독교를 이스라엘 전체 국가 안에 자리잡은 분파들 가운데 하나에 불과하다고 생각한 결과이다. 결국 기독교인이 되기 전에 유대교인이 되어야 한다는 주장이었다.[213]

---

212) "알렉산드리아 필로(Philo of Alexandria)와 같은 진보주의자까지를 포함한 대부분의 유대인들은 역시 할례를 필수적인 의식으로 생각하였다"고 전한다 (Bruce, 초대기독교역사, p. 132).

213) Bruce는 사도행전 15:1의 문제는 단지 안디옥교회에서의 혼란만이 아니라 바울과 바나바가 방문했던 소아시아 지방에까지 영향을 미친 중대한 사건이라고 한다. "비시디아의 안디옥, 이고니온, 루스드라, 더베 등 유대파 기독교인들이 이 교회들을 찾아가서는 그리스도를 향한 신앙 외에도 할례를 받고, 유대교의 의식법들을 다 지켜야 한다고 역설하였다. 아직 순진하고 어린 교회들은 그들의 가르침에 쉽사리 미혹되는 것이 보통이었다. 이 소식이 바울에게 들리자 그가 갈라디아 지방의 교인들 앞으로 급히 보낸 편지가 갈라디아서라고 한다"(초대기

람세이는 안디옥에서의 분쟁은 세 가지 전거에 의해 일어났다고 한다. 1) 사도행전 15:1; "어떤 사람들이 유대로부터 내려와서 형제들을 가르치되 너희가 모세의 법대로 할례를 받지 아니하면 능히 구원을 받지 못하리라." 2) 사도행전 15:24; "들은즉 우리 가운데서 어떤 사람들이 우리의 지시도 없이 나가서 말로 너희를 괴롭게 하고 마음을 혼란하게 한다." 3) 갈라디아서 2:12; "야고보에게서 온 어떤 이들이 이르기 전에 게바가 이방인과 함께 먹다가 그들이 오매 그가 할례자들을 두려워하여 떠나 물러가매."[214)]

사도행전 15장 1절은 좀 모호한 표현으로 유대로부터 어떤 사람들이 왔다는 것인지 분명하지가 않다. 그런데 15장 24절에 가면, 분쟁을 일으킨 할례의 옹호자들은 예루살렘의 사도들로부터 사명을 받고 온 자들이었다.[215)] "우리의 지시도 없이"(οὐ διεστειλάμεθα, 행 15:24)는 "지시도 없이 안디옥으로 내려왔다는 말인지, 아니면 야고보가 보낸 것은 확실한데 지시하지 않은 내용으로 안디옥 교인들을 괴롭혔다는 것인지가 분명하지 않다. 그러나 여기서는 '지시도 없이'란 말은 '지시하지도 않은'이라고 번역해야 한다.[216)] διεστειλάμεθα는 '지시하다'(διεστέλλω)는 동사의 단순과거 중간태이다. 야고보가 그들을 왜 안디옥으로 보냈는지는 밝히지 않았다. 단지 그들이 잘못한 것이라고 그 사람들에게 전적으로 책임을 전가했다.

바울과 바나바가 그들의 주장에 충격을 받고 분노한 것은 말할

독교 역사, p. 134.). Bruce는 남갈라디아설을 주장하며, 갈라디아서 2:11-14의 베드로를 책망한 사건은 예루살렘 회의 이전에 일어난 일이라고 한다.

214) Ramsay, op.cit., p. 153.

215) Ibid, p. 154.

216) 박창환 역: "우리에게 속한 사람 몇이 나가서, 우리가 지시하지도 않은 도리를 가지고, 여러분의 마음을 뒤흔들며, 여러분을 소란하게 했다는 말을 우리가 들었습니다"(행 15:24).

필요가 없다. 그런데 이 문제는 최고의 결정권자가 있는 예루살렘 교회가 해결해야 할 문제이기 때문에 안디옥 교회는 두 사람을 대표로 파송할 수밖에 없었다. 바나바와 바울 일행은 예루살렘으로 가기 전에 베니게와 사마리아를 방문하였다(행 15:3). 파송된 두 사람이 배를 타고 오다가 베니게에서 내렸는지, 아니면 걸어서 내려왔는지는 알 수가 없다. 단지 두 사람이 베니게와 사마리아에 들러 '이방인들이 주께 돌아온 사실'을 알렸다. 베니게와 사마리아 사람들에게는 얼마나 기쁜 소식이었을까? 베니게가 언급된 것은 그곳에도 이미 그리스도인 공동체가 세워졌다는 것을 암시한다.[217)]

예루살렘에 도착한 바울과 바나바를 맞이한 사람들은 교회와 장로들이었다. 안디옥 교회 두 대표는 먼저 교회와 장로들과 함께 모임을 갖고 그동안 성령의 인도로 이루어진 모든 일들을 보고한다. 아마도 이 모임은 교회 지도부와 모든 교인들이 다 참석한 회의였던 것 같다.[218)] 그런데 이런 중대한 문제가 그런 모임에서 순조롭게 해결될 수는 없었다. 그 중에서도 강경한 바리새파 사람들이 이방인들에게 "할례를 행하고, 모세의 율법을 지키라 명하는 것이 마땅하다"고 끈질기게 고집했기 때문이다. 이들은 '율법에 열심인'(Zealots for the law-행 15:5, 21:20) 바리새인들이었다. 사도행전 15장 5절과 사이에 약간의 시간 차이가 있다. 그들은 다시 장소를 옮긴 것 같다. 이제는 이 주제를 의논하기 위하여 바울과 바나바를 위시하여 사도와 장로들만 모였다(행 15:6). 이 회의는 기독교 역사에서 가장 최초로 주후 49년 열린 예루살렘 회의이다. 주후 49년이란 연대에 대해서는 학자들이 거의 일치한다.

베드로가 먼저 일어나 발언한다. 베드로는 고넬료의 사건을 들어

217) 헨헨, Acts II. p. 85.
218) Ibid, p. 85.

증언한다.[219] "또 마음을 아시는 하나님이 우리에게와 같이 그들에게도 성령을 주어 증언하시고, 믿음으로 그들의 마음을 깨끗이 하사[220] 그들이나 우리나 차별하지 아니하셨느니라"(행 15:8, 9). 그리고 "우리가 주 예수의 은혜로 구원 얻은 것같이 이방인들도 예수 그리스도의 은혜로 구원 얻는다고 우리는 믿습니다"(15:11) 하고 말을 마친다.

9절에서는 '믿음에 의하여'(τῇ πίστει)가 강조되고, 11절에서는 '주 예수의 은혜로'(διὰ τῆς χάριτος τοῦ κυρίου Ἰησοῦ)를 문장 처음에 두어 매우 강조하고 있다. 믿음으로 구원을 받는데, 믿음은 주 예수의 은혜로 이뤄지는 것이기 때문에 사람들이 이를 구별하여 나눌 수 없다는 것이다. 베드로는 문제의 핵심을 바르게 이해하고 있었다. 할례 문제는, 이방인이 그리스도인이 되기 전에 먼저 유대인이 되어야 하느냐는 문제가 아니라 행위로 구원을 받는 것인가, 아니면 오직 예수 그리스도의 은혜로 구원을 받는가의 문제란 점을 확실히 하였다.

베드로의 발언에 이어 바나바와 바울이 복음을 전파하면서 경험한 일들을 증언했다(행 15:12). 여기서는 바나바의 이름이 바울 앞에 언급된다. 예루살렘에서는 역시 바나바가 바울보다 우위에 속하였다. 그리고 마지막 발언은 야고보가 베드로의 증언에 동의한 후에 예언서의 말씀(암 9:11, 12: 70인역)을 제시한다. 그리고 '내 의견에는' 이란 말로 결론을 제시한다. '내 의견'이란 헬라어는 '나는 결정하다'(ἐγὼ κρίνω)이다.

야고보에 의해 예루살렘 회의는 결론이 내려졌다. 이 회의에는 네 사람의 대표적 인물이 참석하였다. 개혁적인 인물로는 할례를

---

219) William Barlay는 예루살렘 회의는 고넬료 사건이 있은 지 10년 후에 열렸다고 한다. William Barlay, The Acts, Edinburgh, 1972, p.123.

220) "믿음으로 저희 마음을 깨끗이 하사"(15:9)란 진술은, 하나님은 예수님을 믿는 신앙을 통하여 마음을 깨끗하게 하신다는 신앙의 도덕적인 효과에 대하여 누가가 특별한 가치를 부여했다는 것을 보여준다.

반대하는 사람들과 바울, 덜 개혁적인 인물로는 베드로, 반 개혁적인 사람으로는 야고보다. 예루살렘 회의 구조를 보면 베드로와 야고보의 중간에 바울의 보고가 샌드위치처럼 끼여 있다. 사도행전은 바나바와 바울에게 어떤 스페이스를 주지 않고 있다. 다만 회의의 주제가 바나바와 바울의 선교사역에서 일어났던 일이었기 때문에 생각해 보면, 이 회의 중심에는 바울이 있다. 그러나 결정권은 야고보의 말에 놓여 있다는 느낌을 준다.

"이방인 중에서 하나님께로 돌아오는 자들을 괴롭게 하지 말고, 다만 우상의 더러운 것과 음행과 목매어 죽인 것과 피를 멀리하라고 편지하는 것이 좋겠습니다"(행 15:19-20: 개역개정). 회의는 유대인들의 감정에 대한 배려로 이방인 그리스도인들은 네 가지를 지키도록 결정했다(갈 2:11-21). 1) 이방 신들에게 바쳐진 것은 무엇이든지 먹지 말 것, 2) 근친결혼을 피할 것, 3) 목매어 죽인 동물들의 고기를 먹지 말 것, 4) 피에 관여하는 일을 피할 것 등이다(행 15:20-21). 레위기 17-18장에는 이 규례를 이스라엘 안에 거주하는 유대인들과 이방인들에게 같이 적용한다. 사도행전과 갈라디아서에 동일하게 베드로와 야고보가 바울과 이방 교회들과 교제의 악수를 한 것이다.

예루살렘 회의에 대한 학자들의 평가도 다양하다. 이 회의의 결정이 그리스도교 발전에 큰 기여를 한 것은 틀림이 없지만 여기서 얻어진 결과는 이방 그리스도인들을 유대 기독교와의 친교를 위한 면에 너무 집중적으로 모아졌다고 비판한다. 그렇기 때문에 사도 바울은 예루살렘 회의 결정 사항을 수정할 수밖에 없었다고 한다(고전 8장). 또한 예루살렘 회의의 결정이 교회 역사에 전환점이 된 것은 분명하지만, 그 내용은 교리 문제에 강조점이 되어 있다. 그리하여 현실적인 문제에 대한 의문과 논쟁은 아직 끝난 것이 아니었다.[221] 이 문제는 사도행전 21장 17-26절에서 재현되었다. 그럼에도 불구하고 유대인과 이방인에 대한 벽을 허물고 하나라고 선언한 것은 역사에 기록될 만한 사건임에 틀림이 없다. 이것도 성령 안에서만 가능한 일이었다.

야고보는 예루살렘 교회의 중심적 위치에 있다(행 15:13). 주후 40년대 중반 이후 베드로를 비롯하여 다른 사도들의 모습은 점차 예루살렘으로부터 사라져 갔다. 반면 야고보는 항상 그곳에 자리 잡고 있으면서 일단의 장로들과의 협의체 아래 점차 증가해 가는 예루살렘 교회 공동체를 이끄는 행정을 책임지고 있었다. 기독교 장로제도는 유대인들의 산헤드린 공회들을 모방한 것이 거의 확실하다.[222]

8. 이방 그리스도인들에게 보내는 편지(행 15:22-35)

22) 이에 사도와 장로와 온 교회가 그 중에서 사람을 택하여 바울과 바나바와 함께 안디옥으로 보내기를 결정하니 곧 형제 중에 인도자인 바사바라 하는 유다와 실라더라 23) 그 편에 편지를 부쳐 이르되 사도와 장로된 형제들은 안디옥과 수리아와 길리기아에 있는 이방인 형제들에게 문안하노라 24) 들은즉 우리 가운데서 어떤 사람들이 우리의 지시도 없이 나가서 말로 너희를 괴롭게 하고 마음을 혼란하게 한다 하기로 25-26) 사람을 택하여 우리 주 예수 그리스도의 이름을 위하여 생명을 아끼지 아니하는 자인 우리가 사랑하는 바나바와 바울과 함께 너희에게 보내기를 만장일치로 결정하였노라 27) 그리하여 유다와 실라를 보내니 그들도 이 일을 말로 전하리라 28) 성령과 우리는 이 요긴한 것들 외에는 아무 짐도 너희에게 지우지 아니하는 것이 옳은 줄 알았노니 29) 우상의 제물과 피와 목매어 죽인 것과 음행을 멀리 할지니라 이에 스스로 삼가면 잘되리라 평안함을 원하노라 하였더라 30) 그들이 작별하고 안디옥에 내려가 무리를 모은 후에 편지를 전하니 31) 읽고 그 위로한 말을 기뻐하더라 32) 유다와 실라

221) Adolf Schlatter, op.cit., P. 193
222) Bruce, 초대기독교역사, p. 130.

도 선지자라 여러 말로 형제를 권면하여 굳게 하고 33) 얼마 있다가 평안히 가라는 전송을 형제들에게 받고 자기를 보내던 사람들에게로 돌아가되 34) (없음) 35) 바울과 바나바는 안디옥에서 유하며 수다한 다른 사람들과 함께 주의 말씀을 가르치며 전파하니라

예루살렘 공의회는 바나바와 바울을 안디옥으로 보내기로 결정하였다. 그리고 이를 뒷받침할 증인으로 평신도 지도자 중에 바사바라고 하는 유다와 실라를 그들과 함께 보낸다. 그들이 써보낸 편지 내용은 15장 23-29절에 나온다. 편지에는 이 내용을 유다(Judas)와 실라(Silas)가 또 직접 말로 전할 것을 약속하였다. 예루살렘 회의의 결정은 유대 그리스도인들과 이방 그리스도인들이 형제인 것을 확인하였다(23절). 그리고 유대교의 문을 통하여 기독교로 들어와야 한다고 주장한 사람들이 책망을 받았다. 반면 바나바와 바울의 사역이 옳다고 완전하게 인정을 받았다(25-26절).

이제 은혜로 구원받는다는 사실은 기독교의 변할 수 없는 진리가 되었다. 그리고 바나바와 바울은 이제부터 예루살렘 공의회가 보내는 공적(公的) 선교사가 되었다. 세상 끝까지 자유롭게 그리고 효과적으로 전도할 문이 활짝 열렸다. 성전만큼 중요하게 여겼던 유대인과 이방인의 차별화가 무너졌다. 사도들이 보낸 편지의 내용은 억지나 강요가 없다. 전혀 명령형을 사용하지 않는다.[223] 예루살렘 회의는 이방인이 유대인 되는 것이 아니고 그리스도 안에서 하나 되는 것이라는 사실을 확인하였다.

안디옥 교회가 보낸 대표자(delegations)들이 회의 결과를 보고하기 위하여 다시 안디옥으로 돌아온다. 그들은 예루살렘 교회의 편지를

---

223) Ibid, p. 136.

가지고 예루살렘 교회가 보내는 유다와 실라와 함께 돌아왔다(행 15:27). 예루살렘 교회는 바울과 바나바가 보고하게 될 회의 결과를 확실하게 믿도록 힘을 실어주려고 예루살렘 대표들을 보낸 것이다. 그들은 초초하게 기다리던 안디옥 교인들에게 그 편지를 읽어 주었고, 안디옥의 그리스도인들은 격려를 받으며 기뻐하였다(31절).

사도행전 15장 32절은 더 이상 예루살렘 회의에 대한 아무런 언급이 없이 담담하게 정상적인 교회 활동을 하고 있는 것으로 이어진다. 특별히 모교회로부터 온 유다와 실라의 활동만을 담담하게 소개할 뿐이다. 누가는 편지로 인하여 격려를 받고 기뻐하였다고 기록하였지만, 안디옥 교회는 이 일을 아주 당연한 것으로 여겨서 그런 것인지, 아니면 예루살렘의 결정이 좀 미흡하다고 생각했는지 두 사람의 활동도 짧게 "여러 말로 형제를 권면하여 굳게 하였다"(32절)라고만 전한다. 그러나 이들의 존재감은 예루살렘에서 온 편지보다도 안디옥 교인들에게 더 큰 격려와 힘이 되었을 것이다. 아마 두 사람은 예루살렘 회의에 대한 결과를 설명해 주고, 또 말씀을 가르치며 이방 교회를 격려했을 것이다. 그래서 누가는 '형제'라는 말을 사용한다(행 15:23). 누가는 유다와 실라는 선지자(예언자)라는 사실을 먼저 언급하고 그들이 했던 일을 소개한다. 유다와 실라가 했던 일은 예언자(선지자)들이 어떤 사역을 주로 했는가를 보여주는 좋은 예이다. '권고'(παρακαλέω)는 바나바를 '위로의 아들'이라고 부를 때 사용한 것과 동일한 단어로 그리스도인들에게 하나님의 말씀을 전하거나 가르친 것을 말한다.

그리고 두 사람은 다시 예루살렘으로 돌아간다(행 15:33). 서방 사본(Western Text)은 잃어버린 34절에 다음 내용을 첨가한다. "실라는 거기 머물기로 결단하였고, 유다는 홀로 갔다"(Silas decided to stay there, and Judas went alone). '실라가 거기 머물기로 결단하였다'는 말은 사도행전 15장 40절에 실라가 바울과 함께 복음 전도를 떠나게 된 배경을 설명하려고 한 것으로 보인다. 실라가 그때 안디옥에 머물렀는지, 아니면 유다와 함께 예루살렘으로 갔다가 다시 안디옥으로 내려왔는지는 확실하게 말해줄 아무런 근거가 없다.

사도행전 15장 35절은 다시 사도들의 평범한 활동을 그리고 있다. 그들이 안디옥에 돌아와서 예루살렘 회의의 승리에 도취하여 그것만을 설명하기에 급급한 것이 아니다. 누가는 아무 일도 없었던 것처럼 "안디옥에서 유하며 수다한 다른 사람들과 함께 주의 말씀을 가르치며 전파하니라"(행 15:35)고 전한다. 그들은 항상 본업에만 충실했다. 곁가지로 흘러 본업을 소홀히 하는 일이 없다. 35절은 사도행전 첫 반절 부분을 끝맺는 듯한 말로 마무리한다. 그리고 36절은 두 번째 선교 여행을 준비하는 말로 새로운 시작을 알린다.

Ⅵ 복음이 소아시아, 유럽으로

1. 바울의 소아시아 2차 여행(행 15:36–16:10)

36) 며칠 후에 바울이 바나바더러 말하되 우리가 주의 말씀을 전한 각
성으로 다시 가서 형제들이 어떠한가 방문하자 하고 37) 바나바는 마가라
하는 요한도 데리고 가고자 하나 38) 바울은 밤빌리아에서 자기들을 떠나
함께 일하러 가지 아니한 자를 데리고 가는 것이 옳지 않다 하여 39) 서로
심히 다투어 피차 갈라서니 바나바는 마가를 데리고 배 타고 구브로로
가고 40) 바울은 실라를 택한 후에 형제들에게 주의 은혜에 부탁함을 받고
떠나 41) 수리아와 길리기아로 다니며 교회들을 견고하게 하니라 16:1)
바울이 더베와 루스드라에도 이르매 거기 디모데라 하는 제자가 있으니
그 어머니는 믿는 유대 여자요 아버지는 헬라인이라 2) 디모데는 루스드라
와 이고니온에 있는 형제들에게 칭찬받는 자니 3) 바울이 그를 데리고
떠나고자 할새 그 지역에 있는 유대인으로 말미암아 그를 데려다가 할례를
행하니 이는 그 사람들이 그의 아버지는 헬라인인 줄 다 앎이러라 4) 여러
성으로 다녀 갈 때에 예루살렘에 있는 사도와 장로들이 작정한 규례를
그들에게 주어 지키게 하니 5) 이에 여러 교회가 믿음이 더 굳건해지고
수가 날마다 늘어가니라

바울과 바나바의 제2차 전도 여행은 안디옥에서 출발한다. 그때가 주후 50년경이었다. 제2차 여행을 떠나면서 여행의 목적을 분명하게 정한다(행 15:36). 1차 여행에서 주의 말씀을 전한 도시들을 다시 찾아 가서 그 형제들이 어떠한가를 알아보기 위하여 방문한다는 것이다. 누가에 의하면 제2차 여행과 3차 여행에는 2차 여행 시에 세운 교회들을 확인하고(confirmation) 그들의 믿음을 견고하게 하기 위한 것으로 여정을 시작한다. 이처럼 목표를 정한 데에는 먼저 예루살렘 회의 결정을 그들에게 전하고, 갈라디아서의 내용을 더 분명하게 세워가려는 목적이 있었을 것이다.[1] 그런데 2차 여행을 떠나기 시작하면서 바나바와 바울 간에 심각한 의견 대립이 일어났다.

사도행전 15장 37-38절에서 바나바는 "마가라 하는 요한도 데리고(συμπαραλαβεῖν) 가고자 하나, 바울은 지난번 밤빌리아에서 도중에 떠나가 버린 그를 데리고 가는 것(συμπαραλαβάνειν)이 옳지 않다"고 거절했다. 동일한 헬라어 동사가 여기에서 동시에 사용되고 있다. 시제만 바뀌었다. 바나바에게 사용된 동사는 단순과거 부정(συμπαραλαβεῖν)을 사용하였고, 바울의 경우에는 이인칭 현재 부정사(συμπαραλαβάνειν)를 사용하였다. 즉 '데리고 가다'는 동사의 시제(時制)를 바꿈으로써, 바나바는 그때의 사실을 쉽게 잊어버리고 마가를 함께 데리고 가려고 한 것이 되었고(단순과거), 바울은 마가가 그들을 떠난 것을 지금도 기억하고 있으면서 그를 데리고 가는 것을 거절한다. 바울에게는 그 사건이 큰 아픔으로 남아 있었던 것 같다.[2]

왜 마가의 문제로 이처럼 두 사람이 갈라지게 되었는가? 누가는 마가의 문제로 바울이 바나바로부터 멀어지게 되었다고 간단하게

---

1) MacGregor, The Acts of the Apostles, p. 208. 이런 가정은 남갈라디아설에 근거한 것이다.

2) Ibid, p. 208.

언급하고 있지만(행 15:38), 사실 그 이유는 더 깊은 데 있을 것이다. 갈라디아서에 보면, 야고보로부터 사람들이 안디옥에 내려왔을 때 베드로와 같은 태도를 취함으로 바나바는 바울의 입장을 충분히 이해하지 못한 것으로 나타난다(갈 2:11-13). 그때 안디옥 사건으로 바울과 바나바, 두 사람의 사이가 뒤틀리게 되어 왔다는 것을 전제해야 한다(참조 갈 2:11-13).[3] 누가는 이 일에 대하여는 언급하지 않고 마가 때문이라고 초점을 바꾸어 놓았지만, 갈라디아서에서 보여주는 바울의 언어의 톤은 바나바의 행동에 대하여 바울이 참담했다는 것을 느끼게 한다(갈 2:14-18).

그 결과 여기서 바나바와 바울이 갈라진 후, 바나바와 바울이 다시 만났다는 기록이 사도행전에 나오지 않는다. 바나바는 마가를 데리고 구브로로 간다. 아마도 거기서 사망한 것으로 추정된다. 바울은 실라를 선택한다. 실라는 2차 여행 내내 바울과 함께 동행한다. 데살로니가 전·후서 편지 처음에 실라(실루아노)가 언급될 뿐 아니라(살전 1:1; 살후 1:1), 고린도후서 1장 19절에서는 그를 바울과 디모데와 함께 복음을 전한 동역자로 표현하고 있다. 베드로전서 5장 12절에는 베드로 서신의 공동저자로 나타난다.

바나바와 바울의 갈라섬은 바울에게는 뼈아픈 일이었다. "심히 다투어 피차 갈라섰다"(행 15:39). '다투다'(παροξυσμὸς)는 몹시 격분한 것을 말한다. 누가는 이런 큰 사건을 담담하게 서술하였다. 마치 당연히 갈라서게 된 것처럼 말이다. 그리고 안디옥 교회도 이 사건을

---

3) 갈 2:11-13에 기록된 사건은 예루살렘 회의 이전의 사건이고, 이 사건이 있은 후에 바나바와 바울은 마가를 데리고 1차 여행을 떠났다. 그 당시에 바나바는 예루살렘 교회를 거스르고 자유한 이방인 교회를 세우려고 하는 바울의 새 계획에 동조하는 것이 현명하지 못하다고 생각했다. 이것은 마가의 관점이기도 하다. 2차 여행은 예루살렘 회의 이후에 떠나기는 하지만, 바울은 마가의 그런 태도가 완전히 변하지 않았다고 보았을 가능성이 있다.

그리 심각하게 생각하지 않았다. 바울이 실라를 택하여 떠날 때 안디옥 교회는 그들을 주님의 은혜에 부탁하면서 담담하게 보낸다. 안디옥 교회를 세운 이들이 구브로 사람들인 점을 감안한다면 이들의 표정은 너무도 무표정하다고 하겠다.

이런 기록들은 바울과 바나바가 갈라서는 것이 가슴 아픈 일이지만 그럴 수밖에 없다는 인상을 준다. 왜냐하면 바울은 더 이상 자기 위에 군림하는 동반자를 모시지 않게 되었고, 더욱이 예루살렘의 분위기를 더 이상 느끼지 않아도 되었다. 바울은 독립하였다. 그리하여 그리스도 교회들과 자유롭고 원만한 관계를 누릴 수 있었다. 따라서 바울은 이제는 안디옥에서 보낸 복음 전파자가 아니라 이방인의 빛으로 헬라 땅에서 일어난 그리스도의 교회를 위하여 온 힘을 쏟는 사도로 활동하게 된 것이다.

바나바와 마가 때문에 크게 다투고 갈라진 바울은 수리아(Syria)와 길리기아(Cilicia) 지방을 통하여 더베와 루스드라를 거쳐 출발하는 제2차 여행을 시작한다. 아마도 바울은 바나바가 구브로로 떠났기 때문에 그쪽 행로(行路)를 선택하지 않았을 것이다. 그 후에도 바울은 구브로를 다시 찾지 않았다. 사도행전 15장 41절에 "수리아와 길리기아로 다니며 교회들을 견고하게 하니라"고 한다. 견고하게 했다는 말은 그 지역에 교회가 존재했다는 것을 전제하는 말이다. 예루살렘 교회도 수리아와 길리기아에 있는 교회들에게 유다와 실라를 통하여 편지를 보낸다고 한 것(행 15:23)을 보면, 그 지역에 이미 교회가 세워진 것은 확실하다. 그러나 사도행전은 그 지역에 교회가 어떻게 세워졌는지 그 어떤 정보도 제공하지 않았다. 언제 그곳에 교회가 세워졌을까? 성령을 체험한 오순절에 예루살렘을 방문한 사람들이 복음을 받아들인 것인가, 아니면 바울이 다소에서 지내면서 그리스도의 교회를 세운 것인가? 이런 상상들은 개연성을 말하는 것이지, 어느 것도 분명한 대답이 될 수는 없다.

바울은 길리기아로부터 출발하여 다소를 지나 소위 루가오니아(Lycaonia)의 갈라디아 지역으로 들어가는 길리기안 문(Cilician Gates)을 통과하여 1차 여행과는 반대쪽인 더베(Derbe)와 루스드라(Lystra)에 이른다. 1절에는 "바울은 더베와 루스드라에 갔다"고 되어 있지만 원어에는 "그는(바울) 도착했다"(κατήντησεν)로 되어 있다. 바울과 실라가 함께 갔음에도 불구하고 누가는 바울이 도착했다고 한다. 누가의 관심은 오직 바울이다. 바울은 더베를 거쳐 루스드라로 갔던 것으로 보인다(행 16:1). 더베와 루스드라는 갈라디아 주(州)에 속한 도시로, 사도행전 14장 6절에서는 루가오니아 두 성이라고만 불렀다. 더베와 루스드라, 이고니온(Iconiun)은 루스드라를 중앙에 두고 한 지방으로 묶여 있는 도시들이다. 더베는 루스드라로부터 남동쪽으로 48km, 이고니온은 루스드라로부터 북동쪽으로 40km 떨어져 있는 도시다.

1절에서 갑자기 주의를 환기시키는 불변사 '보라'(ἰδοὺ)가 나온다. "보라, 한 제자가 있으니 이름은 디모데이다." 디모데를 제자라 부른다. 그의 어머니는 유대 여자요, 아버지는 헬라인이다. 아마도 바울의 1차 방문 시기에 디모데의 어머니와 외조모가 함께 예수님을 영접한 것으로 보인다(딤후 1:5). 1차 방문 때 바울과 바나바는 루스드라와 더베 그리고 그 근방에 복음을 전한 적이 있다(행 14:6-7). 디모데는 루스드라와 이고니온에 있는 형제들에게 칭찬받는 사람이다. 그런데 2절에서는 루스드라와 이고니온만 언급한다. 이 두 지역은 디모데가 칭찬받던 곳이기 때문에 한데 묶어 거론했을 것이다. 루스드라는 더베보다는 이고니온에 훨씬 가깝기는 하지만, 더베를 언급하지 않은 이유를, 람세이(Ramsay)는 루스드라와 이고니온의 관계는 항상 밀접했음에 틀림이 없고, 또 디모데가 더베에서는 잘 알려져 있지 않았다는 뜻을 함축한다고 했다.[4] 그렇다면 갈라디아 루스드라가 디모데의 고향이었다면 왜 사도행전 20장 4절에서는 더베 사람이라고 하였을까 하는 의문이 남는다. 아마도 당시 더베에는 교회가 없었기 때문에 더베에 대한 언급이 없었을 것이다.

디모데를 제자라고 부른다(행 16:1). 극단적으로 말하면 바울은 디모데를 만나러 루스드라에 갔다는 느낌을 받기도 한다. 디모데를 제자라 부르는 것을 보면 그는 이미 크리스천이 되어 있었을 뿐 아니라, 그 지역의 교인들에게 칭찬듣는 좋은 크리스천이 되어 있었다는 뜻이다(행 16:2). 그렇다면 바울이 1차 다녀갔을 때 디모데는 이미 그리스도인이 되었다는 말이 된다. 루스드라는 1차 여행 시에 바울이 안디옥과 이고니온에서 온 유대인들에 의해 돌에 맞아 죽게 되었던 곳이다(행 14:19). 그리고 그곳을 떠날 때에 디모데가 그리스도인이 되었다는 말은 나오지 않았다. 그런데 제자가 되어 있는 디모데를 바울이 찾아간 것이다.

이전에 루스드라에서 전했던 바울의 설교, 그리고 걷지 못하던 사람이 일어나 걸었던 일, 또 바울이 돌에 맞아 죽었다가 살아난 일들이 디모데를 예수 그리스도에게 인도하였을 것이다. 디모데후서 3장 11절에서 바울은 이고니온과 루스드라에서 있었던 박해 사건이 얼마나 디모데에게 충격적인 사건이었는가를 기억시킨다.[5] 그때 바울의 모습을 통하여 디모데는 예수 그리스도의 복음을 받아들였고, 그 때의 사건을 마음속에 깊이 간직하고 살았던 것으로 보인다.

---

4) Ramsay, op.cit., p. 171. "지리학적으로도 루스드라는 이고니온과 흡사한 반면, 더베는 라란다 및 루가오니아의 일부와 흡사하다." 더베에 알려지지 않았다는 말은 더베에는 교회가 없었다는 뜻으로도 해석할 수 있다.

5) 딤후 3:11; "박해를 받음과 고난과 또한 안디옥과 이고니온과 루스드라에서 당한 일과 어떠한 박해를 받은 것을 네가 과연 보고 알았거니와 주께서 이 모든 것 가운데서 나를 건지셨느니라."

누가는 디모데를 소개하면서, 그는 훌륭한 성품의 소유자로 그 지역에 널리 알려져 있을 뿐 아니라 칭찬받을 만한 삶을 살았다는 것을 덧붙이고 있다(행 16:2). 이런 평가는 사도 바울 자신의 통찰력으로부터 직접 나온 자료로 보인다. 누가는 그 자료를 그대로 인용하여, '형제들에게 칭찬 듣는 자'라고 덧붙이고 있다. 사도행전에서 교회 직분자들의 자격으로 '형제들에게 칭찬 듣는 자'란 표현이 자주 나왔다.

예루살렘 교회 일곱 사역자들의 자격(행 6:35), 안디옥 교회에 파견된 바나바의 자질에 대한 언급(행 11:24) 등이다. 이러한 직분자의 자질을 계속해서 덧붙이는 이유는 그 점이 매우 중요하다는 것을 강조하는 것이다. 즉 누가는 교회의 어떤 직위에 사람을 임명할지라도 두 가지 관계가 좋은 사람을 세우라고 권고한다. 첫째는 하나님과의 바른 관계요(성령과 지혜가 충만한 사람), 둘째는 형제들과 이웃들에게서 칭찬 듣는 사람을 세워야 한다는 것이다. 이런 필수적인 조건을 누가는 모든 교회들에게 강조하고 있는 것이다.[6]

바울은 디모데를 전도여행에 데리고 가기를 원했다(행 16:3). 아마도 마가의 자리를 메우려 했을 것이다. 또는 바울은 디모데와 같은 젊은 지도자들을 훈련시켜서 자신의 대를 이어가도록 하려는 계획이었을 것이다. 그런데 문제는 바울이 그처럼 오랫동안 할례 문제로 유대인들과 갈등을 빚어오면서도 그리스도인이 되는 조건에서 할례의 짐을 지워서는 안 된다고 고집스럽게 주장해 왔던 바로 그 자신이 디모데에게는 할례를 주었다는 사실이다. 디모데에게 할례를 준 이유를 누가는 "유대인으로 말미암아", 그리고 "그의 아버지는 헬라인

6) Ramsay, op.cit., p. 172.

인 줄 다 앎이라"고 간단하게 밝힌다(행 16:3).

왜 디모데에게 할례를 받도록 한 것일까? 유대인이지만 지금껏 할례를 받지 않았다면 할례를 받도록 할 필요는 없지 않은가? 바울이 할례를 주장하는 유대파 크리스천들과 격렬하게 논쟁했던 기록은 갈라디아서에 나온다. 그런데 디모데는 바로 그 갈라디아 교회에 속한 신자이다. 그렇다면 디모데에게 할례를 받게 한 일이 바울이 갈라디아서를 보내기 이전에 일어난 일인가, 아니면 갈라디아서를 보낸 이후에 일어난 일인가 하는 게 문제가 된다. 갈라디아서를 보낸 이후에 디모데에게 할례를 주었다면 갈라디아서에서 그처럼 강하게 주장했던 바울 자신의 주장과 크게 배치가 된다. 즉 바울은 "당신들이 할례를 받으면 그리스도가 아무 효력이 없습니다"(갈 5:2)라고 했기 때문이다.

디모데는 바로 그 갈라디아 교회에 속한 사람이다.[7] 그렇다면 갈라디아서에서 그처럼 강경하게 할례를 반대했던 바울 자신이 자기 주장을 뒤엎는 결과를 가져오지는 않았을 것이다. 그렇다면 디모데의 할례 사건은 갈라디아서를 기록하기 전이라고 보아야 한다. 그것도 문제가 된다. 그 시기가 예루살렘 회의 직후에 일어난 일이기 때문이다. 그런데 왜 할례를 받도록 한 것일까?

분명한 것은 디모데 할례 사건은 예루살렘 회의 직후, 그리고 2차 전도 여행 중에 일어난 일이다. 어찌하여 바울은 디모데에게 할례를 주어 예루살렘 회의 결정을 스스로 뒤집은 것일까? 전혀 다른 관점에서 이 문제를 생각해 보자. 바울이 유대인 크리스천들에게 할례를

---

7) 남갈라디아설은 남갈라디아 지역에 있던 교회들에게 보낸 편지를 말한다. 시기에 대해서는 1차 여행이 끝나고 보냈다는 주장과 2차 여행이 끝나고 보냈다는 주장이다. 그런데 디모데의 할례는 분명히 예루살렘 회의 직후에 일어난 일이다. 그렇다면 2차 여행이 끝난 후 수리아 안디옥에서 보낸 편지라는 주장이 설득력이 있다. 북갈라디아설보다는 남갈라디아설이 설득력이 있어 보인다.

포기하라고 했다는 증거는 어디에도 없다. 바울은 교리주의자나 교권주의자가 아니었다. 그는 신앙의 원칙을 지키되 자율성을 강조한 선교사였다. 바울은 고린도 교회에 보낸 편지에, 유대인에게는 유대인과 같이, 율법 아래 있는 자에게는 율법 아래 있는 자같이, 율법 없는 자에게는 율법 없는 자와 같이 되었다고 한다(고전 9:19-23).

또 다른 관점은 디모데는 유대법에 의하면 유대인이다. 그의 어머니가 유대인이기 때문이다. 유대인의 경우, 디모데처럼 유대인이면서 할례를 받지 않은 사람은 유대교를 배반한 배신자로 여겼다는 점이다.[8] 그렇다면 유대인이었던 디모데가 할례를 받은 것은 유대법에 의하여 받은 것이기 때문에 문제가 되지 않는다. 또 앞으로 계속해서 회당을 중심으로 복음을 전하려는 바울의 계획에 의하면 할례 받지 않은 디모데와 함께 회당에 들어갈 수는 없을 것이다. 그런 배교자를 회당에서 결코 받아주지 않을 것이기 때문이다. 그렇다면 디모데를 선교 동역자로 데리고 다닐 이유가 없다.

람세이(Ramsay)는 갈라디아 교회의 변절(desertion)의 이유를 디모데의 할례로 인하여 일어난 것으로 추정한다. 갈라디아서에 의하면 사도 바울이 디모데에게 할례를 주고 갈라디아를 떠나자마자 그들은 사도 바울 자신이 보다 등급이 높은 그리스도인의 봉사를 위해서는 할례가 필요하다는 원칙을 인식했다고 지적하였다. 왜냐하면 그가 디모데를 교회 안에서 책임 있는 자리에 앉히기 위해 선택했을 때, 그는 예배 행위로 디모데에게 할례를 행했기 때문이었다. 그리고 그들은 그것에 의하면 바울이 결과적으로 '할례를 전한' 것이라고 선언했다(갈 5:2). 나아가서 그들은 이 행위에 있어서의 그의 성실성에 의문을 제기했다.[9]

---

8) Bruce, op.cit., p. 304.

9) Ramsay, op.cit., p. 174. 이것은 라이트풋의 갈 1:10의 주석을 람세이가 참고한

윌리엄은 디모데에게 할례를 시행한 것은 선교를 강력하게 추진하기 전에 확실하게 전통의 멍에를 스스로 메는 충실한 유대인임을 다시 한번 보여주려고 했다고 말한다.[10] 여하튼 디모데는 유대인과 헬라인을 연합시키기에 가장 적합한 인물이다. 바울은 선교동역자인 디모데에게서 선교의 장애물을 제거하고 동시에 그의 선교의 이점을 살려 선교에 불을 붙이기 위해서 할례를 행했다고 생각된다.

사도 바울은 그가 의도했던 브루기아(Phrugia)와 갈라디아 지방을 통과하는 여로를 계속 밟아나갔다(행 16:6). 일반적으로는 브루기아는 갈라디아 지역에 속한다. 여기서 브루기아와 갈라디아를 각각 다른 지역으로 부른 이유는 아마도 이 브루기아는 갈라디아에 속한 로마 영토가 아니었기 때문일 것이다.[11] 그곳 여러 성을 방문하여 지나면서 예루살렘 회의에서 사도와 장로들이 결정한 규례를 그곳 그리스도인들에게 전하여 지키도록 권고하였다. 1차 여행에서 그는 그 지방에 있는 이고니온과 비시디아 안디옥, 두 성읍을 방문했었다. 그런데 2차 여행에서는 이 두 도시 이름을 언급하지 않고, "성령이 아시아에서 말씀을 전하지 못하게 하셨다"(행 16:6)는 말로 이어진다. 왜 이고니온과 비시디아 안디옥에 대한 언급이 없을까?

그 이유를 람세이(Ramsay)는 1차 여행에서 비시디아나 밤빌리아에 교회가 전혀 설립되지 못했다는 뜻이 함축되어 있다고 한다. 따라서 바울이 돌아보고 확증해 줄 교회가 그곳에는 없었던 것이라고 한다.[12] 베드로전서 1장 1절에 의하면 본도, 갈라디아, 갑바도기아, 아시아와 비두니아에 흩어진 나그네들에게 인사를 보낸다. 여기에

글이다.

10) 윌리엄, op.cit., p. 202.

11) Bruce, op.cit., p. 306.

12) Ramsay, op.cit., p. 173.

도 밤빌리아는 나타나지 않는다. 이것은 밤빌리아에는 상당히 오랜 뒤에도 교회가 없었다는 분명한 증거라고 한다.

람세이에 의하면 갈라디아 교인들과 바울은 50년의 여름을 그들과 함께 지냈다. 그리고 유대당의 사절들은 51년이나 52년 여름에 왔을 것이다.[13] 그러므로 갈라디아서는 53년에 그가 3차 여행을 출발하기 전에 쓰인 것이다.[14] 그러나 갈라디아서에 이어 쓰인 고린도 전·후서와 로마서에 그토록 현저하게 나타나 있는 기부금을 언급한 것이 없는 것으로 보아 갈라디아서는 그가 새로 세운 교회들에게 기부금을 모을 계획을 채 시작하기 이전에 쓰인 것으로 보인다고 한다. 사도행전 16장 2절의 "디모데는 루스드라와 이고니온에 있는 형제들에게 칭찬 받는 자라"는 표현이 그리스도인 형제들을 의미하는 것은 명백하다. 또한 5절에서 "이에 여러 교회가 믿음이 더 굳어지고 수가 날마다 더하니라"고 한 말은 그 지역에 이미 교회들이 세워졌다는 것을 의미한다. 그렇다면 그 지역에 교회들이 세워지지 않았다는 람세이(Ramsay)의 주장은 잘못된 것임을 알 수 있다.

많은 학자들은 갈라디아서 2장 1-2절을 사도행전 15장과 연결시킨다. 이런 주장에 의하면 베드로가 이방인과 함께 음식을 먹다가 피했던 일은 예루살렘 회의 이후가 된다. 그러나 갈라디아서 2장 1-2절의 내용이 예루살렘 회의를 위하여 올라갔던 것으로 보기 어렵다. 그 이유는 예루살렘 회의를 위하여 디도를 데리고 갔다는 기록이 사도행전에는 나오지 않기 때문이다. 도리어 디도는 안디옥 교회가 예루살렘 교회를 돕기 위하여 올라갔던 시기에 같이 간 것이 더 타당하다 (행 11:30 주석 참고).

또 계시를 따라 올라갔다는 말은 사도행전 11장 27-28절에 예루살

13) Ibid, p. 180
14) Ibid, p. 182.

렘에서 내려온 예언자들을 의미하는 것처럼 보인다. 그리고 게바가 안디옥에 온 시기는 사도행전 12장 17절에 나오는 다른 곳을 갔다는 말과 일맥상통한다. 예루살렘 회의를 거친 베드로가 그런 행동을 했으리라고는 상상하기 어렵다.[15] 이렇게 면밀히 살펴보면, 북갈라디아 설은 사도행전과 일치하지 않는 부분이 많다는 것을 발견하게 된다.

사도행전 16장 5절 이것은 어느 지역의 선교를 마감하는 후렴구절이다. "이에 여러 교회가 믿음이 더 굳건해지고 수가 날마다 늘어가니라." 이 말은 이제는 아시아 선교가 끝났다는 것을 의미한다. 그리고 전혀 새로운 선교의 장(場)이 열리게 되는 것을 암시하고 있다.

2. 마게도냐로 부르시다(행 16:6–15)

> 6) 성령이 아시아에서 말씀을 전하지 못하게 하시거늘 그들이 브루기아와 갈라디아 땅으로 다녀가 7) 무시아 앞에 이르러 비두니아로 가고자 애쓰되 예수의 영이 허락하지 아니하시는지라 8) 무시아를 지나 드로아로 내려갔는데 9) 밤에 환상이 바울에게 보이니 마게도냐 사람 하나가 서서 그에게 청하여 이르되 마게도냐로 건너와서 우리를 도우라 하거늘 10) 바울이 그 환상을 보았을 때 우리가 곧 마게도냐로 떠나기를 힘쓰니 이는 하나님이 저 사람들에게 복음을 전하라고 우리를 부르신 줄로 인정함이러라 11) 우리가 드로아에서 배로 떠나 사모드라게로 직행하여 이튿날 네압볼리로 가고 12) 거기서 빌립보에 이르니 이는 마게도냐 지방의 첫 성이요 또 로마의 식민지라 이 성에서 수일을 유하다가 13) 안식일에 우리가 기도할 곳이 있을까 하여 문 밖 강가에 나가 거기 앉아서 모인 여자들에게

---

15) 람세이는, 무엇보다 그들은 두 부류의 그리스도인들이 존재한다고 주장했다. 그들은 사도 바울 자신이 보다 약한 믿음의 형제와 보다 강한 믿음의 형제의 구분을 인식하고 있는, 사도들이 작정한 규례를 전하고 권면했음을 지적했다. 그리고 그들은 단순히 연약함에 양보하는 열등한 등급에 머물러 만족하지 말고 보다 고차원적인 것을 쟁취하라고 갈라디아 교인들을 다그쳤다. 이것은 바울의 사도권으로 비화되었다. Ibid, p. 174.

말하는데 14) 두아디라 시에 있는 자색 옷감 장사로서 하나님을 섬기는 루디아라 하는 한 여자가 말을 듣고 있을 때 주께서 그 마음을 열어 바울의 말을 따르게 하신지라 15) 그와 그 집이 다 세례를 받고 우리에게 청하여 이르되 만일 나를 주 믿는 자로 알거든 내 집에 들어와 유하라 하고 강권하여 머물게 하니라.

비시디아 안디옥 지역을 출발한 사도 바울은 다시 복음 전파를 위한 대장정을 시작한다. 바울이 생각한 선교 방향은 아시아였다(행 16:6). 여기서 말하는 아시아는 소아시아를 말한다. 당시 소아시아는 아시아 로마 속주를 의미하는 것으로 본래는 무시아, 루디아, 그리고 카리아(Caria)를 지칭한다. 주전 116년에 브루기아가 여기에 속하게 되었다. 소아시아라는 말은 좁은 의미로 에게 해 연안(Aegean coast)의 헬라 도시들을 지칭하였다.[16] 그러니까 동쪽은 안디옥으로부터 서쪽은 드로아까지를 말한다. 본문에서는 바울과 실라는 1차 여행 동안 세운 교회를 돌아보려고 했을 것이기 때문에 안디옥 근방 지역을 말한다고 생각된다. 그런데 성령께서 그 길을 막으셨다. '막으셨다'(κωλυθέντες)는 단순과거 분사형으로 어떤 간접적인 사건이 아니라 성령께서 직접 그 길을 막으셨다는 뜻이다. 동시에 그곳을 떠나기 전에 성령께서 미리 막으셨다는 것을 암시한다.

바울은 할 수 없이 브루기아와 갈라디아로 방향을 정한다(6절). 브루기아와 갈라디아는 어디를 말하는 것인가? 브루기아를 먼저 가려고 하다가 성령이 막으시므로 다시 갈라디아로 방향을 정했다는 말인가? 6절에 나타난 헬라어 순서는 "브루기아와 갈라디아"이다. 람세이에 의하면, 개역개정판에서 '땅'이라고 번역한 '지역(방)'(χώραν)이란 공식적으로 로마의 지방행정구역을 설명하는 말이라고 한다. 브루기아 옛 왕국의 한 부분이 갈라디아 도에 속하고 한 부분은

16) MacGregor, op.cit., p. 214.

아시아에 속한다. 그래서 갈라디아 지방의 브루기아와 아시아 지방의 브루기아로 부른다.[17] 그러므로 6절의 표현은 갈라디아의 브루기아라고 읽어야 한다고 주장한다.

한편 브루스는 여기에 반대 의견을 제시한다. 즉 누가가 말하는 브루기아는 갈라디아에 속한 지역이 아니었을 것이라고 한다. 사도행전 18장 23절에서는 '갈라디아와 브루기아' 땅을 차례로 다녔다고 한다. 이런 표현에 의하면 사도행전 18장 23절은 사도행전 16장 6절의 반대 방향으로 움직인 것이 된다. 그렇다면 "갈라디아와 브루기아"는 아래에서 위로 올라갔다는 표현이고, 브루기아와 갈라디아라고 하면 위에서 아래로 내려온게 된다. 이렇게 표현한 것은 누가가 그 지역에 대하여 무지하였기 때문이라고 보기보다는 도리어 그 지역을 잘 알기 때문에 갈라디아의 브루기아를 거쳐 남쪽 갈라디아 땅으로 간 것을 정확하게 표현하려고 했다고 해석할 수 있다. 이렇게 읽는다면 바울이 의도한 방향은 브루기아에서 갈라디아를 거쳐 에베소로 내려가는 길을 따라 가려고 했다고 볼 수 있다. 이렇게 읽으면 남갈라디아설이 힘을 받게 된다.

그런데 북갈라디아설을 주장하는 학자들은 브루기아로 가고자 하다가 북쪽으로 방향을 바꿔서 북갈라디아로 향했다고 읽는다. 첫째로, 브루기아의 중요한 도시는 안디옥과 이고니온이다(행 14:1-7). 그리고 둘째는 갈라디아인데 북쪽 켈트 족의 갈라디아 본지방을 지시한다(행 13:13-14:28)고 생각한다. 이 설에 의하면 바울은 크게 돌아서면 동북쪽으로 가서 동북 갈라디아를 방문한 셈이 된다. 북갈라디아설을 주장하는 학자들도 누가가 이 북쪽 지방에 교회들을 세웠다는 언급을 하지 않았다는 점이 이상하다고 한다.[18] 본서는 남갈라디아

---

17) MacGregor, op.cit., P. 214
18) Ibid, p. 213.

설을 중심으로 읽어나가려고 한다.

바울 일행이 브루기아를 통하여 갈라디아로, 위에서 아래로 가려고 했다면, 그 길은 일반적으로 골로새와 라오디게아를 거쳐 에베소로 가는 대로였다. 가톨릭 학자인 이보 스토르니올로는 그의 《사도행전 읽기》에서 "디모데를 얻은 사도 바울 일행은 아시아의 수도인 에베소로 가려고 했을 것이다"고 추측한다.[19] 브루스(Bruce)도 이 길을 통해 에베소로 가려고 했다고 한다.[20] 그러나 성령께서 막으셨다. 바울은 계획을 수정하여 서쪽으로 계속해서 여행하여 무시아 앞에까지 왔다. 그곳에서 그는 비두니아로 가고자 했다. 비두니아(7절)는 북쪽 해안 지역 전체 그리고 동쪽으로 프로폰티스(Propontis)와 흑해(the Black Sea)까지를 이르는 말이다.[21] 현재의 위치로 말하면 콘스탄티노플(이스탄불)이란 대도시를 향하여 움직이려고 했을 것이다. 그러나 그 길도 예수의 영이 허락하지 않으셨다(οὐκ εἴασεν). 여기서 '예수의 영'이란 표현이 나온다. 아마도 이것은 성령을 일컫는 다른 표현이라고 해도 좋을 것이다. 할 수 없이 그들은 다시 서쪽으로 방향을 바꿔서 무시아를 지나(passing by Mysia) 드로아로 내려갈 수밖에 없었다.[22] 어떤 학자들은 이 길은 아주 험한 길이어서 바울이 "강의 위험과 강도들의 위험……사막의 위험"이라고 표현한 곳이 바로 이 길이라고 주장한다(고후 11:26). 이런 거친 길을 선택해서 바닷가에 위치한 드로아(Troas)에 도착하였다.

사도행전 16장 6-8절에 바울이 가려고 했던 지역인 루스드라에서

---

19) 이보 스토르니올로, 사도행전 읽기, 김수복 역, 성바오로, p. 215.

20) Bruce, op.cit., p. 306.

21) MacGregor는 주후 112년에 그곳 총독으로 지나면서 "기독교는 이미 그 지역 전체에 퍼져 있었다"고 전한다. op.cit., pp. 214-215.

22) "passing by Mysia"는 거기서는 "말씀을 전하려고" 시도하지 않았다는 의미이다.

드로아까지는 2천 마일(3,400km)이 넘는 먼 거리이다. 그런데 누가는 이처럼 굉장한 거리의 이야기를 단 두세 절 안에 압축시켜 놓았다. 그러므로 바울의 여정을 정확하게 재구성하기는 어렵다고 말해야 할 것이다. 또 이처럼 누가가 2천 마일이 넘는 여정을 간추려서 언급하고 있는 이유는 그가 선교의 지역적인 면을 강조하려는 것보다는 그 이상의 것을 독자들에게 강조해서 전달하고 싶어 하였다는 것을 알 수 있다. 바울이 가려고 하던 진로를 적어도 네 번이나 바꾸었고, 두 번이나 성령의 제지(制止)를 받았다. 이것은 성령께서는 선교의 미래를 놓고 집요하게 바울의 의도와 의지를 꺾으시고, 바울 일행을 드로아로 그리고 유럽으로 인도하신 것을 강조하는 게 분명하다. 이 사건은 바울에게 어떤 충격과 교훈을 주었는지, 선교(전도)가 무엇인지, 또 성령께서 선교의 주체로서 어떻게 그의 종들을 인도하시는지 등등을 보여주려는 의도가 분명하다.

이 사건은 바울에게 엄청난 충격을 주었다. 이때 당한 경험은 앞으로 바울의 선교활동에 지대한 영향을 주게 된다. 성령께서는 자신의 의지대로 교회를 인도하시고, 전도(선교)의 방향을 정하여 인도하신다. "성령이 전하지 못하게 하시거늘"(단순과거). 어떤 간접적인 사건이 아니라 직접 성령께서 그 길을 막으셨다는 뜻이다. 바울의 생애에서 큰 전환점에서는 언제나 '계시에 의한'(갈 2:2) 하나님의 인도함을 받았다.

안디옥 교회에서 성령에 의하여 바나바와 바울이 선교사로 세움을 받았고(행 13:2), 성령의 보내심을 받아 실루기아에서 배를 타고 구브로로 갔다(행 13:4). 그리고 성령에 의하여 빌립보로 왔다. 바울은 직접 환상으로든지 다른 사람의 영감 받은 통찰로 인도를 받았다 (9:3-5, 11:28, 13:2, 16:9, 19:21, 21:11, 22:17-21, 23:1-11). 사도행전 1장 8절에서 보여준 대로, 그리고 오순절 성령께서 임재하심으로 보여주었던 대로 '능력'과 '인도'(방향)를 따라 움직여졌다는 사실을 바울은 철저하게 깨닫게 되었다.

사면초가(四面楚歌)란 바울이 드로아에서 직면한 현실이었다. 동과 남북의 길을 성령에 의해 제재를 받았던 바울 일행은 이제 나갈 수 있는 길이란 에게 해(Aegean sea)밖에 없다. 다소와 예루살렘에만 살았던 바울에게 그 바다를 건너간다는 것은 꿈에도 생각지 못했던 일이었을 것이다. 바울은 길을 잃었다. 그는 기도하면서 기다릴 수밖에 없었을 것이다. 그날 밤, "마게도냐로 건너와서 우리를 도우라"고 자기를 초청하는 환상을 본다(행 16:10). 그리고 바울은 즉시(εὐθέως) 마게도냐로 건너가려고 했다. 하나님께서 마게도냐 사람들에게 복음을 전하라고 자기들(us)을 부르신다는 것을 확신하였기 때문이다. 그러나 환상 속에는 어떤 해석도 없었다. 환상 속에 나타난 사람이 마게도냐 사람인 것을 어떻게 알았을까? 람세이(Ramsay)는 흥미있는 제안을 한다. 당시 드로아 지역 사람들이나 마게도냐 사람은 모두 로마의 옷을 입고 살았기 때문에 구별하기가 쉽지 않았다고 한다. 그런데 바울이 즉시 그 사람을 알아본 것은 환상 속에 나타난 인물이 자기가 잘 아는 사람이었을 것이라고 한다. 그 사람은 다름 아닌 누가였다고 한다.[23]

또 때마침 여기서부터 'We Section'(우리 문구)이 나온다. 추측하는 대로 누가가 여기서부터 바울과 함께 여행을 시작한다. 그렇다면 어디로부턴가 누가가 와서 바울을 만났고, 꿈에 바울에게 환상으로 나타나 마게도냐에 와서 우리를 도우라고 했던 사람은 누가였을 것이고, 그 후에 그와 함께 바울은 마게도냐로 건너갔다고 람세이는 말한다. 드로아에서 마게도냐로 건너가는 길은 배를 타고 사모드라

23) Ramsay, op.cit., p. 215.

게 섬을 거쳐 네압볼리 항구에 도착하는 길뿐이다. 그렇다면 누가가 그 항로를 통하여 빌립보에서 드로아에 왔을 것이고, 바울이 처음으로 가는 유럽(마게도냐) 길에 누가가 동행한 것이 된다.

람세이는 그 사람이 누가였을 거라는 증거를 여러 가지로 제시한다. 빌립보를 소개하는 내용이 빌립보에 지극한 애정을 가지고 있다는 냄새를 풍긴다고 한다(행 16:12). 12절에 빌립보에 대한 표현은 빌립보 도시에 대하여 개인적인 흥미를 느끼고, 그 도시를 자랑스럽게 생각하는 사람의 소개라고 한다. 빌립보가 마게도냐 지역을 지도해 가는 첫 번째 도시라는 의미로 '첫 성(첫째 구역)'이라고 했다(행 16:12). 람세이는, 누가는 빌립보의 위세를 다소 과장하기까지 했다고 한다. 당시 빌립보는 아직 성장하는 과정에 있었고 훗날에 가서야 그 지역에서 으뜸가는 성읍이 되기 때문이다.[24]

빌립보는 기원전 365-363년에 알렉산더 대왕의 아버지 필립(Philip)이 세운 도시로서 많은 특권을 누리는 로마 식민지가 되어 있었다. 자치권이 인정되었고, 조세를 면제 받았고, 이탈리아인, 즉 이탈리아 영토 주민의 권리를 누렸다. 맥그리거(MacGregor)는 말한다. "누가가 여기서 빌립보를 식민지라는 점까지 밝혀서 개인적인 특별한 관심을 나타냈다고 한다. 빌립보는 식민지였으나 자유와 부역 면제와 이탈리아 법과 자치의 혜택을 입고 이탈리아 시민과 같은 권리와 조공에서의 면제를 받았다."[25]

또 한 가지는 바울이 빌립보에서 안식일에 기도할 곳을 찾아나간 '강'(ποταμὸν)이란 말에 관사가 생략된 점이다. 여기에 대하여 람세이는 헬라인은 친숙하고 자주 언급되는 장소나 사물에는 관사를 생략하는데, 이렇게 추론해 보면 이런 표현을 쓴 사람은 그 지역을

24) Ibid, p. 195. 당시 마게도냐의 전체 속주의 수도는 데살로니가였다.
25) MacGregor, op.cit., p. 217.

잘 아는 사람이라고 한다. 누가가 빌립보 사람이란 암시는 사도행전 20장 5절에도 나온다. 사도행전 17장에 빌립보를 떠날 때 '우리'는 동행하지 않는다(행 17:1). 그러다가 예루살렘으로 돌아가면서 드로아에서 '우리'가 나타난다(행 20:5). 이렇게 보면 '우리'는 빌립보에 머물렀던 것을 알 수 있다.

16장 10절에 'We section'이 등장한다. 이것은 이때부터 선교사들이 집단으로 움직이고 있다는 증거이다. 이때 적어도 바울과 실라, 디모데 그리고 누가가 참여했다면 네 사람의 사역자들이 움직이고 있었다. 16장 10절에서 '우리들'로 구성된 구절이 나타나기 시작한 이후로 'Wesection'(우리 문구)는 무려 97절이나 된다(행 16:10-17, 10:5-15, 21:1-18, 27:1-28:16). 윌리엄은 '우리' 문구가 들어 있는 구절들이 다른 자료로부터 온 것 같지는 않다고 한다. 이 구절들은 사도행전의 다른 부분과 사실상 구분이 안 되고 있기 때문이다. 그리하여 사도행전 16장 10절은 저자가 바울의 여행에 참여한 사실을 전하는 긴박성을 더해주고 있다고 한다.[26)]

성령의 인도로 바울은 선교에 중대한 터닝 포인트를 맞았다. 소아시아에 국한되었던 그의 좁은 생각은 이제 유럽까지 포함하게 된다. 드로아에서 마게도냐로 가는 길은 오직 한 길뿐이다. 사모드라게 섬을 거쳐 네압볼리 항에 도착하는 여로(旅路)이다. 사모드라게 섬은 드로아에서 네압볼리 항구 사이 중간에 위치한 섬이다. 아마 그 섬에서 정박하여 하룻밤을 지내고 그 다음날 네압볼리에 도착했을 것이다. 네압볼리(Neapolis)는 마게도냐의 가장 동쪽에 위치한 빌립보로부터 21km 떨어진 빌립보의 항구다. 바울은 항구 도시에서는 복음을

---

26) 윌리엄, op.cit., p. 204.

전하지 않았다. 빌립보에 도착한 그들은 그곳에서 며칠을 묵었다. 아마도 회당이 있는지 찾았을 것이고, 주의 복음을 전할 수 있는 가능한 방법을 찾았을 것이다. 그러다가 안식일이 되자 기도처를 찾아 강가로 나갔다(행 16:13). 그들이 강가로 나갔다는 것은 빌립보에는 유대 회당이 없다는 것을 의미한다. 랍비요 서기관이었던 바울은 그들의 규례를 정확히 알고 있었다. 회당이 없는 곳에는 반드시 기도처가 있다는 사실을 말이다. 바울 일행은 기도처에서 하나님을 예배하는 여자들의 무리를 만난다.

유대인들이 회당을 구성할 수 있는 최소 인원은 성인식(Bar Mitzba)을 마치고 율법의 책임을 질 수 있다고 선포된 성인 남성 열 명이 있어야 했다. 이 숫자를 민얀(Minyan)이라고 하는데, 만약 민얀이 되지 못하면 유대인들은 아도나이(Yahweh)라는 이름이 들어간 축복문을 사용할 수 없게 된다. 아도나이라는 이름은 유대인들이 자신들에게 안식을 주신 하나님께 기도할 때 반드시 부르고 싶어 하는 단어였다. 이처럼 유대인들은 회당이 세워지지 못하면 안식일에 드릴 기도를 위해서 가까운 곳에 있는 '하나님의 은혜가 흐르는 곳으로 가라'는 가르침이 있었다.[27)]

'강'(ποταμός)이란 말은 강이나 시내(stream)를 가리키는 것으로 여인들이 모였던 곳도 작은 시내가 흐르는 곳이었을 것이다. 강가(The riverside)란 일반적으로 유대인들의 기도 장소(προσευχή)를 가리키고, 회당과 동의어로도 사용되었는데, 필로(philo)와 요세푸스에 의하여 자주 사용되었다.[28)] 지금도 빌립보에는 작은 시내가 흐르고 있다.

---

27) 장재일, 밥하고 설교하세요, 쿰란출판사, 2009, pp. 26-27. 유대인들은 자신을 정결케 하기 위해서 사람이 만들어 놓은 정결탕보다는 샘물의 근원이나 강가를 찾아가서 정결례를 갖는 것을 선호하였다.

28) MacGregor, op.cit., p. 219.

바울은 모인 여자들 앞에 앉았다. '앉았다'(καθίσαντες)는 표현은 선생의 자리를 가리키는 말로 회당에서 가르치는 것을 의미하였다. 바울은 흔히 회당에서 가르치는 자세로 앉아서 모인 여인들에게 말씀을 선포하였다. 그 중에 한 여인의 마음을 주께서 열어주셨다(14절). 13절과 14절을 연결시켜 보아야 하는가, 아니면 시간적 차이를 두고 이해해야 하는가도 문제이다. 시간적 차이를 두고 바울의 설교가 지속되는 동안, 그녀가 마음을 열고 예수 그리스도를 영접한 것으로 보아야 한다.

그녀는 두아디라에 사는 자주 장사인 루디아란 여인이다(행 16:14). 루디아는 유대인은 아니고 '하나님을 두려워하던 사람'(God-fearer)이었을 것이다. 그녀의 고향인 두아디라는 리디아 지방의 도시로서 자색 직물 산업으로 유명한 곳이었고, 그녀가 상품 중 최고급품에서 상호를 택했다는 것은 그녀가 일급 장사꾼이었다는 것을 보여준다.[29] 물론 저렴한 옷감들도 팔았을 것이지만 이런 상품을 취급했다는 것은 그녀가 상당한 자본을 소유하고 있었음을 보여준다.

그녀의 남편에 대하여는 언급이 없다. 아마도 그녀가 가장으로 많은 식솔을 거느리고 있었을 것으로 보인다. 그녀는 바울의 말을 경청한 후에 그녀 자신과 집안 식구들이 모두 함께 세례를 받았다. 후에 루디아의 집은 빌립보 교회가 모이는 장소가 되었다(빌 4:10-20). 학자들 중에는 루디아란 이름이 종족 이름이라면 그녀의 개인 이름은 빌립보서 4장 2절에 나오는 유오디아(Euodia)나 순두게(syntyche) 중 한 사람일지 모른다고 한다.[30]

자기 온 집안이 세례를 받은 이 여인은 "나를 주님의 신도로 여기시면, 우리 집에 오셔서 묵으십시오"(새번역) 하고 강권해서 바울 일

29) Ramsay, op.cit., p. 203.
30) Ibid, p. 219.

행을 자기 집으로 데리고 갔다. 세례를 받은 후에 그리스도의 형제자매가 되었다면 들어와 머물도록 초청하는 것은 당연한 권리였다(행 9:19, 10:48). 우리 집에 '들어오다'(εἰσελθόντες, εἰσέρχομαι의 단순과거, 분사)라는 동사는 '강권하다'(παρεβιάσατο, παραβιάζομαι의 단순과거)는 말과 결합하여 자기 집에 들어와 머물도록 단호하게 초청하는 어조가 된다. 슈레터(Adolf Schlatter)는 말하기를 "루디아는 자기에게 부끄러운 생각이 들지 않도록 해달라고 간청했다"고 한다.[31] 그녀가 주를 신뢰하고 있는 것이 확실하다면 바울 편에서도 그녀를 신뢰하고 걱정 없이 그녀의 봉사를 받아들여야 한다는 것이다. 그 결과 바울은 자기의 노동에 의해 생활을 하면서 복음을 전한다는 자립 선교 원칙을 포기하고 그 가정에 머물게 된다.

바울이 자기 스스로 노동하여 식생활을 해결하며 복음을 전하려는 원칙을 고수한 것에는 이유가 있다. 1) 자신이 흡사 이기적인 목적으로 순회 설교자로 행세하며 대접을 받는 전도자로 오해를 받지 않으려고 했다(고후 11:7-15). 2) 복음이 사람들에게 신뢰를 받도록 하려는 의도가 있었다(고전 9:1-19). 경제적으로 사람들에게 의존하면서 바르게 말씀을 전할 수 없다고 생각했기 때문이다. 3) 사도 자신이 교회로부터가 아니라 오직 노동에 의하여 생활함으로 교인들에게 자기의 생활은 스스로 책임지도록 하려고 했다(살전 4:10-12). 그런데 빌립보에서는 루디아의 권고를 받아들여 자기 원칙을 꺾고 그 가정에 머물면서 그리스도의 복음을 전했다. 그렇다고 바울이 모든 생활을 루디아에게 의존한 것은 아닐 것이다. 왜냐하면 고린도에서 아굴라와 브리스길라의 가정에 적어도 1년 반을 머물면서 그는 "수고하여 친히 손으로 일하며"(고전 4:12; 비교 갈 2:9) 살았다고 말하는

---

31) Adolf Schlatter, op.cit., p. 206. 바울이 뒷날 빌립보에서의 선물을 돌려보내지 않고, 데살로니가에서도 로마에서도 돈을 받은 것은 그 결과이다(빌 4:15).

것을 보면, 그는 천막 짓기에서 얻은 수입으로 필수품, 식량, 옷 등을 담당했을 것으로 본다. 일터에서 오랜 시간을 지냈음에도 불구하고 그는 때로 궁핍했다(고후 11:9; 빌 4:12).[32] 여하튼 바울 일행은 빌립보에서 첫 그리스도 가정을 얻은 것은 물론 그곳에서 전도할 거처까지 마련한 셈이다.

루디아의 개종은 여러 가지로 흥미롭다. 첫째, 이 여인의 개종이 바울의 능숙한 웅변 때문이 아니라 하나님의 도우심으로 이뤄진 일임을 누가는 분명히 밝힌다(행 16:14). 둘째로, 루디아는 여자라는 점이다. 누가는 예수님을 따르는 갈릴리 여자들에 대하여 두 번 언급(눅 23:49, 55)하였다. 부활을 경험한 최초의 복음전파자들도 사회적으로 지위가 낮았던(숨어 지내던) 여자들이었다(눅 24:9). 유럽 최초로 세례를 받은 루디아도 여자였다. 그녀는 초대교회 여인들과는 달리 부유한 여인이었고, 그녀의 집은 유럽 선교의 첫 번째 거점이 되었다. 환상 중에 바울을 부르신 하나님의 계획은 빌립보에서 순조롭게 이뤄지기 시작하였다.

드로아 사건 이후로 바울 사도의 선교 자세가 달라진다. 바울의 선교 자세는 1차 여행 때와는 상당히 다른 모습이다. 이제부터 바울의 태도는 자기주장이 강하고, 예루살렘에 가서 사도들과 논쟁을 벌이는 모습도 아니다. 그는 드로아의 사건으로 인하여 자신의 복음전파에 대한 성령의 계획을 더 확실하게 인식하게 된 것으로 보인다. 그의 달라진 모습은 빌립보 감옥에서 일어난 일로 더욱 분명해진다.

---

32) Ronald F. Hock, The Social Context of Paul's Ministry-Tentmanking and Apostleship, 전경연 역, 대한기독교출판사, 1984, pp. 32-35.

3. 빌립보 감옥에 갇힌 바울과 실라(행 16:16-40)

16) 우리가 기도하는 곳에 가다가 점치는 귀신 들린 여종 하나를 만나니 점으로 그 주인들에게 큰 이익을 주는 자라 17) 그가 바울과 우리를 따라와 소리 질러 이르되 이 사람들은 지극히 높은 하나님의 종으로 구원의 길을 너희에게 전하는 자라 하며 18) 이같이 여러 날을 하는지라 바울이 심히 괴로워하여 돌이켜 그 귀신에게 이르되 예수 그리스도의 이름으로 내가 네게 명하노니 그에게서 나오라 하니 귀신이 즉시 나오니라 19) 여종의 주인들은 자기 수익의 소망이 끊어진 것을 보고 바울과 실라를 붙잡아 장터로 관원들에게 끌어 갔다가 20) 상관들 앞에 데리고 가서 말하되 이 사람들이 유대인인데 우리 성을 심히 요란하게 하여 21) 로마 사람인 우리가 받지도 못하고 행하지도 못할 풍속을 전한다 하거늘 22) 무리가 일제히 일어나 고발하니 상관들이 옷을 찢어 벗기고 매로 치라 하여 23) 많이 친 후에 옥에 가두고 간수에게 명하여 든든히 지키라 하니 24) 그가 이러한 명령을 받아 그들을 깊은 옥에 가두고 그 발을 차꼬에 든든히 채웠더니 25) 한밤중에 바울과 실라가 기도하고 하나님을 찬송하매 죄수들이 듣더라 26) 이에 갑자기 큰 지진이 나서 옥터가 움직이고 문이 곧 다 열리며 모든 사람의 매인 것이 다 벗어진지라 27) 간수가 자다가 깨어 옥문들이 열린 것을 보고 죄수들이 도망한 줄 생각하고 검을 빼어 자결하려 하거늘 28) 바울이 크게 소리 질러 이르되 네 몸을 상하지 말라 우리가 다 여기 있노라 하니 29) 간수가 등불을 달라고 하며 뛰어 들어가 무서워 떨며 바울과 실라 앞에 엎드리고 30) 그들을 데리고 나가 이르되 선생들이여 내가 어떻게 하여야 구원을 받으리이까 하거늘 31) 이르되 주 예수를 믿으라 그리하면 너와 네 집이 구원을 얻으리라 하고 32) 주의 말씀을 그 사람과 그 집에 있는 모든 사람에게 전하더라 33) 그 밤 그 시각에 간수가 그들을 데려다가 그 맞은 자리를 씻어 주고 자기와 그 가족이 다 세례를 받은 후 34) 그들을 데리고 자기 집에 올라가서 음식을 차려 주고 그와 온 집안이 하나님을 믿으므로 크게 기뻐하니라 35) 날이 새매 상관들이 부하를 보내어 이 사람들을 놓으라 하니 36) 간수가 그 말대로 바울에게 고하되 상관들이 사람을 보내어 너희를 놓으라 하였으니 이제는 나가서 평안히 가라 하거늘 37) 바울이 이르되 로마 사람인 우리를 죄도 정치 아니하고 공중 앞에서 때리고 옥에 가두었다가 이제는 가만히 내보내고자 하느냐 아니라 그들이 친히 와서 우리를 데리고 나가야 하리라 한대 38) 부하들이 이 말을 상관들에게 보고하니 그들이 로마 사람이라 하는 말을 듣고 두려워하

여 39) 와서 권하여 데리고 나가 그 성에서 떠나기를 청하니 40) 두 사람이 옥에서 나와 루디아의 집에 들어가서 형제들을 만나 보고 위로하고 가니라

루디아의 집에 머물던 바울과 실라가 기도하는 곳에 가다가 귀신 들려 점을 치고 있는 한 여인을 만난다. 이 여인은 바울 일행을 쫓아 다니며 소리쳐 말하였다. "이 사람들은 지극히 높은 하나님의 종으로서 구원의 길을 너희에게 전하는 자라." 이런 일이 여러 날 계속되었다(행 16:17). 바울을 해치려는 의도로 이런 말을 한 것 같지는 않다. 도리어 바울의 일행의 실체를 정확하게 알려주는 역할을 해주었다. 바울은 이 여인을 본 날로부터 심히 괴로워하였다. 왜 그처럼 괴로워 했을까? 여인이 불쌍해서였을까, 아니면 여인의 뒤에 있는 악한 인간들 때문이었을까?

사도행전 16장 19-21절에는 그녀의 주인(His ownerss)이 복수로 나온다. 여자 뒤에 있는 사람은 한 사람이 아니었는데, 그런 점을 알고 두려워한 것일까?[33] 아니면 이 여인의 모습에서 "와서 나를 도우라"고 외쳤던 마게도냐 사람의 소리를 들은 것인가? '심히 괴로워하다'는 동사(διαπονηθείς)는 'διαπονέομαι'의 단순과거 분사 수동으로 처음 그녀를 보았을 때부터 계속해서 괴로워하게 되었다는 뜻이므로, 그녀의 불행한 상태에 대한 연민으로 괴로워했을 것이다. 동시에 그녀 뒤에 있는 세력에 대해서도 바울은 의식했을 것이다. 누가는 이 여인 안에 있는 악령은 퓨톤(πύθων)이라고 한다(16:16). 퓨톤은 아폴로(Apollo) 신이 들려 점치는 사람을 말하는데, 아폴로는 중앙 그리스에 있는 델피(Delphi) 신전에서 피디안 신(Pythian god)으로 숭배되고 있는 그리스 신(Greece deity)이다.[34] 신탁을 알려주는 것으로

33) 여인의 소유자들이란 누구였을까? 그녀를 소유한 부부였을 가능성도 있다. 또 그들이 자신들을 "로마 사람인 우리가 받지도 못하고"(16:21)라고 했기 때문에 그들은 로마인이었을 것으로 추측되기도 한다.

알려져 있다. 그녀는 아마도 빌립보에서는 꽤 알려져 있는 점치는 여인이었던 것으로 보인다.

드이어 바울은 귀신을 향하여 명령한다. "예수 그리스도의 이름으로 내가 네게 명하노니 그에게서 나오라." 바울은 예수님의 이름의 능력으로 귀신을 쫓아냈다(행 16:18). 바로 그 순간 악령이 그녀에게서 나가고 그 여인은 온전케 되었다. 여인 속에 있던 악한 영은 바울과 그 일행이 "지극히 높은 하나님의 종으로서 구원의 길을 너희에게 전하는 자라" 하고 증언하므로 바울과 화해하려는 제스처를 썼으나 바울은 악령의 증언을 받아들이지 않고 단호하게 귀신을 쫓아냈다. 바울이 마게도냐 첫 성인 빌립보에서 귀신을 쫓아낸 사건은 예수님의 첫 사역지였던 가버나움 회당에서 안식일에 귀신 들린 사람에게서 귀신을 쫓아낸 사건과 비슷하다.

더러운 귀신 들린 사람이 "아 나사렛 예수여, 우리가 당신과 무슨 상관이 있나이까? 우리를 멸하러 왔나이까? 나는 당신이 누구인 줄 아노니 하나님의 거룩한 자니이다"(눅 4:34)라고 하자, 예수님은 그를 꾸짖으시고 "잠잠하고 그 사람에게서 나오라"고 하셨다. 바울은 "예수 그리스도의 이름으로 명한다"라고 하였다. 예수님은 어떤 경우에도 귀신들의 어떠한 증언도 받아들이지 않으셨다. 그 이유는 복음과 이교의 혼합을 인정하지 않으셨기 때문이다. 바울도 이교(異教)의 점치는 여자의 말을 인정하지 않았다. 그 이유는 만일 그녀의 말이 사람들을 자기에게 인도한다면 이것은 동시에 바울 자신이 이교를 인정하는 것이 되기 때문이다.[35] 이 여인이 고침을 받은 일은 빌립보 성에 적지 않은 충격을 주었을 것이다.

---

34) Bruce, op.cit., p. 312.

35) Schlatter, op.cit., p. 207.

바울이 귀신을 쫓아내자, 그녀를 이용하여 돈을 벌던 사람들의 소망이 끊어졌다(행 16:19). 바울과 실라가 보여준 것은 예수님의 연민(σπργχνίζομαι)의 정신을 통하여 착취자와 억압자들의 발톱에서 백성을 구해내는 해방자의 모습이다. 세상 사람들에게는 그것이 중요한 것이 아니라 돈줄이 더 중요하다. 이것이 사라졌을 때 분노하지 않을 사람이 없다. 그리스도인들은 예수님의 정신과 세상적 관심 사이에 마땅히 갈등을 겪어야 한다. 이 여인을 이용하여 돈을 벌어들이고 있던 세력들은 즉시 바울과 실라를 시장(the agora)으로 끌고 갔고 관리들에게 고소했다(행 16:19). 아고라란 당시 헬라 사회에서 사람들이 모이는 장소였고, 재판이 이뤄지던 곳이기도 하다.

바울과 실라가 고소 당한 내용은 유대인으로 로마 세계를 혼란케 하고 그 질서를 붕괴시킨다는 것이었다(행 16:20-21). 그 지방 행정관 또는 집정관(στρατηγοί)은 그들의 옷을 찢어 벗겼다. 이는 매로 치기 위해 옷을 벗기는 매정한 모습을 보여준다. 그리고 매로 치라고 명령했다. 바울과 실라는 혹독한 매를 맞고 감옥에 던져졌다. "옷을 벗기고, 매로 치라"는 말을 계속해서 반복했다(행 16:22).[36] 여기에는 성난 군중의 요구에 부응하려는 행정관의 정치적 욕망이 덧붙여졌을 것이다.

여기서 'We'와 디모데는 제외되었다. 누가와 디모데는 감옥에 끌려가지 않았고, 바울과 실라만 끌려갔다. 아마도 바울과 실라가 주도적인 역할을 한 인물이기 때문이었을 것이다. 해방 활동은 항상 위험하다. 그래서 박해를 몰고 온다. 예수님도 연민 때문에 많은 어려움을 겪었고, 서기관들의 미움을 샀다. 거라사 지방에서 귀신

36) '매로치다'(ῥαβδίζειν)는 'ῥαβδίζω'의 현재 능동 부정사로서 계속해서 매로 치라는 뜻이고, '명령하다'(ἐκέ-λευον)는 'κελεύω'의 미완료 능동으로 계속해서 명령했다는 의미이다.

들린 자를 고쳐주셨을 때에는 그 지방 돼지 양식자들에 의해 즉시 마을 밖으로 쫓겨났다(눅 8:37). 관중 앞에서 옷을 벗기고 때렸으므로 가장 큰 수치를 당했을 뿐 아니라 견딜 수 없는 고통을 당했다. 그들은 당시 유행하던 태형을 당하였다. 그리고 발이 쇠고랑에 묶인 채 깊은 감옥에 갇혔다(행 16:24). 깊은 감옥(inner prison)은 아마도 지하 감옥이었을 것이다. 간수(Jailor)는 현대의 교도소장에 해당하는 직책이다. 백부장이라고 해석할 필요는 없다. 그리고 그들의 발을 채웠던 차꼬(stocks)는 일반적으로 마을에서 하는 방식을 따르는 것으로 벽에 쇠사슬로 매어 놓는 것을 말한다.[37)]

그런데 왜 로마 시민권자인 바울은 이 사실을 밝히지 않고 그 채찍의 고통을 감수했을까? 이들은 바울과 실라를 유랑하는 유대인으로 간주하고 우습게 여겨 마음대로 매로 치도록 한 것처럼 보인다. 그럼에도 불구하고 바울 자신이 로마 시민인 점을 밝히지 않은 이유는 사도행전 16장 6-10절 사건을 통하여 그가 무엇인가 강하게 느꼈기 때문인지 모른다.

그처럼 견딜 수 없는 매를 맞고 깊은 감옥에 갇힌 그들은 그 감옥 안에서도 도리어 기도하고 찬송했다(행 16:25). '기도하고 찬송했다'는 본문은 '기도하다'(προσευχόμενοι)는 현재 분사 중간태가 사용되어 계속해서 기도하는 모습을 말하고, '찬송하다'(ὕμνουν)는 미완료과거, 능동, 직설법으로 계속해서 찬미하고 있었다는 뜻이다. 두 단어를 연결시켜 놓음으로 기도와 찬미를 함께 드린 동시적인 행위를 말한다. 즉 "기도하면서 (동시에) 그들은 찬미하였다"(praying and singing hymns to God)고 번역할 수 있다. 이 말은 동시에 찬미하면서 기도했다는 말도 된다. 그러니까 기도한 후에 위로가 와서 찬송했다는 말이 아니

37) MacGregor, Interpreters, p. 222.

라 기도 속에 찬송이 있고, 찬송 속에 기도가 있었다.

그런데 '기도하다'는 동사가 현재 분사이고, '찬송하다'는 동사는 미완료 과거형으로 되어 있는 것으로 보아 찬송을 먼저 한 것으로 보인다. 그렇다면 그들은 기도를 계속하는 동안, 먼저 시작했던 찬송도 계속했다는 의미가 된다. 그렇다면 바울이 기도했다는 말에서 원망이나 고통속에서 구원해 달라는 탄원이 아닌, 단순히 하나님을 찬양하고 의지했다는 뜻으로 해석할 수 있다. 이런 모습도 사도행전 16장 6-10절의 경험이 있은 후에 달라진 모습이다. 그들이 한밤중에 이뤄내는 기이한 현상은 그곳에 갇혀 있던 모든 죄수들이 듣지 않을 수 없었을 것이다. "듣고 있었다"(행 16:25)는 말은 낭송이나 음악에 관계되는 단어이다. 시제는 미완료 중간태이다. 그러니까 죄수들이 마치 음악을 듣듯이 계속해서 들었다는 말이다.

바울과 실라는 그런 상황에서 어떻게 그렇게 할 수 있었을까? 바울과 실라가 기도하고 찬송할 수 있었던 것은 그동안 경험한 하나님에 대한 체험 때문이었다. 죽었다가도 살아났고, 숱한 시련을 당했지만 항상 좋은 것으로 주신 하나님에 대한 경험 때문이었다. 아마도 사도행전 16장 6-10절의 경험은 그로 하여금 성령님을 무한히 의지하도록 한 것으로 보인다. 이런 경험을 통하여 얻은 확신이 로마서 8장 28절에 나타나 있다.

갑자기 지진이 나면서 옥터가 움직이고 문이 다 열리고 매인 것이 다 벗겨졌다(행 16:26). 람세이는 지진으로 감옥 문이 열린 것은 이상한 일이 아니라고 말한다. "터키 감옥을 구경한 적이 있는 사람이면 옥문들이 활짝 열렸다는 것을 기이하게 여기지 않을 것이다. 문들은 각각 단지 빗장이 걸려 있었을 뿐이므로 지진이 나서 기둥들이 흔들리자 빗장은 미끄러져 떨어지고 문은 활짝 열렸던 것이다. 24절에서 보듯이 죄수들은 벽에 묶여 있거나 차꼬에 채워져 있었다. 지진이 나자 쇠고랑과 차꼬는 벽에서 이탈되었다. 벽이 몹시 흔들려서 돌 틈에 공간이 생겼기 때문이다."[38] 우리는 사도행전 12장 19절에서 헤롯이 베드로를 찾아도 찾을 수가 없을 때 파수꾼들을 심문하고 죽이라고 했던 내용을 기억하고 있다. 이것이 그 당시 관례였다면 죄수가 도망하면 그 책임을 간수에게 지우고 그들을 죽였던 것으로 보인다.

바울과 실라는 거기 머물러 있었다(행 16:28). 람세이(Ramsay)는 바울과 실라가 도망갈 시간적인 여유가 없었을 것이라고 한다.[39] 그러나 28절의 어투는 도망가지 못해서 남아 있는 사람들의 감정은 아니다. "우리가 여기 있노라"(ἐσμεν ἐυθάδε)는 말은 그들이 의지적으로 그곳에 남아 있다는 인상을 준다.[40] 또한 뒤에 나오는 "선생들이여, 내가 어떻게 하여야 구원을 받으리이까?"라는 말은 과연 도망가지 못한 죄수들에게 던진 말이라고 할 수 있을까 하는 의문을 갖게 한다.

이런 문장의 흐름은 바울과 실라는 도망가려는 생각을 갖지도 않았다는 점을 암시하고 있다. 그렇다면 왜 그들은 하나님의 은혜로 기회가 주어졌는데도 그 자리에 남아 있었을까? 여기에 대한 해답은 기도하고 찬송했다는 표현이 말해준다. 더 멀리는 사도행전 16장 6-10절의 사건과 연결시켜 생각할 수 있을 것이다. 아마도 그들은 성령께서 감옥문을 여셨다면 그 다음에 할 일도 인도해 주실 것이란 사실을 믿고 기다린 것이 아닐까?

---

38) Ramsay, op.cit., p. 208. 1880년에 스미르나(Smyrna)에서, 그리고 1831년에 스키오(Scio)에서 큰 지진이 났을 때, Ramsay는 지진의 기이하고 변덕스러운 활동을 보고 들을 수 있는 기회를 얻었다.

39) Ibid, p. 209.

40) ἐσμεν ἐυθάδε에서 ἐσμεν는 εἰμι의 현재 능동태 복수형이다.

상황을 파악한 간수는 급하게 불을 들고 감옥 안으로 뛰어 들어가 두 사람 앞에 떨면서 무릎을 꿇었다(행 16:29). 그리고 그들을 감옥에서 데리고 나와서 물었다. "선생들이여, 어떻게 해야 구원을 얻을 수 있겠는가?"(Sirs, what must I do to be saved, 30절) 존칭이 달라졌다. 간수는 지진이 일어난 것이 그 두 사람 때문이라고 생각했던 것 같다. 그렇다면 이들이 자기에게 전할 말이 있을 것이라고 여기고 이렇게 물은 것이다.[41] 그런데 누가는 이것을 '구원의 길'(the way of salvation)(30절)에 대해 물은 것으로 해석한다. 바울은 선교사로서 간단한 구원의 길을 제시하였다. "예수를 믿으라, 그리하면 구원을 얻으리라"(31절). 이것은 바울이 자주 사용하는 구원의 본질을 말해 주는 문구이다(롬 10:9, 10, 13; 고전 1:18; 엡 2:8).

간수는 그 밤에 바울과 실라를 자기 집으로 데려다가 상처를 씻어 주고 자기와 온 가족이 세례를 받는다. 그 결과 하나님을 믿음으로 얻어지는 기쁨이 그 가정에 충만하게 되었다(행 8:8, 39). '온 식구가 세례를 받았다' 말은 유아 세례도 포함된다고 전통적으로 이해하고 있다.

이튿날, 상관들은 두 사람들을 석방시키라고 전갈을 보낸다. 아마도 매를 친 것으로 족하다고 생각했는지, 아니면 지진이 난 것 때문에 석방시킬 마음이 생겼는지도 모른다. 그런데 바울은 이유 없이 맞았기 때문에 떳떳하게 로마 사람의 권리를 주장한다. 이 말을 들은 상관들은 크게 당황한다. 자신들이 로마법을 어겼기 때문이다. 발레리안 법(Valerian law)–BC 66년–은 재판 받기 전 로마 시민을 벌하는 것을 금한다. 포르시안 법(Porcian law)–BC 3년–은 시민을 고문하는 치안관들을 엄중하게 벌했다. 이 모든 법령을 율리아법이 다시 취하

---

41) Bruce, op.cit., p. 317.

고 있다.[42] 만약 바울이 자기의 권리를 주장하여 그들을 추궁했다면 중대한 사태를 불러일으키고 말았을 것이다. 상관들은 두 사람을 그 성에서 떠나게 하는 정치적인 얄팍한 수로써 이 일을 일단락지으려고 했다. 청하다(행 16:39)는 동사 ἠρώτω는 ἐρωτάω의 미완료 능동태 직설법이다. 즉 떠나달라고 계속 간청했다는 의미이다.

바울과 실라는 풀려난 후 루디아의 집에 가서 형제들을 만나 위로하고 마게도냐로 떠난다(40절). 그런데 40절에 'We'는 나타나지 않는다. 'We'는 바울의 일행과 동행하지도 않는다. 20장 5절에 드로아에 가서야 다시 만난다. 디모데를 '우리'로 생각하는 사람들이 있으나, 빌립보를 떠나는 바울의 일행에 디모데는 동행했다. 그러나 'We'는 드로아에서 다시 만날 때까지 나타나지 않는 것으로 보아 빌립보에 그대로 남아 있었다. 그러므로 'We'를 디모데로 생각하기는 어렵다. 'We'가 빌립보에 있었다면, 그래서 드로아에서 바울을 다시 만날 때까지 그곳에 머물러 있었다면, 누가는 빌립보 교회의 지도자로 남아 있었을 것이다.

4. 데살로니가와 베뢰아 방문(행 17:1-15)

1) 그들이 암비볼리와 아볼로니아로 다녀가 데살로니가에 이르니 거기 유대인의 회당이 있는지라 2) 바울이 자기의 관례대로 그들에게로 들어가서 세 안식일에 성경을 가지고 강론하며 3) 뜻을 풀어 그리스도가 해를 받고 죽은 자 가운데서 다시 살아나야 할 것을 증언하고 이르되 내가 너희에게 전하는 이 예수가 곧 그리스도라 하니 4) 그 중의 어떤 사람 곧 경건한 헬라인의 큰 무리와 적지 않은 귀부인도 권함을 받고 바울과 실라를 따르나 5) 그러나 유대인들은 시기하여 저자의 어떤 불량한 사람들을 데리고 떼를 지어 성을 소동하게 하여 야손의 집에 칩입하여 그들을 백성에게 끌어내려

42) Ibid, p. 319.

고 찾았으나 6) 발견하지 못하매 야손과 및 형제들을 끌고 읍장들 앞에 가서 소리 질러 이르되 천하를 어지럽게 하던 이 사람들이 여기도 이르매 7) 야손이 그들을 맞아 들였도다 이 사람들이 다 가이사의 명을 거역하여 말하되 다른 임금 곧 예수라 하는 이가 있다 하더이다 하니 8) 무리와 읍장들이 이 말을 듣고 소동하여 9) 야손과 그 나머지 사람들에게 보석금을 받고 놓아 주니라 10) 밤에 형제들이 곧 바울과 실라를 베뢰아로 보내니 그들이 이르러 유대인의 회당에 들어가니라 11) 베뢰아에 있는 사람들은 데살로니가에 있는 사람보다 더 너그러워서 간절한 마음으로 말씀을 받고 이것이 그러한가 하여 날마다 성경을 상고하므로 12) 그 중에 믿는 사람이 많고 또 헬라의 귀부인과 남자가 적지 아니하나 13) 데살로니가에 있는 유대인들은 바울이 하나님 말씀을 베뢰아에서도 전하는 줄을 알고 거기도 가서 무리를 움직여 소동하게 하거늘 14) 형제들이 곧 바울을 내보내어 바다까지 가게 하되 실라와 디모데는 아직 거기 머물더라 15) 바울을 인도하는 사람들이 그를 데리고 아덴까지 이르러 그에게서 실라와 디모데를 자기에게로 속히 오게 하라는 명령을 받고 떠나니라

빌립보를 떠난 바울 일행은 남쪽으로 이동하면서 암비볼리와 아볼로니아를 거쳐 데살로니가에 이른다. 암비볼리와 아볼로니아는 군사 도로 상에 위치한 도시들이다. 그리고 그들은 마게도냐에 도착한다. 데살로니가는 항구도시로서 로마 총독이 자리잡고 있는 마게도냐의 행정수도이다. 행정적 자율권을 누리고 있었으며, 자기 관리들을 가지고 있었다.[43] 그곳에는 유대인들이 많이 살고 있어서 회당도 있었다. 이 도시는 오늘날 15만 명의 인구를 가지고 있는 항구도시이다. 바울은 빌립보에서 에그나티아 길을 통하여 데살로니가로

43) 이 도시는 알렉산더 대왕의 아버지 빌립 2세가 기원전 350년에 그 지역을 점령한 후, 마게도냐의 중심 도시로 세워졌고, 알렉산더 대왕 때 꽃이 피었던 곳이다. 데살로니가라는 이름은 알렉산더 대왕의 부장 카산더가 알렉산더 사후 이 지방을 차지하여, 번듯한 도시를 건설한 후 알렉산더의 이복누이인 데살로니키를 아내로 맞아 이 도시를 그녀에게 바친다는 뜻으로 데살로니가로 명명한 곳이다. 지금은 데살로니카라고 발음한다. 이곳이 유명하게 된 것은 철학자 아리스토텔레스가 이 지방 출신이기 때문이다.

내려갔다. 데살로니가는 에베소와 고린도에 이어 에게 해 연안에서 가장 번창한 도시였다. 로마는 이 도시를 자유지역으로 두고 민주적인 헌법과 자기들의 총독(politarchs)을 가지도록 허락해 주었다.[44]

데살로니가에는 세계 각국에서 온 사람들의 물결이 흘러넘쳤다. 바울은 항상 이런 지역을 택하여 복음을 전하였다. 바울은 관례대로 그들에게로 들어가 세 안식일에 성경을 가지고 강론하였다. 몇 번이나 이방인에게로 가겠다고 했던 바울은 회당을 버리지 못하고 또 관례대로 찾아간다. 데살로니가에서 안식일을 세 번 지켰으니까 아마도 한 달 가까이 머물렀다고 생각된다. 람세이(Ramsay)는 좀더 긴 기간이 필요했을 것으로 본다. 그 이유는 빌립보서 4장 16절에 "데살로니가에 있을 때에도……한두 번 나의 쓸 것을 보내었도다"라고 언급하고 있는데, 이 두 번의 선물 사이에는 다소 시간적 간격이 있으리라고 생각이 된다.

데살로니가에서 3주 동안 머물렀다는 사실은(정확히 말하면 세 안식일)−σάββατα는 주간(week)을 의미한다 − 유대교적 방법으로 성경 강해를 했던 모양이다.

바울 일행이 빌립보에서 놀라운 기적을 체험한 후여서 데살로니가에서는 더 열정적으로 설교했을 것이다(살전 2:2). 바울 설교의 주제는 그리스도의 고난과 부활이었다. 그리스도가 해를 받고 죽은 자 가운데서 다시 살아나겠다고 말씀하신 대로 살아나셨다고 했다. 즉 바울 설교의 주제는 '예수는 메시아'라는 것이었다. 실제적인 바울 선교의 주제는 데살로니가전서 1장 10절에 있는 것과 같다.

"또 죽은 자들 가운데서 다시 살리신 그의 아들이 하늘로부터 강림하실 것을 너희가 어떻게 기다리는지를 말하니 이는 장래의 노하

44) MacGregor, op.cit., p. 225.

심에서 우리를 건지시는 예수시니라." '고난받는 메시아'(suffering Messiah)의 개념은 유대인들에게는 아주 생소한 것이다. 그들은 메시아가 고난받는다는 사실을 상상하지 못하기 때문이다. 유대인들은 이사야 53장에 나오는 고난의 종을 메시아 사상과 결코 연결지어 생각하지 않는다(참고 행 3:17-18).

회당에서 그 설교를 들은 경건한 헬라인들이 믿기 시작했고, 귀부인들도 믿고 바울과 실라를 따르기 시작했다. 경건한 헬라인이나 귀부인들이란 하나님을 두려워하는 사람들이거나 아니면 유대교로 개종한 이방인들을 지칭한 것으로 보인다. 회당에서 그리스도 교회로 돌아온 사람들은 대부분 하나님을 두려워하는 이방인들이었다. 유대인들은 자기들이 하나님의 선택된 백성에 속한다는 왜곡된 허영 때문에 고집스럽고 부패하여 하나님의 말씀을 듣지 않았다. 교회로 돌아온 사람들 중에 야손이란 사람이 선교사들을 자기 집에 유숙시킨 것을 보면, 야손과 그의 가족이 예수님을 영접했을 것이다. 회당에 속했던 경건한 헬라인의 큰 무리와 적지 않은 귀부인들이 바울과 실라를 따르는 것으로 유대인들의 질투를 샀다(행 17:4). 바울에게 가장 유력한 전도 대상자는 경건한 헬라인들이었다.

경건한 많은 헬라인들과 귀부인들이 더 이상 회당에 머물지 않고 그리스도의 교회로 옮기게 되자 유대인들은 심히 분노하여 날뛰게 되었다. 성난 유대인들은 시장의 불량한 사람들을 데리고 떼를 지어 성을 소동하게 하고 야손의 집에 들어와 바울 일행을 찾았다. 이들은 바울 일행을 '천하를 어지럽히게 하던 이 사람들'(행 17:6)이라고 했다. 또 "이 사람들은 다 가이사의 명을 거역하여 다른 임금 곧 예수라 하는 이가 있다고 한다"고 떠들어댔다(행 17:7). 브루스(Bruce)는 이런 사태는 글라우디오 유대인 추방 칙령에 준하는 소동이었다고 한다(참고 행 18:2).[45] 가이사 외에 또 다른 임금이 있다는 주장은 데살로니가 읍장으로 하여금 이 일에 개입하지 않을 수 없게 만들었다. 읍장은 자치 도시인 데살로니가의 행정 장관에게만 특별히 붙여진 명칭으로, 데살로니가 시민에 의해서 자유롭게 선출된 직책을 말한다.

야손이 그 기미를 미리 알고 바울 일행을 다른 곳에 숨겨주었기 때문에 바울은 직접 해를 당하지는 않았다. 대신 야손과 그 형제들이 관청에 끌려가서 나라를 어지럽히는 자들을 숨겨주었다는 책임을 추궁당했다. 다행히도 야손은 보석금을 내고 풀려나고, 바울은 밤에 믿는 형제들의 도움을 받아 베뢰아로 가게 된다(행 17:10). 읍장에 의하여 내려진 조치는 그 당시 상황에서는 가장 부드러운 것이었다. 고소된 자들에게서 평온을 유대한다는 담보를 받고 놓아준 것이기 때문이다.[46]

이처럼 바울은 데살로니가를 빠져 나와 베뢰아에서 고린도로 전도지를 옮기면서, 겨우 씨만 뿌리고 나온 데살로니가에 있는 신자들이 매우 궁금했을 것이다. 과연 데살로니가 교회는 어떻게 되었을까?

데살로니가 교회 소식이 너무나 궁금했던 바울은 다시 데살로니가로 가려고 했다(살전 2:18, 참고 살전 3:1). 그러나 사탄이 그 길을 막았기 때문에 아덴에서 디모데를 그곳 교회로 보낸다(살전 3:1-6). 얼마 후에 디모데가 그곳 교회의 소식을 가져왔다. 그 소식은 대단히 희망적이고 기쁜 소식이었다. 그래서 바울은 "너희가 주 안에 굳게 선즉 우리가 이제는 살리라"(살전 3:8)고 했다.[47]

데살로니가에서 3주 동안 머물면서 복음을 전했는데, 불과 1년도 지나지 않아 척박한 땅에서 복음의 싹이 나서 자라고, 그들의 믿음이

45) Bruce, 신약사, p. 344.
46) Ramsay, op.cit., p. 216.
47) 디모데를 통하여 기쁜 소식을 듣고 쓴 편지가 데살로니가전서다. 신약성경에 서간문이 13개 있는데, 그 중에 가장 먼저 쓴 편지가 데살로니가전서다.

마게도냐와 아가야의 모든 믿는 자들에게 본이 되었으며, 그들의 소문이 각처에 퍼졌다고 한다. 바울은 그곳에 있는 그리스도인들에게 말한다. “우리의 소망이나 기쁨이나 자랑의 면류관이 무엇이냐 그가 강림하실 때 우리 주 예수 앞에 너희가 아니냐 너희는 우리의 영광이요 기쁨이니라”(살전 2:19-20).

베뢰아는 데살로니가로부터 남쪽으로 80km 떨어진 곳이다. 베뢰아에 도착한 바울은 회당을 찾는다. 그의 가장 중요한 임무는 이방 선교였음이 틀림이 없지만, 회당을 선교의 근거지로 삼으려 하는 자세는 아직도 견지하고 있다. 베뢰아 사람들은 데살로니가 사람들보다는 너그러웠고 간절한 마음으로 말씀을 받았다(행 17:11). 무엇보다 그들은 말씀을 진지하게 상고하는 자세를 보였다. 너그럽다 또는 신사적이라는 말은 어떤 선입견으로부터 자유롭다(liberal)는 의미이다. 즉 데살로니가 사람들의 배타적인 태도와 비교해서 자유롭다는 뜻이다. 누가는 바울의 베뢰아의 전도에 대한 결과를 사도행전 17장 12절에 간결하게 적어 놓았다. “그 중에 믿는 사람이 많고 또 헬라의 귀부인과 남자가 적지 아니하다.”

거칠고 반항적인 데살로니가 사람들을 닮아서일까, 그곳 유대인들은 바울이 베뢰아에서 하나님의 말씀을 전한다는 말을 듣고 80km나 떨어진 먼 베뢰아에까지 와서 소동을 벌였다. 이 소동은 만만치 않았던 것 같다. 데살로니가에서 바울에게 하지 못한 분풀이를 이곳에서 한 것 같다. 결국 베뢰아의 형제들은 바울을 안내하여 베뢰아 항구로 가서 배로 이동하게 한다. 그들은 친히 아덴까지 동행해 주었다. 실라와 디모데는 그곳의 정황을 살펴서 소식을 전하도록 그곳에 머물도록 한다(행 17:14).

로마서 15장 19절에는 이 시기에 바울은 마게도냐 북쪽 일루리곤까지 복음을 전했다고 한다. 일루리곤은 현재 유고슬라비아와 알바니아에 속한다. 후에는 달마디아라고 불렀는데, 디모데후서 4장 10절에는 디도가 그곳으로 갔다고 한다.

5. 아덴에서의 설교(행 17:16-34)

16) 바울이 아덴에서 그들을 기다리다가 그 성에 우상이 가득한 것을
보고 마음에 격분하여 17) 회당에서는 유대인과 경건한 사람들과 또 장터
에서는 날마다 만나는 사람들과 변론하니 18) 어떤 에피쿠로스와 스토아
철학자들도 바울과 쟁론할새 어떤 사람은 이르되 이 말쟁이가 무슨 말을
하고자 하느냐 하고 어떤 사람은 이르되 이방 신들을 전하는 사람인가보다
하니 이는 바울이 예수와 또 부활을 전하기 때문이러라 19) 그를 붙들어
아레오바고로 가며 말하기를 네가 말하는 이 새로운 가르침이 무엇인지
우리가 알 수 있겠느냐 20) 네가 어떤 이상한 것을 우리 귀에 들려 주니
그 무슨 뜻인지 알고자 하노라 하니 21) 모든 아덴 사람과 거기서 나그네
된 외국인들이 가장 새로운 것을 말하고 듣는 것 이외에는 달리는 시간을
쓰지 않음이더라 22) 바울이 아레오바고 가운데 서서 말하되 아덴 사람들
아 너희를 보니 범사에 종교심이 많도다 23) 내가 두루 다니며 너희가
위하는 것들을 보다가 알지 못하는 신에게라고 새긴 단도 보았으니 그런즉
너희가 알지 못하고 위하는 그것을 내가 너희에게 알게 하리라 24) 우주와
그 가운데 있는 만물을 지으신 하나님께서는 천지의 주재시니 손으로 지은
전에 계시지 아니하시고 25) 또 무엇이 부족한 것처럼 사람의 손으로 섬김
을 받으시는 것이 아니니 이는 만민에게 생명과 호흡과 만물을 친히 주시는
이심이라 26) 인류의 모든 족속을 한 혈통으로 만드사 온 땅에 살게 하시고
저희의 연대를 정하시며 거주의 경계를 한정하셨으니 27) 이는 사람으로
혹 하나님을 더듬어 찾아 발견하게 하려 하심이로되 그는 우리 각 사람에게
서 멀리 떠나 계시지 아니하도다 28) 우리가 그를 힘입어 살며 기동하며
존재하느니라 너희 시인 중 어떤 사람들의 말과 같이 우리가 그의 소생이라
하니 29) 이와 같이 하나님의 소생이 되었은즉 하나님을 금이나 은이나
돌에다 사람의 기술과 고안으로 새긴 것들과 같이 여길 것이 아니니라
30) 알지 못하던 시대에는 하나님이 간과하셨거니와 이제는 어디든지 사
람에게 다 명하사 회개하라 하셨으니 31) 이는 정하신 사람으로 하여금

천하를 공의로 심판할 날을 작정하시고 이에 그를 죽은 자 가운데서 다시 살리신 것으로 모든 사람에게 믿을 만한 증거를 주셨음이니라 하니라 32) 그들이 죽은 자의 부활을 듣고 어떤 사람은 조롱도 하고 어떤 사람은 이 일에 대하여 네 말을 다시 듣겠다 하니 33) 이에 바울이 그들 가운데서 떠나매 34) 몇 사람이 그를 가까이하여 믿으니 그 중에는 아레오바고 관리 디오누시오와 다마리라 하는 여자와 또 다른 사람들도 있었더라

당시 아덴은 5천 명 정도의 시민을 가진 조용한 소도시로서 자신들의 위대한 과거를 기억하며 살아가고 있었다.[48] 당시 아덴은 정치적으로 중요한 곳이 아니었고, 상업적으로도 고린도에 비할 바가 아니었다. 그곳은 대학의 소재지로 세계 지성의 성지였다. 아덴은 예술의 도시요, 문화와 학문의 명성을 보유하고 있던 도시였다(행 17:21). 아덴에 대한 분위기를 누가는 철학자를 좋아하는 사람들로서 논쟁을 좋아하고, 특별한 것에 호기심이 많은 사람들이 모여 있던 곳이라고 평가한다(행 17:18, 21). 특히 그 도시는 여러 종교를 환영하고 그것들 때문에 이름이 나 있었다(행 17:20).

바울은 실라와 디모데를 기다리는 동안, 처음 방문하는 사람으로 아덴을 돌아보았다(행 17:16-17, 23). 아덴의 웅장한 건물이나 조각들은 그를 감동시키지 못했다. 바울은 아덴을 '우상이 가득한' 황무지나 다름없는 곳으로 보았고(행 17:16), 이런 우상들을 보고 바울은 격분하였다. 헨헨(Haechen)은 그리스도인들이 예술작품을 우상으로 보았다고 꼬집는다.[49] 학자와 선교사의 생각의 차이를 느끼게 하는 말이다. 격분한 바울은 가는 곳마다 만나는 사람들과 변론하기 시작하였다. '격분하다'는 표현의 헬라어 παρωξύνετο τὸ πνεῦμα αὑτοῦ[50]는

48) 헨헨, op.cit., p. 180.

49) Ibid, p. 180.

50) παρωξύνετο는 παροξύνομαι의 미완료 직설법으로, 감정을 '억제할 수 없다'또는 '대단히 격정되다(upset)'는 의미를 가진다. 바울은 그런 우상을 보면서 감정이

'그의 영혼을 억제할 수 없었다'는 말이다. 바울이 아덴에서 선교사역을 하려고 하지 않았으나, '격분하여'(16절) 감정을 억제하지 못하고 변론을 시작했다는 누가의 말은 당시 현장의 분위기를 전하는 말이다.

바울은 회당에서 유대인과 하나님을 두려워하는 사람들에게 설교하였고, 시장(agora)에서 설교했다고 한다. 소크라테스도 이곳 아고라(ἀγορᾷ, market place)에서 가르쳤다. 아덴 사람들이 멈춰 듣다가 가고 오다가 듣는 그런 모습을 상상해 보자. 그중에서 특별히 에피쿠로스(Epicureans), 스토아 학파의 철학자들(Stoics)을 만나 변론하게 된다. 그러나 이들도 바울의 말을 이해하지 못했다(18절). 그리고 바울을 말쟁이라고 여겼다. '말쟁이'(ὁ σπερμολόγος)는 '씨', '종자'라는 σπέρμα와 '수집하다'는 λέγω의 합성어로, 새가 곡물을 쪼아먹듯이 지식을 단편적으로 끌어 모으는 자를 말한다. 어떤 학풍이 없이 지껄이는 자란 뜻이다. 그러니까 바울을 '제멋대로 지껄이는 자'라고 비방한 것이다. 어떤 사람들은 이방 신들을 전하는 사람으로 오해하기도 했다. 이들이 바울을 '신들'을 전하는 자로 여긴 것은 18절에 '예수의 부활'이라는 헬라어가 예수는 남성이고, 부활은 여성으로 들려서 남신과 여신의 이름으로 생각했을 것이다.

그리고 아레오바고로 끌려간다. 바울이 끌려간 장소인 아레오바고란 어떤 곳이며, 왜 끌려갔을까? 19절의 "그를 붙들어 아레오바고로 가며 말하기를 네가 말하는 이 새로운 가르침이 무엇인지 우리가 알 수 있겠느냐"는 말은 어떤 철학적 토론을 위한 것이라기보다는 법정심문으로 해석되어야 한다(행 17:19, 20 참고).[51] 19절의 '붙들어가다'(ἐπιλαμβάνεσθαι)는 '체포하다'는 의미이다. 또 바울이 아레오바

격정되어 억제할 수 없었다.

51) Ibid, p. 219.

고(Ἀρείου Πάγου) 중앙에 서서 말했다(22,23절)는 것도 이를 증명한다. 그렇다고 아레오바고 법정에서 바울이 심문을 받았다고 상상할 수는 없다. 그때 죄목은 무엇이며, 검사는 누구였을까? 그렇다면 왜 재판 경위가 그려져 있지 않고 바울의 변명의 말도, 법정의 공식 선고도 없을까?

아레오바고에서의 설교는 "아덴 시민 여러분, 내가 보기에 여러분은 모든 면에서 종교심이 많습니다"(새번역)라는 말로 시작됐다. '매우 종교적'(δεισιδαιμονεστέρους)이란 말은 미신적이란 의미가 아니라 헌신적(devout)이란 뜻이다. 물론 크리스천들은 그 안에 담겨 있는 아이러니를 안다. 또 "두루 다니며 보다가 당신들이 예배하는 '알지 못하는 신에게'라고 새긴 단도 보았다"고 한다(23절). 여기서 신(θεῷ)을 단수(singular)로 바꾸어 말함으로, 크리스천이 믿는 한 분이신 하나님을 소개할 수 있는 출발점으로 사용한다. 알지 못한다는 단어를 사도행전 17장 23절 안에서 두 번이나 사용한다(Ἀγνώστῳ θεῷ, to unknown god; ἀγνοοῦντες, not knowing).

'알 수 없는 신'에 대해서는 증명할 수 없다고 말하는 주장이 있다. 그러나 파우사니아스(Pausanias)는 팔레룸(Phalerum)에서 아덴으로 가는 길가에, 그리고 올림피아(Olympia)에서 아덴으로 가는 길에 '알 수 없는 신'에게 제사를 드렸던 제단이 있었던 증거가 있다고 말한다. 그리고 2세기의 제단이 버가모(Pergamum)에서 발견되었는데, 처음 모양대로 읽어낼 수 있는 비문이라고 한다.[52)]

바울은 자기가 믿는 하나님을 소개한다. "당신들이 예배하는 신은

52) Adolf Deissmann, Paul(London:Hodder & Stoughton, 1926, pp. 287-291. Interpreters, p. 234에서 재인용.

'알지 못하는 신'이지만, 우리가 믿는 분은 하나님(ὁ θεὸς)이다"라고 소개한다. 그리고 그 하나님은 우주와 그 가운데 있는 만물을 지으신 하나님이고, 천지의 주재시라고 한다. '지으시다'(ποιεῖν)는 유대인이나 헬라인들 사이에도 하나님의 창조로 사용하는 단어다. 그리고 바울은 그들이 단을 만들고 새겨 넣은 '알지 못하는 신'들과 하나님의 차이를 말한다. 신전들(Temples)을 세우는 것과 성전을 세우는 것은 분명한 차이가 있는데, 하나님은 사람들이 만드는 아무것도 필요로 하지 않으신다고 한다. "지극히 높으신 이는 손으로 지은 곳에 계시지 아니하시나니"(행 7:48)라고 말한 스데반의 사상과 동일한 표현이다. 하나님에 대한 소개가 계속된다. 만민에게 생명과 호흡을 주시며, 인류의 모든 족속을 한 혈통으로 만드사 온 땅에 살게 하시고, 경계를 정하여 주셨다고 하며, 우리 하나님은 멀리 계신 것이 아니라 우리가 그를 힘입어 살고 활동하고 존재한다고 했다.

어떤 학자들은 아덴의 설교는 누가가 세속적 역사 편찬의 형태를 취한 것으로, 이 설교는 바울의 실제 작품이 아니라 누가의 창작이라고 해석한다. 그 이유는 이 설교는 바울의 특별한 생각이나 아이디어가 보이지 않기 때문이라고 한다.[53] 그러나 누가의 내러티브는 역사적 사실에 근거한다는 전제하에 다음과 같은 것이 논의될 수 있다. 1) 바울의 이방인과의 변론의 결과가 빈약함을 솔직히 보도한다. 만일 누가가 소설을 썼다면 결과가 그렇지 않았을 것이다. 2) 바울이 '예수의 부활'을 소개할 때 이방인들이 "그가 새로운 신과 여신들을 전하는 자인가보다"라고 한 기사는 사실과 같으며 창작일 수 없다. 3) 형식적 심문은 아니었을 것이다. "그를 아레오바고로 데려갔다"

53) "Studies in Luke-Acts, Edited by Leander E. Keck & J. Louis Martyn, The address of Paul on the Areopagus, Hans Conzelmann, p. 218.

는 말은 그를 아덴의 정식 법정에 끌고 갔다는 말도 되고, 또는 그들이 바울을 넓은 경사진 언덕으로 안내하여, 넓고 조용한 장소에서 호기심 많은 아덴 사람들에게 말하도록 하기 위해서였다는 말도 된다. 대체로 법정이었다는 것이 더 그럴 듯하다. 이런 점을 보면 누가의 단순한 창작은 아니라고 본다.[54]

바울이 청중의 사고와 접촉점을 찾으려고 긴 서론을 말했을 것은 의심의 여지가 없다. 비시디아 안디옥의 유대인에게는 그들의 역사를 들추어 그 안에 나타난 하나님의 목적을 더듬고 있으며, 루스드라의 무지한 이교도에게는 자연 가운데 나타난 하나님을 말하며, 교양있는 아덴 사람들에게는 철학적으로 계시의 종교인 새로운 기독교는 모든 인류에게 공통된 이성의 종교의 완성이라고 증명한다. 바울의 설교의 결과는 미미한 것이었다. 단지 몇 사람만이 믿음의 길을 따랐을 뿐이다. 그 중에서 아레오바고 관원 디오누시오와 다마리라고 하는 여자의 이름을 언급하고 있다, 아덴은 바울의 설교가 박해를 야기하지 않은 유일한 곳이며, 비록 누가는 아덴의 실패를 말하지 않지만, 아마 그가 전적으로 실패한 유일한 곳이라고 할 수 있다. 바울은 아덴에 짧게 머문다.

6. 고린도에서 복음을 전하다(행 18:1-17)

1) 그 후에 바울이 아덴을 떠나 고린도에 이르러 2) 아굴라라 하는 본도에서 난 유대인 한 사람을 만나니 글라우디오가 모든 유대인을 명하여 로마에서 떠나라 한 고로 그가 그 아내 브리스길라와 함께 이달리야로부터 새로 온지라 바울이 그들에게 가매 3) 생업이 같으므로 함께 살며 일을

54) MacGregor, op.cit., p. 232.

하니 그 생업은 천막을 만드는 것이더라 4) 안식일마다 바울이 회당에서 강론하고 유대인과 헬라인을 권면하니라 5) 실라와 디모데가 마게도냐로부터 내려오매 바울이 하나님의 말씀에 붙잡혀 유대인들에게 예수는 그리스도라 밝히 증언하니 6) 저희가 대적하여 비방하거늘 바울이 옷을 털면서 이르되 너희 피가 너희 머리로 돌아갈 것이요 나는 깨끗하니라 이 후에는 이방인에게로 가리라 하고 7) 거기서 옮겨 하나님을 경외하는 디도 유스도라 하는 사람의 집에 들어가니 그 집은 회당 옆이라 8) 또 회당장 그리스보가 온 집안으로 더불어 주를 믿으며 수많은 고린도 사람도 듣고 믿어 세례를 받더라 9) 밤에 주께서 환상 가운데 바울에게 말씀하시되 두려워하지 말며 침묵하지 말고 말하라 10) 내가 너와 함께 있으매 어떤 사람도 너를 대적하여 해롭게 할 자가 없을 것이니 이는 이 성중에 내 백성이 많음이라 하시더라 11) 일 년 육 개월을 머물며 그들 가운데서 하나님의 말씀을 가르치니라 12) 갈리오가 아가야 총독 되었을 때에 유대인이 일제히 일어나 바울을 대적하여 법정으로 데리고 가서 13) 말하되 이 사람이 율법을 어기면서 하나님을 경외하라고 사람들을 권한다 하거늘 14) 바울이 입을 열고자 할 때에 갈리오가 유대인들에게 이르되 너희 유대인들아 만일 이것이 무슨 부정한 일이나 불량한 행동이었으면 내가 너희 말을 들어 주는 것이 옳거니와 15) 만일 문제가 언어와 명칭과 너희 법에 관한 것이면 너희가 스스로 처리하라 나는 이러한 일에 재판장 되기를 원하지 아니하노라 하고 16) 그들을 법정에서 쫓아내니 17) 모든 사람이 회당장 소스데네를 잡아 법정 앞에서 때리되 갈리오가 이 일을 상관하지 아니하니라

학문을 자랑하기는 하지만 우상으로 가득 찬 아덴을 떠나 바울은 고린도에 도착한다.[55] 고린도의 공식 명칭은 'Laus Lulia Corinthi-라우스 율리아 고린디'이다. 줄리어스 시저(Julius Caesar)에 의해 기원전 46년에 무너진 옛 고린도 자리에 다시 건축한 도시이다. 고린도는

55) 고린도는 사도행전 자료와 더불어 고린도 서신이 제공해 주는 정보를 통해서 우리들에게 친숙하게 알려진 도시이다. 바울이 고린도에 네 번의 서신을 보냈으리라고 생각하고, 적어도 세 번은 고린도를 방문했던 것으로 알고 있다. 고린도에서 데살로니가 서신을 썼다. 북갈라디아설을 주장하는 학자들은, 갈라디아서가 우리가 생각하는 것보다 후대에 쓰였다면 갈라디아 서신도 고린도에서 쓰였을 것이라고 한다. 그리고 그의 서신 중에서 가장 위대한 작품인 로마서를 기록한 곳이기도 하다.

두 바다를 사이에 끼고 동에는 사론 만의 겐그레아 항구가 있고, 서에는 고린도 만의 레기엄 항구가 있는 이스무스(Isthmus) 반도에 있다. 현재에는 그 사이에 운하가 개통되었고, 동서의 교통은 다 고린도를 통과했으므로 고린도를 '그리스의 다리'라 부른다. 이런 이유로 고린도는 빠르게 경제적으로 성장하여 풍요로운 상업과 무역의 중심지가 되었으며, 아가야(Achaia) 주의 수도가 되었다.[56] 종교는 혼합종교 형태를 띠고, 각종 신비스런 종교의식이 번창하였다.

고린도는 성적 타락을 상징하는 도시였다. 이런 부도덕한 행위는 고린도에서는 공식적으로 종교적 허가를 맡고 이뤄졌다. 고린도의 아크로폴리스(the Acrocorithus) 언덕의 맨 위에는 그리스의 미(美)의 여신인 아프로디테(Aphrodite)의 신전이 자리 잡고 있었다. 이는 시리아의 아스타르테(Astarte) 여인에 대한 숭배 양식을 그리스화시킨 것이다. 이 아스타르테란 여인은 구약의 아스다롯(Ashtoret)이다. 아크로폴리스 언덕 아래에서는 항해의 신인 멜리세르테스(Melicertes)를 숭배하는데, 이는 곧 두로(Tyre)의 주신, 즉 바알(Baal)을 가리킨다.[57]

여기에서 고린도 전통과는 대조적으로 유일신을 예배하고, 도덕적으로 거룩한 생활을 하며, 안식일마다 모여 자기들의 경전을 낭독하고 강해하며 살던 유대인들이 주후 50년에 있었다. 이런 유대교에 개종자들이 있었다. 개종자들은 할례를 받고(남자일 경우), 세례를 거치고, 율법에 규정된 제물을 바쳐야 한다. 이런 과정을 통해 유대인들의 율법을 온전히 준행할 의무를 가지며, 이스라엘 공동사회의 모든 사회적, 종교적 특권을 향유할 수 있게 된다.[58] 고린도에는 유대인 회당이 있었다.

---

56) MacGregor, Ibid, p. 238.
57) Bruce, 초대교회역사, p. 12.
58) Ibid, p. 13.

고린도에 온 바울은 다행히도 아굴라라는 유대인을 만났다. 사도행전 18장 2절에 보면, 바울은 먼저 아굴라를 만나고 그 후에 브리스길라를 만난 것으로 보인다(행 18:2하). 바울이 그곳에서 일하면서 전도를 해야 하기 때문에 천막을 만드는 작업장을 방문하다가 아굴라를 만났으리라 추측된다. 바울은 아굴라의 작업장에 취직하여 함께 살고 일을 하면서 생계를 유지했다(행 18:3). 그리고 안식일마다 회당에서 강론하고 유대인과 헬라인들을 권면했다. 그런 타락한 도시지만 고린도에는 유일신을 예배하고, 도덕적으로 거룩한 생활을 하며, 안식일마다 모여 자기들의 경전을 낭독하고 강해하며 살던 유대인들이 있었고 개종자들이 있었다. 사도행전 18장 4절에 '헬라인들'은 유대교로 개종한 이들이거나 아니면 '하나님을 두려워하는 헬라인들'(God-fearing- Greeks)을 가리키는 것이다.

고린도에 도착한 바울은 심히 두려워하고 떨었다(행 18:9-10; 고전 2:4). 바울같이 담대한 사도가 왜 떨었을까?(고전 2:4)[59] 사도 바울이 두려워하고 떨었던 시기는 고린도 사역 언제쯤일까? 고린도서에 의하면 바울이 고린도에 들어갈 때(πρός ὑμας) 있었던 일로 말한다(고전 2:3).[60] 사도행전의 내용은 고린도에서 복음을 전하던 중에 있었던 일이라고 한다(행 18:9). 그러나 이어 나오는 11절에 이 사건이 있은 후 1년 6개월을 고린도에 머물며 하나님의 말씀을 가르쳤다고 했으니까, 이 사건은 고린도에 들어가서 얼마 되지 않아 일어난 일임에 틀림이 없다. 사도행전에 의하면 아굴라 부부를 만난 후에 그처럼 두려워 떨었던 것으로 되어 있는데, 그렇다면 그것은 우리가 생각하

---

59) 바울은 "내가 너희 가운데 거할 때에 약하고 두려워하고 심히 떨었노라"(고전 2:4)고 하였다.

60) 박창환 역: "그리고 나는 연약함과 두려움과 크게 떨리는 마음으로 여러분에게 갔습니다." 이 번역은 NIV와 동일하다.

는 것보다 더 심각한 이유가 있을 것이다. "두려워하지 말며 잠잠하지 말라"(행 18:9)는 것은 바울이 복음을 전하는 일에 어떤 큰 장애를 만나 두려워하고 주저하고 있다는 의미를 내포한다.

그때 예수님의 격려가 환상으로 왔다. "이 성 안에 내 백성이 많음이니라"(행 18:10).[61] 환상은 고린도에 대한 비전으로, 고린도 교회가 강력한 교회가 될 뿐 아니라 바울이 세운 교회들 중에 가장 큰 교회가 될 것이라고 암시한 것이다. 이렇게 보면 일반적으로 말하는 아덴에서의 실패에 대한 수치감 때문이라는 이론은 설득력이 떨어진다(행 17:18, 13, 18:5; 살전 3:1, 7). 물론 고린도에서 학문적이고 논리적인 방법을 쓰지 않고 "오직 십자가만 전한다"(고전 2:1-5)고 한 것을 보면 아덴 설교의 실패가 고린도에서 부담이 되었던 것은 분명하다. 또 바울이 약해진 것은 그의 육체의 병약을 지시하는 것으로 보기도 한다(비교, 갈 4:13; 고후 12:7). 베츠(H. D. Betz)는 "'약함'과 짝을 이루고 있는 고린도후서 10장 10절의 '약함'에서 바울 자신이 말하는 것과 같이, 바울의 약함은 그의 내적인 감정을 지시하기보다는 도리어 다른 사람들의 눈에 뜨인 그의 외양을 지시한다"고 한다.[62] 그러나 자신의 외양이나 육신적 약함 때문에 떨 바울은 아니라고 생각한다. 바울이 고린도에서 두려워하고 떨었던 것은 고린도의 상황이었을 가능성이 더 크다.

---

61) 고전 2:3에 "약하고 두려워하고 심히 떨었다"던 시기는 고린도에 막 도착해서인가, 아니면 행 18:9과 연결되어, 온전히 복음 전파에 힘쓴 결과로 온 것인가 하는 의문이 생긴다.

62) '바울의 약함'(고후 12:5)을 Ramsay는 말라리아라고 한다. 왜냐하면 고후 12:7에 육체의 가시는 "여러 계시를 받은 것이 지극히 크므로 너무 자만하지 않게 하시려고 주신 것"이라고 했다. 그러면 육체의 약함은 계시를 받기 바로 전에 주신 것으로 해석할 수 있다. 그리고 이것을 '사단의 가시'라고 불렀다. 이렇게 보면 밤빌리아에서 발병된 것으로 추측하게 한다. 그러면 그 병이 안질이라든가 또는 간질이라는 주장은 설득력이 없게 된다.

9절에 "두려워하지 말며 침묵하지 말고 말하라"라고 했고, 사도행전 18장 10절의 "어떤 사람도 너를 대적하여 해롭게 할 자가 없을 것이니, 이는 이 성중에 내 백성이 많음이라"는 내용을 보면, 바울이 당하고 있는 두려움과 떨림은 구체적으로 복음을 전하는 일에 어떤 장애가 일어났을 것이란 가능성을 느낀다. 본문의 구조를 보면, 6절에 바울을 대적하는 사람들이 일어났고 바울은 옷을 털면서 그들을 떠나 유스도의 집으로 간다. 그리고 이런 일이 있은 후에 주께서는 밤에 환상 중에 바울을 만나 "두려워하지 말라"고 격려하셨다. 그리고 주님의 격려가 있은 후에 1년 6개월을 그들 가운데 거하며 하나님의 말씀을 가르쳤다(행 18:11).

바울이 고린도에서 큰 위험을 만난 것만은 사실이다. 고린도는 복음을 전하기에 가장 어려운 도시였다. 고린도는 경제적으로 풍요로운 도시요, 혼합종교의 중심지요, 각종 신비스런 종교의식이 번창하였던 도시였다. 거기에다 폼페이와 버금가는 그 도시인들의 음란한 생활이 바울에게는 부담이 되었을 것이다. 엘류시스에 있는 신전에는 음란의식을 행하기 위하여 대기하고 있던 천 명이 넘는 신당의 음녀들이 있었다고 한다. 고린도 박물관에 전시된 그릇들이나 장식을 보면 여자들의 나체가 새겨져 있는 것들을 많이 볼 수 있다. 이탈리아의 폼페이에서 발굴된 도자기의 그림들과 비슷한 양상(樣相)이다. 이처럼 음란하고 방탕한 도시에 어떻게 복음을 전할지 생각하면서 바울은 두려움을 느꼈을 것이다.

"고린도에 도착했을 때 바울은 아굴라의 작업장에서 할 일을 찾았다. 아굴라의 작업장은 바울에게 18개월이라는 선교사 체류 기간에 그가 생업에 진력할 장소를 마련해 주었다(행 18:3, 11; 고전 4:12). 그 다음에 고린도로 여행했을 때(고전 16:5; 고후 1:15-16)에도 바울은 교회에 짐이 되지 않은 것을 자랑했으므로(고후 11:9) 추측하건대 다시 근로생활을 했을 것이다. 그의 의도는 세 번째 방문에서도 같았다" (고후 11:9, 12:13, 13:1).[63)]

"바울의 자급생활은 그가 자랑으로 할 만한 무엇이었다(고전 9:15; 고후 11:10). 왜냐하면 그는 사도로서 부양을 받는 자라는 표찰이 붙었기 때문이다(고전 9:6-14; 살전 2:7). 그러나 다른 사람들은-그 중 어떤 이는 고린도 교회 안에서 왔고, 또 어떤 이는 바울의 선교 방문 후에 얼마 안 되어 고린도에 들어오게 된 경쟁자 선교사들었는데-그가 스스로 생계를 위해서 일하는 것에 대해서 비판을 퍼부었다. 이같이 비판이 매우 예리했기 때문에 바울의 사도직에 의심의 화살이 던져지고, 그로 하여금 여러 경우에 자급하는 자신의 실천을 변호하도록 자극했다"(고전 9:1-19; 고후 11:7-15, 12:13-16).[64)]

바울이 고린도에서 만나 함께 일하며 숙식을 제공받은 아굴라와 브리스길라 부부는 이미 그리스도인이었을 가능성이 높다. 그들이 바울과 함께 지내는 동안 복음을 받아들였다든지 또는 세례를 받았다는 기록은 없다. 또 아볼로의 설교를 듣고 이 부부는 그를 데려다가 하나님의 도를 더 정확하게 설명해 주었다(행 18:26). 바울을 만난지 얼마 되지 않은 그들이 어떻게 기독교의 진리를 많이 알고 있었을까? 이것은 그들이 고린도로 오기 전 로마에서 이미 그리스도인으로 살았을 가능성을 시사한다. 그 당시 이미 로마에는 그리스도인 공동체가 있었다. 로마 역사가 수에토니우스는 글라우디오 황제가 어떤 '그레스도'(chrestos)의 선동에 의해 생긴 소요 때문에 유대인들을 로

---

63) R. F. 호크저, 바울 선교의 사회적 상황, 전경연 역, 대한기독교출판사. 1984. p. 53. 18:2: (inter. 240) 우리는 이들을 고린도에서뿐 아니라 에베소와(18:26; 고전 16:19) 로마에서 만나게 된다(롬 16:3-5).

64) Ibid, pp. 53-54.

마에서 추방했다고 증언하고 있다. 여기에 언급된 chrestos는 '그리스도'로 생각된다. 그렇다면 이미 로마에는 그리스도 공동체가 형성되어 있었고, 로마에 위협이 되었다는 것을 알 수 있다.[65)]

디온 카시우스(Dion Cassius)가 언급했듯이, 유대인들을 로마 밖으로 몰아낸다는 것은 그들의 수효가 워낙 많았기 때문에 너무도 힘든 일이었고, 따라서 황제는 그들을 실제로 추방하지는 않고 다만 그들의 행동에 대한 규제를 보다 엄격하게 했다. 쉐토니우스는 그것이 실제로 시행되었고, 몇몇 유대인들이 그것에 순종했으며, 아굴라도 그중 한 사람이었을 법하다고 말한다.[66)]

하워드 C. 키(Howard Clark Kee)는 글라우디오 황제가 아예 이들을 추방했을 때, 유대인 사이에 갈등이 있었던 것은 Chrestus(Christos)의 출현 때문이 아니라 로마의 유대인으로 하여금 예수를 메시아(Christos)로 믿게 하려는 선교사들의 출현 때문이었던 것으로 보인다고 했다.[67)] 글라우디오 황제의 칙령이 내려진 해는 49년 또는 50년일 것이다. 이 연대는 갈리오가 아가야의 총독 자리에 오른 것으로 짐작되는 52년 또는 53년과 조화를 이룬다. 또 이 연대들은 바울이 고린도에 1년 반 동안 체류했다는 사도행전 18장 11절의 기사와도 조화를 이룬다.

오로시우스(Orosius)는 그것이 글라우디오 황제 재위 9년 만인 49년에 있었던 일이라고 말한다. 람세이는 그 칙령은 50년 말에 시행되었음에 틀림이 없다고 한다. 그리고 주후 54년에 네로가 황제로 등극

---

65) 사도행전 읽기, p. 241. 윌리엄 람세이는, 유대인 축출이 "Chrestos의 행동에 기인한" 일련의 소요 때문에 비롯된 것이라고 말하며, 어느 모로 보나 이 Chrestos는 항간의 오류에 의해 실제로 살아 있다고 여겨진 Chrestian들의 지도자로 해석되어야 한다. Ramsay, 사도 바울, p. 238.

66) Ramsay, Ibid, p. 238.

67) Howard Clark Kee, 신약성서 이해, 한국신학연구소, 1990, p. 307.

할 때 이 추방령은 해제되었다. 추방당한 자들은 대거 귀환한다. 그 사이 비유대인들 가운데 기독교의 복음을 믿는 자들이 많이 생겼다. 그렇다면 아굴라는 사도 바울이 51년 9월에 오기에 앞서 6, 7개월 전에 고린도에 도착했을 것이다.[68]

바울이 고린도에 도착한 연대는 그의 선교 여행의 연대표를 만드는 데 기준이 된다. 사도행전 18장 12절에 갈리오가 고린도 지역 총독이 된 이야기가 나온다. 총독의 임기는 원로원 직할 도시에는 봄부터 다음 봄에 걸치는 1년직이었다. 이렇게 보면, 갈리오가 총독으로 부임한 것은 52년 봄에서 53년 봄이었을 것으로 본다. 브루스(Bruce)는 주후 51년 말에서 다음해 8월 사이에 글라우디오 황제가 내린 칙령이 있었고, 거기에 갈리오(Lucius Junius Callio : 철학자 세네카의 형제)가 주후 51년 7월 초에 아가야의 지방총독(proconcul)에 임명되었을 것이라고 한다. 그리고 이 갈리오에게 바울이 재판을 받았을 것이라고 한다.[69] 글라우디오 황제의 칙령과 갈리오의 부임에 대한 연대는 학자들 간에 약간의 차이는 있으나 대체로 일치한다.

그렇다면 바울이 갈리오가 집권하기 전 1년 6개월 동안 그곳에 체류하였으므로 바울이 고린도에 도착한 것은 50년 겨울이나 51년 초가 된다. "여러 날 더 유한 후"(행 18:18) 아마 겨울을 지나 53년 초에 떠났을 것이다.[70]

처음엔 아굴라[71])로 소개된 가정은 후에는 두 번이나 브리스길라의 이름이 아굴라 앞에 나온다(행 18:18, 26), 이것은 브리스길라가 고

68) Ibid, p. 239.
69) Bruce, 초대기독교역사, p. 14.
70) MacGregor, op.cit., p. 239.
71) 아굴라는 노예신분에서 해방된 자유민으로 보인다. 그리고 아굴라는 유대인으로, 마케나스 노예였다. 해방된 사람 중에 C. C. Cilmius Auuila가 있다.

린도에 있는 그리스도인들의 지도자가 되었음을 시사한다.[72] 또 이런 표현은 누가가 계속 초기 공동체에서 여자의 역할을 강조하고 있는 증거다. 브리스길라는 비유대인이다. 브리스가(Brisca)는 브리스길라와 같은 이름이다(롬 16:3; 고전 16:19; 딤후 4:19). 누가는 축어체 이름을 사용하기를 좋아한다. 하르낙(Harnack)은 브리스길라가 히브리서의 저자일 가능성을 내비친다. 아굴라(Aquila)와 브리스가(Prisca)는 가죽제품을 만드는 사람들로서 아굴라는 본래 소아시아 흑해 연안에 있는 본도(Pontus) 태생이다. 흔히 브리스길라(Priscilla)로 알려졌던 여인은 높은 사회적 신분 출생이었던 같다. 브리스가 집안(gens Prisca)은 로마의 귀족 가문과 관련이 있는지도 모른다. 위에서 언급한 로마에서 소요를 초래했던 유대교의 새로운 움직임과도 관련이 있는 듯하다.[73]

아굴라와 브리스길라의 집에 머물게 된 바울은 안식일마다 회당에서 강론을 하면서 유대인과 헬라인들을 설득하였다. 아굴라 부부의 집에 머물렀다고 해서 경제적으로 완전히 그 가정에 의존했다는 말은 아니다. 사도행전 18장 3절에 "생업이 같으므로 함께 살며 일을 했다"고 한 것으로 보면, 그 집에 거처를 정하였을 뿐 많은 부분은 바울이 일해서 충당했다고 보아야 한다.

그리고 5절에는 실라와 디모데가 마게도냐로부터 내려와서 바울이 하나님의 말씀에 붙잡혔다고 한다. 이 말은 두 형제가 내려오므로 바울이 평일에도 일에서 손을 놓고 전적으로 유대인을 대상으로 복음을 선포하는 일에 헌신적으로 전념했다는 말이다. 바울이 회당에서 전한 내용은 "그리스도가 예수다"(행 18:5)라는 사실이다. 예수는 유대인들이 기다리던 바로 그 메시아란 점을 강조한 것이다. 또한

72) 윌리엄, op.cit., p. 217.
73) Bruce, 초대교회역사, Ibid, p. 14.

이처럼 실라와 디모데가 온 후로 온전히 복음 전하는 일에 헌신할 수 있었던 것은 그들이 데살로니가 교회로부터 경제적 지원을 얻어 왔기 때문이다(행 18:5).[74] 바울은 고린도후서와 빌립보서에 이 기간에 다른 교회들(고후 11:8)과 빌립보 교회로부터도 보조금이 왔다고 말한다(빌 4:15f).

곧 심한 반대가 일어났다. 바울은 옷을 털면서 "너희 피가 너희 머리로 돌아갈 것이요, 나는 깨끗하니라. 이 후에는 이방인에게로 가리라"(행 18:6)고 하고 거기서 옮겨 디도 유스도의 집에 들어간다. 복음을 훼방하고 거절하는 것은 해당자들이 종말의 심판에서 피의 대가를 지불해야 한다는 것을 전제한다. 옷을 털었다는 것은 그들에 대한 책임이 없다는 표시이다. 바울이 이방인에게 간다는 말은 유대인들을 개종시키고자 더 이상 시도하지 않겠다든지, 그가 회당을 먼저 찾아가기를 그만두겠다는 의미로 말한 것은 아니다. 단지 고린도에서 그의 기지를 옮기고 있을 뿐이다. 유스도의 집이 회당 옆이었기에 바울이 회당으로부터 떠났지만 회당에 출입하는 유대인들과 접촉할 수 있는 기회를 얻을 수 있었을 것이다. 그리하여 회당장 중의 한 사람인 그리스보를 그리스도의 교회로 초청할 수 있었다(행 18:8). 그리스보는 바울이 세례를 준 많지 않은 고린도인 가운데 한 사람이었다(고전 1:14).

드디어 유대인들이 바울을 대적하여 재판자리로 몰고 갔다(행 18:

74) 행 18:5; "하나님의 말씀에 붙잡혀", '붙잡히다'는 동사 συνείχετο는 συνέχομαι의 미완료 과거, 수동형으로, 말씀에 계속적으로 붙잡혀 있었다는 말이고(began to be absorbed in preaching), '밝히 증언하다'는 동사 διαμαρτυρόμενος는 διαμαρτύρομαι의 현재분사이다. 이는 계속해서 말씀을 밝히 증언하고 있었다는 의미이다. 형제들이 도착한 후에 물질적으로도 여유가 있게 되었을 뿐 아니라 형제들로부터 힘을 얻었다는 뜻이다.

13-15). "율법을 어기면서 하나님을 공경하라고 사람들을 권한다"는 것이었다(행 18:13). 당시 로마 제국 안에 유대 공동체나 회당은 로마 당국으로부터 합법적인 인정을 받고 있었다. 그런데 고소자들은 바울이 전하는 것은 참된 유대주의 진리가 아니기 때문에 로마 법에 의하여 보호를 받을 권리가 없다고 고소한 것이다.[75] 그러나 갈리오는 그것은 유대교 내부의 분쟁의 문제라고 판단해 재판을 거부하고 그들을 재판 자리에서 쫓아냈다(행 18:16-17). 1년 6개월(행 18:11)은 갈리오가 도착하기 전까지 시기를 말하는 것 같으나, 바울은 재판 후에 '여러 날'(many days longer) 그곳에 더 머물러 있었다(행 18:18).

"모든 사람이 회당장 소스데네를 잡아 법정 앞에서 때리되"(행 18:17): '모든 사람'이란 누구일까, 유대인들일까? 유대인들은 자기들의 회당 직원을 때릴 수가 없다. 그렇다면 '그들은' 바울의 청중 곧 주로 이방인으로 구성된 사람들일 것이다. 갈리오가 유대교도들에게 일침을 놓은 데 힘을 얻어 구경꾼들이 유대교 지도자를 향하여 분풀이를 했다는 것이다. 이것은 서방 본문에는 '모든 헬라인들이' 라고 쓰였다. 소스데네는 아마도 회당장이었던 그리스보의 후계자였을 것이다(참고 고전 1:1). 유대인들의 고소 사건에 대하여 갈리오가 내린 판결과, 사람들이 소스데네를 갈리오 앞에서 폭행을 가했으나 갈리오는 소스데네를 보호하지 않았던 사건은 유대인에 대한 보호법을 그리스도교에도 적용했다고 볼 수 있다. 이 일은 그리스도교를 보호하는 데 이바지하였다. 그것 때문에 이후 10년 내지 12년 동안 로마 황제가 유대인 보호법을 폐기하기까지 복음이 로마법에 저촉되는 위험이 없이 로마 제국 안에서 선포될 수 있었다.[76]

---

75) Bruce, op.cit., p. 353.
76) Ibid, p. 354. Ramsay, op.cit., pp. 354-355 참고.

사도 바울의 천막제조업

"해 뜨기 전 시작해 정오 한 시간 전까지 일을 계속했다(행 20:34; 고전 4:12). 데살로니가전서 2장 9절에는 밤낮으로 일하면서, 날이 새기 전 시간은 밤이라고 했다(람세이, p. 253).

고린도전서 9장 19절의 '종이 된 것은' : "바울에 비하여 부하고 지혜롭고 권력 있고 존경받는 것으로 보인 고린도 사람들에게 그들의 비천한 사도는 그의 생업에의 정진으로 노예적 생활을 한다고 보였을 것이다"(R. F. 호크, p. 65).

바울이 복음을 전하기 위하여 움직인 거리가 10만 마일에 해당한다. 이런 여행은 바울 혼자서 한 경우도 있었으나(행 18:1), 대부분은 큰 여행단을 거느리고 다녔다고 할 수 있다(행 20:4, 38, 21:16). 바울의 선교 여행에는 바나바와 같은 협동 선교사, 두 번째 여행에서 실라와 디모데 같은 제자들이 동행했다. 이런 여행단을 거느린 바울에게 있어서 가장 중요한 일은 숙식과 생계를 유지하는 일이었다.

그들은 빌립보의 루디아의 집에서 그리고 데살로니가의 야손의 집에서 몇 달을 지났다(행 17:5-6). 고린도에서는 브리스길라와 아굴라의 집에서 1년 반 동안 머물렀다(행 18:3, 11). 이런 경우는 극히 드문 예에 불과하다. 또한 신자들의 집에서 머물렀다고 해도 많아야 한 주간이란 짧은 기간이었고, 바울은 그리스도의 사도였으면서도 장기간 손님으로 머무는 것을 거부하였다. 때로는 지역 교회들로부터 물질적 지원을 받아 생활비를 충당했던 경우도 있었지만(살전 2:9; 행 20:34) 그런 일은 그리 많지 않았다. 그렇기 때문에 선교단 일행들의 숙소와 생활비를 충당하기 위하여 그 지방의 천막제조 작업장에서 일을 구해야만 했다. 고린도에서는 아굴라가 자기 천막제조 공장에 바울을 받아들였다. 거기서 바울은 함께 일하며 유숙했다(행 18:13).

바울은 그처럼 열심히 일했지만 이런 것은 집세의 일부를 충당하는 것과 필수품, 식량, 옷 등을 구입할 정도에 불과했다. 작업장에서 오랜 시간 일하며 지냈음에도 불구하고, 그는 때로 궁핍했다(고후 11:9; 빌 4:12). 그런데도 바울은 놀랄 만큼 자족하였다(빌 4:11). 고린도에서 사용하는 동사는 미완료시제를 사용하였다(행 18:3, ἠργαζουτο). 데살로니가에서는 "밤낮"으로 일했다고 한다. "밤낮"이라는 표현은 "전체 밤과 낮을 계속하여" 일한 것을 의미하지는 않는다. 이 말은 해 뜨기 전에 일어나 낮에 줄곧 일했다는 것을 암시한다.

바울은 복음을 전하는 동안 천막을 만들면서 자신과 동료들의 생계를 유지했다. 데살로니가(살전 2:9)와 고린도(고전 4:12; 행 18:3), 에베소(고전 4:12; 행 19:11-12, 20:34), 또다시 고린도(고후 12:14)에서 일했다. 바울의 작업장은 집 안의 한 방을 쓰는 경우도 있고, 높은 건물의 맨 아래층에서, 또는 별개의 건물에서 일할 수도 있었다. 작업도 혼자 하거나 혹은 둘의 조수를 데리고 하는가 하면 어떤 경우는 100명 가까이 노예를 둔 경우도 있었다. 일반적으로 여섯 명에서 열두 명 가량을 두고 일하였다.

"밤낮 일했다", "힘씀과 애씀으로"(살전 2:9; 고전 4:12; 고후 11:27)라고 표현된 것은 조금도 과장이 아니다. 주리고 목마름(고전 4:11; 고후 6:5, 11:25), 추위(고후 11:27), 헐벗음(고전 4:11; 고후 11:27), 그리고 피로(고후 6:5, 11:27) 등은 천막짓기로 인하여 발생한 어려움을 표현한 것이다. 이런 작업을 한 직공들은 대부분 노예였다. 바울은 비록 장인 생활을 했을지라도 그는 나면서부터 사회적으로 엘리트 부류에 속했고, 이 사회의 체계를 유지시켜 온 핵심 그룹에 속한 자였다. 이런 환경에서 오는 어려움이 얼마나 컸겠는가? 바울은 오로지 복음을 전하기 위하여 이처럼 고되게 일했다. 이런 경우를 바울은 노예같이 속박되고(고전 9:19), 스스로 자신을 낮추었고(고후 11:7) 멸시받았다(고전 4:11)고 표현하였다.

고린도에 도착한 바울은 아굴라를 찾아 함께 일했다. 아굴라의 작업장은 고린도에서의 18개월이라는 선교 기간에 그가 생업에 전념할 수 있는 장소가 되었다. 그 다음 고린도로 여행했을 때도 바울은 교회에 짐이 되지 않은 것을 자랑으로 여겼으니까(고후 11:9) 추측건대 다시 근로 생활을 했던 것으로 보인다. 세 번째 방문에서도 같았다(고후 11:9, 12:13, 13:1). 빌립보 교회나 데살로니가에서 선물을 받았던 것도 작업에서 손을 놓을 만큼 큰 몫은 아니었다. 바울은 다른 곳에서와 같이 고린도에서도 일하며 자급자족했다. 이런 일로 고린도에 들어온 경쟁자 선교사들은 바울을 비난했다. 심지어는 바울이 사도가 아니라고 비판했다. 이에 대해 바울은 변호할 수밖에 없었다(고전 9:1-9; 고후 11:7-15, 12:13-16). 바울은 사도로서 마땅히 대접을 받을 자격이 있음에도 불구하고 이 모든 것을 거절하고 스스로 일하면서 생계를 유지한 이유는 무엇일까?

복음의 갈 길을 방해받지 않기 위하여(고전 8:1-11, 11:1, 12) 선교에 대한 보수를 받지 않음으로써 그는 더 많은 사람, 즉 더 많은 개종자를 얻을(19절) 희망을 즐길 수 있었다. 그는 교인들에게 짐을 지우지 않으려고 했다(고후 11:9, 12:13). 아무 보수 없이(고후 11:7) 설교하는 사도로서 모범을 보이려고 하였다(고후 11:9, 12:13; 살전 2:9).

사도행전 서방사본에서 바울의 강의 시간은 제5시와 10시(오전 11시와 오후 4시) 사이였다고 한다. 이 말은 데살로니가전서 2장 9절을 근거로 바울이 안식일은 제외하고, 해 뜨기 전에 시작하여 해 지기까지 일했다고 생각해야 한다[Ronald F. Hock, 바울 선교의 사회적 상황(천막짓기와 사도직), 전경연 역, pp. 26-71 참조].

7. 2차 여행을 마치고 예루살렘으로(행 18:18-22)

> 18) 바울은 더 여러 날 머물다가 형제들과 작별하고 배 타고 수리아로 떠나갈새 브리스길라와 아굴라도 함께 하더라 바울이 일찍이 서원이 있었으므로 겐그레아에서 머리를 깎았더라 19) 에베소에 와서 그들을 거기 머물게 하고 자기는 회당에 들어가서 유대인들과 변론하니 20) 여러 사람이 더 오래 있기를 청하되 허락하지 아니하고 21) 작별하여 이르되 만일 하나님의 뜻이면 너희에게 돌아오리라 하고 배를 타고 에베소를 떠나 22) 가이사랴에서 상륙하여 올라가 교회의 안부를 물은 후에 안디옥으로 내려가서

바울은 여러 날 더 머물다가 "하나님의 뜻이면 너희에게 돌아오리라"는 간단한 작별인사와 함께 형제들과 헤어져 겐그레아 항구에서 배를 타고 수리아 안디옥을 향해 떠난다. 그러나 겐그레아에서 탄 배는 에베소로 가는 배였다. 에베소에서 가이사랴로 가는 배를 쉽게 발견할 수 있기 때문이다. 이때 브리스길라와 아굴라도 함께 떠난다(행 18:18). 바울이 에베소로 떠난 이유가 브리스길라 부부가 에베소로 옮겨가고 있었기 때문이었을까? 사도행전 18장 18절에 의하면 아굴라와 브리스길라는 바울을 따라 움직이고 있다는 느낌을 준다. 이 부부가 에베소로 옮겨 간 것은 바울의 시선이 에베소를 향하고 있음을 우리에게 말해준다. 이미 두 번째로 소아시아에 왔을 때 바울은 에베소를 중심으로 풍부한 활동 분야를 전망할 수 있었다. 당시는 성령께서 이 계획을 막으셨다(행 16:7).[77]

고린도에서 항해를 하려면 겐그레아 항구에서 배를 타야 한다. 고린도에 속한 항구가 두 개가 있는 데, 하나는 겐그레아(Cenchrea)로서 사론 만(Saronic Gulf)에 위치한 고린도 동쪽에 있는 항구이다. 로마

---

77) Schlatter, op.cit., p. 326.

서 16장 1절에 의하면 그 당시 이미 겐그레아에는 교회가 세워져 있었다. 그리고 그곳에는 유명한 뵈뵈라는 여자 제자가 있었다.[78] 겐그레아에서 바울은 무슨 서원이 있었던 것일까? 그는 그곳에서 머리를 깎는다(행 18:18). 어떤 학자들은 머리를 깎은 사람은 아굴라라고 한다. 머리를 깎은 주어가 '그 사람'이고, 머리를 깎은 문장이 아굴라에 이어 콤마(Komma)로 연결되어 있기 때문이다.[79] 그러나 18절의 전체적인 문장으로 보면 바울인 점이 확실하다. 그렇다면 그가 왜 머리를 깎았을까?

어떤 학자들은 겐그레아에서 서원을 시작하고, 예루살렘에서 마쳤다(행 21:24-26)고도 말한다. 그러나 사도행전 18장 18절에서는 이미 바울에게 서원이 있었다고 과거 시제(時制)로 말하고 있기 때문에 이런 학설은 성립될 수 없다. 그렇다면 바울이 이전에 서원을 한 적이 있고, 이제 그 일을 마치면서 겐그레아에서 머리를 깎은 것이 된다. 또 서원을 마치는 예식으로 머리를 깎는 것은 예루살렘 안에서 이뤄져야 하고, 희생제물의 부분으로 머리카락을 번제에 던져 태워야 한다.[80] 이렇게 보면 바울이 머리를 깎은 것은 나실인 서원으로 보기는 어렵다.

바울은 언제 서원을 했으며, 왜 했을까? 바울이 이전에 서원을 한 것은 사도행전 18장 9절에 주께서 보여준 환상과 관계가 있을 것으로 본다. 환상을 본 후에 바울은 감사하고 또 고린도에서 이뤄질 사역에 하나님의 도우심이 계속되기를 바라는 마음으로 서원을 했

---

78) 로마서 16:1에, 겐그레아 교회의 '일꾼'이라고 번역한 명사 'διάκονος'는 빌 1:1; 딤전 3:8, 13에서는 '집사'로 번역된 단어이다. 만약 집사란 명칭을 뵈뵈에 적용한다면, 그 당시 여자 안수집사가 있었다는 말이 된다.

79) "Ἀκύλας, κειράμενος ἐν Κεγχρεαῖς"(행 18:18)로 되어 있어 누가 머리를 깎았는지 주어로만은 구별하기가 어렵다.

80) John B. Polhill, op.cit., p. 390.

을 것으로 생각된다. 그리고 고린도 사역을 다 마치고 예루살렘으로 돌아가면서 고린도 사역을 성공적으로 이루도록 하신 주님께 감사를 드리고 서원을 마치면서 머리를 깎았다.[81] 이렇게 보면 고린도에서 사도 바울은 얼마나 긴장하고 두려워했는가를 짐작할 수 있다.

겐그레아에서 배를 타고 떠난 바울 일행은 먼저 에베소에 도착한다(행 18:19). 브리스길라와 아굴라를 그곳에 머물게 하고, 바울은 회당에 들어가 유대인들과 변론한다. 람세이에 의하면 브리스길라 부부는 56년 말까지 에베소에 머물렀다(고전 16:19). 그리고 그들은 로마로 돌아왔고, 그곳에서 57년의 초반부를 보냈다(롬 16:3).[82] 바울이 에베소 회당에 들어가 유대인들을 만난 사건은 이미 고린도에서 "이방인에게 가리라"고 선언한 후이다(행 18:6). 그 후 에베소에서 여러 사람들의 간청에도 불구하고 그리 긴 시간을 머물지 않고 "하나님의 뜻이면 너희에게 돌아오리라"(행 18:21) 하고 에베소를 떠나 항해를 계속했다.

지중해는 5월부터 9월 초까지가 여행하기에 가장 알맞은 시기이다. 북서쪽에서 동쪽으로 바람이 불어오기 때문이다. 봄 가을의 바람은 모험이 따른다. 그리고 겨울 항해는 대단히 위험하다.[83] 바울은 무엇인가 급한 일로 예루살렘에 있고 싶어 하여 예루살렘 길을 서둘렀다고 생각된다. 그 이유가 유월절일 수도 있다. 유월절을 지키기 위해 급히 떠났다는 것은 사도행전 18장 22절이 암시하고 있다. 그렇다면 바울이 항해를 한 시기는 아마도 3월 말쯤이라고 생각된다. 만일 바울이 주후 53년에 예루살렘에 갔다면 그해 유월절은 3월

81) Ibid, p. 390. Schlatter는 "예루살렘 및 안디옥으로의 여행이 얼마나 강하게 바울의 마음에 짐이 되었는가 하는 것을 구체적으로 말하고 있다"고 한다. Schlatter, Ibid, p. 227.

82) Bruce, op.cit., p. 246.

83) Wright, op.cit., p. 233.

22일이었기 때문이다.[84]

마침내 바울은 가이사랴에 상륙한다(행 18:22). 가이사랴에 도착한 후에 곧바로 수리아 안디옥으로 갔을까? 22절에 "가이사랴에 상륙하여 올라가 교회의 안부를 물은 후에 안디옥으로 내려갔다"고 했는데, "가이사랴에 상륙하여 올라갔다"는 말은 가이사랴에 올라가 교회를 찾아갔다는 말로 해석하기도 한다. 그러나 다음에 나오는 "안디옥으로 내려갔다"는 표현은 어떻게 해석할 것인가? 일반적으로 올라갔다, 또 내려갔다는 표현은 예루살렘을 중심으로 말할 때 사용하는 말이다. 그렇다면 바울이 가이사랴에 상륙해서 예루살렘에 올라갔고, 거기서 유월절을 지킨 후에 다시 안디옥으로 내려갔다고 해석해야 한다.[85]

8. 3차 여행, 그리고 에베소에서 만난 아볼로(행 18:23-28)

> 23) 얼마 있다가 떠나 갈라디아와 브루기아 땅을 차례로 다니며 모든 제자를 굳건하게 하니라 24) 알렉산드리아에서 난 아볼로라 하는 유대인이 에베소에 이르니 이 사람은 언변이 좋고 성경에 능통한 자라 25) 그가 일찍 주의 도를 배워 열심으로 예수에 관한 것을 자세히 말하며 가르치나 요한의 세례만 알 따름이라 26) 그가 회당에서 담대히 말하기를 시작하거늘 브리스길라와 아굴라가 듣고 데려다가 하나님의 도를 더 정확하게 풀어 이르더라 27) 아볼로가 아가야로 건너가고자 함으로 형제들이 그를 격려하며 제자들에게 편지를 써 영접하라 하였더니 그가 가매 은혜로 말미암아 믿은 자들에게 많은 유익을 주니 28) 이는 성경으로써 예수는 그리스도라고 증언하여 공중 앞에서 힘있게 유대인의 말을 이김이러라

---

84) Ramsay, op.cit., p. 247. Ramsay는 그 배는 다가오는 유월절을 위해 많은 유대인들을 고린도와 에베소로부터 실어 나르고, 또 그 목적에 따라 항로를 잡은 순례선이었을 것이라고 한다.

85) Ramsay, Ibid, p. 247.

에베소에서 출발한 긴 여정(행 18:21)이 끝나고 마침내 가이사랴에 도착한다(22절). 그리고 바울은 다시 전도 여행을 시작하여 갈라디아와 브루기아 땅을 차례로 다니며 모든 제자를 굳건하게 한다(23절). 이렇게 보면 21-23절은 단 세 절이지만, 그 여정은 고린도에서 에베소로, 가이사랴에서 예루살렘으로, 수리아 안디옥으로, 그리고 갈라디아와 브루기아에 이어지는 긴 여정이다. 누가는 이처럼 긴 여정을 단 세 절로 서둘러서 끝낸다. 이 설명에 대해 비평학자들은 21장의 예루살렘 여행기와 중복이 아닌지 의심하며, 이것은 에베소 교회 창설자로 바울을 내세우려는 편집자의 의도라고도 한다. 아니면 누가가 그때 동반하지 않고 잠깐 빌립보에 들렀다가 거기서 일행과 합류했기 때문이라고 설명할 수도 있다. 'We-section'은 사도행전 20장 6절에서 다시 시작되는데 그곳이 빌립보이기 때문이다.

사도행전 18장 22절과 23절은 소위 2차 여행과 3차 여행이 갈라지는 부분이다. 사도행전 18장 22절과 23절 사이에 약간의 시간적 단절이 있다. 이것은 2차 여행을 마치고 3차 여행을 시작했다는 것을 의미하는 것인가? 그런데 3차 여행은 사도행전 18장 24-28절에 에베소에 온 아볼로를 소개하고, 바울은 윗지방을 다녀 에베소에 온 것으로 시작하여, 에베소 사역, 그리고 잠시 마게도냐를 다녀와서 예루살렘으로 올라가는 길에 에베소 장로들과의 긴 고별사가 내용의 전부이다. 즉 3차 여행은 오직 에베소 사역에 집중되었다. 다른 사역은 모두 에베소 사역에 관계된 주변 이야기 같은 인상을 준다. 그래서 이것을 과연 3차 여행이라고 할 수 있는가 의문을 제시하는 학자들이 많다.

맥그리거(MacGregor)는 3차 여행으로 나누는 것에 반대한다. 누가가 왜 바울의 여행을 세 부분으로 나누려고 했는지는 확실하지 않다.

왜냐하면 두 번째 여행은 사도행전 18장 21, 22절에서 갑자기 에베소를 떠나 수리아 안디옥으로 돌아갔다는 간단한 설명으로 끝나고 있고, 2차 여행(행 18:22)과 3차 여행(행 18:23)의 연결이 분명하게 나눠지지 않았기 때문이다. 3차 여행은 "(그리고) 얼마 있다가 갈라디아와 브루기아 땅을 방문하고"(23절)로 시작된다. 그리고 3차 여행시에 바울의 활동은 고린도와 에베소에 한정되었기 때문이다. 사도행전 18장 23절에, "(그리고) 얼마 있다가(καὶ ποιήσας χρόνον: Now having spent some-time)"란 표현은 마치 잠시 어떤 사정 때문에 멈췄다가 다시 시작한다는 느낌을 갖게 한다.86)

그런데 사도행전 18장 23절은 긴 여정을 축소해서 보고할 뿐이지 그 여정은 결코 짧은 거리가 아니다. 또 여정의 시간도 결코 짧은 시일에 이뤄진 것은 아니다. 아마도 누가는 바울의 의도를 이해하고 고린도와 에베소 사역에 집중하려는 의도를 강조하려는 데 지면을 더 할애한 것으로 보인다. 바울 사도의 3차 여행은 수리아 안디옥으로부터 시작되었다(행 18:22). 아마도 더베를 거쳐 루스드라와 이고니온을 거쳐 비시디아 안디옥으로 그리고 '윗 지방으로 다녀' 에베소에 이른 것으로 보인다(행 19:1). 북갈라디아설을 주장하는 학자들은 '윗 지방'을 북갈라디아 지역이라고 말하기도 한다. 그러나 반증할 만한 증거는 없다.

사도행전 18장 24절에 갑자기 아볼로의 이야기가 끼어들었다. 아볼로가 에베소에 왔을 때는 이미 브리스길라와 아굴로가 그곳에서 조용히 사역을 하고 있을 때다. 그리고 예루살렘과 인디옥을 방문한 바울은 아직 에베소로 돌아오지 않은 시기다. 아볼로는 알렉산드리

86) MacGregor, op.cit., p. 210

아 사람으로 언변이 좋고 성경에 능통한 사람이다(행 18:24).[87] 그가 회당에서 담대히 말하기를 시작하였다. 아볼로는 무엇을 담대히 말했을까? "일찍이 주의 도를 배워 열심으로 예수에 관한 것을 자세히 말했다"(25절). 그런데 브리스길라와 아굴라가 그가 말하는 것을 듣고 난 후에 그를 불러 '하나님의 도'를 더 정확하게 풀어 가르쳐 주었다. 그 후로 그는 은혜로 말미암아 믿는 자들에게 많은 유익을 주는 사람이 되었다(행 18:27). 그렇다면 아볼로는 크리스천이었을까?

어떤 학자들은 아마도 그가 아볼로와 브리스길라로부터 세례를 받았을 것이라고 말하므로, 아볼로를 사도행전 19장 1-10절에 나오는 "어떤 제자들"과 동일시하기도 한다. 그런데 본문에는 그가 세례 받았다는 말이 없다. 또한 25절에, 그는 "요한의 세례만 알 따름이라"고 했지, "요한의 세례만 받았다"로 되어 있지 않다는 점에 유의해야 한다. 그가 '요한의 세례를 받았다'고 했다면 그는 틀림없이 세례를 받아야 했다. 그러나 에베소의 누구도 그에게 세례를 주지 않았다.

누가는 아볼로를 아리송하게 소개한다. 그는 요한의 세례만 알 따름이지만, 주의 도를 배워왔고(οὗτος ἦν κατηχημένος τὴν ὁδὸν τοῦ κυρίου),[88] 열심으로 말하며, 예수에 대한 일들을 정확하게 가르쳤다고 한다. '열심으로'(ζέων τῷ πνεύματι)라는 표현은 로마서 12장 11절에 나타나는 말로써, 이 의미는 아볼로 자신의 영이 뜨거운 것이 아니고, 문자적으로는 성령의 에너지로 '들끓는' 것을 말한다.[89] 그

---

87) MacGregor는 '학식이 많다'는 말은 철학과 수사학에 소양이 많은 사람을 말하는 듯하고, '성경에 능통한' 사람이란 것은 알렉산드리아의 우화적(寓話的) 해석법을 잘 활용하는 것과 영지주의적 철학의 사고형식을 사용하여 흥미있게 성경을 푸는 것이라고 한다. Ibid, p. 247.

88) ἦν κατηχημένος(had been taught): '주의 도'란 '주의 길'를 가리키는데, '주의 도' 혹은 '하나님의 도'는 누가에게 있어서 그리스도교적 가르침을 의미한다. 헨헨, op.cit., p. 224.

89) MacGregor, op.cit., p. 249.

결과 "남의 영혼을 움직이어 영적 분위기를 만드는 힘"을 말한다.

아볼로는 자기가 배워온 예수님에 대한 모든 것은 정확하게(ἀκριβῶς) 가르친 사람이다. 그럼에도 불구하고 28절에 의하면, 그는 예수를 그리스도 즉 메시아로 고백하지 못한 사람이었다. 아굴라 부부의 자세한 가르침을 받고 난 후에야 "예수는 그리스도"라고 공중 앞에서 힘있게 증거하게 되었다(28절). 이렇게 보면 그는 세례 요한과 예수님 사이의 경계선에 서 있었던 사람이라 할 수 있다. 헨헨의 말대로 "깨달음을 통해서 시정될 수 있는 가르침에 있어서의 결함이 문제 되고 있던" 사람이었다.[90)]

아볼로는 예수께서 (요한을 따르던 한 사람 같이) 요한에게서 세례를 받았다는 사실, 그러나 예수님에 대한 메시아로서의 지식은 없었다는 것을 보여준다. 사도행전 19장 3절에 나오는 '요한의 세례'란 말과 관계지어 볼 때, 요한의 세례란 요한에 의하여 행해졌던 세례를 의미하는 것이 분명하다. 이렇게 보면, 아볼로가 자기 나라에서 주의 말씀으로 가르침을 받았다고 하는 것은 벌써 요한주의에 입각한 예수의 소식이 알렉산드리아에 전해졌다는 사실을 알 수 있다.[91)]

제4복음서는 세례 요한이 언제나 예수에게 종속한다는 것을 강조한다. 이것은 에베소에 예수님보다 세례 요한을 더 높이 인정하는 사람들이 있었다는 것을 반증한다. 세례 요한의 세례를 더 좋게 생각하는 사람들이 있었다는 것을 암시한다. 어떤 이들은 에베소에 세례 요한주의자들이 있었다는 증거가 없다는 것을 들어 아볼로가 세례 요한주의자임을 반대한다.[92)]

---

90) 헨헨, op.cit., p. 233.

91) 알렉산드리아는 성경이 그리스어(70인역)로 번역된 장소이다.

92) MacGregor, op.cit., p. 248. 초기에는 에베소 지역에 세례 요한주의자들이 있었다는 증거가 없다고 한다. 그러나 4복음서에 의하면 그 지역에 예수보다는 세례 요한을 메시아로 인정하고, 세례 요한을 메시아로 전하는 사람들이 있었다는

그런데 사도행전 19장에서 바울이 만난 사람들은 확실히 이들에 속한 자임에 틀림이 없다. 25절의 서방 본문은 “그는 그의 고향에서 주의 말씀을 배웠다”라고 되어 있다. 그렇다면 그때 알렉산드리아에 그리스도 복음이 전파되었고, 아볼로는 그곳에서 복음을 접했다는 것을 말해준다. 그러나 그 당시 알렉산드리아에는 우화적 해석법이 유행하고 있었기 때문에 이런 성경 해석법과 요한주의가 혼합된 지식을 배웠을 것이다.

브리스길라와 아굴라를 통하여 하나님의 도를 좀더 정확하게 배운 아볼로는 아가야(여기선 고린도를 말함)로 건너가고자 하므로 에베소 교인들은 그를 격려하며 기꺼이 고린도에 있는 제자들에게 편지를 써서 그를 추천하였다(행 18:27). 고린도에 도착한 아볼로는 그곳 형제들의 영접을 받고 또 그는 그곳 교인들에게 많은 유익을 주었다. 사도행전 18장 27절에는 아볼로가 “아가야로 건너가고자 하니”라는 수동형으로 되어 있다. 이는 누군가에 의하여 요청을 받았다는 느낌을 준다. 서방 본문에는 “에베소에 유하던 어떤 고린도인들이 그(아볼로)에게서 듣고 저들과 같이 저들의 고향으로 가기를 청하였다”고 되어 있다. 고린도에서 회심한 사람들은 대부분은 교양이 낮은 사람들 같다(고전 1:26). 몇몇이 높은 사회적 지위에서 온 사람들이 있었다는 사실은 부유한 사람들과 가난한 사람들 사이에 알력이 ‘주의 만찬’(고전 11:18-22)에서 나타난다. 고린도에는 아볼로의 알렉산드리아의 우화적(寓話的) 해석을 바울의 단순한 설교보다 즐겨하는 사람들이 교양 있다고 자랑하였다.

사도행전 18장 28절은 아볼로가 고린도에 갔을 때, 고린도에 사는

것은 분명하다. 그러나 3세기 초에는 “유력한 자들로 보이는 세례 요한의 어떤 제자들이 독립교단을 세워 세례 요한을 메시아로 전파했다는 역사적 증거가 있다”(Clementine Recognitions 1. 54).

유대인들과 심한 논쟁이 있었던 것을 암시한다. 이때 아볼로는 공중 앞에서 성경을 통하여 "예수는 그리스도(메시아)"이심을 힘있게 전하므로[93] 유대인들의 말을 이겼다. 누가는 바울은 이방인에게는 예수 그리스도의 복음을 전하고, 유대인에게는 "예수는 그리스도"이심을 강조해서 전했다고 한다(참고, 행 20:21). 고린도전서에 의하면 고린도에서는 아볼로의 웅변에 매료된 교인들이 많았던 것으로 보인다(고전 1:23-25, 4:20). 아볼로의 정교하고 웅변적인 스타일과 바울의 단순한 복음과는 큰 대조를 이루었다.[94]

9. 어떤 제자들(행 19:1–7)

1) 아볼로가 고린도에 있을 때에 바울이 윗지방으로 다녀 에베소에 와서 어떤 제자들을 만나 2) 이르되 너희가 믿을 때에 성령을 받았느냐 이르되 아니라 우리는 성령이 계심도 듣지 못하였노라 3) 바울이 이르되 그러면 너희가 무슨 세례를 받았느냐 대답하되 요한의 세례니라 4) 바울이 이르되 요한이 회개의 세례를 베풀며 백성에게 말하되 내 뒤에 오시는 이를 믿으라 하였으니 이는 곧 예수라 하거늘 5) 그들이 듣고 주 예수의 이름으로 세례를 받으니 6) 바울이 그들에게 안수하매 성령이 그들에게 임하시므로 방언도 하고 예언도 하니 7) 모두 열두 사람쯤 되니라

---

93) 헬라어 본문은 '보여주다'(ἐὐπιδεικνς)이다. 28절 어순은 성경을 통해 보여주므로, "εὐτόνως γὰρ τοίς Ἰουδαίοις διακατηλέγχετο δημοσίᾳ"(For powerfully the Jews He was refuting in public", (힘있게 유대인들을 공중 앞에서 논박했다)로 되어 있다.

94) 고린도전서 1:10ff., 2:3ff.에 의하면 고린도 교회에 파당이 있었는데, 고린도 공동체 안에는 지성적인 헬라 그룹이 있었고, 아볼로는 그들에게 큰 인기가 있었다. 아폴로가 배운 웅변술이나 알렉산드리아에서 배운 알레고리적 성경 해석은 바울에게 불이익을 가져다 주었으며, 고린도 교회에서 일어난 바울의 불행한 위기에 대한 원인이 되었을 것이다(interpreters, p. 252. 참고할 것). 아볼로는 그 점에 대하여 전혀 몰랐을 것이다. 그런 움직임은 그가 고린도를 떠난 후에 일어난 일이었기 때문이다. 바울은 그를 질투하거나 어떤 책임을 그에게 지우는 편협한 행동을 하지 않았다.

아볼로는 고린도에서 주로 유대인들에게 주의 도를 전했을 것이다. 그때 바울은 윗지방으로 다녀 에베소에 왔다. 윗지방(1절)은 어디를 말하는 것일까? 어떤 이들은 북쪽 갈라디아 지역이라고 해석하여 이 구절이 북갈라디아설을 뒷받침해 주는 곳이라고 말한다. 그러나 사도행전 19장 1절은 18장 23절과 연결해 읽어야 한다. 그렇다면 바울은 "갈라디아와 브루기아 땅을 차례로 다니며 모든 제자를 굳건하게 하고"(행 18:23), 에베소에 와서 어떤 제자들을 만난 것이 된다(행 19:1). 그렇다면 갈라디아와 브루기아 지역을 거쳐 윗지방으로 해서 에베소에 왔다는 말이다. 그런데 그 윗지역이 과연 북쪽 갈라디아를 말하는 것이라고 해석할 수 있는지, 아니면 브루기아 지방을 거쳐 에베소로 오는 길을 북쪽(더 위쪽, ἀνωτερικός) 길을 선택하여 오면서 복음을 전했다는 말인지 분명하지 않다. 맥그리거(MacGregor)는 이 말은 라오디게아로 통하는 낮은 국도를 사용하지 않고 비시디아 안디옥의 서쪽 고원(the high ground)을 지나서 에베소에 왔다고 해석할 수도 있다고 한다. 브루스(Bruce)는 람세이의 주장을 따라, 바울은 일반적으로 사용하는 루커스(Lycus)와 미안더(Mawander)의 낮은 루트를 택하지 않고 위쪽에 놓여 있는 더 가까운 지름길을 선택했다는 말이라고 한다.[95]

바울 사도가 소아시아 북부지방을 지나 에베소에 갔을 때, 어떤 제자들(τινας μαθητας)을 만났다. '어떤 제자들'이란 표현은 그들의 정체가 무엇인지 분명하지 않은 상태를 말한다. 그들은 세례를 받았고 제자라고는 하는데, 그리스도인들과는 완전히 다른 어떤(certain) 제자들이어서 바울은 그들에게 물었다. "여러분이 믿을 때 성령을

95) Bruce, op.cit., p. 362. Ramsay, St. Paul, p. 248. 고지대를 여행해야 했기 때문에 53년 9월 말 이전에 에베소에 도착할 수 없고, 10월이 그가 도착한 시기일 확률이 높다고 한다. 그리고 그 기간에 수많은 방해가 있었다고 보아야 한다고 했다.

받았습니까?" "아니오, 우리는 성령이 있다는 말을 듣지도 못하였습니다." "그러면 여러분은 어떤 세례를 받았습니까?" "요한의 세례를 받았습니다." 그들이 크리스천들과 결정적으로 다른 점은 그들이 받은 세례가 예수 이름으로 받는 세례와 달랐고, 성령이 있다는 말도 듣지 못할 만큼 성령에 무지했다. 바울은 그들에게 예수님에 대하여 자세히 설명해 주었다. 그들은 복음을 받아들이고, 곧 세례를 받았다(행 19:6). 그때 성령이 그들에게 임하고, 방언도 하고 예언도 하였다. 그날 성령을 받은 사람이 12명이었다.

한국교회 안에 성령 세례를 강조하던 시기가 있었고, 그때마다 인용되었던 구절이 사도행전 19장 1-7절이었다. 이 구절은 세례 받은 사람도 성령 세례를 받아야 한다고 주장하는 사람들의 단골 메뉴였다. 과연 오늘 본문 내용은 세례와 구분되는 성령 세례를 강조하는 말씀인가?

에베소의 제자들은 과연 누구였는가? 본문에서 '제자들', '믿었다', '세례 받은 자들', '성령이 있다는 말도 듣지 못했다' 그리고 '세례를 주고 안수할 때 성령을 받았다' 이런 구절만 연결해 읽으면 이들은 예수님을 믿었지만 성령을 모르는 자들이다. 그래서 이 구절은 믿는 자도 성령 세례는 다시 받아야 한다고 주장할 근거가 된다. 그러나 본문에서 그들은 '어떤 제자'라고 되어 있다. 소속이 분명하지 않은 제자들이다. 예수님에 대해서도 아는 바가 없다. 그렇다면 이들을 예수님을 따르는 제자라고 할 수 있을까? 이들이 성령에 대해서는 들은 바가 없다고 했다. 그렇다면 그들은 과연 누구였을까?

레이크(Lake) 와 카드버리(Cadbury)는 '다른 제자들'(행 19:3)은 세례 요한에게 속한 사람들이란 사실을 부정하고, 이것은 성령 없는 세례와 성령과 함께 받는 세례에 누가가 관심을 가진 것으로 해석했다.[96] 그러나 누가는 분명하게 밝힌다. '그들은 요한의 세례를 받은 자들'

이다. 그리고 이들은 아볼로와는 또다른 교인들인 요한의 가르침을 믿고 있던 사람들이다. 그 이유는 사도 바울이 아볼로와는 달리 이들에게는 다시 세례를 받게 한 것으로 보아 바울은 그들의 세례를 인정하지 않았던 것이 분명하다. 그러므로 이들은 그리스도의 제자라고 할 수 있는 근거가 전혀 없다. 이들이 요한의 세례를 받았다고 말한 것으로 보아 당시 세례 요한주의가 에베소에까지 퍼졌고, 이들은 세례 요한주의를 따르는 자였음을 알 수 있다. 그리고 당시 소아시아에는 예수의 이름으로 받는 세례(행 2:38)와 세례 요한의 물세례를 혼돈하는 사람들이 있었던 것 같다(참고 행 18:24-25). 그러므로 누가는 요한의 세례는 성령의 세례와는 전적으로 구별되는 잘못된 것이란 사실을 초대교회에 경고하고 있는 것이다.

요한의 세례와 예수 이름의 세례의 차이는 무엇인가? 세례 요한의 말을 들어보자. "나도 그를 알지 못하였으나 나를 보내어 물로 세례를 베풀라 하신 그이가 나에게 말씀하시되 성령이 내려서 누구 위에든지 머무는 것을 보거든 그가 곧 성령으로 세례를 주는 이인 줄 알라 하셨기에"(요 1:33). 이 구절에서 분명하게 보여지는 것은, 요한의 세례에서 강조되는 것은 오직 물이라는 점("나를 보내어 물로 세례를 베풀라 하신 그이가")이요, 예수의 세례를 말하는 곳에 물에 대한 언급은 없고 오직 강조되는 것은 성령이시다. 그 이유는 예수 이름의 세례는 당시 행해졌던 세례 의식을 빌려 오기는 했지만 성령으로 받는 것이었기 때문이다. 이렇게 보면, 성경에서 말하는 크리스천 세례(Christian Baptism)에서 강조되는 것은 첫째는 '예수 이름'이고, 둘째는 성령이다. 그러므로 우리가 받는 세례는 비록 물로 받기는 하지만, 물이 강조되는 게 아니라 예수 이름과 성령 세례가 강조되어야 한다(참고

96) K. Lake, Biginings of Christianity, IV. p. 238.

행 2:38). 이렇게 보면 기독교인들이 세례에 대하여 가지고 있는 잘못된 인식을 바꿔야 할 필요가 있다.

첫째는, 세례에서 물이 강조되어서는 안 된다는 점이다. 세례 요한의 세례와는 달리 예수 이름으로 받는 세례는 물을 뿌리든 물에 담그든 상관이 없다. 세례라는 baptizo라는 동사는 '뿌린다', '담근다', '씻는다'는 세 가지 뜻을 다 가지고 있다. 누가복음 7장 38절에서는 baptizo라는 단어가 식사 전에 발을 '씻는다'는 의미로 사용되고 있다.

둘째로, 바울이 이들에게 다시 세례를 주었으니, 세례를 다시 받는 것도 무방하다고 말하는 사람이 있을 수도 있다. 이들이 받은 세례는 재세례가 아니고, 처음으로 세례를 받은 것이다. 신약에서 세례가 구약의 할례에 해당하는 것이라면 할례를 두 번 받을 수 없는 것과 마찬가지이다. 바울은 말한다. "주도 한 분이시요, 믿음도 하나요, 세례도 하나요, 하나님도 한 분이시니 곧 만유의 아버지시라. 만유 위에 계시고, 만유를 통일하시고, 만유 가운데 계시도다"(엡 4:5-6).

오늘 본문에서 오해되는 것은 세례와 성령 임재의 순서이다. "이 말을 듣고, 그들은 주 예수의 이름으로 세례를 받았다. 그리고 바울이 그들의 머리 위에 손을 얹으니 성령이 그들에게 내리셨다"(행 19:5-6). 우리 성경 번역은 "세례를 받았다", 그리고 "바울이 그들의 머리 위에 손을 얹으니" 즉 성령 받은 것으로 보인다. 그러나 본문은 세례를 받았다는 동사와 머리에 손을 얹었다는 동사는 동시적이다. 2절에 "여러분이 믿을 때 성령을 받았습니까?"라는 말씀에서 '믿는다'(believe)는 동사와 '받는다'(receive)는 동사의 시제가 같듯이 여기서도 세례 받은 것과 성령 받은 것이 동시적이다. 믿고 세례를 받을 때 동시에 성령을 받는다는 것을 암시하고 있다. 사도행전 2장 38절에서도 세례와 성령과의 관계를 동시적인 것으로 말한다. "너희가 회개하여 각각 예수 그리스도의 이름으로 세례를 받고, 죄 사함을 얻으라. 그리하면 성령을 선물로 받으리니."

성령 세례와 성령 충만은 어떻게 다른가? 사도행전과 바울 서신을 보면, 이미 세례를 받은 자들에게 성령을 받으라고 강조한 곳은 없다. 대신 "술 취하지 말라. 이는 방탕한 것이니 오직 성령의 충만을 받으라"(엡 5:18). 고린도전서 3장 16절에서도, 바울은 "너희가 성령의 전인 줄을 알지 못하느냐"라고 말하고, 성령을 받으라고 하지 않고, 성령이 계신 것을 기억하고 믿으라고 말한다. 사도행전 4장 17절 이하에 위험에 처한 초대교회의 기도가 나온다. 그곳에서도 성령의 임재를 간구하지 않았다. 그러나 그 기도에 대한 응답은 모인 모든 사람들에게 성령이 충만하게 되고 담대히 하나님의 말씀을 전하게 되었다.

사도행전을 보면, 성령의 임재와 충만은 확연히 구별된다. 한 번 성령의 임재를 체험한 사람이 성령 받기를 기도한 곳은 한 곳도 없다. 또 임재를 경험한 사람들에게 다시 임재라는 말을 쓰지 않는다. 한 번 임재를 경험한 사람들에게는 '충만'이란 단어를 쓴다. 그리고 충만이란 단어는 '담대하다'는 단어와 같이 쓰는 경우가 많다. 담대라는 말이 성령 충만을 의미한다고 할 수 있다(행 4:8, 7:55, 13:52).

토레이 박사는 그의 성령론에서, 성령의 임재와 성령 세례 그리고 성령 충만을 이렇게 구별한다. 성령의 임재는 하나님의 전적인 선물로 성령께서 내 안에 내주하시는 것을 임재라고 하고, 내 안에 계신 성령님을 충만하게 느껴보는 경험을 성령 세례라고 한다. 그리고 성령 세례를 계속해 가는 것을 충만이라고 했다. 브루스(Bruce)도 성령 충만은 성령님이 나를 가득 채우는 계속되는 경험이라고 했다.[97] 또 충만이라는 단어는, '컵에 물이 가득 찬 것'을 말한다. '환자가 열이 가득 찬 것을 느끼는 것'이라고도 한다.

기름 부음이란 말도, 성령 충만의 다른 표현이라고 해도 좋을 것이다. 성령의 임재는 전적인 선물이다. 그러나 충만은 나의 의지적인 노력으로 이룰 수 있다. 성령 충만은 내 안에 계신 성령이 나를 위하여 가장 충만하게 역사하는 것이기 때문이다. 사도행전에는 성령 충만은 사역과 관계되어 나타난다(행 4:8, 7:55). 성령 충만은 믿는 자들이 하나님의 사역을 하기 위하여 성령께 의탁할 때 주시는 선물이기 때문이다. 충만은 인간의 의지와 헌신 위에 주시는 선물이다.

성령 역사 분별을 위한 에드워드의 제언[98]

미국에서 가장 큰 영적 부흥을 일으켰던 조나단 에드워드가《성령 역사 분별 방법》이란 책에서 제시한 성령의 역사의 증거가 될 수 없는 증거 아홉 가지와 성령의 역사를 분별할 수 있는 적극적인 증거 다섯 가지 중 몇 가지만 여기에 소개한다.

성령의 역사의 증거가 될 수 없는 소극적 증거

1. 아주 비범하고 특별한 일이 일어나는 것이다. 이것만 가지고는 성령의 역사인지 아닌지를 알 수 없다. 부흥을 반대하는 사람들은 부흥시 일어나는 비범하고 특별한 일을 가지고 '이것이 성령의 역사가 아니라는 증거'라고 말하지만 그것은 잘못된 것이고, 그것이 꼭 성령의 역사라고 말할 수 없는 경우도 있다.

2. 몸에 특별한 현상이 일어나는 것인데, 예를 들면 눈물을 펑펑

---

97) Bruce, op.cit., p. 51. 참고 행 2:4, 4:8, 31.

98) 조나단 에드워드, 성령의 영적 분별방법, 부흥과개혁사 참고.

쏟고, 큰 소리를 지르며, 실신하는 것 등을 말한다. 대체적으로 이런 것은 성령의 역사라고 말하지만, 이러한 몸의 특이한 현상은 참된 성령의 역사가 아닐 수도 있다.

3. 기독교에 대한 이슈가 사회에 공론화되는 것이다. 부흥으로 인해 교회는 사회의 주목을 받게 될 수 있다. 오순절에도 그랬다. 그러나 성령의 역사가 아닐 수도 있다.

4. 상상력에 큰 영향을 받는 것인데, 즉 환상을 보거나 무아지경에 빠지는 것들이다. 환상을 보는 것만 가지고 이것이 성령의 역사라고 할 수도 있고, 아니라고 할 수도 있다.

성령의 역사를 분별할 수 있는 적극적인 증거 5가지:(요한일서 4장에서 발견)

1. 성령은 무엇보다 예수님을 높인다(요일 4:2-3). 어떤 성령 운동이 일어날 때, 어떤 외적인 현상이나 체험에만 몰두하고 예수님의 성품과 예수님의 사역이 강조되지 않는다면 우리는 조심해야 한다.

2. 성령은 성경을 높여 준다.(요일 4:6). 성령은 우리로 하여금 성경을 사랑하게 해준다. 성경공부를 열심히 하게 만든다. 만일 성경을 무시하고, 성경을 부인하는 영이 있다면 그는 분명 성령과는 다른 영이다.

3. 성령은 우리가 성경의 진리, 즉 교리와 신학에 관심을 갖게 만든다. 성령은 진리의 영이다. 성령은 성경 속에 나오는 진리를 통하여 우리를 거룩하게 만들어 간다. 만일 어떠한 운동이 우리로 하여금 기독교의 기본 진리를 무시하게 만든다면, 또한 기본적으로 교리와 신학에 대한 거부감을 조장한다면 그것은 성령의 역사로 보기 힘들다.

4. 성령은 우리로 하여금 죄를 각성하고 회개하게 만든다. 성령은

우리가 깨달은 진리, 성경, 예수님을 통하여 결국 우리가 예수님을 닮도록 한다. 하나님을 닮도록 한다.

5. 성령은 우리가 하나님을 사랑하고 또한 이웃을 사랑하게 만든다.

10. 에베소에서의 바울의 전도활동(행 19:8-20)

8) 바울이 회당에 들어가 석 달 동안 담대히 하나님 나라에 관하여 강론
하며 권면하되 9) 어떤 사람들은 마음이 굳어 순종하지 않고 무리 앞에서
이 도를 비방하거늘 바울이 그들을 떠나 제자들을 따로 세우고 두란노
서원에서 날마다 강론하니라 10) 두 해 동안 이같이 하니 아시아에 사는
자는 유대인이나 헬라인이나 다 주의 말씀을 듣더라 11) 하나님이 바울의
손으로 놀라운 능을 행하게 하시니 12) 심지어 사람들이 바울의 몸에서
손수건이나 앞치마를 가져다가 병든 사람에게 얹으면 그 병이 떠나고 악귀
도 나가더라 13) 이에 돌아다니며 마술하는 어떤 유대인들이 시험삼아 악
귀 들린 자들에게 주 예수의 이름을 불러 말하되 내가 바울이 전파하는
예수를 의지하여 너희에게 명하노라 하더라 14) 유대의 한 제사장 스게와
의 일곱 아들도 이 일을 행하더니 15) 악귀가 대답하여 이르되 내가 예수도
알고 바울도 알거니와 너희는 누구냐 하며 6) 악귀 들린 사람이 그들에게
뛰어올라 눌러 이기니 그들이 상하여 벗은 몸으로 그 집에서 도망하는지라
17) 에베소에 사는 유대인과 헬라인들이 다 이 일을 알고 두려워하며 주
예수의 이름을 높이고 18) 믿은 사람들이 많이 와서 자복하여 행한 일을
알리며 19) 또 마술을 행하던 많은 사람이 그 책을 모아 가지고 와서 모든
사람 앞에서 불사르니 그 책 값을 계산한즉 은 오만이나 되더라 20) 이와
같이 주의 말씀이 힘이 있어 흥왕하여 세력을 얻으니라

바울은 선교 베이스를 수리아 안디옥 다음으로 에베소로 정한 것으로 보인다. 에베소는 로마제국의 중요한 도시 중 하나로서 아시아주의 수도였다. 교통의 중심지로, 동서 사이의 상업 중심도시이고, 종교 중심지이기도 하다. 특히 아데미(Artemis) 여신전(女神殿)으로 유명하다. 이것은 세계 7대 불가사의 중의 하나로 꼽힌다.

아데미 여신의 이름의 뜻은 라틴어로 다이아나(Diana)다. 그녀는 헬라 열두 신 가운데 나오는 여인으로 제우스의 딸이며, 태양신 아폴로의 누이이다. 아데미는 헬라 혼합주의 여신으로 변질되어 인간이나 동물의 다신(多神)을 맡은 대지의 여신이다. 에베소 수호신이며 12 유방을 지녔으며, 만물을 보육하는 모신(母神)이다. 그 젖에는 인간만이 아니라 동물도 매달려 젖을 빨고 있다. 아데미 여신은 여러 개의 가슴을 가지고 풍부하게 주는 지상의 어머니로 은행 업무와 빚진 자들의 보호자로 존재하는 신이었다. 그리하여 이 여신에 대한 숭배는 우상숭배의 종교적 숭배와 경제적 이익들이 동기가 된 일종의 혼합주의(suncretism)였다.[99] 아데미 여신의 제사장들은 모두 고자이며, 노예와 천한 여성들이 봉사하면서 매음을 한다. 아데미 신전은 8각형으로 되어 있으며, 가로 119m와 세로 53m로 된 대리석 건물이다. 20m 원주가 127개나 되며, 양측 두 열로, 전후면에는 4개씩 8개 열로 되어 있는 거대한 신전이다.

바울은 왜 이런 곳을 선교 베이스로 삼으려고 했을까? 사도행전에서 그리스도교의 신앙의 중심지는 예루살렘, 수리아 안디옥, 비시디아 안디옥 그리고 에베소를 꼽는다. 에베소에서 바울은 이례적으로 3년이나 체류하며 복음을 전했다(행 20:31). 그리고 후에는 로마로 옮겨졌다. 바울은 신앙의 전진기지는 항상 교통의 중심지와 상업의 중심지역을 선택했다. 에베소는 소아시아의 중심도시이다. 그러므로 이곳에 복음을 전하면 주변 도시로, 그리고 마게도냐와 아가야까지 복음이 쉽게 퍼져갈 수 있는 이점을 생각했을 것이다.

에베소에 온 바울은 또다시 회당을 찾아간다. 바울이 옷을 털면서 이후에는 이방인에게로 가리라고 했지만(행 18:6) 그는 유대인에 대

---

99) 윌리엄, op.cit., p. 227.

한 미련을 버리지 못하고 다시 회당을 찾는다. 3개월 동안이나 회당에 들어가 하나님 나라에 관하여 논쟁하고 그들을 설득하기도 했다. 그러나 어떤 사람들은 마음이 굳어 그 말씀을 받아들이지 않고 도리어 무리 앞에서 이 "도"(ὁδὸς)를 비방하였다. 바울은 회당을 떠나 두란노 서원으로 강론 장소를 옮긴다(행 19:9). 이것은 기독교 역사에서 가장 역사적인 순간이다. 회당에서 기독교가 완전히 분리되는 것을 의미하기 때문이다.

두란노 홀(The hall of Tyrannus)은 아마도 두란노라는 사람이 소유하고 있던 강의할 수 있도록 된 큰 방이었을 것이다. 두란노는 수사학자였을 것이고, 그는 순회 철학자들(shophist)에게 그 방을 사용하도록 했을 것이다. 바울은 여행하는 철학자들처럼 그곳에서 강의를 했기 때문에 별다른 저항을 받지 않고 2년 동안 말씀을 가르칠 수 있었을 것이다.[100] 서방 문서(The Western Text)에 바울은 "5시부터 10시까지" 가르쳤다고 한다. 우리 시간으로는 오전 11시부터 오후 4시까지 가르친 셈이 된다.[101] 이 문서에 의하면 그 지역은 날씨가 더워서 오전 11시까지 일하고, 오후 4시 이후에 다시 일을 시작한 것으로 보인다. 그렇다면 바울 자신은 새벽부터 일하고 다른 사람들이 더운 날씨를 피해 휴식을 취하는 시간에 가르치고 또 저녁 늦게까지 일했을 것이다.

람세이는 오후 5시에 일반적으로 하루 일이 끝나기 때문에 그

100) 바울이 에베소에 머물며 복음을 전한 시기는 8절에 3개월, 22절에 "한동안"을 합하면 2년이 넘어 3년 가까이 될 것이다(행 20:31). William Neil은 바울이 AD 53년(18:21, 23)에 에베소에 도착했다면 AD 55년 늦가을까지 에베소에서 사역했으리라고 한다. Ibid, p. 204.

101) MacGregor, op.cit., p. 254. 람세이는 바울은 해 뜨기 전에 일을 시작했고(행 20:34; 고전 4:12), 정오 한 시간 전까지 일을 했다고 전한다. 고대 문학에서는 날이 새기 전의 시간은 밤이라고 했다고 한다(살전 2:9).

이후에도 두란노에서 강의를 계속했을 것이라고 한다. 그때는 강의실도 비어 있었을 것이기 때문에 자유로웠을 것이라고 한다.[102] 당시 또한 바울에게서 듣기를 원하는 사람들도 그 시간을 이용하는 것이 훨씬 편리한 시간이었을 것이다. 그 결과 아시아에 사는 자들은 유대인이나 헬라인이나 많은 사람들이 주의 말씀을 들었다.

• **"아시아에 사는 자들"**(행 19:10): 에베소에서 바울 사도의 장기간에 걸친 복음 전도 사역의 효과는 그 주변 지역에 광범위하게 파급되었다. 상업의 중심지인 에베소에 몰려온 사람들이 이곳에 찾아와 복음을 들었고, 그 중에서 말씀을 받고 자기 지역으로 흩어져 교회를 세운 사람들이 많았다. 이때 골로새, 라오디게아, 히에라볼리(골 2:1, 4:13) 등에 교회를 세웠을 것이고, 요한계시록 일곱 교회도 이때 바울의 가르침으로 세워졌을 것이다. 이 구절은 복음이 에베소를 넘어 다른 지역으로 널리 펴져나간 것을 의미한다. 사도행전 20장 21절에서도 회개하고 하나님께 돌아온 헬라인과 유대인들을 언급하고 있다. 그 중에 한 사람이 에바브라(Epaphras)이다(골 1:7, 4:13).

바울은 에베소에서 특별히 설교한 게 없다. 그러나 주석가들에 의하면 로마서 16장에는 에베소 출신의 걸출한 교인들이 로마에 있었다고 한다. 그 중 어떤 사람들은 유대인으로 그리스도인 되어 로마로 돌아갔을 것이라고 한다. 로마서 16장 3절에 브리스가와 아굴라, 5절에 에베네도, 7절에 안드로니고와 유니아도 에베소 출신이었으리라고 추측한다. 그리고 에베소에 적어도 세 개의 가정(house) 교회가 있었다고 한다. 하나는 아굴라와 브리스길라의 가정 교회이다(롬 16:5). 바울이 에베소에서 설교했다는 기록은 없지만 두란노에서 꾸

---

102) Ramsay, op.cit., p. 253.

준히 말씀을 가르친 결과 주변 지역에 많은 교회들이 세워졌고, 좋은 일꾼들이 그 모임을 통해서 성장해 갔다는 것은 우리들에게 암시하는 바가 크다.

누가는 바울을 통하여 에베소에서 하나님이 기적과 능력을 행하신 일을 소개한다. 심지어는 바울의 손수건이나 두르고 있던 앞치마를 가져다 병든 사람에게 얹으면 그 병이 떠나가고, 악귀가 쫓겨 나갔다(행 19:12). 앞치마는 바울이 천막 만드는 일을 할 때 작업장에서 입던 가죽 에이프런을 말한다. 바울의 기적(행 19:11-12)과 베드로의 기적 사건에는 유사점이 있다(행 5:12-16). 사람들은 남들이 하면 자기도 해보고 싶은 영웅심리가 있다. 바울의 병 고치는 모습을 본 떠돌아다니는 유대인 마술사(귀신 축출가)도 바울의 흉내를 냈다. 바울은 '예수 그리스도 이름'으로 귀신을 쫓아냈을 것이다. 유대 엑소시스트도 바울을 모방하여 "내가 바울이 전파하는 예수를 의지하여 너희에게 명하노라"(행 19:13)고 시험삼아 귀신을 내쫓으려고 했는데, "나는 예수도 알고, 바울도 알지만, 너희는 누구냐?"라고 하며 일곱 마술사들에게 덤벼들어 그들을 모두 눌러 이겼다. 이들은 스게와라는 유대인 대제사장의 일곱 아들들이었다(행 19:14).[103)]

대제사장 스게와(Scaeva)에 대해서는 알려진 바가 없다고 한다. 서방 사본은 스게와를 단지 제사장이라고 했다. 그는 아마도 이 문제를 완화시키려고 했다고 생각된다. 여하튼 누가는 유대교의 제사장 집안의 아들들이 바울을 흉내 내어 귀신을 쫓아내려다가 도리어 일곱 아들들이 상처만 입고 벗은 몸으로 도망쳤다고 전한다. 이 사건은 유대인들이 그들의 이웃 이방인들과 얼마나 깊숙이 동화되어 살고

103) 헬라어 성경에는 '대제사장'(ερεύς)이라고 되어 있다. 서방 사본(D)에는 그냥 '제사장'(ἱερεύς)이라고 했다.

있었는가를 보여준다. 누가는 대제사장들의 일곱 아들의 이야기를 전함으로 유대교의 허구를 고발하려고 한다. 이런 소문은 에베소에 사는 유대인이나 헬라인들 모두를 두렵게 만들었으며 그들의 입으로 예수의 이름을 높이도록 만들었다(행 19:17). 또 이런 일로 인하여 믿는 사람들이 많이 생기고, 그들이 자기들이 행한 일들을 자복하기도 했다.

마술을 행하던 사람들 중에서 많은 사람들이 자기들이 사용하던 책을 가지고 와서 많은 사람들 앞에 불사르기도 했다(행 19:19). 많은 사람들 앞에서 자기들이 귀신 축출을 위해 사용하던 책들을 불태웠다는 사실은 공개적으로 자기들의 과거를 불살라버렸다는 의미이고, 그리스도만을 의지하고 살겠다는 결단의 표시라고 해석할 수 있다. 누가는 그 책값이 은 오만이나 된다고 소개한다. "에베소 문서"라는 것이 액을 물리치는 데 특별한 효력이 많아서 고가(高價)에 팔렸다고 한다. '은 오만'은 미화로 1만 달러, 천만 원에 해당하는 액수이다. 학자들은 이런 액수는 실제보다 높게 평가한 동양적 표현이라고 한다. 우리나라의 경우로 보면 그 이상에 팔리는 부적들도 있는 것을 감안하면 이해가 된다.

누가는 이 사건을 통하여 세 가지 개념(ideas)을 강조한다. 첫째는 예수 그리스도의 이름의 능력이다. 귀신 축출 사건은 새로운 지역에서 새 사역을 시작할 때 언제나 있었던 일이다. 예수님의 갈릴리 사역의 시작도 가버나움 회당에서 일어났던 귀신 축출이었다(눅 4:33-36). 바울의 첫 사역지였던 구브로에서도 마술사 엘루마를 제어하는 이야기로 시작되었고(행 13:7-12), 지금은 에베소라는 아시아 중심 도시에서 사역을 시작하는 출발점에서 일어난 일이다. 귀신 축출은 그 행위자의 덕이나 신비한 힘으로 되는 것이 아니라 오직 그의 이름의 능력으로 이루어진다.

둘째는 이 구절에서는 예수님의 이름은 모든 악한 힘들 위에 가지는 절대적인 능력을 보여준다. 동시에 예수 그리스도에게 속하지 않은 사람에게는 '예수님의 이름'의 효과도 나타나지 않는다는 사실을 보여준다. 고대 세계에서 엑소시즘은 흔히 있는 일이었다. 크리스천이 아닌 사람들이 예수님의 이름을 사용한 예도 '위대한 파리 마술에 관한 파피루스'(the great Paris magical Papyrus)에 나타나 있다. "나는 히브리인의 하나님, 예수를 의지하여 당신을 경배합니다"(I adore thee by Jesus the God of the Hebrews).[104] 그러나 귀신을 쫓아내는 일은 하나님의 능력과 그의 능력을 의지하는 사람을 통해서만 일어난다는 사실이다.

셋째는 영의 세계에서 귀신들도 예수 그리스도를 알고, 또 그의 충성된 종들도 알고 있다는 사실이다. 또한 귀신들은 예수 그리스도에 속하지 않는 자들도 안다는 점이다. 예수님의 이름으로 장난삼아 명령한 사람들에게는 귀신들이 더 강해졌다(행 19:16).

20절은 한 단락이 끝나고 다음 장면으로 넘어가는 누가의 표현법이다. 20절과 21절을 비교해 보면 20절은 그의 모든 선교사역이 끝나고 새로운 세계로 뻗어가려는 출발을 알리는 구절이다. 21절에서는 "이 일이 있은 후에 마게도냐와 아가야를 거쳐 예루살렘에……로마도 보아야 하리라"며 로마로 가겠다는 바울의 결심을 보인다.

에베소에서의 바울의 사역에 대하여 고린도 교회를 통하여 많은 정보를 얻을 수 있다.[105] 바울은 에베소에서 적어도 4편의 고린도로 보내는 편지를 썼다. 고린도 편지들은 에베소에서 바울이 겪은 고난에 대해 밝혀주는 것이 많다. 바울이 스스로 "우리가 아시아에서 겪은 환난"을 말하고, "우리는 힘에 겨우리만큼 심한 환난에 억눌려

---

104) MacGregor. op.cit., p. 256.
105) Ibid, p. 251.

마침내 살 희망조차 끊어졌다(고전 4:9,13; 고후 1:8, 4:8-12, 6:4-5, 11:23-27)" 라고 고백했다. 또한 맹수와 싸웠다고 해서 무슨 유익이 있겠는가?" (고전 15:29, 32)라는 말은 오히려 비유적인 표현으로 이해해야 한다. 글자 그대로 하면 맹수이지만, 아주 어려운 대적과 대결해야 하는 입장을 밝힌 것으로 이해해야 할 것이다. 브리스가 부부는 바울의 목숨을 위해서 그 목이라도 내놓았다(롬 16:4). 이런 사정을 누가가 몰랐을 리가 없다. 누가는 여기에 대하여 침묵한다. 오직 밀레도에서 장로들에게 "유대인의 음모 때문에 일어난 여러 가지 시험"(행 20:19), 광신적인 "아시아에서 온 유대인"(행 21:27)에 대해서만 말한다.

11. 예루살렘으로 가는 길(행 19:21-41)

21) 이 일이 있은 후에 바울이 마게도냐와 아가야를 거쳐 예루살렘에 가기로 작정하여 이르되 내가 거기 갔다가 후에 로마도 보아야 하리라 하고 22) 자기를 돕는 사람 중에서 디모데와 에라스도 두 사람을 마게도냐로 보내고 자기는 아시아에 얼마 동안 더 있으니라 23) 그 때쯤 되어 이 도로 인하여 적지 않은 소동이 있었으니 24) 즉 데메드리오라 하는 어떤 은장색이 은으로 아데미의 신상 모형을 만들어 직공들에게 적지 않은 벌이를 하게 하더니 25) 그가 그 직공들과 이러한 영업하는 자들을 모아 이르되 여러분도 알거니와 우리의 풍족한 생활이 이 생업에 있는데 26) 이 바울이 에베소뿐 아니라 전 아시아를 통하여 수많은 사람을 권유하여 말하되 사람의 손으로 만든 것들은 신이 아니라 하니 이는 그대들도 보고 들은 것이라 27) 우리의 이 영업이 천하여질 위험이 있을 뿐 아니라 큰 여신 아데미의 신전도 무시 당하게 되고 온 아시아와 천하가 위하는 그의 위엄도 떨어질까 하노라 하더라 28) 그들이 이 말을 듣고 분노가 가득하여 외쳐 이르되 크다 에베소 사람의 아데미여 하니 29) 온 시내가 요란하여 바울과 같이 다니는 마게도냐 사람 가이오와 아리스다고를 붙들어 일제히 연극장으로 달려 들어가는지라 30) 바울이 백성 가운데로 들어가고자 하나 제자들이 말리고 31) 또 아시아 관리 중에 바울의 친구 된 어떤 이들이 그에게 통지하여 연극장에 들어가지 말라 권하더라 32) 사람들이 외쳐 어떤 이는 이런

말을, 어떤 이는 저런 말을 하니 모인 무리가 분란하여 태반이나 어찌하여 모였는지 알지 못하더라 33) 유대인들이 무리 가운데서 알렉산더를 권하여 앞으로 밀어내니 알렉산더가 손짓하며 백성에게 변명하려 하나 34) 그들은 그가 유대인인 줄 알고 다 한 소리로 외쳐 이르되 크다 에베소 사람의 아데미여 하기를 두 시간이나 하더니 35) 서기장이 무리를 진정시키고 이르되 에베소 사람들아 에베소 시가 큰 아데미와 제우스에게서 내려온 우상의 신전지기가 된 줄을 누가 알지 못하겠느냐 36) 이 일이 그렇지 않다 할 수 없으니 너희가 가만히 있어서 무엇이든지 경솔히 아니하여야 하리라 37) 신전의 물건을 도둑질하지도 아니하였고 우리 여신을 비방하지도 아니한 이 사람들을 너희가 붙잡아 왔으니 38) 만일 데메드리오와 및 그와 함께 있는 직공들이 누구에게 고발할 것이 있으면 재판 날도 있고 총독들도 있으니 피차 고소할 것이요 39) 만일 그 외에 무엇을 원하면 정식으로 민회에서 결정할지라 40) 오늘 아무 까닭도 없는 이 일에 우리가 소요 사건으로 책망 받을 위험이 있고 우리가 이 불법 집회에 관하여 보고할 자료가 없다 하고 41) 이에 그 모임을 흩어지게 하니라

사도행전 19장 21절에서 로마로의 여행이 사도 바울의 그 다음 사역지로 작정한 바라고 발표한다. 이때는 에베소 사역이 거의 끝나갈 무렵이다. 그는 마게도냐와 아가야를 다녀서 예루살렘으로 그리고 로마를 향하여 가리라고 한다. 아마도 브리스길라와 아굴라는 로마 교회의 형편을 바울에게 이야기해 주었을 것이고, 그는 에베소 사역을 통하여 로마와 같은 세계의 도시로 직행하는 것이 얼마나 중요한가를 알았을 것이다. 이제부터는 19장 21절의 빛 아래에서 모든 기록을 이해하도록 해야 한다. 이후부터의 바울의 사역은 아시아와 마게도냐 그리고 아가야 지역에서 마무리를 하고 로마로 옮겨가기 위한 작업으로 모두가 고별(farewell)의 의미를 가지기 때문이다.

"이 일이 다 된 후에"(행 19:21)[106]는 뭔가 그곳에서 바울은 자기가 해야 할 사역이 이미 이뤄졌다는 사실을 암시해 준다. 바울은 그

---

106) "Ὡς δὲ ἐπληρώθη ταῦτα"(행 19:21)는 "And when were fulfilled these things"란 뜻이다. ἐπληρώθη는 단순과거 수동형이다.

지역에서 자기가 해야 할 사역을 다 이루었다고 생각하고 다음으로 자기가 가야 할 곳을 발표한다. 최종 목적지는 로마이다. 로마서에는 로마를 거쳐 서반아(Spain)까지 가기를 원한다고 했다(롬 15:28).[107] 서반아는 당시 가장 철저히 로마화 된 제국의 영역이었다. 로마 세계의 중심으로부터 사도 바울은 서양에 있어서의 로마 문명의 본거지로 나아가려고 했고, 그리하여 최초의 답사를 완결지으려 했다.[108]

헬라어 성경에는 19장 21절에, "ἔθετο ὁ Παῦλος ἐν τῷ πνεύματι"이란 문구가 들어 있다. 즉 바울이 이 일을 성령 안에서 결정한 것(ἔθετο는 τίθημι의 과거 중간태)이라고 한다. 바울은 모든 일에서 철저하게 성령 안에서, 그리고 성령의 인도를 받아 움직이고 있다. 바울이 마게도냐와 아가야로 가기로 작정한 계획은 사도행전 20장 1절에서 이룬다. 그러나 지금은 자기 앞서 디모데와 에라스도 두 사람만 먼저 마게도냐로 보낸다. 왜 디모데와 에라스도를 마게도냐로 보냈는가? 그리고 바울만 아시아에 더 머무는 사이에 큰 소동이 일어난다.

바울이 에베소에 잠시 머무는 동안 적지 않은 소동이 일어났다. 이 소동은 아데미 여신의 신전 모형을 만들어 직공들에게 많은 돈벌이를 시켜주었던 은장이(은장색) 데메드리오로부터 시작되었다.[109]

107) MacGregor는 바울이 서반아까지 가겠다고 한 이유는 남이 세운 터 위에 교회를 세우지 않겠다는 그의 철학에 의한 결정이라고 로마에는 이미 교회가 세워져 있으며, 전설에 의하면 이미 베드로가 로마에 가 있었기 때문이다. MacGregor, op.cit., p. 258.

108) 람세이, op.cit., p. 239.

109) "은으로 만든 아데미 신상"은 어떤 모양으로 되었는지 확실히 알 수 없다. 아마도 아데미 여신전을 도자기로 만들어 파는 것을 말하는 것 같다. 어떤 이들은 여신상을 만든 것이라고도 한다. 에베소에는 신상을 만드는 "운영위원회"가 있었는데, 그러한 운영위원의 칭호를 가진 데메드리오(Demetrius)라는 이름이 실제로 비명 가운데서 나왔다(대영박물관 Inscriptions, III. 2, 578). MacGregor, op.cit., p. 260.

바울이 에베소뿐 아니라 아시아 사람들로 하여금 우상을 멀리하도록 만들었기 때문에 에베소 사람들의 수입의 근원인 아데미 신전이 무시 당하게 되었을 뿐 아니라 아데미 신상을 파는 사업까지 위태롭게 되었다(행 19:25-27). 아데미 여신의 위엄을 잃고 여신전도 무시당하게 되었다고 하지만 사실은 자기들의 이익의 줄이 끊긴 것 때문에 엄청난 군중이 흥분하여 두 시간 동안이나 광신자들처럼 "위대한 아데미"를 부르짖으며 울부짖었다(행 19:27-29). 데메드리오는 에베소 사람들의 욕심과 재정적 감정에 호소했다. 만일 바울의 종교가 성행하게 된다면 자신들은 실직자들이 된다는 주장이다.

신앙과 자기 이익은 언제나 충돌할 수밖에 없다. 또 자기 이익 앞에서 사람들은 모두 무릎을 꿇게 된다. 데메드리오의 주장은 설득력이 있어서 많은 군중을 끌어들이게 되었다. 결국 이것 때문에 에베소에 폭동이 일어났다. 백성들이 "크다, 에베소 사람의 아데미여"라고 소리지르자 온 시내가 요란하였다. 그러다가 마게도냐 사람 가이오와 아리스다고를 붙잡아 연극장으로 끌고 갔다(행 19:29). 이 극장에는 25,000명을 수용한다.

에베소의 폭동 이야기는 단순한 폭동 이야기가 아니다. 누가는 바울이 에베소에서 어떻게 복음을 전했는지에 대해서는 언급하지 않았다. 그리고 단지 폭동 이야기를 전하고 있다. 이것은 바울이 에베소에서 무슨 일을 했으며, 그 결과가 무엇인가를 간접적으로 보여줄 뿐 아니라, 하나님의 복음을 전한 결과가 무엇인가를 우리에게 보여준다. 또 한편으로 누가는 신앙과 자기 이익이 충돌할 때 사람들은 얼마나 이기적이 되는가를 보여주고 있다.

에베소 사람들과 그리스도인들 사이의 갈등에 두려움을 느낀 사람들은 유대인들이다. 왜냐하면 유대인들도 유일신관을 가지고 있기 때문이다. 그래서 유대인들은 이 일이 순조롭게 마무리되기를 바랐을 것이다. 그래서 알렉산더라는 사람을 수습책으로 앞으로 밀어냈다. 어떤 학자들은 이 소동을 직접적으로 선동한 사람은 유대인인 알렉산더일 것이라고 주장한다. 백성들은 알렉산더의 변명에 응하지 않고 도리어 "크다, 에베소 사람의 아데미여" 하기를 두 시간 동안이나 했다. 마침내 서기장이 나서서 무리를 진정시키며 이야기를 시작했다.

에베소 성의 서기장(νεωκόρος)은 로마의 관리가 아니었고, 그 도의 수도에서 가장 중요한 관리로서 보통 성읍의 상관들보다 로마제국의 정책과 보다 밀접한 관계에 있었다.[110] 슐라터(Schlatter)는 서기장은 에베소 의회와 시민의 서기직으로 시의 기록을 관리하는 사람이라고 했다.[111] 그는 에베소의 무리들이 바울을 고소한 내용에 대하여 전적으로 반대의 입장을 취하였다. 에베소가 아데미와 제우스에게서 내려온 우상의 신전지기(temple keeper)란 것을 부정하는 사람은 없다고 강조하고, 그렇기 때문에 경솔하지 말라고 한다. 그리고 데메드리오와 그와 함께 있는 직공들이 신전의 물건을 도둑질하지도 않았고, 여신을 비방하지도 않았으니, 고소할 내용이 있으면 정식으로 로마 법정에 고소하라고 한다.

서기장은 이런 무리들의 무모한 행동으로 에베소의 질서가 위태로워질까 더 염려하여, 그들의 집회를 불법집회로 규정하고 흩어지도록 명령한다. 아마도 그는 최고의 로마 집정관에게 보고해야 할 책임이 있는 자리에 있었던 것 같다. 서기장의 연설은 전적으로 그리스도인들을 변명해주고 있었다. 그의 연설의 내용은 당시 로마제국이 기독교에 대하여 생각하고 있는 보편적인 견해를 보여준 예라고 할 수 있다.

---

110) Ramsay, op.cit., p. 281.
111) Schlatter, op.cit., p. 243.

12. 드로아에서 유두고를 살림(20:1–12)

1) 소요가 그치매 바울은 제자들을 불러 권한 후에 작별하고 떠나 마게
도냐로 가니라 2) 그 지방으로 다녀가며 여러 말로 제자들에게 권하고
헬라에 이르러 3) 거기 석 달 동안 있다가 배 타고 수리아로 가고자 할
그 때에 유대인들이 자기를 해하려고 공모하므로 마게도냐를 거쳐 돌아가
기로 작정하니 4) 아시아까지 함께 가는 자는 베뢰아 사람 부로의 아들
소바더와 데살로니가 사람 아리스다고와 세군도와 더베 사람 가이오와
및 디모데와 아시아 사람 두기고와 드로비모라 5) 그들은 먼저 가서 드로아
에서 우리를 기다리더라 6) 우리는 무교절 후에 빌립보에서 배로 떠나
닷새 만에 드로아에 있는 그들에게 가서 이레를 머무니라 7) 그 주간의
첫날에 우리가 떡을 떼려 하여 모였더니 바울이 이튿날 떠나고자 하여
그들에게 강론할새 말을 밤중까지 계속하매 8) 우리의 모인 윗다락에 등불
을 많이 켰는데 9) 유두고라 하는 청년이 창에 걸터 앉았다가 깊이 졸더니
바울이 강론하기를 더 오래 하매 졸음을 이기지 못하여 삼 층에서 떨어지거
늘 일으켜보니 죽었는지라 10) 바울이 내려가서 그 위에 엎드려 그 몸을
안고 말하되 떠들지 말라 생명이 그에게 있다 하고 11) 올라가 떡을 떼어
먹고 오랫동안 곧 날이 새기까지 이야기하고 떠나니라 12) 사람들이 살아
난 청년을 데리고 가서 적지 않게 위로를 받았더라

에베소에서 소요가 그친 후에 바울은 마게도냐로 떠난다. 누가는 에베소에서 마게도냐로 직접 항해한 것으로 말한다. 그러나 겨울에는 아시아 연안을 따라가는 안전한 항해는 쉽게 배편을 얻을 수 있었지만, 공해(公海)를 통해 마게도냐로 나아가는 보다 장기간에 걸친 항해는 기회를 얻기가 훨씬 힘들었다고 한다. 그래서 바울은 드로아로 가서 겨울을 지나고 마게도냐로 건너갈 배를 만날 때까지 기다렸을 것으로 보인다.[112] 2절에도 바울이 마게도냐로 떠났다(행 20:2)고 하지만, 문자적으로는 그 지경(그곳 여러 지방)으로 '다녀갔다'(διελθὼν-διέχομα)로 되어 있다. διελθὼν-διέχομα는 '두루 여행했

112) Ramsay, op.cit., p. 263.

다'는 말이니까 2차 여행시에 들렀던 도시들, 빌립보와 마게도냐 그리고 베뢰아로 두루 다녔다는 말일 것이다. 고린도후서 2장 12-13절은 그 당시 상황을 기록한 내용이다.

고린도 서신에 의하면, 바울 사도는 드로아로 갔으며, 그곳에서 선교의 문이 열렸음에도 그 기회를 버리고 디도를 마중하러 마게도냐로 건너갔다는 내용이다. 이 여행은 바울의 마지막 고별 여행이다. 그렇기 때문에 이번 여행은 신자들을 격려하고 그들을 말씀 위에 굳게 세우기 위한 목적이었다. 그리하여 그 지역들을 순회하며 제자들에게 믿음으로 격려하는 일을 하였다(행 20:2). 그리고 헬라에 이르렀다.[113] 여기서 헬라(Ἑλλάδα)란 뜻은 그리스 지방을 말하는 것으로 헨헨은 하르낙의 주장을 따라 실제로는 아카이아(Achaia)를 가리킨다고 말한다.[114] 그렇다면 고린도를 의미하는 것이 분명하다.

바울은 고린도에서 석 달을 지난 후에, 그곳에서 배를 타고 수리아로 바로 가려고 시도했다. 그러나 유대인들이 바울을 해하려는 음모를 알고 마게도냐로 거쳐서 돌아가기로 계획을 바꾸었다(행 20:3). 바울은 마게도냐로부터 육로로 빌립보에 이르고, 그곳에서 무교절을 지나고 닷새 만에 배로 드로아에 도착한다.

그때 바울과 동행했던 사람들은 베뢰아 사람 소바더, 데살로니가 사람 아리스다고와 세군도, 더베 사람 가이오, 디모데, 그리고 아시아 사람 두기고와 드로비모이다(행 20:4). 여기 아시아는 에베소를

---

113) Bruce는 롬 15:19을 인용하여 이때 바울은 일루리곤(Illyricum)까지 방문했을 것이라고 한다. 그리고 에베소를 떠나서 마게도냐와 그리스(고린도)까지의 시간은 약 1년 반 정도가 걸렸을 것이라고 한다. 그렇다면 AD 55-56년 말까지가 된다. Bruce, op.cit., p. 381.

114) Harnack(Beiträ III. 94)은 "이렇게 '아카이아'와 헬라를 뒤섞어 쓰는 것은 헬레니즘 시대 저자에게 있어서 특징적이다"라고 한다. 이에 반하여 Zahn은 "헬라……아카이아와 동일 것은 아니고……데살로니가를 제외한 그리스 본토를 지칭한다"라고 한다.

말한다. 이들은 바울의 복음 전파의 열매들인 교회의 대표들이고, 또한 바울의 동역자들이다. 이처럼 많은 동행자를 모은 이유는 무엇일까? 아마도 이들은 헌금을 해준 교회의 대표들일 것이다. 이들은 예루살렘 교회를 위한 헌금을 운반하는 책임을 맡은 사람들일 것이다. 바울은 교회 대표들이 직접 예루살렘으로 올라가서 헌금을 전달하는 것은 온 세계의 교회가 하나인 것을 증명하고, 또 체험하는 기회가 되리라고 기대했을 것이다.

그런데 헌금한 교회의 대표 중에 고린도와 빌립보가 빠졌다. 그 이유는 고린도 교회의 모금을 바울 자신이 책임을 지고, 빌립보는 누가가 책임을 졌을 것으로 본다. 왜냐하면 "We"가 두번째 여행시 빌립보에서 끝나고(행 16:16), 20장 5절에서 'We'를 드로아로 오라고 부르고 있기 때문에 여기 'We'에 속한 사람은 빌립보 사람이며 누가라고 생각할 수 있기 때문이다. '우리'(We)는 바울의 부름을 받고 빌립보에서 배를 타고 떠나 닷새 만에 드로아에 있는 그들을 만난다. 이때 바울은 위에 언급된 동행자들과 함께 드로아로 직행하여 누가 일행을 기다리고 있다가 그들과 합류한다. 실라는 빌립보 옥중에 갇힌 후에 그 이름이 나오지 않는다. 혹 빌립보에 누가와 함께 머물렀던 것은 아닐까?

바울은 일행과 함께 고린도의 항구인 겐그레아에서 배를 타고 수리아로 직행하려고 계획했다. 아마도 예루살렘에서 유월절을 지키기 위해서였을 것이다. 그 이유 때문에 아시아 교회 대표들까지 고린도로 불렀을 것이다. 57년 유월절은 4월 7일이다. 이 시기는 고린도에서 57년 1월경에 쓰인[115] 로마서 15장 25절에, "내가 섬기는 일로 예루살렘으로 가노라"고 말한 것과 일치한다.[116]

---

115) Ramsay, op.cit., p. 267.

116) 롬 16:21에 나오는 소시바더(Sosipater)가 사도행전에 나오는 소바더(Sopater)

로마서에 의하면 아시아에서 주일마다 모금된 헌금을 전달하는 일을 바울은 최대의 일로 생각했다. 그리고 이 일이 끝나면 그는 로마로, 그리고 서바나를 향해 갈 것을 계획하고 있다(롬 15:27-29). 고린도후서 8장 18절, 12장 18절에는 이 일의 책임자로 디도와 함께 그의 형제를 보냈다고 말한다. 그 형제를 바울은 "복음으로써 모든 교회에서 칭찬을 받는 자요, 이뿐 아니라 그는 동일한 주의 영광과 우리의 원을 나타내기 위하여 여러 교회의 택함을 받아 우리가 맡은 은혜의 일로 우리와 동행하는 자라"(고후 8:18-19, 12:18)고 했다. 람세이는 디도의 형제를 '누가'라고 한다. 디도는 누가의 친척이었기 때문에 사도행전에서 디도의 이름을 생략했다고 생각된다.[117]

겐그레아에서 수리아로 항해하려던 바울은 갑자기 계획을 변경하여 육로로 마게도냐를 거쳐 가기로 결정한다(행 20:3-6). 그 이유는 유대인들이 자기를 해하려 공모하였기 때문이라고 한다. 유월절이 가까워 오기 때문에 순례자들이 함께 배에 오르게 되고, 그 안에서 폭력과 암살이 쉽게 일어날 수 있었다. 특히 바울은 각 지역 교회에서 모금한 헌금을 가지고 가기 때문에 더 위험할 수 있었다.

사도행전 20장 5절에서 'We section'이 다시(두 번째) 시작하여 16절까지 계속된다. 5절의 해석은 쉽지 않다. 드로아로 먼저 간 사람들은 누구인가? 아시아 대표만 드로아에서 기다리도록 데살로니가에

이고, 루기오(Lucius)가 누가라면, 고린도에서 디모데, 소바더, 그리고 누가가 로마서를 기록할 당시 고린도에 함께 있었다는 사실이 로마서와 사도행전에서 일치한다. 그러나 만일 누가가 고린도에 있었다면 'We 문구' 안에 누가를 포함시키는 주장은 무너진다. 그때 루기오는 고린도에 있었고, 'We', 즉 누가는 그 시간에 빌립보에 있었기 때문이다(행 20:5).

117) Ramsay는 바울이 누가의 이름을 밝히지 않았지만, 초기 전승에 의해 확인되었다고 말한다. 람세이, op.cit., p. 354. Bruce는 누가가 디도의 형제라는 설은 유세비우스의 말을 인용한 오리겐(Origen)으로부터 나왔다고 한다. Bruce, op.cit., p. 383.

서 배를 태워 보내고, 나머지 동행자들은 바울과 함께 빌립보로 간 것인가? 바울과 일행들이 드로아로 가서 누가의 일행들을 드로아로 오도록 부른 것인가? 그러나 20장 6절의 문맥으로는 빌립보에서 무교절을 지낸 주인공은 바울로 보아야 하기 때문에 일행 중 몇 사람을 배로 먼저 드로아에 보내고, 나머지는 바울과 함께 빌립보로 가서 무교절을 지냈을 것이다. 많은 학자들이 아시아 대표들을 미리 가서 드로아에서 기다리게 했다고 한다. 누가는 유월절을 무교절이라고만 부른다. 바울은 빌립보에서 유월절을 지낸다. 브루스(Bruce)는 그 시기를 주후 57년으로 계산한다. 그리하면 그해 유월절은 4월 7일 목요일이다.

빌립보의 항구 네압볼리(행 16:11)를 떠나 닷새를 걸려 드로아에 도착한 바울은 그곳에서 기다리고 있던 자들과 만나 이레를 머문다. 빌립보에서 드로아까지의 항해는 닷새가 걸렸다. 드로아에서 빌립보까지는 이틀이 걸렸다(행 16:11). 이것은 바람이 반대로 불어주기 때문일 것이다.

드로아에 교회가 세워져 있었다는 사실은 참으로 놀랍다. 바울이 그곳에서 방황하며 며칠을 지낸 것뿐인데, 어떻게 그곳에 교회가 세워졌는지가 궁금하다(행 16:7-10). 그곳에서 주간의 첫날을 맞았다. 이 날은 유대인의 안식일과는 대조되는 주일(主日)이다.[118] 누가는 "떡을 떼려 모였다"는 말을 두 번이나 언급한다(행 20:7, 11). 떡을 떼기 위하여 모였다는 말은 성찬예식을 갖는 정식 예배였으므로 교회의 공중 예배의 핵심을 생각하게 한다. '빵을 쪼개고'(κλάσαι ἄρτον)

118) 주일의 첫날(7절): 안식 후 첫날은 확실히 일요일(Sunday)이다. 유대 계산법으로 토요일 오후 6시 이후부터 다음날 오후 6시까지가 일요일이다. 그리고 이튿날 떠나려고 했으니까 그렇다면 그들이 모인 시간은 토요일 저녁이 아니면 일요일 저녁이었을 것이다.

는 사도행전 2장 42,46절의 '떡을 떼며'와 동일한 말로 성찬을 거행하던 표현이다.

20장 7-12절은 초대 그리스도인들이 전례를 따라 행하던 주일을 증거하는 가장 오래된 본문 중 하나이다(계 1:10; 디다케 14:1). 초대교회는 '안식일과 주일'을 동시에 지켰는데, 이 본문은 초대교회 공중예배의 분명한 근거다.[119] 윌리엄은 "그리스도인들은 배척당하지만 않는다면-회당에서의 모임은 계속했고, 주간의 첫날이며 부활의 날인 일요일에도 모였다. 그러므로 본문은 안식일에서 주일로 옮겨가고 있는 모습을 누가는 보여주고 있다"라고 말한다.[120]

4월 15일 빌립보를 출발해서 드로아로의 여행은 4월 19일 화요일에 끝났다. 드로아에서 이레를 머물고(4월 19일-4월 25일), 출발 직전 떡을 떼려고(for the agape) 드로아에 모였다. 밤중까지 계속되었고, 월요일 아침 출발하였다고 한다. 맥그리거(MacGregor)는 '많은 등불'은 엄숙한 종교적 집회를 의미하며, 예배가 정기적으로 '안식일 다음날'에 모인 것으로 보인다고 한다.[121] 예배드리기 위하여 모인 식탁 주변에서 떡을 떼면서(행 2:42, 46), 그 식탁에서 그리스도인들은 하나님의 임재를 통하여 서로 붙들어 주었다. 개혁자들이 동의하듯이 말씀과 성례는 함께한다.

11절의 "떡을 떼어 먹고"는 떡을 떼고 그리고 먹었다(broken bread and eaten)는 것이다. '떡을 뗀 것'과 '먹었다'는 문구는 분리되어야 한다. 앞 문장은 성찬 예식이고, 뒤에 먹었다는 말은 a common fellowship meal, 즉 애찬(agape meal)을 먹은 것이다. 이는 초대교회의 예식을 그대로 따르고 있는 모습이다. 그러므로 맥그리거는 '먹었다'는 말과 '떡을

---

119) Ramsay, op.cit., p. 253.
120) 윌리엄 op.cit. p. 228.
121) MacGregor, op.cit., P. 268.

떼었다'는 말의 순서를 바꿔야 한다고 말한다.[122] 초대교회는 빵을 떼고, 애찬을 나누고, 그리고 마지막으로 포도주를 나누었다.

드로아에서 모였던 예배와 성찬은 매우 의미있는 모임이다. 왜냐하면 바울의 고별 예배와 성찬이기 때문이다. 예수님의 마지막 제자들과의 만찬을 연상하게 하는 모임이다. 바울에게 남다른 감회가 있었을 것이고, 거기 참석한 사람들에게도 바울과 마지막 드리는 예배와 성찬은 특별한 감회가 있었을 것이다(행 20:25). 그들은 윗다락에 모였다. 예수님께서 제자들과 함께 '위층 다락방'에서 나누었던 최후의 만찬을 상기시킨다. 동시에 예수님께서 십자가의 수난을 향해 걸음을 옮기시는 것같이 바울도 고난의 길인 예루살렘을 향해 떠나려고 하는 순간이다. 예수님의 고난과 바울의 고난의 길이 오버랩되고 있다(눅 22:12, 24장).

뜻깊은 예배 시간에 바울의 강론이 길어지는 동안 유두고의 추락사건이 일어났다(행 20:9). 좁은 공간에 사람들은 가득 모였고, 많은 등불의 연기는 방안 공기를 탁하게 하여 견디기가 어려웠을 것이다. 유두고(복 받은 자란 뜻)는 창문에 걸터 앉았으니 그래도 신선한 공기를 마시고 있었던 사람이다. 서방 문서에서는 "small windows(ὑπολαμπάδες)"라고 했다. 그런데도 그는 계속되는 바울의 강론(διαλεγομένου τοῦ Παύλου)에 졸음을 견디지 못했다. 아마도 새벽부터 저녁 늦게까지 일하고 또 모임에 참석하여 말씀을 듣는 일이 쉽지는 않았을 것이다.[123] 유두고가 3층 창문에서 떨어져 죽었다. 학자들 간에는 유두고가 죽었는지, 아니면 혼수 상태였는지 논쟁이 있다. 9절은 '죽었다'고 하고, 10절에는 바울이 내려가 보고, '생명이 그에게 있

122) MacGregor, op.cit., p. 268.
123) Bruce, op.cit., p. 385.

다'고 했다.

"일으켜 보니 죽었는지라"(ἤρθη νεκρός, 행 20:9)는 말은 αἴρω의 단순과거 수동형으로 즉 '죽은 몸으로 들려졌다'는 뜻이니까 누가는 그가 죽었다고 판단한 것으로 보인다. 바울은 아래로 내려가 그 위에 엎드려 그를 두 팔로 안고 말했다. "떠들지 말라, 생명이 그 안에 있다." "(그를) 안고(συμπεριλαβὼν-having embraced him)" 말했다. 이것은 수넴 여인의 아들을 엘리사가 살려 주었던 모습을 생각나게 한다(왕하 4:33-37). 로버트 태니힐(Robert C. Tannehill)은 '생명이 그 안에 있다'(ἡ γὰρ ψυχὴ αὐτοῦ ἐν αὐτῷ ἐστιν)는 '그의 생명이 돌아왔다'는 말이 아니라 "그 안에 생명이 있다"는 뜻이기 때문에 누가는 그가 죽었는지, 그렇지 않은지 분명한 입장을 밝히지 않았다고 말한다.[124] 그런데 9절과 10절의 바울의 말을 비교하면 9절에 죽은 채로 들려졌다는 말에 무게가 더 간다. 유두고는 죽어 있었다.

유두고 사건도 특별하다. 이 사건이 바울의 고별 예배 시간에 일어난 일이란 사실을 기억해야 한다. 바울의 고별 설교 시간에 그의 긴 설교에 이어 죽은 자가 살아나는 기적이 일어난 것이다. 이 사건은 예수님께서 십자가를 향해 가시다가 나사로를 살려주신 것(요 11:38-44)과 닮은 데가 있다. 지금 시간은 어두운 때이다. 그리고 바울은 고난이 기다리는 예루살렘으로 떠나고, 그가 떠나면 신앙이 어린 교인들은 그를 다시 만날 수 없게 되는 그 순간에 일어난 사건이다. 이 사건은 기독교의 진리란 어둠에서 빛으로 나오게 하며 죽음에서 생명으로 건져내는 복음인 것을 그곳에 모인 교인들과 지역 교회 대표들에게 각인(刻印)시켜 주는 기회가 되었다.

이 사건은 베드로가 다비다를 살려준 것과 비교된다(행 9:36-42).

---

124) Robert C. Tannehill, op.cit., Vol. II. p. 249.

베드로와 바울의 두 사건이 모두 죽음과 생명에 관한 이야기이며, 두 사건 모두가 이름을 언급한 그리스도인들이고, 또 위층(upper room)에서 일어난 일이다. 베드로는 그의 사역을 마칠 즈음에 다비다를 살려냈고, 바울은 그의 아시아와 마게도냐 사역을 마치는 시기에 유두고를 살려주었다. 이 두 사건은 크리스천 공동체가 어둠에 직면한 곳에서 생명을 발견하도록 해주었다는 점에서 의미가 대단히 크다고 하겠다.[125] 그곳에 모였던 사람들은 유두고가 살아난 모습을 보고 적지 않게 위로를 받았다(행 20:12).

바울은 다시 위층으로 올라가 떡을 떼고 먹는다. 이는 바울이 강론 후에 성찬 예식을 행한 증거로 보인다. 그들의 모임은 월요일 새벽까지 진행되었다. 바울의 교인들에 대한 열정도 대단하고, 말씀에 갈급한 교인들의 열정도 오늘과는 비교할 수 없이 뜨겁게 느껴진다. 이때는 56-57년 겨울이었다. 람세이는 57년이라고 본다.

---

125) Ibid, Vol. II. P. 247.

Ⅶ 꿈에 그리던 로마로!

1. 에베소 장로들에게 한 고별설교(행 20:13-38)

13) 우리는 앞서 배를 타고 앗소에서 바울을 태우려고 그리로 가니 이는
바울이 걸어서 가고자 하여 그렇게 정하여 준 것이라 14) 바울이 앗소에서
우리를 만나니 우리가 배에 태우고 미둘레네로 가서 15) 거기서 떠나 이튿
날 기오 앞에 오고 그 이튿날 사모에 들르고 또 그 다음 날 밀레도에 이르니
라 16) 바울이 아시아에서 지체하지 않기 위하여 에베소를 지나 배 타고
가기로 작정하였으니 이는 될 수 있는 대로 오순절 안에 예루살렘에 이르려
고 급히 감이러라 17) 바울이 밀레도에서 사람을 에베소로 보내어 교회
장로들을 청하니 18) 오매 그들에게 말하되 아시아에 들어온 첫날부터
지금까지 내가 항상 여러분 가운데서 어떻게 행하였는지를 여러분도 아는
바니 19) 곧 모든 겸손과 눈물이며 유대인의 간계로 말미암아 당한 시험을
참고 주를 섬긴 것과 20) 유익한 것은 무엇이든지 공중 앞에서나 각 집에서
나 거리낌이 없이 여러분에게 전하여 가르치고 21) 유대인과 헬라인들에게
하나님께 대한 회개와 우리 주 예수 그리스도께 대한 믿음을 증언한 것이라

22) 보라 이제 나는 성령에 매여 예루살렘으로 가는데 거기서 무슨 일을
당할는지 알지 못하노라 23) 오직 성령이 각 성에서 내게 증언하여 결박과
환난이 나를 기다린다 하시나 24) 내가 달려갈 길과 주 예수께 받은 사명
곧 하나님의 은혜의 복음 증언하는 일을 마치려 함에는 나의 생명조차
조금도 귀한 것으로 여기지 아니하노라 25) 보라 내가 여러분 중에 왕래하
며 하나님 나라를 전파하였으나 이제는 여러분이 다 내 얼굴을 다시 보지
못할 줄 아노라 26) 그러므로 오늘 여러분에게 증언하거니와 모든 사람의
피에 대하여 내가 깨끗하니 27) 이는 내가 꺼리지 않고 하나님의 뜻을
다 여러분에게 전하였음이라 28) 여러분은 자기를 위하여 또는 온 양 떼를
위하여 삼가라 성령이 그들 가운데 여러분을 감독자를 삼고 하나님이 자기
피로 사신 교회를 보살피게 하셨느니라 29) 내가 떠난 후에 사나운 이리가
여러분에게 들어와서 그 양 떼를 아끼지 아니하며 30) 또한 여러분 중에서
도 제자들을 끌어 자기를 따르게 하려고 어그러진 말을 하는 사람들이
일어날 줄을 내가 아노라 31) 그러므로 여러분이 일깨어 내가 삼 년이나
밤낮 쉬지 않고 눈물로 각 사람을 훈계하던 것을 기억하라 32) 지금 내가
여러분을 주와 및 그 은혜의 말씀에 부탁하노니 그 말씀이 여러분을 능히
든든히 세우사 거룩하게 하심을 입은 모든 자 가운데 기업이 있게 하시리라
33) 내가 아무의 은이나 금이나 의복을 탐하지 아니하였고 34) 여러분이
아는 바와 같이 이 손으로 나와 내 동행들이 쓰는 것을 충당하여 35) 범사에
여러분에게 모본을 보여준 바와 같이 수고하여 약한 사람들을 돕고 또
주 예수께서 친히 말씀하신 바 주는 것이 받는 것보다 복이 있다 하심을
기억하여야 할지니라 36) 이 말을 한 후 무릎을 꿇고 그 모든 사람들과
함께 기도하니 37) 다 크게 울며 바울의 목을 안고 입을 맞추고 38) 다시
그 얼굴을 보지 못하리라 한 말로 인하여 더욱 근심하고 배에까지 그를
전송하니라

드로아로 먼저 가 있던 동행들과 빌립보에서 온 바울과 'We'는 드로아에서 만나 이레를 머문다(행 20:6). 람세이는 주후 57년 4월 15일에 빌립보를 출발했고 드로아에는 닷새째인 4월 19일 화요일에 도착했다고 한다.[1] 우리는 드로아에서 이레를 머물면서 주일에 그 곳 그리스도인들과 함께 예배를 드린 이야기를 앞에서 나누었다.

1) Ramsay, 사도 바울, p. 269.

다시 일행은 드로아를 떠나 남쪽을 향하여 배를 타고 떠난다. 첫 번째 기항지(寄港地)는 앗소로, 드로아에서 50km 떨어진 항구이다. 그곳은 바울을 만나기로 한 장소이다. 바울이 걸어서 앗소까지 가겠다고 고집했기 때문이다. 왜 바울은 드로아에서 앗소까지 걸어서 가겠다고 했을까?

드로아에서 앗소까지 거리는 육로는 약 30km 정도다. 육로로 가는 길이 가깝다고 해서 걸어서 가겠다고 하지는 않았을 것이다. 또 드로아에서 앗소로 항해하는 뱃길은 렉텀 곶(Cape Lectum)을 돌아가야 하는데[2] 그곳에는 강한 북동풍이 분다고 한다. 그런 위험 때문에 바울이 걸어가지는 않았을 것이다. 그렇다면 혹 도중에 만나야 할 그리스도인이 있었는지, 아니면 자기 혼자서 주님과 함께 의논해야 할 일이 있었는지도 모른다. 그러나 어느 것도 바울이 왜 걸어서 그곳까지 갔는지 확실한 대답은 될 수가 없다.

일행은 앗소에서 바울을 만나 배에 태우고 그의 예루살렘으로의 마지막 항해를 시작했다. 첫날 레스보스(Lesbos) 섬의 중심 도시인 미들레네(Mitylene)에 도착하고(앗소로부터 70km), 그리고 이튿날 기오 앞에, 그리고 삼일 째 사모에 들르고, 그 다음에 밀레도에 도착한다(행 20:16). 밀레도는 메안데르 강(Maeander River)의 어구에 있고 에베소로부터는 직선 거리로 약 50km 남쪽에 있는 항구이다. 아마도 밀레도에서 에베소 장로들을 그곳으로 오도록 한 것을 보면, 그곳에서 배가 충분한 기간 동안 정박했던 것으로 보인다. 에베소에 들르지 않고 바로 밀레도로 온 이유는 오순절까지 예루살렘에 도착하려고 서둘렀기 때문이라고 했는데[3] 그곳에서 그렇게 오래 정박할 줄 알았

2) Barclay, op.cit., p. 164.

3) 경건한 유대인인 바울은 오순절에 예루살렘에 있기를 원한다(행 20:16). 그는 끊임없이 이방인들을 접촉하고 있지만 자신의 전통을 어떻게든 버리지 않고 있다.

다면 에베소에 들르는 것이 훨씬 시간을 절약하는 길이 아니었을까?

또 밀레도에서 사람을 에베소로 보내고, 장로들이 밀레도까지 오기에 적어도 3, 4일은 족히 걸린다면, 바울이 에베소에 들러서 오는 게 쉽지 않았을까? 아니면 에베소에 들르지 않고 바로 예루살렘으로 가려고 했는데, 뜻밖에 밀레도에서 배가 상당 기간 동안 정박하게 되었기 때문에 에베소 장로들을 오도록 부른 것일까? 로이시(Loisy)는 아마도 에베소 장로들이 헌금을 가져왔을 것이라고 한다.[4] 누가는 단지 오순절에 예루살렘에 닿도록 하기 위해서라고만 언급한다.

사도행전 20장 17-18절에 에베소 장로들이 나온다. 언제 장로들을 세웠는지는 언급이 없다. 그러나 장로들을 언급한 것을 보면 에베소에는 조직이 되어 있는 교회가 있었다는 것을 알 수 있다. 2차 여행 때 두란노 서원에서 2년 동안 가르친 결과로 에베소에 교회가 세워졌을 뿐 아니라 장로 조직까지를 갖추게 되었다고 추측하게 된다(행 19:9, 10).

누가는 교회 직분자들을 "πρεσβυτέρους"(presbyters, elders)이라고 불렀다(17절). 그러나 28절에서 바울은 그들을 "ἐπισκόπους"(guardians, RSV; overseers, KJV)이라고 불렀다. 에베소에 교회 조직이 있는데, 누가는 '장로들'(17절)이라고 하고 바울은 '감독들'(28절)이라고 달리 부르는 게 이상하다. 감독이 장로일 수 있으나 모든 장로가 다 감독이었다고 할 수는 없다.[5] 초대교회의 장로제도는 아마도 유대 산헤드린 조직을 참고하여 도입했을 것으로 본다. 산헤드린 조직이 어떻게 디아스포라 유대 공동체에서 활용되었는가를 살펴보는 것은 교회의 장로제도를 이해하는 데 유용할 것이다.

산헤드린의 장로는 안수를 받은 사람들이고, 장로(elders)라 부른

4) MacGregor, The Acts of the Apostles, p. 270.
5) Ibid, p. 271.

다. 이런 조직 형태가 가장 잘 나타난 곳은 로마 유대 공동체이다. 로마교회에서는 장로들을 presbyteroi(elders)라 부르고, 그의 장로들로 구성된 의회를 gerousia(γερυσία)라 부른다. 그러나 이런 조직은 로마 유대 공동체에는 나타나지 않는다. 그러나 의회의 장로들(ruler of the council)이라는 gerousiarch는 몇 번 나타난다. 그러나 이런 기구가 로마 유대 공동체를 총괄하는 중앙 통치 기구로서의 증거는 없다. 반면 로마 안에 있는 각 회당에 자기들의 장로들의 의회(council of elders)를 가지고 있었다. 대부분 디아스포라 유대 공동체의 지도자로 사용된 용어는 archons(rulers)이다.[6] gerousia의 개인 회원을 부를 때는 장로라고 부르지 않고 archon이라고 불렀다.[7] archon은 언제나 기능적인 용어로 사용된 것이 아니라 때로는 명예직으로도 불리었고, 심지어는 아이들에게까지 적용하였다.

사도행전에 보면, 회당 조직에서가 아니라 유대 공동체 안의 장로들이 초기 기독교 공동체 안에 나타난다. 특별히 이들은 유대인들과 긴밀히 연결된 사람들이다(행 11:30, 14:23, 20:17).[8] 이렇게 추측해 보면, 초대교회 장로는 디아스포라 장로 제도를 모방하여 각 교회에 세운 자들이라고 생각된다. 아니면 디아스포라 유대 공동체에서 장로직을 가졌던 사람들이 교회에 들어와서 자연히 장로로 불리게 되었을 가능성도 배제할 수 없다. 특히 에베소 교회는 3년밖에 되지 않았고, 예루살렘 회의가 주후 49년에 모였다면 오순절 이후 불과 20년 안에 장로 제도가 에베소 교회 안에 들어왔다는 것은 놀라운 일이다. 언제 어떻게 세운 것일까? 여기에 대해서는 누가는 아무런 힌트도 주지 않는다.

---

6) Evertt Ferguson, Backgrounds of Early Christianity, Willaim B. Eerdmans Pub. 1993. p. 536.
7) Ibid, p. 537.
8) Ibid, p. 537.

바렛(Barrett)은 에베소 안에는 "의회(βουρή:council)가 있었을 뿐 아니라 장로들(πρεσβυτέρους)로 구성된 gerousia도 존재했다고 한다.[9] 이런 제도들을 모방해 에베소 교회의 조직이 도입되었는지도 모른다.

사도행전 20장 1-6절은 에베소로부터 드로아까지 먼 길의 걸음을 단 여섯 절로 단축시켜 놓았다. 문장의 흐름이 대단히 빨랐다는 말이다. 그처럼 숨도 쉬지 않고 달리던 시간은 밀레도에서 에베소 장로들을 만나 갑자기 멈춰 선다. 이것은 에베소 장로들을 만난 것은 누가에게는 그처럼 중요한 사건이었다는 것을 암시한다. 바울은 천천히 그리고 뼈에 사무치도록 한마디 한마디 에베소 장로들에게 권한다. 이것은 에베소 장로들에게 하는 말이면서 동시에 아시아 전 지역에 세워진 그리고 앞으로 세워질 교회들에게 주는 교훈이다. 또 예루살렘으로 바울과 함께 올라가고 있던 마게도냐 교회의 대표들도 둘러서서 듣고 있다는 것을 상상해야 한다(행 20:4). 그렇다면 이 교훈은 마게도냐 온 교회에 주는 말씀이기도 하다. 사도행전 2장 42-47절, 4장 32-35절, 그리고 사도행전 11장 19-30절이 교회의 본질을 강조한 교훈이라면 에베소 장로들에게 준 것은 교회의 목회자들과 지도자들에게 들려주는 가장 근본적이고 중심적인 교훈이다.

바울은 자기의 삶의 이야기로부터 운(韻)을 뗀다. "아시아에 들어온 첫날부터 지금까지 내가 항상 여러분 가운데서 어떻게 행하였는지를 여러분도 아는 바니"(행 20:18). 장로들은 바울이 에베소에 들어온 첫날부터 모든 것을 알고 있는 사람들이다. 아마도 바울이 그곳에 왔을 때 처음 개종했던 사람들이었던 것으로 보인다. 이 문장에서 '첫날부터'(ἀπὸ πρώτης ἡμέρας)가 앞에 나온다. '어떻게 지냈는지'는

---

9) C. K. Barrett, Acts, ICCC. Vol. p. 966.

사도의 생활 태도와 신앙적 자세를 의미한다.[10] 곧 겸손과 눈물이며, 유대인들의 간계로 인하여 당한 시험을 참고 주를 섬긴 것과 유익한 것은 무엇이든지 공중 앞에서나 각 집에서나 거리낌이 없이 다 전하고 가르쳤다고 한다(행 20:20). 가르친 내용은 헬라인에게는 회개하고 하나님께 돌아오라고 권하였고, 유대인들에게는 "예수님을 메시아(그리스도)로 믿으라"고 요구했다(행 20:21).

바울은 "성령에 매여 예루살렘으로 간다"(22절)고 한다. 성령에게 강요되었다는 의미이다. 사도행전 19장 21절 이후(내가 거기 갔다가 후에 로마도 보아야 하리라)에 일어나는 사건은 모두 예루살렘으로 최후의 길을 가고 있는 바울을 연상하며 읽어야 한다. 기독교를 제국의 수도로 옮겨가겠다는 바울의 결의는 우리로 하여금 그의 얼굴을 성도(聖都)로 향하셨던 예수님(눅 19:51)을 생각하게 한다.

바울은 항상 어떤 경우에도 성령의 인도를 구했고, 성령의 인도를 받았다. 사도행전 16장 6-10절 사건 이후로는 바울은 철저히 성령에 이끌려 살아간다. 예루살렘 길도 성령에 이끌려 가는 길이라고 한다. 성령의 인도하심에 대하여 두 번이나 언급한다(행 22, 23장). 성령께서 각 성에서 결박과 환난이 그를 기다린다고 하셨지만, 그 길이 성령께서 인도하시는 길이기 때문에 간다고 한다. 무슨 일이 일어날지는 문제가 되지 않는다. 결박과 환난이 기다리고 있음을 알면서도 그는 순종하고 있다(23절). 그뿐 아니라 하나님의 은혜의 복음을 증언하는 일을 마치려 함에는 그의 생명조차 조금도 귀한 것으로 여기지 아니한다고 고백한다(행 20:24). 이것은 바울의 달려갈 길이요, 주 예수께 받은 사명이라고 한다. 그의 사명은 다메섹에서 주님으로부터 부르

10) 헨헨, 사도행전, p. 274

심을 받았을 때 아나니아를 통하여 주셨다. 그러나 바울에겐 사람이 문제가 아니다. 그를 통하여 말씀하신 그리스도가 중요하다. 그래서 '주께 받은 사명'이라고 한다. 또 자기 생명을 조금도 귀한 것으로 여기지 아니한다는 것은 스데반의 죽음을 연상케 한다. 바울은 항상 스데반의 몫까지 짊어지고 살았을 것이다.

사도 바울이 생각하는 '영광의 신학'은 십자가를 지는 일이다. 예수님의 정신을 철저하게 삶으로 옮겨가는 충성된 종이다(눅 9:23-26; 요 12:24). 이것은 누가의 '영광의 신학'이기도 하다. 바울은 도시마다 바람처럼 다니면서 설교하고, 몇 사람을 개종시키고 가방을 꾸려 계속 옮겨가는 순회 복음 전도자와는 판이하게 다른 양육자였다.[11] 사역과 로마를 향한 여행 중에서 바울은 능력에 있어서 뿐만 아니라 고난에 있어서도 예수를 따르고 있음을 잘 보여준다. 왜냐하면 이렇게 하는 것이 그 나라(the kingdom) 안에 있는 길(Way)이기 때문이다.

사도행전 20장 24절에 "하나님의 은혜의 복음"(εὐαγγέλιον τῆς χάριτος τοῦ θεοῦ)이란 초대교회가 사용하던 크리스천 메시지의 완벽한 요약이다. 복음(εὐαγγέλιον)이란 단어가 사도행전에서 명사로 사용된 곳은 15장 7절과 20장 24절뿐이다. "하나님의 은혜의 말씀"은 사도들을 통해 전해진 말씀이다. 35절에서 예수님의 말씀을 상기시키는 것으로 사도 바울도 사도들이 전하는 말씀에 충실하려고 했다는 것을 알 수 있다.[12]

바울은 그들의 얼굴을 다시 볼 수 없다는 것을 기억하면서 그들에게 마지막 교훈을 준다. 바울 자신이 열심히 어디서나 주저함이 없이

11) 윌리엄 p. 225. 고린도 교회에 그런 잘못된 전도자들이 있었다. 바울은 그들과는 달리 자기 손으로 일하여 자기와 동행들의 생활비를 담당하면서 전도하였다. 거짓 전도자들은 바울의 삶을 공격하면서 사도가 아니기 때문에 그처럼 일하면서 전도하는 것이라고 했다(고전 9:1-7, 12).

12) 행 2:42, "사도들의 가르침을 받아"에 대한 주석을 참고하라.

하나님의 뜻을 전한 것처럼 온 양 떼를 위하여 삼가라고 한다. 하나님이 자기 피로 사신 교회를 살피게 하신 직책을 기억하라는 것이다(28절). 28절의 내용으로 보아 에베소 교회에는 장로회의가 개별 교회를 인도한다는 것을 보여준다. 이 장로회의 구성원을 '감독들'(ἐπίσκοποι)이라고 부른다.

감독이란 실제로는 overseer, 즉 guardian이란 뜻이고, 여기서 Bishop(감독) 또는 장로란 말이 나왔다. 후에는 감독과 장로가 갈라진다. 이 직책은 overseer 나 guardian이 의미하는 대로 양을 치는 목자의 심정을 말한다. 양 떼를 돌보며, 또 양들을 적절하게 먹여주는 역할을 말한다(겔 34:12-16; 벧전 5:1-4).[13] 권위에 관점이 있는 게 아니라 양들을 돌보는 책임에 있다. 더욱이 이들이 돌봐야 할 양들은 주님의 양들이다. 예수님께서 피를 흘리심으로 얻은 양들이다. 하나님이 자기 (아들의) 피로 사신 교회라고 한다(28절). 교회는 양들의 모임이다. 교회는 곧 양들이다.

이런 양들을 위하여 장로(감독)들이 해야 할 일들이 사도행전 20장 28-30절에 나온다. 먼저 양을 돌보도록 선택을 받은 자들이 자기 자신을 살피고 또 양 떼를 살피라는 명령이다. '살피다'(προσέχετε)는 의미는 '마음이 무엇을 향하다' 또는 '무엇에 생각을 집중하다'이다. 그러므로 오늘의 뜻은 장로들은 그리스도인으로서의 자질과 고결함(integrity)을 먼저 지켜나가고, 다음에 양들은 그리스도인의 고결함을 지켜나가도록 하라는 말이다.[14] 이것에 대한 자세하고 구체적인 설명은 이미 사도행전 20장 18-21절에 주어졌다. 이것이 성령이 감독(장로)으로 삼고 하나님이 자기 피로 사신 교회를 치게 하신 이유라고 한다. 예수님의 고별 강화(눅 22:14-38)에서 주님은 제자들에게 "시험

---

13) W. Neil, op.cit., p. 214.
14) Barrett, op.cit., p. 974.

에 들지 않게 기도하라"(눅 22:40)고 하셨다.

바울은 이어서 곧 에베소 교회에, 아니 온 교회에 유혹자들이 나타나 자기들을 따르게 하려고 어그러진 자들이 나타날 것을 예언한다(행 20:29, 30).[15] 그리고 이런 유혹자를 막아내는 길은 바울 자신이 '삼 년이나 밤낮 쉬지 않고 눈물로 각 사람을 훈계하던(νουθετῶν) 것을 기억하는'(31절) 것이라고 한다. 유혹자를 이겨내도록 하는 길은 겉으로 양 떼를 지키는 일이 아니라 하나님의 말씀을 가르치는 일이다. 그러면서 교회와 장로들을 "주와 및 은혜의 말씀"께 부탁한다고 한다(행 20:32). '은혜의 말씀'은 이미 밤낮 쉬지 않고 가르쳤던 말씀이다. 주님과 은혜의 말씀이 교회를 지키는 것이지, 어떤 인간적인 노력에 의한 것이 아니라고 한다. 그리스도 안에와 말씀 안에만 거하면 이런 유혹은 얼마든지 이길 수 있다. "주님과 말씀이 너희를(교회와 장로들) 능히 든든히 세우사 거룩하게 하심을 입은 모든 자 가운데 기업이 있게 하시리라"고 한다(행 20:32).

다시 장로의 직책을 감당해 나갈 때 조심해야 할 사항과 기쁘게 해야 할 사항을 전한다. 바울 자신이 스스로 일해서 자신과 일행들의 쓸 것을 충당함으로 모범을 보인 것처럼 살라고 한다(살전 3:9 참조). 은과 금, 그리고 의복을 탐하지 말라고 한다. 양을 치는 직책은 약탈과 참해(慘害)하는 데 있지 않다. 바울의 목회 서신에 나타난 문제는 모두가 '거짓 가르침'이다(행 20: 30). 거짓 가르침의 뿌리는 탐욕이다. 은과 금을 탐하는 것이다. 그래서 교인들을 약탈해 간다. 은과 금을 탐하지 않았다고 말하는 것은 그런 것을 탐하는 사람들이 이미 생겼다는 의미이다(행 20:33). 바울은 이런 거짓 장로들에게 돈을 사랑하

15) 에베소에 이단이 일어난다는 예언은 딤전 1:3-7에 완성되었다.

는 것으로 타락하지 말 것을 경고한다(벧전 5:2; 딛1:7; 딤전 3:3). 돈은 나쁜 교리만큼이나 빠르게 설교자의 증거를 타락시킬 수 있다.

바울의 복음 전파가 거친 방해를 받은 것은 두 가지 이유 때문이다. 하나는 유대인들의 전통이고, 또 하나는 자기들의 물질의 손해 때문이었다. 에베소의 은장이들의 소요를 비교해 보라. 크리스천은 전통을 존중하되 바울 전통을 알아야 하지만 전통에 매여서는 안 된다. 생존을 위하여 사업을 하고 일을 해야 하지만 그 생존 방법이 진리를 거스르는 일이 되어서는 안 된다. 마지막으로 바울은 이웃을 돕는 일에 앞장서기를 권고한다. "주는 것이 받는 것보다 복이 있다"(행 20:35)는 진리는 주님의 권고이다. 이것은 예루살렘 교회의 삶의 소중한 유산이고, 안디옥 교회의 유산이다. 그러나 이것은 단지 예루살렘 교회를 위한 헌금을 독려하는 것이 아니다. 기독교의 기본 정신이다. 왜냐하면 복음을 전하는 것이 나누어주는 원리이기 때문이다. 이것은 '섬김'(diakonia)의 원리이다.

윌리엄은 미국 교회 현실을 이렇게 질책한다. "미국 복음주의 개신교(American Evangelical Protestantism)는 '사산된 그리스도인들'을 생산해 내고 있다는 비난을 받아왔다. 믿음의 첫 단계들이 다음 단계에 대한 주의를 별로 기울이지 않은 채 그저 반복만 되고 있다. 결과는 전혀 뿌리를 못 내리는, 발육이 멈춘 그리스도인이 될 수밖에 없다."[16]

이제까지는 바울이 고난을 받아왔으나 이제 장로들이 고난을 받을 차례이다(29절, 딤전 1:13; 딤후 1:15).

16) 윌리엄, op.cit., p. 225.

2. 예루살렘으로의 항해(행 21:1–14)

> 1) 우리가 그들을 작별하고 배를 타고 바로 고스로 가서 이튿날 로도에 이르러 거기서부터 바다라로 가서 2) 베니게로 건너가는 배를 만나서 타고 가다가 3) 구브로를 바라보고 이를 왼편에 두고 수리아로 항해하여 두로에서 상륙하니 거기서 배의 짐을 풀려 함이러라 4) 제자들을 찾아 거기서 이레를 머물더니 그 제자들이 성령의 감동으로 바울더러 예루살렘에 들어가지 말라 하더라 5) 이 여러 날을 지낸 후 우리가 떠나갈새 그들이 다 그 처자와 함께 성문 밖까지 전송하거늘 우리가 바닷가에서 무릎을 꿇어 기도하고 6) 서로 작별한 후 우리는 배에 오르고 그들은 집으로 돌아가니라 7) 두로를 떠나 항해를 다 마치고 돌레마이에 이르러 형제들에게 안부를 묻고 그들과 함께 하루를 있다가 8) 이튿날 떠나 가이사랴에 이르러 일곱 집사 중 하나인 전도자 빌립의 집에 들어가서 머무르니라 9) 그에게 딸 넷이 있으니 처녀로 예언하는 자라 10) 여러 날 머물러 있더니 아가보라 하는 한 선지자가 유대로부터 내려와 11) 우리에게 와서 바울의 띠를 가져다가 자기 수족을 잡아매고 말하기를 성령이 말씀하시되 예루살렘에서 유대인들이 이같이 이 띠 임자를 결박하여 이방인의 손에 넘겨 주리라 하거늘 12) 우리가 그 말을 듣고 그곳 사람들과 더불어 바울에게 예루살렘으로 올라가지 말라 권하니 13) 바울이 대답하되 여러분이 어찌하여 울어 내 마음을 상하게 하느냐 나는 주 예수의 이름을 위하여 결박당할 뿐 아니라 예루살렘에서 죽을 것도 각오하였노라 하니 14) 그가 권함을 받지 아니하므로 우리가 주의 뜻대로 이루어지이다 하고 그쳤노라

누가가 항해의 과정을 정확하게 기록하는 것에 주의하자. 또 항해 과정을 빠르게 전개하는 것에도 주의하자(행 21:1-14). 이번 여행에는 "we"가 동행한다. 에베소 장로들을 작별한 바울과 일행은 바로 고스(Cos)로 갔다. 이튿날 로도(Rhodes)에, 그리고 바다라(Patara)로 간다. 바다라는 사도행전 27장 5-6절에도 나오는, 큰 배들이 정박할 수 있는 항구다. 바다라에서 베니게로 건너가는 배를 만나서 옮겨타고 구브로 왼편으로 수리아를 항해하여 두로에 상륙한다. 두로는 바울의 계획된 정박지가 아니었고, 단지 배의 짐을 풀기 위해서 잠시

들렀던 곳이다. 배가 짐을 푸는 동안 두로에 있는 제자들을 찾아 거기서 이레를 머문다(행 21:4-6). 바울은 가는 곳마다 부지런히 그리스도인들을 만나고 격려한다.

두로에서 바울은 뜻하지 않았던 저항을 만난다. 성령에 감동된 제자들이 바울더러 예루살렘에 올라가지 말라고 권한다. 바울은 그들의 예언에도 설복당하지 않고 항해를 계속하기 위해 떠난다. 며칠을 지나고, 우리(We)가 떠나가려 할 때, 그들이 그 처자와 함께 모두 성문 밖까지 전송하였고, 우리(We)는 바닷가에서 무릎을 꿇고 함께 기도하였다. 자신을 아끼는 교인들의 애틋한 사랑의 권고를 물리치고 고난과 혹 죽음이 기다리는 곳으로 떠나는 일은 바울에게 있어 가장 어려운 일이었을 것이다.

밀레도를 떠날 때도 그들은 무릎을 꿇고 기도했다. 사도행전 19장 21절 이후는 바울의 마지막 여행이란 점을 기억해야 한다. "예수께서 승천하실 기약이 차가매 예루살렘을 향하여 올라가기로 굳게 결심하시고(눅 9:51)"를 연상케 하는 비장한 모습이다. 두로의 제자들과 작별한 후 배는 돌레마이(지금의 악고)에 이르러 거기서도 형제들을 만나 영접을 받고 그들과 함께 하루를 머문다(행 21:7). 그리고 이튿날 가이사랴에 이르고, 일곱 집사 중 하나인 전도자 빌립의 집에 들어가서 여러 날 머문다.

그 가정에 딸 넷이 있으니 처녀로 예언하는 자들이었다. 아가보라는 선지자가 유대로부터 내려와 바울의 앞날을 예언하였다. 그의 예언은 아주 구체적이다. 그가 우리(We)에게 와서 바울의 띠를 가져다가 자기 수족을 잡아매고 말한다. "성령이 말씀하시되 예루살렘에서 유대인들이 이같이 이 띠 임자를 결박하여 이방인의 손에 넘겨주리라"(행 21:11). 아가보의 예언은 그곳 사람들뿐 아니라 우리(We)들의 마음까지 움직이었다. 'We'가 그곳 사람들과 함께 바울에게 예루살렘으로 올라가지 말라고 울면서 적극 권한다(13절).

아가보의 예언과 바울의 동행자들, 그리고 그곳 제자들이 울면서 바울에게 예루살렘으로 올라가지 말라고 권한 것은 그의 마음을 가장 아프게 했을 것이다. 그래도 바울은 그의 마음을 돌이키지 않는다. 도리어 그들을 책망한다. "여러분이 어찌하여 울어 내 마음을 상하게 하느냐! 나는 주 예수의 이름을 위하여 결박 당할 뿐 아니라 예루살렘에서 죽을 것도 각오하였노라"(행 21:13). 바울이 완고하게 그들의 권고를 받아들이지 않자 우리(We)는 "주의 뜻대로 이루어지이다" 하고 바울의 예루살렘 행을 만류하기를 그쳤다.

누가가 항해의 과정을 자세하게, 그리고 빠르게 전개하는 이유는 그의 관심이 항해의 과정에 있는 게 아니라 흩어져 있는 그리스도인들에게 있었기 때문이다. 항해 중에 정박하는 곳에서마다 그곳에 살고 있는 그리스도인들을 어김없이 만나서 교제를 나눈다(행 21:4, 7, 8). 이들은 바울을 열정적으로 환영해 주었다. 이처럼 각처에 흩어진 그리스도인들은 어떻게 예수님을 믿게 된 자일까? 그들 모두가 바울을 통해서 예수님을 메시아요 하나님의 아들이라고 영접한 사람들은 아닐 것이다. 흩어져 복음을 전했던 이름 있는 전도자나 또는 이름 없는 전도자들을 통하여 복음을 받아들인 자들이다. 두로와 같은 곳은 이전에 예수님께서 직접 찾아가셔서 복음을 가르쳐 주신 곳이다. 바울이 가는 곳마다 모든 그리스도인들이 한결같이 바울을 인정해 주고 사랑해 주는 모습에서 우리는 초대교회 크리스천들의 따뜻한 마음을 느끼고, 복음을 위하여 서로 격려하는 모습을 본다.

그렇지만 바울의 항해 일정에서 누가가 강조하려는 점은 바울의 미래에 대한 성령의 예언이다(행 21:4, 11). 누가는 여기에 대하여 아무런 코멘트가 없다. 단지 사건을 면밀하게 보도할 뿐이다. 이 글 전체의 문맥을 통해 독자들 스스로 느끼고 이해해 주기를 바랄 뿐이다.

이런 글을 내러티브라고 한다. 누가는 밀레도를 떠나 예루살렘으로 올라가는 여정 속에 있었던 사건들을 담담하게 기록했다. 성령께서 바울로 하여금 예루살렘에 들어가지 말라고 하던 예언이 두 번 나온다. 두로에서 만난 제자들은 성령의 감동으로 바울에게 "예루살렘에 들어가지 말라"(행 21:4)고 했다. 가이사랴에 있던 전도자 빌립의 집에 내려온 아가보는 바울의 띠를 가져다가 자기 수족을 잡아매고 올라가지 말라고 권유했다.[17] "성령이 말씀하시되 예루살렘에서 유대인들이 이같이 이 띠 임자를 결박하여 이방인의 손에 넘겨 주리라"(행 21:11).

사도행전 21장 4절에는 "성령의 감동으로" "예루살렘에 들어가지 말라"고만 했다. 그러나 예루살렘에 가까운 가이사랴에서는 아가보를 통해 "성령이 직접 말씀하신다." 말씀하시는 방법도 옛 구약의 예언자들이 했던 방법처럼 구체적으로 눈으로 보게 한다. 이보다 더 확실한 예언은 없다. 더욱이 아가보는 이전에 안디옥 교회에 내려와서 예루살렘에 큰 흉년이 들 것이라고 했던 예언가이다(행 11). 아가보의 예언을 들은 빌립의 집에 있던 모든 사람들, 심지어는 바울의 동행자들(We)까지도 바울을 만류했다(행 21:12). 그러나 바울은 흔들림이 없다. "왜 울어 내 마음을 상하게 하느냐"고 도리어 우는 자들을 책망하고, "나는 주 예수의 이름을 위하여 결박당할 뿐 아니라 예루살렘에서 죽을 것도 각오하였노라"(행 21:13)고 한다. 이런 상황에서 성령의 의도를 어떻게 판단해야 할까?

이 과정에서 나타난 예언은 상황과 역사성을 띤다. "예루살렘으로 올라가라"고 하신 이도 성령이시고, "올라가지 말라"고 하신 이도 성령이시다. 그러나 중요한 점은 바울의 여행 과정의 상황과 예언이

---

17) 여기서 'We'는 생생한 목격자로 나타난다. "우리에게 와서 바울의 띠를 가져다가." 'We'는 바로 그 현장에 있었다.

어느 면에서 일치하고 어느 면에서 갈등을 일으키는가를 보아야 한다. 사도행전 19장 21절에 바울이 갑자기 아시아와 마게도냐 선교여행을 마치고 예루살렘으로 올라가기로 작정하면서 로마도 보아야 하리라고 결정한 것은 성령 안에서 결심한 것이라고 했다(행 19:21 주석 참고). 예루살렘으로 올라가는 것은 성령 안에서 바울 자신이 한 결정이다. 오순절 안에 예루살렘에 이르려고 서둘렀다(행 20:16). 그리고 바울의 손에는 이방 교회들이 예루살렘 교회에 보내는 구제금이 들려 있다.

사도행전 20장 22절에는 "성령에 매여 예루살렘으로 간다"고 말한다. 아직은 무슨 일을 당할지 모르는 채로 올라가고 있다. 확실한 것은 "성령이 각 성에서 내게 증언하여 결박과 환난이 나를 기다린다고 말씀하셨다"는 점이다(행 20:23). 바울은 에베소 장로들에게 "여러분이 내 얼굴을 다시 보지 못하리라"고 했다(행 20:25). 그러나 바울의 고난에 대한 예언은 훨씬 그 이전으로 올라가야 한다. 다메섹에서 예수님을 만나 회심하였을 때, 주님에게서 듣게 된 그의 고난에 대한 예언이다(행 9:16). 그렇다면 두로에서의 예언과 아가보의 예언은 어떻게 해석해야 옳을까? 어느 것이 주체적(主體的) 예언이고, 어느 것이 보조적 예언인가를 결정해야 한다.

"나는 주 예수의 이름을 위하여 결박당할 뿐 아니라 예루살렘에서 죽을 것도 각오하였노라"(행 21:13)고 한 바울의 고백은 베드로의 고백(장담)과 닮은꼴이다. 베드로도 "주님, 나는 감옥에도, 죽는 자리에도, 주님과 함께 갈 각오가 되어 있습니다"(눅 22:33)라고 했다. 베드로가 감옥과 죽음을 언급하는 말에서 '준비되었다'(ἕτοιμος)는 말을 사용한다. 사도행전 21장 13절에서 바울도 ἑτοίμως를 사용한다.[18] 그러나 베드로는 실패하고, 바울은 자기의 고백대로 이루었다.

바울의 결심은 예수님과도 닮았다. 십자가를 앞에 놓고 겟세마네 동산에서 기도할 때, 예수님의 기도의 내용도 두 가지로 표현되었다. "이 잔을 내게서 옮기시옵소서. 그러나 내 원대로 마시옵고 아버지의 원대로 되기를 원하나이다"(눅 22:42). 예수님도 두 가지 선택 사이에서 갈등했지만 결국 아버지의 뜻을 선택하셨다. 동행들과 그리스도인들이 고난을 피하라고 권고했으나 바울은 그들의 권유와는 반대로 고난을 선택하였다. 결국 동행자들이 바울을 설득할 수 없음을 깨닫고, "주의 뜻대로 이루어지이다"(행 21:14)라고 하였다.

바울이 예루살렘으로 올라갔던 이유는 20장 23-24절에 나타난다. "오직 성령이 각 성에서 내게 증언하여 결박과 환난이 나를 기다린다 하시나 내가 달려갈 길과 주 예수께 받은 사명 곧 하나님의 은혜의 복음을 증언하는 일을 마치려 함에는 나의 생명조차 조금도 귀한 것으로 여기지 아니하노라." 바울이 주님에게서 받은 사명은 결박과 환난을 받는 것이다. 그 명령을 이루는 길은 결박과 환난과 함께 예루살렘으로 그리고 로마까지 가서 하나님의 은혜의 복음을 증거하는 것이다. 예루살렘과 로마는 바울이 직면해야 하고, 그리고 반드시 하나님의 복음으로 일깨워야 하는 두 세력이기 때문이다.[19] 예수님께서 십자가의 길을 걸으신 것처럼 바울도 이 일을 이루기 위하여는 고난과 박해의 길을 가야 한다고 굳게 믿고 있다. 이것이 누가가 말하려고 하는 크리스천의 영광의 신학이다.

3. 예루살렘에서의 수난(행 21:15–34)

15) 이 여러 날 후에 여장을 꾸려 예루살렘으로 올라갈새 16) 가이사랴의

18) Tannehill, op.cit., pp. 264-265.
19) Ibid, p. 266.

몇 제자가 함께 가며 한 오랜 제자 구브로 사람 나손을 데리고 가니 이는 우리가 그의 집에 머물려 함이라 17) 예루살렘에 이르니 형제들이 우리를 기꺼이 영접하거늘 18) 그 이튿날 바울이 우리와 함께 야고보에게로 들어가니 장로들도 다 있더라 19) 바울이 문안하고 하나님이 자기의 사역으로 말미암아 이방 가운데서 하신 일을 낱낱이 말하니 20) 그들이 듣고 하나님께 영광을 돌리고 바울더러 이르되 형제여 그대도 보는 바에 유대인 중에 믿는 자 수만 명이 있으니 다 율법에 열성을 가진 자라 21) 네가 이방에 있는 모든 유대인을 가르치되 모세를 배반하고 아들들에게 할례를 행하지 말고 또 관습을 지키지 말라 한다 함을 그들이 들었도다 22) 그러면 어찌할꼬 그들이 필연 그대가 온 것을 들으리니 23) 우리가 말하는 이대로 하라 서원한 네 사람이 우리에게 있으니 24) 그들을 데리고 함께 결례를 행하고 그들을 위하여 비용을 내어 머리를 깎게 하라 그러면 모든 사람이 그대에 대하여 들은 것이 사실이 아니고 그대도 율법을 지켜 행하는 줄로 알 것이라 25) 주를 믿는 이방인에게는 우리가 우상의 제물과 피와 목매어 죽인 것과 음행을 피할 것을 결의하고 편지하였느니라 하니 26) 바울이 이 사람들을 데리고 이튿날 그들과 함께 결례를 행하고 성전에 들어가서 각 사람을 위하여 제사 드릴 때까지의 결례 기간이 만기된 것을 신고하니라 27) 그 이레가 거의 차매 아시아로부터 온 유대인들이 성전에서 바울을 보고 모든 무리를 충동하여 그를 붙들고 28) 외치되 이스라엘 사람들아 도우라 이 사람은 각처에서 우리 백성과 율법과 이곳을 비방하여 모든 사람을 가르치는 그 자인데 또 헬라인을 데리고 성전에 들어가서 이 거룩한 곳을 더럽혔다 하니 29) 이는 그들이 전에 에베소 사람 드로비모가 바울과 함께 시내에 있음을 보고 바울이 그를 성전에 데리고 들어간 줄로 생각함이러라 30) 온 성이 소동하여 백성이 달려와 모여 바울을 잡아 성전 밖으로 끌고 나가니 문들이 곧 닫히더라 31) 그들이 그를 죽이려 할 때에 온 예루살렘이 요란하다는 소문이 군대의 천부장에게 들리매 32) 그가 급히 군사들과 백부장들을 거느리고 달려 내려가니 그들이 천부장과 군인들을 보고 바울 치기를 그치는지라 33) 이에 천부장이 가까이 가서 바울을 잡아 두 쇠사슬로 결박하라 명하고 그가 누구이며 그가 무슨 일을 하였느냐 물으니 34) 무리 가운데서 어떤 이는 이런 말로 어떤 이는 저런 말로 소리치거늘 천부장이 소동으로 말미암아 진상을 알 수 없어 그를 영내로 데려가라 명하니라

가이사랴에서 며칠을 더 지내고 바울 일행은 예루살렘으로 올라갔다(행 21:15). 가이사랴에 있던 제자 몇 사람도 'We'와 함께 올라갔

다. 그때 구브로 사람 나손이 일행과 동행했는데, 그는 오랜 그리스도의 제자로서 바울 일행을 자기 집에 머물도록 했기 때문이다(행 21:16).[20] 바울 일행이 가이사랴에 며칠 더 머문 이유는 아마도 절기에 맞춰서 예루살렘으로 올라가려고 했기 때문이었다. 개역개정판에는 "여장을 꾸려"(행 21:15)라고 되어 있다. ἐποσκευασάμενοι는 '장비를 갖추다'는 뜻이다. 여행을 위한 교통수단을 준비한다든지, 동물들에게 안장을 지운다는 뜻으로 사용된다. KJV는 바울 일행이 "운반할 물건을 다 갖추고 예루살렘에 들어갔다"고 번역했다.

예루살렘에는 절기(for festival) 동안 누구든지 공개적으로 입성할 수 있다. 여기에 'We(누가)'도 동행한다.[21] 예루살렘에 이르렀을 때 그곳 그리스도인들은 바울을 기쁨으로 영접해 주었다. 나손의 집에 하루를 머문 바울은 그 다음날 야고보를 찾아간다(행 21:18). 그곳에는 야고보만 아니라 장로들이 모두 모여 있었다. 예루살렘 교회에서 제자들은 이미 보이지 않는다.

특별히 눈에 띄는 것은 '주의 동생 야고보'가 두드러진 지위에 있다는 점이다. 언제 어떻게 야고보가 교회 공동체의 지도자가 되었는지는 알 수 없다. 단지 기독교 공동체의 지도자는 야고보로서 정통 유대 그룹 안에서 존경을 받고 있었다는 점이다. 이 말은 예루살렘의 기독

20) 분사 ἔχοντες는 미래적인 의미를 가진다. 그러므로 그들이 나손의 집에 가게 되었음을 의미하는 것이 아니라 나손의 집은 여행의 목적지임을 의미한다. 17절에 보듯 나손의 집에 도착한다. 가이사랴에서 예루살렘까지는 약 100km이기에 적어도 3일 길이 되었다. 서방 사본(D)은 나손이 가이사랴와 예루살렘 사이에 있는 한 마을에 살았다고 추측하고 그렇게 본문을 고쳤다. 그 결과 많은 학자들은 D사본에 의하여 본문을 해석한다. 헨헨, op.cit., p. 297.

21) 행 16:17에서 'We'는 삼인칭 복수 주격이다. 그런데 21:11,14,18에서 'We'는 바울과 분리되어 사용된다. 이것은 누가가 바울과 동행하지 않았다는 말이 아니라 아마도 바울을 중앙 무대에 세우려고 하는 누가의 의도였을 것이다. 27:1까지 'We'는 주격으로 나오지 않고 바울의 동행자로 나온다. 저자가 로마에 입성하기까지 여기서부터 함께했다는 것은 의심할 여지가 없다. MacGregor, op.cit., p. 280.

교는 유대교와의 갈등이 없고, 교회에 대한 박해도 없는 상당히 평온한 상태를 유지하고 있었다는 의미가 된다.[22] 그런데 요세푸스는 "Ananus the Younger, the high priest(젊은 아나누스가 대제사장으로 있을 때), 소위 그리스도인이라고 하는 예수의 형제를 산헤드린 앞에 불러와서 그를 정죄하고 돌로 치라고 했다. 그러나 온건한 유대인들은 이것을 몹시 못마땅하게 여기고 있었다"고 전한다(antiquities XX. 9.1).

바울은 이방 중에서 하나님이 하신 모든 일을 낱낱이 보고하였다(행 21:19). 이때 바울은 이방 크리스천은 데리고 가지 않았을까? 누가가 전하는 그곳의 분위기로 보아서는 바울이 그들을 데리고 가지 않았다고 추측하는 학자들도 있다. 또 그렇게 추측하는 데에는 그들이 가져온 헌금에 대한 이야기가 일체 나오지 않는다는 사실을 들기도 한다. 그러나 25절에서 예루살렘 회의의 결정 사안에 대하여 언급하는 것을 보면, 이방 크리스천들에게는 할례가 문제가 되지 않았던 것으로 보인다. 또한 바울의 성격으로 보아서 이방 크리스천들을 숨겨두고 자기들만 예루살렘 교회 지도자들을 찾아가지는 않았을 것이다. 그렇다면 바울과 함께 여정을 같이했던 이방 크리스천들이 그곳에 함께 있었고, 이방 교회들이 모아서 보내준 헌금이 있었을 것이다. 이것들보다 바울이 보고한 내용에 대한 더 좋은 증거들은 없었을 것이다.[23]

바울의 보고를 들은 모든 사람들은 하나님께 영광을 돌렸다(행

22) 기독교에 박해가 없었다는 것은, 유대인들에게 비친 그리스도교의 신앙은 예수가 메시아로서 다시 올 것을 기다리는 사람들, 유대교의 한 종파로 보였기 때문이다. 또는 유대교의 율법을 조금 변덕스럽게 지키는 종파라고 여긴 것 같다. 이것은 유대 교회 지도들이 바울에게 유대적 교회와 보조를 잘 맞춰 줄 것을 권고한 교회 지도자들의 태도를 설명해준다. Ibid, p. 279.

23) 어떤 이들은 그곳의 분위기와 가져간 헌금에 대한 언급이 없는 것으로 보아 이방 개종자들은 데리고 가지 않았으리라고 말하기도 한다. Bruce는 이방 크리스천들도 함께 갔을 것이라고 한다. Bruce, op.cit., p. 405.

21:20). 그러나 그것도 잠시였다. 야고보의 관심은 이방에서 하나님께서 역사하시고, 많은 믿는 자들을 얻으신 것보다는 유대 크리스천들과의 마찰이었다.[24] 그의 말에 의하면, 그 때 예루살렘에는 유대인 중에 믿음을 받아들이고 사는 자들이 수만 명이 있었다고 한다(20절). 이들은 과연 누구인가? 그들은 크리스천이면서 동시에 율법에 열심 있는 자들이라고 했다. 수만 명이란 표현은 과장된 것이라기보다는 예루살렘 안에 있는 교인만이 아니라 유대 지역 전체에 흩어진 수를 말한 것이다. 서방 사본(Western Text)에는 '유대인 중에'란 말 대신에 좀 더 좁은 뜻으로 '유대 안에'(in Judea)라고 했다.

바울이 야고보와 장로들을 만난 자리는 사사로운 개인적 면담의 자리가 아니다. 사도행전 15장에 나오는 예루살렘 회의를 연상케 한다. 바울은 선교 보고를 했고, 이들과 대화를 나누는 중에 주제는 그들이 염려하고 있는 문제, 즉 바울에 대하여 전해진 잘못된 소식들로 옮겨졌다. 바울이 이방에 있는 모든 유대인들에게 "모세를 배반하고 아들들에게 할례를 행하지 말고 또 관습을 지키지 말라"고 했다는 것이다(행 21:21).[25] 여기 야고보는 유대인과의 충돌을 면하려는 데 관심을 쏟았지, 찾아온 이방 크리스천에 대해서는 관심이 없다. 25절에 예루살렘 회의 결정을 다시 한 번 기록함으로써 예루살렘 교회의 관심은 유대인 입장에서 신앙을 말하는 것이란 점을 알 수 있다. 그럼에도 바울은 디모데에게 할례를 주면서까지 유대인은 유

---

24) 어디에도 바울의 헌신적인 노력으로 이방 교회들로부터 가져온 구제금에 대한 언급이 없다. 그것은 야고보와 예루살렘 교회 지도부의 관심이 유대인들과의 마찰에 집중되었기 때문일 것이다. 어떤 학자들은 예루살렘 교회가 모금한 돈을 받지 않았을 것이라고 한다. 이방인에게서 온 것이기 때문이다. 그러나 21장 문맥으로 보아 이방 크리스천이 부정하다고 생각한 것으로는 보이지 않는다.

25) '관습을 지키지 말라'는 헬라어 표현은 'μηδὲ τοῖς ἔθεσιν περιπατεῖν'(관습을 따라 걷지 못하도록)이다. 여기서 관습은 율법을 말한다.

대인으로서의 생활을 해야 할 것을 강조했고(행 16:3), 바울 자신도 유대의 절기를 지키기 위하여 그 기간에 맞춰서 예루살렘을 방문하였다. 그런데도 한번 잘못된 편견은 고쳐지지 않았다.

야고보가 제안한 해결 방법은 바울이 결례를 행하되, 준비되어 있는 네 사람과 함께 행하라고 한다. 그리고 네 사람이 결례를 행하고 머리를 깎는 비용을 바울이 부담하라는 것이다(24절). 네 사람의 경우는 나실인 서약을 말한다. 그러나 바렛(Barrett)은 나실인 서약은 30일이 소요되는데, 21장 27절을 보면 그 기간이 길지 않았던 게 분명하다고 한다.

바렛은 마샬(Marshall)의 입장을 소개한다. 첫째, 네 사람은 나실인 서약 기간에 부정한 것을 접촉하여 부정하게 되었고, 그리하여 정결예식이 필요했는데, 바울은 정결예식이 필요 없었지만 그들과 함께 정결의식을 치렀다. 둘째, 바울이 팔레스틴 지역 밖에 거주했기 때문에 성전에 들어가기 전에 정결예식(Purification)이 필요했는데, 준비된 네 사람과 함께 의식을 치렀다. 셋째, 18장 18절에서 행했던 나실인 서약의 기간이 아직 남아 있어서 그 남은 기간을 채우려고 했다고 한다.[26] 그러나 어느 것도 만족할 수 없다. 단지 분명한 것은 바울이 야고보가 제안한 조건들을 수락하고 행함으로써 자신이 율법에 충실한 유대인임을 증명해 보였다는 점이다.[27]

준비된 네 사람이 머리를 밀었다. 비용은 바울이 지불하였다(행 21:26). 당시 가난한 형제들을 위하여 이같이 하는 것은 경건의 행위로 여겨졌다. 요세푸스에 의하면 헤롯 안티파스 1세는 유대인의 환심을 사려고 나실인 서약을 하는 사람들의 비용을 자주 지불해 주었

---

26) Barrett, op.cit., p. 1011. 많은 학자들이 바울의 결례를 겐그레아에서 머리를 깎은 일과 연결시키려고 하지만 그것은 부합되지 않는 무리한 해석이다.

27) 헨헨, op.cit., p. 302.

다고 한다(Antiquities XIX, 6.1). 그러나 바울은 이 예식을 행하기가 어려웠다. 왜냐하면 이런 나실인 의식은 최소한 30일이 걸려야 했기 때문이다(요세푸스 Jewish War II. 15. 1). 어떤 학자들은 겐그레아에서 머리 깎았던 것(행 18:18)을 나실인 서약으로 보고, 마지막을 예루살렘에서 지켰다고 해석한다. 그러나 겐그레아 사건을 여기에 연결시키는 것은 무리이다(행 18:18 주석 참고).

네 사람이 결례를 행하는 데(행 21:23,24) 드는 비용은 상당하다고 한다. 이 모든 비용을 바울이 어디서 구했는가가 의문이다. 아시아나 데살로니가 교회들이 전한 구제금 중 일부를 사용했을 거라고 생각하기도 한다. 그러나 바울이 그런 돈을 유용했다고 볼 수는 없다. 이 돈은 특별한 목적으로 걷힌 헌금이었기 때문이다. 그 돈을 다른 목적에 사용하는 것은 부정한 행위였기에 바울이 그것을 받아들였다는 것은 상상할 수도 없다.[28)]

바울의 적극적인 참여에도 불구하고 상황은 도리어 악화되었다. 아시아에서 온 유대인들이 성전에서 바울을 보고 무리를 충동하여 바울을 붙잡았기 때문이다(행 21:28).[29)] 이것은 에베소 사람 드로비모가 시내에서 바울과 함께 있었던 것을 본 사람들이 이제는 그들이 성전에 함께 있는 것으로 착각하여 일어난 일이다. 그들의 잘못된 판단으로 인하여 폭동이 일어났다. 이들의 생각은 이방인을 데리고 이방인의 뜰을 넘어 이스라엘 뜰로 들어갔기 때문에 바울이 성전을 더럽혔다고 생각한 것이다.[30)] 스데반이 율법과 성전을 모독했다고

---

28) Ramsay, op.cit., p. 286.

29) 그들이 드로비모를 알아본 것을 보면, 그들은 아마도 에베소에서 왔을 것이고, 알렉산더를 군중 앞으로 밀어냈던 자들이 아닌가 생각된다(행 18:18-21).

30) 이방인의 뜰에서 이스라엘인들의 뜰로 넘어가는 곳에는 이런 경고가 붙어 있었다. "이방인이 이 문을 통해 성전 경내로 들어오면, 그 사람이 누구든지 죽임을

죽임을 당했던 경우를 생각하면(행 6:13) 바울이 당한 위험이 얼마나 큰가를 상상할 수 있다. 이들은 바울을 죽이려고 붙잡아 성전 밖으로 끌고 나갔다. 실제로 그들은 바울을 돌로 치고 있었다(행 21:32).[31] 바울로 하여금 결례를 행하라고 권했던 야고보나 예루살렘 지도부 인물들은 왜 그때 나타나지 않았는지 궁금하다.

이 소문은 천부장에게 올라갔고,[32] 그는 병사들과 백부장을 거느리고 현장에 나타났다. 로마 군인들의 출동을 본 성난 군중은 바울 치는 것을 멈추었다. 바울은 쇠사슬로 결박당했다(행 21:33). 베드로가 쇠사슬에 묶였던 것과 같은 모습이다(행 12:6). 그리고 천부장은 그 이유를 군중에게 물었지만 그 누구도 같은 대답을 하는 사람이 없었다. 폭도들의 떠드는 소리에 진상을 파악할 수 없던 천부장은 바울을 영내(營內)로 끌고 가라고 명하였다. 영내란 성전 서북쪽의 안토니아 탑 안에 있는 로마 병사의 막사를 말한다.[33] 군중이 난동을 부렸기 때문에 군사들이 바울을 메고 갈 수밖에 없었고 무리들은 "그 자를 없애버려라"(Αἶρε αὐτόν)고 외치며 따라왔다. "Αἶρε αὐτόν"라는 말은 빌라도가 예수를 놓아주려 했을 때, 군중이 외쳤던 바로 그 말이다(눅 23:18). 누가는 군중을 자기들의 이해관계에 의하여 수시로 변하는 존재로 그렸다.

당하게 될 수 있다."(Deissmann, Light from the Ancient, East, p. 80)

31) "ἐπαύσαντο τύπτοντες τὸν Παῦλον." τύπτοντες는 τύπτω의 현재 직설 분사형으로 그들이 이미 행동을 취하고 있었다는 것을 의미하고, ἐπαύσαντο (παύω 단순과거 중간태)는 때리는 행동을 즉시 멈췄다는 의미다. 30절에 그를 죽이려고 성전 밖으로 끌고 나간 것과 '문들이 곧 닫히더라' 즉 성소를 피로 더럽히고 싶지 않았다는 표현과 맞물려 생각하면 사형을 집행하고 있었던 것이 틀림없다.

32) 천부장은 보병 760명과 240명의 기마병을 거느린 지휘관이다.

33) MacGregor, op.cit., p. 287.

4. 산헤드린 앞에 선 바울(행 21:35-22:29)

35) 바울이 층대에 이를 때에 무리의 폭행으로 말미암아 군사들에게 들려가니 36) 이는 백성의 무리가 그를 없이하자고 외치며 따라 감이러라 37) 바울을 데리고 영내로 들어가려 할 그 때에 바울이 천부장에게 이르되 내가 당신에게 말할 수 있느냐 이르되 네가 헬라 말을 아느냐 38) 그러면 네가 이전에 소요를 일으켜 자객 사천 명을 거느리고 광야로 가던 애굽인이 아니냐 39) 바울이 이르되 나는 유대인이라 소읍이 아닌 길리기아 다소 시의 시민이니 청컨대 백성에게 말하기를 허락하라 하니 40) 천부장이 허락하거늘 바울이 층대 위에 서서 백성에게 손짓하여 매우 조용히 한 후에 히브리 말로 말하니라 22:1) 부형들아 내가 지금 여러분 앞에서 변명하는 말을 들으라 2) 그들이 그가 히브리 말로 말함을 듣고 더욱 조용한지라 이어 이르되 3) 나는 유대인으로 길리기아 다소에서 났고 이 성에서 자라 가말리엘의 문하에서 우리 조상들의 율법의 엄한 교훈을 받았고 오늘 너희 모든 사람처럼 하나님께 대하여 열심이 있는 자라 4) 내가 이 도를 박해하여 사람을 죽이기까지 하고 남녀를 결박하여 옥에 넘겼노니 5) 이에 대제사장과 모든 장로들이 내 증인이라 또 내가 저희에게서 다메섹 형제들에게 가는 공문을 받아 가지고 거기 있는 자들도 결박하여 예루살렘으로 끌어다가 형벌 받게 하려고 가더니 6) 가는 중 다메섹에 가까이 갔을 때에 오정쯤 되어 홀연히 하늘로부터 큰 빛이 나를 둘러 비치매 7) 내가 땅에 엎드러져 들으니 소리 있어 이르되 사울아 사울아 네가 왜 나를 박해하느냐 하시거늘 8) 내가 대답하되 주여 뉘시니이까 하니 이르시되 나는 네가 박해하는 나사렛 예수라 하시더라 9) 나와 함께 있는 사람들이 빛은 보면서도 나에게 말씀하시는 이의 소리는 듣지 못하더라 10) 내가 이르되 주님 무엇을 하리이까 주께서 이르시되 일어나 다메섹으로 들어가라 네가 해야 할 모든 것을 거기서 누가 이르리라 하시거늘 11) 나는 그 빛의 광채로 말미암아 볼 수 없게 되었으므로 나와 함께 있는 사람들의 손에 끌려 다메섹에 들어갔노라 12) 율법에 따라 경건한 사람으로 거기 사는 모든 유대인들에게 칭찬을 듣는 아나니아라 하는 이가 13) 내게 와 곁에 서서 말하되 형제 사울아 다시 보라 하거늘 즉시 그를 쳐다보았노라 14) 그가 또 이르되 우리 조상들의 하나님이 너를 택하여 너로 하여금 자기 뜻을 알게 하시며 그 의인을 보게 하시고 그 입에서 나오는 음성을 듣게 하셨으니 15) 네가 그를 위하여 모든 사람 앞에서 네가 보고 들은 것에 증인이 되리라. 16) 이제는 왜 주저하느냐 일어나 주의 이름을 불러 세례를 받고 너의 죄를

씻으라 하더라 17) 후에 내가 예루살렘으로 돌아와서 성전에서 기도할 때
에 황홀한 중에 18) 보매 주께서 내게 말씀하시되 속히 예루살렘에서 나가
라 그들은 네가 내게 대하여 증언하는 말을 듣지 아니하리라 하시거늘
19) 내가 말하기를 주님 내가 주 믿는 사람들을 가두고 또 각 회당에서
때리고 20) 또 주의 증인 스데반의 피를 흘릴 때에 내가 곁에 서서 찬성하고
그 죽이는 사람들의 옷을 지킨 줄 그들도 아나이다 21) 나더러 또 이르시되
떠나가라 내가 너를 멀리 이방인에게로 보내리라 하셨느니라 22) 이 말하
는 것까지 그들이 듣다가 소리질러 이르되 이러한 자는 세상에서 없애
버리자 살려 둘 자가 아니라 하여 23) 떠들며 옷을 벗어 던지고 티끌을
공중에 날리니 24) 천부장이 바울을 영내로 데려가라 명하고 그들이 무슨
일로 그에 대하여 떠드는지 알고자 하여 채찍질하며 심문하라 한 대 25)
가죽 줄로 바울을 매니 바울이 곁에 서 있는 백부장더러 이르되 너희가
로마 시민 된 자를 죄도 정하지 아니하고 채찍질할 수 있느냐 하니 26)
백부장이 듣고 가서 천부장에게 전하여 이르되 어찌하려 하느냐 이는 로마
시민이라 하니 27) 천부장이 와서 바울에게 말하되 네가 로마 시민이냐
내게 말하라 이르되 그러하다 28) 천부장이 대답하되 나는 돈을 많이 들여
이 시민권을 얻었노라 바울이 이르되 나는 나면서부터라 하니 29) 심문하
려던 사람들이 곧 그에게서 물러가고 천부장도 그가 로마 시민인 줄 알고
또 그 결박한 것 때문에 두려워하니라

영내(Barracks)로 들어가려고 할 즈음 바울은 천부장에게 말을 건넨다. "내가 당신에게 말할 수 있느냐?"("한 말씀 드려도 됩니까?", 새번역). 천부장은 "네가 헬라말을 아느냐?"라고 물었다(행 21:37). 아마도 바울이 헬라어로 그에게 말했던 것 같다. 어떤 학자들은 바울이 히브리어 성경보다 70인경을 선호하였다는 사실을 들어 그가 히브리적이라기보다는 헬라적 영향 아래에서 자랐다고 주장한다. 김세윤은, 바울이 예루살렘에 있는 헬라파들의 회당에서 70인경을 더 자주 대하였다는 것 외에, 바울이 선교 사역을 하는 동안 헬라어를 사용하는 그리스도인들을 상대하였다는 데에도 그 부분적인 이유가 있다고 했다. 그러나 바울이 이따금씩 70인경이 아니라 원어(히브리어 본문)를 사용했던 것을 보면 그가 히브리어와 히브리어 성경을 잘 알고

있었음을 보여준다고 한다.[34)]

바울이 헬라어로 말하는 것을 듣고 천부장은 자객 사천 명을 데리고 광야로 갔던 애굽인으로 착각한다.[35)] 바울은 자신은 그런 사람이 아니라고 강조한다(Ἐγὼ μέν εἰμι). 그리고 신분을 분명히 밝힌다. "나는 유대인이라. 소읍이 아닌 길리기아 다소 시의 시민이다"(행 21:39). 인종상으로는 유대인이고, 고향은 작은 도시가 아닌 길리기아 다소라고 자랑스럽게 말한다. "청컨대 백성에게 말하기를 허락하라"(행 21:39). 신분을 밝혔지만 천부장은 로마 시민이란 점을 대수롭게 여기지 않았던 것 같다. 바울의 히브리어 연설(아마도 아람어)에 백성들은 조용해졌다.[36)]

바울은 "부형들아!" 하고 연설을 시작했다(행 22:1). '부형들아'는 '사람들, 형제들, 그리고 아버지들아'(Ἄνδρες ἀδελφοὶ καὶ πατέρες) 라는 의미다. 거기 모여 있던 산헤드린과 군중을 자기와 동일화 시킴으로써 공감대를 형성하려는 시도였을 것이다. 역시 군중의 반응이 이전보다 훨씬 좋아졌다(2절). 바울은 연설 중에 이런 표현을 여러 번 반복하였다. "율법에 따라 경건한 사람으로 거기(다메섹) 사는 모든 유대인들에게 칭찬을 듣는 아나니아"가 자기를 "형제 사울아" 하고 불렀고(행 22:12), "우리 조상들의 하나님(Ὁ θεὸς τῶν πατέρων ἡμῶν)이 너를 택하여"(행 22:14), 그리고 그가 다메섹에서 부활한 예수

---

34) 김세윤, op.cit., p. 68.

35) 3년 전쯤, 이집트의 한 사기꾼이 예루살렘에 나타나 자신이 예언자라고 외치면서 사람들을 올리브 산으로 모았다. 그리고 사람들에게 예루살렘이 평지처럼 무너질 때까지 기다렸다가 무너지면 공격해서 로마 병영을 점령하고 그 장소를 차지하라고 명령했다. 벨릭스(Felix)는 군대를 보내어 그들 중 몇 명은 죽이고 나머지는 감옥에 가두어 이집트 사람은 없어졌다고 한다. 이 이야기는 요세푸스가 전한 내용인데, 그는 이집트 사람을 '자객'(sicarii)이라고 하지는 않았다. 천부장은 그 애굽 사람을 붙잡은 줄로 생각했던 것 같다. Bruce, op.cit., p. 412.

36) 당시 헬라 세계에서는 아람어가 히브리어로 분류되어 있었다, 바울은 아마도 아람어로 말했을 것이다.

님을 만난 후에 곧바로 "예루살렘으로 돌아와 성전에서 기도할 때 황홀한 중에"(행 22:17) 주님을 만났고 그 음성을 들었다고 한다.

바울은 자신은 유대인으로 나고 가말리엘의 문하에서 교육을 받았다는 사실을 강조한다(행 22:3). 바울 자신은 철저한 유대인으로 같은 하나님을 섬기고 있으며, 자기가 경험한 사실을 증거한다는 느낌을 유대 청중에게 주려고 노력한다. '누구의 발 아래서 엄하게'(strictly at the feet of)는 헬라어의 관용구로, 따르는 제자를 일컫기도 하지만 '……에 앞서가다'는 말로도 해석할 수 있다. 그래서 이 말은 바울이 가말리엘 문하에서 최우수 학생으로 배웠다는 말이라고도 해석한다(행 7:58 주석 참고).

바울이 다소에서 헬라 교육을 받았다고 주장하는 학자들이 있지만, 여기서 바울은 철저하게 유대인으로 성장했고 유대적 율법의 엄한 교육을 받은 사실을 강조한다. 3절은, 절 구분이나 구두점이 분명하지 않다. 그러나 여기서는 "이 도시에서 자랐으며, 가말리엘 문하에서 우리 조상이 전해준 율법의 엄격한 교육을 받고"라는 번역을 선택한다.[37] 이런 읽기를 따르면 바울은 예루살렘에 있는 그의 부모 집에서 어린 시절을 지냈고, 계속되는 학창 시절(πεπαιδευμές)을 가말리엘의 문하에서 보냈다. 이 보고는 바울의 가족이 그가 어릴 때, 아니면 갓난아이 때 예루살렘으로 이주하였음을 암시한다(참고 행 26:4f.)[38] '교육을 받고'(πεπαιδευμένος)는 '양육을 받고'라는 뜻으

37) 행 22:3, "나는 유대인으로, 길리기아 다소에서 났고, 이 성에서 자라, 가말리엘의 문하에서 우리 조상들의 율법의 엄한 교훈을 받았고……" 이 구두점은 Nestle판 헬라어 본문과 BFBS판 헬라어 본문 구두점이다. 이 구두점에 대한 논의를 위해서 van Unnik., p. 272ff를 참고할 것. 이 구두점에 의하여 '이 성'이 다소가 되기도 하고, 예루살렘이 되기도 한다. 위의 헬라어 읽기는 '이 성'이 예루살렘으로 해석된다.

38) W. C. van Unnik, Tarsus or Jerusalem. The City of Paul's Youth, Sparsa Collecta, pp. 296-320, 김세윤, p. 61에서 재인용.

로도 해석한다. 불트만(Bultmann) 같은 학자는 갈라디아 1장 22절을 근거로 바울이 예루살렘에서 가말리엘 문하생으로 교육을 받았다는 기사의 신빙성을 부인한다. 그러나 바울은 자신이 예루살렘에서 자랐고, 가말리엘 문하에서 배웠다고 말하는 것은 그가 유대교에 두각을 나타낸 바리새인이었음을 암시하고 있다(갈 1:13f.; 빌 3:5f.).

'나고'(γεγεννημένος), '자라고'(ἀνατεθραμμένος) '교육받고'(πεπαιδευμένος), 이 세 동사형은 모두 동일한 과거 분사형이다. 이것은 바울의 정체성을 세 가지 동사로 요약해서 표현하는 말이다. 태어나기는 다소에서, 그의 인격과 신앙의 형성은 철저하게 유대적으로, 그의 인생 철학과 사상은 당시 최고 랍비 중 한 사람인 가말리엘 문하에서 율법의 엄한 교육을 받음으로 형성되었다는 점을 강조한다. 이런 표현은 자기를 율법과 조상들의 관습을 파괴하는 자라고 공격하는 유대인들의 루머를 의식한 발언일 것이다.

이어지는 연설은 그런 자신이 왜 그처럼 변했는가를 설명한다. 사도행전 22장 6-16절의 내용은 다메섹에서 있었던 사건을 통하여 자신이 변했는데, 이것은 부활하신 주님을 친히 만나 음성을 들었고, 그 증거는 그 빛의 광채로 눈이 멀었고(11절), 아나니아를 통하여 다시 보게 되었고(13절), 하나님의 신탁의 말씀을 들었다는 것이다.[39] 그리고 성전에 돌아와 기도하는 동안 다시 부활하신 주님을 보았고, 음성을 들었기 때문이라고 한다(행 22:17).[40] 예루살렘으로 돌아오고 성전에서 기도했다는 것은 그가 아직도 충성된 유대교도라는 증거가 된다. 그리고 바울이 받은 사명은 다메섹에서도 받았지만 그들이 그렇게 소중히 여기는 성전에서 받았음을 강조하는 말이다. 그러므

39) 요세푸스에 의하면, 다메섹에는 유대인이 1만 5백 명이 살았고 아이와 여자를 합하여 1만 8천 명이 다메섹 사람들에게 학살 당했다고 한다.

40) 18절, "καὶ ἰδεῖν αὐτὸν λέγοντά μοι"(나에게 말씀하고 계시는 예수를 보았다).

로 그들이 죽인 예수님은 아직도 예루살렘 성전의 하나님이시란 점도 강조한다.

이런 사건이 일어난 동기를 부여한 사람들은 다름 아닌 다메섹에 있는 모든 크리스천들을 결박하여 끌어오도록 공문을 주어 보낸 바로 "대제사장과 모든 장로들"(행 22:5)이라고 한다. '모든 장로들'이란 대제사장이 포함된 전체 산헤드린을 말한다.[41] 그런데 또 앞에다 대제사장이란 말을 덧붙였다. 5절의 '거기 있는 사람들'은 단순히 '거기'(ἐκεῖ)가 아니고 '에케이세'(ἐκεῖσε) 곧 그곳의 주민만이 아니고 그곳으로 도망해온 사람들까지 다 잡아오기로 했다는 것이다.[42] 사도행전 9장 2절에는 다메섹에 갈 공문을 요청한 사람은 바울이라고 한다. 사도행전 26장 12절에는 "제사장으로부터 받은 위임(permission)과 권위(authority)를 가지고 다메섹으로 갔다"고 한다. 이런 발언은 산헤드린 회원들로 하여금 과거를 생생하게 기억나도록 해주었을 것이다. 바울이 회심 당시 대제사장은 가야바(Caiaphas)였고(그의 임기는 AD 18-36), 이 연설을 하는 시기에 대제사장은 안나스(Ananias)였다(행 23:2 참고).[43] 바로 산헤드린이 보낸 공문을 가지고 다메섹으로 가다가 만난 분이, 바로 산헤드린 자신들이 죽인 예수님이란 사실은 그들에게 더할 수 없는 충격을 주었을 것이다.

그 당시 다메섹에 아나니아가 성령을 통해 전해준 내용은 바울의 다메섹 사건을 해석하여 주는 부분으로 이 연설의 정점(頂点)을 이룬다. 그 내용은 왜 그리스도께서 바울을 만나셨는지를 말해주는 내용이기 때문이다. 우리 조상들의 하나님이 "너를 택하여" 자기 뜻을

---

41) Barrett, op.cit., II. p.1037.

42) '거기'(ἐκεῖ)는 단순히 '거기' 또는 '그곳'이란 뜻으로 거기 있는 주민을 가리킨다. 그러나 '에케이세'(ἐκεῖσε)는 그 장소에 있는 사람들을 말하는 포괄적인 표현이다.

43) William Neil, op.cit., p. 224.

알게 하시고, "그 의인을 보게" 하시고,[44] "그 입에서 나오는 음성을" 듣게 하셨다(행 22:14-16). "왜 주저하느냐? 일어나 주의 이름으로 세례를 받고 죄를 씻으라"는 말에 따라 자신은 세례를 받고 죄를 씻었다는 것이다(행 22:16). 이 말은 자기의 변화는 철저하게 하나님에 의하여 일어난 일이라고 한다. 하나님의 뜻을 누가 거역하겠느냐는 반문도 포함되어 있다. 동시에 산헤드린 회원들도 회개하고 죄 씻음을 받아야 한다는 강조가 들어 있는 말이다.

바울의 연설은 과거 산헤드린의 사건으로 돌아간다(행 22:19-20). 바로 이 도시, 예루살렘에서 스데반을 죽일 때 바울 자신의 역할을 회상하게 한다. 아마도 이 말은 산헤드린 회원들로 하여금 기억을 생생하게 떠올리게 했을 것이다. 스데반이 '피를 흘릴 때'(ὅτε ἐξεχύννετο το αἷμα:행 22:20), ἐξεχύννετο는 미완료 수동태로 피를 흘리고 있다는(was being poured out) 생생한 표현이다. 스데반의 피가 지금도 흘러내리는 듯하게 그려줌으로 그들의 잘못이 얼마나 무서운 것인가를 보여주려 했을 것이다. 또 '증인'(μάρτυρός)이란 말은 증인이면서 동시에 순교자(martyrdom)란 의미를 지니기 때문에 산헤드린이 스데반을 죽였지만 그는 순교자란 사실을 명백하게 밝혔다.

바울은 성전에서 들었던 "예루살렘에서 나가라. 그들은 네가 내게 대하여 증언하는 말을 듣지 아니하리라"(행 22:18), "떠나가라. 내가 너를 멀리 이방인에게로 보내리라"(21절)에서 "떠나가라"를 두 번이나 반복한다(행 22:18,21). 이 말로 인하여 산헤드린은 옷을 벗어던지고 티끌을 날리며 난동을 부리기 시작하였다. 18절과 21절의 내용은

---

44) 예수 그리스도를 '의인'이라 부른다. 유대 지도자들은 예수님을 죄인으로 몰아 중벌인 십자가에 달아 죽였다. 바울은 그분을 '의인'이라고 하므로 유대 지도자들의 잘못을 간접적으로 지적하고 있다.

바울이 말하지 않아도 될 텐데, 왜 바울은 그들에게 이 말을 하여 스스로 곤경에 빠지게 되었는가? 이 구절은 바울의 연설이지만, 사실은 누가가 그 당시 기독교인이나 유대인들에게 하고 싶은 이야기다. 이런 표현은 바울은 왜 자신이 이방인에게로 가야 했는지, 또 이방 선교를 해야 하는 일이 왜 정당한지를 설명한 대목이다. "당신들이 듣지 않았기 때문에 하나님께서 떠나라고 하셨다"는 것이다. 또 유대 지도자를 향하여 항상 하나님을 거스르며 살고 있다는 사실을 질책하는 대목이다.

동시에 이 연설은 바울의 과거와 누가의 현재를 절묘하게 한데 엮고 있다. 바울은 자신에게 제기된 비난들을 변호하고 있다. 그러나 이것은 이미 지나간 과거를 이야기하려는 게 아니다. 문제는 초대교회가 당면한 현실적 문제에 대하여 누가는 바울의 연설을 통하여 말하고 싶었던 것이다.[45)]

초대교회는 유대교와의 관계에서 그 연속성이 문제였다. 누가가 이 연설을 통하여 말하고 싶은 점은, 위대한 이방 선교자가 바로 경건하고 율법에 열심인 유대인이었으며, 그는 유대인들의 불신앙 때문에 하나님의 명령에 의해 이방인들에게로 보내졌다는 것이다.

---

45) 누가는 책의 4분의 1을 차지할 만큼 바울의 회심에 대한 많은 내용을 세 번이나 반복한다. 내러티브에서 이같이 같은 사건을 반복하는 것은 그 내용이 매우 중요하다는 것이다. 바울의 다메섹 사건에 대한 언급을 비교해 보자. 9장의 내용과 22:4-21 그리고 26:12-18, 세 사건을 비교하면 몇 가지 점에서 근소한 차이를 보인다. 첫째는 다메섹에서 있었던 경험이다. 9:7은 그들이 말없이 서서 소리는 들었으나 아무것도 보지 못하였다고 한다. 22:9에서는 그들은 빛은 보았으나 소리는 듣지 못했다고 한다. 그러나 26:13-14에서는 "하늘에서 해보다 밝은 빛이 내려와 함께 길 가던 사람들을 두루 비추었다"고 한다. 둘째의 중요한 차이는 바울이 이방인 사도직을 어떤 모양으로 받았는가 하는 점이다. 26:16에는 "부활하신 그리스도께서 직접 바울에게 주었다"고 한다. 22:21에는 성전에서 기도하는 중에 받았다고 한다. 그러나 9장에서는 직접 설명해 주지 않고, 다메섹으로 가라고만 한다. 거기서 지시가 있으리라고 했다(6절). 선교사역은 아나니아를 통하여 주어졌다(15절).

그러므로 유대교와 그리스도교 사이에는 어떠한 근본적인 단절도 없고, 양자 사이에 있는 연속성은 파괴될 수 없으며, 유대교는 그리스도교회를 관용으로 받아주어야 한다고 말한 것이다.[46] 이 문제는 이어지는 장에서 다시 다루게 된다.

당황한 천부장은 영내로 데려가라 말하고, 무슨 일로 그들이 그처럼 흥분하여 소리 질렀는지를 알아보려고 바울을 채찍질하여 심문하라고 명한다(행 22:24). '채찍질'(μαστιξιν)은 라틴어로 flagellum이라고 한다. 이것은 가장 고통스러운 고문 기구를 말하는데, 든든한 나무 자루에 금속이나 동물의 뼈를 무겁게 단 가죽끈을 달아서 만든 도구이다. 이런 채찍질을 당하고도 죽지 않는다면 일생 장애인이 된다.[47] 바울은 다섯 번이나 유대 회당으로부터 태장에 맞은 적이 있고(고후 11:24), 세 번 매질을 당했다(고후 11:25). 그러나 이런 고문은 Flagellum에는 비교가 되지 않는다.

그때 바울은 자신이 로마 시민임을 다시 밝힌다. 사실 바울은 자신이 다소 시민이란 점을 이미 밝힌 바 있다(행 21:39). 그제서야 비로소 천부장은 바울의 로마 시민에 대하여 민감하게 반응한다. 백부장의 보고를 들은 천부장은 "네가 로마 시민이냐?"라고 묻는다(행 22:27). 이 말은 그것을 믿기 어렵다는 뉘앙스를 지니고 있다.[48] 시민권을 어렵게 얻은 사람의 태도이다. 로마에서는 새 황제가 등극할 때마다 그 일을 기념하기 위해 시민권을 팔았다고 한다. 이 천부장 루시아(Lysias)가 클라우디오(Claudius)란 이름을 가진 것은 클라우디

46) 헨헨, op.cit., pp. 328-329.

47) Bruce, op.cit., pp. 420. MacGregor는 이것은 징벌이 아니고, 노예에게 죄를 고백하게 하는 고문으로, 자유인에게는 이런 형벌을 내릴 수 없다고 한다. op.cit., pp. 292-293.

48) "σὺ Ῥωμαῖος εἶ"는 "그대가(강조적 위치) 로마인이냐?"란 질문이다. 믿기 어렵다는 뜻이다.

오 황제를 기념한 것 같다.[49] 서방 본문에는 '그런 시민권을 얻으려고 얼마나 많은 돈을 들였는지 모른다'고 덧붙였다. 천부장은 자기는 돈을 많이 들여 샀는데, 너는 얼마나 주고 샀느냐는 빈정거림이 있는 태도로 말한다. 바울은 "나는 나면서부터다"라고 짧게 말한다.

5. 바울의 구금과 변론(행 22:30-23:35)

30) 이튿날 천부장은 유대인들이 무슨 일로 그를 고발하는지 진상을 알고자 하여 그 결박을 풀고 명하여 제사장들과 온 공회를 모으고 바울을 데리고 내려가서 그들 앞에 세우니라 23:1) 바울이 공회를 주목하여 이르되 여러분 형제들아 오늘까지 나는 범사에 양심을 따라 하나님을 섬겼노라 하거늘 2) 대제사장 아나니아가 바울 곁에 서 있는 사람들에게 그 입을 치라 명하니 3) 바울이 이르되 회칠한 담이여 하나님이 너를 치시리로다 네가 나를 율법대로 심판한다고 앉아서 율법을 어기고 나를 치라 하느냐 하니 4) 곁에 선 사람들이 말하되 하나님의 대제사장을 네가 욕하느냐 5) 바울이 이르되 형제들아 나는 그가 대제사장인 줄 알지 못하였노라 기록하였으되 너의 백성의 관리를 비방치 말라 하였느니라 하더라 6) 바울이 그 중 일부는 사두개인이요 일부는 바리새인인 줄 알고 공회에서 외쳐 이르되 여러분 형제들아 나는 바리새인이요 또 바리새인의 아들이라 죽은 자의 소망 곧 부활로 말미암아 내가 심문을 받노라 7) 그 말을 한즉 바리새인과 사두개인 사이에 다툼이 생겨 무리가 나누어지니 8) 이는 사두개인은 부활도 없고 천사도 없고 영도 없다 하고 바리새인은 다 있다 함이라. 9) 크게 떠들새 바리새인 편에서 몇 서기관이 일어나 다투어 이르되 우리가 이 사람을 보니 악한 것이 없도다 혹 영이나 혹 천사가 그에게 말하였으면 어찌 하겠느냐 하여 10) 큰 분쟁이 생기니 천부장은 바울이 그들에게 찢겨질까 하여 군인을 명하여 내려가 무리 가운데서 빼앗아 가지고 영내로 들어가라 하니라 11) 그 날 밤에 주께서 바울 곁에 서서 이르시되 담대하라 네가 예루살렘에서 나의 일을 증언한 것 같이 로마에서도 증언하여야 하리라 하시니라 12) 날이 새매 유대인들이 당을 지어 맹세하되 바울을 죽이기

---

49) 클라우디오(Claudius) 황제는 로마의 제4대 황제인데, 리베리우스의 조카이며, 마아크 안토니의 손자이다. 행 18:2에 언급되었다.

전에는 먹지도 아니하고 마시지도 아니하겠다 하고 13) 이같이 동맹한 자가 사십여 명이더라 14) 대제사장들과 장로들에게 가서 말하되 우리가 바울을 죽이기 전에는 아무것도 먹지 않기로 굳게 맹세하였으니 15) 이제 너희는 그의 사실을 더 자세히 물어보려는 척하면서 공회와 함께 천부장에게 청하여 바울을 너희에게로 데리고 내려오게 하라 우리는 그가 가까이 오기 전에 죽이기로 준비하였노라 하더니 16) 바울의 생질이 그들이 매복하여 있다 함을 듣고 와서 영내에 들어가 바울에게 알린지라 17) 바울이 한 백부장을 청하여 이르되 이 청년을 천부장에게로 인도하라 그에게 무슨 할 말이 있다 하니 18) 천부장에게로 데리고 가서 이르되 죄수 바울이 나를 불러 이 청년이 당신께 할 말이 있다 하여 데리고 가기를 청하더이다 하매 19) 천부장이 그의 손을 잡고 물러가서 조용히 묻되 내게 할 말이 무엇이냐 20) 대답하되 유대인들이 공모하기를 그들이 바울에 대하여 더 자세한 것을 묻기 위함이라 하고 내일 그를 데리고 공회로 내려오기를 당신께 청하자 하였으니 21) 당신은 그들의 청함을 따르지 마옵소서 그들 중에서 바울을 죽이기 전에는 먹지도 않고 마시지도 않기로 맹세한 자 사십여 명이 그를 죽이려고 숨어서 지금 다 준비하고 당신의 허락만 기다리나이다 하매 22) 이에 천부장이 청년을 보내며 경계하되 이 일을 내게 알렸다고 아무에게도 이르지 말라 하고 23) 백부장 둘을 불러 이르되 밤 제 삼 시에 가이사랴까지 갈 보병 이백 명과 기병 칠십 명과 창병 이백 명을 준비하라 하고 24) 또 바울을 태워 총독 벨릭스에게로 무사히 보내기 위하여 짐승을 준비하라 명하며 25) 또 이 아래와 같이 편지하니 일렀으되 26) 글라우디오 루시아는 총독 벨릭스 각하에게 문안하나이다 27) 이 사람이 유대인들에게 잡혀 죽게 된 것을 내가 로마 사람인 줄 들어 알고 군대를 거느리고 가서 구원하여다가 28) 유대인들이 무슨 일로 그를 고발하는지 알고자 하여 그들의 공회로 데리고 내려갔더니 29) 고발하는 것이 그들의 율법 문제에 관한 것뿐이요 한 가지도 죽이거나 결박할 사유가 없음을 발견하였나이다 30) 그러나 이 사람을 해하려는 간계가 있다고 누가 내게 알려 주기로 곧 당신께로 보내며 또 고발하는 사람들도 당신 앞에서 그에 대하여 말하라 하였나이다 하였더라 31) 보병이 명을 받은 대로 밤에 바울을 데리고 안디바드리에 이르러 32) 이튿날 기병으로 바울을 호송하게 하고 영내로 돌아가니라 33) 그들이 가이사랴에 들어가서 편지를 총독에게 드리고 바울을 그 앞에 세우니 34) 총독이 읽고 바울더러 어느 영지 사람이냐 물어 길리기아 사람인 줄 알고 35) 이르되 너를 고발하는 사람들이 오거든 네 말을 들으리라 하고 헤롯 궁에 그를 지키라 명하니라 산헤드린 회원들을 주목하여 본 후 바울은 말하기를 시작하였다. "여러분, 형제들아. 오늘 나는 범사에 양심에 따라 하나님을 섬겼노라." 이 말을 들은 대제사장 아나니아가 바울의 입을 치라고 했다. 바울도 주저하지 않고, 그를 향하여 '회칠한 담'이라고 한다.[50] 그리고 "하나님이 너를 치실 것이다"라고 했다. 대제사장 아나니아가 바울을 '치라'(τύπτειν)고 했던 그 말을 바울은 그대로 되받아쳤다. 도리어 "치라"는 단어를 문장 첫부분에 놓아(Τύπτειν σε μέλλει ὁ θεὸς) 강력한 의미를 더해서 그에게 되돌려 주었다. 그는 율법대로 바울을 심판한다며 앉아서 율법을 어기고 치라고 했기 때문이다.

'치라'는 말은 'μέλλει'와 함께 사용되면서 (미래의)사실을 선언하는 의미를 갖게 된다.[51] 그러므로 바울의 말은 "미래의 어느날 하나님이 당신을 치실 것이다"라는 뜻이 된다. 하나님이 의인들을 심판하실 때, 악명 높은 불의한 자들이 반드시 그 보상을 받을 것인데, 누가는 대제사장 아나니아에게 실제로 일어난 일을 마음에 두고 말했는지도 모른다. 브루스(Bruce)에 의하면 바울이 아나니아 앞에 섰을 때가 주후 57년이라고 한다. 그렇다면 아나니아가 주후 58년에 강도들에게 살해당했기 때문에 누가가 사도행전을 쓸 때는 이미 죽임을 당한 일을 알고 있었다는 말이 된다.[52] 바울은 산헤드린 앞에서 연설하면서 그저 "형제들이여"라고만 말함으로, 이미 대제사장에

---

50) 바울로부터 '회칠한 담'이라고 책망을 받았던 아나니아에 대하여(행 23:1ff), 랍비 전승들은 그가 다른 제사장들에게 돌아가야 할 희생 수입(sacrificial perquistites)을 혼자 탈취하였다고 말하고 있다. Bruce, 신약사 p. 83.

51) Barrett, op.cit., II. p. 1059.

52) 아나니아는 아그립바 2세에 의하여 AD 48년에 지명되었고, 실각한 것은 AD 58년이다. 요세푸스는 그가 강도들에게 살해당했다고 전한다. 그는 백성의 환심을 사려고 가장 부정한 방법을 썼고, "그는 기질에서 용감한 사람이고, 무례한 사람이다. 그 역시 사두개파에 속했고, 범죄자들을 재판하는 경우 모든 유대인들보다 더 잔인했다"고 했는데(Antiquities XX. 9. 1,2), 본문에서 그의 행동은 요세푸스의 말에 부합된다.

게 예의를 갖추지 않았다.[53]

바울은 대제사장이 율법을 어겼다고 한다(행 23:3). 학자들은 레위기 19장 15절을 예로 든다.[54] 여기에는 재판시에 피고인을 공정하게 대접하라는 요구가 있다. 바울의 죄가 아직 정해지지도 않은 상태였다. 그런데도 아나니아는 그를 마치 죄인 취급을 했다. 대제사장을 치라고 하는 말에 곁에 섰던 사람이 바울에게 대제사장을 모욕했다고 질책한다. '하나님의 대제사장'이란 표현을 썼다. 대제사장을 높이려는 의도적인 면이 보인다. 당시 사람들은 대제사장은 사람들이 모독할 수 있는 일반적인 사람은 아니라고 생각했다. 그는 하나님에 의하여 지명되고, 하나님 자신을 대표한다고 생각했기 때문이다.

바울은 그를 몰랐다고 대답한다(행 23:5). 과연 바울이 산헤드린 의장인 대제사장을 몰랐을까? 예루살렘에 거주하는 사람이라면 그를 모를 리가 없다. 더욱이 바울이 그를 모를 리가 없다. 산헤드린의 관리(agent)가 아니면 산헤드린 회원이었던(?) 사람이 모를 리가 없었을 것이다. 가말리엘 문하에서 배운 사람이 대제사장을 모를 리가 없다. 선교지에서 막 돌아왔기 때문에 산헤드린 변화에 대하여 모르고 있었던 것일까?

헤머(C. J. Hemer)는 재미있는 제안을 한다. 바울이 전에 예루살렘을 방문했을 때(AD 52년 여름), 그때는 대제사장 아나니아가 로마에 송환되어 갔을 시기였기 때문에 바울은 어떤 대제사장이 사회를 보고 있었는지를 몰랐을 것이라고 한다. 또 하나의 가능성은 바울이 의미한 것은 그 명령을 내린(who spoke) 사람이 누구인지를 몰랐다는 의미로 해석할 수 있다는 것이다.[55] 바클레이(Barclay)는 바울은 아나

---

53) MacGregor, op.cit., p. 297.

54) 레 19:15: "너희는 재판할 때에 불의를 행하지 말며, 가난한 자의 편을 들지 말며, 세력 있는 자라고 두둔하지 말고, 공의로 사람을 재판할지며."

니아를 정확하게 알고 있었다고 한다. 그리고 바울이 한 말은 이런 의미였다고 한다. "거기 앉아 있는 이 사람, 그런 사람이 무슨 대제사장이냐? 나는 그런 사람을 결코 모른다."[56)]

바울은 주제를 바꾼다. 지금까지 성전을 모독하고 율법을 파괴하였다는 이유로 재판을 받던 그가 주제를 부활로 바꾼다(행 23:6). 부활은 바울이 전하고 싶은 주제였기 때문이다. 산헤드린 안에 바리새파와 사두개파의 교리를 정확하게 알고 있던 바울이 내놓은 부활은 두 당파 사이에 논쟁을 일으켰다. 바울은 자기는 "바리새인이요, 바리새인의 아들이라"(행 23:6)고 말한다. 산헤드린의 다수는 사두개인이 차지하였고, 바리새인은 마이너리티(minority)다. 그런데도 그는 한 명의 바리새인으로 그곳에서 말하고 있다. "죽은 자의 소망 곧 부활로 말미암아 내가 심문을 받노라"(행 23:6). 바울은 참으로 영리했다. 노련한 수를 썼다. 바울 자신이 옛날에 바리새인이었다고 말하는 것이 아니라 지금 바리새인이라고(ἐγὼ Φαρσαῖός εἰμι) 말하고 있다.[57)]

그리고 바리새인들이 가지고 있는 죽은 자의 소망, 즉 부활 때문에 재판을 받고 있다고 말한다. 여기서 부활은 예수님의 부활을 의미하는 것이 자명하다. 예수님의 부활을 증거하면서, 동시에 산헤드린을 조롱한 것이다. 또 바리새인들은 부활을 믿기에 바울의 말을 거부하기 어렵게 만들었다. 바울이 기대한 대로 되었다. 바리새인 중에 서기관이 일어났다(행 23:9). 당시 서기관은 대부분 바리새파 사람이지만 다 바리새파에 속하지는 않았다.[58)] 그래서 바리새인 중에 서기

---

55) Barrett, op.cit., p. 1061.

56) Barclay, op.cit., p. 180.

57) "나는 바리새인이요"(ἐγὼ Φαρσαῖός εἰμι)라고 한다. 현재형은 물론이거니와 예수님처럼 'ἐγὼ εἰμι'란 강조법을 사용하여 말했다.

58) MacGregor, op.cit., p. 300. 그래서 바리새 편인 몇 서기관이란 표현을 썼을

관이라고 말한다. 서기관은 "이 사람을 보니 악한 것이 없도다"라고 선언한다. 혹 영이나 천사가 말할 수도 있다는 암시를 던진다. 그들이 부활을 인정한다고 해서 예수님의 부활을 받아들였다는 뜻은 아니다. 그래서 바울이 다메섹에서 만난 그리스도도 영이나 천사가 말한 것으로 생각했다.

부활 문제로 산헤드린 회의장에 분쟁이 생기고 수습이 불가능하자, 천부장이 개입하여 바울을 영내로 데려간다(행 23:10). 사두개인들은 그들의 편협한 교리를 버리지 않는 한 크리스천이 될 수 없다. 그러나 바리새인들은 크리스천이 되어도 바리새인으로 남아 있는 일이 사도시대에는 있었다.[59] 그날 밤, 이틀 동안 이런 진통을 겪고 바울은 착잡했을 것이다. 로마로, 서반아까지 가겠다는 그의 꿈은 어찌될 것인가? 예루살렘 교회 지도자들에게 기대할 것은 아무것도 없었다. 이것을 놓고 기도했는지도 모른다. 그때 주께서 그에게 나타나셨다. "담대하라. 네가 예루살렘에서 나의 일을 증언한 것같이 로마에서도 증언하여야 하리라"(행 23:11). 로마도 보아야 하리란 그의 꿈은 반드시 이뤄진다. 그날 밤의 그리스도의 현현은 그날의 사건만 아니라 이후로 일어날 모든 사건 앞에서 바울에게 지대한 영향과 용기를 준 것은 자명하다 하겠다.

유대인들의 공세(攻勢)는 그 이튿날에도 계속되었다. 40명의 결사대가 함께 공모를 했다(행 23:12). '대제사장과 장로들'이란 산헤드린 공의회 전체를 의미한다. 그들은 산헤드린에 찾아가서 바울을 죽이기 전에는 먹지도 않기로 맹세하였다고 엄포를 놓았다. 바울을 처리하기까지 먹지도, 마시지도 않겠다고 한 것은 그들이 이 일을 얼마나

것이다.

59) Bruce, op.cit. p. 428.

심각하게 생각했는지를 말해준다. 동시에 바울이 얼마나 큰 위험에 빠져 있는지도 보여준다. 그들은 바울을 죽일 방법까지 자세하게 산헤드린에 제시했다(행 23:15). 그들의 말소리가 갑자기 작아졌다. 바울을 죽이려는 음모는 절대 보장되어야 하기 때문에, 이 음모는 오직 소수의 사람들에게만 알려졌을 것임에 틀림이 없다. 아마도 40명 외에 극단적인 유대인 지도자들에게만 알려졌을 것이다.

여기서 갑자기 바울의 친척 이야기가 처음으로 등장한다(행 23:16). 그런데 그런 최신의 정보를 얻은 바울의 생질이란 누구인가? 이 바울의 생질은 몇 살쯤 되었고, 어디서 살며 무엇을 하는지도 언급이 전혀 없다. 17절의 '청년'(νεανίας)이란 단어는 바울이 스데반을 살해하던 바울에게 똑같이 사용되었었다(행 7:58). 그렇다면 그가 그 사실을 어떻게 알았을까? 람세이는 재미있는 상상을 한다. 바울의 생질은 그 당시 그리스도인이 아니었을 것이라고 한다. 그런 상황에서 그리스도인이 유대인의 집에 출입했다고 볼 수 없기 때문이다. 그는 유대인으로 영향력 있는 유력한 가문의 일원으로서 그런 모임에 출입했을 것이고, 그곳에서 정보를 얻었을 가능성을 시사한다.[60] 그러나 거기에 대한 어떤 증거도 없다. 우리는 단지 본문을 통해서 추측할 수 있는 제한적 정보를 생각할 뿐이다. 사도행전 23장 16절에는 그때의 긴박성을 보여주는 네 단어가 나온다. '듣고'(Ἀκούσας), '와서'(παραγενόμενος), '들어가'(εἰσελθὼν), 그리고 '알렸다'(ἀπήγγειλεν). 앞의 세 단어 모두 단순과거 분사로서('들어가다'만 중간태) "having heard, having come, having enter"란 뜻이다. 그리고 '알렸다'는 단어만 단순 과거형이다. 그러니까 어디선가 듣고 달려와서 들어가게 되었다. 그리고 알렸다고 한다.

---

60) 람세이, op.cit., p. 44.

바울은 백부장을 불러 생질을 천부장에게 데려다 주기를 청하였고, 바울의 생질을 만난 천부장은 그를 아주 따뜻하게 대해 주었다. "그의 손을 잡고 물러가서 조용히 묻되"(행 23:19)는 천부장의 친절한 행위를 보여주는 표현이다. 그리고 천부장은 그의 보고를 주의깊게 들어주었다. 청년의 보고를 들은 천부장은 이 일을 자기에게 알렸다고 아무에게도 말하지 말라고 경계하고, 백부장을 불러 가이사랴까지 갈 보병 이백 명과 기병 칠십 명과 창병 이백 명을 준비하라고 한다(행 23:23). 밤중 이송을 위하여 로마 수비대 절반이 소집되었다.[61] 또 바울을 태우고 갈 짐승까지 준비하라고 명령했다(행 23:24). 그 때가 저녁 3시, 즉 우리 시간으로는 저녁 9시이다. 백부장이 바울을 가이사랴로 보낸 것은 유다 당국이 죄수에 대한 판결권을 요구하는 데 반하여 천부장은 로마 시민을 가이사랴로 보내야만 했을 것이다. 천부장은 바울에게 매우 친절하게 보인다. 누가는 로마 당국이 바울을 옹호했다는 것을 두드러지게 부각시키려고 한 것처럼 보인다.

천부장은 총독 벨릭스에게 보낼 편지를 썼다(행 23:25). 그가 어떻게 바울을 만나게 되었고, 그가 로마 사람인 것을 알고 위험에서 어떻게 건져냈는가를 적었다. 그리고 바울의 죄명에 대하여는 "나는 그가 유대 사람의 율법 문제로 고소를 당하였을 뿐이며, 사형을 당하거나 갇힐 만한 아무런 죄가 없다는 것을 알았습니다"라고 했다(29절). 로마인으로부터 바울은 무죄라고 선고된 순간이다. 로마가 얼마나 바울에게 유리한 판단을 내렸는지는 함께 보낸 천부장의 편지에서 드러난다.

군인들은 명령 받은 대로 바울을 데리고 밤에 안디바드리까지 갔다(행 23:31). 안디바드리는 고대의 아백(Apheck)으로 예루살렘으로부

61) 헨헨, op.cit., II. p. 353. 많은 주석 학자들은 이것을 실제적인 서술로 간주한다.

터 62km 떨어진 지중해 연안의 요새이다.[62] 저녁 9시에 출발했다고 해도 그 이튿날까지 달려갔어야 되는 먼 길이다. 가말리엘은 유대인의 하루 거리를 45km로 계산했다.[63] 그렇다면 꼬박 밤을 새우고 그 이튿날 정오까지 달려야 안디바드리에 도착할 수 있게 된다. 이튿날 바울을 기병들에게 호송하도록 하고, 나머지 병사들은 병영으로 돌아왔다(32절). 어떤 학자들은 누가가 팔레스틴 지리에 대한 이해가 부족하기 때문에 이런 일이 가능하다고 생각했다고 지적한다. 사도행전 23장 31절의 'διὰ νυκτὸς'는 정확하게 말하면 '밤새도록'이란 뜻이다. 그리고 32절에 '그 이튿날'(τῇ δὲ ἐπαύριον)이란 표현은 다음날 언제인지는 확실하지 않다. 그러니까 밤새도록 달려서 그 이튿날 언젠가 안디바드리에 닿았고, 바울을 넘겨주고 병사들은 예루살렘 안토니오 영내로 돌아왔다는 말이기 때문에 누가의 표현에 문제는 없다고 본다.

바울을 인수받은 기병들은 안디바드리에서 북쪽으로 39km를 달려 가이사랴에 도착하여 총독에게 천부장의 편지와 함께 바울을 인계한다(행 23:33). 가이사랴에 살고 있던 빌립의 가족과 그리스도인들은 아가보의 예언이 이처럼 빨리 이뤄진 것에 놀랐을 것이다. 바울이 예루살렘에 올라와서 가이사랴로 옮겨질 때까지를 정리하면 다음과 같다. 첫째 날 : "예루살렘 도착(행 21:17), 둘째 날 : 야고보와 장로들과의 회의(행 21:18), 셋째날부터 아홉째 날까지 : 7일간의 성결예식(행 21:27), 열째 날 : 의회 앞에서의 바울(행 22:30), 11일째 날 : 살해음모(행 23:12), 12일째 날: 가이사랴 이송(행 23:32)으로 이어졌다. 이송은 저녁 9시쯤 이뤄졌지만 유대교 방식으로는 하루의 시작은 저녁 6시였으므로 만일 바울이 그날을 온종일 예루살렘에서 보내지 않았다면 이

62) 헨헨, Ibid, p. 351.
63) 예레미아스, 예수님 시대의 예루살렘, p. 88.

송 일은 12일째 되는 날이다(행 24:11 참고).

편지를 읽은 총독은 첫 질문을 던진다. "어느 영지(도시) 사람인가?"(행 23:34) "ἐκ ποίας ἐπαρχείας(from what province)"는 그가 속한 지역(황제의 직할인가, 원로원 직할인가)을 묻는 질문이 아니다. 로마 법에는 범죄자는 범죄가 일어난 곳에서 재판을 받아야 하기 때문에 재판받을 곳을 먼저 묻는 게 관례이다. 누가복음 23장 6-7절에서 예수님도 같은 질문을 받았고, 갈릴리 사람인 줄 알고 헤롯에게 보내졌다.[64] 총독은 바울이 길리기아 사람인 것을 알고 고소하던 사람들이 오면 바울의 말을 듣겠다고 했다. 당시 길리기아는 수리아 지방 장관 통치하에 있었지만 그곳은 황제 관할 지역이기 때문에 바울의 문제는 수리아 지방 장관에게 상소할 수 있는 문제가 아니었으므로 벨릭스의 재판권에 두었다. 총독은 편지를 받고, 짤막한 심문을 하고 재판에 회부하기로 결정한다. 그리고 바울에게 숙소를 지정해 준다(행 23:35).

'듣겠다'(διαχούειν)는 논쟁의 여러 분야를 듣는다는 데 사용되던 단어이다. 여기서는 재판을 위한 전 과정(full hearing)을 의미한다.[65] 바울이 갇힌 곳은 헤롯 궁이다. 어떤 사람(크노프)은 이것은 가벼운 구금이라고 말하고, 또 어떤 사람(르와지)은 궁전 안에는 경비병 숙소와 죄수들을 위한 감옥이 있었다고 한다.[66] 당시 총독은 가이사랴에 있는 헤롯의 관저에 거주하고 있었다. 이 궁전은 대헤롯에 의하여 세워진 것인데, 로마 총독에게 넘겨주었다. 지금도 옛 가이사랴 도시의 유적에 가면 그 도시의 맨 서쪽, 지중해와 맞닿는 곳에 헤롯 왕궁의 기초석들이 넘실거리는 물 위에 잠길 듯 말 듯 놓여 있는

64) MacGregor, op.cit., p. 306.
65) Barrett, op.cit., p. 1088.
66) 헨헨, op.cit. p. 352.

것을 보게 될 것이다. 바울이 헤롯 궁에 갇혀 정식으로 로마의 죄수가 되었다. 바울의 사건은 단순히 개인적인 것이 아니라 국가적인 사건이란 점을 누가는 강조하고 있다. 바울은 조무래기 전도자가 아니었다. 항상 중심 도시, 그리고 그 중심부에 복음을 전한 큰 인물이었다.

벨릭스는 유대 총독으로서의 긴 기간을 즐겼던 사람이다. 왜냐하면 그는 황실의 귀족들과 좋은 관계를 유지하고 있었기 때문이다. 그의 부인이 안토니와 클레오파트라의 손녀와 결혼했기 때문이다.[67] 그러나 타키투스와 요세푸스는 벨릭스를 악인으로 평가한다. 이 두 사람은 벨릭스가 철두철미하게 나쁜 사람이라고 하는 데 일치한다. 그러나 헨헨은 벨릭스의 간단한 심문(행 24:1)은 이 총독이 실질적이고 정확하게 행동하는 관리임을 말해준다고 한다.[68]

6. 바울과 벨릭스의 대면(행 24:1-27)

1) 닷새 후에 대제사장 아나니아가 어떤 장로들과 한 변호사 더둘로와 함께 내려와서 총독 앞에서 바울을 고발하니라 2) 바울을 부르매 더둘로가 고발하여 이르되 3) 벨릭스 각하여 우리가 당신을 힘입어 태평을 누리고 또 이 민족이 당신의 선견으로 말미암아 여러 가지로 개선된 것을 우리가 어느 모양으로나 어느 곳에서나 크게 감사하나이다 4) 당신을 더 괴롭게 아니하려 하여 우리가 대강 여짜옵나니 관용하여 들으시기를 원하나이다. 5) 우리가 보니 이 사람은 전염병 같은 자라 천하에 흩어진 유대인을 다 소요하게 하는 자요 나사렛 이단의 우두머리라 6) 그가 또 성전을 더럽게 하려 하므로 우리가 잡았사오니 (6절 하반-8절 상반 없음) 8) 당신이 친히 그를 심문하시면 8) 우리가 고발하는 이 모든 일을 아실 수 있나이다 하니 9) 유대인들도 이에 참가하여 이 말이 옳다 주장하니라 10) 총독이 바울에게 머리로 표시하여 말하라 하니 그가 대답하되 당신이 여러 해 전부터

---

67) Wright, op.cit., p. 236. 벨릭스는 AD 52년에 부임하여 58년에 소환된 듯하다.
68) 헨헨, op.cit., p. 354.

이 민족의 재판장 된 것을 내가 알고 내 사건에 대하여 기쁘게 변명하나이
다 11) 당신이 아실 수 있는 바와 같이 내가 예루살렘에 예배하러 올라간
지 열이틀밖에 안 되었고 12) 그들은 내가 성전에서 아무와 변론하는 것이
나 회당 또는 시중에서 무리를 소동하게 하는 것을 보지 못하였으니 13)
이제 나를 고발하는 모든 일에 대하여 그들이 능히 당신 앞에 내세울 것이
없나이다 14) 그러나 이것을 당신께 고백하리이다 나는 그들이 이단이라
하는 도를 따라 조상의 하나님을 섬기고 율법과 선지자들의 글에 기록된
것을 다 믿으며 15) 그들이 기다리는 바 하나님께 향한 소망을 나도 가졌으
니 곧 의인과 악인의 부활이 있으리라 함이니이다 16) 이것으로 말미암아
나도 하나님과 사람에 대하여 항상 양심에 거리낌이 없기를 힘쓰나이다
17) 여러 해 만에 내가 내 민족을 구제할 것과 제물을 가지고 와서 18)
드리는 중에 내가 결례를 행하였고 모임도 없고 소동도 없이 성전에 있는
것을 그들이 보았나이다 그러나 아시아로부터 온 어떤 유대인들이 있었으
니 19) 그들이 만일 나를 반대할 사건이 있으면 마땅히 당신 앞에 와서
고발하였을 것이요 20) 그렇지 않으면 이 사람들이 내가 공회 앞에 섰을
때에 무슨 옳지 않은 것을 보았는가 말하라 하소서 21) 오직 내가 그들
가운데 서서 외치기를 내가 죽은 자의 부활에 대하여 오늘 너희 앞에 심문
을 받는다고 한 이 한 소리가 있을 따름이니이다 하니 22) 벨릭스가 이
도에 관한 것을 더 자세히 아는 고로 연기하여 이르되 천부장 루시아가
내려오거든 너희 일을 처결하리라 하고 23) 백부장에게 명하여 바울을
지키되 자유를 주고 그의 친구들이 그를 돌보아 주는 것을 금하지 말라
하니라 24) 수일 후에 벨릭스가 그 아내 유대 여자 드루실라와 함께 와서
바울을 불러 그리스도 예수 믿는 도를 듣거늘 25) 바울이 의와 절제와
장차 오는 심판을 강론하니 벨릭스가 두려워하여 대답하되 지금은 가라
내가 틈이 있으면 너를 부르리라 하고 26) 동시에 또 바울에게서 돈을
받을까 바라는 고로 더 자주 불러 같이 이야기하더라 27) 이태가 지난
후 보르기오 베스도가 벨릭스의 소임을 이어받으니 벨릭스가 유대인의
마음을 얻고자 하여 바울을 구류하여 두니라

닷새 후에 대제사장 아나니아가 어떤 장로들과 변호사 더둘로(Tertullus)를 대동하고 나타났다. 더둘로는 유대법과 로마법에 능통한 변호사이다. 아마도 아나니아는 자기들로는 총독 앞에서 바울을 죄수로 몰아붙이기는 어려울 것이란 사실을 알았으므로 법적으로, 웅변술

로 뛰어난 변호사를 고용해서 데려왔을 것이다. 총독은 바울을 불러 세우고 드디어 재판이 시작되었다. 더둘로의 고소는 총독에 대한 아부 발언으로 시작된다. 그리고 5-9절이 바울을 고소하는 내용이다. 총독에 대한 아부는 아낌없이 쏟아내진다.

먼저 벨릭스의 치적과 벨릭스에 의하여 태평을 누리는 것을 감사한다(행 24:3). 로마의 지배하에 평화를 언제부터 그처럼 높이 평가한 적이 있었던가? 벨릭스의 폭력으로 소요를 억제하게 되었다고 한다. 요세푸스에 의하면 벨릭스는 많은 강도들(λησταί)을 십자가에 처형시켰고, 소요를 진압했다고 한다(Josephus Bell. 2. 253-263). 그런데 헨헨에 의하면 '강도들'이라고 일컬어진 사람들은 본래 종교적 자유를 위해 싸운 자들이었다고 한다.[69)]

타키투스는 "벨릭스가 은밀히 도둑의 무리를 후원했으며, 그 약탈물을 분배하여, 마침내 유대인들에 의해 고발되어 네로에게 소환되었다"고 주장한다(Tacitus, '연대기' Ann., XII. 54). 아나니아의 아첨은 바울로 인하여 평화가 어지러워졌다고 고발하기 위하여 평화를 언급하는 것이 분명하다. 또 벨릭스의 선견(προνοίας)에 의하여 유대 민족이 여러 가지로 개량되었다고 아첨한다. πρόνοια는 선견(지명)이란 뜻으로 후에는 하나님의 섭리(providence)로도 사용되었다. 바렛은 더둘로가 이방인이었을 가능성을 제시한다.[70)]

아첨의 말에 비하면, 바울을 고소하는 죄목은 간단하다. 자기들이 볼 때 "이 사람은 전염병 같은 자"이고, "천하에 흩어진 유대인을 다 소요케 하는 자요 나사렛 이단의 우두머리"(행 24:5)라는 것이다. "천하에 흩어진 유대인을 소요케 하는 자"라는 것을 강조하면서 "전염병

69) 헨헨, Ibid, p. 356.

70) Barrett, op.cit., p. 1094. 더둘로(Tertullus)란 이름은 테리티우스(Tertius)에서 왔다고 한다.

같은 자" 그리고 "이단의 우두머리"(5절)라고 강조하는 것은 바울의 죄목을 사회적 이슈로 몰고 가려는 의도이다. 결국 이 사람은 로마도 어지럽게 할 수 있는 위험한 인물이라고 몰아붙인 것이다. 그리고 성전을 더럽게 하려는 자라는 죄목을 덧붙인다. 만약 바울이 성전을 더럽게 했다는 것이 증명되면 바울은 산헤드린에 의해 처벌을 받을 수 있게 된다.[71] 그리고 루시아는 유대법으로 처벌할 수 있는 죄인을 총독에게까지 끌고 왔다는 과잉보호의 실책이 인정된다.

더둘로는 변호사답게 바울의 범죄를 로마에 대한 사회적 이슈와 유대인 성전법을 동시에 적용하였다. 이 법을 적용하면 바울은 로마법에 의해 처벌을 받아야 하고, 아니면 성전을 모독한 죄로 유대법정으로 넘겨야 한다. 그리고 "그가 또 성전을 더럽게 하려 하므로"(ὃς καὶ τὸ ἱερὸν ἐπειρασεν βεβηλῶσαι, 24:6)라는 표현은 더럽게 한 것은 아니다. 성전을 더럽히려고 막 시도하려고 했다고 한다. "ἐπειρασεν βεβηλῶσαι"는 모두 단순과거이다. 성전을 더럽혔다는 증인이 없기 때문에 더럽히려고 했다고 말한다(행 24:6). 여기에는 증인이 없어도 되기 때문이다. 지능적인 변호사의 논법이 아닐 수 없다.

바울의 변론은 짧고 분명하다. 예루살렘에 온 지 12일밖에 되지 않았다고 하므로, 더둘로가 바울을 사회적 혼란을 야기한 위험한 인물이라고 고발한 데 대하여 반론을 제기한다(행 24:11-12). 12일밖에 되지 않은 사람이 성전에서나 회당에서 또는 시중에서 누구와 변론하거나 누구를 선동할 시간이 있었겠느냐는 물음이다. 그러니 자연히 고발자들이 증거를 댈 수가 없을 것이라고 한다. 또 아무런 소동도 없이 성전에 있는 자기를 보고 고소한 자들이 에베소에서 온 어떤 유대인들인데, 만약 고소를 하려면 그들이 와서 해야 할 게

71) Bruce, op.cit., p. 441.

아니냐는 것이다. 결국 아나니아와 몇 명의 장로들은 자기를 고소할 아무런 근거도 없는 사람이라고 몰아붙었다. 따라서 더둘로의 변론도 우스운 것이 되고 말았다.

이어서 바울은 고백하겠다고 말한다. 아나니아 일행이 심문을 해서 시키려고 했던(8절) 고백을 스스로 하겠다고 했을 때, 이들은 긴장했을 것이다. 그리고 안도의 숨을 쉬었는지 모른다. 그러나 바울의 고백 내용은 그들의 주장을 철저하게 무력화시키는 내용들이었다. 바울은, "나는 아나니아 일행이 이단이라고 고소하는데, 그렇지만 나는 조상의 하나님을 섬기고, 율법과 선지자들의 글을 다 믿고 지키며, 그들이 가진 하나님께 향한 소망을 가졌으니 의인과 악인의 부활이 있으리라고 한 것"이라고 말한다(행 24:14,15). 부활을 믿기에 자신도 하나님과 사람 앞에서 양심에 거리낌이 없이 살기 위하여 항상 힘쓴다고 덧붙였다. 바울을 고소한 사람들과 하나도 다름이 없지 않느냐는 변론이다.

바울의 고백은 이어진다(행 24:17-20). 자신은 예루살렘을 돕기 위하여 구제금을 가져왔고, 제물을 가지고 와서 결례도 행하였고,[72] 어떤 모임도 없고 소동도 없었는데, 무슨 고소할 내용이 있느냐는 것이다. 있으면 말하라고 한다. 자신이 공회 앞에서 한 말은 "내가 죽은 자의 부활에 대하여 오늘 너희에게 심문을 받는다"고 한 말 외에는 아무 것도 없다고 한다. 이런 자신이 성전을 더럽혔겠는가 반문하는 것이다. 더욱이 11절에서, 바울은 "나는 예루살렘에 예배하러(προσκυνήσως:미래 분사형) 올라왔다"라고 분명히 먼저 밝혔다. '예루살렘에'(εἰς Ἰερουσαλήμ) 예

72) 17-18절: '구제품과 제물'에서 '구제품'은 바울이 지방교회로부터 거두어 예루살렘 교우들에게 가져온 헌금(20:1-4)을 의미하고, 사도행전에서는 여기서만 언급되었다. '제물'은 성전에서(21:26) 맹세의식에 관련하여 드린 것이다. 이 두 가지는 각각 다른 내용이지만 이를 지나치게 요약하느라 둘이 같은 사업으로 계획된 것 같은 인상을 남기게 되었다.

배하기 위하여 올라온 것을 강조한다. 여기서 예루살렘 안에(ἐν)라는 전치사 대신 예배하려고 예루살렘을 향하여(εἰς) 올라왔다고 한다. 이 말은 크리스천인 바울이 좋은 유대인이 되려고 왔다는 것을 의도적으로 밝히는 것이다.[73] 바울의 반론에 더둘로도 아나니아도 침묵한다. 벨릭스는 바울의 변론에 동의하는 입장이 되었다(22절).

벨릭스는 이 도에 관하여 잘 알고 있었다. 벨릭스의 아내가 유대인인 드루실라였기 때문에 기독교에 대하여 많은 내용을 들어 알고 있었을 것으로 본다. 일단은 천부장 루시아가 오면 이 일을 처리하기로 하고, 재판은 휴정으로 들어간다(행 24:25). '연기하다'는 뜻의 ἀναβάλω는 재판 전문 용어이다. 총독은 바울에게 호의를 베푼다. 바울에게 자유를 주고, 그의 친구들이 와서 그를 돌봐주는 것을 금하지 말라고 한다. 잔(Zahn)은 "바울은 그의 친구들의 방문을 받았고, 그의 누이와 생질도 찾아왔다. 그리고 그는 '정원처럼 되어 있는 관저'에서 지냈으며, 원하기만 하면 30분 동안 쇠사슬을 풀고 목욕을 할 수 있었다"고 말한다.[74]

사도행전 24장 22절에 "벨릭스가 이 도(道)에 관한 것을 더 자세히 안다"고 했다. 그는 그가 알고 있는 것을 보여줄 기회를 찾았을 것이다. 그리하여 수일 후에 벨릭스는 그 아내인 유대 여자 드루실라를 대동하고 나타났다. 맥그리거(MacGregor)는 그가 그리스도교에 대하여 자세히 아는 것은 아내로부터 들었기 때문에 이번에는 아내를 데리고 온 것 같다고 한다.[75] 서방문서는 "바울을 간절히 보고 싶어 한 사람은 드루실라였다"고 했다. 두 사람은 바울을 불러내어 "그리

---

73) Barrett, op.cit., p. 1102.

74) 헨헨, op.cit., p. 362. Zahn의 이런 묘사는 Josephus, Ant. 18. 204의 로마에서의 아그립바의 체포에 관한 서술에 따른 것이다.

75) MacGregor, op.cit., p. 312.

스도 예수를 믿는 믿음에 관하여" 들었다.

누가는 이들이 바울을 불러내어 그의 말을 들은 것은 기독교에 대한 진리를 알기 위해서가 아니라 그에게서 돈을 받을까 해서 자리를 마련한 것이라고 했다(26절). 그러나 그런 기회를 놓칠 바울이 아니다. 그는 "정의와 절제와 장차 올 심판에 관해서 말했다"(행 24:25). 브루스(Bruce)는 이 부부는 바울이 말한 세 가지 내용을 꼭 들어야 할 사람들이었다고 잘라 말한다.[76] 바울은 청중의 마음을 정확하게 이해하고 내용을 전달하는 노련한 기법을 가지고 있다. 벨릭스가 그 말을 두려워했다는 사실이 이를 증명한다. 그는 다음 기회로 미루었지만 돈을 받을까 해서 바울을 자주 불러내었다.

이들이 바울의 무엇을 보고 돈을 받을까 생각했을까? 람세이는 재미있는 주장을 한다. 화려한 의상을 걸치고 바울을 만났던 벨릭스 앞의 사도 바울도 로마 총독에게 뇌물을 바칠 만한 지위에 있는 사람처럼 보이는 훌륭한 의관을 걸쳤을 것이라고 한다. 존경할 만한 지위에 있는 사람은 최소한 두 사람의 수종 드는 노예를 거느릴 수 있었다. 사도 바울도 두 사람의 노예를 거느렸다고 믿어진다.[77] 그러나 그 노예가 누구였는가는 밝히지 않는다.

브루스는 드루실라에 대하여 자세하게 전해준다. "드루실라는 헤롯 아그립바 1세의 막내딸로, 당시 20살이 되지 않았다. 아직 어렸던 그는 소아시아 동쪽에 위치한 코마제네(Commagene)의 왕세자와 약혼한 사이로 있었다. 그러나 결혼은 이뤄지지 않았는데, 예비 신랑이 유대교로 개종하기를 거부했기 때문이다. 그러자 그의 오빠 아그립바 2세가 그녀를 수리아의 작은 지방 에메사(Emesa)의 왕 아지저스란 사람에게 결혼시켜 버렸다. 그런데 그녀의 나이가 아직 16살이었

---

76) Bruce, op.cit., p. 440.
77) Ramsay, op.cit., pp. 286-287.

을 때, 벨릭스가 더없이 행복하게 해주겠다고 그녀를 꼬드겨 본 남편을 버리고 자기에게 오도록 하였고, 드디어 그녀는 벨릭스의 세 번째 아내로 들어오게 되었다."[78]

어느덧 두 해가 지났다(행 24:27). 벨릭스가 물러나고 보르기오 베스도가 총독으로 부임한다. 벨릭스는 바울이 죄가 없다는 것을 알았다. 그러나 유대인의 환심을 사려고 바울을 가두어 둔 채로 내버려 두고 떠났다. 사도행전 24장 27절에 "바울을 그대로 감금해 두었다"고 했고, 서방 본문은 '드루실라 때문에'란 말을 붙였다. 이것은 바울이 그의 연설에서 드루실라의 적의를 일으켰다는 뜻이다.

현대의 비판적인 학자들 중에는 바울의 옥중 서신 가운데 몇 서신은 이 기간에 기록됐을 것이라고 한다. 그런데 바울 서신 가운데는 가이사랴 투옥을 언급한 곳은 한 군데도 없다는 점을 감안하면, 이 이론은 지지를 받을 수 없다. 스트리터(Streeter)가 가이사랴에서 2년 동안 누가가 사도행전의 '여행 기록'을 일부분 준비했을 뿐 아니라 누가의 복음서의 특수 자료를 형성하는 기록들을 정리했다고 말하는 것은 흥미롭다.[79]

7. 베스도 앞에서의 변론(행 25:1-27)

> 1) 베스도가 부임한 지 삼 일 후에 가이사랴에서 예루살렘으로 올라가니 2) 대제사장들과 유대인 중 높은 사람들이 바울을 고소할새 3) 베스도의 호의로 바울을 예루살렘으로 옮기기를 청하니 이는 길에 매복하였다가 그를 죽이고자 함이더라 4) 베스도가 대답하여 바울이 가이사랴에 구류된 것과 자기도 멀지 않아 떠나갈 것을 말하고 5) 또 이르되 너희 중 유력한 자들은 나와 함께 내려가서 그 사람에게 만일 옳지 아니한 일이 있거든

78) Bruce, op.cit., p. 446.
79) B. H. Streeter, The Four Gospel(London, 1924), p. 218.

고발하라 하니라 6) 베스도가 그들 가운데서 팔 일 혹은 십 일을 지낸
후 가이사랴로 내려가서 이튿날 재판 자리에 앉고 바울을 데려오라 명하니
7) 그가 나오매 예루살렘에서 내려온 유대인들이 둘러서서 여러 가지 중대
한 사건으로 고발하되 능히 증거를 대지 못한지라 8) 바울이 변명하여
이르되 유대인의 율법이나 성전이나 가이사에게나 내가 도무지 죄를 범하
지 아니하였노라 하니 9) 베스도가 유대인의 마음을 얻고자 하여 바울더러
묻되 네가 예루살렘에 올라가서 이 사건에 대하여 내 앞에서 심문을 받으려
느냐 10) 바울이 이르되 내가 가이사의 재판 자리 앞에 섰으니 마땅히
거기서 심문을 받을 것이라 당신도 잘 아시는 바와 같이 내가 유대인들에게
불의를 행한 일이 없나이다 11) 만일 내가 불의를 행하여 무슨 죽을 죄를
범하였으면 죽기를 사양하지 아니할 것이나 만일 이 사람들이 나를 고발하
는 것이 다 사실이 아니면 아무도 나를 그들에게 내줄 수 없나이다 내가
가이사께 상소하노라 한대 12) 베스도가 배석자들과 상의하고 이르되 네가
가이사에게 상소하였으니 가이사에게 갈 것이라 하니라 13) 수일 후에 아
그립바 왕과 버니게가 베스도에게 문안하러 가이사랴에 와서 14) 여러 날
을 있더니 베스도가 바울의 일로 왕에게 고하여 이르되 벨릭스가 한 사람을
구류하여 두었는데 15) 내가 예루살렘에 있을 때에 유대인의 대제사장들과
장로들이 그를 고소하여 정죄하기를 청하기에 16) 내가 대답하되 무릇
피고가 원고들 앞에서 고소 사건에 대하여 변명할 기회가 있기 전에 내어
주는 것은 로마 사람의 법이 아니라 하였노라 17) 그러므로 그들이 나와
함께 여기 오매 내가 지체하지 아니하고 이튿날 재판 자리에 앉아 명하여
그 사람을 데려왔으나 18) 원고들이 서서 내가 짐작하던 것 같은 악행의
혐의는 하나도 제시하지 아니하고 19) 오직 자기들의 종교와 또는 예수라
하는 이의 죽은 것을 살아 있다고 바울이 주장하는 그 일에 관한 문제로
고발하는 것뿐이라 20) 내가 이 일에 대하여 어떻게 심리할는지 몰라서
바울에게 묻되 예루살렘에 올라가서 이 일에 심문을 받으려느냐 한즉 21)
바울은 황제의 판결을 받도록 자기를 지켜 주기를 호소하므로 내가 그를
가이사에게 보내기까지 지켜 두라 명하였노라 하니 22) 아그립바가 베스도
더러 이르되 나도 이 사람의 말을 듣고자 하노라 베스도가 이르되 내일
들으시리이다 하더라 23) 이튿날 아그립바와 버니게가 크게 위엄을 갖추
고 와서 천부장들과 시중의 높은 사람들과 함께 접견 장소에 들어오고
베스도의 명으로 바울을 데려오니 24) 베스도가 말하되 아그립바 왕과
여기 같이 있는 여러분이여 당신들이 보는 이 사람은 유대의 모든 무리가
크게 외치되 살려 두지 못할 사람이라고 하여 예루살렘에서와 여기서도

내게 청원하였으나 25) 내가 살피건대 죽일 죄를 범한 일이 없더이다 그러나 그가 황제에게 상소한 고로 보내기를 결정하였나이다 26) 그에 대하여 황제께 확실한 사실을 아뢸 것이 없으므로 심문한 후 상소할 재료가 있을까 하여 당신들 앞 특히 아그립바 왕 당신 앞에 그를 내세웠나이다 27) 그 죄목도 밝히지 아니하고 죄수를 보내는 것이 무리한 일인 줄 아나이다 하였더라

베스도가 부임할 때까지 바울은 이유도 없이 2년이나 감옥에 갇혀 있었다. 베스도가 부임하므로 재판이 재개되었다. 베스도가 부임해서 사흘 만에 예루살렘으로 시찰을 떠난 것을 보면, 그는 성격이 급하고 활동적인 사람이었던 것 같다(행 25:1). 바울이 감옥에 갇힌 지 2년의 세월이 흘렀지만 유대인들의 생각은 전혀 달라진 게 없었다. 그들은 새 총독을 보자 다시 바울을 죽일 계획을 세우고 새로 부임한 베스도를 회유하기 시작하였다. 누가는 '구걸했다'(παρεκάλουν)는 말을 썼다(행 25:2). παρεκάλουν는 παρακαλέω의 미완료 시제로 계속해서 구걸했다는 말이다. 유대 지도자들은 베스도에게 자기들에게 호의(χαρίν)를 베풀 것을 애걸하였다.[80] 즉 바울을 예루살렘으로 옮겨달라고 요청한 것이다(행 25:2). 그리하면 올라오는 길에 매복했다가 바울을 죽이겠다는 음모를 꾸민 것이다. 예루살렘은 해발 820m의 높은 곳에 있고, 가이사랴는 해변에 있는 도시이기 때문에 가이사랴에서 예루살렘으로 올라가는 길에 살해 계획을 실행하기가 훨씬 쉽기 때문이다. 이것은 이전에 40명의 결사대가 계획했던 일을 버리지 않고 그대로 간직하고 있었다는 것을 보여준다.

베스도는 그들이 요청한 호의를 거절한다. 바울이 가이사랴에 구

80) 바울 문제로 유대 지도자들이 로마 총독에게 '호의'(χαρίν)를 요구한다. 로마 총독은 유대인들의 '호의'를 얻어야 한다(행 24:27, 25:9). 그런데 반대로 유대 지도자들이 총독에게 '호의'를 구걸했다. 여기서 '호의'는 어떤 정치적인 거래를 암시한다. Robert C. Tannehill, op.cit., p. 306.

류되어 있기 때문에 불가능하고, 또 자기도 멀지 않아 가이사랴로 되돌아가야 할 것이기 때문이라고 했다(4절). 가이사랴에 구류되어 있다는 말은 로마의 법적 통치권 안에 있다는 말이다. 10절에서 바울이 "내가 가이사 재판 자리에 섰다"라고 표현한 것을 보면 알 수 있다. 베스도는 유대 지도자들에게 만약 바울에 대하여 고발할 것이 있으면 나와 함께 가이사랴로 내려와서 고발하라고 한다. 여기까지는 베스도는 결단력 있고 깨끗한 신념을 가진 정치가로 보인다. 그러나 유대에서 내려온 사람들과의 대화가 진행될수록 그도 흔들리기 시작한다(8-11절).

예루살렘에서 8일 혹은 10일을 지낸 후 유력한 자들과 가이사랴로 내려온 베스도는 그 이튿날 바울을 재판 자리에 세운다. 예루살렘에서 내려온 유력한 자들은 그렇고 그런 여러 가지를 고발한다. 누가는 그들이 고발한 내용을 생략해 버렸다. 들어봐야 뻔한 내용이어서 더 들을 필요가 없다는 의미일 것이다(행 25:7). 그들의 고발 내용은 21장에서 산헤드린과 벨릭스에게 한 내용과 똑같다는 뜻이기도 하다. 역시 여기서도 증거를 대지 못할 것은 뻔하다. 바울의 차례가 왔다.

그들이 고소한 내용은 도리어 바울의 입을 통하여 밝혀진다(행 25:8). 율법이나 성전을 더럽혔다는 것이고, 사회적으로 혼란을 야기해서 로마를 혼란스럽게 한다는 것이다. 바울은 이 모든 것에 하나도 죄를 범한 게 없다고 변론한다. 이때 베스도는 유대인의 마음을 얻고자 해서 예루살렘으로 올라가서 자기 앞에서 심문을 받겠느냐고 묻는다. 바울은 자기는 가이사의 재판 자리에 섰으니 거기서 재판을 받겠다고 한다. "만일 이 사람들이 나를 고발하는 것이 다 사실이 아니면 아무도 나를 그들에게 내줄 수 없나이다"(11절).

이 구절을 태니힐(Tannehill)은 이렇게 번역한다. "No one can grant

me as a favor(χαρίσσασθαι) to them." 이것은 베스도가 호의로 바울을 그들에게 넘겨주려는 것을 단호하게 거절하면서 한 말이다.[81] 그리고 가이사에게 상소한다고 말한다(행 25:10). 이 말을 들은 베스도와 거기 있던 모든 사람들이 놀랐을 것이다. 그리고 재판은 잠시 휴정이 되고, 베스도와 배석자들의 회의가 열린다. 대답이 왔다. 이런 경우에는 베스도로서는 한 가지밖에 다른 답을 줄 수 없다. "네가 가이사에게 상소하였으니 가이사에게 갈 것이라"(행 25:12).

바울은 로마 행정관들의 불의와 부정, 그리고 자기 자리에 연연하는 부패한 정치가들의 자세에 진절머리가 났을 것이다. 그렇기 때문에 더 이상 이곳에서 기대할 것이 없다고 판단하고 가이사에게로 가겠다고 상소한다고 했을 것이다. 또 이것은 산헤드린에게 고소를 당해 안토니오 탑 영내에 갇혀 있던 밤에 주께서 그에게 들려 주셨던 음성이 크게 작용했을 것이다. "예루살렘에서 나의 일을 증언한 것 같이 로마에서도 증언하여야 하리라"(행 23:11). 예루살렘에서와 같이 로마에서도 증언해야 한다면 로마 황제 앞에서 증언한다는 말이고, 동시에 예루살렘에서 죄수의 모습으로 황제 앞에 서야 한다는 말씀인 것을 바울은 시간이 가면서 점점 확신했을 것이다.

가이사에게 상소하는 것은 베스도를 거북한 위기에 빠뜨렸다. 왜냐하면 아무 죄도 없는 사람을 죄목도 정하지 않고 기록도 없이 황제의 재판으로 보낼 수는 없기 때문이다. 바울을 황제 앞으로 보내기 전, 베스도는 그의 죄목을 찾기 위하여 자기를 예방하러 온 아그립바 왕 앞에서 심문을 받게 하였다. 아그립바는 야고보를 목 베어 죽이고 베드로를 다시 죽이려 하다가(행 12:20-23) 도리어 자기가 죽게 되었던 아그립바 1세의 아들이다. 베스도로서는 유대에 대하여 잘

81) Tannehill, Ibid, p. 307.

알지 못하는데, 아그립바에게 부탁하면 무슨 죄목을 발견할 수 있을까 해서 그 앞에 바울을 세운 것이다.

바울은 가장 악하고 질 나쁜 청중 앞에 서게 된 것이지만 복음을 전할 수 있는 좋은 기회를 얻은 것이다. 바울은 산헤드린, 벨릭스, 베스도, 그리고 아그립바 왕과 같은 최고의 높은 지위에 있는 사람들에게 재판을 받은 게 아니라 도리어 그들에게 복음을 전하는 기회로 사용했다. 밀레도에서 에베소 장로들에게 들려주었던 말, "내가 달려갈 길과 주 예수께 받은 사명 곧 하나님의 은혜의 복음을 증언하는 일을 마치려 함에는 나의 생명조차 조금도 귀한 것으로 여기지 아니하노라"(행 20:24)고 했던 말을 끝까지 실천하며 사는 모습을 보여준다. 또 "너는 말씀을 전파하라. 때를 얻든지 못 얻든지 항상 힘쓰라"(딤후 4:2)는 말을 그는 실천하고 산 것이다.

이튿날 아그립바와 베니게(Benice)[82]가 크게 위엄을 갖추고 천부장과 도시의 요인들과 함께 나아왔고, 베스도는 바울을 데려오도록 명하였다(행 25:23). 아그립바 2세는 흥미로운 사람이다. 대헤롯의 손자요 아그립바 1세의 아들이기 때문만이 아니라 그는 예루살렘의 대제사장을 임명할 권리를 가지고 있었고, 동시에 성전 재정을 통제하는 권한까지 가지고 있었다.[83] 법정에 나온 바울을 베스도는 "죽일

82) 베니게는 철학자 필로의 조카 마르코를 사랑했다. 그녀의 첫 남편이자 숙부였던 칼키스의 헤로데가 죽자 이 여자는 오빠 아그립바의 집에서 살았다. 그리고 베니게는 63-66년 사이에 결혼했던 길리기아의 왕 폴레모를 떠나 다시 오빠에게로 왔다. 헨헨, 사도행전 II. p. 382.

83) Wright, op.cit., p. 237. 헨헨은 아그립바에 대하여 이렇게 말한다. "아그립바 2세는 50년 무렵 칼키스(Chalcis)의 왕이었다. 53년에는 이 대신 레바논의 아라비아 사람 노아루스의 후국과 아빌레네의 리시아스의 봉토, 그리고 이와 함께 빌립보의 봉토를 얻었다. 또한 네로로부터 그는 베뢰아에 있는 율리아 시와 그 밖에 열네 개의 마을이 속해 있는 티베리아, 타리치아, 그리고 갈릴리의 일부를 얻었다(Wellhausen, Israelitische und judische Geschichte 1927, p. 337).

죄를 범한 일이 없는 사람"이라고 아그립바에게 소개한다(행 25:25). 베스도는 바울의 무죄를 선언했다. 황제에게 상소하지 않았다면 석방할 수 있었다는 뜻을 내비친 것이다. 베스도는 황제를 'κυριός'라고 부른다. 그러나 죄목이 없이는 죄수를 황제의 재판에 보낼 수 없기 때문에 아그립바 왕에게 도움을 청하기 위하여 이 재판을 여는 것이라고 했다.

사실상 이번 재판은 재판이 아니다. 아그립바 왕은 유대나라 안에서 재판할 수 있는 권한이 없었다. 더욱이 바울이 황제에게 상소를 했기 때문에 이 상소건이 로마에 전달되기까지 어떤 재판도 진행할 수 없게 되어 있었다.[84] 최고 법원에 호소한다는 것은 누구나 마음대로 할 수 있는 일은 아니었다. 그런 상소는 지방 총독에 의해 먼저 허락이 내려지고 상급 법원으로 보내져야 한다. 그리고 오직 심각한 중요성을 지닌 사건들만이 그런 허락을 얻었다. 아주 가난한 사람의 사건은 결코 심각한 사건이라고 평가되는 법이 없었다.

람세이는 황제에게 호소하는 일은 값비싼 소송 비용이 들었다고 전한다. 그리고 그는 이렇게 말한다. "사도 바울이 황제에게 상소한 것은 의심할 여지없이 값비싼 소송 비용이 드는 노선을 선택한 것이다. 바울 사도도 황제에게 상소하기까지 손익 계산을 해보았을 것이고, 어떤 가능성이 있었기 때문에 상소를 하였을 것이다. 그리고 그는 최고 법원이 그에게 승리를 선언할 경우 교회가 얻을 이익을 알았다. 그리고 그의 과거의 경험상 유대인의 영향력이 별로 미치지 않거나 전혀 세력이 없는 곳에서는 순수한 로마의 재판 자리에서 그가 승리할 가망이 많았던 것이다."[85]

58년에 아그립바는 28세였고, 베니게는 27세, 드루실라는 18세였다. 베니게는 드루실라의 언니에 해당한다(24:24). 헨헨, 사도행전 II, p. 382.

84) Bruce, op.cit., p. 460.

그렇다면 로마의 소송 비용은 어디서 생긴 것일가? 람세이는 말한다. "바울이 4년 동안 옥고를 치르고 장기간에 걸쳐 소송을 벌이는 데는 많은 비용이 드는 법이다. 사도 바울이 향후 4년 동안 제 손으로 밥벌이를 하는 무일푼의 방랑객으로 세상에 나타나지 않았다는 것은 분명하다. 그런 처지에 있는 사람이었다면 가이사랴에서와 항해 시, 그리고 로마에서 사도 바울이 받은 존경어린 대접은 받지 못할 것이다. 총독 벨릭스와 그의 아내 드루실라는 그를 접견하고 사담을 나누었다. 아그립바 왕과 베니게 왕비도 그를 만나기를 원했다. 가난한 사람은 결코 그렇게 주목을 받거나 흥미를 불러일으키지 못했다. 그리고 벨릭스가 뇌물을 받기 원했고, 로마 관리인 그가 작은 선물을 기대했을 리는 없다."[86]

그렇다면 소송 비용은 교회에서 새로이 걷힌 헌금이었을까? 그들이 일반적으로 가난했다는 사실에 비추어 보거나 사도 바울의 인격으로 볼 때, 그리고 누가가 이 점에 대해 침묵을 지키고 있다는 사실을 볼 때, 그것은 가장 있을 법하지 않은 일이라 여겨진다. 따라서 4년 동안 바울이 받은 유산이 사용되었다는 가설을 제외하고는 아무런 다른 대안이 없다.[87] 지금까지 그는 그의 가족과 의절(義絶)했었다면 그가 위험에 처한 기간에 화해가 이루어졌거나(아마도 그의 어린 생질이 보여준 용감성과 친절이 계기가 되어) 유산이 법정 상속인인 그에게

85) Ramsay, op.cit., P. 287.

86) Ibid, p. 286.

87) 그가 생애 태반을 (비록 전부는 아니라 하더라도) 통해 그가 스스로 노동함으로써 호구지책을 삼고, 빌립보, 로마, 고린도 및 데살로니가(두 차례)의 신자들로부터 헌금에 신세진 데 대해 감사를 표시하는 등 온갖 빈곤의 흔적을 보였다(빌 4:15; 고후 11:9). 고후 11:8, 살전 2:9에서 그는 신자들로부터의 원조를 받아들이거나 스스로 식생활을 해결해야 하는 선택의 기로에 서지 않으면 안 되었다는 인상을 전해주는 것을 보면, 그는 아주 가난한 전도자였음을 보여준다. 또 바울 후기에 빈곤했던 원인 중 하나는 바울의 회심 이후에 그의 가족으로부터 어떤 도움도 받지 못했던 데도 이유가 있을 것이다. Ramsay, Ibid, p. 44.

주어졌을 것이다(법정 상속인의 권리는 누구에 의해서도 훼방될 수 없다).[88]

8. 바울이 아그립바와 베스도 앞에 서다(행 26:1-32)

1) 아그립바가 바울에게 이르되 너를 위하여 말하기를 네게 허락하노라 하니 이에 바울이 손을 들어 변명하되 2) 아그립바 왕이여 유대인이 고발하는 모든 일을 오늘 당신 앞에서 변명하게 된 것을 다행히 여기나이다 3) 특히 당신이 유대인의 모든 풍속과 문제를 아심이니이다. 그러므로 내 말을 너그러이 들으시기를 바라나이다 4) 내가 처음부터 내 민족과 더불어 예루살렘에서 젊었을 때 생활한 상황을 유대인이 다 아는 바라 5) 일찍부터 나를 알았으니 그들이 증언하려 하면 내가 우리 종교의 가장 엄한 파를 좇아 바리새인의 생활을 하였다고 할 것이라 6) 이제도 여기 서서 심문 받는 것은 하나님이 우리 조상에게 약속하신 것을 바라는 까닭이니 7) 이 약속은 우리 열두 지파가 밤낮으로 간절히 하나님을 받들어 섬김으로 얻기를 바라는 바인데 아그립바 왕이여 이 소망으로 말미암아 내가 유대인들에게 고소를 당하는 것이니이다 8) 당신들은 하나님이 죽은 사람을 살리심을 어찌하여 못 믿을 것으로 여기나이까 9) 나도 나사렛 예수의 이름을 대적하여 많은 일을 행하여야 될 줄 스스로 생각하고 10) 예루살렘에서 이런 일을 행하여 대제사장들에게서 권한을 받아 가지고 많은 성도를 옥에 가두며 또 죽일 때에 내가 찬성 투표를 하였고 11) 또 모든 회당에서 여러 번 형벌하여 강제로 모독하는 말을 하게 하고 그들에 대하여 심히 격분하여 외국 성에까지 가서 박해하였고 12) 그 일로 대제사장들의 권한과 위임을 받고 다메섹으로 갔나이다 13) 왕이여 때가 정오가 되어 길에서 보니 하늘로부터 해보다 더 밝은 빛이 나와 내 동행들을 둘러 비추는지라. 14) 우리가 다 땅에 엎드러지매 내가 소리를 들으니 히브리 말로 이르되 사울아 사울아 네가 어찌하여 나를 박해하느냐 가시채를 뒷발질하기가 네게 고생이니라 15) 내가 대답하되 주님 누구시니이까 주께서 이르시되 나는 네가 박해하는 예수라 16) 일어나 너의 발로 서라 내가 네게 나타난 것은 곧 네가 나를 본 일과 장차 내가 네게 나타날 일에 너로 종과 증인을 삼으려 함이니 17) 이스라엘과 이방인들에게서 내가 너를 구원하여 그들에게 보내어 18) 그 눈을 뜨게 하여 어두움에서 빛으로 사탄의 권세에서 하나님께로 돌아오

88) Ramsay, Ibid, p. 288.

게 하고 죄 사함과 나를 믿어 거룩하게 된 무리 가운데서 기업을 얻게
하리라 하더이다 19) 아그립바 왕이여 그러므로 하늘에서 보이신 것을
내가 거스르지 아니하고 20) 먼저 다메섹과 예루살렘에 있는 사람과 유대
온 땅과 이방인에게까지 회개하고 하나님께로 돌아와서 회개에 합당한
일을 행하라 전하므로 21) 유대인들이 성전에서 나를 잡아 죽이고자 하였
으나 22) 하나님의 도우심을 받아 내가 오늘까지 서서 높고 낮은 사람
앞에서 증언하는 것은 선지자들과 모세가 반드시 되리라고 말한 것밖에
없으니 23) 곧 그리스도가 고난을 받으실 것과 죽은 자 가운데서 먼저
다시 살아나사 이스라엘과 이방인들에게 빛을 선전하시리라 함이니이다
하니라 24) 바울이 이같이 변명하매 베스도가 크게 소리 내어 이르되 바울
아 네가 미쳤도다 네 많은 학문이 너를 미치게 한다 하니 25) 바울이 이르되
베스도 각하여 내가 미친 것이 아니요 참되고 온전한 말을 하나이다. 26)
왕께서는 이 일을 아시기로 내가 왕께 담대히 말하노니 이 일에 하나라도
아시지 못함이 없는 줄 믿나이다 이 일은 한쪽 구석에서 행한 것이 아니니
이다 27) 아그립바 왕이여 선지자를 믿으시나이까 믿으시는 줄 아나이다
28) 아그립바가 바울에게 이르되 네가 적은 말로 나를 권하여 그리스도인
이 되게 하려 하는도다 29) 바울이 이르되 말이 적으나 많으나 당신뿐
아니라 오늘 내 말을 듣는 모든 사람도 다 이렇게 결박된 것 외에는 나와
같이 되기를 하나님께 원하나이다 하니라 30) 왕과 총독과 버니게와 그
함께 앉은 사람들이 다 일어나서 31) 물러가 서로 말하되 이 사람은 사형이
나 결박을 당할 만한 행위가 없다 하더라 32) 이에 아그립바가 베스도에게
이르되 이 사람이 만일 가이사에게 상소하지 아니하였더라면 석방될 수
있을 뻔하였다 하니라

베스도, 아그립바, 그리고 버니게 등 그들을 호위하는 많은 사람들이 의관을 갖추고 앉았고 재판이 열렸다. 바울은 팔레스틴 땅에서 최고의 권위들에게 복음을 전하는 처음이요 마지막 증언을 시작하였다.

바울 자신이 "처음부터 내 민족과 더불어 예루살렘에서 젊었을 때부터 생활한 상황을 유대인이 다 아는 바라"(행 26:4)고 한다. "내 민족과 더불어", 그러나 22장 3절에서는 "이 도시에서 자랐으며"라고 했다. 여기서도 '이 도시'란 어디를 말하는가 확실치 않다. 26장

4절, 개역개정판은 "처음부터 내 민족(ἐν τῷ ἔθνει μου)과 더불어 예루살렘에서"라고 되어 있다. 이렇게 읽으면 이 도시는 가말리엘이 살고 있는 이 도시를 말한다. 그러나 "내 민족(in my nation)과 그리고 예루살렘에서(in Jerusalem)"로 읽는다면 내 민족과 예루살렘은 분리된 두 장소를 의미하게 되어 '내 민족'이란 다소가 될 것이다. '내 민족'을 어디에 포함시켜 읽어야 하는지는 아직도 논쟁거리로 남아 있다. 그러나 '처음부터'(ἀπ' ἀρχῆς)를 "내 민족"과 "예루살렘에서"에 동시에 연결시켜 읽는다면(from the beginning in my own people and in Jerusalem), 바울은 어려서 예루살렘에 왔다고 생각하는 것이 옳을 것이다.[89] "젊었을 때"(ἐκ νεότητος)라는 단어도 헨헨은 "어렸을 때"로 읽는다.[90] 그렇다면 이것은 사도행전 22장 4절 이하의 표현과 일치한다. 유니크(W. C. van Unnik)는 사도행전 22장 4절의 내용으로 보아, 바울의 가족이 바울이 어릴 때, 아니면 갓난아이 때 예루살렘으로 이주하였음을 암시한다(참고 행 26:4f.)고 했다.[91]

'내 민족과 더불어'(행 26:4): 이 말은 자신은 유대인으로서의 정체성을 어려서부터 지켜왔으며, 지금도 그 정체성은 변함이 없다는 것이다. 또 이것은 자신은 다소에서 태어났지만 처음부터 지금까지 유대민족의 정신으로 살았고, 유대신앙으로 일관되게 살았다고 한다. 이런 사실은 젊었을 때부터(어렸을 때부터) 예루살렘에서 살았으니 모든 사람들이 자기를 다 알고 있다는 것이다. βίωσίν(생활한 방식)은 확실히 '삶의 매너'(manner of life)를 가리킨다.[92] 내 민족 안에

89) Barrett, op.cit., pp. 1150-1151.
90) 헨헨, op.cit., p. 395.
91) W. C. van Unnik, Tarsus or Jerusalem. The City of Paul's Youth, SparsaCollecta, pp. 296-320, 김세윤, p. 61에서 재인용. 빌 3:5은 바울이 어린 시절에 유대인과 더불어 살았다는 것을 보여준다.
92) Barrett, op.cit., p. 1151.

서와 예루살렘에서의 바울의 βίωσίν(생활한 방식)은 모든 사람들이 다 알고 있다고 한다. 그래서 그들이 증언하려 하면 그들은 틀림없이 "내가 우리 종교의 가장 엄한 파를 좇아 바리새인의 생활을 하였다"고 할 것이라고 한다.

그가 어떻게 되어서 모든 예루살렘 사람들이 다 알게 되었는지는 알 수 없다. 그러나 무엇인가 특별한 모습으로 남다르게 자랐다는 것만은 틀림이 없다. 더욱이 바리새인의 엄한 율법을 철저하게 지키며 살았을 것이고, 가말리엘 문하생이란 표현을 가장 우수한 학생이라고 여긴다면 율법이나 학문에도 뛰어났을 것으로 추측하게 된다. 바빌론 탈무드(The Babylonia Talmud: Shabbat 30b)에는 "배우는 일에서 건방지게 드러난 학생이 가말리엘 문하에 있었다"고 했는데, 크라우스너(J. Klausner)는 그 사람이 바울이라고 했다.[93] 그러나 그의 주장은 설득력이 약하다.[94] 여하튼 바리새인의 엄한 규칙을 따라 산 사람, 이것이 바울의 트레이드 마크(trade mark)인 것은 틀림이 없다.[95]

바울의 증언은 과거에서 현재로 옮겨온다. 그런 자기가 여기 서서 심문받는 것은 율법이나 성전을 모독하거나 파괴하려고 했기 때문이 아니라 하나님이 우리 조상에게 약속하신 소망 때문이라고 주장한다(행 26:6). 이 약속의 소망은 우리 열두 지파가 밤낮으로 하나님을 간절히 예배하면서(λατρεu'ον) 얻기를 바라는 바라던 소망이라고 한다. 동시에 이것은 자기의 간절한 소망이기도 하다. '우리의 조상'에게 주신 것(6절), 그리고 '우리 열두 지파'(7절)에게 주었다는 말 속에

---

93) J. Klausner, From Jesus to Paul, E. T.(London, 1944), pp. 310-311.

94) Bruce, op.cit., p. 415.

95) 바울은 벨릭스와 베스도 앞에서 증언시마다 이 부분을 반복했다(행 22:3, 26:5; 참고 빌 3:5-6). 그만큼 이 부분에서만은 모든 사람 앞에서 인정받은 부분이요, 자신도 이 부분만은 어디서나 누구에게나 떳떳하게 내놓을 수 있는 자기의 생활이었다고 생각했던 것 같다.

자기를 '우리'라는 범주에 포함시키는 강조법을 썼다. 하나님이 약속해 주신 이 소망 때문에 자신이 지금 이런 자리에서 심문을 당한다고 했다. 자신의 죄목을 사회적 혼란을 가져오는 자요, 성전과 율법을 파괴하는 자라고 고발하는 것으로부터 이스라엘의 소망 때문이라고 하여 두 가지 고발 내용을 파기해 버렸다. 이러한 행동은 바리새인과 헤롯 당에서 나온 사람들이 가이사에게 세금을 바쳐야 하느냐고 물었을 때, 예수님께서 동전을 가지고 누구의 소유인가를 물으심으로써 세금처럼 민감한 문제를 개인적 문제로 풀어가셨던 지혜를 그대로 닮았다(막 12:13-17).[96]

그리고 바울은 자기가 그리스도의 부활을 어떻게 믿게 되었는지를 설명한다(행 26:9-15). 자기가 어떻게 인생에 전환을 가져왔는가를 말하기 전에, 바울은 아그립바에게 "당신들은 하나님이 죽은 사람을 살리심을 어찌하여 못 믿을 것으로 여기나이까?"(행 26:8) 하고 질문을 던져 충격을 주었다. 충격 요법이다. 아그립바는 물론이고, 거기 있는 베니게 그리고 베스도 등 당시 그 지역의 최고의 권위들에게 공격적으로 부활을 생각하게 했다.

8절, "하나님이 죽은 자를 살리신다"(εἰ ὁ θεὸς νεκροὺς ἐγείρει)는 어순을 보면, 우리 어순과 똑같이 하나님이 강조되고 그 다음에 "죽은 자"가 나온다. "살리다"(ἐγείρει)는 현재형으로, 살아서 지금도 존재하고 있다는 뜻이다. 이 수사적 질문은 '하나님만이 이것을 할 수 있다'는 뜻으로 다른 답을 필요로 하지 않는다. "당신들은……못 믿을 것으로(ἄπιστον παρ' ὑμῖν)", ἄπιστον은 부정접두어 ἄ와 믿음이란 πιστός의 합성어로, '신앙이 없는'(눅 12:46), '믿음이 없는'(요 20:27), 본절에서는 '못믿을 것'으로 해석하여 그들이 부활을 믿지

96) 막 12:14에, 그들은 "세금을 바치는 것"에 대해 "가이사의 것, 하나님의 것(누구의 소유인가)"으로 관심을 돌린 것에 주의하라.

못하는 것을 책망하는 말이다.

바울은 숨을 고른 다음에 천천히 자기의 과거를 이야기하기 시작한다. 사실 자기도 나사렛 예수가 살았다는 사실을 믿지 못했다고 한다. "나도 나사렛 예수의 이름을 대적하여 많은 일을 행하여야 될 줄 스스로 생각했다"(행 26:9). 그래서 그런 어리석은 교리를 믿는 사람들을 옥에 가두며, 죽일 때 찬성 투표도 하고 "모든 회당에서 여러 번 형벌하여 강제로 모독하는 말을 하게 하고"(행 26:11), 예루살렘에서 이런 일을 행하였을 뿐 아니라 이런 사람들에게 대해 분노가 극도에 다다랐으므로 외국 성에까지 가서 박해하였다고 한다. 그런데 이 모든 일이 "대제사장들에게서 권한을 받아 가지고" 한 일이라고 한다. 자기의 일만이 아니라 그것은 대제사장들과 연계된 일이라고 함으로써 현실감을 높였다. 그리고 드디어 다메섹으로 갔다고 한다.

다시 "왕이여!" 하고 주의를 환기시킨다(13절). 그리고 다메섹에서 일어났던 일을 말하기 시작한다. 다메섹으로 가는 길에 때가 정오가 되어 길에서 보니 하늘로부터 해보다 더 밝은 빛이 나와 내 동행들을 둘러 비추었고, 가던 자들은 모두 다 땅에 엎드러졌다고 한다(행 26:14). 사도행전 9장 3절과 22장 6절에서는 자기만 빛을 보고, 혼자서만 땅에 엎드러졌다고 했다. 그런데 여기서는 모든 자들이 다 빛을 보았고, 다 엎드러졌다고 한다. '해보다 더 밝은 빛'은 '빛의 초자연적 성격'을 설명한다. 김세윤은 '창조시에 비추었던 빛'이라고 한다.

소리는 바울만 들은 것으로 말한다. "내가 소리를 들으니 히브리 말로 이르되 사울아 사울아 네가 어찌하여 나를 박해하느냐 가시채를 뒷발질하기가 네게 고생이니라"(행 26:14). '가시채' 이야기는 처음 나온다. 사도행전 9장과 22장에는 나오지 않는다. "가시채를 발로 차지 마라"(σκληρόν σοι πρὸς κέντρα λακτίζειν)는 자주 사용되는 격언이다. 이 말은 바울이 그때 자기 양심에 들렸던 소리를 말한 것이리라.

바울이 그때 엎드려져 들었던 음성이 들려왔다. "주님, 누구시니이까?" "나는 네가 박해하는 예수라"는 짧은 대화에 이어 주님이 그에게 나타나셨던 목적을 말씀하셨다고 한다. 그 목적을 지금 바울은 증언하고 있다. "나는 너를 종과 증인으로 삼기 위해 너에게 나타났다"(행 26:16상), 그리하여 "지금 본 것과 장차 내가 너에게 보여줄 것들에 증인이 되라"(행 26:16하), "내가 너를 구원하여 이방인에게로 보낸다"(17절)고 하셨다. 그리고 이방인에게로 보내는 이유를 말씀하셨다고 한다. "그 눈을 뜨게 하여 어두움에서 빛으로, 사탄의 권세에서 하나님께로 돌아오게 하고 죄 사함과 나를 믿어 거룩하게 된 무리 가운데서 기업을 얻게 하리라(행 26:18)."

이 말은 주님이 바울에게 하신 말이다. 그때까지 바울은 눈이 어두운 소경이었고, 사탄의 권세에 눌려 살았고, 죄 속에 묻혀 살았다는 것을 말씀하신 것이다. 바울도 그때야 비로소 그 사실을 알게 되었다는 고백이다. 동시에 바울은 권위들(authorities)에게 다시 간접적으로 주님의 말씀을 들려주고 있는 것이다. "당신들은 지금 소경이고, 사탄의 권세에 눌려 살고, 죄 안에 살고 있다." 바울은 확실히 하나님이 세우신 위대한 증언자이다. 재판 자리에서 최고의 권위들에게 부활하신 그리스도를 증언하고 있으며, 그들에게 죄와 사탄에게서 벗어나 하나님께로 돌아오라고 권하고 있기 때문이다.

"왕이여!" 다시 주의를 환기시키고(행 26:19), 자기가 이처럼 죄인 취급을 받는 것은 "하늘에서 보이신 것을 내가 거스르지 아니하고, 먼저 다메섹과 예루살렘에 있는 사람과 유대 온 땅과 이방인에게까지 회개하고 하나님께로 돌아와서 회개에 합당한 일을 하라"고 전했기 때문이라고 한다(행 26:19-20). 바울의 확신에 찬 변론은 그들의 마음을 섬뜩하게 만들었고, 입을 열지 못하게 했을 것이다. 그렇기 때문에 할 말이 막힌 베스도는 "바울아, 네가 미쳤도다. 네 많은 학문이 너를 미치게 한다"(행 26:24)고 소리를 친다.

바울은 뒤로 물러서지 않는다. 베스도 총독에게 "나는 미치지 않았습니다"라고 말한 후에 아그립바 왕을 향하여 말했다. 아그립바 왕은 예수님이 이 땅에서 활동하고 계실 때, 그리고 십자가에 달리실 때 예루살렘에 있었고, 유대를 통치하고 있었기 때문에 다 알고 있는 일이지 않느냐는 물음이나 다름없다. 바울은 아그립바에게 본격적으로 복음을 전하려고 시작하였다. "아그립바 왕이여! 선지자를 아시나이까? 믿으시는 줄 믿나이다"(27절). 아그립바는 겁이 나서 미리 바울의 입을 막아섰다.

바울은 아그립바 왕에게 권한다. "당신뿐만 아니라 오늘 내 말을 듣는 모든 사람도 다 이렇게 결박된 것 외에는 나와 같이 되기를 하나님께 원하나이다"(행 26:29). 하나님께 원한다고 했다. 드디어 아그립바와 베스도와 버니게는 바울이 무죄하다고 두 번이나 선언하고(행 26:31,32) 재판은 마무리되었다.

9. 꿈에 그리던 로마로(행 27:1-29)

1) 우리가 배를 타고 이달리야에 가기로 작정되매 바울과 다른 죄수 몇 사람을 아구스도대의 백부장 율리오란 사람에게 맡기니 2) 아시아 해변 각처로 가려 하는 아드라뭇데노 배에 우리가 올라 항해할새 마게도냐의 데살로니가 사람 아리스다고도 함께 하니라 3) 이튿날 시돈에 대니 율리오가 바울을 친절히 대하여 친구들에게 가서 대접 받기를 허락하더니 4) 또 거기서 우리가 떠나가다가 맞바람을 피하여 구브로 해안을 의지하고 항해하여 5) 길리기아와 밤빌리아 바다를 건너 루기아의 무라 시에 이르러 6) 거기서 백부장이 이달리야로 가려 하는 알렉산드리아 배를 만나 우리를 오르게 하니 7) 배가 더디 가 여러 날 만에 간신히 니도 맞은편에 이르러 풍세가 더 허락하지 아니하므로 살모네 앞을 지나 그레데 해안을 바람막이로 항해하여 8) 간신히 그 연안을 지나 미항이라는 곳에 이르니 라새아

시에서 가깝더라 9) 여러 날이 걸려 금식하는 절기가 이미 지났으므로
항해하기가 위태한지라 바울이 그들을 권하여 10) 말하되 여러분이여 내가
보니 이번 항해가 하물과 배만 아니라 우리 생명에도 타격과 많은 손해를
끼치리라 하되 11) 백부장이 선장과 선주의 말을 바울의 말보다 더 믿더라
12) 그 항구가 겨울을 지내기에 불편하므로 거기서 떠나 아무쪼록 뵈닉스
에 가서 겨울을 지내자 하는 자가 더 많으니 뵈닉스는 그레데 항구라 한쪽
은 서남을, 한쪽은 서북을 향하였더라 13) 남풍이 순하게 불매 그들이 뜻을
이룬 줄 알고 닻을 감아 그레데 해변을 끼고 항해하더니 14) 얼마 안 되어
섬 가운데로부터 유라굴로라는 광풍이 크게 일어나니 15) 배가 밀려 바람
을 맞추어 갈 수 없어 가는 대로 두고 쫓겨가다가 16) 가우다라는 작은
섬 아래로 지나 간신히 거루를 잡아 17) 끌어올리고 줄을 가지고 선체를
둘러 감고 스르디스에 걸릴까 두려워하여 연장을 내리고 그냥 쫓겨가더니
18) 우리가 풍랑으로 심히 애쓰다가 이튿날 사공들이 짐을 바다에 풀어
버리고 19) 사흘째 되는 날에 배의 기구를 그들의 손으로 내버리니라 20)
여러 날 동안 해도 별도 보이지 아니하고 큰 풍랑이 그대로 있으매 구원의
여망마저 없어졌더라 21) 여러 사람이 오래 먹지 못하였으매 바울이 가운
데 서서 말하되 여러분이여 내 말을 듣고 그레데에서 떠나지 아니하여
이 타격과 손상을 면하였더면 좋을 뻔하였느니라 22) 내가 너희를 권하노
니 이제는 안심하라 너희 중 아무도 생명에는 손상이 없겠고 오직 배뿐이리
라 23) 내가 속한 바 곧 내가 섬기는 하나님의 사자가 어제 밤에 내 곁에
서서 말하되 24) 바울아 두려워 말라 네가 가이사 앞에 서야 하겠고 또
하나님께서 너와 함께 항해하는 자를 다 네게 주셨다 하였으니 25) 그러므
로 여러분이여 안심하라 나는 내게 말씀하신 그대로 되리라고 하나님을
믿노라 26) 그런즉 우리가 반드시 한 섬에 걸리리라 하더라 27) 열나흘째
되는 날 밤에 우리가 아드리아 바다에서 이리 저리 쫓겨가다가 자정쯤
되어 사공들이 어느 육지에 가까워지는 줄을 짐작하고 28) 물을 재어 보니
스무 길이 되고 조금 가다가 다시 재니 열다섯 길이라 29) 암초에 걸릴까
하여 고물로 닻 넷을 내리고 날이 새기를 고대하니라 30) 사공들이 도망하
고자 하여 이물에서 닻을 내리는 체하고 거룻배를 바다에 내려 놓거늘
31) 바울이 백부장과 군인들에게 이르되 이 사람들이 배에 있지 아니하면
너희가 구원을 얻지 못하리라 하니 32) 이에 군인들이 거룻줄을 끊어 떼어
버리니라 33) 날이 새어 가매 바울이 여러 사람에게 음식 먹기를 권하여
이르되 너희가 기다리고 기다리며 먹지 못하고 주린 지가 오늘까지 열나흘
인즉 34) 음식 먹기를 권하노니 이것이 너희의 구원을 위하는 것이요 너희

중 머리카락 하나도 잃을 자가 없으리라 하고 35) 떡을 가져다가 모든 사람 앞에서 하나님께 축사하고 떼어 먹기를 시작하매 36) 그들도 다 안심하고 받아 먹으니 37) 배에 있는 우리의 수는 전부 이백칠십육 명이더라 38) 배부르게 먹고 밀을 바다에 버려 배를 가볍게 하였더니 39) 날이 새매 어느 땅인지 알지 못하나 경사진 해안으로 된 항만이 눈에 띄거늘 배를 거기에 들여다 댈 수 있는가 의논한 후 40) 닻을 끊어 바다에 버리는 동시에 키를 풀어 늦추고 돛을 달고 바람을 맞추어 해안을 향하여 들어가다가 41) 두 물이 합하여 흐르는 곳을 만나 배를 걸매 이물은 부딪쳐 움직일 수 없이 붙고 고물은 큰 물결에 깨어져 가니 42) 군인들은 죄수가 헤엄쳐서 도망할까 하여 그들을 죽이는 것이 좋다 하였으나 43) 백부장이 바울을 구원하려 하여 그들의 뜻을 막고 헤엄칠 줄 아는 사람들을 명하여 물에 뛰어내려 먼저 육지에 나가게 하고 44) 그 남은 사람들은 널조각 혹은 배 물건에 의지하여 나가게 하니 마침내 사람들이 다 상륙하여 구조되니라

드디어 바울이 로마로 가는 일이 확정되었다. 바울과 다른 죄수 몇 사람이 백부장 율리오에게 맡겨졌다. 여행하는 동안 백부장의 손에 바울의 생명과 운명이 걸려 있다는 말이다. 그런데 율리오(Julius)는 아구스도대(The Imperial Regiment)에 속한 보병부대의 백부장이다. 아구스도대는 아우구스투스 황제에 속한 부대의 한 단위인 대대를 말하는 데, 600명의 병력으로 구성되었다. 이 부대는 시리아 주에 주둔해 있는 지원 부대를 말한다.

람세이(Ramsay)는 "아구스도는 로마의 중앙 통제부와 접경 지방에 주둔하고 있는 군대들과의 사이에 통신 유지 체제를 정규적인 체제로 환원시켰다. 보통 frumentarii라고 불린 지방의 백부장들은 로마와 주둔군 사이를 왕래하였다. 그리고 그들은 황제와 그의 군대 및 각 지방들 사이의 연락을 위한 많은 목적 때문에 고용되었다. 그들은 병참의 목적뿐만 아니라(그것으로부터 그 이름이 유래됨) 급사(急使), 경찰 그리고 죄수 담당 등의 목적을 위해 행동했다"고 전한다.[97] 그래서

97) Ramsay, op.cit., p. 318.

이 부대는 '황제의 부대'라는 명예로운 명칭을 가질 수 있었고, 여기에 속한 백부장은 황제와 부대 간의 연락을 책임진 장교이다. 누가가 여기서 아구스도대의 백부장을 언급하고 있는 이유는 로마에 도착해서 이 백부장이 하게 될 역할을 미리 암시해 주기 위해서이다.

바울이 탄 아드라뭇데노는 소아시아 드로아 남쪽인 무시아에 있는 아드라뭇데노로 가는 배로서, 아시아 여러 항구를 여행하는 배였다.[98] 가이사랴를 출발한 이 배는 시돈을 거쳐 루기아의 무라 시에 도착하였고, 거기서 이탈리아로 가는 알렉산드리아란 넓고 큰 배로 바꿔탔다. 알렉산드리아 호는 276명을 태웠고, 70t 정도나 되는 애굽에서 가져오는 밀을 실었다. 과적했다는 느낌을 준다. 로마는 이집트 나일 강 델타 지역으로부터 1년에 150,000t의 밀을 수입했다. 이것은 주전 30년에 로마 시민을 넉 달간 먹일 수 있는 양이었다고 한다.[99] 사도 바울은 그처럼 가고 싶어 하던 로마를 죄수의 몸으로 간다. 바울은 왜 죄수로 로마로 가는 길을 선택했을까?

로마에 상소하는 것도 가난한 사람들은 생각할 수 없었다. 4년 동안 예루살렘과 가이사랴에 갇혀 있었던 경비까지 하면 굉장한 경비가 필요했을 것이다. 벨릭스 총독은 돈을 받을까 해서 바울을 자주 불렀다(행 24:26). 총독이 기대하던 돈이 작은 돈이겠는가?[100] 돈 때문에 벨릭스는 소송건을 2년 동안이나 질질 끌었다. 그런 이유 때문에 바울은 견디다 못해 가이사에게 항소하였다(행 25:10-12). 그러나 그 이전에 유대인들이 끈질기게 바울을 죽이려고 공작하고 있었던 그

---

98) Schlatter, op.cit., p. 305.

99) Wright. p. 238.

100) 어떤 학자들은 예루살렘으로 가져가던 헌금을 유용했으리라고 주장한다. 그러나 바울이 헌금을 유용했을 리는 없다. 아마도 바울이 가정의 유산을 썼을 것이다. 바울의 조카가 왕래한 것으로 보아 조카를 통해서 지원을 받았을 가능성이 있다(행 23:16).

날 밤, 감옥에서 예수님께서 바울에게 나타나 말씀하셨다. "담대하라 네게 예루살렘에서 나의 일을 증언한 것같이 로마에서도 증언하여야 하리라"(행 23:11). 주께서는 바울이 로마로 가야 한다는 암시를 이미 준 적이 있다. 재판이 지지부진해지고 2년이란 세월이 흐르자, 주님이 말씀하셨던 내용을 기억했을 것이다. 그는 왜 죄수로 가야 하는지 아직 이해가 되지 않았지만 그 길을 선택할 수밖에 없었다.

27장 1절에 로마로 가는 바울의 항해는 '우리'와 함께 시작된다. 로마 법에는 죄수와는 아무도 동행할 수 없었다. 그렇다면 '우리'는 어떻게 동행하게 되었을까? 로마를 향하여 가는 바울에게 친구들의 동행이 허락되었을 것이라는 것은 상상조차 할 수 없는 일이다. 플리니는 이 점과 관련된 한 사례를 언급하고 있다(서간집 III.16). 파이투스는 죄수로서 일루리곤으로부터 로마로 호송되었다. 그의 아내 아리아는 그와 동행하게 해 달라고 간청했으나 그것은 부질없는 일이었다. 여러 노예들이 그의 급사나 시중 등의 역할을 하며 그와 동행하도록 허락되었다. 아리아는 혼자서 그들 모두의 할 일을 도맡아 하겠다고 제안했으나 그녀의 간청은 거절되었다.[101] 노예만이 동행할 수 있었다.

그렇다면 바울과 동행한 그의 노예는 누구였을까? 27장 3절에는 데살로니가 사람 아리스다고가 동행했다고 했다. 'We'가 사도행전 27장 1절에 다시 나타난다. 'We'는 예루살렘으로 돌아가던 바울과 드로아에서 만나서(행 20:5) 줄곧 바울과 동행하였고, 로마에 도착할 때까지 계속해서 동행한 것이 틀림없다.

그러나 아리스다고는 '우리'에 포함되는 것 같지는 않다. 그렇다

101) Ramsay, op.cit., pp. 290-291.

면 누가가 바울의 노예로 동행했을 가능성이 크다. 노예란 실제적인 노예가 되는 것을 의미한다. 누가는 바울을 돌보며 동행하기 위하여 그의 노예를 자처했던 것으로 보인다. 이것은 항해 중에 바울이 다른 사람들로부터 존경을 받을 수 있는 신분으로 보였다는 증거이다. 그 당시 수종들 하인조차 없이 무일푼으로 여행하는 사람은 그러한 존경을 결코 받지 못했다.[102)]

시돈을 떠나 구브로 해안을 항해하며 바람을 피했으나, 무라 시에서 이달리야로 가는 알렉산드리아 배로 옮겨탄 후부터 위험한 바람을 만나기 시작한다. 결국 그레데 안에 있는 미항(Fair Havens)이라고 하는 곳에서 금식절기를 지난다. 그 해가 주후 59년이라면 속죄일(Yom Kippur)은 10월 5일이었고, 초막절은 닷새 후인 10월 10일이었다(AD 60년, 유대 속죄일은 9월 22일). 지중해 연안은 이미 가을이 깊어가고 있었다. 누가는 금식절기가 지나 항해하기가 위태하다고 전한다(행 27:9-10). 그 지역에서는 겨울철엔 강한 폭풍이 불어 오기 때문에 늦가을부터 겨울에는 항해를 하지 않는 것이 일반적인 상식이다. 금식절기가 지났으므로 배는 10월 10일 이후까지 미항에 묶여 있었다.

그때 갑자기 바울이 전면에 나선다. 항해하기가 위태하기 때문에 미항에서 겨울을 지나자는 제안이었다. 만일 무리하게 항해를 한다면 하물(荷物)과 배만 아니라 생명에도 타격과 많은 손해가 있으리라고 한다(행 27:10). 바울은 어떻게 그 사실을 알았을까? 베게티우스(Vegetius)는 11월 11일부터 3월 5일까지는 항해가 금지되어 있었다고 한다. 플리니(Pliny)는 항해는 2월 8일에 재개된다고 했다.(Vegetius, DeReMilitariIV.39; Pliny natural History II. 47)[103)] 그 말이 옳다면 금식절기가 지난 후의 항해가 위태하다고 한 누가의 말은 정확한 표현이다.

---

102) Ibid, p. 291.
103) MacGregor, op.cit., p. 344.

그러나 바울의 주장은 단지 여행에서 얻은 항해 지식에서만 나온 것은 아니었다. 하물과 배, 그리고 사람들의 생명에의 위험까지를 구체적으로 언급한 것을 보면 틀림없이 그가 성령을 통하여 얻은 영적 통찰력으로부터 나온 것이리라.

상황 검토를 위해 선상 회의가 열렸다(12절). 그 자리에는 백부장, 선장, 선주 그리고 바울이 참석했다. 어찌 보면 세상에 존재하는 네 권위(Authorities)가 모인 셈이다. 정치적 권위, 기술과 재물의 권위 그리고 영적 권위이다. 회의의 진행은 백부장에 의하여 진행되었다. 바울은 죄수인데도 그 자리에 초대되었다. 어떻게 그 자리에 초대되었을까? 바울이 심각한 발언을 했기 때문에 그 내용을 놓고 의논해야 했기에 초대되었을 것이다. 그러나 바울이 초대된 데에는 백부장의 배려가 있었던 게 분명하다. 처음부터 백부장은 바울을 특별한 사람으로 대우해 주었다. 그렇기 때문에 시돈에서는 일시 석방시켜 주어 그리스도인들을 만나게 해준 적도 있었다(행 27:3). 이처럼 바울은 '고려되어야 할 신분'이라고 여겨졌을 것이고, 또 여행가로서의 그의 경험이 상당히 알려졌기 때문이었을 것이다.

백부장은 선장과 선주의 말을 차례로 다 들은 후에 결정을 내렸다(행 27:11). 그것은 바울의 말보다 선장과 선주의 의견을 더 믿고 내린 결론이었다. 이 항해는 선장과 선주에게 실질적인 이해관계가 있기 때문에 그들의 주장에 힘이 더 실릴 수밖에 없었을 것이다. 항상 정치적 권위란 기술과 돈에 의존한다. 영적 권위는 증명할 수 없다는 데 문제가 있다. 9-12절의 내용은 누가는 이 회의에 참석하지 못하고, 바울의 보고를 듣고 적었다는 인상을 준다.

아마 회의에서 돌아온 바울은 분통을 터뜨렸을 것이다. 배에서는 선장이 지휘관이어야 하는데, 여기서는 백부장이 지휘를 대신한 것은 이 배가 정부의 배였음을 시사한다. 이 백부장은 지역 주둔군과 황제와의 연락을 책임진 연락장교였을 것이다.[104] 그러나 바울의 말이 온전히 거절된 것 같지는 않다. 백부장이 선장과 선주의 말을 더 믿기는 했어도, 과동할 항구를 찾았다는 것은 바울의 말이 참고가 되었다는 것을 보여준다.

미항은 겨울을 나기가 불편하기 때문에 그레데(Crete) 섬에 위치한 뵈닉스(Phoenix)에서 겨울을 나기 위해 항해를 계속했다(행 27:12). 그레데 미항에서 뵈닉스(그레데 항구)는 80km 떨어진 곳이다. 미항에서 배가 출범했을 때 순풍이 불어왔고, 해안 가까운 거리를 두고 항해할 수 있었기 때문에 역시 선장의 제안이 가장 좋았던 것처럼 보였다. 그러나 곧 북동풍이 거칠게 불어오기 시작하였다. 유라굴로라는 광풍이 불어왔다(행 27:13-16). 그레데(Crete) 3천 미터 높이의 산에서 바다로 광풍이 불어왔다.[105] 돛으로 가는 배였기에 돛을 내려야 하고, 배는 바람에 밀려 떠나갈 수밖에 없다.

그들은 높은 파도에 물이 가득 차서 항해에 방해되는 보트(거루)를 갑판에 끌려올렸다. 그리고 배가 한쪽으로 기울 때 무거운 짐 때문에 배가 깨지는 것을 막기 위해 밧줄로 선체를 감았다(16-17절). 이런 작업에 누가는 노예로서 참여했다는 느낌을 준다. 선장은 배가 아프리카 남쪽 해안으로 밀려가는 것을 두려워했다. 아직도 거리는 많이 떨어져 있었지만 그곳 유사(流砂, 스르디스)에 걸릴까 두려워했기 때문이다.[106] 그런데 바람은 유사쪽으로 불고 있었다. 결국 선장은 배의 속도를 낮추기 위해 닻을 내렸다.

계속되는 풍랑 때문에 할 수 없이 위험을 줄이기 위하여 이튿날

104) '황제의 군대'란 전령단을 가리키는 통상적인 회화체 방식이었다. 백부장이 이런 단체의 일원이었다는 것은 그가 로마에 도착했을 때 사도 바울을 그의 상관에게 넘긴 사실에 의해 확증된다. Ramsay, op.cit., p. 290.

105) Ibid, p. 300.

106) Ibid, p. 302.

짐을 바다에 버릴 수밖에 없었다(행 27:18). 짐(하물)보다는 사람의 생명을 살리는 일이 급했기 때문이다. 그리고 사흘째 되는 날에는 배의 기구를 다 버렸다(19절). 하물이 없었지만 선주는 침묵할 수밖에 없다. 또 배의 기구들을 다 버리면 선장도 침묵할 수밖에 없다. 배의 기구를 "그들의 손으로 내버렸다"고 누가는 강조했다. 그처럼 자신만만했던 자기들 스스로 생명 기구를 버린 것이다. 그리하면 선주와 선장에 의존해 가던 백부장도 침묵할 수밖에 없다. 이제는 희망이란 완전히 사라졌다. 20절에 "여러 날 동안 해와 별도 보이지 아니하고"(행 27:20)라고 했다. 당시엔 나침반이 없고, 별이 나침반을 대신하던 때였기에, 나침반이 없어졌다는 말은 이젠 죽음만을 기다리는 상황이었던 것을 말한다.

그때 다시 나타난 사람이 바울이다. 영적 권위자가 전면에 나타났다(행 27:21-24). 해와 별이 보이지 않는데 바울이 나타났다. "이제는 안심하라. 너희 중 아무도 생명에는 아무런 손상이 없겠고 오직 배뿐이리라"(22절). 그 사실을 어떻게 알았을까? 바울은 어제 밤에 주께서 자기에게 하신 말씀을 승객들에게 들려준다. "바울아 두려워하지 말라 네가 가이사 앞에 서야 하겠고 또 하나님께서 너와 함께 항해하는 자를 다 네게 주셨다 하였다"(행 27:23-24).

14일째, 사공들이 바다를 깊이 재어 본다. 사공들이 도망하고자 한다(30절). 바울은 이 사람들이 배에 있지 않으면, 구원받지 못하리라고 한다. 이제는 군인들이 바울의 명령에 순종한다. 군인들이 거룻줄을 끊어 떼어 버린다. 이제 배의 선장은 사도 바울이다. 배 안에 있는 모든 사람들은 바울의 지휘를 따른다. 드디어 모든 승객들과 선원들에게 위로를 준다. "머리카락 하나라도 잃을 자가 없다"(행 27:22)라고 한다.

그리고 떡을 가져다가 모든 사람 앞에서 하나님께 축사하고 떼어 먹도록 했다(35절). 286명이 떼어 먹기를 시작하였다. 바울이 기도하고, 모든 사람들이 떡을 떼어 먹는 모습을 어떻게 해석해야 할까? 누가는 무엇을 상상하며 이런 모습을 전하고 있는 것일까? 벳새다 광야에서 5천 명을 먹이시던 예수님의 모습을 연상하게 한다. 평범한 식사라고 보아야 하는가, 아니면 성찬식으로 보아야 하는가? 어떤 학자들은 성찬식이라고 보기는 어렵다고 한다. 그러나 본문을 보면 축사하고, 그리고 떡을 떼어 먹었다. 물론 35절에 사용된 언어는 의심없이 성찬(Eucharist)을 상징한다. 맥그리거(MacGregor)는 이것이 성찬식을 상징한다고 해도 빵을 놓고 감사 기도를 하는 것은 음식 앞에서 드리는 일반적인 경건한 의식이기 때문이다.[107] 그런데 여기서 중요한 것은 누가가 어떤 의도로 이런 표현을 사용하고 있는가 하는 점이다. 누가는 표현은 성찬식을 떠오르게 해준다. 누가의 이런 표현은 후에 로마에 도착했을 때 어떤 일이 벌어질 것인가를 상상하게 해주는 역할을 해주기 때문에 더욱 중요하다.

또 24절에 "또 하나님께서 너와 함께 항해하는 자를 다 네게 주셨다"(행 27:24)라고 하셨던 것은 이들이 바울과 함께 성찬을 나누었다는 암시이기도 하다. 수잔 마리 프래더(Susan Marie Praeder)는 항해기사(행 27:1-28:16)를 상징적으로 읽으라고 권한다.[108] 이 이야기에서 바울은 그 배의 이방인 선장에게 바다에서 죽은 일로부터 구원받을 것을 약속하는 것으로, 배 위에서 떡을 취하여 감사한 것은 기독교 성찬을 상징한다.

서방 본문은 "또 우리에게 나누어 주었다"를 첨가하여 이것을 성만찬으로 보게 하였다. 초기에는 성찬과 식사 사이에 엄격한 구분이 없었다고 본다면 이런 후대의 삽입이 흥미롭다. 다른 학자들은 분명

107) MacGregor, op.cit., p. 339.
108) Mark A. Powell, 사도행전 신학, p. 172.

히 주의 만찬을 거행하는 예식을 상징한다고 말한다. 여하튼 배에 있던 모든 사람들이 바울의 말대로 기도하고 밥을 먹었다는 것은 그 배 안에 있는 사람들이 바울의 권위 아래 있었다는 증거가 된다.

배는 해안을 발견하고 그동안 풍랑 속에서 배를 견지해 왔던 돛을 끊어버리고 돛을 다시 달고 바람에 맞추어 해안으로 들어가게 된다(행 27:40). 그러나 다시 위험이 왔다. 두 물이 합하는 곳에서 배가 걸려 움직일 수 없게 된 것이다. 군사들은 죄수들이 도망하는 것을 막기 위해 그들을 죽이는 게 좋다고 제안했다(42절). 그러나 백부장은 부하들의 제안을 막고 헤엄칠 수 있는 사람들은 헤엄쳐서 육지로 나가도록 명령했다. 바울을 살리기 위해서였다.

슈레터(Schlater)는 그 배 안에 타고 있던 죄수들 대부분은 이미 사형 판결을 받은 사람들이었다고 추측한다.[109] 드디어 모든 사람이 다 상륙하여 모두 살아났다(행 27:43-44). 그레데 섬에서 멜리데 섬까지는 직선거리로 약 950km 정도가 된다. 그 먼 거리를 풍랑에 휩쓸려 왔으나 살아났다는 사실은 온전히 하나님의 인도하심과 은혜라는 사실을 누가는 강조한다. 그것도 바울을 로마 황제 앞에 세우기 위한 하나님의 계획 때문에 내려진 은혜이다.

10. 멜리데에서(행 28:1–16)

1) 우리가 구조된 후에 안즉 그 섬은 멜리데라 하더라 2) 비가 오고 날이 차매 원주민들이 우리에게 특별한 동정을 하여 불을 피워 우리를 다 영접하더라 3) 바울이 나무 한 묶음을 거두어 불에 넣으니 뜨거움으로 말미암아 독사가 나와 그 손을 물고 있는지라 4) 원주민들이 이 짐승이 그 손에 매달려 있음을 보고 서로 말하되 진실로 이 사람은 살인한 자로다

---

109) Schlatter, op.cit., 311. "그들은 이미 사형 판결을 받고 로마 경기장에서 사형에 처해지게 되어 있는 사람들이었던 듯하다." p. 305.

바다에서는 구조를 받았으나 공의가 살지 못하게 하심이로다 하더니 5) 바울이 그 짐승을 불에 떨어 버리매 조금도 상함이 없더라 6) 그들은 그가 붓든지 혹 갑자기 쓰러져 죽을 줄로 기다렸다가 오래 기다려도 그에게 아무 이상이 없음을 보고 돌이켜 생각하여 말하되 그를 신이라 하더라. 7) 이 섬에서 가장 높은 사람 보블리오라 하는 이가 그 근처에 토지가 있는지라 그가 우리를 영접하여 사흘이나 친절히 머물게 하더니 8) 보블리오의 부친이 열병과 이질에 걸려 누워 있거늘 바울이 들어가서 기도하고 그에게 안수하여 낫게 하매 9) 이러므로 섬 가운데 다른 병든 사람들이 와서 고침을 받고 10) 후한 예로 우리를 대접하고 떠날 때에 우리 쓸 것을 배에 실었더라 11) 석 달 후에 그 섬에서 겨울을 난 알렉산드리아 배를 타고 떠나니 그 배의 머리 장식은 디오스구로라 12) 수라구사에 대고 사흘을 있다가 13) 거기서 둘러가서 레기온에 이르러 하루를 지낸 후 남풍이 일어나므로 이튿날 보디올에 이르러 14) 거기서 형제를 만나 그들의 청함을 받아 이레를 함께 머무니라 그래서 우리는 이와 같이 로마로 가니라 15) 그 곳 형제들이 우리 소식을 듣고 압비오 광장과 트레이스 타베르네까지 맞으러 오니 바울이 그들을 보고 하나님께 감사하고 담대한 마음을 얻으니라 16) 우리가 로마에 들어가니 바울은 자기를 지키는 한 군인과 함께 따로 있게 허락하더라

멜리데(Malta) 섬은 시실리아 섬을 통하여 브디올을 거쳐 로마로 통하는 곳이다. 바울은 그곳에서 8일을 머물렀다. 일반 죄수로 취급받지 않았음을 보여준다. 바울이 독사에 물리고도 건강하게 살아 있었던 점이 섬에서 더 큰 존경을 받게 된 원인이 되었다. 그 섬에서 제일 높은 위치에 있는 보블리오(Publius)는 바울을 자기의 별장으로 초청하여 사흘이나 친절하게 대접해 주었다(행 28:7). 그때 마침 그의 부친이 열병과 이질로 괴로워하게 되었다. 바울이 들어가서 기도하고 안수하자 노인의 병이 깨끗해졌다(행 28:7-8).

이 사건은 예수님이 고쳐주신 베드로 장모의 사건(눅 4:38-40)을 생각나게 한다. 정확한 의학 용어가 줄곧 사용되었다. 예를 들면, 사도행전 28장 8절과 누가복음 4장 38-39절에 똑같은 단어가 세 가지나

사용되었다. '들어가다'(εἰσέρχομαι), '열병'(πυρετῷ), 그리고 '병에 걸려 괴롬당하다'(συνεχόμενον)는 συνέχω의 분사 수동형이다. 열병이란 단어가 사도행전 28장 38절에선 복수형 πυρετοῖς가 사용된 것이다. 이 말은 간헐적으로 오르는 열을 의미한다. 여기서 전문적인 의학 용어들이 사용되었다. 그런데 여기서 바울이 고쳐준 보블리오의 아버지의 치유 경우와 다른 사람들이 치료받은(행 28:9) 것과는 구별된다. 후자의 치료(θεραπεύω)는 과거 미완료로서 아마도 많은 환자들이 의사의 응급처방을 받은 것을 의미한다. 의사인 누가에게서 받은 게 아닐까 생각된다.[110] 그 결과 많은 선물을 받았다(10절). 이것도 기술적인 의학 용어로서, 많은 치료비를 받은 것을 의미한다.[111]

석 달 후에 그들은 멜리데 섬에서 겨울을 난 알렉산드리아 배를 타고 로마를 향해 떠난다(행 28:11). 배의 머리에는 헬라어로 디오스구로(Διοσκούροις)라고 기록되었다. 디오스구리(the Dioskuri)란 제우스 신의 두 아들의 이름인 카스터(Castor)와 폴록스(Pollux)의 이름을 가리키는 "하늘의 쌍둥이"(Heavenly twins)라는 말이다. 배는 2월 중순에 다시 항해를 계속하였다. 그렇다면 플리니(Pliny)가 서풍이 불어오기 시작하는 2월 8일에 항해가 다시 시작된다(Vegetius, De ReMilitari IV.39; Pliny natural History II.47)는 주장이 사실로 증명된 셈이다.

시실리 섬의 가장 동쪽 끝에 위치한 큰 항구인 수라구사(Syracuse)에 도착하여 사흘을 정박했다가 다시 레기온(Rhegium)으로, 그리고 나폴리 만에 있는 보디올(Puteoli,현재의 포추올리)에서 정박하고 승객을 내려놓았다(12-13절). 이 항구는 동부 지중해로부터 항해해온 상인들이 이달리야에 이르는 중요한 항구로서, 당시에 로마로 오는 곡물선이 짐을 내리는 곳이었던 듯하다(세네카). 동방에서 이뤄지는 온갖

110) MacGregor, op.cit., p. 344.
111) Ibid, p. 344.

해상 활동이 이곳에 집중되었다.

보디올에는 거의 1세기 동안 유대인 공동체가 있었다(Jessephus BJ, ii. 104, Ant, XVi, 328). 그리고 거기에 기독교인들이 있었다(행 28:14). 그곳에서 기다리던 형제들을 만난다. 사도행전 27장 3절의 경우로 보아서 바울은 그곳에서도 비슷한 특권을 누릴 수 있었던 것으로 보인다. 바울은 그리스도인 형제애로 베푸는 특별 대우를 받으며 일주일을 거기서 지낸다(14절). 형제 사랑은 사람들을 갈라놓는 온갖 장벽을 무너뜨리는 혁명적 누룩이다. 그리고 로마로 향하는 길에 압비오 광장과 삼관(三館)에까지 그리스도의 형제들이 바울 일행을 맞으려 나왔다(15절).

압비오 저자(광장)는 로마로부터 65km 떨어진 곳이고, 삼관 트레스 주막(at Three Taverns)은 로마에서 50km 떨어진 곳이다. 바울 일행은 로마로부터 압비오 광장(Forum of Appius)에 까지 와서 애타게 기다리고 있던 크리스천 형제들의 환영을 받는다. 이 두 곳에는 여관들이 있었다. 압비오 광장에 대해서는 호레이스(Horace)에 의해 언급되었고, 삼관에 대해서는 시세로(Cicero)가 언급하고 있다(Horace Satires I.5.3; Cicero To Attiicus II.10).[112] 누가는 "그곳 형제들이 우리 소식을 듣고 압비오 광장과 트레이스 타베르네까지 맞으러 왔다"(행 28:15)고 했다. 로마의 형제들이 어떻게 그들의 소식을 듣고 그 먼 곳까지 왔을까? 이상한 점은 로마에 살고 있던 그리스도인들이 어떻게 바울이 오는 것을 알고 압비오 광장까지 영접하러 나왔을까 하는 점이다. 바울이 그곳에 오는 것을 어떻게 알았고, 언제 오는 것까지를 어떻게 알았을까?

앞에서 우리는 멜리데섬은 시실리아 섬을 통하여 브디올 그리고

112) Ibid, p. 346.

로마로 통하는 곳이라고 했다. 그곳에서 3개월, 그리고 오는 동안 보름 이상을 걸려서 배는 보디올에 도착하였다. 그렇다면 멜리데 섬의 소식이 시실리아를 거쳐 로마에까지 전달되기에 충분한 기간이었다는 점을 생각해야 한다. 그러니까 바울이 로마에 오기 전에 바울에 대한 소식, 특별히 폭풍으로 배가 파선되어 모든 276명의 생명을 잃을 뻔한 위험에서 바울의 지혜로 구원받았다는 소식도 로마에 퍼졌을 것이다. 이 점은 앞으로 로마에서 그리스도의 복음을 전하는 일에 아주 유용하게 사용되었을 것으로 판단된다.

바울은 거기까지 와 있던 그리스도 형제들을 보고 "하나님께 감사하였고", 마음에 담대함을 얻었다(행 28:15). 바울은 여전히 사슬에 매여 있다. 그러나 바울은 다시 담대해졌다. 그는 혼자가 아니기 때문이다. 하나님은 여기에도 자기 백성을 두고 계신다. 이 새로운 다국적 세계의 제국 안에 "각처에서 온 우리의 주 예수 그리스도의 이름을 부르는 모든 자들"(고전 1:2)의 공동체가 구성되었다는 것이 감사했을 것이고, 그에게 용기를 주었을 것이다."[113]

기독교인들은 바울을 로마에까지 수행해 주었다. 바울은 사슬에 묶인 패배한 포로로서가 아니라 거의 개선하는 장군처럼 환영을 받으며 그 도시로 들어간다. 바울은 의심없이 로마로 들어가는 압비오(현재는 the Porta Capena라 부름) 거리를 따라 로마에 입성하였다(행 28:16). 재판이 꼭 황제 앞에서 이뤄졌다고 생각할 수는 없다. 친위대장 앞에서 이뤄졌을 것이다. 친위대(Praetorium)는 로마제국의 최고 법정에 배석한 사람들 전체를 가리키는 말로,[114] 당시 친위대장은 두 사람이었다. 앞에서 "아구스도는 로마의 중앙 통제부와 접경 지방에 주둔하고 있는 군대들과의 사이에 통신 유지 체제를 정규적인

113) 윌리엄, op.cit., p. 275.
114) Ramsay, Ibid, p. 426.

체제로 환원시켰고" 그 책임을 아구스도대와 같은 부대에 맡겼다고 언급한 적이 있다. 그리고 바울을 수송한 백부장 율리오는 황제와 지역 주둔군의 연락장교였다. 그렇다면 이 율리오는 바울을 친위대장에게 인계했을 가능성이 높다.

재판에는 친위대장 두 사람 중 한 사람이 임석한다고 하는데, 당시 친위대장(사령관)은 정직한 부루스(Afranius Burrus)와 악명 높은 티겔리누스(Tigellinus: 62년 후임이 됨)가 있었는데, 바울의 재판을 책임맡은 사람은 아마도 부르스였을 가능성이 높다고 브루스(Bruce)는 말한다.[115] 그렇다면 "우리가 로마에 들어가니 바울에게는 자기를 지키는 한 군인과 함께 따로 있게 허락하더라"(행 28:16)는 백부장 율리오의 보고를 받은 친위대장이 바울에게 베풀어준 사려깊은 호의라고 생각된다.

서방 문서는 "백부장이 죄수를 감시하는 군인에게 넘기고, 바울이 따로 있도록 허락했다"(16절)고 전한다. 그리고 '부대 밖'에서 그를 지키는 한 군사와 함께 따로 거하게 되었다고 한다(16절). 그래서 그는 비록 자기는 마음대로 출입할 수 없었지만, 그를 찾는 방문객들은 마음대로 맞이할 수 있게 되었다. 여기에 두 가지 이점을 얻었다. 집 안으로 한정되기는 했어도 자유롭게 부대 밖에서 지낼 수 있게 된 것과 집으로 찾아오는 방문객들은 언제든지 마음대로 만날 수 있게 된 것이다. 먼저는 바울에 대하여 항의하는 유대인들의 방문을 생각할 수 있다. 또 그리스도의 형제들의 방문을 생각할 수 있다. 이들을 만나서 그리스도에 대한 은혜로운 진리 말씀을 가르치며 믿음을 굳게 할 수 있었을 것이다.

그들 중에는 로마에 먼저 와 있던 아굴라와 브리스길라도 있었을

---

115) Bruce, op.cit., p. 405.

것이다. 또한 무리는 바울에게나 예수 그리스도에 대하여 호감을 가진 사람들의 방문을 생각할 수 있다. 넓은 로마를 찾아다니며 복음을 전하는 것보다 찾아온 사람들에게 전하는 일이 훨씬 쉽고도 정확하게 그리스도의 은혜의 말씀을 전달할 수 있었을 것이다. 아마도 이런 판결이 내려지기까지 백부장의 증언이 긍정적으로 고려되었을 것은 말할 필요도 없다. 또 풍랑 속에서 배 안에 있던 모든 사람을 구원한 사건이 크게 작용했을 것이다. 하나님께서 왜 바울을 죄수로 로마로 보내셨는지, 그 이유가 여기서 비로소 밝혀졌다.

11. 로마에서 복음을 전하다(행 28:17-31)

17) 사흘 후에 바울이 유대인 중 높은 사람들을 청하여 그들이 모인
후에 이르되 여러분 형제들아 내가 이스라엘 백성이나 우리 조상의 관습을
배척한 일이 없는데 예루살렘에서 로마인의 손에 죄수로 내준 바 되었으니
18) 로마인은 나를 심문하여 죽일 죄목이 없으므로 석방하려 하였으나
19) 유대인들이 반대하기로 내가 마지 못하여 가이사에게 상소함이요 내
민족을 고발하려는 것이 아니니라 20) 이러하므로 너희를 보고 함께 이야
기하려고 청하였으니 이스라엘의 소망으로 말미암아 내가 이 쇠사슬에
매인 바 되었노라 21) 그들이 이르되 우리가 유대에서 네게 대한 편지도
받은 일이 없고 또 형제 중 누가 와서 네게 대하여 좋지 못한 것을 전하든지
이야기한 일도 없느니라 22) 이에 우리가 너의 사상이 어떠한가 듣고자
하니 이 파에 대하여는 어디서든지 반대를 받는 줄 알기 때문이라 하더라
23) 그들이 날짜를 정하고 그가 유숙하는 집에 많이 오니 바울이 아침부터
저녁까지 강론하여 하나님의 나라를 증언하고 모세의 율법과 선지자의
말을 가지고 예수에 대하여 권하더라 24) 그 말을 믿는 사람도 있고 믿지
아니하는 사람도 있어 25) 서로 맞지 아니하여 흩어질 때에 바울이 한
말로 이르되 성령이 선지자 이사야를 통하여 너희 조상들에게 말씀하신
것이 옳도다 26) 일렀으되 이 백성에게 가서 말하기를 너희가 듣기는 들어
도 도무지 깨닫지 못하며 보기는 보아도 도무지 알지 못하는도다 27) 이
백성들의 마음이 우둔하여져서 그 귀로는 둔하게 듣고 그 눈은 감았으니
이는 눈으로 보고 귀로 듣고 마음으로 깨달아 돌아오면 내가 고쳐 줄까

함이라 하였으니 28) 그런즉 하나님의 이 구원이 이방인에게로 보내어진 줄 알라 그들은 또한 들으리라 하더라 29) (없음) 30) 바울이 온 이태를 자기 셋집에 머물면서 자기에게 오는 사람을 다 영접하고 31) 하나님의 나라를 전파하며 주 예수 그리스도에 관한 모든 것을 담대하게 거침없이 가르치더라

바울은 2년 동안 셋집에 살면서 찾아오는 사람들을 마음대로 만날 수 있었다. 그리스도인들, 그리고 하나님을 경외하는 사람들이 바울을 방문하여 복음을 들었다는 것을 상상할 수 있다. 그중에 누가가 집중하는 것은 유대 공동체 대표들이었다. 그곳에 살기 시작한 지 사흘 후에 바울은 그들을 초청하였다(행 28:17). 바울은 언제나 먼저 이스라엘 집으로 간다. 그리고 그들에게 자기가 왜 로마까지 오게 되었는가를 설명하였다. 바울은 율법을 폐하고 성전을 모독한다는 모함을 듣고 고소된 상태로 로마에까지 왔다. 그래서 유대 지도자들에게 자신은 이스라엘 백성이나 우리 조상의 관습을 배척한 일이 없는데도 예루살렘 사람들이 로마인의 손에 죄수로 내어주어서 로마에까지 왔다고 했다(행 28:17).

특별한 것은 '예루살렘에서'(ἐξ Ἱεροσολύμων)라고 표현하고, 예루살렘에 있는 어떤 사람들이 자기를 로마의 손에 넘겨 주었는지는 말하지 않으므로, 유대인들에의 자극을 피하려는 완곡어법을 사용하였다. 그리고 로마인은 자신을 심문하여 죽일 죄목이 없으므로 석방하려 했으나 유대인들이 반대하기 때문에 할 수 없이 가이사에게 상소한 것이지,[116] 이스라엘의 소망으로 말미암아 자신이 쇠사슬에 매인 바가 되었다고 한다(행 28:20). 그는 '이스라엘의 소망' 때문에

116) "유대인들이 반대하기로"(행 28:19): '반대하다'는 뜻의 ἀντιλεγόντων는 ἀντίλεγω(반대하다)는 동사의 현재분사이다. 이런 표현을 통하여 유대인들이 바울에 대하여 가졌던 태도를 유연하게 내보이면서 동시에 현재분사를 씀으로써, 그때부터 지금까지 유대인들은 자기를 반대하고 있다는 것을 암시한다.

죄인이 되었다고 한다.

이들은 유대로부터 편지 받은 적도 없고, 사람이 와서 전한 일도 없다고 한다. 그러나 바울이 전하는 종파(宗派)는 어디에서든지 반대를 받고 있는 것으로 그들은 알고 있었다(행 28:22). 그래서 그 사상이 어떤 것인지를 듣고자 한다고 했다. 로마에 있던 유대 지도자들은 기독교에 대하여 가는 곳마다 반대를 받는 분파(sect) 정도라고 그저 풍문으로 듣고 있는 정도이었다. 그러나 로마의 기독교는 아주 확고하고 안정되게 성장해 가고 있었다. 누가는 사도행전 28장 15절에 단지 '형제들'이라고 부르고 있지만, 그들이 압비오 광장과 트레이스 타베르네까지 찾아와서 바울을 영접해 준 것으로 보아서 진리에 확고하게 서 있는 교회인 것을 알 수 있다.

그 후에 그들은 날짜를 정하고 다시 바울의 숙소를 찾아왔다(행 28:23). 이때는 많은 유대 지도자들이 왔다. 많다는 뜻의 πολύς는 비교급으로 "even greater numbers"라는 의미이다. 23절에 '유숙하는 집'(ζενία)이란 거주하는 곳을 말하기도 하지만, 접대 또는 환대라는 뜻도 있다. 이로 보아서 바울이 아마 비공식적 만찬을 대접을 했던 모양이다. 바울은 그들에게 아침부터 저녁까지 하나님의 말씀을 강론했다. 여기서 무엇을 말했는지는 정확하게 전하고 있지 않지만, 그 내용의 주제는 "하나님의 나라"였다(행 28:23). 하나님의 나라는 사도행전 다른 곳에서와 같이 예수 그리스도가 이뤄놓은 사역 위에 성령이 역사하여 그리스도 교회를 통하여 이뤄지는 왕국을 의미하는 말이다(행 1:3, 8:12).

이 내러티브에는 두 개의 동사가 나온다. 하나님의 나라를 '증언하고', 모세의 율법과 선지자의 말을 가지고 예수에 대하여 '권했다.' 증언하고(ἐκτίθημι), 설득했다는 뜻으로 사용된 '권하다'(πείθω)는 동사는 모두 분사형으로 되어 있다. 이처럼 바울이 하루 종일 전하고,

구약을 통하여 설득하였지만 결과는 어두운 것이었다. "믿는 사람도 있고, 믿지 아니하는 사람도 있었다"(행 28:24)는 말에 사용된 "믿다"는 단어인 πείθω는 23절에서 "권하다"로 사용된 단어로 바울이 말한 바를 이해했다는 뜻이지, 복음을 받아들여 믿게 되었다는 말은 아니다. 그나마도 설득되지 않은 유대인들도 많았다.

바울과 유대 지도자들과의 만남의 키워드는 '듣다'(hearing)이다.[117] 듣다(ἀκούω)는 동사는 다섯 번이나 사용되었다. 22절에서 그들이 바울에게서 '듣고자' 했고, 24절에는 그들은 바울의 말을 듣지(믿지) 않았다. 이사야의 예언에서 세 번이나 사용되었다. 여기서 듣는다는 말은 단지 귀로 듣는다는 뜻이 아니다. 만일 그 내용대로 행동하지 않으면 그것은 듣지 않은 것을 말한다.[118]

헤어질 때는 의견이 서로 분분하게 되었다. 아마도 이들에게 걸림돌은 이방인과의 친교를 맺는 관계였으리라고 생각된다. 유대인의 기득권을 포기할 수 없는 것 때문에 복음을 받아들일 수 없었을 것이다. 결국 바울은 이사야의 예언을 통하여 그들에게 경고한다(행 28:25; 사 6:9-10). 그리고 하나님의 이 구원이 이방인에게로 보내어진다는 사실과, 그들은 들으리라고 선언하였다. 유대인들이 마음이 우둔해지고 귀가 둔하게 되었고 눈을 감았다고 경고하는 내용은 예수님으로부터 초대교회, 그리고 바울에게까지 계속해서 지적되어 왔던 말씀이었다(마 13:14f; 막 4:12; 눅 8:10). 이 내용은 바울이 로마서 9-11장에서 계속해서 씨름했던 말씀이다.

사도행전 28장 30절에서 말하는 셋집은 아무것도 소유하지 못한 가난한 모든 사람의 궁핍한 상태를 나타낸다. 바울은 이태를 자기

---

117) John Polhill, op.cit., p. 542.

118) Ibid, p. 542.

셋집에 머물면서 오는 사람들을 영접하여 복음을 전했다. '자기 셋집'을 강조하는 것으로 보아 바울이 얻은 셋집임에 틀림이 없다. 2년 동안 그곳에 머물면서 바울은 재판을 기다리고 있었다. 왜 재판이 2년 동안이나 지체된 것일까? 황제의 치하에 있는 지방에서 상소되어 온 사건이나, 혹은 1심에 대한 조회를 18개월이라는 기한의 칙령으로 확정시키고 있다는 파피루스 기록에 기초를 두고 있다. 레이크(Lake)는 "소송이 2년 안에 일어나지 않는다면, 불이행으로 인해 사건은 종료된다"고 한다.[119] 이처럼 재판이 지연된 이유는 그만큼 재판할 사건들이 밀려 있었기 때문이었을 것이다. 그렇다면 바울의 재판은 어떻게 진행되고, 재판 후에는 어떤 일이 일어났을까?

브루스(bruce)는 당시 재판 상황을 이렇게 전한다. 네로는 소송 사건들을 자기 자신이 몸소 판결하지 않겠다고 공언하고, 그 후 8년 동안 다른 사람들에게 소송 사건을 맡겼다. 주후 62년 네로가 친히 베이엔토(Fabricius Veiento)의 사건을 판결한 것은 그에게 있어서 분명히 새로운 출발점이 되었다. 그러므로 만일 바울이 주후 62년 초 이전(그의 2년의 구금이 끝날 무렵)에 재판을 받았다고 한다면, 그의 사건은 아마 네로보다는 다른 사람에게서 판결을 받게 되었을 가능성이 더욱 크다. 이 사람은 아주 본성적으로 공정한 사람으로 로마 황제를 대표하는 근위대의 사령관으로 다른 배석 판사들과 법정의 고위 관리자들과 함께 이 사건을 판결하였을 것이다. 그렇다면 그 사령관은 정직한 부루스인가, 아니면 악명 높은 티겔리누스(62년에 후임이 됨)인가에 따라서 사태는 판이하게 달라졌다. 아마도 이 재판은 부루스에 의해 진행되었을 가능성이 높다고 한다.[120] 그렇다면 이런 주장은 재판이 바울에게 유리하게 결정이 났을 것으로 추측하

119) Lake, Beginnings of Christianity V, pp. 330-331.
120) Bruce, op.cit., p. 405.

게 해준다.

그러나 에베소 장로들에게 '바울의 얼굴을 다시 보지 못하리라'고 하였던 것으로 보면, 이처럼 엄숙하고 감동적인 고별인사를 제공한 사람이 누가라면 바울이 살아 돌아가지 못했다는 것을 몰랐다고 믿을 수 없다고 한다. 그리고 마지막 '온 이태'의 투옥 생활 후 재판 결과를 언급하지 않은 것을 볼 때 바울이 유죄 판결을 받고 사형에 처해졌으리라고 추측하는 학자들도 있다. 그 후에 바울에 대한 아무런 자료가 없는 것도 그것을 뒷받침해 준다고 한다.

누가는 바울이 셋집에 머문 기간을 2년이라고 못박아 말한다. 그렇다면 2년이란 정한 시간을 어떻게 이해해야 할까? 2년 후에 바울이 죽었다는 말인가, 아니면 2년 후에 석방되었다는 말인가? 2년이란 시간을 정한 것으로 보면 그 후에 석방되었다는 사실을 가정한다고 볼 수 있다.[121] 바울 서신에 의하면, 바울은 잠시 풀려난 후에 에베소와 마게도냐를 방문했고(딤전 1:3), 드로아(딤후 4:13), 그레데(Crete, 딛 1:5) 그리고 아마도 니고폴리스(Nicopolis, 딛 3:12) 그리고 아마도 스페인까지 갔을 것으로 추측한다. 스페인 방문에 대해서는 로마의 클레멘트(Clement)의 주장에서 나온 설이다(5:5-7).

람세이는 바울 서신 중에 초기 작품과 후기 작품의 내용을 비교하므로 바울은 2년 후에 잠시 풀려났다가 다시 수감되었을 것이라고 말한다. 골로새 사람들과 아시아의 교회들에게 그가 성공적으로 말씀을 전하도록 기도로 도와줄 것을 당부한 것으로 보아, 그의 어조는 소망으로 가득 찼고 전도 사업에 대한 열정과 영으로 충만했다(골 4:3,4). 바울은 필요하다면 목숨을 바칠 마음의 준비가 되어 있었지만,

121) MacGregor, op.cit., p. 350.

빌립보서를 쓸 때에 비교적 재판에서의 승리를 확신하고 있었다.(빌 1:25, 2:24). 빌레몬서에 의하면 그는 무죄 방면되어 골로새를 방문하게 되기를 기대했다(몬 1:23). 주후 61년 재판 중간 시기쯤으로 잡을 수 있다.[122]

그러나 후기 작품으로 알려진 디모데후서에는 2차 재판 시에는 연금상태가 더욱 엄격했다. 왜냐하면 오네시모가 죄수와의 면회를 허락받는 데 훨씬 더 애를 먹었기 때문이다(딤후 1:17). 그는 무죄 방면될 소망을 전혀 갖지 못하고 있었다(딤후 4:6). 디모데후서에서는 죽어가는 사람으로 고백하고 있다.[123] 이처럼 1차 재판 때에 보낸 편지의 내용과 2차 재판 때의 디모데후서의 차이를 비교하므로 바울은 일차로 잠시 석방되었다가, 다시 구속되고 그 후에 순교했으리라고 여겨진다.

두 가지는 분명하다. 바울은 네로의 치하에서 순교를 당했다는 사실이다. 또 하나는 바울은 로마 방화 사건으로 그리스도인들이 네로에 의하여 박해를 당할 때(AD 64년) 베드로와 함께 순교당하지는 않았을 것이란 점이다. 브루스는 네로의 박해 후기에 바울이 순교를 당했을 것으로 추정한다.[124]

로마의 가이오는 2세기 말 프로클루스(Montanist, Proclus)에게 보낸 편지에, 바울의 죽는 장면을 나타낸 기념비가 로마에서 오스티아(Ostia)로 가는 길에 있다고 지적하였다. 현재 위치로는 산 파울로(San Paolo fuori le Mura) 공회당 부근 가까운 지점이 틀림없다. 가이오와 동시대인인 고린도의 주교 디오니시우스(Dionysius)는 로마 교회에 보내는 편지에서, 베드로와 바울 두 사람은 모두 자신의 교회와 서로

---

122) Ramsay, op.cit., p. 319.
123) Ibid, p. 329.
124) Bruce, 신약사, p. 410.

교제가 있었는데, 로마에서 가르친 이래 그들은 그곳에서 거의 같은 시기에 순교당하였다고 기록하고 있다.

바울이 네로 치하의 로마에서 순교당하였다는 것은 오리겐의 창세기 주석 제3권에서 분명히 증명된다고 전해지고 있다. 유세비우스는 "그들은 바울이 로마에서 목 베임을 당하였고, 베드로도 역시 십자가에 못 박히는 처형을 받았으며, 이 증거로는 베드로와 바울의 이름이 매장지의 명부에 오늘날까지 기록으로 남겨져 있다고 네로 당시에 기록하고 있다"고 말했다.[125]

클레멘트 1세는 바울은 네로에 의하여 아마도 목이 잘려 죽었을 것이라고 했다.[126]

감옥에 같이 있었던 사람들

옥중 생활 기간의 대부분 디모데가 그와 더불어 있었다. 그는 61년 말에 빌립보로 보내졌다(빌 2:19). 바울이 로마에 도착한 후에 그의 뒤를 좇아 로마로 왔을 것이다(Ramsay, p. 320).

두기고도 60년에 로마에서 사도 바울과 합류했고 아시아로 파견되었다. 바울과 화해한 마가(아마도 그의 예루살렘 체류 기간이나 그가 가이사랴에 투옥되었을 때일 것이다)도 또한 로마로 왔었다. 그는 아시아도에서의 장기간의 전도 여행을 구상하며 61년에 로마를 떠났다. 가는 길에 아마도 그는 골로새를 방문했을 것이다(골 4:10; Ibid, p.320).

마가는 바울이 죽은 다음 소아시아의 동쪽 지방에서 헌신적으로 일한 것이 틀림없다. 그리고 그는 10년이나 12년 후 로마로 돌아갔다. 누가와 아리스다고는 사도 바울이 로마에 도착한 이후 골로새서,

125) Bruce, Ibid, p. 410.
126) 1 Clement 5:5-7; Eusebius, Historia ecclesiastica ii 25:6; cf. 2 Tim 4:6-18.

빌레몬서 및 에베소서가 쓰일 때까지 그와 함께 있었을 것이다.

누가는 바울의 순교를 알았을 것이다. 그런데도 바울의 순교에 대하여 누가는 침묵하고 있다. 왜 그럴까? 누가도 순교를 당했기 때문이었을까? 누가는 바울과 같이 순교하지는 않았을 것이다. 그렇다면 사도행전 1장 1절에서 쓰고 있는 대로, 누가복음과 사도행전에 이어 제3의 책을 쓰려고 생각했을 것으로 보인다. 누가가 기독교가 로마에 전파된 과정에 대하여 한마디도 언급하지 않고 있다는 것은 후에 3편을 쓸 때 기록하려고 했을 것이라고 추측하게 한다. 그러나 그것만은 아닐 것이다. 누가는 바울의 순교보다는 아마도 예수님의 승천의 이야기처럼 바울은 살아 있다고 믿었기에 그 점에 대해서는 침묵하고 있을 것이다. 그보다도 사도행전 28장 30-31절의 내용은 바울을 통하여 하나님의 말씀이 계속해서 로마에 그리고 주변 지역에 퍼져나가고 있다는 데 누가는 더 큰 관심을 두고 있다고 보인다.

"바울이 온 이태를 자기 셋집에 머물면서 자기에게 오는 사람을 다 영접하고 하나님의 나라를 전파하며 주 예수 그리스도에 관한 모든 것을 담대하게 거침없이 가르치더라"(행 28:30-31).

다메섹에서 부활하신 그리스도를 만난 바울은 하나님의 복음을 손에 들고 쉴 새 없이 끊임없이 달려 로마에까지 왔다. 그러나 상황은 밝지 않았다. 셋집에 살면서 자유롭게 활동할 수 없도록 한 집 안에 매여 있다. 복음을 들고 로마까지 온 결과가 과연 이것이란 말인가? 그러나 그런 암울한 상황 속에서도 이방을 향한 빛은 끊임없이 비쳐오고 있다. 2년 동안 사람들이 바울을 계속해서 찾아왔다(εἰσπορευομένους). εἰσπορευομένους(오다)는 동사는 εἰσπορεύομαι의 분사형이다. 이는 끊임없이 계속해서 사람들이 찾아온 것을 말한다.

그리고 찾아온 사람은 한 사람도 놓치지 아니하고 영접해 주었다

(ἀπεδέχετο). ἀπεδέχετο는 ἀπεδέχομαι(받다)의 미완료 과거로서 끊임없이 계속 영접해 주었다는 말이다. 영접해 주었을 뿐 아니라 계속해서 복음을 전했고(κηρύσων), 쉬지 않고 가르쳤다(διδάσκων). κηρύσων는 κηρύσσω(전파하다)의 현재 분사이고, διδάσκων은 διδάσκω(가르치다)의 현재 분사이다. 설교하고 가르치는 일은 계속되고 있다는 의미이다. 이처럼 설교하는 일이나 가르치는 일이 바울을 통하여 계속되었던 것처럼 지금도 이 땅의 교회들을 통하여 계속되고 있으며 계속되어야 한다고 누가는 호소하고 있다.

2년의 셋집 생활은 복음 안에서 결코 암울한 토굴 같은 곳은 아니었다. 안디옥에서 한 해를 온전히 가르친 결과(행 11:26) 교회 역사상 최초의 선교기지가 될 안디옥 교회가 세워졌고, 이방사람들로부터 크리스천이란 말을 듣게 되었다. 짧은 시간이지만 비시디아 안디옥에서도 가르쳤다(행 13:48). 그 결과 그 주변에 수많은 교회들이 세워졌다(행 13:49, 52). 북갈라디아설을 주장하는 학자들의 말에 의하면 북갈라디아까지 교회가 세워졌다. 두 해 동안 에베소 두란노 회당에서 가르친 결과(행 19:10) 아시아, 아프리카 그리고 유럽을 잇는 중심 교회인 에베소 교회가 세워졌다. 그리고 에베소 모임을 통하여 주변의 수많은 도시에 교회가 세워졌다.

로마에서는 2년 동안 셋집에 머물면서 찾아오는 사람들 모두에게 마음대로 복음을 전하고 가르쳤다. 그 결과로 네로 박해 때 그처럼 많은 크리스천이 순교를 당했다. 여기에는 두 가지 의미가 있다. 짧은 시간 동안에 설교와 가르침에 의하여 로마에 그처럼 많은 크리스천들이 일어났다는 사실과 수적으로만 아니라 그들이 순교도 두려워하지 않는 그리스도인들이 되었다는 점이다. 누가는 바울의 죽음을 알리기보다는 그가 성령 안에서 일으켰던 놀라운 사역을 소개하고 싶었고, 그런 사역을 자랑스럽게 소개함으로 온 세상에 그리스도의 복음이 계속해서 퍼져나가기를 소원하고 하고 있는 것이다. "사도행전은 우리들로 하여금 생각하게 한다. 배척, 핍박, 방해, 그리고 우리들 자신의 무기력이나 비겁함에도 불구하고, 복음 선포는 하나님의 은혜로 금하는 사람이 없이 이 세상의 저 끝까지 계속되고 있음을 생각하게 한다."[127]

사도행전은 의기소침한 교회들에게 주는 위로와 격려이다. 빌립은 마술사 시몬보다 능력이 우월했고(행 8:9-13), 로마 백부장 고넬료가 복음 앞에 무릎을 꿇었다. 바울은 마법사 엘루마를 패배시켰다(행 13:6-12). 그리고 바울이 로마에 와서도 그 위엄에 주눅들지 않고 담대하게 복음을 전하는 모습들을 교회들에게 들려주고 싶었던 것이다. 이것이 사도행전이다.

사도행전은 초청이다. "이 책은 열려 있다. 정식으로 끝나지 않았다. 그 책을 계속 써 내려가는 일은 역사에 맡겨져 있고, 그 역사는 우리 각자가 써 내려가야 할 역사이다. 사도행전의 마지막은 단순한 이야기가 아니다. 엄연한 초대다. 공동체 하나하나에게 그리스도 역사 속에 자기 쪽을 덧붙이도록, 그리스도의 역사 속에 자기 발자국을 찍도록 초대하고 있다."[128]
사도행전은 동시에 교회에 대한 경고의 책이다. 사도행전 마지막에서는 그릇된 풍조에 휩쓸리지 말라고 우리를 경계한다. 우리는 계속 나아가야 한다. 복음이 열어 놓은 역사는 우리와 우리를 둘러싼 사람들을 통해 이뤄진다. 로마 제국에 호소한다. "금하는 사람이 없이"는 사도행전의 마지막에 쓰인 말인데 사도행전의 목적을 설명하는 데 쓰였다고 볼 수 있으며, 그리스도인들을 내버려 두도록 하는 호소일

---

127) 윌리엄, op.cit., p. 283.
128) 이보 스토르니올로, 사도행전 읽기, p. 342.

수도 있다.[129)]

사도행전 처음에 제자들은 "주께서 이스라엘 나라를 회복하심이 이 때니이까?"(1:6) 하고 물었다. 누가는 그 이야기가 성령 안에서 계속된다는 사실 외에 아무런 대답도 주지 않는다. 성령께서 이 세상에서 활동하시는 동안 우리는 하늘만을 우러러 바라보고 있을 수는 없다(행 1:11). "갈릴리 사람들아, 어찌하여 하늘을 쳐다보면서 서 있으냐? 너희를 떠나서 하늘로 올라가신 이 예수는, 하늘로 올라가시는 것을 너희가 본 그대로 오실 것이다"라고 두 천사는 말했다(새번역). 교회가 해야 하는 온 세계에 복음을 전해야 하는 기간은 지금이다. 하늘만 쳐다보고 있을 시간이 없다. 두 천사가 들려준 말 속에는 본 그대로 오는 날이 있을 것이란 사실이 강조되었다.

그 날까지 사도들이, 초대교회들이, 또 우리 믿음의 선배들이 그리고 오늘 우리가 해야 할 일은 "땅 끝까지 그리스도의 증인이 되어야 하는 일"(행 1:8 참고)이다. 그 일에는 환난이 따를 것이다. 고통과 어려움도 있을 것이다. 그러나 우리에게 사랑과 능력을 베푸시는 하나님, 우리를 위하여 십자가에 달리시고 부활하셔서 우리와 함께 하시는 예수 그리스도, 우리를 인도하시고 능력으로 함께하시는 성령, 삼위 하나님 안에 우리는 있는 것이다. 그분이 모든 문을 열어주신다. 우리는 담대하게 거침없이 복음을 전하며 가르치며 나아가야 한다(행 28:31).

---

129) Haenchen, p. 102; Frank Stagg, the Purpose and Message of Acts; 윌리엄, p. 178.

■ 참고도서

주석

1. Barrett, C. K., Acts of the Apostles I. II(ICCC), T&T Clark, London. New York, 1994, 1998).
2. Bruce, F. F., The Book of the Acts(사도행전) Vol. I. II, William B. Eerdmans Publishing Company, 1988.
3. Dibelius, Martin. Studies in the Acts of the Apostles(London: SCM, 1956.)
4. Haenchen, Ernst. 사도행전 I. II, 기독교서회, 한국사학연구소 1990.
5. Harnack, Adolf V., New Testament Studies III: The acts of the Acts, Williams and Newgate, London, 1909.
6. MacGregor, G. H. C., The Acts of the Apotles(The Interpreter's Bible Vol. 9), Abingdon, 1982.
7. Polhill, John B., The New American Commentary-Acts, Broadman Press, 1992.
8. Schlatter, Adolf. 사도행전 강해, 김희보 역, 종로서적, 1994.
9. Tannehill, Robert C. The Narrative Unity of Luke-Acts A Literary Interpretation, Vol. I: The Gospel of the Luke, Fortress Press. 1994.
10. Tannehill, Robert C. The Narrative Unity of Luke-Acts. Vol. II: The Acts of the Apostles, 1994.
11. William H. Willimon, 사도행전, Interpretation, 박선규 역, 장로회출판사, 2000. Wright, Paul H., Greatness Grace and Glory, Carta's Atlas of Biblical Biography, Carta, Jerusalem. 2008,
12. 박수암, 사도행전(신약주석시리즈), 대한기독교서회, 2006.

참고서적

1. F. F. 브루스, 신약사, 기독교문서선교회, 나용화 역, 1999.
2. ____________, 초대기독교역사, 기독교문서선교회, 서영일 역, 2009.
3. 김세윤, 바울복음의 기원, 홍성희 역, 엠마오, 1994.
4. Gunther Bornkamm, Paul, Trans., D.M.G., Stalker, Harper & Row, New York and Evanston, 1971.
5. Ramsay, 사도 바울. 박우석 역, 생명의말씀사, 1988.
6. Harnack, Adolf V., The Origin of the New Testament, Williams & Norgate, 1925.
7. 이보 스토르니올로, 사도행전 읽기(복음이 나아가는 길), 김수복 역, 성바오로, 1993.
8. Brown Raymond E., An Introduction to the New Testament, doubleday, 1997, pp. 279-332.
9. Everett Ferguson, Backgrounds of Early Christianity, Willaim B. Eerdmans Pub. 1993.
10. 키텔 단권 원어사전, 제프리 W. 브라밀리 편역, 요단출판사.

성경

개역개정판과 새번역
헬라어 원전 NESTLE 27
NET Bible과 NIV

이연길 목사의
사도행전 이야기식 설교를 위한 주석

2012년 5월 20일 인쇄
2012년 5월 25일 발행

지은이 | 이연길
발행인 | 이형규
발행처 | 쿰란출판사

주소 | 서울특별시 종로구 이화동 184-3
TEL | 02-745-1007, 745-1301, 747-1212, 743-1300
영업부 | 02-747-1004, FAX / 02-745-8490
본사평생전화번호 | 0502-756-1004
홈페이지 | http://www.qumran.co.kr
E-mail | qumran@hitel.net
qumran@paran.com
한글인터넷주소 | 쿰란, 쿰란출판사

등록 | 제1-670호(1988.2.27)

책임교열 | 최진희 · 김영미

값 17,000원

ISBN 978-89-6562-292-5 93230